WELTATLAS DER ALTEN KULTUREN

DIE WIKINGER

Aus dem Englischen übersetzt von
Gert und Jens Kreutzer
Redaktion: Rudolf Radler
Korrektur: Angelika Möhring
Umschlaggestaltung: Ludwig Kaiser
Herstellung: Dieter Lidl
Satz: Josef Fink GmbH, München

Redaktion und Projektleitung:
Susan Kennedy
Layout: Chris Munday
Design: Adrian Hodgkins
Bildredaktion: Linda Proud
Landkarten: Richard Watts,
Olive Pearson, Sarah Phibbs,
Pauline Morrow
Produktion: Clive Sparling

EIN ANDROMEDA BUCH

Druck und Bindung:
Fournier A. Gráficas S. A., Vitoria

Printed in Spain

ISBN 3-88472-242-5

WELTATLAS DER
ALTEN KULTUREN

DIE WIKINGER

von Colleen Batey, Helen Clarke,
R. I. Page, Neil S. Price

Herausgeber:
James Graham-Campbell

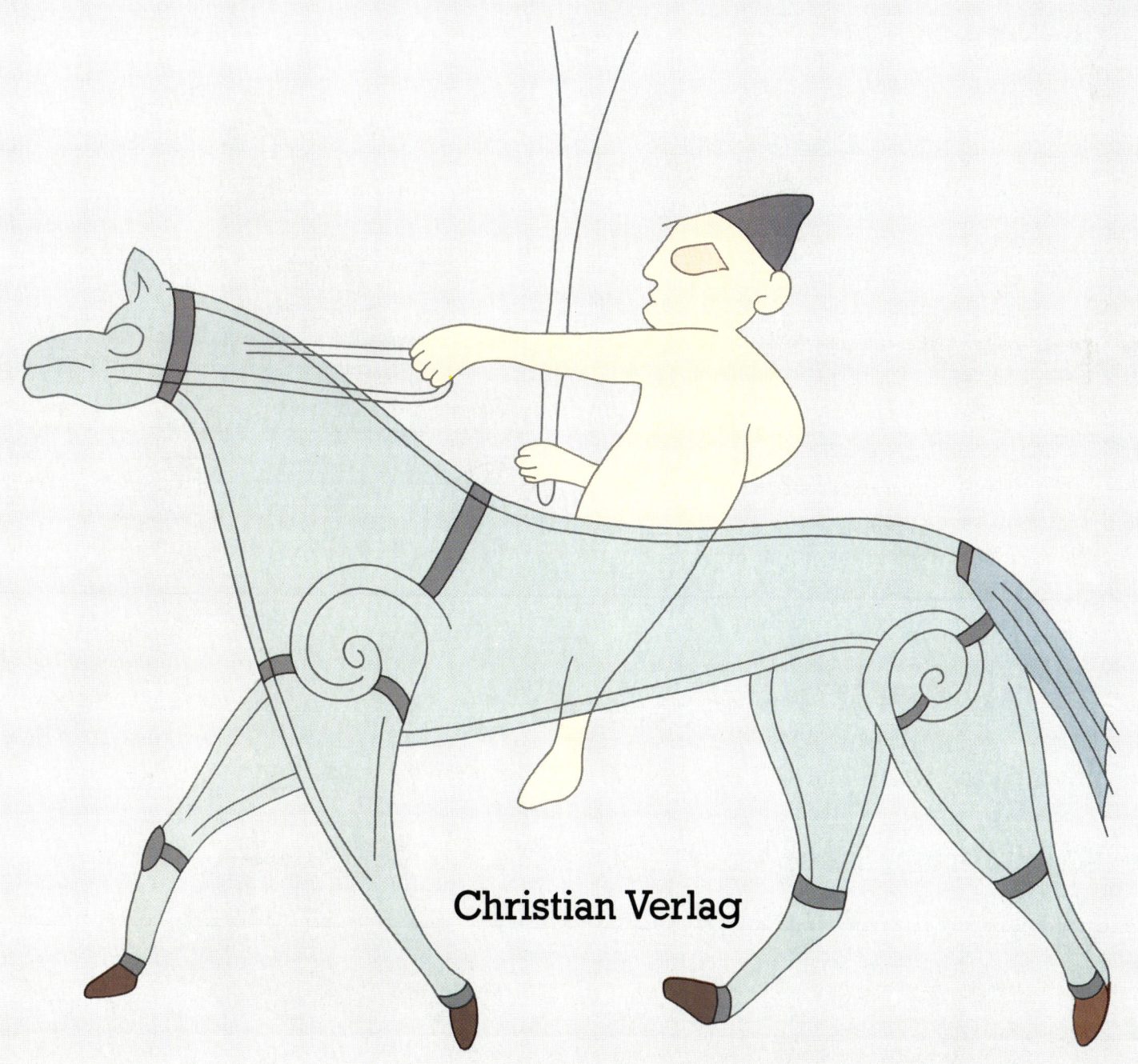

Christian Verlag

INHALT

Zeittafel 8
Vorwort 10

Erster Teil:
Die Herkunft der Wikinger

Das Land, das Klima und die Menschen 12
Skandinavien vor den Wikingern 22
Mooropfer 26
Königsgräber der Vendelzeit 34

Zweiter Teil:
Skandinavien in der Wikingerzeit

Gesellschaft, Königtum und Kriegswesen 38
Das Bootsgrab von Oseberg 42
Gotland 46
Königliche Festungen in Dänemark 56
Das tägliche Leben 58
Das häusliche Leben 62
Freizeitvergnügen 64
Kleidung und Mode der Wikingerzeit 67
Wikingerschiffe 76
Städte, Handel und Handwerk 78
Die Kunst des Holzschnitzens 90
Die Herstellung von Metallschmuck 94
Die Kunst der Wikinger 98
Bildung und Religion 100
Runen 102
Die heidnischen Götter 108
Die Sigurdsage 112

Dritter Teil:
Die Ausbreitung der Wikinger

Westeuropa 122
Anglo-skandinavische Stilformen 138
Die Welt der Kelten 148
Der Nordatlantik 164
Die Navigation der Wikinger 180
Rußland und der Osten 184

Vierter Teil:
Das Ende der Wikingerwelt

Die spätere Wikingerzeit und die
folgende Epoche 200
Stabkirchen 202

Fachbegriffe 224
Bibliographie 227
Bildquellenverzeichnis 230
Register geographischer Namen 232
Register 236

ZEITTAFEL

700   800   850   900

SKANDINAVIEN

790er Jahre Beginn der Wikingerzüge in Westeuropa

nach 800 König Godfred von Dänemark im Konflikt mit Karl dem Großen; er baut die zweite Phase des Danewerks und siedelt Kaufleute von Reric nach Haithabu um.
810 Godfred ermordet
ca. 825 Beginn der dänischen Münzprägung in Haithabu
nach 820 Ansgars erste Missionsreisen nach Dänemark und Birka in Schweden (829–31)
834 Das Bootsgrab von Oseberg, Norwegen

nach 850 Die Könige Horik der Ältere und Horik der Jüngere erlauben Ansgar, Kirchen in Haithabu und Ribe zu bauen; erneute Reise nach Birka
ca. 870 – ca. 940 Harald Schönhaar König von Norwegen
nach 880 Harald Schönhaar versucht, Norwegen zu einigen
ca. 890 Seeschlacht von Hafrsfjord, Norwegen

948 Bischöfe in Haithabu, Ribe und Århus eingesetzt
ca. 934 – 60 Hakon der Gute König von Norwegen; versucht, sein Land zu bekehren

 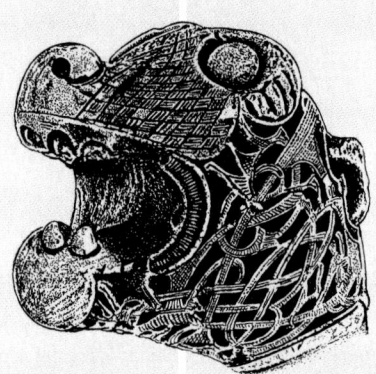 

Bildstein, Gotland, 8. – 9. Jahrhundert   *Tierkopfpfosten, Bootsgrab von Oseberg, ca. 800 – 850*   *Bettplanke von Gokstad, ca. 900*

BRITANNIEN UND IRLAND

793 Wikingerüberfall auf das Kloster Lindisfarne
790er Jahre Erste Wikingerüberfälle auf Schottland und Irland

830er Jahre Erneute Wikingerüberfälle auf England
839 Erste Überwinterung von Wikingern in Irland
841 Wikinger-*longphort* in Dublin errichtet

850 Erste Überwinterung von Wikingern in England
860er Jahre Intensive Wikingeraktivitäten in England
866 Das Große Heer landet in Ostanglien
867 Die Dänen erobern York
870 Wikinger töten König Edmund von Ostanglien, den späteren Hl. Edmund
ca. 870 Errichtung des Orkney-Jarltums
871 – 99 Alfred der Große König von Wessex
873 – 74 Wikinger-Winterlager in Repton, Derbyshire
876 – 79 Dauersiedlung der Wikinger in England
878 Schlacht von Edington und Vertrag von Wedmore; Teilung Englands

902 Vertreibung der Wikinger aus Dublin
902 – 54 Angelsächsische Rückeroberung des Danelags
ca. 917 Neugründung des wikingischen Dublin
937 Schlacht von *Brunanburh*, England

KONTINENTAL-EUROPA

799 Beginn der Wikingerüberfälle auf das Frankenreich

800 Krönung Kaiser Karls des Großen
814 Tod Karls des Großen und Nachfolge Ludwigs des Frommen
nach 830 Die Wikingerüberfälle auf das Frankenreich nehmen zu
834 – 37 Jährliche Überfälle auf Dorestad
nach 840 Errichtung der ersten Wikinger-Winterlager im Frankenreich
844 Wikingerüberfall auf Spanien
845 Plünderung von Hamburg und Paris Die Franken zahlen das erste *Danegeld*

856 – 57 Plünderung von Paris durch die Wikinger
859 – 62 Wikingerexpedition nach Spanien und in das westliche Mittelmeer
861 Erneute Plünderung von Paris
862 Karl der Kühne baut befestigte Brücken, um die Flüsse im Frankenreich gegen die Wikinger abzusperren
ca. 862 Rörik/Rjurik Herrscher von Nowgorod
866 Wikingerüberfall auf Spanien
ca. 882 Vereinigung von Nowgorod und Kiew
885 – 86 Belagerung von Paris

911 Gründung der Normandie durch den Wikingerhäuptling Rollo
912 Wikinger räubern auf dem Kaspischen Meer
914 Eroberung der Bretagne durch die Wikinger
926 – 33 Expansion der Normandie
930er Jahre Vertreibung der Wikinger aus der Bretagne

NORDATLANTIK

ca. 800 Irische Einsiedler auf den Färöern und auf Island

ca. 860 Nordische Besiedlung der Färöer
ca. 870 – ca. 930 Nordische Besiedlung Islands

930 Gründung des isländischen Althings

958/59 König Gorm der Alte von Dänemark in Jelling begraben
958 – 87 Harald Blauzahn König von Dänemark
ca. 960 Harald Blauzahn läßt sich taufen
ca. 964 – 1000 Olaf Tryggvason König von Norwegen
968 Verstärkung des Danewerks
ca. 970 Gründung von Sigtuna, Schweden
970/71 Grabkammer von Mammen, Dänemark
ca. 980 Errichtung der dänischen Ringburgen und der Brücke von Ravning Enge
ca. 987 – 1014 Sven Gabelbart König von Dänemark
ca. 995 – 1021/22 Olof Skötkonung König von Schweden, zum Christentum übergetreten; Errichtung des Bistums von Skara
995 Olaf Tryggvason einigt Norwegen

ca. 1000 Seeschlacht von Svolder und Tod Olaf Tryggvasons
1019 – 35 Knut der Große König von Dänemark
1027 Erste Steinkirche in Roskilde, Dänemark
1028 Knut unterstützt den Widerstand gegen König Olaf Haraldsson von Norwegen
1030 Schlacht von Stiklestad und Tod Olaf Haraldssons, des späteren Olafs des Heiligen
1042 – 47 Magnus vereinigt Norwegen und Dänemark

1047 – 66 Harald hardradi König von Norwegen
1066 Sven Estridsson König von Dänemark
1066 Harald hardradi überfällt England, wird besiegt und getötet
Zerstörung Haithabus durch die Slawen
1066 – 93 Olaf kyrri König von Norwegen
1070 Adam von Bremens Beschreibung des heidnischen Tempels von Uppsala
ca. 1070 Bau der Stabkirche von Urnes, Norwegen
1086 Tod König Knuts von Dänemark, des späteren Knuts des Heiligen (1100)
1096 – 1103 Erik Ejegod König von Dänemark

1103 Lund wird Erzbistum für ganz Skandinavien

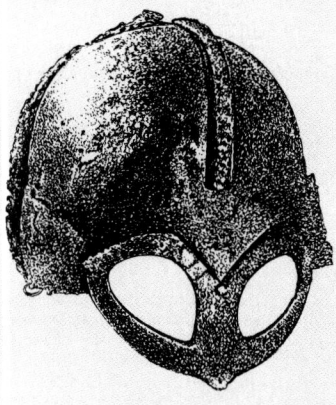
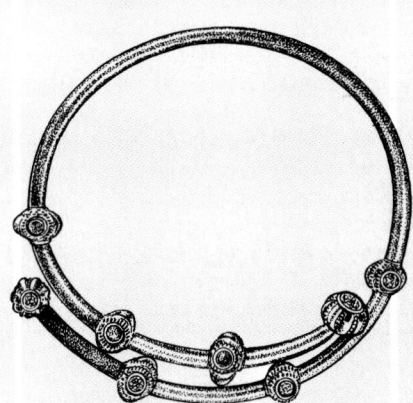

Helm von Gjermundbu, 10. Jahrhundert   *Silberner Halsring, Hort von Gnezdowo, 10. Jahrhundert*   *Kreuzanhänger, Island, 10. – 11. Jahrhundert*   *Gunhilds Kreuz, Walroßbein, ca. 1150*

954 Erik Blutaxt aus York vertrieben und in der Schlacht von Stainmore getötet
980 Erneute dänische Angriffe auf England
Schlacht von Tara, Irland
ca. 985 – 1014 Sigurd der Dicke Jarl der Orkneys
991 Schlacht von Maldon, England

1002 Æthelred befiehlt das Massaker an den Dänen in England
1014 Dänische Eroberung Englands durch Sven Gabelbart
Schlacht von Clontarf, Irland
1014 – 65 Thorfinn der Mächtige Jarl der Orkneys
1016 – 35 Knut der Große König von England
1042 Tod König Hardeknuts von England
ca. 1050 Errichtung eines Bistums auf den Orkneys

1066 König Harald hardradi von Norwegen fällt in der Schlacht von Stamford Bridge, England
1066 Schlacht von Hastings: normannische Eroberung Englands
1066 – 87 William I. (Wilhelm der Eroberer) König von England
1069 Eine dänische Flotte versucht, England zu erobern
1079 König Godfred Crovan von Man siegt in der Schlacht von Skyhill
1085 Eine dänische Invasion Englands wird geplant und wieder aufgegeben

1103 König Magnus Barfuß von Norwegen wird auf einer Expedition nach Irland getötet
1117 Magnus, der Schutzheilige der Orkneys, wird auf Egilsay ermordet

980 – 1015 Wladimir Fürst von Kiew nach 980 Christianisierung Rußlands Gründung der Warägergarde

1019 – 54 Jaroslaw Fürst von Kiew
ca. 1040 Ingvars Expedition in den Osten

1066 Invasion Englands durch die Normannen
1091 Eroberung Siziliens durch die Normannen
1096 – 99 Erster Kreuzzug

ca. 985 Erik der Rote siedelt in Grönland

ca. 1000 Island nimmt das Christentum an
Bau der Kirche Thjodhilds in Brattahlíd
Reisen nach Vinland in Nordamerika

1056 Errichtung von Islands erstem Bischofssitz in Skálholt
1067 – 1148 Ari Thorgilsson, isländischer Historiker

1106 Hólar wird der zweite Bischofssitz in Island
ca. 1125 Errichtung eines grönländischen Bistums in Gardar

VORWORT

Die Wikingerzeit war eine Epoche voller Dramatik, sowohl in den skandinavischen Heimatländern wie in den überseeischen Gebieten, wo die Wikinger mit gleicher Rücksichtslosigkeit als Seeräuber, Händler und Kolonisten auftraten. Dennoch waren viele der dauerhaften Veränderungen, die jene Zeit nach sich zog, das Ergebnis friedlicher Aktivitäten und allmählicher Entwicklungen. Dieses Buch handelt von Menschen und Orten: ein Kulturatlas einer weitausgedehnten nördlichen Welt mit Dänemark, Norwegen und Schweden als Zentrum, die sich aber im Westen bis über den Atlantik, im Osten bis zur Schwarzmeerküste und zum Kaspischen Meer, im Süden bis ins Mittelmeer erstreckte. Die Welt der Wikinger kann man sich als ein Netz von Schiffsrouten über die Meere und durch die Flüsse vorstellen, die mit den Schiffen befahren wurden, die zum Symbol der Wikingerzeit geworden sind.

Die Wikingerüberfälle in Westeuropa begannen am Ende des 8. Jahrhunderts n. Chr., als diese heidnischen Piraten in die ungeschützten Klöster, Siedlungen und Handelszentren einfielen, um Beute zu machen und Tribut zu erpressen. Die eigentliche Wikingerzeit dauerte kaum drei Jahrhunderte. Dann hatten die Skandinavier aufgehört, Gewalt in den Westen zu exportieren, auch wenn sie im 12. Jahrhundert noch als Eroberer und Kreuzfahrer in die slawischen und baltischen Länder einfielen, um dort mit Gewalt das Christentum durchzusetzen. Es war die Bekehrung der skandinavischen Länder zum Christentum, verbunden mit dem Aufkommen einer Schriftkultur, die eine der wichtigsten Entwicklungen der Wikingerzeit darstellt – ein Übergang, der vom 9. bis zum 11. Jahrhundert mehrere Fehlstarts und Entwicklungshemmungen einschloß.

Die Wikingerzeit war auch die Epoche, in der sich die drei europäischen Nationalstaaten Dänemark, Norwegen und Schweden formten - ein Ergebnis der Prozesse innerer Konsolidierung, die schon vor Beginn der Wikingerzeit eingesetzt hatten. Tatsächlich dürften politische Probleme zu Hause, die rivalisierende Anwärter und enteignete Führer ins Exil zwangen, genausoviel mit der Tatsache der skandinavischen Expansion zu tun gehabt haben wie irgendwelche Hungersnöte oder Landmangel in den Heimatländern - oder irgendeine andere Erklärung, die für dieses bemerkenswerte Phänomen angeboten wird. Da es nur wenige schriftliche Aufzeichnungen aus der Zeit vor 1200 über den größten Teil Skandinaviens gibt, werden wir diesen Aspekt der Wikingerzeit allerdings nie gänzlich verstehen, auch wenn die Archäologie Befestigungsanlagen und andere Denkmäler freilegt, die Licht auf die wachsende Machtkonzentration in dieser Periode werfen.

Ein dritter Wandlungsprozeß, den Skandinavien damals erlebte, war der einer wachsenden ökonomischen Verfeinerung, ermöglicht dank des Reichtums, der durch Überfälle und Handel geschaffen wurde. Einer der offensichtlichsten Anstöße dieses Prozesses war die Gründung von Städten als Zentren von Handel und Manufaktur. Jüngste archäologische Untersuchungen haben offenbart, daß dieser Prozeß bereits vor dem Beginn der eigentlichen Wikingerzeit im Gange war, zumindest in Dänemark.

Das Studium zeitgenössischer Quellen wie der Werke angelsächsischer, fränkischer und arabischer Autoren - und der skandinavischen Runeninschriften - wirft zwar viel Licht auf die Wikingerzeit, und dasselbe gilt für die berühmte Sagaliteratur, die im 13. und 14. Jahrhundert niedergeschrieben wurde. Dennoch sind wir auf die Archäo-logie angewiesen, um unser Bild vom Leben der Wikingerzeit zu verdeutlichen. Die vergangenen Jahrzehnte waren Zeuge eines großen Anstiegs der Grabungstätigkeit überall in der Wikingerwelt. So ist dieses Buch auch zum größten Teil von Archäologen geschrieben worden, um viele der jüngsten Entdeckungen vorzustellen.

Dieser Kulturatlas ist das Geschöpf von Susan Kennedy und ihrem Team bei Andromeda, das auf Seite 2 genannt wird, er erhielt Leben von mir selbst und Substanz durch ein Team von vier Autoren. Die Kapitel 1 – 5, die die skandinavische Szene schildern, sowohl vor wie auch während der Wikingerzeit, wurden von Dr. Helen Clarke geschrieben, meiner ehemaligen Kollegin in Mittelalterlicher Archäologie am University College London, während Professor Ray Page vom Corpus Christi College in Cambridge uns von seiner Sachkenntnis profitieren ließ, indem er das Kapitel 6 über skandinavische »Bildung und Religion« beisteuerte. Die Kapitel 7 und 10 über die Wikinger in West- und Osteuropa sind das Werk von Neil Price, der in London und York Wikingerarchäologie studierte, bevor er sich der Feldarbeit in Schweden zuwandte. Die Kapitel 8 und 9 über den skandinavischen Einfluß im keltischen Westen Englands und Irlands und über die Nordische Expansion über den Nordatlantik wurden von Dr. Colleen Batey von den Glasgow Museums geschrieben, der sich auf Ausgrabungen und Studium der Wikinger in Caithness und auf den Orkneys spezialisiert hat. Das Schlußkapitel über »Die Spätzeit der Wikinger und die folgende Epoche« enthält Beiträge dieser beiden Autoren. Neben anderen, die bei der Herstellung dieses Buches geholfen haben, sind wir Professor Sean McGrail von der Universität Oxford besonders dankbar für seine Hinweise zu den Wikingerschiffen und für den Text auf den Seiten 180 – 81. Die Texte auf den Seiten 42 – 43, 64 – 65, 90 – 91, 94 – 95, 98 – 99, 138 – 39 und 158 – 59 habe ich selbst zu verantworten, ebenso die Bilderläuterungen im Haupttext.

Zum Schluß ein erklärender Hinweis: es ist nicht möglich, ganz konsequent beim Zitieren skandinavischer Namensformen und Wörter zu verfahren. Wo es eine gebräuchliche moderne Form eines Personennamens gibt, haben wir ihn benutzt: z. B. Erik Blutaxt. Wo dies nicht der Fall ist, haben wir versucht, den Lesern durch eine Vereinfachung der Originalform entgegenzukommen: die Kasusendungen wurden getilgt, die Akzente und diakritischen Zeichen entfernt und ungewöhnliche Buchstaben durch bekannte ersetzt: z. B. die altnordischen Buchstaben ð und þ durch d bzw. th. So erscheint *Haraldr harðráði* als Harald hardradi, *Sigvatr þórðarson* als Sigvat Thordarson (altnordische Wörter werden normalerweise *kursiv* gesetzt). Wenn es eine moderne Standardform von Ortsnamen gibt, haben wir diese benutzt. Sonst haben wir soweit wie möglich die örtliche oder überlieferte Form verwendet.

James Graham-Campbell

Die genannten Richtlinien gelten im wesentlichen auch für die deutsche Ausgabe, natürlich modifiziert im Hinblick auf deutsche Sprachgewohnheiten und die Konventionen der deutschen Fachsprache. Allerdings werden skandinavische Sonderzeichen beibehalten, wo sie unerläßlich scheinen. Die Aussprache von Æ, æ ist = ä, von schwed. Å, å = o, von norw./dän. Ø, ø = ö. (Anm. der Übers.)

ERSTER TEIL

DIE HERKUNFT DER WIKINGER

DAS LAND, DAS KLIMA UND DIE MENSCHEN

Die Heimat der Menschen, die wir heute als Wikinger kennen, lag in den drei Ländern, die zusammen das moderne Skandinavien ausmachen: Norwegen, Schweden und Dänemark. Gemeinsam erstrecken sie sich über eine gewaltige Fläche, die sich vom Nordkap aus bis zum 71. Breitengrad weit in den Polarkreis hinein ausdehnt und im Süden bis zur deutsch-dänischen Grenze reicht, die ungefähr auf dem 55. Breitengrad liegt. Die gesamte Landmasse umfaßt annähernd 790 000 Quadratkilometer. So ist es nicht verwunderlich, daß in diesem riesigen Gebiet eine große Vielfalt von Landschaften und Klimazonen existiert. Flora und Fauna, die Wirtschaftsgrundlagen und sogar der Charakter der Bewohner variieren von Gegend zu Gegend. Wenn dies für heute gilt, so müssen diese Unterschiede in früheren Zeiten, vor der Existenz moderner Technologie, noch weitaus deutlicher gewesen sein.

In Norwegen und Schweden, die zusammen die skandinavische Halbinsel bilden, besteht das Urgestein aus präkambrischem Granit, der im Süden hauptsächlich von Kalkstein- und Kreideschichten, im Westen und Norden von in jüngerer Zeit aufgefalteten und verschobenen Gesteinsschichten überlagert ist, die eine Gebirgskette entstehen ließen. Während der Vergletscherung in der Eiszeit, die vor etwa 1 500 000 Jahren begann und vor etwa 13 000 Jahren beendet war, schoben sich gewaltige Gletscher von den Gebieten der Arktis aus südwärts und bedeckten einen großen Teil der nördlichen Hemisphäre. Zur Zeit ihrer maximalen Ausdehnung reichten sie bis nach Zentraleuropa hinein, das Ausbreitungsgebiet schwankte jedoch im Laufe der Jahrtausende. Dennoch bedeckten die Gletscher während dieses gesamten Zeitraums einen Großteil der skandinavischen Halbinsel. Als sie in den kältesten Pe-

Links: Nordische Winter sind lang und streng. Monatelang kann Schnee die Täler und Pässe des Binnenlandes bedecken. So überrascht es nicht, daß in Skandinavien das Skifahren schon in prähistorischer Zeit in Gebrauch kam, um die Kommunikation unter solchen Bedingungen aufrechtzuerhalten. Von Schlitten und Schlittschuhen wissen wir, daß sie in der Wikingerzeit verwendet wurden.

rioden nach Süden vordrangen, ebneten und glätteten sie das Land und drückten es an manchen Stellen mit ihrem Gewicht Hunderte von Metern unter das ursprüngliche Niveau. In wärmeren Zeitperioden ließ das zurückweichende und schmelzende Eis Endmoränen und große Mengen von Steinen und Geröll zurück, die beim Vordringen nach Süden aufgenommen und mitgeschleift worden waren. Daher sind weite Bereiche der Halbinsel von unfruchtbaren, kiesigen Böden bedeckt, die sich für Land- und sogar Forstwirtschaft nur schlecht eignen. Die südlichen Teile Schwedens (die heutigen Provinzen Skåne und Südhalland) und Dänemarks waren nur in den kältesten Perioden von Gletschern bedeckt. Daher findet man dort weniger eiszeitliche Ablagerungen und neben den kiesigen mehr fruchtbare Böden aus Kalkstein und Kreide, die von einer Lehmschicht überdeckt sind.

Als die Gletscher schmolzen, wurde das darunterliegende Land von dem großen Druck befreit, dem es durch das Gewicht des Eises ausgesetzt gewesen war, und es begann sich wieder auf sein ursprüngliches Niveau zu heben. Diese »eustatische Veränderung« oder »Landhebung« ist seit dem Ende der letzten Eiszeit vor ungefähr 13 000 Jahren ein kontinuierlicher Prozeß, der bis heute anhält – mit einiger Geschwindigkeit im Norden, weiter im Süden langsamer. Im Inneren der nördlichen skandinavischen Halbinsel hebt sich das Land noch immer um etwa einen Meter pro Jahrhundert. In Zentralnorwegen und -schweden ist der Vorgang weniger stark ausgeprägt (ungefähr 50 Zentimeter in 100 Jahren). Im südlichen Teil der skandinavischen Halbinsel, wo die Auswirkungen der Vergletscherung nicht so stark ins Gewicht fielen, ändert sich die Höhe des Landes dagegen kaum.

Mit dem Abtauen der Gletscher am Ende der letzten Eiszeit stieg auch der Meeresspiegel an. Dies machte sich besonders in Südskandinavien bemerkbar, wo die Landhebung ein geringeres Ausmaß hatte. Dänemark beispielsweise war um 8000 v. Chr. Teil einer einzigen ausgedehnten Landmasse, die Großbritannien, Dänemark und Südschweden umfaßte. Seine jetzige Gestalt nahm es erst Jahrtausende später an, als das Land zwischen Westjütland und England vom steigenden Meerwasser überflutet wurde. Damals entstand die Nordsee, und es bildeten sich die Meeresarme zwischen den dänischen Inseln sowie der Øresund zwischen Seeland und Skåne.

Als die Gletscher tauten, wanderten Menschen nach Skandinavien ein, um auf dem neuen Land zu siedeln, wobei sie langsam dem sich nach Norden zurückziehenden Eis folgten. Dänemark war um 13 000 v. Chr. vom Eis befreit und wurde zuerst besiedelt. Die Gebiete weiter im Norden waren erst später zugänglich. Um das Jahr 8000 v. Chr. war jedoch fast ganz Skandinavien wieder bewohnbar. Diese ersten Siedler waren möglicherweise die Urahnen jener Menschen, die während der Wikingerzeit (nach ca. 800 n. Chr.) in dieser Region lebten.

Skandinavien wurde in späterer Zeit nur selten wieder zum Ziel neuer Einwanderungswellen, obwohl es stets für neue kulturelle Einflüsse vom europäischen Festland offen war. Dieser Austausch war keineswegs einseitig. Schon vor und auch während der Wikingerzeit gab es Wanderungen von Menschen und kulturellen Einflüssen aus Ostschweden nach Südwestfinnland und in die baltische Küstenregion (heute Estland, Lettland und Litauen). Im 5. und 6. Jahrhundert n. Chr. gab es Völkerwanderungen von der Westküste Dänemarks sowie, in kleinerem Umfang, von Norwegen nach Ostengland. In der Wikingerzeit selbst führten Emigrationswellen aus Westskandinavien zur Gründung neuer Siedlergemeinschaften im Nordatlantik: auf den Färöern, auf Island und Grönland und sogar in Amerika. Erst im 19. Jahrhundert brachten Massenauswanderungen die skandinavische Kultur in den mittleren Westen der USA und nach Kanada.

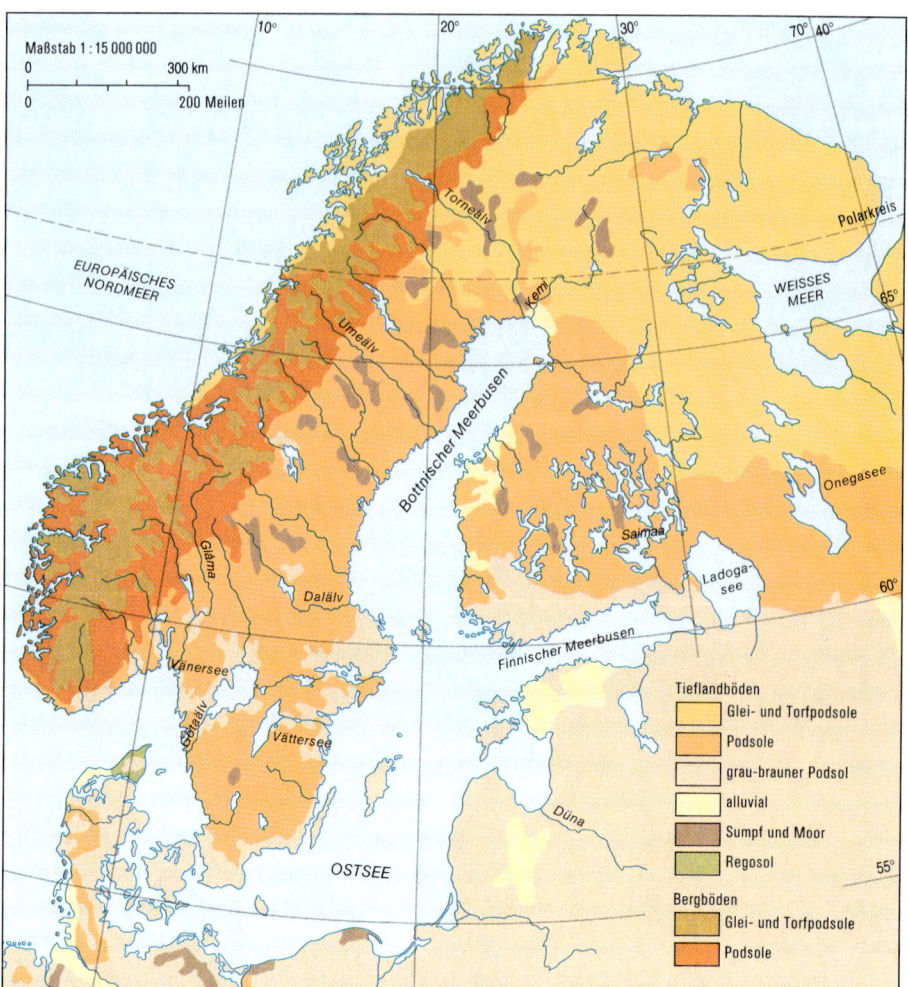

Klima und Bodenbeschaffenheit

Angesichts ihrer geographischen Breite haben die skandinavischen Länder ein überraschend mildes Klima – eine Folge des mäßigenden Einflusses der warmen Wasser des Golfstroms, der von den Westwinden nach Skandinavien getrieben wird. An der Westküste Norwegens zwingen die Berge die erwärmte Luft, anzusteigen und ihre Feuchtigkeit abzugeben *(rechts, oben)*. Weiter östlich ist es viel trockener, und ein Großteil des Niederschlags fällt in Form von Schnee. Durch die Einwirkung des Meeres hat die Westküste vergleichsweise milde Winter und kühle Sommer *(rechts, Mitte und unten)*. Im Osten, wo kontinentale Einflüsse stärker sind, herrschen extreme Temperaturen mit langen, kalten Wintern und kurzen, warmen Sommern. Das Gebirgsklima Norwegens und Schwedens ist ebenfalls hart. Die Böden der Region *(links)* sind meist podsolig – sauer, sehr feucht und von geringer Qualität; schwerere Klei- und moorige Böden finden sich in Feuchtgebieten.

Unten: Die gebirgige Westküste Norwegens ist gegliedert durch Fjorde, die von Gletschern eingekerbt wurden; der Sognefjord ist der größte. Diese dramatischen See-Täler bieten geschützte Landnischen für die Landwirtschaft, und ihr normalerweise ruhiges Wasser gewährleistet, daß isoliert liegende Siedlungen bequem mit Booten zu verbinden sind.

Noch heute umfaßt die Bevölkerung der skandinavischen Landmasse nur wenig mehr als 17 Millionen Menschen. Die höchste Bevölkerungsdichte hat Dänemark, bei weitem das kleinste der drei Länder, wo ca. 5 Millionen Menschen in einem Gebiet von etwas mehr als 414 000 Quadratkilometern leben. Das etwa achtmal größere Norwegen hat nur rund 4 Millionen Einwohner, und in Schweden, mehr als zehnmal so groß wie Dänemark, leben ungefähr 8 Millionen Menschen. In der Wikingerzeit war das Bevölkerungsverhältnis fast genauso, wenn auch die Gesamteinwohnerzahl viel kleiner war. Die Siedlungen lagen hauptsächlich in den südlichen Teilen Skandinaviens, wobei ihre Zahl und Dichte nach Norden zu immer weiter abnahmen. Die arktischen und subarktischen Regionen Norwegens und Schwedens wurden damals wie auch heute noch von den Lappen (oder Samen) bewohnt, die sich ethnisch von den skandinavischen Völkern weiter südlich unterscheiden. Die Lappen bewahrten ihre Traditionen und ihre im wesentlichen steinzeitliche Kultur bis in die neuere Zeit hinein. Ihre natürlichen und engsten Kontakte hatten sie eher mit den verwandten Völkern in Finnland und Rußland als mit den ihnen fremden südlichen Nachbarn.

Norwegen

Norwegen zeichnet sich durch seine immens lange Küstenlinie aus – insgesamt mehr als 20 000 Kilometer –, die von den langen, schmalen Fjorden (überflutete Gletschertäler) in bizarrer Weise zerklüftet wird. Die Fjorde erstrecken sich meist viele Kilometer ins Landesinnere, links und rechts von steil aufragenden Bergen begrenzt. Vor der Küste liegen zahlreiche Inseln. Die dominierende Gebirgslandschaft Norwegens hat die Fortbewegung auf dem Landweg schon immer erschwert, und in den Jahrhunderten menschlicher Besiedlung fanden Kontakte zwischen

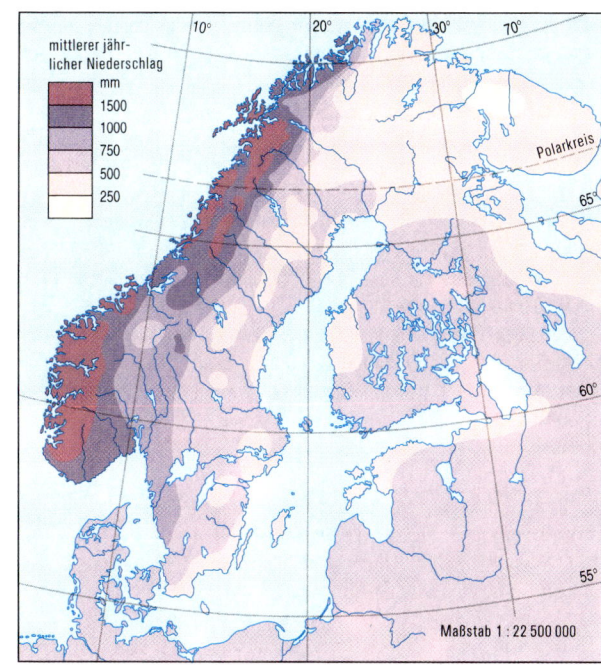

mittlerer jähr-
licher Niederschlag

mm
1500
1000
750
500
250

Maßstab 1 : 22 500 000

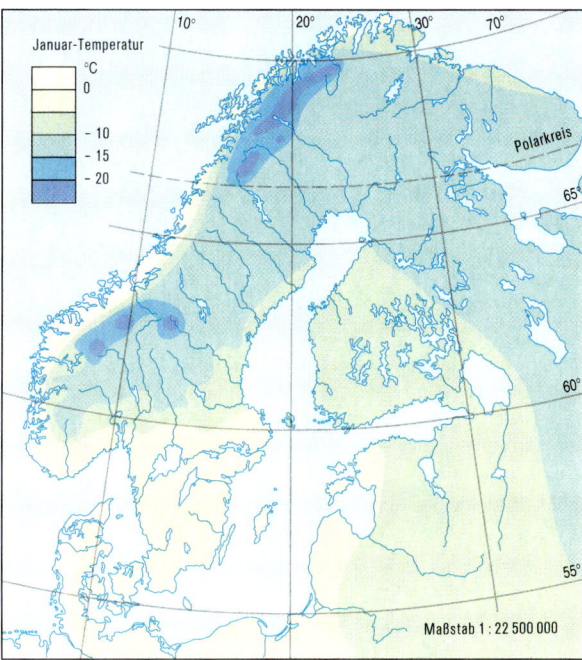

Januar-Temperatur

°C
0
– 10
– 15
– 20

Maßstab 1 : 22 500 000

Juli-Temperatur

°C
15
10
5

Maßstab 1 : 22 500 000

den Siedlungen größtenteils auf dem Seeweg statt. Die Besiedlung war auf die bewohnbaren Landstriche am Ufer der Fjorde konzentriert, und die oft recht isolierte Lage kleiner Orte führte dazu, daß sich dort ein eigenes Brauchtum und individuelle Kulturformen entwickelten. Die Fjordbewohner zeichneten sich von jeher durch einen standhaften Unabhängigkeitssinn aus.

Im nördlichen Binnenland Norwegens sind die Winter lang und hart, mit Temperaturen, die deutlich unter dem Gefrierpunkt liegen. Eine hohe Schneedecke bedeckt den Boden über viele Monate des Jahres hinweg. An der Küste ist das Klima weniger streng, und der Golfstrom hält sogar Häfen, die so weit im Norden liegen wie Narvik, im Winter eisfrei. Das Klima Norwegens begünstigte also die Besiedlung der Küsten, mit Fischerei und Walfang als wichtigster Lebensgrundlage. Viehzucht war unter den klimatischen Bedingungen der westlichen und nördlichen Küstenregionen möglich (das Vieh kam während des Winters in den Stall), und Rinder, Schafe, Ziegen und Pferde wurden damals wie heute als Milch- und Fleischlieferanten sowie als Lasttiere gehalten. Obwohl die relativ milden Temperaturen in den Küstenregionen mit guten Böden die Kultivierung von Obstbäumen und anderen Felderzeugnissen erlauben, spielte der Ackerbau insgesamt immer nur eine untergeordnete Rolle. Noch heute werden nur etwa drei Prozent des Landes als Ackerland genutzt, hauptsächlich im Süden und Osten.

Fisch aus den reichen Fischgründen der Küsten des Nordatlantiks und des Eismeeres ist bis heute ein Hauptbestandteil der norwegischen Ernährung geblieben. In früheren Zeiten wurden auch Seevögel, die die Felsküste im Überfluß bevölkern, und ihre Eier als Nahrungsquelle genutzt. Bis zum Ende des Mittelalters war Trockenfisch die wichtigste Exportware des Landes. Meeressäuger wie Robben und Walrosse wurden wegen ihrer Häute, die letzteren auch wegen ihres Elfenbeins gejagt. Norwegen besitzt keine großen Waldgebiete, weil der größte Teil des Landes oberhalb der Baumgrenze liegt. Soweit jedoch Wald vorhanden ist, besteht er aus Nadelhölzern wie Tanne, Fichte und Kiefer. Laubbäume wie Eiche, Esche und Buche wachsen vereinzelt im Süden, aber immer vermischt mit Nadelbäumen. Laubbäume hatten vielleicht nie einen bedeutenden Anteil an der Vegetation. Der hohe Norden ist von Tundravegetation bedeckt – ein ödes, ungeschütztes Terrain ständig gefrorenen Bodens mit sehr spärlichem Pflanzenwuchs – und etwas südlicher davon von Taiga (Nadelwald). In diesen nördlichen Landesteilen finden sich Rentiere, Elche und Bären, außerdem kleinere Pelztiere wie Polarfuchs, Marder, Luchs und Eichhörnchen. Sie alle wurden von alters her als Nahrungslieferanten und wegen ihrer Felle und Geweihe gejagt. In der Wikingerzeit wurden diese Rohstoffe gegen Luxusgüter eingetauscht, die nur in den gemäßigteren und wirtschaftlich etwas weiter fortgeschrittenen Ländern des europäischen Kontinents erhältlich waren.

Schweden

Schwedens größte Nord-Süd-Ausdehnung beträgt etwa 1550 Kilometer. An seiner westlichen Grenze hat es Anteil am gebirgigen Terrain Norwegens, doch der Großteil des Landes liegt weniger als 500 Meter über dem Meeresspiegel und besteht aus niedrigen, hügeligen Landstrichen, die größtenteils mit Nadelwald bedeckt sind. Es gibt zahlreiche Süßwasserseen und viele schiffbare Flüsse, die über die Jahrhunderte als Verkehrsadern für Schiffsverkehr gedient haben. Eine offene Tundralandschaft findet sich im äußersten Norden.

Die niedrigsten und flachsten Landstriche liegen in drei bestimmten Gebieten in Mittel- und Südschweden: das eine um den Vänersee im Westen mit der fruchtbaren Ebene von Västergötland und dem Flußtal des Götaälv;

Oben: Die Nadelwälder Norwegens und Schwedens bieten Pelztieren, die wegen ihres Winterfells gejagt wurden, einen natürlichen Lebensraum. Pelze wurden von Wikinger-Händlern in den Osten und den Westen verkauft im Austausch gegen andere Luxuswaren wie Seide und Wein.

Oben rechts: **Die Vegetation Skandinaviens**
Der Laubwald ist die natürliche Vegetationsform eines Großteils von Dänemark und Südschweden, wobei diese allmählich in Mischwald übergeht. Geschlossener Nadelwald (Taiga) bedeckt fast den gesamten Rest der Region. Tundra – ein baumloser Vegetationstyp aus Gräsern und niedrigem Gestrüpp – findet sich in den Permafrostgebieten des hohen Nordens und in gebirgigen Regionen oberhalb der Baumgrenze und unterhalb des ewigen Eises.

Rechts: Seen und Wasserstraßen im Binnenland waren in der Wikingerzeit wichtig für den Verkehr in Schweden, sei es im Sommer mit Booten oder im Winter über das Eis. Der hier gezeigte Siljansee liegt in Dalarna, einem bedeutenden Gebiet für die Eisengewinnung.

das zweite im Osten, konzentriert auf die beiden großen Seen Hjälmaren und Mälaren, angrenzend im Süden an die Östergötländische Ebene und im Norden an den Dalälv; das dritte im Süden, wo die flachen Gebiete von Skåne und Halland sehr an die dänische Landschaft erin-

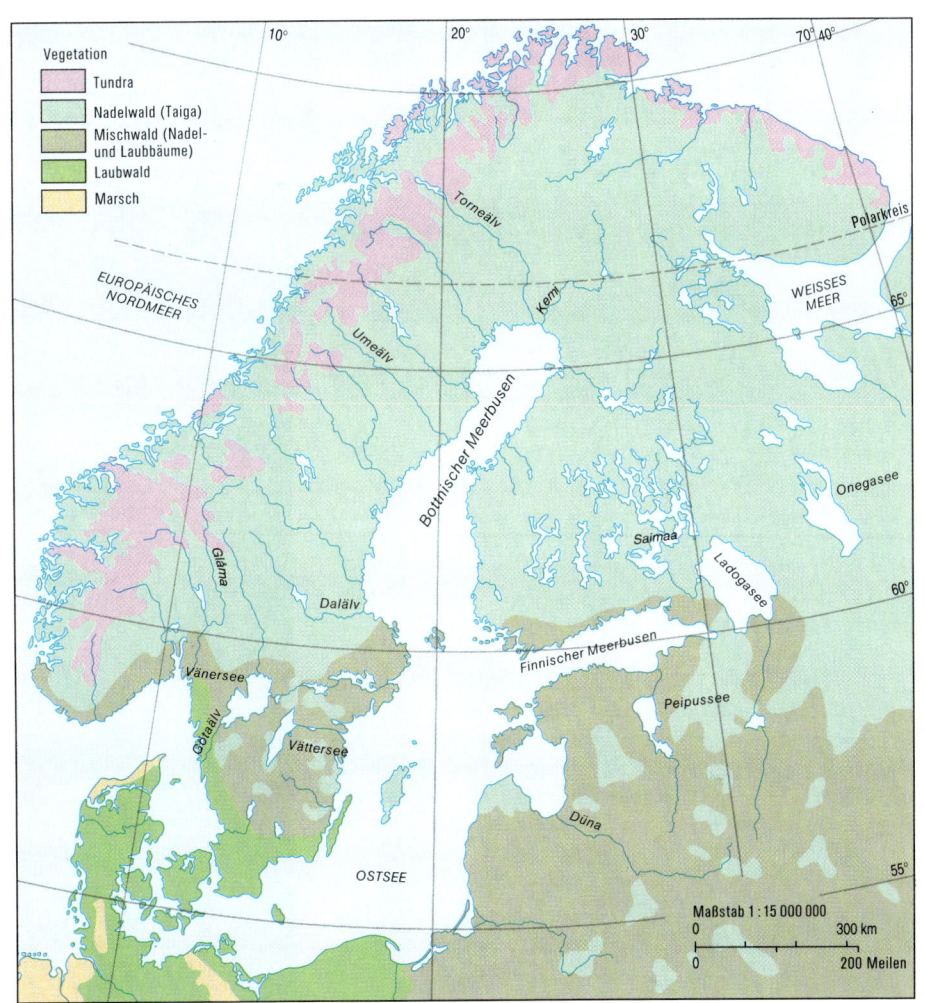

Vegetation
- Tundra
- Nadelwald (Taiga)
- Mischwald (Nadel- und Laubbäume)
- Laubwald
- Marsch

EUROPÄISCHES NORDMEER

Polarkreis

WEISSES MEER

Torneälv

Kem

Umeälv

Bothnischer Meerbusen

Onegasee

Saimaa

Ladogasee

Glåma

Dalälv

Finnischer Meerbusen

Peipussee

Vänersee

Götaälv

Vättersee

Düna

OSTSEE

Maßstab 1 : 15 000 000
0   300 km
0   200 Meilen

nern. Diese Regionen, die auch Laubwald, meist aus Eiche, Buche und Birke, aufweisen, sind die fruchtbaren Agrargebiete Schwedens.

Bis zum 17. Jahrhundert war Skåne durch die dichten Wälder Smålands so gut wie völlig von den Gebieten im Norden abgeschlossen. Tatsächlich gehörte es bis zu diesem Zeitpunkt zum Königreich Dänemark und verdankte seine Kontakte und kulturellen Einflüsse dem Süden und Westen, dem kontinentalen Festland. Die Ebene von Västergötland war von Wald umgeben, außer im Westen, wo sie durch das Tal des Götaälv mit der Küste verbunden war. Ihre Kontakte richteten sich hauptsächlich nach Westen: nach Dänemark, Norwegen, zur Nordsee und darüber hinaus. Eine weitere abgeschlossene Einheit bildete die Mälarregion. Ihre Kontakte erstreckten sich hauptsächlich nach Osten und Südosten über die Ostsee und nach Norden die Moränenrücken entlang, welche die nördlichen Wälder durchschnitten und einigen Landverkehr ermöglichten. Dies war immer die reichste Gegend Schwedens, und hier begann sich auch der schwedische Staat als eine einheitliche Macht in den Jahrhunderten unmittelbar vor der Wikingerzeit herauszubilden.

Die beiden Ostseeinseln Öland und Gotland schließlich unterscheiden sich vom Rest des Landes durch ihre maritime Lage und ihre geologische Struktur. Beide Inseln sind Kalksteinformationen mit dünnen, aber fruchtbaren Böden, gemäßigtem Klima und guten Voraussetzungen für Weidewirtschaft und Ackerbau. Gotland liegt den östlichen und südlichen Ostseeländern fast genauso nah wie Schweden selbst, und seine strategische Lage in der Mitte der Ostsee ermöglichte ihm jahrhundertelang die Kontrolle über die Handelswege und führte zu wachsendem Wohlstand. In der Wikingerzeit und bis ins Mittelalter hinein war Gotland so gut wie unabhängig vom schwedischen Festland.

Die schwedische Landschaft bot dieselben natürlichen Ressourcen wie die norwegische. Wildtiere wurden im Norden wegen ihres Fleisches und der Pelze gefangen, an den Küsten wurde Seevögeln und Fischen (doch seltener Meeressäugern) nachgestellt. Die Wälder und Waldgebiete lieferten Weichholz und Hartholz als Baumaterial und zu anderen Zwecken. Schweden besitzt auch reiche Vorkommen von Eisenerz, die in immer größerem Maßstab bis heute ausgebeutet werden. Kupfer wurde hingegen erst im Mittelalter abgebaut. Obgleich Schweden nur dünn besiedelt ist, konnte es schon immer eine größere Bevölkerung ernähren als sein norwegisches Nachbarland.

Dänemark

Dänemark ist Teil derselben geologischen Formation wie Südschweden und die flachen Landstriche an der Südküste der Ostsee. Es ist ein tiefliegendes Land – die höchste Erhebung erreicht nur eine Meereshöhe von 173 Metern – mit einer im Vergleich zu seiner Fläche sehr langen Küstenlinie. Dänemark besteht aus der jütischen Halbinsel und Hunderten von großen und kleinen Inseln. Heute besitzt es weit ausgedehnte Agrarflächen und nur noch sehr wenig Wald. Dieses Bild des Landes ist jedoch größtenteils ein Resultat von Entwicklungen der letzten 200 Jahre, in denen Sümpfe trockengelegt, Heideland urbar gemacht und Wälder gerodet wurden, um Platz für Ackerland zu schaffen. Bis zum Ende des Mittelalters war ein erheblicher Teil Dänemarks mit Laubwald bedeckt. Feuchtwiesen, Marschland und Sümpfe säumten die zahlreichen Flüsse und Seen, wurden aber zum Großteil schon vor langer Zeit trockengelegt.

Das Klima Dänemarks ist milder und ausgeglichener als das der übrigen Regionen Skandinaviens. Dies spiegelt sich auch in seiner Flora und Fauna: Es fehlen die pelztragenden Säugetiere, die in früheren Zeiten den nördlichen Nachbarländern Reichtum gebracht hatten. Ackerbau war schon immer die wirtschaftliche Basis Dänemarks. Feldfrüchte konnten auf den trockeneren Böden angebaut und Vieh auf dem satten Gras der Feuchtwiesen gehalten werden. Das Meer und die Wasserläufe des Landesinneren lieferten Fische und Vogelwild.

Wie Norwegen und Schweden ist auch Dänemark in eine Anzahl von Regionen gegliedert, von denen die mit dem europäischen Festland verbundene Halbinsel Jütland die größte ist. Die ganze Geschichte hindurch erreichten kulturelle Innovationen aus Nordwesteuropa immer zuerst Jütland. Von hier aus wurden sie an die übrigen Landesteile vermittelt und dann, oft nach einer beträchtlichen Zeitspanne, weiter nach Norwegen und Schweden. Jütland war fast immer der reichste Teil Dänemarks. So war es kein Zufall, daß es zum wichtigsten Zentrum königlicher Macht wurde, als Dänemark sich schließlich im 10. Jahrhundert zu einem geeinten Staat entwickelte.

Die dänischen Inseln, insbesondere die größten, Fünen und Seeland, tragen sehr individuelle Charakterzüge – in früheren Zeiten hatten sie auch eigene Herrschaftssysteme. Die östlichsten Gebiete Dänemarks pflegten engere kulturelle Kontakte zu den Völkern rund um die Ostsee als zu denen Nordwesteuropas. So fallen dort in der Wikingerzeit viele slawische Einflüsse ins Auge, z.B. im Stil von Töpferarbeiten oder bei den Methoden des Schiffbaus. Die Insel Bornholm ist wieder anders geartet, mehr den

Links: Die jütische Halbinsel verbindet das niedrig liegende Dänemark mit dem europäischen Festland. Ihre Westküste ist, im Gegensatz zur größtenteils geschützten Küstenlinie Norwegens, der vollen Gewalt des Meeres ausgesetzt. Dies konnte aber die Segler der Wikingerzeit, ob Piraten oder Händler, nicht abschrecken.

Oben: Die Landschaft Zentralfinnlands ist durch Nadelwälder und unzählige Seen charakterisiert. Finnland ist das östlichste der nordischen Länder, und seine Bevölkerung ist nicht skandinavischen Ursprungs, doch gelangte seine West- und Südküste in der Wikingerzeit unter schwedischen und gotländischen Einfluß.

Folgende Doppelseite: Die Lofoten-Inseln liegen nahe dem Nordende der norwegischen Atlantikküste. Trotz ihrer nördlichen Lage hält der Golfstrom sie mild und feucht. Seit früher Zeit werden sie von Fischergemeinschaften bewohnt. Die durch Inseln geschützte und durch Fjorde gegliederte Westküste Norwegens ermöglichte den Seeweg von Süden, der dem Land seinen Namen gab: »Nord-weg«.

schwedischen Inseln Gotland und Öland zugewandt als dem eigentlichen Dänemark. Sie liegt weit außerhalb in der südlichen Ostsee, etwa 140 Kilometer vor der Ostküste Seelands, wo Kopenhagen, Dänemarks heutige Hauptstadt, liegt. Daher stellt sie eine Art Außenposten in einem sonst eher dichtgedrängten Inselland dar. Andererseits liegt Bornholm nur 30 Kilometer vor der Küste Skånes, welches zusammen mit Halland bis zum 17. Jahrhundert zu Dänemark gehörte. Im Gegensatz zu diesen beiden Provinzen blieb Bornholm politisch mit Dänemark verbunden, wenngleich dies in kultureller Hinsicht nicht ganz zutrifft.

Finnland

Finnland, von Schweden durch den Bottnischen Meerbusen getrennt, zählt nicht zu den Herkunftsländern der Wikinger. Das Volk der Finnen ist nicht skandinavischen Ursprungs: Finnisch gehört zur finno-ugrischen Sprachfamilie und ist eng mit dem Estnischen verwandt, das an der Südküste des Finnischen Meerbusens gesprochen wird. Etwas entfernter ist es mit dem Ungarischen und Türkischen verwandt.

Südwestfinnland wurde aber gerade in der Wikingerzeit stark von Schweden beeinflußt. Viele wikingertypische Merkmale finden sich hier seit dem 9. Jahrhundert, u. a. bei der Herstellung von Schmuck und Waffen sowie in stilistischer Hinsicht. Deshalb wird Finnland in dieser Darstellung zu den Wikingerländern gerechnet.

In geologischer Hinsicht ähnelt Finnland sehr dem zentralen und nördlichen Schweden, wenn auch die Bergketten fehlen. Während der Eiszeit wurde es von besonders schwerer Vergletscherung heimgesucht; der größte Teil des Landes besteht aus kiesigen Böden, die für Landwirtschaft ungeeignet sind. Im hohen Norden liegt offene Tundra, und südlich davon charakterisiert Nadelwald, der von unzähligen Seen unterbrochen ist, das Landschaftsbild. Die finnische Landmasse ist etwas größer als die Norwegens, sie umfaßt etwa 363 000 Quadratkilometer.

Im arktischen und subarktischen Norden des Landes leben noch immer Lappen (oder, wie sie sich selbst nennen, Samen), die derselben kulturellen Gruppe angehören wie die Lappen Nordnorwegens, Nordschwedens und Nordrußlands. Der Hauptteil der finnischen Bevölkerung, die heute um die 5 Millionen Menschen umfaßt, lebt jedoch in den westlichen und südlichen Küstenregionen. Diese Gebiete wurden von schwedischen Wikingern sowohl besucht als auch teilweise besetzt, und hier wurden auch die meisten Überreste von Siedlungen aus der Wikingerzeit gefunden. Später war Finnland Teil des mittelalterlichen Königreichs Schweden und blieb bis zum 19. Jahrhundert in schwedischem Besitz.

SKANDINAVIEN VOR DEN WIKINGERN

Die ersten Skandinavier waren ein Wandervolk, das seine Existenz durch Jagen, Fischen und das Sammeln von eßbaren Wildpflanzen sicherte. Ihre Siedlungen waren provisorisch angelegte Lager, die sie meist entlang der Küste, an den Flüssen und an den Ufern der Seen aufschlugen, um die Nahrungsquellen dort zu nutzen – Fische, Schalentiere, Meeressäuger und Seevögel sowie die Tiere, die das Land durchstreiften. Bei der Wahl des Lagerplatzes folgten sie den Wanderungen der Tiere und ließen deshalb nur wenige Relikte zurück: einige aus Flintstein und anderen Gesteinen angefertigte Werkzeuge und Waffen und einzelne Gräber von Toten, die in der Nähe des Lagers beerdigt wurden. Diese nomadische Lebensweise in weit verstreuten Gruppen dauerte etwa vier Jahrtausende lang; von den Archäologen wird der Zeitraum als Mesolithikum oder Mittlere Steinzeit bezeichnet.

Die neolithische Revolution

Ein tiefgreifender Wandel vollzog sich um etwa 4000 v. Chr. in Südskandinavien, als Ackerbau und Viehzucht allmählich begannen, die Jagd als wichtigste Lebensgrundlage abzulösen. Diese Entwicklung leitete das nächste große Zeitalter der Vorgeschichte ein, das Neolithikum oder die Jüngere Steinzeit, welche mehr als zwei Jahrtausende umfaßt. Die neue Art des Nahrungserwerbs kam von Süden nach Skandinavien und mag von einzelnen Gruppen von Einwanderern aus Kontinentaleuropa mitgebracht worden sein. Es ist jedoch unwahrscheinlich, daß es eine Einwanderungswelle im großen Stil gegeben hat. Vielmehr war die lokale Bevölkerung dieselbe, die auch in der älteren Zeit als Jäger und Sammler gelebt hatte.

Als sich der Ackerbau etabliert hatte, veränderte sich die Art der Siedlungen. Die Menschen blieben länger an einem Ort und kultivierten das umliegende Land, das sie durch Rodung des Urwaldes urbar machten. Doch auch diese Siedlungen wurden nicht sehr viele Jahre lang bewohnt, denn wegen der intensiven Nutzung und des Fehlens von Dünger wurden die Felder schon bald unproduktiv, und die Menschen mußten weiterziehen, um mehr Land zu roden und von neuem Ackerbau zu betreiben. Diese semipermanenten Siedlungen blieben klein, sie umfaßten nur einige Gebäude, die kaum mehr als eine Familiengruppe beherbergen konnten, und sie waren dünn über das Land verstreut, eher isolierte Bauernhöfe als Dörfer. Trotzdem zeigen die Bestattungsbräuche dieser frühen Ackerbauern, daß sie sich doch als eine Art von Gemeinschaft verstanden. Sie beerdigten ihre Toten in großen kunstvollen Grabmonumenten, die oberirdisch aus gewaltigen Steinen errichtet wurden, den sogenannten Megalithen (weshalb man diesen Grabtypus als Megalithgrab bezeichnet). Sie bestanden aus einer geräumigen Zentralkammer, groß genug, um darin aufrecht stehen zu können, und einem Zugangstunnel. Diese Anlagen wurden dann mit einem Erdhügel bedeckt, der von einem Ring kleinerer, aufrecht stehender Steine eingefaßt war. Reste von Tongefäßen, die man in den Eingängen von Gräbern mit vielen Bestattungen und in ihrer Nähe gefunden hat, deuten darauf hin, daß ein Begräbnis von komplizierten Ritualen begleitet wurde. Dazu gehörte eine Zeit des Fastens und vielleicht das Darbringen von Opfern. Sie verlangten die Teilnahme der Menschen aus einem großen Umkreis, für die das Gemeinschaftsgrab eine Art Bezugs-

punkt darstellte. Damals begann sich eine Gesellschaftsstruktur zu entwickeln, wie wir sie heute kennen. Diese frühen Bauerngemeinschaften sind uns am besten aus Südskandinavien (Dänemark, Südschweden und Südostnorwegen) bekannt. Hier war nicht nur das Klima milder, sondern hier fand auch der erste Kontakt mit den neuen kulturellen und technologischen Impulsen statt, die sich vom europäischen Festland her nordwärts ausbreiteten. In den Wäldern und der Tundra weiter nördlich blieben Jagd, Fischerei und das Sammeln von Nahrung die eigentlichen Lebensgrundlagen, und Veränderungen in Wirtschaft und Kultur vollzogen sich viel langsamer. Trotzdem beweisen einige im Norden gefundene Werkzeuge und Waffen, die aus den südlicheren Regionen stammen, daß es Kontakte zwischen den beiden Gebieten gab.

Neolithische Bauern gebrauchten eine größere Anzahl verschiedenartiger Waffen und Werkzeuge als ihre jagenden Ahnen, doch wurden diese noch immer aus örtlich vorhandenen Rohmaterialien gefertigt. Flintstein und auch andere Gesteinsarten wurden zu Axtköpfen verarbeitet, die man an einem Holzgriff befestigte; sie dienten dazu, Bäume zu fällen und das Land zu roden. Scharfe Flintsteinsplitter wurden als Sichelklingen zur Kornernte verwendet. Pfeilspitzen, die bei der Jagd benutzt wurden, waren ebenfalls aus Flintstein. Mit der Zeit entwickelten sich die Formen einiger Erzeugnisse, besonders der Waffen, zu äußerst fein und kunstvoll bearbeiteten Produkten, deren Herstellung großes Geschick erforderte. Streitäxte aus poliertem Stein und Feuersteindolche dokumentieren die hohe Kunstfertigkeit, welche die Handwerker beim Bearbeiten dieser spröden Materialien entwickelten. Erst am Ende des Neolithikums im zweiten Jahrtausend v. Chr. wurden Flint und Stein von der Bronze verdrängt, die zunächst bei der Herstellung einiger einfacher Waffen, wie grober Äxte und Dolche, verwendet wurde. Dieser Wandel markiert den Übergang zur Bronzezeit.

Links: Kultische Axtblätter aus Feuerstein als Votivgabe bei Hagelbjerggård, Seeland, Dänemark, spiegeln die bedeutende Rolle der Feuersteinaxt in der jungsteinzeitlichen Gesellschaft wider – vor allem in ihrem primären Gebrauch als Werkzeug bei der Landrodung.

Rechts oben: Der mit Steinen eingefaßte Eingang eines großen »Ganggrab«-Hügels bei Gillhög, Skåne, Schweden. Ganggräber wurden von jungsteinzeitlichen Ackerbaugemeinschaften benutzt, um Knochen von Skeletten aufzubewahren, die man vorher exponiert hatte.

Rechts: Die bronzezeitlichen Felszritzungen Skandinaviens, wie diese Gruppe aus Bohuslän in Westschweden, liefern geheimnisvolle Zeugnisse für kultische Aktivitäten. Es werden Menschen, Tiere, Schiffe, Waffen und verschiedene Symbole abgebildet, von denen das häufigste Schalen sind, flache runde Näpfe, die in die Felsoberfläche eingetieft sind – entweder in Gruppen für sich oder in Verbindung mit anderen Ritzungen.

Die Bronzezeit

Bronze ist eine Legierung aus Kupfer und Zinn. Diese beiden Metalle mußten in der vorgeschichtlichen Zeit aus West- und Mitteleuropa nach Skandinavien importiert werden. Der Gebrauch von Bronze muß einen deutlichen Einschnitt für die Ökonomie in der Frühzeit Skandinaviens bedeutet haben, denn die ganze Region wurde nun in ein ausgedehnteres Netz von kulturellen Kontakten einbezogen, das sie für Einflüsse von außen öffnete.

Die Bronzezeit begann in Dänemark um etwa 1800 v. Chr. und dauerte mehr als ein Jahrtausend. Die bronzezeitliche Kultur erreichte die nördlichen Teile der skandinavischen Halbinsel weit später, doch Funde von Bronzegegenständen einheitlicher Fertigungsart in ganz Skandinavien zeigen, daß es, wie in früheren Zeiten, auch jetzt Verbindungen zwischen Nord und Süd gab. In der Bronzezeit wurden diese Kontakte offenbar durch Tauschhandel begünstigt: Rohmaterialien, wohl hauptsächlich Felle und Pelze, wurden gegen Kupfer und Zinn getauscht, um selbst Bronze herstellen zu können, oder gegen schon fertige Bronzewaffen wie Schwerter und Äxte, die aus Mitteleuropa und den Britischen Inseln importiert wurden.

Die meisten Informationen über die Bronzezeit in Skandinavien stammen aus Grabstätten oder aus Hortfunden von Objekten aus Bronze und Edelmetallen, die in Mooren, Sümpfen, Flüssen und Seen versenkt worden waren, wahrscheinlich als religiöse Opfergaben. Zahlreiche Gräber dieser Epoche hat man untersucht. Einzelne Menschen wurden unter Erdhügeln (Hügelgräber) oder unter Steinhaufen (Cairns) bestattet. Einige der Grabhügel in Dänemark und Südschweden waren gewaltig. Sie sind noch heute bis zu drei oder vier Meter hoch und wurden auf Bodenerhebungen angelegt, so daß sie die Landschaft im Umkreis von Kilometern beherrschten. Das Verbrennen von Toten und die anschließende Bestattung der Überreste in Tonurnen unter den Hügelgräbern war in den letzten

Jahrhunderten der Bronzezeit die Regel, doch in früheren Zeitabschnitten überwog die Erdbestattung des unverbrannten Körpers.

Besonders Dänemark ist reich an Überresten dieser bronzezeitlichen Grabstätten. In einigen wurden ausgehöhlte Eichenstämme als Särge benutzt, um den Leichnam aufzunehmen, der in vollständiger Kleidung und mit Beigaben, u.a. Gegenständen der persönlichen Hygiene, Rasierklingen und Pinzetten, bestattet wurde. In einigen Fällen hat die feuchte Beschaffenheit des Bodens die wollenen Gewänder der Toten konserviert. Daher wissen wir, daß Männer eine gegürtete Tunika unter einem Mantel und eine einfache Kopfbedeckung trugen. Frauen trugen eine zweiteilige Tracht. Ihre Haare wurden von einem kunstvollen Netz oder einer Haube zusammengehalten. So bietet sich uns ein lebhaftes Bild davon, wie jene Menschen ausgesehen haben müssen.

Zwar ist bemerkenswert wenig über die Siedlungen der Bronzezeit bekannt, doch aus den spärlichen Indizien läßt sich schließen, daß die Menschen jener Zeit im Grunde Bauern waren, die in länglichen, rechteckigen Bauernhäusern lebten, an deren einem Ende der Stall oder die Scheune lag. Einige dieser Gehöfte gruppierten sich zu kleinen Dörfern. Tongefäße, die als Vorratsbehälter und zur Essensbereitung benutzt wurden, sind vermutlich von den Frauen zum Eigengebrauch selbst hergestellt worden. Zunächst waren die Gebrauchsgegenstände der Bauern weiterhin aus Stein und Flint gefertigt; Bronze war für die Waffenherstellung oder für dekorative Objekte, Schmuck oder Statussymbole, reserviert. Am Ende der Bronzezeit jedoch – ungefähr in der Mitte des ersten Jahrtausends v.Chr. – wurde Bronze für alle Arten von Gerätschaften verwendet, unter anderem für die Klingen von Sicheln, mit denen das Korn geerntet wurde.

Viele dieser Bronzewerkzeuge wurden wohl von ortsansässigen Bauern hergestellt, die sich nebenbei als Handwerker betätigten. Es muß aber auch Spezialisten für Metallverarbeitung gegeben haben, die die kunstvolleren Objekte anfertigten, welche meist als Votivgaben in den Mooren gefunden wurden. Unter ihnen waren auch posaunenähnliche Musikinstrumente, Luren genannt, die aus einer Röhre, dem Mundstück und einem flachen Schalltrichter bestanden. Bildliche Darstellungen von Luren auf schwedischen Felsritzungen lassen darauf schließen, daß man sie bei rituellen Anlässen spielte. Mit verschlungenen Ornamenten verzierte Helme, Schilde, Schalen aus Bronze und Gold sowie Frauenschmuck sind ebenfalls gefunden worden. Dies läßt darauf schließen, daß die Bronzezeit in vielen Teilen Südskandinaviens eine Periode großen Wohlstands gewesen ist. Die Gesellschaft scheint von einer Klasse reicher und mächtiger Häuptlinge beherrscht worden zu sein. Die Konzentration von prächtigen Grabbeigaben aus Bronze und auch Gold auf einige wenige Männergräber impliziert die Zugehörigkeit jener Toten zu einer herrschenden Oberschicht. Daß jeweils ein einzelner sehr großer Hof in Dörfern stand, die sonst ausschließlich aus kleineren Gebäuden bestanden, mag ebenfalls auf irgendeine Form einer internen Hierarchie hinweisen. Ferner wird angenommen, daß auch die Opfergaben in der Bronzezeit Manifestationen der Häuptlingsmacht waren: Die Reichen und Mächtigen besänftigten die lokale Gottheit oder den Geist, der den sakralen Ort der Opferhandlung bewohnte, mit einer prachtvollen Votivgabe und sicherten gleichzeitig ihre Machtposition gegen Rivalen mit dieser Zurschaustellung von offensichtlicher Verschwendung.

Die Eisenzeit: Die Wurzeln der Wikingerzeit

Ungefähr in der Mitte des ersten Jahrtausends vor unserer Zeitrechnung ereignete sich eine weitere technologische Revolution: Eisen ersetzte die Bronze als Material für die

meisten Werkzeuge und Waffen. Wie der Gebrauch von Bronze kam auch die Idee zur Verwendung von Eisen aus Zentraleuropa nach Skandinavien. Das Metall selbst brauchte jedoch nicht eingeführt zu werden. Reiche, leicht abbaubare Vorkommen von Eisenerz gab es an den Ufern der Seen in Zentral- und Nordnorwegen, in Schweden und in Dänemark. Diese Lagerstätten, »Sumpferz« oder »See-Erz« genannt, konnten sehr einfach ausgebeutet werden, ohne daß ein Anlegen von Minen nötig gewesen wäre. Das Erz selbst hatte keinen hohen Reinheitsgrad und enthielt viele Verunreinigungen, doch die Skandinavier lernten bald, daraus brauchbares Eisen zu gewinnen, indem sie es in einfachen Schmelzöfen verhütteten. Zunächst waren die von den Schmieden der frühen Eisenzeit hergestellten Gerätschaften und Waffen eher schlicht und von geringer Zahl, doch im Laufe der Jahrhunderte wuchsen die Kunstfertigkeit und das Repertoire der skandinavischen Handwerker, bis ihre Produkte den Vergleich mit denen im übrigen Europa nicht mehr zu scheuen brauchten.

Die Eisenzeit dauerte in Schweden etwa 1500 Jahre und wird in mehrere Unterabschnitte gegliedert. Die frühe Eisenzeit (auch keltische oder prärömische Eisenzeit) umspannt die ersten 500 Jahre dieser Periode. Die römische Eisenzeit bezeichnet die Zeit der Herrschaft des Römischen

Oben: Ein Eichensarg bei Egtved, Jütland, Dänemark, hat die vollständig bekleidete Leiche einer jungen Frau (etwa 18–20 Jahre alt) aus der frühen Bronzezeit bewahrt. Sie trug einen Schnurrock und ein Hemd mit ellbogenlangen Ärmeln. Ihren Körper hatte man auf eine Kuhhaut gelegt und in eine Decke gehüllt, ehe der Sarg geschlossen wurde.

Reiches über einen Großteil Europas (vom 1. bis zum 4. Jahrhundert n. Chr.) und des römischen Einflusses auf die skandinavische Kultur, obgleich Skandinavien selbst nie Teil des Imperiums wurde. Das 5. und 6. Jahrhundert ist als die Zeit der Völkerwanderung bekannt (in der sich Massenmigrationen von Völkern aus dem Osten nach Westeuropa vollzogen); in Dänemark wird dieser Zeitabschnitt auch frühgermanische Eisenzeit genannt. Das 7. und frühe 8. Jahrhundert wird als Vendelzeit (Schweden), Merowingerzeit (Norwegen) oder spätgermanische Eisenzeit (Dänemark) bezeichnet. Danach folgt die Wikingerzeit, deren Beginn meist um das Jahr 800 angesetzt wird. Ihr Ende fällt ungefähr mit der Ausbreitung des Christentums in Skandinavien zusammen – in der zweiten Hälfte des 10. Jahrhunderts in Dänemark, etwas später in Norwegen und Schweden.

Die frühe Eisenzeit (5.–1. Jahrhundert v. Chr.)

Über die ersten fünf Jahrhunderte der Eisenzeit in Skandinavien ist vergleichsweise wenig bekannt, weil nur wenige Siedlungen dieser Periode gefunden wurden. Obwohl Ackerbau noch immer die dominierende Wirtschaftsgrundlage gewesen sein muß, deuten Indizien für eine Klimaverschlechterung seit den letzten Jahrhunderten der Bronzezeit darauf hin, daß die Erträge geschrumpft sein könnten. Grøntoft, eine ländliche Siedlung in Westjütland

aus der Zeit um 200 v. Chr., wirft einiges Licht auf diese Bauern der frühen Eisenzeit. Wir können davon ausgehen, daß sie in Gebäuden lebten, die denen der Bronzezeit sehr ähnlich waren und sich zu umzäunten Dörfern gruppierten. Man nimmt an, daß in Grøntoft etwa 50 Menschen und 60 Rinder lebten, doch es ist schwierig zu beurteilen, ob dies eine typische Gemeinschaft jener Zeit gewesen ist.

Es gibt jedoch Anzeichen dafür, daß die Anzahl und Größe ländlicher Siedlungen gegen Ende der frühen Eisenzeit in Wachstum begriffen war. Wiederum kommen die Belege hauptsächlich aus Dänemark, wo eine Reihe von Siedlungsorten dieser Zeit vor kurzem in umfassender Weise ausgegraben worden ist. Hodde in Jütland ist typisch für die dort gefundenen Bauernsiedlungen des ersten Jahrtausends v. Chr. und weist viele Merkmale auf, die auch in dänischen Dörfern bis zum Anfang der Wikingerzeit noch auftauchen. Zum Zeitpunkt seiner größten Ausdehnung bestand Hodde aus 27 Bauernhöfen, die sich jeweils aus einem Langhaus mit Wohnräumen und Viehstall unter einem Dach und einigen kleineren Nebengebäuden, vielleicht Scheunen oder Werkstätten, zusammensetzten. Jeder Gebäudekomplex war von einem Zaun umgeben, und das ganze Dorf war von einer gemeinschaftlichen Einzäunung umschlossen, die von Toren durchbrochen war, welche von jedem Bauernhof einen direkten Zugang zu dessen Feldern ermöglichten. In der Mitte des Dorfes gab

Unten: Rekonstruktion eines früheisenzeitlichen Hofs, der aus einem typischen dreischiffigen Langhaus und Nebengebäuden besteht und von einem Zaun umschlossen wird. Zu sehen ist diese Anlage im Zentrum für historische experimentelle Archäologie in Lejre bei Kopenhagen.

Mooropfer

Wir können heute nur vermuten, warum man in Skandinavien kontinuierlich von der Jungsteinzeit bis in die Vorwikingerzeit die Körper von Menschen und Tieren, aber auch eine Vielfalt von Gegenständen, darunter Waffen und sogar Kriegsschiffe, in Moore, Seen und Flüsse geworfen hat. Ziemlich sicher können wir aber sein, daß es sich um Votivgaben oder Opfer an die Götter handelte. Aus der Zahl der Depots, die – oft im Zuge der Trockenlegung von Land für die Landwirtschaft – freigelegt worden sind, geht hervor, daß diese Praxis sehr verbreitet war. Die unterschiedliche Art der abgelegten Objekte läßt vermuten, daß die Opfer – vielleicht in Verbindung mit rituellen Gebeten – dargebracht wurden, um ein bestimmtes Ziel zu erreichen, wie etwa gute Ernte, Fruchtbarkeit bei Männern, Frauen und Tieren oder Erfolg in der Schlacht.

Die frühesten Deponierungen in der Periode der Jungsteinzeit bestanden hauptsächlich aus Stein- und Feuersteinwaffen. In der Bronzezeit wurden die Opfer vielfältiger. Sammlungen von persönlichen Dingen und Haushaltsgegenständen wie Kesseln wurden niedergelegt, möglicherweise um an das Hinscheiden eines großen und mächtigen Mannes zu erinnern. Auch Bronzewaffen, besonders Schwerter, wurden geopfert. Sehr oft wurden die Klingen zuerst verbogen oder auf andere Weise beschädigt – vermutlich, um das rituelle »Töten« eines Feindes zu symbolisieren. Als Teil des Rituals wurden auch Tiere, vor allem Pferde, geschlachtet. Menschenopfer scheinen im 1. Jahrhundert v. Chr. weit verbreitet gewesen zu sein: die meisten Beweise dafür stammen aus Dänemark, wo sich die Körper der auf diese Weise getöteten Männer und Frauen im sauren Boden der Torfmoore erhalten haben. In der Römischen Eisenzeit und der Völkerwanderungszeit wurden wiederum Waffen die überwiegenden Opfergaben.

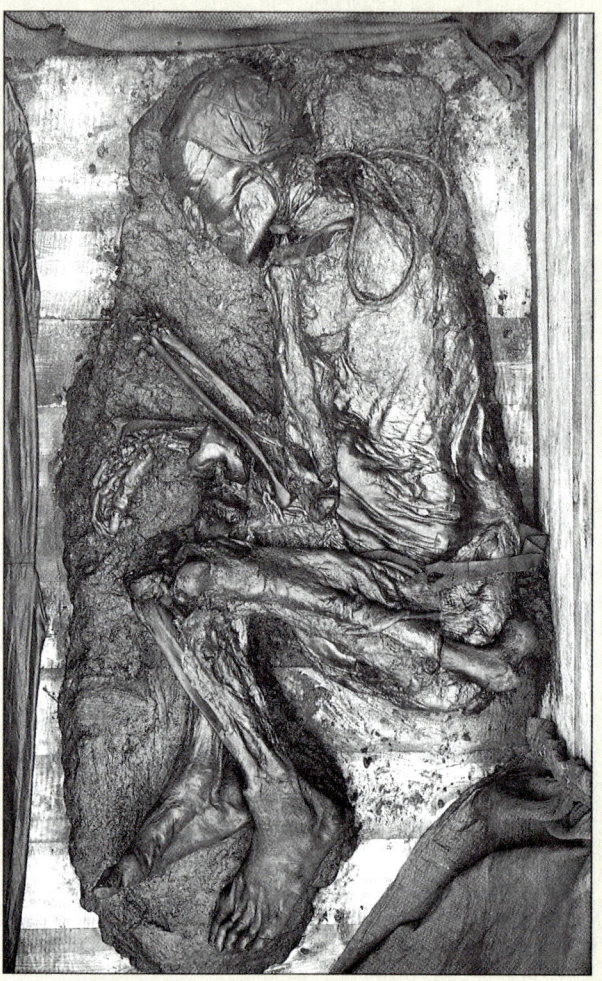

es eine offene Fläche (Dorfwiese oder Dorfplatz). Einer der Höfe war viel größer als die übrigen und könnte der Wohnsitz des Dorfhäuptlings, seiner Familie und seiner Dienerschaft gewesen sein. Schmiedehandwerk, Töpferei, Weben und Spinnen waren alltägliche Aktivitäten, doch die Basis des Dorflebens waren Viehzucht und Ackerbau nach den Traditionen der Bronzezeit, wenn auch in einem größeren Maßstab. Andere Fundorte in Jütland zeigen, daß es neben derartigen Dörfern auch kleine Bauernsiedlungen mit jeweils nur zwei oder drei Höfen gab, doch wissen wir nicht, warum so große Unterschiede in den Dimensionen der Siedlungen bestanden.

Der Brauch, Weihegaben und Opfer in Mooren und an Seen darzubringen, wurde in der Eisenzeit beibehalten. Bei weitem die meisten der gefundenen Opfergaben sind Waffen, Ton- oder Metallgefäße, die Nahrungsmittel enthielten, und Tiere. Es wurden aber auch einige spektakuläre Funde von Menschenopfern in den Torfmooren von Jütland gemacht. Diese »Moorleichen« – viele von ihnen werden in dänischen Museen ausgestellt – ermöglichen uns, recht genau die Physis und das Aussehen der Menschen zu rekonstruieren, die in den Bauernsiedlungen der frühen Eisenzeit Skandinaviens gelebt haben.

Die meisten dieser Leichen sind durch Zufall von Torfstechern in den Mooren Jütlands entdeckt worden, einige wurden aber auch unter ähnlichen Umständen auf den dänischen Inseln und anderswo in Nordwesteuropa gefunden. Wir wissen, daß es sich um Menschenopfer handelt, weil ihre Hände und Füße gefesselt waren und in einigen Fällen eine Schlinge um ihren Hals gelegt war. Einigen war auch die Kehle durchschnitten worden. Der Säuregehalt des Torfbodens hat ihre Haut, ihr Haar und sogar den Mageninhalt in so bemerkenswerter Weise konserviert, daß wir Details wie etwa Frisuren und sogar Eßgewohnheiten ermitteln können. Wir wissen beispielsweise, daß der Grauballe-Mann (gefunden in einem Torfmoor bei Grauballe in Jütland), kurz bevor ihm irgendwann im 1. Jahrhundert v. Chr. die Kehle durchtrennt wurde, eine letzte Mahlzeit aus Getreidegrütze gegessen hatte. Sie bestand größtenteils aus Gerste, Hafer und Emmerweizen mit einigen Pflanzensamenkörnern.

Die römische Eisenzeit (1. – 4. Jahrhundert n. Chr.)

Obwohl das Darbringen von Opfern in Sumpfgebieten sich die ganze römische Eisenzeit hindurch fortsetzte, können einige charakteristische Einschnitte in der Art der Opfergaben beobachtet werden. Die meisten Gegenstände aus dieser Periode sind Kriegswaffen und – besonders in Südskandinavien – römischen Ursprungs. Man kann mit einiger Sicherheit annehmen, daß sie im Kampf erbeutet und dann als Dankopfer für den Sieg in der Schlacht in einen See, Sumpf oder Fluß geworfen wurden. Diese Darbringungen können daher als Indizien dafür gedeutet werden, daß es zu dieser Zeit zahlreiche kriegerische Auseinandersetzungen zwischen den Skandinaviern und ihren Nachbarn im Süden gegeben hat, die zwar nicht zum Römischen Reich gehörten, aber als Bundesgenossen der Römer mit römischen Waffen ausgerüstet waren. Einige Skandinavier mögen auch ihre Heimatländer verlassen haben, um als Söldner in den römischen Armeen zu dienen und nach Beendigung ihrer militärischen Laufbahn mit wertvollen Luxusgegenständen römischer Fertigung nach Hause zurückzukehren. Viele dieser Objekte fanden schließlich ihren Weg in Gräber, vielleicht als Symbole für das abenteuerliche Leben und den hohen Status der Toten.

Nicht alle Produkte des Römischen Reiches kamen auf diese Weise nach Skandinavien. In den vier Jahrhunderten der Römerzeit auf dem europäischen Festland gab es zweifellos auch friedliche Kontakte zwischen den skandinavischen Völkern und den romanisierten Gebieten im Süden. Manche der prächtigeren Stücke, die ausgegraben wurden,

wie etwa Trinkgefäße aus Glas, Bronze und Edelmetallen, könnten durch den Austausch von Geschenken zwischen Häuptlingsfamilien auf beiden Seiten der Grenze nach Skandinavien gelangt sein, doch andere, alltäglichere Dinge erreichten es ohne Zweifel durch Handel. Sie finden sich in Norwegen, Dänemark, Zentral- und Südschweden. Gegen Ende der Epoche sind sie jedoch auf der Insel Gotland, die eine entscheidende Handelsposition in der Mitte der Ostsee behauptete, am häufigsten anzutreffen. Die Verteilung der Funde zeigt die Routen, auf denen die Handelswaren aus Süd- und Zentraleuropa transportiert wurden: die Elbe und den Rhein entlang und anschließend entlang der westlichen Meeresküste nach Dänemark und Norwegen, oder entlang der Oder und Weichsel zur baltischen Küste, nach Gotland und Zentralschweden. Schmuck, Töpferwaren und Münzen (denarii) zeugen allesamt von diesem Handel. Sie hatten einen bedeutenden Einfluß auf die weitere Entwicklung des einheimischen skandinavischen Kunsthandwerks.

Wir können nicht mit Sicherheit sagen, welche skandinavischen Erzeugnisse für die langlebigeren römischen Güter eingetauscht wurden, doch spielten Felle aus dem Norden zweifellos eine wichtige Rolle. Landwirtschaftliche Erzeugnisse, besonders Getreide und Tierhäute, wurden von den römischen Legionen ebenfalls benötigt und machten wahrscheinlich den Großteil der nach Süden exportierten Güter aus. Es gibt Indizien für die Annahme, daß sich während dieser Jahrhunderte landwirtschaftliche Aktivitäten in Skandinavien ausweiteten, wahrscheinlich als Reaktion auf einen wachsenden Absatzmarkt. Die Dörfer Dänemarks vermehrten sich, und ihre Größe und der Grad ihrer Komplexität nahm zu, und in Norwegen wurde Ackerbau erstmals zu einem bedeutenden Wirtschaftsfaktor. Neues Land wurde besiedelt und für Getreideanbau und Viehzucht gerodet, und es gibt Beweise dafür, daß auch in einigen der kleinen, weitverstreuten Fischerdörfer nördlich des Polarkreises Vieh gehalten wurde.

In den Jahrhunderten der römischen Eisenzeit können wir erstmals die Ursprünge der sozialen und politischen Organisation in Skandinavien nachweisen, die einige hundert Jahre später zur Bildung von Königreichen führte, und es ist anzunehmen, daß Handel und kulturelle Kontakte mit dem Römischen Reich ihre Rolle in dieser Entwicklung gespielt haben. Die besten Zeugnisse für eine beginnende Zentralisierung kommen aus Dänemark, wo Angehörige einer Kriegerklasse, die durch ihre Kontrolle über den Handel und eigenen Landbesitz Reichtum erlangte und die vielleicht auch religiöse Aufgaben hatte, sich als Häuptlinge einzelner Regionen etablierten.

Ein Zentrum, von dem aus einer dieser Häuptlinge operiert haben mag, konnte vor kurzem in Gudme nahe der Ostküste der dänischen Insel Fünen untersucht werden. Dort wurde im 1. Jahrhundert v. Chr. eine Siedlung gegründet, die in den folgenden Jahrhunderten immer größer und wohlhabender wurde. Ihre Blütezeit erreichte sie in der späten römischen Eisenzeit (im 3. und 4. Jahrhundert n. Chr.), obwohl sie noch mindestens bis zum Ende des 6. Jahrhunderts besiedelt war. Ausgrabungen haben gezeigt, daß die Siedlung aus Langhäusern des gängigen ländlichen Typs bestand, doch die Fundstücke, die in ihnen und in der Umgebung entdeckt wurden, unterscheiden sich grundlegend von denen, die normalerweise in Bauernsiedlungen dieser Zeit anzutreffen sind. Goldverzierungen von Waffen, goldene Ringe und kleingehackte Gold- und Silberstücke zeigen, daß dies nicht einfach ein landwirtschaftliches Zentrum war. Gudmes außergewöhnlicher Charakter wird noch unterstrichen durch den Fund kleiner Figuren, die in Goldfolie geprägt waren, welche sonst mit Kultzentren der späteren Völkerwanderung in Verbindung gebracht werden. Der Name von Gudme selbst hat eine religiöse Bedeutung: »Gottes Heim«.

Oben: Diese Bronzegegenstände von ca. 500 v. Chr., gefunden bei Hassle, Provinz Närke, Schweden, müssen einmal einem bronzezeitlichen Häuptling aus dieser Gegend gehört haben. Der Bronzekessel, der alle anderen Fundstücke enthielt, stammt aus Griechenland, die gerippten zylindrischen Eimer, die Schwerter (die verbogen waren) und die Scheiben (ursprünglich von einem Wagen) wurden in Norditalien oder in den Alpen hergestellt.

Oben links: Der Tollund-Mann, jetzt im Museum von Silkeborg, Dänemark, ausgestellt, war an einem Lederseil aufgehängt, ehe er im Moor versenkt wurde. Er hatte eine Art Opfermahl aus Grütze gegessen und war nur mit einer unter dem Kinn zusammengebundenen Lederkappe und einem Ledergürtel bekleidet. Seine Bartstoppeln waren einen Tag alt.

Links: Das Nydam-Boot aus dem 4. Jahrhundert n. Chr. Gebaut aus Eiche, ist es fast 23 m lang, ein Vorläufer der Wikingerschiffe. Es wurde zusammen mit zwei kleineren Booten und einer großen Zahl von Eisenwaffen gefunden.

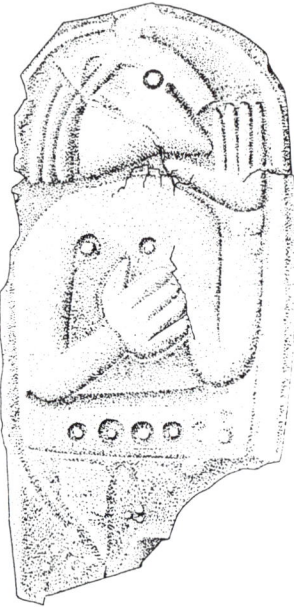

Oben: Zu den rätselhaftesten Funden der skandinavischen Archäologie von der Völkerwanderungszeit bis zur Epoche der Wikinger gehört eine Serie von Goldblechfigürchen, die als Votivgaben interpretiert werden. Etwa 2300 dieser winzigen Plättchen stammen aus Sorte Mulde auf der Insel Bornholm – ein bemerkenswerter Fund. Die eine der hier abgebildeten Figuren zeigt einen Mann in einem langen Mantel, der einen Stab hält, während die andere Gestalt ihre Hand zum Gruß – oder zum Eidschwur? – erhoben hat.

Oben links: Dieser Brakteat aus der schwedischen Völkerwanderungszeit war offensichtlich ein Prestige-Schmuckstück, könnte aber darüber hinaus als Schutzamulett gedacht gewesen sein. Brakteaten sind Anhänger in Form einseitiger Goldscheiben, die ursprünglich römische Medaillen mit Kaiserbüste imitierten. Der Stil ging allmählich in skandinavische Formtraditionen über, wozu auch die hier zu sehenden erhabenen konzentrischen Ränder gehören.

Ein Siedlungsort der gleichen Zeitperiode befindet sich in Lundeborg an der Küste, etwa fünf Kilometer von Gudme entfernt. Untersuchungen haben gezeigt, daß es sich nicht um eine ständig besiedelte Niederlassung gehandelt hat, sondern daß sie nur saisonbedingt, wohl im Frühling und Sommer, bewohnt war und als Handels- und Handwerkszentrum diente, wo Luxusgüter importiert, Schmuckstücke hergestellt und Schiffe repariert wurden. Folglich scheint die Siedlung sowohl als Markt oder eine Art Jahrmarkt gedient zu haben, als auch ein Landungsplatz gewesen zu sein, wo sich Besucher Gudmes (darunter wohl viele Pilger) ausschiffen konnten.

Dankirke in der Nähe der Westküste Jütlands scheint eine Funktion gehabt zu haben, die derjenigen Gudmes ähnelte; möglicherweise war es die Machtbasis eines Häuptlings, der das Gebiet von Südjütland kontrollierte. Andere Orte ähnlichen Typs müssen in Dänemark und der skandinavischen Halbinsel während der römischen Zeit existiert haben. Sie wurden aber bisher noch nicht entdeckt, obwohl ihre Entsprechungen aus der Völkerwanderungszeit bekannt sind.

Die Zeit der Völkerwanderung (5.–6. Jahrhundert n. Chr.)

Das 5. Jahrhundert war eine Periode großer Unruhen auf dem europäischen Festland, da das Römische Reich zerbrach, um später von neuen politischen Gruppierungen wie dem fränkischen Königreich (das heutige Frankreich und die Niederlande) und dem Königreich der Westgoten auf der Iberischen Halbinsel abgelöst zu werden. Dieser Prozeß wurde durch die Massenwanderungen von Völkern von Osten nach Westen durch Europa ausgelöst. Die großen Wanderungen betrafen Skandinavien aber nur in geringem Maße. Einige Menschen aus West- und Süddänemark setzten die Segel, um in Ostengland zu siedeln. Einige andere sind möglicherweise vom südwestlichen Norwegen nach Nordengland ausgewandert. Doch im Gegensatz zu dem, was zu dieser Zeit in den meisten Teilen Nordwesteuropas stattfand, scheint die Zeit der Völkerwanderung in Skandinavien im allgemeinen eine Periode der Stabilität und des Wohlstands gewesen zu sein.

In Norwegen setzte sich die landwirtschaftliche Expansion fort. Viele Siedlungen sind im Südwesten des Landes ergraben worden. Es scheint sich um isolierte Höfe zu

Eisenzeitliche Besiedlung in Skandinavien

Anders als auf dem europäischen Festland waren die Jahrhunderte vor der Eisenzeit in Skandinavien ein Zeitalter der Stabilität, in dem Landwirtschaft und ländliche Besiedlung sich stetig ausweiteten. Heidnische Rituale wie das Darbringen von Votivgaben und Menschenopfern waren bis zur Einführung des Christentums in der Wikingerzeit weit verbreitet. Obwohl der Zusammenhang zwischen Religion und Handel noch weiter untersucht werden muß, belegen die archäologischen Funde, daß man in der Völkerwanderungs- und der Vendelzeit mit der Gründung religiöser Zentren begann. Diese standen oft mit Handelsniederlassungen in Verbindung: Die religiöse Siedlung Gudme hatte enge Verbindungen mit dem nur wenige Kilometer entfernten Lundeborg, und Helgö in Zentralschweden war gleichermaßen Kult- und Handelsort. Funde aus einigen vorwikingerzeitlichen Grabungsstätten wie Borg auf den Lofoten, Hovgården in Zentralschweden und Högom weiter im Norden zeigen, daß es sich um Niederlassungen hohen Ranges, möglicherweise um Herrschaftssitze von Häuptlingen gehandelt hat.

Kleines Bild oben rechts: Diese Bronzeplakette aus dem 6. Jahrhundert gehört zu einer Serie von vier Stücken, die in einer Siedlung bei Torslunda auf der Ostseeinsel Öland gefunden wurde. Sie wurden als Prägestock gebraucht, um Bronzebleche als Helmschmuck zu prägen, ähnlich denen, die in Vendel und Valsgärde gefunden wurden. Das Beispiel zeigt zwei Krieger, die an einem kultischen Tanz teilnehmen. Einer trägt einen Hörnerhelm, der in zwei geschnäbelten Köpfen endet, der andere ist in eine wolfsköpfige Maske gekleidet. Man könnte diese Szene mit dem Odinskult in Verbindung bringen.

Gebiet eisenzeitlicher ländlicher Siedlung

Gebiet mit Eisenerzförderung vor 700 n. Chr.

Eisenzeitliche Siedlung
Häuptlingssitz und religiöses Zentrum
Handelszentrum

Eisenzeitliche Moorfunde
erhaltener Körper
Votivopfer

Maßstab 1 : 7 700 000

0   200 km

0   150 Meilen

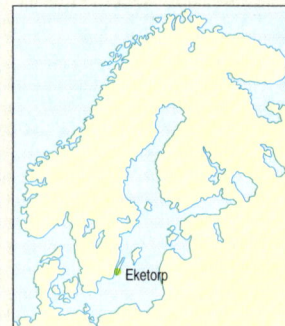

Eketorp

Unten: Ausgrabungen legten Eketorp II in seiner gesamten Ausdehnung frei. Sowohl die Umfassungsmauer wie auch die Gebäude waren aus Kalkbruchsteinen erbaut. Nur wegen des guten Erhaltungszustands der Fundamente war eine so umfangreiche Rekonstruktion der Siedlung möglich.

Eketorp, eine von 16 sicher identifizierten Ringburgen auf der Insel Öland vor der Küste Schwedens, ist die einzige, die man bisher vollständig ausgegraben hat. Sie wurde um 300 n. Chr. gegründet und war in den ersten 100 Jahren ihres Bestehens nur zeitweilig bewohnt. Die Überreste dieser Phase nennt man Eketorp I. Ungefähr im Jahre 400 wurde ein weit größeres Areal mit einer Steinmauer eingefaßt und mit 53 Gebäuden bebaut. Diesen Ort nennt man Eketorp II. Obwohl als Burg bezeichnet, war er doch im wesentlichen ein Bauerndorf. Zwischen 150 und 200 Einwohner lebten dort auf etwa zwölf Höfen und hielten Schafe, Rinder, Schweine und Pferde. Sie wurden im Winter im Stall untergebracht, doch während des Sommers dürften sie in der Umgebung geweidet worden sein, wo man Gerste, Weizen, Roggen und Hafer anbaute. Dieser Speisezettel wurde durch Jagd und Fischfang aufgebessert. Die Bewohner fertigten auch einfache Bronzegegenstände an und schmiedeten Eisenwerkzeuge und Eisenwaffen. Eketorp II wurde um 700 verlassen. In der späteren Wikingerzeit, um 1000, wurde es erneut besiedelt, doch in einem viel kleineren Maßstabe; diese Siedlung wird als Eketorp III bezeichnet.

Oben: Das Innere eines Viehstalls in dem »lebenden Museum«, das am ursprünglichen Ort von Eketorp II rekonstruiert wurde. Hier werden Kühe, Schweine, Schafe und Hühner gehalten, die sich innerhalb und außerhalb der Gebäude frei bewegen können.

Rechts: Die Besucher von Eketorp können sich einen Eindruck verschaffen, wie das Leben im Inneren eines befestigten eisenzeitlichen Dorfs vor Beginn der Wikingerzeit aussah. Die Umfassungsmauer wurde in ihrem gesamten Umfang wieder aufgebaut und ist im Hintergrund zu sehen. Jeder Hof bestand aus einem Wohnhaus, einem Viehstall und Nebengebäuden. In einigen der rekonstruierten Gebäude können die Besucher die Herstellung von Töpfen und die Bearbeitung von Eisen und Bronze beobachten.

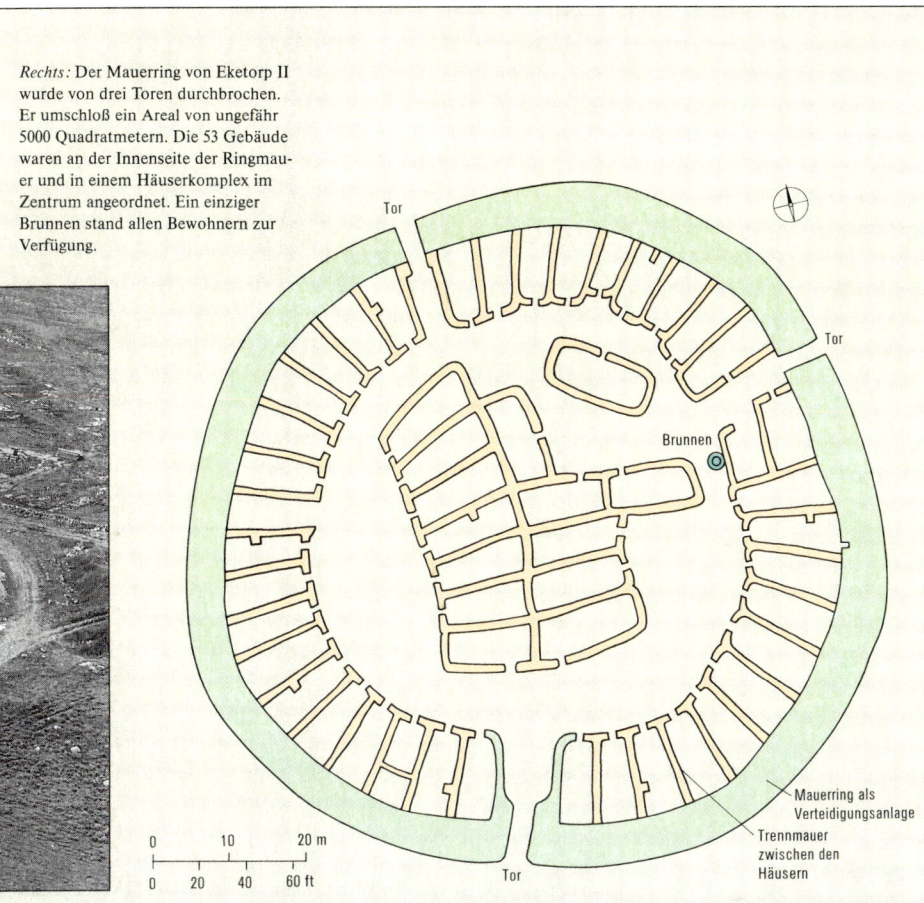

Rechts: Der Mauerring von Eketorp II wurde von drei Toren durchbrochen. Er umschloß ein Areal von ungefähr 5000 Quadratmetern. Die 53 Gebäude waren an der Innenseite der Ringmauer und in einem Häuserkomplex im Zentrum angeordnet. Ein einziger Brunnen stand allen Bewohnern zur Verfügung.

Tor

Tor

Brunnen

Mauerring als Verteidigungsanlage

Trennmauer zwischen den Häusern

Tor

0   10   20 m

0   20   40   60 ft

handeln, auf denen hauptsächlich Viehzucht betrieben wurde. Zusätzlich wurden offenbar auf nahe gelegenen kleinen Feldern Feldfrüchte angebaut. Die rechteckigen Langhäuser aus Stein beherbergten Mensch und Vieh. Ein typischer Hof bestand aus einem Langhaus mit mehreren kleineren Nebengebäuden, die alle von einer Steinmauer und mauerbegrenzten Wegen für den Viehtrieb umgeben waren. Ähnliche Höfe fand man auf Öland und Gotland, wo dieselbe Art der Landwirtschaft betrieben wurde. Das zerstreute Auftreten dieser Bauernhöfe unterscheidet sie von den dörflichen Niederlassungen in Dänemark, welche weiter an Umfang zunahmen.

Handel und Handwerk blühten in der Zeit der Völkerwanderung. Diese Aktivitäten scheinen normalerweise an einem Ort vereint gewesen zu sein, wie etwa in Helgö am Mälarsee in Zentralschweden. Hier wurden exotische Importgüter wie Goldmünzen *(solidi)* aus dem Oströmischen Reich und eine aus Nordindien stammende Buddhastatuette gefunden – neben den Gußformen und Schmelztiegeln, die benutzt wurden, um einheimischen Bronzeschmuck zu gießen. Einige Goldfolienfigürchen ähnlich denen aus Gudme wurden auch in Helgö entdeckt. Sie deuten darauf hin, daß auch Helgö eine religiöse Kultstätte gewesen sein könnte. Diese Goldfolienfigürchen – kleine Plättchen aus dünnem Gold mit eingeprägten männlichen oder weiblichen Gestalten – waren Votivgaben. Sie wurden auch an vielen anderen Orten gefunden, meistens in Sorte Mulde auf der Insel Bornholm in der südlichen Ostsee, wo nicht weniger als 2300 Täfelchen allein bei den Ausgrabungen in den Jahren 1986 und 1987 ans Tageslicht kamen. Sorte Mulde muß das Zentrum des Clans von Bornholm gewesen sein, welcher den Schiffshandel der südlichen Ostsee kontrollierte. Es war das Zentrum handwerklicher Produktion auf der Insel und scheint auch ihr religiöser Mittelpunkt gewesen zu sein.

Fundorte wie Gudme, Helgö und Sorte Mulde legen nahe, daß die Riten, die mit den religiösen Vorstellungen einhergingen, sich während der Völkerwanderungszeit auf bestimmte Orte zu konzentrieren begannen. Das Hinterlassen von Votivgaben in Mooren, Seen und Flüssen, die Hauptausdrucksform der Religion früherer Perioden, verschwand irgendwann im Laufe des 6. Jahrhunderts. Seit ungefähr 500 n. Chr. wurden Opfer gewöhnlich in Form von Menschen und kostbaren Gegenständen, wie den Goldfolienfigürchen und Goldbrakteaten (münzenähnliche Anhänger), dargebracht, die in trockener Erde vergraben wurden, meist in der Umgebung der Residenz eines wichtigen Häuptlings. Diese fundamentale Veränderung des Brauchtums zeigt, daß die regionalen Häuptlinge sowohl eine Rolle als religiöse wie auch als politische Führer innehatten. Sie stellten eine Art Bindeglied zwischen den Göttern und dem Volk dar.

Die Völkerwanderungszeit war in den meisten Teilen Skandinaviens eine Zeit des religiösen, politischen und sozialen Umbruchs, der sich vor dem Hintergrund wachsenden Wohlstands vollzog: Die Landwirtschaft wurde produktiver, der Handel weitete sich aus. Im Gegensatz zum europäischen Festland muß es eine Zeit des Friedens gewesen sein. Dennoch wurden damals etwa 1500 wehrhafte Befestigungsanlagen errichtet. Die meisten sind noch nicht ausgegraben und schwer präzise zu datieren, doch die erste Bauphase der Festung von Eketorp auf Öland konnte zum Beispiel sicher auf das 4. bis 5. Jahrhundert datiert werden. Andere Vergleichsobjekte deuten auf eine Besiedlung zu etwa derselben Zeit. Das Erbauen von Befestigungsanlagen wird gewöhnlich mit Zeiten der Unruhe in Verbindung gebracht, doch die meisten Experten glauben, daß diese Verteidigungsanlagen der Völkerwanderungszeit wahrscheinlich Mittelpunkte einer gut organisierten Gesellschaft repräsentieren, in der die regionalen Machtzentren klar abgegrenzt waren.

Helgö

Ausgrabungen in Helgö auf der gleichnamigen Insel (südlich der Insel Ekerö) im Mälarsee haben gezeigt, daß es in den Jahrhunderten unmittelbar vor der Wikingerzeit ein wichtiger Handels- und Handwerkerort war. Vor allem scheint Helgö ein Zentrum für die Produktion des Bronzeschmucks gewesen zu sein, der in der Völkerwanderungszeit und der Vendelzeit populär war, denn in den Gebäuden der Siedlung hat man viele Tausende von Gußformen gefunden, die man zum Gießen von Fibeln und anderen Schmuckobjekten benutzt hatte. Eisenerz wurde aus den weiter nördlich gelegenen Gegenden Schwedens dorthin gebracht, um zu Werkzeugen, Waffen und alltäglichen Haushaltsgegenständen verarbeitet zu werden.

Man hat hier eine große Fülle von exotischen und reichen Funden gemacht. Über die Gründe dafür ist lange gerätselt worden, da Helgö in vieler anderer Hinsicht eine ganz gewöhnliche Bauernsiedlung gewesen zu sein scheint. Die Gebäude des Ortes gehören einem Typ an, der auch bei Bauernhöfen anderswo in Zentralschweden auftaucht, und die Grabbeigaben auf den Friedhöfen der Umgebung sind nicht besonders reich. Ein Teil von Helgös Bedeutung mag darin gelegen haben, daß es ein Kultzentrum war. Diese Vermutung wird durch den Fund von Goldfolienfiguren unterstützt, die denen gleichen, welche an anderen Kultstätten, etwa in Gudme in Dänemark, gefunden wurden. Es ist sicher kein Zufall, daß der Name Helgö »Heilige Insel« bedeutet.

Unten: Der Ort Helgö besteht aus mehreren Gebäudegruppen – hier als Rechtecke dargestellt –, die auf künstlich angelegten Terrassen an einem nach Norden gerichteten Abhang gegenüber der Insel Ekerö stehen. Auf jeder Terrasse befanden sich einige lange, rechteckige Holzgebäude, von denen einige Wohnhäuser und andere Werkstätten waren. Nicht alle Häusergruppen wurden zur gleichen Zeit benutzt – vielleicht nie mehr als zwei zugleich –, denn obwohl der Ort etwa 400 Jahre lang bewohnt wurde, kann die Gesamtbevölkerung zu keiner Zeit besonders groß gewesen sein. Die Burg und der Großteil der Friedhöfe, die den Ort umgeben, sind älter als die Siedlung.

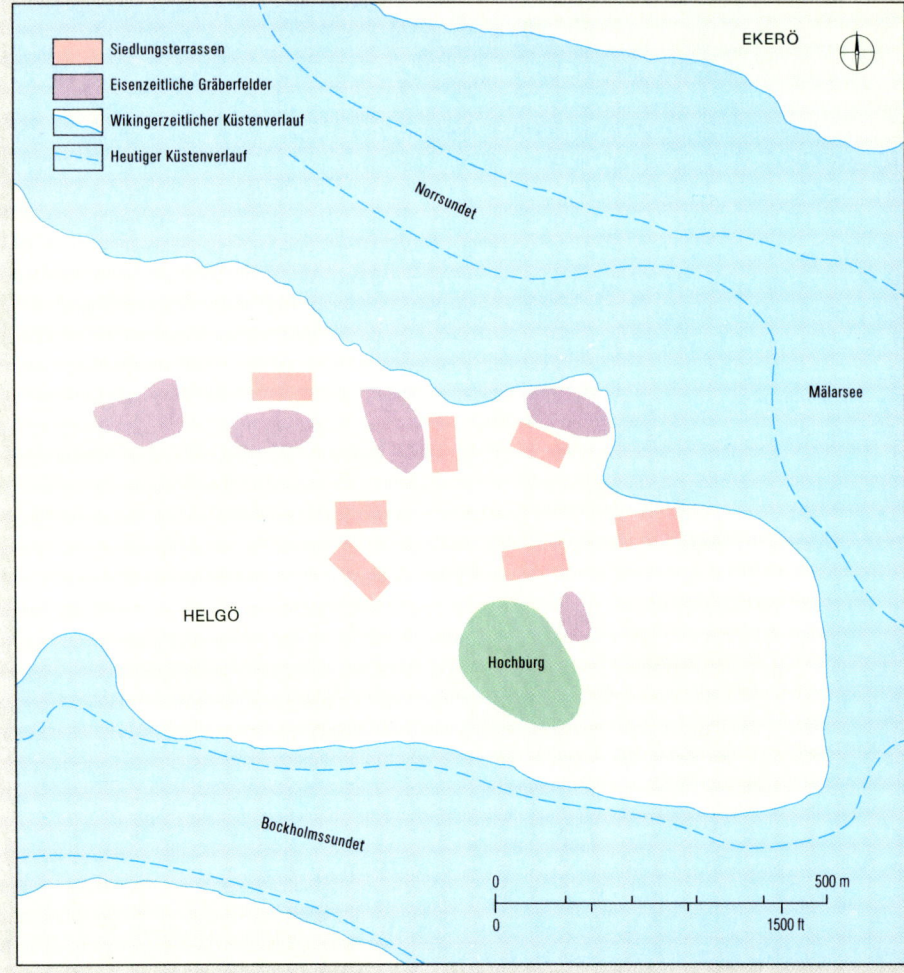

Siedlungsterrassen
Eisenzeitliche Gräberfelder
Wikingerzeitlicher Küstenverlauf
Heutiger Küstenverlauf

EKERÖ

Norrsundet

Mälarsee

HELGÖ

Hochburg

Bockholmssundet

0   500 m

0   1500 ft

Links: Der verblüffende Reichtum der Bewohner Helgös wird durch diesen Hort von 47 römischen Goldmünzen illustriert, die im 5. und 6. Jahrhundert im Ost- und Weströmischen Reich geprägt wurden. Vielleicht waren es ursprünglich sogar noch mehr, denn der Armreif ist vermutlich aus dem Gold eingeschmolzener Münzen gefertigt worden. Es ist nicht klar, wie und warum sie auf diese abgelegene Insel in Zentralschweden gelangt sind. Eine mögliche Erklärung dafür könnte sein, daß Helgö der Mittelpunkt eines weitreichenden Warenhandels war, beispielsweise mit Pelzen aus dem hohen Norden, für die in den Mittelmeerländern eine große Nachfrage bestand.

Rechts: Diese verzierte Krümme eines Bischofsstabs wurde bei Ausgrabungen in Helgö gefunden. Sie ist aus Bronze gegossen, mit Glas- und Emaileinlagen reich verziert und zeigt den Kopf eines Mannes im Maul eines wilden Tieres. All diese Merkmale deuten auf eine keltische Arbeit hin. Der Stab könnte im 8. Jahrhundert in Westbritannien oder Irland hergestellt worden sein. Wie bei den anderen in Helgö gefundenen Gegenständen entfernter Herkunft bleibt auch seine Anwesenheit ein Rätsel. Man hat vermutet, daß Missionare die Insel besucht haben könnten, bevor in diesem Teil Schwedens das Christentum offiziell eingeführt wurde.

Links: Diese nur 8,4 cm große Statuette des auf einem Lotosthron sitzenden Buddha ist ein Beweis für Helgös außergewöhnlich weitreichende Handelsverbindungen. Sie wurde im 6. oder 7. Jahrhundert irgendwo in Nordindien angefertigt und gelangte vermutlich während seiner letzten Besiedlungsphase in der Wikingerzeit nach Helgö – vielleicht im Gepäck eines Reisenden, der auf den Flüssen Rußlands aus dem Osten zurückgekehrt war. Man scheint sie als Amulett angesehen zu haben: Als man die Statuette fand, hatte sie einen dünnen Lederriemen um den Hals und den einen Arm gebunden.

Königsgräber der Vendelzeit

Der Mittelpunkt der von den Svear beherrschten Region Uppland war Alt-Uppsala, das etwa 10 km nördlich der heutigen Stadt Uppsala liegt. Hier befinden sich die drei großen, bis zu 20 m hoch aufragenden Grabhügel, die den Königen der Svear des 6. Jahrhunderts zugeschrieben werden. Als sie im 19. Jahrhundert ausgegraben wurden, fand man in ihnen Brandgräber mit reichen Grabbeigaben wie etwa granatbesetztem Goldschmuck aus der frühen Vendelzeit. Der Ort behielt seine Bedeutung bis in die Wikingerzeit hinein, da er als königliches Zentrum und als Zentrum der »offiziellen« heidnischen Religion dieser Zeit diente. Die Verbindung zwischen Königtum und Religion war stets eng, und der König selbst war vermutlich der Oberpriester. Von Vendel und Valsgärde, nördlich von Alt-Uppsala, glaubt man ebenfalls, daß sie seit etwa 600 bis zum Ende der Wikingerzeit wichtige Zentren gewesen sind. An beiden Orten wurden Friedhöfe entdeckt und ausgegraben. In den Gräbern des 7. Jahrhunderts waren die Toten in Booten aufgebahrt, die das Grab bedeckenden Hügel waren im Gegensatz zu denen in Alt-Uppsala eher niedrig. Die Qualität der Grabbeigaben macht deutlich, daß die dort beerdigten Menschen von äußerst hohem Rang gewesen sein müssen – mächtige Häuptlinge, wenn nicht sogar Könige.

Die Vendelzeit (7.–8. Jahrhundert)

Der letzte Abschnitt der Eisenzeit vor dem Aufkommen der Wikingerkultur ist nach einem Ort in Zentralschweden benannt, dessen reich ausgestattete Gräber die Anwesenheit einer Fürstendynastie in den Jahren direkt vor der Wikingerzeit andeuten. Regionale Machtzentren hatten sich schon in den früheren Phasen der Eisenzeit in Skandinavien, besonders in Dänemark, zu entwickeln begonnen. Daher sind die politischen Einheiten der Vendelzeit nicht als Neuerungen, sondern nur als Höhepunkte der schon vorher sichtbaren Entwicklungen anzusehen. Ihre Bedeutsamkeit liegt in der Tatsache, daß sie eine Basis für das schufen, was danach folgte: das Entstehen von richtigen Königreichen in der Wikingerzeit und die eigentliche Herausbildung der Königreiche Schweden, Norwegen und Dänemark zu Beginn des Mittelalters.

Der Friedhof von Vendel in der Provinz Uppland liegt auf dem Ostufer der Fyriså, die südwärts zum Mälarsee fließt. Die Herrscher der Svear, ein Volksstamm, der von lateinischen Schriftstellern der Römerzeit als die dominante Macht im Ostseeraum erwähnt wird und der dem späteren Land Schweden seinen Namen gab, wurden dort bestattet. Ihre Leichname waren in Booten aufgebahrt, umgeben von ihren persönlichen Besitztümern als Zeichen ihres Ranges. Ein ähnlicher Friedhof wurde ein wenig weiter südlich am selben Ufer der Fyriså in Valsgärde gefunden, und noch 27 Kilometer weiter südlich, näher an der Mündung dieses Flusses in den Mälarsee, liegt Alt-Uppsala, das religiöse Zentrum der Svear mit einer weiteren Ansammlung großer Grabhügel.

Die prächtigen Grabbeigaben – reichverzierte Rüstungen, Pferdegeschirr, gläserne Trinkgefäße und Kochgerät, u. a. Kessel – und der verschwenderische Gebrauch von Booten bei den Bestattungen in Vendel und Valsgärde können als Beweise für die bemerkenswerten Reichtümer einer oder mehrerer Familien gelten, welche das Land und die Bevölkerung eines beträchtlichen Gebietes kontrollierten. Dies ist das beste Beispiel, das wir für ein königliches Zentrum besitzen. Der Reichtum und die Macht der Svear resultieren vermutlich aus ihrer Kontrolle über den Handel, der sich in beiden Richtungen auf der Fyriså abspielte und Pelze und Eisen aus dem Norden in die Zentren des Südens brachte. Die meisten Gräber dieser Zeit in derselben Gegend enthalten Grabbeigaben minderer Qualität, und wir können daraus schließen, daß die große Masse der Bevölkerung bei weitem nicht den gleichen Lebensstandard oder Luxus genoß wie die in Vendel oder Valsgärde bestatteten Menschen.

Die Zunahme starker zentraler Autoritäten in der Vendelzeit führte noch zu anderen Entwicklungen, vor allem dem Entstehen von Markt- und Handelszentren. Einige von ihnen – Ribe in Dänemark zum Beispiel – wurden in der Wikingerzeit zu Städten, andere wiederum, wie Åhus in Skåne, hatten ihre Blütezeit hauptsächlich im 8. Jahrhundert. Großangelegte Bauvorhaben wurden ebenfalls in dieser Zeitperiode ausgeführt. Mit dem Bau des Danewerks, einer großen Verteidigungsanlage, die sich quer über den südlichen Teil der jütländischen Halbinsel erstreckt, wurde vor 737 begonnen. Es muß ein stattliches Hindernis gewesen sein, welches aus einem etwa zehn Meter breiten, mit Holz verkleideten Erdwall sowie einem Graben davor bestand. Die gesamte Barriere reichte vom westlichen Ende der Schlei aus etwa sieben Kilometer nach Südwesten. Das Graben des Kanhavekanals auf der Insel Samsø um etwa 726 war ebenso eindrucksvoll. Eine ca. einen Kilometer lange und elf Meter breite Passage wurde durch eine schmale Landzunge im Norden der Insel geschnitten und so weit vertieft, daß flachkieligen Schiffen die Durchfahrt möglich war. Die Böschungen waren mit Holz verkleidet. All diese Errungenschaften bereiteten den Weg für die späteren Entwicklungen.

Oben links: Diese Lithographie von Alt-Uppsala aus der Mitte des 19. Jahrhunderts zeigt die drei »Königshügel« mit der Kirche aus dem 12. Jahrhundert im Hintergrund. Diese Ansicht aus Südwesten hat sich bis heute wenig verändert. Nach der Überlieferung ist der östliche Hügel die Grabstätte König Egils, der mittlere diejenige für König Aun und der westliche das Grab des Königs Adil – sie alle waren Angehörige des Ynglingen-Geschlechts, das in der *Heimskringla,* der aus dem 13. Jahrhundert stammenden Geschichte der Könige Norwegens, erwähnt wird.

Links: Der Friedhof von Valsgärde. Die einzelnen Grabhügel stammen aus einem Zeitraum, der von der Vendelzeit bis zur späten Wikingerzeit reicht. Man kann sie auf dem Hügelkamm hinter dem modernen Haus sehen. Die ältesten Gräber enthielten die prächtigsten Grabbeigaben. Die Verstorbenen wurden in Boote gelegt – was die Vorstellung vermittelt, sie würden auf eine Reise gehen – und mit Nahrung und Kochgerät ausgestattet. Oftmals wurden ihnen Pferde und Jagdhunde zugesellt.

Ganz oben: Ein Eisenhelm mit Bronzeverzierungen aus einem Bootsgrab des 7. Jahrhunderts in Vendel: Er besitzt einen brillenförmigen Schutz für die Augen und die Nase. Wikingerhelme – die keine Hörner trugen – werden von ähnlicher Art gewesen sein. Die Gräber von Vendel und Valsgärde sind bekannt für prachtvolle Teile von Rüstungen. Dieser Krieger wurde mit einem Schild, zwei Schwertern und anderen Waffen bestattet, die alle von höchster Qualität und kunstvoll verziert waren.

Oben: Viele der Funde vom Friedhof in Vendel waren sorgfältig mit stilisierten Mustern in sich verschlungener Tiere verziert, nach denen der Vendel-Stil benannt ist. Man kann ihn auf dieser Zeichnung des Schildbuckels eines Rundschilds beobachten, der in einem Bootsgrab in Vendel gefunden wurde. Der Schildbuckel ist aus bronziertem Eisen; der Schild selbst wird aus mit Leder überzogenem Holz bestanden haben und ist verrottet.

ZWEITER TEIL

SKANDINAVIEN IN DER WIKINGERZEIT

GESELLSCHAFT, KÖNIGTUM UND KRIEGSWESEN

Die Wikinger

Für die Historiker beginnt die Wikingerzeit üblicherweise im Jahre 793 mit dem ersten überlieferten Überfall einer norwegischen Flotte auf das unverteidigte Kloster von Lindisfarne, einer Insel vor der Küste Nordostenglands, und endet im 11. Jahrhundert nach der Bekehrung aller skandinavischen Länder zum Christentum. Für Archäologen, die auf materielle Zeugnisse als Zeichen kulturellen Wandels achten, statt auf historische Ereignisse zu blicken, die neue Epochen einleiten, gelten etwas andere Daten. Kultureller Umbruch kann von vielen Faktoren verursacht werden und sich auf viele Weisen manifestieren. Interne Veränderungen können eine neue soziale Organisation mit neuen Machtzentren und sozialen Hierarchien bewirken, und diese können aus äußeren Einflüssen wie Vorgängen in den Nachbarländern, Invasionen von außen oder einem zunehmenden Austausch und Handel resultieren.

Es ist ganz offensichtlich, daß sich im 8. Jahrhundert solche Veränderungen in Skandinavien vollzogen, zum allergrößten Teil infolge von Kontakten mit dem christlich-europäischen Festland. Dort wuchs der Einfluß hochorganisierter Königreiche, die ihre Wurzeln in der römischen Kultur hatten und zu expandieren versuchten. Sie richteten ihre Aufmerksamkeit auf die Gebiete der heidnischen Nordlandbewohner, deren Heimat die Quelle von Handelsgütern war, die im Süden sehr begehrt wurden: zum Beispiel Pelze, Walroßzähne und Bernstein. Die Tatsache, daß der Norden heidnisch war, war auch eine Herausforderung für die christliche Kirche, deren Missionsversuche mit politischen und kommerziellen Interessen Hand in Hand gingen. Daher öffnete sich Skandinavien mehr und mehr den Einflüssen vom Kontinent. Wir können Beweise dafür etwa in stilistischen Veränderungen sehen, die Schmuckstücke und andere dekorierte Gegenstände zeigen, die zu dieser Zeit von den Skandinaviern hergestellt und benutzt wurden. Importierte Güter aus dem Süden zeigen gleichermaßen, daß Skandinavien näher an seine kontinentalen Nachbarn heranrückte. Töpferwaren und Glas aus dem Rheinland finden sich vor allem in Jütland in wachsender Zahl, Münzen (eine Form des Tauschwesens, die den Skandinaviern ziemlich fremd war) begannen in kleineren Mengen zu zirkulieren und wurden für eine kurze Zeit sogar in Skandinavien geprägt.

Es sind solche Dinge, mit denen sich die Archäologen befassen, wenn sie eine Periode kulturellen Wandels definieren wollen, wie jene, von der sie glauben, daß sie sich im 8. Jahrhundert in Skandinavien ereignet hat. Demzufolge kann man den Anfang der Wikingerzeit deutlich darin sehen, daß in der zweiten Hälfte des 8. Jahrhunderts die vendelzeitliche Lebensform zugunsten einer anderen Form – einer anderen Kultur – aufgegeben wurde. Der Überfall auf Lindisfarne 793 ist somit nur die äußere Begleiterscheinung eines Prozesses, der schon in den vorangegangenen 50 Jahren begonnen hatte – der Eingliederung Skandinaviens nach Europa.

Nach dem ersten Angriff auf Lindisfarne plünderten die Wikinger ungefähr 50 Jahre lang mit ständig zunehmender Häufigkeit die Küsten der britischen Inseln und die westliche Meeresküste des europäischen Festlands. Sie fielen über wehrlose Klöster her, in denen es reiche Beute in Form von Weihegefäßen und anderen kostbaren Gegenständen gab. Wir können uns dank der reichverzierten Metallarbeiten, die in einigen Gräbern in Skandinavien gefunden wurden, eine ungefähre Vorstellung davon machen, was die Wikinger sich aneigneten. Jene frühe Phase scheint eine der reinen Piraterie gewesen zu sein: Diese Plünderer, die hauptsächlich aus Norwegen und Dänemark kamen, hatten entdeckt, mit welcher Leichtigkeit sie die reichen Stätten Westeuropas berauben konnten, wobei ihre blitzartigen Angriffe von ihren schnellen und seetüchtigen Schiffen unterstützt wurden.

In der zweiten Hälfte des 9. Jahrhunderts zeigte sich ein neues Verhaltensmuster: die Wikinger verlegten sich nun von der Piraterie auf die Kolonisation. Ihre Schiffe trugen Siedlergruppen mit ihrem Hausrat und anderen Versorgungsgütern zu einer neuen Heimat auf die Orkneys und die Shetlands, nach Island und nach Grönland und später sogar bis nach Nordamerika. Es waren größtenteils Norweger, die diese Richtung einschlugen. Die Dänen verlegten ihr Interesse auf die bevölkerungsreicheren Länder England und Frankreich, wobei sie erst kriegerische Expeditionen dorthin entsandten und sich dann ansiedelten. Die Schweden blickten hauptsächlich nach Osten. Ihre Fahrten

Links: Dieser emaillierte Beschlag einer Bronzeschüssel ist ein typisches Beispiel irischer Handwerkskunst, obwohl er in einem heidnischen Wikingergrab bei Myklebostad in Westnorwegen gefunden wurde. So schöne Metallarbeiten waren Teil der Beute, die von den ersten Wikingerräubern nach Skandinavien mitgebracht wurde, nachdem sie Klöster und andere Orte auf den Britischen Inseln und in Westeuropa überfallen hatten.

Seite 36: Ohne das klinkergebaute Segelschiff hätte es keine Wikingerzeit gegeben. Segeltests auf dem Meer mit rekonstruierten Wikingerschiffen in Originalgröße haben ihre Manövrierfähigkeit und Wendigkeit unter Beweis gestellt, die Überraschungsangriffe ermöglichten.

Oben: Ohne erstklassige Bewaffnung hätten die wikingischen Plünderer und Armeen niemals ihre Erfolge erzielen können. Diese norwegische Kollektion von Eisenschwertern, Speerspitzen und Axtblättern aus dem 9. und 10. Jahrhundert ist hier mit einem einzigartigen Helm aus dem Fürstengrab von Gjermundbu, Norwegen, auf einem der 64 Holzschilde aus dem Bootsgrab von Gokstad zusammengestellt.

führten sie ins südwestliche Finnland, in die südliche und östliche Ostseeregion, dann durch Rußland hindurch nach Byzanz (Konstantinopel; das heutige Istanbul) und zum Kaspischen Meer, sogar bis nach Bagdad.

Die Gesamtheit dieser Leute wird heute üblicherweise als Wikinger bezeichnet. Die Herkunft des Namens ist unklar. Er wird in zeitgenössischen Quellen sehr selten erwähnt, und wenn dies der Fall ist, bezieht er sich auf Männer, die *á víking* (»auf Wiking«) fuhren, das heißt, die Heim und Besitz verließen, um statt einer normalen Bauerntätigkeit die Piraterie zu beginnen. »Vík« bedeutet in den skandinavischen Sprachen »Bucht«, und es ist möglich, daß der Ausdruck »auf Wiking« sich von den Orten herleitet, an denen die Piraten die Segel setzten, oder daß er sich auf die geschützten Gewässer bezieht, in denen sie

sich verbargen, bevor sie sich auf ihre Opfer stürzten. Es ist auch möglich, daß »vík« sich auf die Handelsplätze auf dem europäischen Festland und den britischen Inseln bezieht, die von den Wikingern aufgesucht wurden, von denen viele als »wic« (was »Handelsniederlassung« bedeutet) bekannt waren – zum Beispiel Hamwic nahe dem heutigen Southampton in England und Quentovic in Nordfrankreich. Im 8. Jahrhundert gab es ein ungeheures Wirtschaftswachstum in Nordeuropa, und der Reichtum dieser Städte hatte sie zu attraktiven Zielen für Piraterie und Kolonisation gemacht. Vielleicht waren die Wikinger ursprünglich die Leute, die diese Orte besuchten, entweder als Piraten oder als friedliche Händler. Zeitgenössischen Schriftstellern in Europa waren die Männer aus Skandinavien nicht als »Wikinger« bekannt. Sie nannten sie Norman-

nen oder Nordmänner, Bezeichnungen, die heute oft alternativ zu Wikinger gebraucht werden. Was immer seine Herkunft gewesen sein mag, der Terminus »Wikinger« gelangte erst mit dem Aufkommen der skandinavischen Nationalbewegungen im 19. Jahrhundert in den allgemeinen Sprachgebrauch. Zu dieser Zeit begann man damit, die Wikinger in den gehörnten Helmen darzustellen, die heute untrennbar mit ihrem populären Image verbunden sind, aber keinerlei historische Grundlage besitzen.

Zu Beginn der Wikingerzeit sprachen Dänen, Norweger und Schweden ungefähr die gleiche Sprache, die von ihnen und Außenstehenden meist »dänische Sprache« *(donsk tunga)* genannt wurde, von Sprachwissenschaftlern heute jedoch als »Altnordisch« bezeichnet wird. Sie gehörte zu der Gruppe germanischer Sprachen, die um die Nordsee herum gesprochen wurden, und war stammverwandt u.a. mit dem Altenglischen, Altsächsischen und Althochdeutschen, hatte sich aber weit genug von ihnen entfernt, um von Zeitgenossen als eigenständige Sprache aufgefaßt zu werden. Im Verlaufe der Wikingerzeit entwickelten sich in den verschiedenen Regionen Skandinaviens ausgeprägtere phonetische Variationen. Diese Dialekte bildeten die Basis des modernen Dänischen, Isländischen, Norwegischen und Schwedischen, konnten jedoch von allen Skandinaviern verstanden werden (dasselbe gilt weitgehend auch für ihre modernen Nachfolger).

Anthropologische Untersuchungen der Skelette, die aus Grabstätten stammen, zeigen, daß die Wikinger im Durchschnitt etwas kleiner waren als die heutige skandinavische Bevölkerung. Es zeigt sich, daß einige Menschen – wie wir annehmen können aus höheren Gesellschaftsschichten – größer, robuster und im allgemeinen gesünder waren als die übrigen, deren Skelette offensichtliche Deformierungen infolge von Mangelernährung und Schwerarbeit aufweisen. Die Säuglingssterblichkeit war höher als heutzutage und die Lebenserwartung geringer, obgleich es nicht ungewöhnlich war, daß einzelne bis zu zwischen 40 und 50 Jahre alt wurden. Höhere Lebensalter waren selten. Die häufigsten Krankheiten, welche sich aus den Skelettresten diagnostizieren lassen, waren Rheumatismus und Arthritis, doch es gibt wenig Anzeichen für Zahnkaries, was zweifellos auf die zuckerfreie Ernährung zurückzuführen ist. Auch als die Raubzüge der Wikinger ihren Höhepunkt erlebten, muß der Großteil der Bevölkerung friedlich zu Hause geblieben sein, um Schafe und Rinder zu hüten, etwas Korn anzubauen und handwerklich zu arbeiten. Weshalb so viele sich entschlossen, an den Plünderungszügen teilzunehmen, bleibt in gewisser Weise ein Rätsel, doch Übervölkerung, Mangel an kultivierbarem Land und Konflikte zwischen verfeindeten Parteien sind allesamt als Gründe vorgeschlagen worden.

Die soziale Rangordnung

Die Zeugnisse, welche die Archäologie liefert, insbesondere Gräber mit auffallenden Kontrasten zwischen den Grabbeigaben der Reichen und der Armen, Inschriften auf Ru-

Rechts: Eine Silbermünze des dänischen Königs Sven Gabelbart (gest. 1014), geprägt um 995. Dies ist eine der frühesten skandinavischen Münzen, die den Namen eines Königs und ein symbolisches Königsporträt auf der Vorderseite tragen. Sie imitieren angelsächsische Originale mit einem Kreuz auf der Rückseite.

nensteinen und knappe Hinweise in den schriftlichen Quellen legen allesamt nahe, daß die Wikingergesellschaft deutlich gegliedert war. Innerhalb jedes einzelnen Gebietes gab es eine strikte Hierarchie mit einem Häuptling oder König an der Spitze und einer Adelsschicht, die ihn unterstützte und eine Streitmacht stellte. Darunter standen die kleineren Landbesitzer, die Bauern und Kaufleute, die eine Klasse von Freien bildeten. Die unterste Schicht waren die Sklaven.

Vor der Wikingerzeit begann sich die Macht bereits auf eine Handvoll von dynastischen Familien zu konzentrieren, die den Wohlstand eines Landstrichs kontrollierten. Der lokale Herrscher war zugleich militärischer Führer, religiöses Oberhaupt, Verwalter und Friedensbewahrer. Reichtum stellte sich dar in Form von Grundbesitz, in den Bodenerträgen und den Steuern, die in Naturalien bezahlt wurden. Als die Macht sich in den Händen einer einzigen Herrscherfamilie konzentrierte, wurden Abgaben an den König auch in Form von Marktgeldern und Zollgebühren geleistet. Repräsentanten des Königs, die auch selbst großen Einfluß besaßen, wurden in den Städten und auf seinen Ländereien eingesetzt.

Eine der wirkungsvollsten Methoden, mit denen ein König seine Macht demonstrieren konnte, war das Prägen von Münzen. Die Tatsache, daß während kurzer Perioden in Ribe und Haithabu in Dänemark Münzen geprägt wurden, obwohl sich bis zum 11. Jahrhundert ein monetäres System in Skandinavien nicht fest etablierte, stützt die Hypothese, daß ein König diese beiden frühen Wikingerstädte kontrollierte. Es ist besonders bezeichnend, daß Olof Skötkonung (ca. 995–1021/22), der als der erste König anerkannt wird, welcher ganz Zentralschweden beherrschte, der erste war, der seit etwa 995 in der Stadt Sigtuna, die von ihm gegründet worden war, Münzen prägte. In Norwegen wurden ungefähr zur selben Zeit von Olaf Tryggvason (ca. 964–1000) erstmals Münzen geprägt. Als die Länder im 11. Jahrhundert größeren Zusammenhalt fanden und die Könige mehr Macht erhielten, wurde die Ausgabe von Münzen allgemein üblich.

Obwohl die Königsmacht erblich war, konnte von reibungsloser Nachfolge vom Vater auf den Sohn keine Rede sein – jedes männliche Mitglied der Familie hätte mit Gewalt versuchen können, sein Nachfolgerecht durchzusetzen. Besonders heftige dynastische Fehden gab es zwischen den Söhnen und Enkeln von Harald Schönhaar (reg. um 870–um 940), dem ersten anerkannten König von Norwegen. Manchmal verbrachten potentielle Thronanwärter beträchtliche Zeit im Exil, rekrutierten dort ein Heer, um dann heimzukehren und zu versuchen, die Nachfolgefrage gewaltsam zu entscheiden. Machmal wurden Kompromißlösungen erreicht, die zwei Königen eine gleichzeitige Regentschaft gestatteten oder das Land in Regionen aufteilten, von denen jede ihren eigenen königlichen Lehnsherrn besaß, so wie es in Norwegen im 10. Jahrhundert häufig geschah.

Könige und ihre Königinnen wurden in großem Stil beigesetzt, ihre Leichname unter gewaltigen Grabhügeln mit manchmal mehr als 20 m Durchmesser auf Bodenhöhe begraben. Einige dieser Gräber enthielten Beigaben von beeindruckender Pracht. Einige der spektakulärsten Funde wurden in Südostnorwegen gemacht, die bemerkenswertesten in Oseberg und Gokstad am Oslofjord. Grabungen zu Beginn des 20. Jahrhunderts in Oseberg erwiesen, daß dort im Jahre 834 eine junge Frau beerdigt worden ist, die man für eine Königin hält. Ihren Körper hatte man zusammen mit der prächtigen Ausstattung ihres täglichen Lebens in einem mit großartigen Schnitzereien verzierten Schiff aufgebahrt: Betten, Bettzeug und alle Arten von Hausratsgegenständen. Es fanden sich noch weitere Dinge, die sie benutzt haben mag, wie Schlitten als Transportmittel im Winter und ein Wagen für Reisen im Sommer. Neben ihr

Oben: Ein Eimer aus Eibe mit Bronzehenkeln, der im Oseberg-Grab gefunden wurde. Er lag in einem anderen Eimer, dieser wiederum in einem Faß im Bug des Schiffes. Eimer dieses Typs waren Importware.

lag der Leichnam einer älteren Frau, möglicherweise eine Dienerin oder Sklavin.

Nördlich in der Nähe Osebergs bei Borre findet sich die größte Ansammlung von großen Hügelgräbern, die man mit dem wikingerzeitlichen Königshaus Norwegens in Verbindung zu bringen pflegt. Als vor etwa 150 Jahren einer der Hügel durch Kiesabbau zerstört wurde, stieß man auf Überreste eines Schiffes, und es wurden einige kostbare, auf etwa 900 n. Chr. datierte Objekte geborgen. Mehrere große Hügel wurden in Dänemark untersucht, z. B. zwei Grabhügel bei Jelling in Zentraljütland, einem Ort, der mit den Königen Dänemarks des 10. Jahrhunderts verbunden ist. Die hölzerne Innenkammer des einen konnte mit Hilfe der Dendrochronologie auf 958/59 datiert werden. Sie enthielt vermutlich das Grab König Gorms, des letzten heidnischen Herrschers von Dänemark, der später von seinem Sohn Harald Blauzahn, der Christ war, in die nahe gelegene Kirche umgebettet wurde. Eindrucksvolle Grabbeigaben, die großen Reichtum und einen hohen Status andeuten, stammen aus einer Grabkammer des 10. Jahrhunderts in einem Hügelgrab in Mammen in Jütland. Baumringanalysen der Eckpfosten der Grabkammer, die den Leichnam mit den Beigaben (darunter die berühmte Mammen-Axt) umschlossen hatte, zeigen, daß die Bäume, aus denen sie errichtet wurde, 970/71 gefällt worden sind.

Das Bootsgrab von Oseberg

Der Grabhügel von Oseberg am Oslofjord in Südostnorwegen wurde im Jahre 1904 ausgegraben. Man fand in ihm das am reichsten ausgestattete Grab aus der Wikingerzeit: die Ruhestätte einer Frau, die zusammen mit einem Begleiter 834 beerdigt worden war. Wir wissen dies mit Sicherheit, da vor kurzem Baumringanalysen ergeben haben, daß die zum Bau der Grabkammer verwendeten Eichen in jenem Jahr gefällt wurden. Obwohl der Schmuck geraubt worden ist, waren doch die in der Grabstätte verbliebenen Gegenstände von außergewöhnlicher Menge und Qualität.

Die Grabkammer lag hinter dem Mast eines eleganten Schiffs, das vielleicht als Reisegefährt für die Verstorbene dienen sollte. Außerdem waren ein Wagen, vier Schlitten und zwölf oder mehr Pferde enthalten. Die Vorstellung einer langen Reise, die unternommen werden muß, wird durch die Beigabe eines Zeltes und von Nahrungsmitteln unterstrichen, unter denen ein Ochse und ein Eimer mit Äpfeln waren. Man fand fünf Betten, Vorratstruhen, Öllampen, einen Stuhl, einen Wandteppich, verschiedene Küchen- und Eßgeräte sowie landwirtschaftliche Werkzeuge. In der Kammer selbst lagen neben verschiedenen persönlichen Gegenständen die Überreste von Webstühlen und ein Satz von Webbrettchen zum Weben einer Borte, die in unfertigem Zustand belassen war. In der verschwenderischen Fülle der Grabbeigaben von Oseberg offenbart sich der hohe gesellschaftliche Rang dieser Frau – möglicherweise war sie eine Königin.

Oben: Aus der Wikingerzeit sind nur selten Gefäße und andere Gegenstände aus Holz erhalten geblieben. Diese Auswahl von Grabgut von Oseberg umfaßt zwei bronzeverstärkte Eimer aus Irland, der größere mit emaillierten Halterungen für den Henkel. Sie haben die Form menschlicher Gestalten in einer Buddha-ähnlichen Haltung.

Oben rechts: Die Ausgrabung des Oseberg-Schiffs im Jahre 1904 wurde von Professor Gabriel Gustafson geleitet, der hier vor dem elegant verzierten Heck zu sehen ist: Die Grabkammer ist bereits entfernt. Die Grube, in die man das Schiff gebettet hatte, war mit blauem Lehm verkleidet. Dieser hielt es mitsamt seinem Inhalt feucht und verhinderte den Zerfall des organischen Materials. Das Gewicht des Hügels hatte jedoch die Holzteile in viele Stücke zerbrochen. Man hat sie inzwischen sorgfältig rekonstruiert.

Die unteren Ränge der Gesellschaft

Unter dem König und der Aristokratie standen die Freien, eine sehr heterogene Gruppe, die alle Rangstufen von den engen Gefolgsleuten des Königs bis zu den Dienern umfaßte und die größte gesellschaftliche Schicht im wikingerzeitlichen Skandinavien bildete. Die meisten Freien waren Bauern. Sie hatten das Recht, Waffen zu besitzen und zu tragen, am Thing teilzunehmen und dort zu sprechen, einer Versammlung aller Freien einer einzelnen Region, die regelmäßig stattfand (mindestens einmal im Jahr, manchmal häufiger), um Gesetze zu erlassen, Streitigkeiten um Land beizulegen und über Gewaltverbrechen und Diebstahl Recht zu sprechen. Eine Anzahl von Thingplätzen ist bekannt (der berühmteste liegt bei Thingvellir in Island). Sie bestanden gewöhnlich aus einem niedrigen Hügel, der von einem flachen Graben umgeben war. *Thing* ist ein häufiger Bestandteil skandinavischer Ortsnamen, der das Vorhandensein eines solchen Versammlungsplatzes anzeigt, und ähnliche Belege aus Schottland und anderswo in der westlichen Wikingerwelt zeigen, daß die Wikinger diese Regierungsform in ihre überseeischen Niederlassungen mitnahmen. Als sich jedoch in Skandinavien der Einfluß des Königs vergrößerte, war er in der Lage, seine Autorität dazu zu benutzen, die Entschlüsse des Thing umzustoßen oder zu manipulieren.

Reichtum in Form von Landbesitz war das Hauptkriterium für den relativen Status und die gesellschaftliche Bedeutung der Freien. Manche besaßen Ländereien immenser Größe, die von Pächtern bewirtschaftet wurden. Die Gehöfte oder Herrschaftshäuser einiger dieser großen Landbesitzungen sind noch heute zu lokalisieren und durch gewaltige Grabhügel kenntlich. Gegen Ende der Wikingerzeit errichteten viele der reichsten Landbesitzer Monumente mit Runeninschriften, in denen sie sich selbst und ihre Familien verherrlichten.

Die niedrigste Klasse in der Gesellschaft waren die Sklaven, über die wir wenig wissen, obwohl Belege in Quellentexten deutlich machen, daß sie in der Ökonomie eine essentielle Rolle spielten. Es ist schwierig, sie mit archäologischen Untersuchungen festzumachen. Gräber mit wenigen oder keinen Grabbeigaben könnten Gräber von Sklaven sein, doch es ist zweifelhaft, ob sie überhaupt auf einem Friedhof beigesetzt wurden. Ein toter Sklave hatte keinen Wert, und man entledigte sich seiner wahrscheinlich ohne jede Zeremonie. Einige Doppelgräber enthalten einen Toten mit reicher Ausstattung und einen ohne Beigaben. Dies könnten Grabstätten eines Herrn, einer Herrin und eines als Menschenopfer getöteten Sklaven sein. Eine Beschreibung eines Wikingerbegräbnisses auf der Wolga im 10. Jahrhundert von Ibn Fadlan, einem arabischen Kaufmann, schildert solch ein Ereignis:

> *Was sie tun, ist dies ... Wenn er (der Verstorbene) reich ist, sammeln sie sein Vermögen und teilen es in drei Teile. Einen Teil erhält seine Familie, für den zweiten Teil kaufen sie ihm Kleider, und für das letzte Drittel brauen sie* nabidh, *den sie an dem Tag trinken, an dem die Sklavin getötet und zusammen mit ihrem Herrn verbrannt wird ... Wenn ein Häuptling gestorben ist, fragen seine Familienangehörigen seine Sklavinnen und Sklaven: »Wer will mit ihm zusammen sterben?« Dann sagt jemand von ihnen: »Ich will es tun.« ... Die meisten, die sich dazu bereit erklären, sind Sklavinnen ...*

Die Zahl der einheimischen Sklaven wurde von Zeit zu Zeit durch Gefangene ergänzt, die bei Raubzügen im Ausland gemacht wurden. Einige brachte man als Zwangsarbeiter mit in die Heimatländer, andere wurden auf Schiffen weitertransportiert, um auf den Sklavenmärkten des Ostens verkauft zu werden: Im Handel der Wikinger mit dem Abbasidenkalifat von Bagdad wurden sie gegen große Mengen von Silber eingetauscht.

Links: Der vierrädrige Oseberg-Wagen ist weit davon entfernt, ein alltäglicher Karren zu sein, obwohl solche wohl für normale Transporte benutzt wurden. Er ist aber in so prächtiger Weise mit Schnitzereien verziert, wie es zu einem Kultfahrzeug paßt. Menschliche Köpfe sitzen an den Enden des Gestells, das den abnehmbaren Wagenkasten trägt. Dieser ist an der Stirnseite mit der Darstellung eines Mannes verziert, der von Schlangen umgeben ist. Einige deuten ihn als den legendären Helden Gunnar, der in eine Schlangengrube geworfen wurde und dort den Tod fand.

Oben: Ein schmaler Wandteppichfries wurde in fragmentarischem Zustand in der Grabkammer von Oseberg gefunden. Er ist aus verschiedenfarbiger Wolle in einer Vielzahl von Techniken gewebt. Die Szene zeigt eine Prozession bewaffneter Gestalten, männlichen und weiblichen, zu Fuß und auf Pferden, die von pferdegezogenen Wagen begleitet wird. Dieses bemerkenswerte Überbleibsel ist eine dramatische Erinnerung daran, wie wenig über die farbenprächtigen Wandbehänge bekannt ist, die in der Wikingerzeit die Wohnräume der Reichen geschmückt haben.

Ganz oben: Rekonstruktion eines Bettes, das sich auf dem Vorschiff des Oseberg-Schiffs befand. Seine Kopfbretter sind als geschnitzte Tierköpfe gestaltet, die ursprünglich bemalt waren. Vier weitere Betten, einschließlich des Bettes, auf dem die Tote lag, sowie mit Federn und Daunen gefülltes Bettzeug wurden ebenfalls gefunden. Betten gehörten nicht zur gewöhnlichen Haushaltsausstattung. Die Oseberg-Betten konnten leicht zerlegt werden und wurden vielleicht auf Reisen benutzt.

Das Entstehen der skandinavischen Königreiche

Die Entwicklung Dänemarks, Norwegens und Schwedens zu geeinten Nationen mit jeweils einem einzigen Herrscher vollzog sich während der Wikingerzeit. Dieser Prozeß ist nicht gut dokumentiert, die schriftlichen Zeugnisse beschränken sich auf verstreute Andeutungen in zeitgenössischen Geschichtswerken des Kontinents. Die *Fränkischen Reichsannalen* erwähnen gelegentlich dänische Könige im 8. und 9. Jahrhundert, und Rimberts *Leben des Ansgar*, geschrieben Ende des 9. Jahrhunderts, liefert weitere Informationen. Die jüngste kontinentaleuropäische Quelle für das wikingerzeitliche Skandinavien ist Adam von Bremens *Geschichte der Erzbischöfe von Hamburg – Bremen*, die gegen Ende des 11. Jahrhunderts verfaßt wurde und sich auf Augenzeugenberichte stützt, die ihm von Informanten zugetragen wurden. Da alle diese Werke von christlichen Klerikern über heidnische Länder geschrieben wurden, müssen wir bei ihnen mit einer gewissen Voreingenommenheit rechnen, doch im ganzen scheinen sie ziemlich wahrheitsgetreue zeitgenössische Berichte zu sein. Sie nennen uns die Namen von Orten und Menschen, die teilweise von den späteren isländischen Sagas bestätigt werden. Diese Sagas stellen ebenfalls historische Quellen dar, doch da sie größtenteils im 13. Jahrhundert – also fast 200 Jahre nach der Wikingerzeit – verfaßt wurden, sind sie mit Vorsicht zu benutzen. Dennoch wird durch diese Zeugnisse und durch die materielle Evidenz großer Denkmäler und Bauwerke, die offensichtlich unter der Leitung eines Königs errichtet wurden, deutlich, daß alle drei Staaten sich spätestens gegen Ende des 11. Jahrhunderts zu selbständigen Mächten entwickelt hatten.

Am meisten wissen wir über Dänemark, wo wir die ersten Anzeichen zentralisierter Königsmacht in der Gründung der Stadt Ribe, im Ausheben des Kanhavekanals und im Erbauen des Danewerks wahrnehmen können, die vielleicht alle von König Agantyr angeregt wurden, der uns aus der Biographie des heiligen Willibrord, Bischof von Utrecht, bekannt ist, welcher im frühen 8. Jahrhundert das »wilde Dänenvolk« besuchte. Um einiges später, im Jahre 808, wird König Godfred in Verbindung mit der Fertigstellung der zweiten Bauphase des Danewerks in den *Fränkischen Reichsannalen* erwähnt; man sagt von ihm, er habe Kaufleute in der frühen Wikingerstadt Haithabu (damals Dänemark, jetzt Deutschland) angesiedelt. Andere Herrscher werden im 9. Jahrhundert erwähnt, darunter die gemeinsam regierenden Könige Horik der Ältere und Horik der Jüngere, die dem deutschen Missionar Ansgar um 750 erlaubten, Kirchen in Haithabu und Ribe zu bauen.

Für die nächsten hundert Jahre sind keine Könige namentlich bekannt. Mitte des 10. Jahrhunderts erschien eine neue Dynastie, gegründet von König Gorm, deren Zentrum bei Jelling in Zentraljütland lag. Auf Gorm, über den wenig bekannt ist, folgte sein Sohn Harald Blauzahn im Jahre 958/59. Er stellte einen großen Runenstein auf den Kirchplatz in Jelling, auf dem er stolz verkündete, daß er ganz Dänemark und Norwegen unterworfen und die Dänen zu Christen gemacht habe. Während seiner Regentschaft verteidigte Harald sein Reich mit Hilfe einer Kette von Festungen (manchmal als die »königlichen Festungen« Dänemarks bezeichnet) und ließ weitere imponierende Werke der Ingenieurskunst errichten wie die Brücke bei Ravning Enge auf der Straße nach Jelling. Er wurde von seinem Sohn Sven Gabelbart (gest. 1014) um 987 abgesetzt, der später, im Jahre 1013, England eroberte. Sven war der erste einer Reihe von Königen, die bis zum Jahr 1042 sowohl England als auch Dänemark beherrschten und auch Südnorwegen kontrollierten.

Die Einigung Norwegens

Mit seiner langen, reich gegliederten Küstenlinie und den hohen Bergen, welche die Verkehrsverbindungen im Landesinneren extrem behinderten, war Norwegen ein Land, das von einem Herrscher schwer unter Kontrolle zu bringen war. Zu Beginn der Wikingerzeit finden sich zahlreiche verstreute Herrschaftsgebiete entlang der norwegischen Küste, von den Lofoten-Inseln im hohen Norden bis nach Vestfold und Ostfold am Oslofjord. Jedes einzelne war verbissen auf Unabhängigkeit bedacht und nicht bereit, sich einer Übermacht von außen zu unterwerfen; Konflikt statt Kooperation war die Regel. Ausgrabungen eines Gehöftes bei Borg auf den Lofoten-Inseln ermöglichen uns einen Blick auf das Leben, das einige dieser frühen norwegischen Häuptlinge geführt haben. Hier muß eine Familie gewohnt haben, deren Wohlstand und Position hauptsächlich auf den reichen Fischgründen der Gegend beruhten. Funde von Glas und Keramikwaren aus dem Rheinland zeigen jedoch, daß Borg keine gewöhnliche Fischergemeinde war, sondern ein Ort, der von einer Familie hohen Ranges mit Kontakten zur Außenwelt bewohnt wurde: die Heimat eines der Herren des Nordens.

Das Unterfangen, diese unabhängigen Herrschaftsgebiete in einem Reich zusammenzufassen, war blutig und langwierig. Seine Vollendung dauerte 200 Jahre. Die reichen Gräber in den großen Hügeln von Oseberg und Borre bezeugen die Existenz einer Herrscherdynastie im südöstlichen Norwegen im 8. und 9. Jahrhundert. Aufgrund von Hinweisen aus Gedichten und Sagas wissen wir, daß Borre ein Zentrum des Königtums in der Wikingerzeit war. Der erste König, der eine Art von Vereinigung erzielte, war Harald Schönhaar, der Vestfold und den Südwesten Norwegens in den achtziger Jahren des 9. Jahrhunderts einte und sich durch seine Vorgehensweise zahlreiche Norweger zu Feinden machte. Dies mag der Grund gewesen sein, warum so viele Menschen gegen Ende des 9. Jahrhunderts zu den schottischen Inseln und nach Island auswanderten. Der Norden Norwegens blieb von dieser Einigung ausgeschlossen. Er wurde von einem Jarlsgeschlecht unabhängig regiert, das bei Lade nahe Trondheim im Trøndelag ansässig war und die Oberhoheit über die anderen Häuptlinge dieser Gegend erlangt haben mußte. Die folgenden Jahrhunderte sahen zwischen Nord und Süd einen ständigen Konflikt, bei dem die dänischen Könige im Süden von Zeit zu Zeit eine führende Rolle spielten. Bisweilen unterstützten die Ladejarle den südlichen Herrscher, manchmal taten sie es nicht, und die Sagas erzählen von vielen Schlachten und von Streitigkeiten, die für beide Seiten tödlich endeten.

Ende des 10. Jahrhunderts benutzte der aus dem ausländischen Exil (wo er an Wikingerangriffen in England teilgenommen hatte) nach Norwegen zurückgekehrte Olaf Tryggvason, der Urenkel Harald Schönhaars, das Trøndelag als Ausgangsbasis, von der aus er seine Kontrolle über die gesamte Westküste festigte. Doch nach seinem Tod (in der Seeschlacht bei Svolder um das Jahr 1000, im Kampf gegen die vereinte Streitmacht von Olof Skötkonung von Schweden und Sven Gabelbart von Dänemark) zerfiel das Land von neuem, und für die nächsten 15 Jahre war die Herrschaft zwischen den Ladejarlen im Norden und den dänischen und schwedischen Königen im Süden geteilt. Die Einführung des Christentums war ein wichtiger Faktor in der Einigung Norwegens. Olaf Tryggvason, während seines Exils in England zum christlichen Glauben übergetreten, versuchte, Norwegen die neue Religion aufzuzwingen (und trug zu ihrer Einführung in Island bei). Nach seinem Tod gab es jedoch ein Wiederaufleben heidnischen Glaubens, und erst Olafs Nachfolger Olaf Haraldsson (1015 – 30) konnte eine allgemeine Bekehrung zum Christentum erreichen. Nach seinem Tod in der Schlacht von Stiklestad 1030 wurde er als St. Olaf von Norwegen heiliggesprochen. Weitere Jahre des Aufruhrs sollten folgen, doch gegen Ende des 11. Jahrhunderts war Norwegen ein durchweg geeintes und christliches Land.

Oben: Ausgrabungen in Borg auf Vest-vågøy, einer Lofoten-Insel, haben die Reste eines Häuptlingshauses aus der frühen Wikingerzeit freigelegt. Es ist über 80 m lang und liegt auf dieser Luftaufnahme im Vordergrund links. Seine Bewohner besaßen Goldgegenstände, Töpferwaren und Glas aus Westeuropa, was ihre hohe soziale Stellung andeutet. Die meisten Funde sind jedoch heimischer Herkunft, da Landwirtschaft und Fischfang die Lebensgrundlage der Familie darstellten.

Entwicklungen in Schweden und Finnland

Es ist nicht sicher, ob Schweden in der Wikingerzeit jemals unter einem einzigen Herrscher geeint war. Die meisten Belege für eine sich herausbildende Königsdynastie stammen aus der vorangegangenen Epoche – aus den großen Grabhügeln der Svear in Uppland bei Vendel, Valsgärde und Gamla Uppsala, das in der Wikingerzeit als heidnisches Kultzentrum berühmt war. Ähnlich große Hügel mit hochrangigen Grabbeigaben kennen wir bei Hovgården auf Adelsö, einer Insel im Mälarsee, wo sich auch die Überreste eines spätmittelalterlichen Königsschlosses finden. Für die Wikingerzeit selbst existieren jedoch nur spärliche Informationen. Könige werden von Zeit zu Zeit erwähnt. Wir wissen zum Beispiel aus Rimberts *Leben des Ansgar*, daß König Björn um 820 den Missionar in der Stadt Birka auf der Insel Björkö im Mälarsee willkommen hieß, nachdem dieser Haithabu und Ribe in Dänemark besucht hatte. Doch erst im späten 10. Jahrhundert wissen wir von einem König, dessen Herrschaft über das Land der Svear hinausreichte, König Olof Skötkonung, der seine Autorität über ganz Schweden von der Ost- bis zur Westküste ausdehnte. Es scheint sicher, daß bei der

Einigung Schwedens das Christentum ebenso wie in Dänemark und Norwegen eine bedeutende Rolle spielte. Olof war Christ und gründete das erste schwedische Bistum in Skara in Östergötland. Es blieb jedoch seinen Nachfolgern überlassen, den Übertritt des Landes zum neuen Glauben im späten 11. Jahrhundert zu vollenden.

Finnland blieb sogar noch länger, bis ins 12. Jahrhundert hinein, heidnisch. Obwohl »Könige« in späteren Quellentexten erwähnt werden, wurden die von schwedischen Wikingern kontrollierten Gebiete – die Südwestküste und die Åland-Inseln – vermutlich von einer Reihe von Kleinfürsten regiert. Finnland war noch lange nach der Wikingerzeit in keiner Weise geeint.

Befestigungsanlagen

Die dynastischen Zwistigkeiten und bewaffneten Auseinandersetzungen, die den Prozeß der Staatenbildung begleiteten, müssen die Wikingerzeit zu einer Zeit großer Unsicherheit und Unruhe gemacht haben. Städte blühten wirtschaftlich auf und benötigten eine stärkere Verteidigung gegen Piratenüberfälle. Gegen Ende des 10. Jahrhunderts hatten die Wikinger den Bau von Stadtbefestigungen

Gotland

In der Wikingerzeit war die Ostseeinsel Gotland (seit dem Mittelalter eine Provinz Schwedens) im Grunde genommen ein unabhängiger Staat. Ihre Kalksteinböden boten fruchtbares Ackerland, und sie war weitgehend wirtschaftlich autark, obwohl die Rohmaterialien für die Manufaktur – Eisenerz, feinkörniger Stein zur Herstellung von Wetzsteinen, Bruchglas für Perlen, Bernstein und Silber – alle importiert werden mußten. Gotlands Kultur unterschied sich in einer Reihe von Punkten deutlich von der des schwedischen Festlands. Bildsteine beispielsweise – Kalksteinplatten mit gemeißelten Darstellungen von mythologischen Szenen, Schiffen und Kriegern – sind außerhalb Gotlands unbekannt. Der Schmuck, der auf der Insel für Frauen angefertigt wurde, war auch von anderer Art als der aus dem übrigen Skandinavien. Er war oft von sehr guter Qualität und stellt gemeinsam mit den großen Mengen an Silber, die man in verborgenen Horten aus der Wikingerzeit gefunden hat, ein Zeugnis des gewaltigen Reichtums der Insel dar. Wir sind jedoch nicht völlig sicher, wie dieser Wohlstand erworben wurde. Obwohl Gotland dank seiner Lage mitten in der Ostsee im Zentrum der Handelsrouten des späteren Mittelalters lag, gibt es wenig Belege dafür, daß es in der Wikingerzeit weitreichende Handelsverbindungen besaß. Die engsten Kontakte scheint Gotland zur benachbarten Insel Öland im Westen und zu den Küstengebieten der südöstlichen Ostsee unterhalten zu haben. Man hat vermutet, daß die Bewohner der Insel Gotland durch Piraterie reich geworden sind, indem sie die Handelsschiffe ausraubten, welche die Handelsrouten der Ostsee befuhren. Sollte dies der Fall gewesen sein, dann hätten sie wirklich den plündernden Wikingern der verbreiteten historischen Legende geglichen.

Unten: Diese trommelförmige Fibel wird von einer gotländischen Frau als Schmuckstück auf der Mitte ihrer Brust getragen worden sein. Sie ist typisch für das hochwertige Geschmeide, das von den aus Gotland stammenden Handwerkern in der Wikingerzeit hergestellt wurde. Die Fibel ist aus mit Gold und Silber verzierter Bronze, wobei das Gold zu Tierornamenten in Filigranarbeit mit Granulationen geformt ist und das Silber Pflanzenornamente im Ringerike-Stil aufweist. Broschen dieses Typs sind ausschließlich auf Gotland zu finden und unterstreichen dessen kulturelle Verschiedenheit vom übrigen Skandinavien.

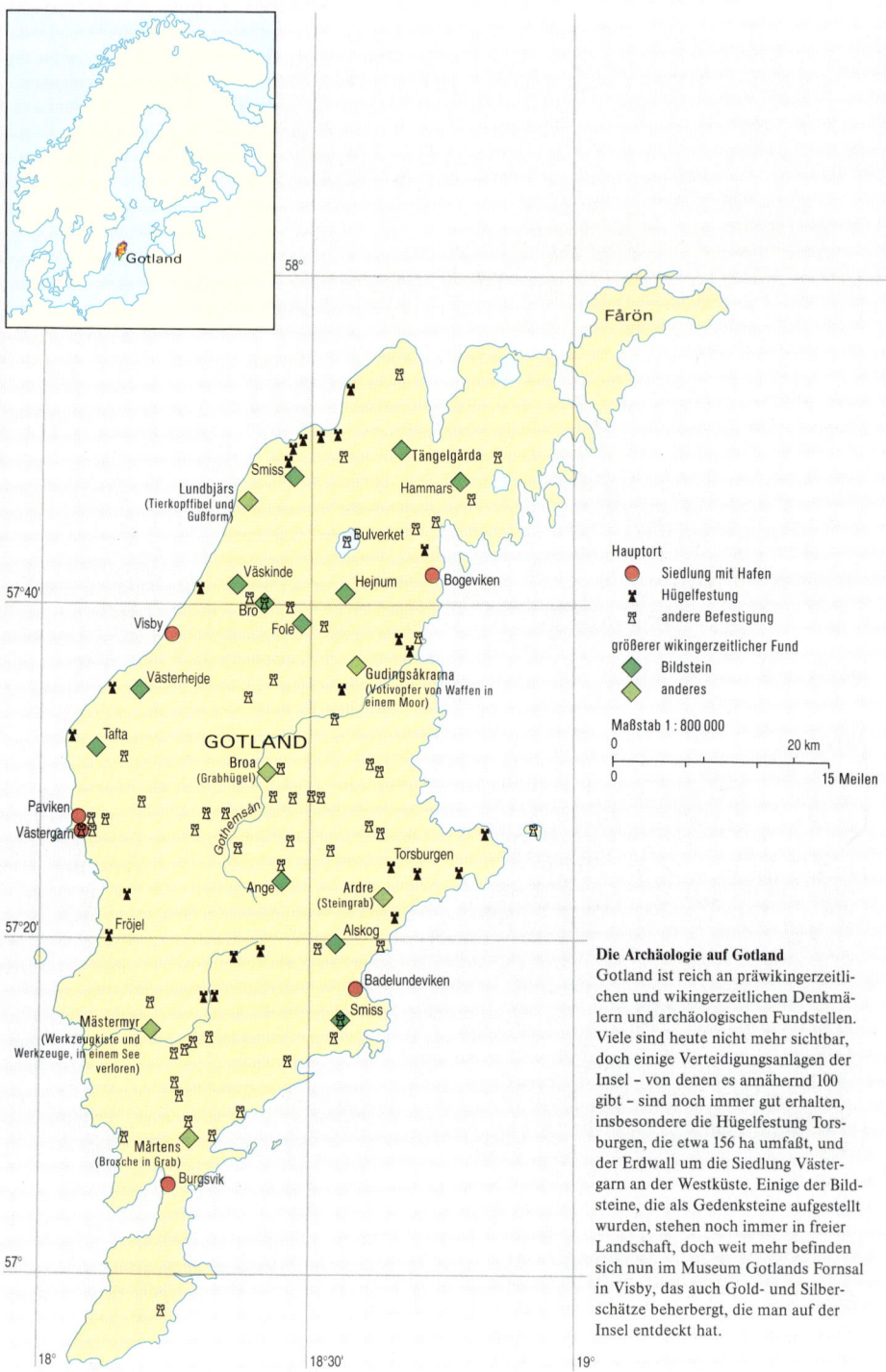

Hauptort
- 🔴 Siedlung mit Hafen
- Hügelfestung
- andere Befestigung

größerer wikingerzeitlicher Fund
- 🔷 Bildstein
- 🔷 anderes

Maßstab 1 : 800 000
0 — 20 km
0 — 15 Meilen

Die Archäologie auf Gotland

Gotland ist reich an präwikingerzeitlichen und wikingerzeitlichen Denkmälern und archäologischen Fundstellen. Viele sind heute nicht mehr sichtbar, doch einige Verteidigungsanlagen der Insel – von denen es annähernd 100 gibt – sind noch immer gut erhalten, insbesondere die Hügelfestung Torsburgen, die etwa 156 ha umfaßt, und der Erdwall um die Siedlung Västergarn an der Westküste. Einige der Bildsteine, die als Gedenksteine aufgestellt wurden, stehen noch immer in freier Landschaft, doch weit mehr befinden sich nun im Museum Gotlands Fornsal in Visby, das auch Gold- und Silberschätze beherbergt, die man auf der Insel entdeckt hat.

Unten: Etwa 700 wikingerzeitliche Horte aus Silbermünzen (größtenteils arabische, englische und deutsche) und Schmuck sind auf Gotland gefunden worden. Sie spiegeln den angehäuften Reichtum der Gotländer wider, den sie vielleicht durch Piraterie erlangten. Dieser mehr als 10 kg wiegende Hort wurde in einer Bronzeschale deponiert und um das Jahr 1140 unter dem Fußboden eines Bauernhofs in Bunge vergraben. Er besteht aus etwa 3000 deutschen Münzen, Armreifen und anderem auf Gotland selbst hergestellten Schmuck. Mehr als die Hälfte seines Gewichts machen Silberbarren aus, von denen viele aus Rußland stammen.

Links: Das kleine Marktzentrum Paviken, hier rekonstruiert, lag in einer geschützten Bucht an der Westküste Gotlands, das sonst schlecht mit guten natürlichen Häfen ausgestattet war. Hier wurden die Rohmaterialien eingeführt, mit denen Handwerke wie Perlenherstellung und die Eisenverarbeitung versorgt sowie Schiffe gebaut und repariert wurden.

Rechts: Die Menschen auf Gotland begannen im 5. Jahrhundert damit, Denkmäler in Form gemeißelter Bildsteine aufzustellen, und setzten dies während der gesamten Wikingerzeit fort. Die Bildhauerei wurde an allen anderen Orten Skandinaviens vor dem 10. Jahrhundert kaum praktiziert. Die lebendigen Szenen, die sie abbilden, liefern uns Anhaltspunkte für solche Dinge wie Kleidermoden, Rüstungen und die Methoden der Schiffstakelung. Das hier gezeigte Beispiel stammt aus Tängelgårda im Norden Gotlands.

zu beherrschen gelernt. Vor dieser Zeit waren Befestigungsanlagen in Skandinavien hauptsächlich zur Markierung und Sicherung von Grenzen errichtet worden oder als Zufluchtsorte für die Bevölkerung.

Das eindrucksvollste Beispiel einer linearen Verteidigungsanlage war das Danewerk, wie eine Reihe von Wällen genannt wird, die gemeinsam einen Riegel von etwa 30 km Länge quer über das südliche Ende Jütlands bilden. Im Jahr 808 erweiterte der dänische König Godfred den ursprünglichen Erdwall, mit dessen Bau über 75 Jahre früher begonnen worden war. Die *Fränkischen Reichsannalen* behaupten, daß er eine Verteidigungslinie von der Ostsee bis zur Nordsee errichtet habe, doch tatsächlich endeten seine Erweiterungen in Küstennähe in demselben Sumpfgebiet, wo auch der alte Wall aufgehört hatte. Godfreds Schutzwall wurde nur vom Heerweg *(hærvejen)* durchbrochen, einem prähistorischen Weg oder Viehpfad, der auch als »Ochsenweg« bekannt war. Er verlief längs über die gesamte jütische Halbinsel und durchquerte den Wall durch ein gut verteidigtes Tor.

Etwa 160 Jahre später wurde die letzte wikingerzeitliche Bauphase des Danewerks von König Harald Blauzahn vollendet. Er verband die beiden ersten Wälle im Osten durch einen äußerst starken Erdwall, der bis zu 13 m breit, mit Rasensoden verkleidet und von einer Pfahlpalisade gekrönt war, mit dem kurz vorher um die Stadt Haithabu errichteten Halbkreiswall. In all diesen frühen Bauphasen des Danewerks bestand es ausschließlich aus Erde und Holz. Beständigere Materialien wie Stein und Ziegel wurden nicht vor dem 12. Jahrhundert verwendet. Dennoch erwies sich das Danewerk als so dauerhaft und erfolgreich, daß es während des preußisch-dänischen Krieges von 1864 neu befestigt und im Zweiten Weltkrieg sogar mit Panzersperren verteidigt wurde.

Auch die Hügelfestungen gehen der großen Zeit der Befestigungsanlagen im 10. Jahrhundert voraus: nahezu 1000 gibt es allein in Schweden, wo sie felsige Anhöhen in der hügeligen Landschaft krönen und besonders zahlreich im Mälargebiet sind. Es ist nicht leicht, diese Bauwerke archäologisch zu datieren, die aus groben, aus gewaltigen Granitblöcken errichteten Mauern bestehen. Es gibt keine schriftlichen Quellen, die uns einen Anhaltspunkt liefern; mindestens einige könnten vorwikingerzeitlich sein. Viele enthalten andererseits Reste einer Besatzung sowohl aus der Wikingerzeit als auch aus früheren Epochen. Offenbar wurden sie von den Wikingern zur Volksverteidigung verwendet – oder wiederverwendet.

Einige dieser schwedischen Hügelfestungen, wie Stenbyborg auf der Insel Adelsö im Mälarsee, wo sich auch große Grabhügel der Vorwikingerzeit befinden, lassen sich mit königlicher Machtausübung in Zusammenhang bringen. Andere wie Gåseborg in Järfälls unweit Stockholm mögen als Zufluchtsorte und auch als religiöse Kultzentren gedient haben. Ein besonders spektakuläres Beispiel ist die Festung von Runsa auf einer Halbinsel, die in den nördlichen Teil des Mälarsees hineinragt. Sie besitzt einen inneren und einen äußeren Wall; der äußere verläuft entlang der Linie des wikingerzeitlichen Seeufers, der innere umschließt die Ruinen der Gebäude. Diese Festung ist vielleicht sporadisch für recht lange Zeitspannen bewohnt worden, doch muß sie auch als vorübergehende Zuflucht für die umliegende ländliche Bevölkerung gedient haben. Ein Gräberfeld in der Nähe enthält eine wichtige Grabstätte, die von aufrecht stehenden Steinen (einige von ihnen bis zu 2 m hoch) gekennzeichnet ist, die in Form eines Schiffs angeordnet sind. Sie ist von anderen, weniger spektakulären Gräbern umgeben und als Indiz dafür herangezogen worden, daß Runsa eine gewisse kultische Bedeutung gehabt haben könnte.

Die Stadt Birka auf der Insel Björkö im Mälarsee war bereits im 9. Jahrhundert ein blühendes Zentrum. Die Hügelfestung (Borg) nahe ihrem südlichen Rand muß als Stützpunkt und Zufluchtsort gedient haben, bis die Stadt im 10. Jahrhundert von Verteidigungswällen umgeben wurde. Die Festung in Birka besteht aus einem Wall aus Erde und Steinen, der die landzugewandte Seite eines Hügels einfaßt, dessen Westseite auf natürliche Weise von einem steilen Felskliff gegen den See hin geschützt ist. Die Festung (Hochburg), die auf die Stadt Haithabu, in der Wikingerzeit dänisch, heute deutsch, hinabblickt, wird einem ähnlichen Zweck gedient haben.

Die Insel Gotland besitzt etwa 100 Festungen, die wiederum nicht alle aus der Wikingerzeit stammen. Die größte ist Torsburgen nahe der Ostküste. Ihre gewaltige Kalksteinmauer erstreckt sich zwei Kilometer weit entlang des Rückens eines steilen Abhangs und ragt an einigen Stellen bis zu 7 m hoch und 24 m breit auf, was sie zu einem der spektakulärsten archäologischen Denkmäler ganz Schwedens macht. Ausgrabungen haben gezeigt, daß sie ursprünglich aus dem 4. Jahrhundert n. Chr. stammt, doch dann im frühen 10. Jahrhundert erneut benutzt wurde. Eine weitere Verteidigungsanlage von beträchtlichem Interesse ist – obgleich keine Hügelfestung – Bulverket auf Gotland im Tingstäde-Träsk-See im Norden der Insel. Sie steht im flachen Wasser am Rande des Sees und besteht aus einer Reihe von hölzernen Plattformsektionen, die so zusammengefügt wurden, daß sie vier Seiten eines Quadrates bilden, jede 170 m lang. Ursprünglich haben sie einmal Gebäude getragen. Der Platz in der Mitte ist offen. Die gesamte Anlage wird von einer Palisade von engstehenden, schweren Holzpfählen eingefaßt. Sie sind wegen ihrer wasserumspülten Lage bemerkenswert gut erhalten und einzigartig in Skandinavien. Die bei ihrem Bau angewendeten Konstruktionsmethoden erinnern an Bautechniken im südlichen und östlichen Baltikum. Vielleicht ist diese gotländische Anlage ursprünglich von Einwanderern erbaut worden. Ihr Zweck ist nicht völlig klar, der Ortsname Tingstäde legt aber nahe, daß sie Teil einer Thingstätte der Wikingerzeit war und daher nicht ausschließlich als Verteidigungsanlage diente.

Die lange, schmale Insel Öland besitzt 16 vorwikingerzeitliche Festungen, von denen mindestens zwei, Ismanstorp und Eketorp, auch in der Wikingerzeit genutzt wurden. Beide bestehen aus einer ringförmigen Umfriedungsmauer mit Gebäuderesten im Inneren. Ismanstorp mißt 127 m im Durchmesser. Seine Mauer hat sich noch bis zu einer Höhe von 2,5 Metern erhalten und wird von insgesamt neun Eingängen durchbrochen. Diese Zahl deutet an, daß es keine sehr sichere Befestigung gewesen sein kann. Dennoch scheint Ismanstorp als Fluchtburg benutzt worden zu sein.

Die eisenzeitliche Festung von Eketorp, als permanenter Siedlungsort um etwa 700 n. Chr. aufgegeben und nur noch sporadisch als Fluchtburg genutzt, wurde um das Jahr 1000 von neuem bemannt, nachdem die früheren Steinbauten in Holz wieder aufgebaut und die Steinmauer durch einen äußeren Verteidigungsring ergänzt worden war. Im Gegensatz zu Ismanstorp wurde die Mauer von Eketorp nur von drei Zugängen durchbrochen, und sie erweckt den Eindruck einer weitaus abschreckenderen Festungsanlage. Vielleicht hat sie als Hauptquartier der Garnison gedient, die mit der Verteidigung des Südteils der Insel gegen Angriffe von der See her betraut war. Die Funde aus ihrer spätesten Phase zeigen, daß sie auch ein Handelszentrum von beträchtlichem Wohlstand war. Trotz ihrer Handelsaktivitäten entwickelte sie sich nicht zu einer befestigten wikingerzeitlichen Stadt. Diese wurden mit Verteidigungsanlagen ganz anderer Art ausgestattet.

Verteidigungsanlagen der Städte

Vor dem 10. Jahrhundert waren die Wikingerstädte unbefestigt, es sei denn, es gab eine nahe gelegene Hügelfestung,

wie in Haithabu und Birka. Die Tatsache, daß die Städte bis zu dieser Zeit offene Siedlungen waren, verrät uns, daß das Leben im 8. und 9. Jahrhundert recht friedlich gewesen sein muß, was es ermöglichte, städtischen Aktivitäten ohne Bedrohung von außen nachzugehen. Die Bedingungen hatten sich im 10. Jahrhundert, das eine große Kampagne von Mauerbauten erlebte, offensichtlich verändert. Beispielsweise entstand in dieser Zeit in Haithabu der große Erdwall, der es mit den äußeren Verteidigungsanlagen des Danewerks verband. Er ist noch heute sichtbar und ragt an bestimmten Stellen bis zu 10 m hoch empor. Begonnen hatte er freilich als recht kleiner Damm von nicht mehr als 3 m Höhe, der von einer Holzpalisade gekrönt war. Seine späteren Dimensionen erhielt er durch wiederholte Umbauten und Verstärkungen. Als er seine endgültige Höhe erreicht hatte, war zur Verteidigung wahrscheinlich keine Palisade mehr nötig. In dieser Hinsicht scheint er sich von anderen Stadtwällen unterschieden zu haben. Seine Halbkreisform ist jedoch höchst charakteristisch für wikingerzeitliche Städte.

Haithabu war am Ufer einer kleinen Bucht, dem Haddebyer Noor, entstanden. Hauptzweck der Verteidigungsanlagen war, die Stadt vor Angriffen von der Landseite zu schützen. Der halbkreisförmige Wall umschloß daher das Gebiet, in dem die Siedlung lag, und reichte mit beiden Enden bis zum Wasser des Noors. Das gesamte Ufer war

Siedlung vor 1000
- 🔴 Stadt
- 🟠 Stadt mit Verteidigungsanlagen
- 🟡 andere Siedlung

vor 1000 erbaute Festungen
- königliche Festungen
- andere Festungen

- Brücke
- Schleppstelle
- Meeresblockade
- Thing
- Danewerk

mögliches Siedlungsgebiet um 1000

Heerweg
- gesicherter Verlauf
- wahrscheinlicher Verlauf

Maßstab 1 : 7 700 000

0   200 km
0   150 Meilen

Skandinavien in der Wikingerzeit

Während der Wikingerzeit gab es in Dänemark sowie Süd- und Zentralschweden kleine Bauerndörfer mit gemischter Landwirtschaft. In Norwegen breiteten sich vereinzelte Bauern- und Fischersiedlungen an der Atlantikküste und entlang der Fjorde aus. Die ersten skandinavischen Städte wurden zu Beginn der Wikingerzeit als Handels- und Handwerkszentren gegründet. Im 10. Jahrhundert gründete man weitere Städte. Andere Niederlassungen waren saisonale Marktzentren, in denen Güter für den lokalen Bedarf hergestellt wurden. Hügelburgen dienten als Verteidigungsanlagen, doch Städte waren erst ab dem 10. Jahrhundert mit Wällen befestigt.

Die Erdwälle des Danewerks schützten Dänemarks Südgrenze

Maßstab 1 : 2 550 000

Überfällen von der See aus jedoch schutzlos ausgeliefert. Um dieser Gefahr einigermaßen entgegenzuwirken, wurde eine Unterwasserpalisade errichtet, welche die östliche Hafeneinfahrt schützen sollte.

Eine ähnliche Stadtanlage liegt in Birka vor, doch war hier die Stadtmauer viel niedriger als in Haithabu, und sie muß den zusätzlichen Schutz einer Palisade benötigt haben. Außerdem ist der Stadtwall von Birka höchstwahrscheinlich niemals ganz fertiggestellt worden. Heute ist nur der nördliche Teil sichtbar, und der lange Abschnitt, der ihn mit der Festung (Borg) verbunden hätte, wurde vielleicht niemals gebaut. Der noch bestehende Wallabschnitt beschreibt eine sanfte Kurve, die es nahelegt, daß er ein grob halbkreisförmiges Gelände einschließen sollte. Dabei setzte sich das Nordende des Walls ganz bis zum Ufer des Mälarsees fort. Der Hafen wurde von einer gebogenen Reihe von Palisaden und Blockadepfählen verteidigt.

Es ist unmöglich zu sagen, ob in Århus in Jütland ähnliche Hafenverteidigungsanlagen gebaut wurden, denn der moderne Hafen dieser Stadt, die im 10. Jahrhundert gegründet wurde und von Beginn an von einem Erd- und Palisadenwall umgeben war, hat jede Spur eines wikingerzeitlichen Vorgängers ausgelöscht. Die Form der Verteidigungsanlagen in Århus entspricht jedoch in vieler Hinsicht denen von Haithabu und Ribe, ebenso der halbkreisförmige Wall zur Verteidigung von Västergarn auf der Insel Gotland, der ebenfalls im 10. Jahrhundert gebaut wurde. Schließlich zeigen vor kurzem in Ribe in Dänemark entdeckte Stadtbefestigungen, daß auch diese Stadt im 10. Jahrhundert von einem halbkreisförmigen Verteidigungssystem umgeben wurde. Ausgrabungen haben die Überreste eines 1 m tiefen und 8 m breiten Grabens mit einigen Spuren eines dazugehörigen Erdwalles freigelegt, und die kurzen Abschnitte des Grabens, die nachgewiesen wurden, beschreiben eine gekrümmte Linie.

Die Übereinstimmung der Stadtbefestigungen in Dänemark, Schweden und Gotland im 10. Jahrhundert ist sehr interessant. Ihre Grundrisse sind sich so ähnlich, daß man versucht ist zu glauben, daß sie alle Teile eines übergreifenden Plans waren. Wahrscheinlicher ist, daß sie spontane Reaktionen auf die Notwendigkeit darstellen, blühende Handelszentren vor Land- und Seeangriffen zu schützen, sei es vor Wikinger-Seeräubern oder slawischen Plünderern wie denen, die Haithabu im Jahre 1066 zerstören sollten.

Ein gemeinschaftlicher Verteidigungsplan

Eine Gruppe von Anlagen in Dänemark läßt jedoch mit Sicherheit einen gemeinsamen Plan erkennen. Die sogenannten Königsburgen Dänemarks sind alle in der zweiten Hälfte des 10. Jahrhunderts erbaut, nur sehr kurzzeitig bewohnt und dann aufgegeben worden, um danach mehrmals wieder in Besitz genommen zu werden. Drei der Festungen (Aggersborg, Fyrkat in Jütland und Trelleborg auf Seeland) wurden ausgegraben, und ihre Grundrisse und Gebäude konnten im Detail rekonstruiert werden. Die vierte (Nonnebakken) befindet sich unter der heutigen Stadt Odense auf Fünen; sie ist längst fast spurlos verschwunden. Eine fünfte wurde kürzlich in Trelleborg an der Südküste Skånes gefunden. Diese Entdeckung war keine besondere Überraschung. Die Namensübereinstimmung hat die Experten schon immer vermuten lassen, daß einmal eine Festung bestanden haben müsse, die der von Trelleborg in Dänemark ähnelte. Alle diese Festungsanlagen waren vom Grundriß her exakt kreisförmig angelegt, wenn auch von unterschiedlichem Durchmesser. Das Innere war von einem Erdpalisadenwall mit einem Graben an der Außenseite umgeben und wurde von Straßen geviertelt, die sich rechtwinklig im Zentrum des Kreises kreuzten. In jedem Viertel befanden sich Langhäuser mit gekrümmten Seitenwänden. Die Gleichartigkeit der Grundrisse dieser Festungen, die Präzision, mit der sie

vermessen, und die Kunstfertigkeit, mit der sie gebaut wurden, unterscheiden sie von allen anderen Befestigungen und deuten stark darauf hin, daß sie nach einheitlichen Vorgaben errichtet worden sind.

Die Frage, für welchen Zweck diese bemerkenswerten Festungen gebaut wurden, war seit der Ausgrabung der Trelleborg in Dänemark (der ersten, die gefunden wurde) in den vierziger Jahren dieses Jahrhunderts heftig umstritten. Die ursprüngliche Theorie lautete, die Festungen seien als Garnisonen und Sammelplätze für die Armee errichtet worden, die unter Sven Gabelbart im frühen 11. Jahrhundert in England einfiel. Die Baumringdatierung von Pfählen aus den Anlagen hat jedoch inzwischen gezeigt, daß sie schon um ca. 980 entstanden, als Harald Blauzahn, Svens Vater und Vorgänger, König von Dänemark war. Ausgrabungen haben deutlich gemacht, daß sie vermutlich nicht länger als höchstens 20 Jahre existiert haben. Außerdem wären sie wohl näher an der Küste bei den Häfen angelegt worden, in denen sich die Flotten sammelten, hätten sie wirklich die Aufgabe gehabt, die Soldaten zu beherbergen, die England von der See her angriffen. Die Befestigungen liegen jedoch in der Nachbarschaft von Land- statt Seerouten, denn nur Aggersborg am Limfjord liegt an einem schiffbaren Seeweg. Alle befinden sich im Norden und Osten des Landes und sind der Ostsee statt der Nordsee zugewandt.

Daß sie bei der Eroberung Englands im 11. Jahrhundert eine Rolle gespielt haben, kann daher als unwahrscheinlich abgetan werden. Alle Hinweise deuten darauf hin, daß Harald Blauzahn derjenige war, der sie in Auftrag gab, vermutlich um Ordnung in dem kürzlich von ihm geeinten und zum Christentum konvertierten Königreich zu schaffen und zu erhalten. Zweifellos waren sie Bollwerke und wahrscheinlich mit einer Garnison versehen, doch ihre Bewohner beschränkten sich nicht auf kriegerische Aktivitäten. Innerhalb der Schutzwälle lebten Gold- und Silberschmiede sowie Grobschmiede. Einige der Gebäude wurden als Scheunen und Ställe benutzt.

Die wahrscheinlichste Erklärung ist demnach, daß die dänischen Forts Zentren königlicher Macht waren, von denen aus schnell bewaffnete Truppen entsandt werden konnten, um die umliegende Gegend zu kontrollieren, die Autorität des Königs aufrechtzuerhalten sowie Tribute und Steuern von der Landbevölkerung einzutreiben. Außerdem dienten die Festungen als Schatzkammern, in denen der wachsende Reichtum des Königs sicher aufbewahrt werden konnte, und sie beherbergten auch Werkstätten, wo er in kostbare Schmuckgegenstände für ihn und seinen Hof umgewandelt werden konnte.

Kriegsführung und Waffen

Das Recht, Waffen zu tragen, stand in der Wikingerzeit allen Freien zu. Von ihnen wurde erwartet, sich einzufinden, wenn ihr König oder oberster Lehnsherr sie rief. In einigen Gebieten, besonders in Zentralschweden, waren die Einwohner auch verpflichtet, Schiffe zu bemannen und zu bewaffnen. Zu diesem Zweck war das Land in Bezirke aufgeteilt, die alle eine bestimmte Anzahl von Höfen umfaßten und jeweils, wenn es von ihnen verlangt wurde, ein voll ausgerüstetes Schiff zu stellen hatten.

Die Wikinger kämpften normalerweise zu Fuß. Die Tatsache, daß einige reiche Wikinger zusammen mit Pferden begraben wurden, läßt darauf schließen, daß es berittene Krieger gab, doch dies war sicher nicht die Regel. Die Kriegsschiffe der Wikinger wurden hauptsächlich dazu benutzt, Armeen zum Ort einer Landschlacht zu transportieren. Seegefechte waren weniger häufig, obgleich einige in den Quellen erwähnt werden. Die bekannteste von ihnen ist die Schlacht von Svolder um 1000 n. Chr.

Berichte in englischen und fränkischen Quellen von Landschlachten, die von Wikingern in Westeuropa geführt

Rechts: Zweckmäßig, schreckenerregend und schön: vier wikingerzeitliche Schwerter aus Schweden, reich mit dekorativen Einlagen im Griff geschmückt, darunter Tierornamente auf dem dritten von links. Es waren zweischneidige Einhandwaffen, von denen die schönsten (wie das Exemplar ganz links) von fränkischen Schmieden im Rheinland damasziert wurden. Ihre Griffe waren mit Holzschalen versehen, die aber im Erdboden vergangen sind.

wurden, bezeugen die Stärke und Geschicklichkeit ihrer Streitmächte. Die Wikinger erfüllten ihre Gegner mit Schrecken und trugen Feuer und Schwert durch ganz Nordwesteuropa. Die Waffen, die solche Verheerungen anrichteten, waren Schwert, Speer und Streitaxt. Kurze Kampfmesser und Pfeil und Bogen wurden ebenfalls benutzt. Abbildungen auf zeitgenössischen Bilddenkmälern, wie z. B. den gotländischen Bildsteinen, geben uns eine ungefähre Vorstellung, wie diese Krieger kampfbereit in voller Bewaffnung ausgesehen haben. Weit aufschlußreicher sind Gräber in Skandinavien und anderswo, die häufig Waffen und Rüstungen der darin beigesetzten Krieger enthalten.

Das Schwert war die kostbarste aller Waffen, hochgepriesen wegen seiner Kampfkraft und als Statussymbol. Je höher der Rang des Kriegers, desto prachtvoller sein Schwert. Oft war der Griff reich verziert, doch obschon ein sorgfältig gearbeiteter Griff einen mächtigen Eigentümer kennzeichnete, war doch die Klinge der wichtigste Teil der Waffe, denn von ihr hing das Leben ihres Trägers ab. Die zweischneidigen Klingen, zwischen 70 und 80 cm lang, waren leicht und elastisch, stark und scharf. Einige von ihnen wurden aus dem Frankenreich importiert, doch ihre Griffe wurden in Skandinavien hergestellt und montiert; sie waren oft in Stilformen der Wikinger verziert. Die bekannteste fränkische Schwertschmiedewerkstatt war die von Ulfberht, dessen Name in viele Klingen eingelegt ist.

Klingen aus einheimischer skandinavischer Fertigung waren nicht minderwertiger als die exotischen importierten Exemplare. Auch sie wurden mit einer Methode hergestellt, die als Damaszieren bekannt ist und bei der die lange, schmale Streifen aus Eisen jeweils unterschiedlicher Legierung zusammengeschmiedet wurden, um das Kernstück zu bilden. Dann wurden Schneiden aus härterem und besser

zu schärfendem Stahl an den Seiten angeschmiedet. Zuletzt wurde die Klinge poliert und eine Rinne über die ganze Länge eingetieft. Ihr Zweck war, die Klinge leichter zu machen, ohne ihre Stärke zu verringern, und die Elastizität zu erhöhen.

Schwerter wurden in Schwertscheiden getragen, die aus Holzleisten hergestellt, mit Leder bespannt und mit Vließwolle ausgekleidet wurden. Das Lanolin der Wolle dürfte dazu gedient haben, die Klinge vor dem Anlaufen und vor Rost zu schützen. Die prächtigeren Schwerter wurden in kostbaren Scheiden aufbewahrt, die mit bronzenen oder goldenen Einfassungen an der Öffnung und an der Spitze (dem Ortband) verziert waren.

Die zweischneidigen Schwerter wurden benutzt, um nach dem Gegner zu schlagen, und verursachten zweifellos schreckliche Wunden. Die verstümmelten Knochen von Skeletten, die in Haithabu und anderswo freigelegt wurden, vermitteln eine ungefähre Vorstellung von den verursachten Verletzungen. Kurze, einschneidige Kampfmesser dienten dazu, im Nahkampf nach dem Gegner zu stoßen. Die Wikingerkrieger trugen machmal sowohl Schwert als auch Messer. Die wirkungsvollste Stoßwaffe war der Speer mit seiner schlanken, spitz zulaufenden Eisenklinge von bis zu 50 cm Länge, die mit einer Tülle an einem hölzernen Schaft befestigt war. Einige Speere müssen, wie die Schwerter bester Qualität, Waffen mit Statuscharakter gewesen sein. Ihre Klingen waren damasziert, scharf an Schneiden und Spitze, die Tüllen mit Silber oder Bronze eingelegt.

Obgleich die Streitaxt in der populären Vorstellung eng mit den Wikingern verbunden wird, scheint sie im ganzen als Waffe doch weniger bevorzugt gewesen zu sein als Schwert und Speer. Es wurden weniger Exemplare gefunden, hauptsächlich in Westskandinavien. Sie sind auf sehr

Unten: Axtblätter und Speereisen aus der Themse bei London sind martialische Erinnerungen an die Rückkehr der Wikingerheere nach England während der Regierungszeit Æthelreds II. (979 – 1016). Jede Axt konnte als Waffe benutzt werden, aber die hier abgebildeten »Breitäxte« mit den verlängerten Schneiden wurden von den skandinavischen Kriegern eigens für den Gebrauch in der Schlacht entwickelt.

Oben: Nicht alle Äxte waren rein funktionelle Geräte oder Waffen. Diese Kultaxt hat eingelegte Silberornamente auf beiden Seiten des Blattes. Sie wurde in einem fürstlichen Kammergrab, errichtet um 970, bei Mammen in Jütland niedergelegt und könnte durchaus in einer königlichen Werkstatt Harald Blauzahns hergestellt worden sein. Ihre Ornamentik ist von besonderer Qualität und hat dem wikingerzeitlichen Mammenstil seinen Namen gegeben.

einfache Weise hergestellt: Eine scharfe Schneide wurde auf einem geformten Eisenblock geschmiedet, und dann wurde das stumpfe Ende in einen gespaltenen Schaft eingelassen und festgekeilt. Die meisten Streitäxte waren unverziert und sind von Werkzeugen nicht zu unterscheiden. Ihre Funktion als Streitäxte ist aus der Tatsache ersichtlich, daß sie in Gräbern zusammen mit anderen Waffen gefunden worden sind. Einige Exemplare sind viel prächtiger und müssen für Zeremonien oder als Schaustücke angefertigt worden sein. Die bei weitem schönste ist die Axt aus dem Königs- oder Fürstengrab bei Mammen in Jütland. Sie ist mit Silber in den kunstvollen Mustern eingelegt, die dem Mammen-Stil seinen Namen gaben, und es ist schwer vorstellbar, daß sie jemals im Kampf benutzt wurde. Vermutlich war sie ein Symbol für Reichtum, Status und Macht.

Pfeil und Bogen wurden auch im Kampf benutzt, doch wahrscheinlich am häufigsten bei der Jagd. Eiserne Pfeilspitzen sind in großer Zahl erhalten, doch ihre hölzernen Schäfte sind fast immer vergangen. Hölzerne Bögen sind seltener, da sie – aus Holz gefertigt – normalerweise völlig verrottet sind, doch ein vollständig erhaltener fand sich bei Haithabu im feuchten Boden. Er ist 191,5 cm lang und aus Eibenholz, das während des gesamten Mittelalters zur Herstellung von Bögen verwendet wurde.

Die Wikinger schützten sich im Kampf durch das Tragen von Rundschilden, die dem Körper von der Schulter bis zum Oberschenkel Schutz boten. Sie waren aus Holz, oft Lindenholz, manchmal mit Leder bezogen und mit einer Randverstärkung durch ein Eisenband versehen. Sie konnten mit metallenen Beschlägen und Symbolen verziert sein und waren manchmal farbig bemalt. Ein eiserner Schildbuckel in der Mitte schützte die Traghand. Vom Holz der Schilde hat sich wenig erhalten, doch kann man ihre Größe und die Art ihrer Verzierung aus den erhaltenen Metallbeschlägen erschließen. Die schwarz-gelb bemalten Schilde, die im Bootsgrab von Gokstad gefunden wurden, haben einen Durchmesser von einem Meter, was vermutlich die normale Größe war.

Weiteren Schutz boten Helm und Rüstung, die zumindest von einigen Wikingern getragen wurden. Derartige Teile werden jedoch sehr selten angetroffen; es scheint daher eher unwahrscheinlich, daß sie jemals üblich waren. Vermutlich gehörten sie zur besonderen Kriegsausstattung der höchsten Gesellschaftsklassen. Der einzige erhaltene Helm aus der Wikingerzeit wurde in einem Grab bei Gjermundbu in Norwegen gefunden, vermutlich der Ruhestätte eines sehr bedeutenden Mannes, denn außer einem Helm trug er ein Kettenhemd und ein prachtvolles Schwert mit einem Griff, der mit Silber und Kupfer eingelegt war. Der eiserne, kuppelförmige Helm besitzt einen Mittelkamm und eine Art Visier, das die Nase und die Wangenknochen schützte. Ein Stück Kettengewebe hing hinten herab, um den Nacken zu bedecken. Der Rest der Kettenrüstung bestand vermutlich aus einem kurzen Waffenrock, der über einem gepolsterten Stoff- oder Lederwams getragen wurde, um zusätzlichen Schutz zu gewährleisten.

Andere Helme sind nur von bildlichen Darstellungen bekannt. Die Helme der Krieger, die auf den gotländischen Bildsteinen abgebildet wurden, sind durchweg von konischer Form und haben einen Nasenschutz. Eine kleine Figur aus Sigtuna in Schweden, aus Elchgeweih geschnitzt, trägt ebenfalls einen Helm mit Nasenschutz, der mit einem Ring- und Punktmuster verziert ist. Es ist nicht festzustellen, ob diese Helme wie das Exemplar aus Gjermundbu aus Eisen gefertigt waren. Sie hätten auch aus einem weniger strapazierfähigen Material wie Leder gemacht sein können.

Eine Ausrüstung wie diese war vermutlich den Reichen und Mächtigen der Wikingerstreitmacht oder den Berufskämpfern vorbehalten, aus denen die Privatarmeen und Leibgarden von Königen und Fürsten, besonders in Norwegen, bestanden. Die prächtigen Schwerter mit ihren verzierten Griffen und fränkischen Klingen, die Helme und Kettenröcke werden der großen Menge kämpfender Männer – Bauern und Fischer, die in Zeiten der Unruhe zwangsweise ihre Pflicht gegenüber dem Fürsten zu erfüllen hatten – ziemlich unbekannt gewesen sein. Diese Männer waren wohl einfach bewaffnet, vermutlich trugen sie nur ihre Werkzeugaxt, die ihnen als Kriegswaffe diente.

Königliche Festungen in Dänemark

Die dänischen Festungen des 10. Jahrhunderts gehören zu den besten Beweisen für eine zentralisierte Machtstruktur im Dänemark der späten Wikingerzeit. Heute sind fünf solche Festungen bekannt: Trelleborg auf der Insel Seeland, Nonnebakken auf Fünen, Fyrkat und Aggersborg in Jütland und (erst in den späten achtziger Jahren dieses Jahrhunderts entdeckt) Trelleborg in Skåne. Der Großteil unseres Wissens über die Festungen stammt aus Trelleborg auf Seeland und aus Fyrkat, die beide in umfassender Weise ausgegraben worden sind. Die Festungsanlagen sind vom Grundriß her völlig regelmäßig. Der kreisrunde Wall aus Erde und Holz wird von vier gleichweit entfernten Eingängen durchbrochen, und die Axialstraßen zerteilen das Innere in vier Segmente oder Quadranten. In Trelleborg und Fyrkat war jeder dieser Quadranten mit vier in einem Quadrat angeordneten Langhäusern bebaut. In Aggersborg scheinen sich zwölf Gebäude in jedem Viertel befunden zu haben. In Trelleborg waren weitere 15 Gebäude in einem zum Wall konzentrischen, jedoch auf seiner Außenseite befindlichen Ring in einem befestigten Außenbezirk angeordnet. Alle Gebäude waren aus Eiche, und die Straßen hatten einen Balkenbelag.

Die Konstruktion der Burgen muß ein beträchtliches Geschick bei Planung und Ausführung erfordert haben. Um beispielsweise das Fort bei Fyrkat bauen zu können, mußte zunächst der Bauplatz geebnet und vergrößert werden; 10 000 Kubikmeter Grassoden und Erdreich wurden bewegt, um den Wall aufzuschütten. Die Anlagen der Festungen sind einander so ähnlich, daß sie nur das Werk

einer einzelnen organisierenden Autorität gewesen sein können – vermutlich der des Königs –, und betrachtet man die Regelmäßigkeit der Grundrisse, überrascht es nicht, daß man zuerst annahm, sie hätten eine rein militärische Funktion gehabt: Man folgerte, daß die Gebäude als Kaserne gedient haben müßten, vielleicht für die am Anfang des 11. Jahrhunderts von Sven Gabelbart zum Einfall nach England aufgestellte Armee.

Diese These ist heute fallengelassen worden. Ausgrabungen der Gebäude in Fyrkat zeigten, daß einige als Unterkünfte, andere als Werkstätten benutzt wurden, in denen Schmiede und Schmuckproduzenten arbeiteten. Man entdeckte, daß auf dem Friedhof gleich jenseits des Walles Frauen und Kinder begraben wurden. Darüber hinaus konnte dendrochronologisch nachgewiesen werden, daß das bei den Gebäuden von Trelleborg verwendete Bauholz von Bäumen stammte, die um 980 gefällt worden waren – während der Regierungszeit Harald Blauzahns. Die Untersuchungen in Fyrkat führten zu ähnlichen Resultaten, und die Gebäude lassen keine Anzeichen erkennen, daß sie je ausgebessert worden wären. Dies deutet darauf hin, daß sie nicht mehr als 20 oder 30 Jahre lang in Gebrauch waren. Wenn die Festungen, wie heute angenommen wird, als königliche Verwaltungszentren und zum Eintreiben bzw. Lagern von Steuerabgaben benutzt wurden sowie als Stützpunkte, von denen aus die lokale Bevölkerung kontrolliert werden konnte, suggerieren der kurze Bestand und die schnelle Aufgabe, daß politische Veränderungen am Ende des Jahrhunderts sie überflüssig machten.

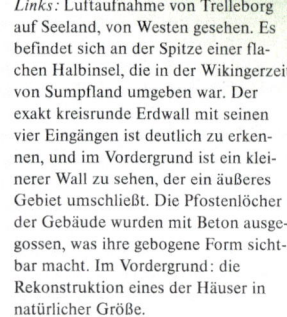

Links: Luftaufnahme von Trelleborg auf Seeland, von Westen gesehen. Es befindet sich an der Spitze einer flachen Halbinsel, die in der Wikingerzeit von Sumpfland umgeben war. Der exakt kreisrunde Erdwall mit seinen vier Eingängen ist deutlich zu erkennen, und im Vordergrund ist ein kleinerer Wall zu sehen, der ein äußeres Gebiet umschließt. Die Pfostenlöcher der Gebäude wurden mit Beton ausgegossen, was ihre gebogene Form sichtbar macht. Im Vordergrund: die Rekonstruktion eines der Häuser in natürlicher Größe.

Rechts: Diese Rekonstruktion eines der Gebäude in Fyrkat wurde in den achtziger Jahren neben der Festung errichtet. Die langen Wände beschreiben die Form einer Kurve, und daher ist auch das Dach gebogen. Strebepfosten recken sich diagonal empor, um den oberen Teil der Wände zu stützen. In der Trelleborg-Rekonstruktion sind die Pfosten senkrecht und bilden den Teil einer Veranda oder Galerie rings um das Gebäude, doch Hinweise von den Ausgrabungen in Fyrkat und die Neuinterpretation der archäologischen Überreste in Trelleborg zeigen, daß die Rekonstruktion in Fyrkat die korrekte sein muß. Der Innenraum der Häuser ist dreigeteilt – eine große Halle in der Mitte und ein kleinerer Raum an jedem Ende.

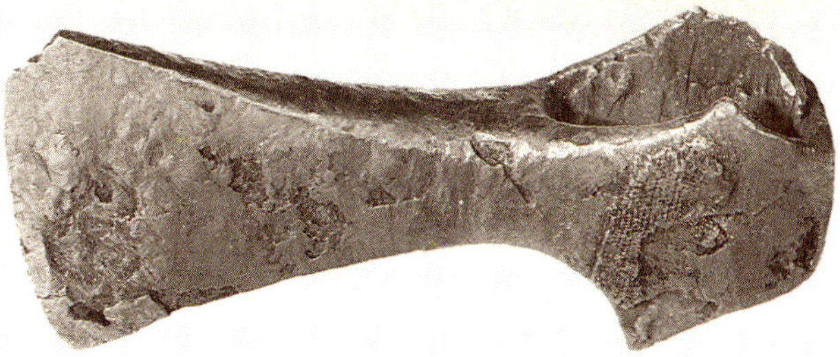

Links: Kopf einer Streitaxt aus einem Grab bei Fyrkat. Da er an einem langen hölzernen Schaft angebracht war, mußte man beide Hände benutzen, um diese schreckliche Waffe zu führen. Streitäxte wurden besonders von den Wikingern Norwegens und Dänemarks bevorzugt und wurden so zum Symbol der nordischen Grausamkeit gegen die Menschen Westeuropas, die unter ihren Überfällen litten.

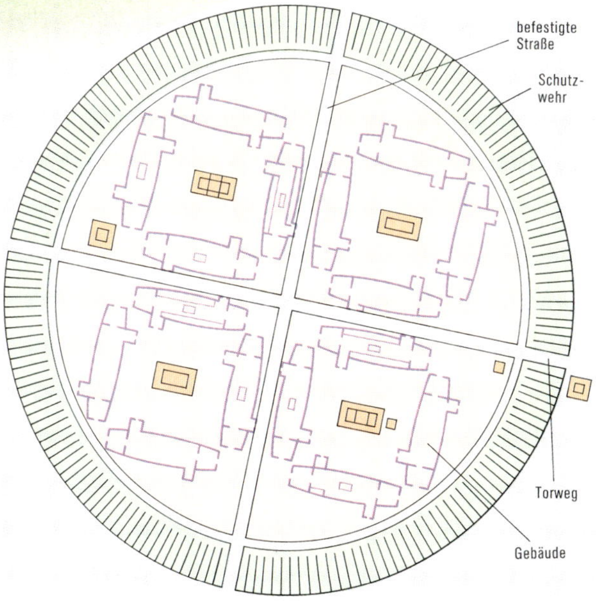

befestigte
Straße

Schutz-
wehr

Torweg

Gebäude

Ganz oben: Diese Rekonstruktion gibt die Vorstellung eines Künstlers von der Königsburg in Fyrkat wieder, die auf den Grabungsbefunden basiert. Die Außenseite des Walles war mit schweren, mit Nut und Feder verbundenen Balken versehen, die verhindern sollten, daß Angreifer sie erklettern konnten. Einer der vier Viertelkreise ist nicht ausgegraben worden.

Oben: Die Regelmäßigkeit des Grundrisses von Fyrkat – in jedem Viertelkreis sind vier Langhäuser symmetrisch angeordnet, die Straßen schneiden sich im rechten Winkel, die Einfriedung ist exakt kreisförmig – gibt der Festung ein ausgeprägt militärisches Erscheinungsbild, doch kürzliche Untersuchungen haben gezeigt, daß sie nicht einfach als Kaserne diente. Die Gebäude wurden als Wohnhäuser, Werkstätten, Lagerräume und Ställe benutzt.

57

DAS TÄGLICHE LEBEN

Ländliche Gemeinschaften

Die meisten Wikinger waren Bauern. Sogar diejenigen, die zu ihren Raubzügen nach Westeuropa aufbrachen oder als Kaufleute in östliche oder westliche Richtung segelten, kehrten gewöhnlich nach Hause auf ihren Hof zurück und brachten ihre Beute oder den Ertrag mit. Angesichts dieser Bedeutung der Landwirtschaft ist es verwunderlich, daß wir so wenig über sie wissen. Die wertvollsten Aufschlüsse verdanken wir Dänemark, das die größte Fläche an kultivierbarem Land besaß. Dort sind in den letzten Jahren viele Bauerndörfer ergraben worden. Mehrere ländliche Siedlungen sind uns auch aus Zentralschweden bekannt,

wo Ackerbau ebenfalls eine große Rolle spielte. In Norwegen beschränkte er sich auf den Süden; dort ist über die Bauernhöfe so gut wie nichts bekannt.

Die Hauptgetreidearten, die in Skandinavien angebaut wurden, waren Gerste, Roggen und Hafer, zusätzlich kultivierte man in Dänemark etwas Weizen. Obwohl Weizenbrot in einigen der Gräber bei Birka in Zentralschweden gefunden worden ist, gibt es keine sicheren Beweise dafür, daß Weizen in der Umgebung der Stadt angebaut wurde; es könnte sich auch um importierte Luxusnahrung handeln. Erbsen, Bohnen, Wurzelgemüse und Kohl waren weitere häufig angebaute Feldfrüchte.

Oben: Eine Auswahl von Eisenwerkzeugen wikingerzeitlicher Bauern, gefunden in Norwegen. Sichelklingen *(Mitte)*, bei der Ernte gebraucht, waren am häufigsten vertreten, und zwar in Männer- und Frauengräbern. Andere Werkzeuge, wie Sensenblätter *(oben)* und Pflugscharen *(rechts)*, sind mehr auf Männergräber beschränkt. Neben Heu war Laub für das Vieh während des Winters eine wichtige Futterquelle, und es sind spezielle breitklingige »Blattmesser« bekannt *(unten)*, die aber seltener in Gräbern gefunden wurden.

Links: Eine dicke Schicht Treibsand bedeckte irgendwann im 11. Jahrhundert dieses Feld bei Lindholm Høje in Nordjütland. Als sie entfernt wurde, kam der Acker genau so zum Vorschein, wie er vor dem katastrophalen Sturm aussah, sogar mit Fußabdrücken und Wagenradspuren quer über die breiten parallelen Beete, die von schmalen Furchen getrennt werden. Es ist nicht bekannt, welche Feldfrüchte hier angebaut wurden.

Archäologische Untersuchungen in Dänemark haben Spuren einiger Felder freigelegt, auf denen Feldfrüchte angebaut wurden, und auch Hinweise auf die angewandten Anbaumethoden erbracht. Bei Ribe wurden unter der wikingerzeitlichen Stadt einfache Furchen auf der Oberfläche des Bodens gefunden. Sie zeigen, daß vor dem Säen ein Hakenpflug benutzt wurde, um den Boden aufzubrechen. Dieser primitive Holzpflug ritzt nur eine Vertiefung in die Erde und wendet sie nicht um. Er war bis zur späten Wikingerzeit allgemein in Gebrauch, bis ein schwerer Pflug mit einer eisenbeschlagenen Pflugschar eingeführt wurde. Ein seltener Fund wurde in den fünfziger Jahren bei Lindholm Høje in Nordjütland gemacht, als Archäologen die dicke Schicht Flugsandes entfernten, die den Ort zugedeckt und so im 11. Jahrhundert die Besiedlung unmöglich gemacht hatte. Darunter entdeckten sie ein konserviertes wikingerzeitliches Feld, dessen lange, etwas geschwungene Furchen nach dem letzten Pflügen noch sichtbar waren.

Andere landwirtschaftliche Gerätschaften müssen in allen ländlichen Siedlungen sehr verbreitet gewesen sein, doch blieben sie nicht in sehr großer Zahl erhalten. Korn und Heu wurde mit eisernen Sicheln geerntet, Futterpflanzen wurden mit einem speziellen Gerät gemäht, dem Blattmesser. Man hat hölzerne Heugabeln und Spaten gefunden. Flegel und Siebe zum Dreschen und Sieben des Getreides wurden ebenfalls aus Holz gefertigt. Fässer und Körbe wurden zur Aufbewahrung benötigt, und Heu, das als Futter angebaut wurde, ist vielleicht in Karren vom Feld gefahren worden.

Die wikingerzeitlichen Dörfer Dänemarks waren von kultivierbaren Flächen umgeben, doch auch im Hinblick auf erreichbares Weideland war ihre Lage gut gewählt. Tierzucht war genauso wichtig wie der Anbau von Feldfrüchten. Wahrscheinlich war die Rinderzucht in vielen Dörfern sogar die vorherrschende Erwerbsform. Schweine und Schafe wurden ebenfalls gehalten. Auf der skandinavischen Halbinsel war die Weidewirtschaft sogar noch wichtiger, und saisonale Wanderungen praktizierte man in den Hochlandgebieten (so wie es auch heute noch an einigen Orten geschieht). Schaf- und Rinderherden wurden im Sommer, wenn die Weidemöglichkeiten gut waren, auf die hochliegenden Wiesen getrieben und im Herbst wieder zu

den Höfen im Tal zurückgebracht. Rinder wurden während der harten Winter im Stall gehalten und mit dem Heu gefüttert, das im Sommer auf den Talwiesen gewachsen war und zu diesem Zweck geschnitten und als Futter aufbewahrt wurde.

Die bekanntesten von Dänemarks ausgegrabenen Bauerndörfern liegen bei Sædding und Vorbasse in Zentraljütland. Obwohl sie in Lageplan und Grundriß nicht übereinstimmen, sind ihnen doch andere Eigenschaften gemeinsam. Sie bestanden aus etwa sechs oder sieben einzelnen Höfen, von denen jeder ungefähr acht oder neun Gebäude unterschiedlicher Größe umfaßte, die von einer Zaunumfriedung umschlossen waren. Das größte Gebäude war das Wohnhaus, welches an einem Ende einen Kuhstall hatte, der bis zu 50 Tieren Platz bot. Die Außengebäude waren unter anderem Scheunen, Schmieden und einige verstreut liegende Hütten mit abgesenkten Fußböden, die Sklaven oder Arbeiter des Hofs beherbergt haben könnten. Es gab innerhalb der Einfriedung gewöhnlich einen mit Holz eingefaßten Brunnen. Jeder Bauernhof wurde von einer einzelnen Familie bewohnt, und alle machen den Eindruck, zwischen dem 8. und 10. Jahrhundert besonders aufgeblüht zu sein. Bei Sædding liegen die Gebäude mit ihrer Umzäunung um eine zentrale Freifläche herum gruppiert, die niemals bebaut wurde und als eine gemeinschaftliche »Dorfwiese« gedient haben muß. Bei Vorbasse waren die Höfe längs einer Dorfstraße angeordnet, vier im Norden, drei südlich, jeder mit einem Tor im eingezäunten Grundstück, das sich zum Mittelweg öffnete. Dieser Unterschied im Gesamtanlageplan legt die Vermutung nahe, daß beide unterschiedliche soziale Funktionen gehabt haben dürften.

Diese Siedlungen liegen nicht im Boden unter den heutigen Dörfern, sondern befinden sich nicht weit entfernt daneben. Während der drei Jahrhunderte dauernden Epoche der Wikinger blieben sie nicht an ein und demselben Ort, sondern sie verlagerten sich im Abstand von etwa einer Generation einige hundert Meter weiter zu einem neuen Standort. Die Lage der Bauerndörfer in Dänemark wurde erst mit der Ankunft des Christentums endgültig fixiert, als jeweils eine Steinkirche als Mittelpunkt der Gemeinschaft gebaut wurde. Dies war eine Zeit wachsender Bevölkerung und einer Entwicklung zu größeren Feldflächen. Die Dörfer, die zu jener Zeit gegründet wurden, sind bis heute am selben Ort geblieben. Gewöhnlich lag dieser in der Nähe des besten Ackerlandes.

Früher glaubte man, daß die wikingerzeitlichen Bauernhöfe Zentralschwedens von ihren Nachbarn isoliert waren, so wie es heute der Fall ist, und daß sie vielleicht im Boden unter den heutigen Höfen liegen – mit anderen Worten, man vermutete, daß dieselben Höfe über 1000 Jahre lang kontinuierlich bewirtschaftet wurden. Ausgrabungen wikingerzeitlicher Dörfer bei Pollista und Sanda im Mälargebiet haben jedoch deutlich gemacht, daß dies nicht der Fall war, wenn man voraussetzt, daß sie typisch sind. Obgleich viel kleiner als die Dörfer in Dänemark, umfaßte jedes Dorf mehrere Bauernhöfe mit je einem Wohnhaus und Nebengebäuden, die an die dänischen Anlagen erinnern. Die Lage der Dörfer im Mälar-Tal scheint sich, genau wie in Dänemark, von Zeit zu Zeit verschoben zu haben. Daher ist es unwahrscheinlich, daß sie sich dort befanden, wo die gegenwärtigen Höfe jetzt stehen.

Die landwirtschaftlichen Gemeinden im wikingerzeitlichen Norwegen sind weiterhin schwer festzumachen. Viele Höfe der vorwikingerzeitlichen Epoche wurden im Südwesten des Landes entdeckt, doch die Wikingerzeit selbst ist kaum repräsentiert. Der Grund dafür ist vielleicht darin zu sehen, daß die Gehöfte hier tatsächlich isoliert und verstreut lagen und daher heute schwer zu finden sind. Einer der wenigen wikingerzeitlichen Höfe, die in Norwegen ausgegraben worden sind, ist die Niederlassung Ytre Moa aus dem 9. und 10. Jahrhundert am inneren Ende des Sognefjords. Es ist kein Dorf dänischen Typs, sondern ein einzelnes isoliertes Gehöft, das aus mehreren kleinen, in etwa quadratischen Gebäuden bestand, von denen jedes einem anderen Zweck gedient hat, wie zum Beispiel als Wohnhaus, Lagerhaus oder Kuhstall. Die Formen der Gebäude und die Methoden ihrer Konstruktion unterscheiden sich ebenfalls von ihren dänischen Gegenstücken. Sämtliche Ytre-Moa-Gebäude messen nur ein paar Meter im Quadrat. Sie bestanden aus dicken Mauern aus Grassoden und Steinen, die innen mit Holz vertäfelt waren.

In einigen Teilen Skandinaviens – insbesondere entlang der Küsten Norwegens – spielte der Fischfang in der wikingerzeitlichen Ökonomie eine sogar noch wichtigere Rolle als der Ackerbau: Viele Fischfanggeräte sind gefunden worden und zeigen, daß sowohl Netze wie Angeln und auch Harpunen in Gebrauch waren. Seehunde und Walrosse wurden gleichfalls in den nördlichen Meeren gejagt. Das Elfenbein der Walroßzähne war zu dieser Zeit in ganz Europa sehr geschätzt. Erst seit dem 13. Jahrhundert wurde es von größeren Mengen Elefantenelfenbein verdrängt, und der Handel erlahmte. Walroßhaut wurde in Streifen geschnitten und gedreht, um Taue herzustellen.

Seen und Flüsse lieferten Süßwasserfisch. Lachse waren besonders in Finnland im Überfluß vorhanden, und es wurden regelmäßig Angelexpeditionen in den Norden unternommen, wenn die Flüsse in der Laichsaison von Fischen wimmelten. Daß Fische und Schalentiere ein bedeutender Bestandteil der wikingerzeitlichen Ernährung gewesen sind, zeigt die große Menge von Fischgräten und Muschelschalen, die auf Hausabfallhaufen in den Städten gefunden wurden. Bei Birka fing man zum Beispiel Fische im Mälarsee und in den Flüssen, die in ihn münden, doch es ist sicher, daß Fisch auch über beträchtliche Entfernungen von der See dorthin transportiert wurde, möglicherweise zur Konservierung in Fässern eingesalzen.

Häuser

Die Wikinger Skandinaviens bauten meist mit Holz, obgleich in einigen Gegenden auch Stein und Grassoden benutzt wurden, insbesondere in Norwegen. Nichts von den Häusern selbst hat sich oberhalb des Erdbodens erhalten, und wir müssen uns daher auf die Interpretation und Re-

Links: Eiserner Angelhaken, Fischspeer mit Widerhaken und steinerner Netzsenker aus Norwegen. Dieser Fischspeer wurde in der Nähe eines Wasserfalls gefunden und könnte zum Lachsstechen verwendet worden sein.

Oben: Ein Fluß in Zentralschweden. Küsten- und Süßwasserfischerei trugen im wikingerzeitlichen Skandinavien wesentlich zum Lebensunterhalt bei. Es gab sogar etwas Handel mit Fischprodukten.

konstruktion archäologischer Funde verlassen, um uns ein Bild von den Gebäuden zu verschaffen, in denen die Wikinger lebten. Die Spuren von Pfostenlöchern im Boden etwa erlauben den Archäologen, die Länge und Einteilung eines pfostengerahmten Gebäudes einzuschätzen.

Die Grundgestalt der Gebäude war in ganz Skandinavien dieselbe: rechteckig, bisweilen mit kurvenförmigen Wänden, und von unterschiedlicher Länge. Bei Sædding in Dänemark ausgegrabene Gebäude sind fast 50 m lang. Bei Borg auf den Lofoten in Norwegen erreichte eines sogar eine Länge von 83 m. Die Breite überschritt jedoch selten fünf Meter und wurde von den Maßen der Querbalken bestimmt, die das Dach trugen. Diese wurden von zwei Pfostenreihen gestützt, die sich über die Länge des Hauses hinzogen und es der Länge nach in drei Abschnitte teilten: in ein Mittelschiff und zwei schmalere Seitenschiffe. Manchmal waren die Pfosten jedoch in die Wände eingesetzt, und diese trugen dann die Enden der Dachbalken.

Diese Anordnung bot einen unzerteilten Innenraum und war bis zum Ende der Wikingerzeit zur Norm geworden. Die Hallen des Adels werden diesen ländlichen Gebäuden höchstwahrscheinlich geglichen haben, sie waren wohl nur größer und reicher ausgestattet – die enorme Länge des Hauses bei Borg legt die Vermutung nahe, daß es sich hier um den Wohnsitz eines Häuptlings gehandelt hat.

In Dänemark lieferten die Laubwaldgebiete Eichen für den Bau des Fachwerks der Häuser sowie Haselnußsträucher und Weiden für das Herstellen des Flechtwerks, das den Raum zwischen den Pfosten ausfüllte und dann mit einer Mischung aus Lehm und Mist verkleidet wurde, um die Wände wind- und wetterfest zu machen. Man nennt diese Art der Wandkonstruktion Fachwerk. Die Gebäude in den Königsburgen hatten massive Holzwände, wie sie noch in keiner Bauernsiedlung entdeckt wurden. Sie erforderten große Mengen von Eichenholz und überstiegen wahrscheinlich die Mittel des durchschnittlichen Bauern.

Das häusliche Leben

Ein großer Teil dessen, was wir über das häusliche Leben im wikingerzeitlichen Skandinavien wissen, basiert auf den Gegenständen des Alltagslebens, die den Verstorbenen als Grabbeigaben mitgegeben wurden. Man findet sie jedoch oft in den Gräbern reicher Persönlichkeiten, und daher ist es wahrscheinlich, daß die meisten Durchschnittshaushalte – besonders die auf dem Lande – nur wenige derartige Gegenstände besaßen. Was die Leute hatten, fertigten sie selbst an, von der Kleidung über Spielzeug und Kochgerät bis zu ihren eigenen Häusern. Nur eiserne Werkzeuge und Gegenstände wie Kämme, Fibeln und Halsbänder wurden von wandernden Handwerkern bezogen oder in der Stadt im Austausch gegen landwirtschaftliche Erzeugnisse gekauft. Importierte Luxusgüter wie Gewürze, Wein und Seide waren hauptsächlich der weltoffenen Stadtbevölkerung vorbehalten.

Es ist sicher, daß Frauen und Männer im Haushalt unterschiedliche Aufgaben hatten. Die Männer arbeiteten auf den Feldern und auf dem Hof, fischten oder gingen auf die Jagd, während die Frauen das Essen zubereiteten (was das Mahlen des Getreides zu Mehl, das Backen und die Milchwirtschaft einschloß), die Wolle der eigenen Schafe spannen und am Webstuhl oder mit der Nadel arbeiteten. In wohlhabenderen Haushalten werden Diener und Sklaven viele der gewöhnlich anfallenden Arbeiten verrichtet haben. Die Männer waren oft über lange Zeit als Seeleute, Krieger oder Händler in der Fremde und ließen die Frauen zurück, um das Haus zu hüten und die Arbeiten im Haushalt zu überwachen.

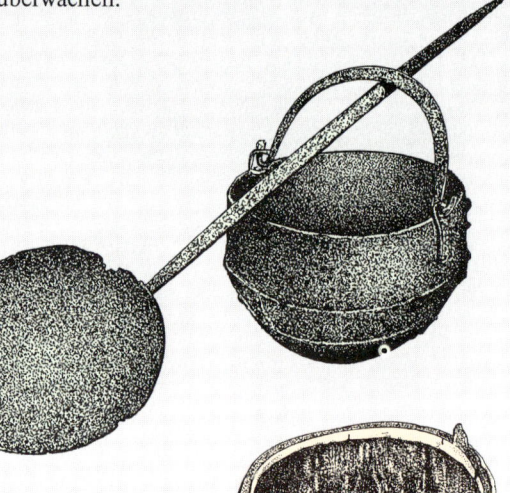

Oben und rechts: Eisenkessel und eiserne Pfanne *(oben)* gehörten zum Haushaltsgerät einer norwegischen Familie. Grütze, Schmorfleisch, gekochtes Fleisch und Kochfisch wurden im Kessel zubereitet. Die Pfanne verwendete man vermutlich zum Backen von ungesäuertem Fladenbrot über dem Feuer. Holz wurde öfter zur Herstellung von Haushaltsgegenständen benutzt als Eisen. Es wurde wahrscheinlich von den Männern des Haushalts geschnitzt und geformt. Der kleine Eimer *(Mitte)* ist aus Eschenspanten, die von Korbweidenreifen zusammengehalten werden, und die Schale *(unten)* ist aus Ulme. Ihr Griff ist durchbohrt, so daß sie an die Wand gehängt werden konnte, wenn sie nicht gebraucht wurde.

Links: Dieser Innenraum eines wikingerzeitlichen Hauses wurde im Museum Moesgård im dänischen Århus rekonstruiert und basiert auf einem in Haithabu ausgegrabenen Haus. Der längliche, offene Herd ist der Mittelpunkt des Raumes: eine Wärme- und Lichtquelle und die einzige Kochgelegenheit. Ein Eisenkessel hängt an einer Kette von der Decke. Eine Specksteinschale und eine Holzschale mit hölzernem Schöpflöffel stehen neben dem Feuer. Die Möblierung ist sehr spärlich – nur ein mit einem Schaffell bedeckter Hocker auf der erhöhten Erdbank an einer der Wände. Die meisten Menschen schliefen auf dem Boden.
Die zwei an der Wand lehnenden Webrahmen wurden täglich von den Frauen benutzt. Der größere Webrahmen mit seinen Steingewichten, die die Kettfäden straffen sollten *(unten links)*, wurde zum Weben von Wollstoffen verwendet; der kleinere Webrahmen lieferte schmalere Bänder aus feinerer Wolle oder vielleicht Leinen (Flachs wurde in Südskandinavien angebaut). Die Knochennennadeln *(unten rechts)* benutzte man zum Ordnen des Fadens beim Weben. Die fertigen Stoffe wurden durch Reiben mit einem gläsernen Glättstein auf einer Walbeinplatte *(unten)* geglättet.

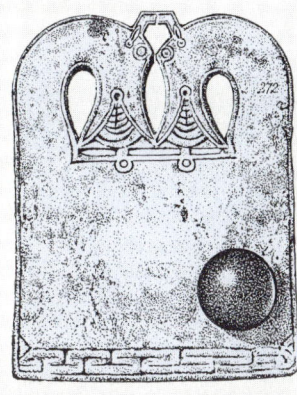

Links: Diese Rekonstruktion eines wikingerzeitlichen Hauses aus Haithabu in natürlicher Größe steht im Museum Moesgård in Dänemark. Es mißt 12 x 5 m und hat Wände aus Fachwerk mit Holzrahmen, wobei das Gewicht des reetgedeckten Daches von äußeren Stützbalken abgefangen wird. Dieses Haithabuhaus, gebaut um 870, hatte einen zentralen Wohnraum zwischen zwei anderen Räumen, von denen der eine einen Backofen enthielt.

Unten: Diese Blockhauskonstruktion aus horizontalen Stämmen mit sich überschneidenden Enden ist nur eine von vielen unterschiedlichen Methoden des Holzbaus, die im wikingerzeitlichen Skandinavien angewandt wurden.

In Schweden und Norwegen finden sich nur geringe Eichenbestände, außer weit im Süden, und so wurde Nadelholz zum Bauen benutzt. Die Nadelbäume lieferten die langen, geraden horizontalen Balken, die übereinandergeschichtet und an den Ecken mittels Einkerbungen fest zusammengefügt wurden. Die Länge jedes Gebäudes hing von der Länge der verfügbaren Baumstämme ab, und so bestanden diese Häuser oft aus einer Serie von Räumen, die Ende an Ende aneinandergereiht waren und so ein einzelnes Blockhaus bildeten. Manchmal bestand ein Gehöft jedoch aus einer Ansammlung kleinerer Gebäude, jedes mit seiner eigenen Funktion. Die untersten Balken der Wände ruhten normalerweise auf einer Steinreihe, die ein Fundament bildete, welches verhindern sollte, daß die Balken durch das Liegen auf dem feuchten Boden verrotten.

Ein Ende der Wohnhäuser wurde als Scheune zum Lagern von Feldfrüchten benutzt oder war in Standplätze für Rinder unterteilt. Das Leben unter einem Dach mit ihren Tieren lieferte den Bewohnern eine Wärmequelle – eine ziemlich primitive und stinkende Form der Zentralheizung. Auch war so dafür gesorgt, daß das Vieh sicher vor Dieben war, denn Rinder bedeuteten Reichtum. Der Wohntrakt des Hauses hatte einen Herd in der Mitte des Fußbodens, um Wärme, Licht und eine Kochgelegenheit zu liefern. Es gab keine Schornsteine, der Rauch des Herds entwich durch Luken im Dach, das mit Stroh, Grassoden oder Holzschindeln gedeckt war. Die Wände entlang liefen Bänke. Sie waren normalerweise integrierter Bestandteil des Bauwerks und bestanden aus abgeflachten Erdwällen, deren Vorderseite mit Weidengeflecht verstärkt war. Es gab wenig andere Möbel; die Bänke dienten als Bett und tagsüber als Sitzgelegenheit. Einfache Handwerkstätigkeiten wie Spinnen, Weben und Korbflechten wurden auf diesen Bänken ausgeübt, doch hatten einige Höfe separate Gebäude für die einzelnen Tätigkeiten. Bei Sædding wurde zum Beispiel eine Schmiede gefunden. Die Hütten mit abgesenktem Boden, die typisch für dänische wikingerzeitliche Dörfer sind, hat man möglicherweise auch als Werkstätten verwendet.

Städtische Gebäude brauchten keinen Raum für Vieh oder das Lagern der Ernte und waren daher kürzer als die auf dem Lande. Die besten Belege für Stadthäuser, die wir besitzen, kommen aus Haithabu bei Schleswig, wo der wasserdurchtränkte Untergrund die Fundamente und unteren Teile der Wände von Holzgebäuden und sogar den kompletten, etwa 5 m hohen Giebel eines Hauses erhalten hat. Die Häuser in Haithabu waren rechteckig, etwa 12 m lang und 5 m breit. Die Wände bestanden aus aufrechten Pfosten, die mit Fachwerk ausgefüllt waren, und wurden an der Außenseite von schräggestellten Strebepfosten abgestützt. Es gab drei Räume: der größte in der Mitte enthielt den Herd, und die kleineren an den beiden Enden boten Lagerraum und Arbeitsfläche für die Kaufleute und Handwerker, die diese Häuser bewohnten.

Eines der Haithabu-Häuser hatte in einem der kleinen Räume einen Backofen, doch waren Backöfen in Skandinavien während der Wikingerzeit nicht weit verbreitet, und eine separate Küche ist ungewöhnlich. Das meiste Licht in den Häusern kam vom Feuer im zentralen Raum, möglicherweise durch Öllampen verstärkt. Ein paar winzige Fenster ließen zusätzlich etwas Tageslicht herein. Erdbänke mit holzverkleideter Front waren nicht weit vom Herd die Wände entlang angeordnet. Die Fußböden bestanden aus gestampfter Erde. Die massiven Holztüren der Häuser konnten abgeschlossen werden.

Freizeitvergnügen

Glücksspiele mit Würfeln kennt man seit der Antike, und es ist sicher, daß die Wikinger insofern keine Ausnahme waren, als auch sie auf diese Weise Zerstreuung und Nervenkitzel suchten – die in wikingerzeitlichen Gräbern entdeckten Würfel sind oft groß und quaderförmig. Man fand auch Spielbretter, u. a. ein doppelseitiges in dem Bootsgrab von Gokstad in Norwegen, sowie zahlreiche Figuren für Spiele, die Glück und Können erforderten: Einige waren Setzspiele, ähnlich dem Mühlespiel, doch auch Verfolgungsspiele wie »Wolf und Schäfchen« wurden gespielt. Ein besonderer Typus eines taktischen Spiels, das man während der Wikingerzeit in ganz Skandinavien spielte, war als *hnefatafl* bekannt. Nach den zahlreichen Erwähnungen in den isländischen Sagas scheint es ein Spiel gewesen zu sein, das echtes Können erforderte, doch trotz allem überlebte es den Siegeszug des Schachspiels im frühen Mittelalter nicht. Die aus Walroßelfenbein geschnitzten Schachfiguren skandinavischer Herkunft, die auf der Insel Lewis auf den Hebriden gefunden wurden, gehören in das 12. Jahrhundert am Ende der nordischen Periode. Die Regeln des *hnefatafl* sind nicht überliefert, doch Funde von Spielfiguren und die Kenntnis späterer Spiele deuten an, daß es von zwei Spielern gespielt wurde, die eine unterschiedliche Anzahl von Spielsteinen und verschiedene Spielziele hatten – ein König mit einem kleinen Heer wurde von einem größeren Heer angegriffen, das versuchte, den König in eine Ecke zu drängen.

Feste boten für die Wohlhabenderen Unterhaltung im Hause und waren nicht nur Gelegenheiten zum Trinken und zu allgemeinen Ausschweifungen, sondern auch zum Hören von Gedichten und Geschichten professioneller Skalden sowie für Musik und Tanz. Über letztere wissen wir jedoch wenig. Musikinstrumente wurden nur selten gefunden, da sie aus Holz und anderen vergänglichen Materialien waren, doch wir wissen, daß man die Leier oder Harfe spielte, wie auch einfache Flöten und Panflöten sowie eine Art Fiedel.

Aktivitäten unter freiem Himmel umfaßten Wettkämpfe, bei denen man Kraft und Geschicklichkeit maß. Die Wichtigkeit des Übens mit Waffen führte selbstverständlich dazu, daß man sich im Fechten, Speerwerfen und Bogenschießen maß. Ballspiele wurden zum Vergnügen gespielt, und auch Zuschauer fanden Gefallen an ihnen. Pferdekämpfe waren ebenfalls beim Publikum beliebt – bei ihnen wurden besonders ausgewählte Hengste durch den Anblick und Geruch angebundener Stuten dazu angestachelt, miteinander zu kämpfen. Dieser Sport wird oft in isländischen Geschichten erwähnt, da er häufig Anlaß zu Streitigkeiten und Schlägereien zwischen den konkurrierenden Besitzern gab. Trotzdem konnte man natürlich auch allein Entspannung finden, beim Flötenspiel oder dem Schnitzen eines Stocks.

Kinder hatten ihre Spielsachen; einige, die erhalten sind, wie etwa hölzerne Waffen und Spielzeugschiffe, zeigen, daß sie Situationen der Erwachsenenwelt nachspielten. Für die Erwachsenen gab es oft keine scharfe Trennlinie zwischen Vergnügen und ernsthafter Arbeit; Tiere jagte man als Nahrung – und zur Kurzweil, obwohl der Adel dafür schon damals mehr Zeit besaß. Die Jagd mit Falken war eine Beschäftigung, die der Aristokratie vorbehalten war. Wir wissen aus den Sagas, daß »Schwimmen und Brettspiel« Fähigkeiten waren, die einem jungen Jarl beigebracht werden sollten.

Rechts: Spielfiguren wurden aus vielen Materialien und in allen möglichen Formen und Größen hergestellt, sowohl mit flacher Unterseite als auch mit einem Steckstift, zum Gebrauch auf verschiedenen Typen von Spielbrettern. Man hat in wikingerzeitlichen Gräbern Sätze von Spielfiguren einschließlich »Königen« gefunden. Diese unterschiedlichen Exemplare aus Glas, Knochen und Stein wurden in der schwedischen Stadt Lund ausgegraben.

Unten: Unter den wenigen Musikinstrumenten, die aus der Wikingerzeit erhalten geblieben sind, gibt es endgeblasene Flöten, wie diese aus Sigtuna in Schweden. Sie ähneln den modernen Blockflöten und wurden aus den Beinknochen von Säugetieren oder Vögeln hergestellt. Sie hatten eine unterschiedliche Zahl von Löchern.

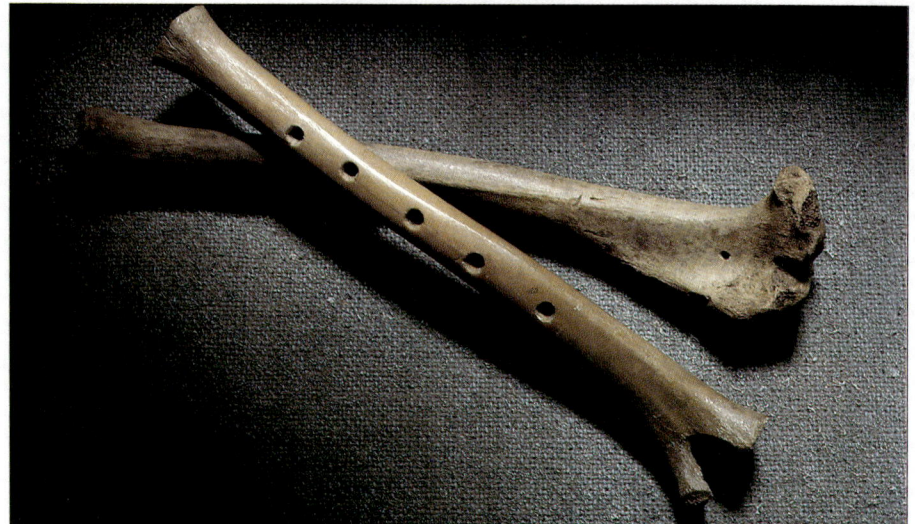

Links: Die Falknerei war ein Vergnügen der Adligen. Vielleicht wird sie auf diesem Kreuzschaft aus dem 10. Jahrhundert, einem anglo-skandinavischen Schnitzwerk aus Sockburn in der Grafschaft Durham, dargestellt – obgleich dieser Reiter unter einer Schlange, der einen Vogel auf dem Handgelenk trägt, auch als der heidnische Gott Odin interpretiert worden ist.

Ganz oben rechts: Dieser schwedische Runenstein aus dem 11. Jahrhundert zeigt zwei Männer, die »am Brett« spielen *(at tafli):* Das Spiel könnte Mühle mit neun Steinen gewesen sein, welches in der Wikingerzeit weit verbreitet war, oder *hnefatafl.* Das hölzerne *hnefatafl*-Brett *(rechts)* hat man in dem irischen Ort Ballinderry in der Grafschaft Westmeath gefunden. Es besitzt einen markierten Mittelpunkt und gekennzeichnete Eckfelder sowie 7 x 7 Stecklöcher. Der Stil der Verzierungen läßt darauf schließen, daß es im 10. Jahrhundert in Dublin angefertigt wurde. Die Anzahl der Felder variierte, doch sie war stets ungerade – das Brett aus Gokstad besitzt 15 x 15 Felder, wie auch ein anderes, ebenso altes, aus York.

Unten: Der Pferdekampf als ein wikingerzeitlicher Zuschauersport hatte seinen Ursprung möglicherweise in älteren Pferdekulten. Diesen auf einem Stein aus Häggeby im schwedischen Uppland abgebildeten kämpfenden Pferden (eine Ritzzeichnung aus der Völkerwanderungszeit) wurden offensichtlich Hörner an den Köpfen befestigt. Sie werden von bewaffneten Männern angetrieben.

Das häusliche Leben

Das Haus war der Mittelpunkt des Lebens der Wikinger. Hier fanden die Menschen Wärme, Nahrung und Obdach, hier verrichteten sie ihre alltäglichen Arbeiten und entspannten sich beim Brettspiel, Musizieren oder beim Hören von Geschichten über die Götter und die Taten alter Helden, die von den Dichtern vorgetragen wurden. Das Leben spielte sich rings um den länglichen zentralen Herd ab. Das Reisigfeuer ging selten aus, doch wenn man es neu entfachen mußte, tat man es, indem man Feuerstein und Stahl gegeneinander schlug. Fleisch und Fisch stellten den Hauptanteil der Ernährung dar. Haustiere (Rinder, Schafe, Schweine, Ziegen und Federvieh) wurden durch Wild und Wildvögel ergänzt. Fleisch und auch Fisch mußten im Sommer und Herbst geräuchert, getrocknet oder gepökelt werden, um ausreichende Vorräte für die langen Wintermonate zu sichern. Das Fleisch wurde meist in groben, handgemachten Tongefäßen oder Specksteinschalen, die in die Glut gebettet wurden, gar gekocht, oder in einem Eisenkessel, der an einer Eisenkette über den Flammen hing. Um das Fleisch aus dem kochenden Wasser herauszufischen, benutzte man eiserne Haken. Gelegentlich hat man vielleicht einen Spießbraten zubereitet.

Brot wurde aus Gerste, Roggen und Hülsenfrüchten sowie (weniger häufig) aus Weizen gebacken, das Mehl auf runden Mahlsteinen oder Handmühlen mit der Hand gemahlen. Diese haben sich in großer Anzahl erhalten und sind besonders in Südskandinavien oft aus Lavagestein gefertigt, das aus dem Rheinland importiert wurde. Das Brot war ungesäuert; man buk es auf einer flachen Eisen- oder Steinplatte über dem Feuer, so daß ein dicklicher Fladen entstand. Gemüse wurde auf den umliegenden Feldern angebaut, Beeren und anderes Obst in den Wäldern gesammelt oder sogar importiert. Die Entdeckung von Pflaumensteinen in Abfallgruben in Haithabu zum Beispiel legt es nahe, daß Pflaumen aus Mitteleuropa dorthin gelangt waren. Käse bereitete man aus Kuh-, Schafs- und Ziegenmilch, vielleicht hauptsächlich, um den Überschuß zu verarbeiten. Die Mahlzeiten wurden mit großen Mengen von Gerstenbier und Met heruntergespült, den man aus gegorenem Honig und Wasser herstellte.

Trinkschalen waren aus Holz oder Ton, aber man kannte auch Trinkhörner. Importierte Glasgefäße waren nur bei der obersten sozialen Schicht in Gebrauch. Teller, Schalen, Löffel und Schöpfkellen waren aus Holz und sind meist nicht erhalten, entweder, weil sie verrottet sind, oder weil zerbrochene Holzgegenstände als Brennmaterial ins Feuer flogen. Einige Exemplare blieben jedoch in nassem Boden konserviert. Die meisten scheinen handgeschnitzt zu sein, wahrscheinlich von Familienmitgliedern, einige waren aber auch gedrechselt – ein Hinweis darauf, daß Haushaltsgeräte auch von spezialisierten Holzschnitzern hergestellt worden sind.

Wir können aus den Grabbeigaben in Königs- und Fürstenhügelgräbern schließen, daß viele Fürstenhöfe mit Tischen, Sitzen oder Stühlen, möglicherweise sogar Betten möbliert waren: Ein Stuhl und Betten wurden beispielsweise zusammen mit der bei Oseberg in Norwegen begrabenen Königin des 9. Jahrhunderts beigesetzt. Fragmente eines gewebten Teppichs, der als Wandbehang benutzt wurde, sind ebenfalls ans Tageslicht gekommen. Die Durchschnittsmenschen hatten jedoch wenige Besitztümer dieser Art. Sie mußten sich mit Hockern und Truhen begnügen, in denen Wertsachen (wie Schmuck, Silber und Kleidung) eingeschlossen wurden. Sie schliefen eingehüllt in Laken oder Felle auf den Seitenbänken: je dichter am Herd, desto höher ihr Rang in der Gemeinschaft.

Der aufrechte, an den Kettfäden beschwerte Webrahmen hatte in den meisten Häusern seinen Platz an der Wand und wurde zum Weben des Wollstoffs gebraucht, der im Haushalt und auch für die Segel der Wikingerschiffe verwendet wurde. Da diese Geräte aus Holz waren, hat sich kein kompletter wikingerzeitlicher Webrahmen erhalten. Es gibt jedoch viele Funde von Webgewichten aus gebranntem Ton oder Stein, welche die senkrechten Kettfäden straff hielten. Es wurde auch Brettchenweberei auf kleinen rechteckigen Rahmen aus Holz oder Geweih betrieben, um Bänder, Borten und Riemen mit verschlungenen Mustern für die Verzierung von Kleidung anzufertigen. Die Scheren zum Schneiden des Tuchs und die Kämme, die für das Kardieren der Wolle vor dem Spinnen benutzt wurden, waren aus Eisen, die Spinnwirtel, die die Holzspindeln beschwerten, aus Stein oder Ton, bisweilen auch aus Bernstein. Näh- und Stecknadeln aus Eisen oder Knochen wurden von den Frauen oft in kleinen zylinderförmigen Behältern getragen, die von ihren Broschen herabhingen. Kleine gläserne Objekte in Form abgerundeter Halbkugeln, die in Frauengräbern gefunden wurden, benutzte man möglicherweise zum Glätten von Säumen, und man vermutet, daß geschnitzte Walkknochenplatten, die fast immer in Gräbern wohlhabender Frauen vorkommen, zum Glätten oder Plissieren von Stoff dienten.

Spinnen, Weben und Nähen müssen die Frauen fast ständig beschäftigt haben. Die Entdeckung von Spielsteinen aus Knochen, Geweihen, Glas oder Bernstein zeigt,

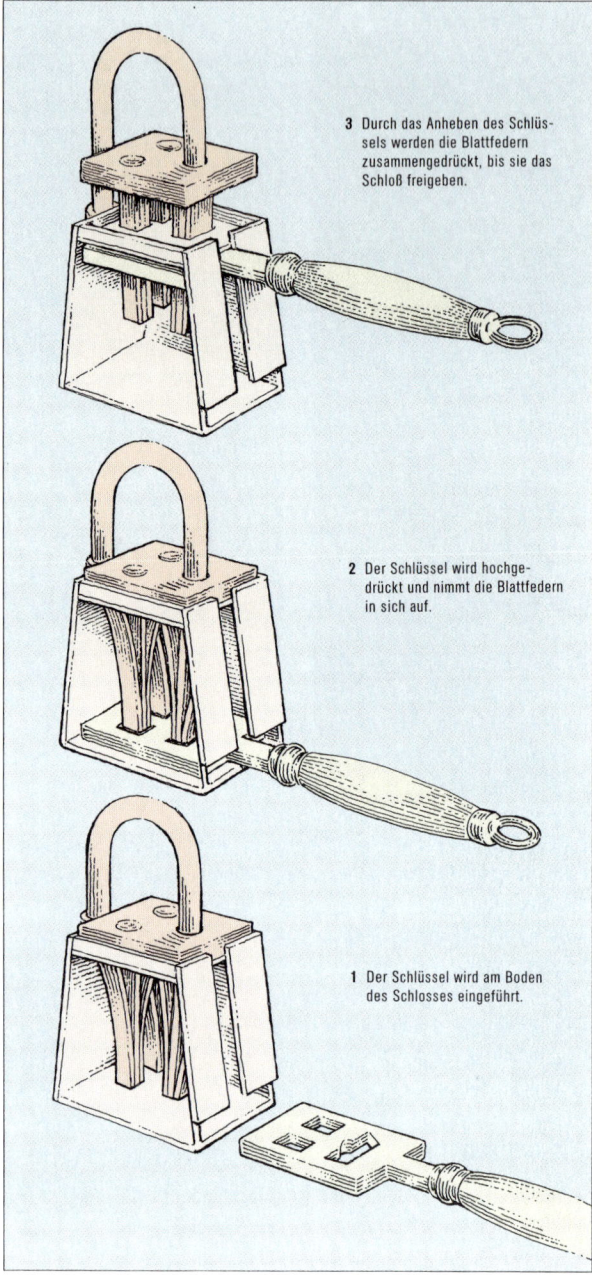

3 Durch das Anheben des Schlüssels werden die Blattfedern zusammengedrückt, bis sie das Schloß freigeben.

2 Der Schlüssel wird hochgedrückt und nimmt die Blattfedern in sich auf.

1 Der Schlüssel wird am Boden des Schlosses eingeführt.

Links: Schnittzeichnung eines Kistenvorhängeschlosses mit T-förmigem Loch. Sie zeigt, wie es mit einer bestimmten Form von Steckschlüssel funktionierte, der das Schloß durch das Zusammendrücken eines Systems von Blattfedern öffnete. Solche Schlösser und Schlüssel waren im 11. und 12. Jahrhundert in Skandinavien üblich. Von dort erreichten sie auch England, Island und Grönland.

Kleidung und Mode der Wikingerzeit

Die sozialen Unterschiede, die bei so vielen Aspekten des wikingerzeitlichen Lebens ins Auge fallen, spiegelten sich in der Art der von den einzelnen Männern und Frauen getragenen Kleidung wider: Der Stil und Schnitt der Gewänder selbst, die verwendeten Materialien und die Qualität der Fibeln oder Nadeln, die sie zusammenhielten, drückten unmißverständlich den Reichtum und Status ihrer Träger aus. Da es aus Metall gefertigt wurde, hat man Kleidungszubehör in großer Zahl in wikingerzeitlichen Friedhöfen und Siedlungen gefunden. Weit schwerer ist es jedoch, an textile Überreste zu gelangen. Ein wenig sagen uns die Abdrücke, welche die Stoffe als Teil des Herstellungsprozesses auf der Rückseite der gegossenen Bronzefibeln hinterlassen haben. Die besten Zeugnisse sind aber Bündel von Kleidungsresten, die man im Schlamm des Hafens von Haithabu konserviert fand. Sie waren als Verpackungsmaterial oder vielleicht zum Kalfatern von Schiffen verwendet worden. Sie stellen eine ausgezeichnete Informationsquelle für die verschiedenen Typen und Qualitätsabstufungen von Stoffen in der Wikingerzeit und für die Methoden des Schneiderns dar. Die Mode wandelte sich in dieser Epoche nur langsam, daher können wir vernünftigerweise annehmen, daß die aufgrund dieser Funde rekonstruierten Stile für die gesamte Wikingerzeit repräsentativ sind.

Rechts: Paare ovaler Broschen bildeten ein wesentliches Accessoir weiblicher Tracht und sind der am häufigsten gefundene Fibeltyp in der Wikingerzeit. Die meisten waren aus Bronze von eher minderwertiger Qualität und einfacher Gestaltung. Andere – wie die hier abgebildeten – waren vergoldet und mit verschlungenen Tierornamenten verziert. An der Unterseite jeder Brosche befindet sich eine durchbohrte Öse, so daß man Perlenschnüre zwischen ihnen befestigen konnte. Die Kleeblattfibel hielt ein Obergewand zusammen.

Unten: Männer wie Frauen trugen Lederschuhe, die tief ausgeschnitten waren und in der Form Pantoffeln glichen. Männer trugen auch knöchel- oder wadenhohe Stiefel, die entweder vorne oder an der Seite zugeschnürt wurden. Das übliche Material war Rindsleder, doch für Stiefel der allerbesten Qualität wurde Ziegenleder benutzt.

Oben: Man trug Fibeln oder Nadeln aus Bronze an der Schulter, um die Männermäntel zu befestigen, bisweilen waren sie aber auch aus Silber in großzügiger und kunstvoller Gestaltung. Dieses Bronzeexemplar aus Dänemark ist relativ klein und mit den Köpfen dreier Wikinger verziert, die frisiertes Haar und herabhängende Schnurrbärte haben.

Rechts: Unterschiedliche Typen von Männerkleidung *(oben)*: Ein Mann aus der obersten Gesellschaftsschicht trägt ein Oberhemd aus ungefärbtem Leinen über knielangen Pumphosen aus feinem Kammgarnstoff. Sein rechteckiger Wollmantel ist an der rechten Schulter befestigt. Ein anderer wohlhabender Mann trägt über einem Leinenhemd einen zugeschnittenen Klappenrock mit Pelzbesatz und Gürtel. Stoffbänder (»Wickelgamaschen«) halten seine Hosen unterhalb des Knies zusammen *(Mitte)*. Die Kleidung eines Sklaven oder Dieners war aus grob gewebtem Wollstoff. Sie war weit geschnitten, da sie für die Arbeit bestimmt war *(unten)*.

Rechts: Die Kleidung der hochrangigen Frau *(oben)* wird von drei Fibeln gehalten: Die eine am Hals hält ihre langärmlige, knöchellange Tunika aus fein plissiertem Leinen, während das dazugehörige Paar die Schulterriemen ihres eng anliegenden, wadenlangen Schürzenkleides aus Wolle zusammenhielt. Die Kleidung der Reichen für draußen war warm und wetterfest *(unten)*. Diese Frau trägt ein langärmliges Obergewand aus hochwertiger Wolle, das möglicherweise mit Daunen gefüttert war. Ein Besatz aus Borten in kontrastierenden Farben, manchmal mit Goldfäden durchwirkt, wurde oft an der Halspartie und am vorderen Saum angebracht.

daß die Männer mehr Zeit zur Entspannung hatten. Man spielte häufig Brettspiele, darunter ein Kriegsspiel, das als *hnefatafl* bekannt ist. Hölzerne Tiere, Boote, Schwerter und Kreisel fand man vielerorts, sie beweisen, daß Kinder einfaches Spielzeug besaßen.

Abbildungen von Männern und Frauen auf verschiedenen Gegenständen zeigen, daß langes Haar von beiden Geschlechtern bevorzugt wurde: Einige Männer trugen es fest zusammengerollt zu einem »Kauz« im Nacken, andere ließen sich die Haare abrasieren, während die Frauen ihre langen fließenden Locken manchmal in recht komplizierter Weise oben auf dem Kopf zusammenflochten. Die reichlich gefundenen Kämme zeigen, daß die Leute ihrem Haar Sorgfalt und Aufmerksamkeit widmeten, vielleicht mit dem Ziel, die Kopfläuse zu entfernen. Elegant gepflegte Bärte und Schnurrbärte waren bei Männern üblich. Sie trugen Hosen und eine lange Tunika unter einem Mantel, die Frauen mehrlägige knöchellange Gewänder aus Wolle und Leinen. Eine einzelne ringköpfige Nadel oder Ringbrosche hielt die Mäntel der Männer an der Schulter zusammen, während die Frauengewänder durch ein Paar Broschen gehalten wurden, auf jeder Schulter eine und eine weitere am Hals. Gewöhnlich waren sie oval, wenn die Stile auch von Region zu Region wechselten.

Bestattungsbräuche

Die skandinavischen Völker behielten ihre traditionellen religiösen Vorstellungen fast die ganze Wikingerzeit hindurch bei. Sie verehrten heidnische Götter und beerdigten ihre Toten im Einklang mit den heidnischen Ritualen. Die Objekte, die, wie wir annehmen, aus religiösen Gründen mit ihnen begraben wurden, sind heute eine unschätzbare Informationsquelle über ihr Leben. Die Wikinger kannten zwei Arten der Beerdigung: die Kremation und die Inhu-

mation. Die Leichen scheinen in Alltagskleidung bestattet bzw. verbrannt worden zu sein, und man gab ihnen normalerweise ihren persönlichen Besitz und die Gegenstände mit, die sie in ihrem Leben benutzt hatten. Manchmal wurde der Leichnam in einem Boot oder Wagen begraben. Das läßt darauf schließen, daß man ein Fortbewegungsmittel für erforderlich hielt, um den Verstorbenen ins Jenseits zu bringen. Gräber mit Pferden (meist in Dänemark und in Birka in Schweden gefunden) legen dieselbe Vermutung nahe. Es scheint jedoch gesichert, daß die Bestattung mit einem Boot oder Wagen den Reichen vorbehalten war. Vielleicht sollte damit auch nur der hohe Stand und die Bedeutung der verstorbenen Person unterstrichen werden.

In ländlichen Gegenden Norwegens und im östlichen Zentralschweden war bis zum Ende der Wikingerzeit das Verbrennen die am häufigsten angewandte Bestattungsform. Brandgräber unter Grabhügeln gruppierten sich um die Bauernhöfe, normalerweise auf felsigem Untergrund. Weil diese Stellen nicht zur Kultivation geeignet sind, sind sie noch heute deutlich erkennbar. Da kaum Grabungen zum Zweck der Lokalisierung eventuell vorhandener Bauernhäuser erfolgten, liefern diese Gräber den einzigen Hinweis auf die Standorte wikingerzeitlicher Gehöfte. Infolgedessen sind sie dazu benutzt worden, um Bevölkerungszentren zu lokalisieren und die Anzahl der Bewohner zu schätzen, besonders in der Mälarregion im östlichen Zentralschweden – mit dem Ergebnis, daß sich die Bevölkerung während der Wikingerzeit um die Hälfte vergrößert haben könnte.

In den meisten Fällen wurde der zu verbrennende Leichnam bekleidet, mit Schmuck und Broschen ausgestattet und dann auf einem Scheiterhaufen eingeäschert. Die verbleibenden Knochen und der geschmolzene Schmuck wurden anschließend gesammelt und auf ver-

Oben: Diese Grabhügel markieren einen der Friedhöfe, welche die wikingerzeitliche Stadt Birka in Schweden umgeben. Die Begräbnisbräuche variierten in der Wikingerzeit in Skandinavien sowohl regional wie auch sozial, und es wurden sowohl Verbrennungen wie Erdbestattungen durchgeführt. Es wird geschätzt, daß es etwa 3000 Gräber in Birka gibt, von denen etwa 1100 ausgegraben wurden. Viele von ihnen enthalten reiche Beigaben, die Einblicke in das Leben und Tun der Bewohner dieser Siedlung ermöglichen.

Folgende Doppelseite: Zu den reichsten Gräbern der Wikingerzeit gehören die Bootsgräber, aber bootförmige Steinsetzungen dürften eine symbolische Alternative dazu dargestellt haben. Die hier gezeigten bilden einen Teil des Friedhofs von Lindholm Høje in Nordjütland. Die Steinkonturen, die auch die Form von Kreisen, Quadraten und Dreiecken haben, enthalten Brandgräber.

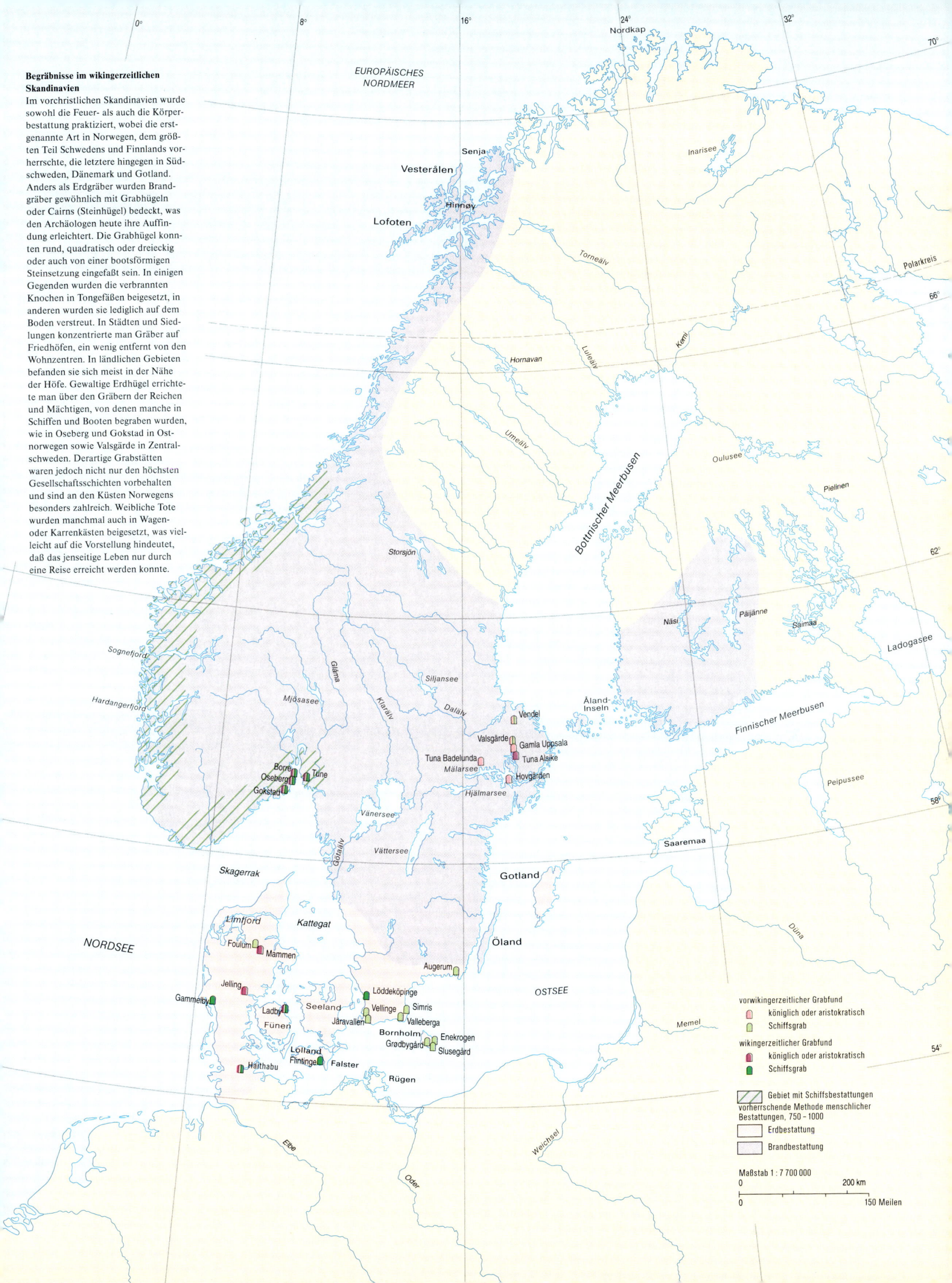

Begräbnisse im wikingerzeitlichen Skandinavien

Im vorchristlichen Skandinavien wurde
sowohl die Feuer- als auch die Körper-
bestattung praktiziert, wobei die erst-
genannte Art in Norwegen, dem größten Teil Schwedens und Finnlands vorherrschte, die letztere hingegen in Südschweden, Dänemark und Gotland.
Anders als Erdgräber wurden Brandgräber gewöhnlich mit Grabhügeln
oder Cairns (Steinhügel) bedeckt, was
den Archäologen heute ihre Auffin-
dung erleichtert. Die Grabhügel konnten rund, quadratisch oder dreieckig
oder auch von einer bootsförmigen
Steinsetzung eingefaßt sein. In einigen
Gegenden wurden die verbrannten
Knochen in Tongefäßen beigesetzt, in
anderen wurden sie lediglich auf dem
Boden verstreut. In Städten und Siedlungen konzentrierte man Gräber auf
Friedhöfen, ein wenig entfernt von den
Wohnzentren. In ländlichen Gebieten
befanden sie sich meist in der Nähe
der Höfe. Gewaltige Erdhügel errichtete man über den Gräbern der Reichen
und Mächtigen, von denen manche in
Schiffen und Booten begraben wurden,
wie in Oseberg und Gokstad in Ost-
norwegen sowie Valsgärde in Zentralschweden. Derartige Grabstätten
waren jedoch nicht nur den höchsten
Gesellschaftsschichten vorbehalten
und sind an den Küsten Norwegens
besonders zahlreich. Weibliche Tote
wurden manchmal auch in Wagen-
oder Karrenkästen beigesetzt, was vielleicht auf die Vorstellung hindeutet,
daß das jenseitige Leben nur durch
eine Reise erreicht werden konnte.

vorwikingerzeitlicher Grabfund
  königlich oder aristokratisch
  Schiffsgrab

wikingerzeitlicher Grabfund
  königlich oder aristokratisch
  Schiffsgrab

Gebiet mit Schiffsbestattungen
**vorherrschende Methode menschlicher
Bestattungen, 750 – 1000**
  Erdbestattung
  Brandbestattung

Maßstab 1 : 7 700 000
0   200 km
0   150 Meilen

Links: Ein befestigter Weg half den
Reisenden der Spätwikingerzeit, das
Risby-Tal auf Seeland in Dänemark zu
überqueren. Ausgrabungen haben gezeigt, daß der Fluß selbst von einer
Holzkonstruktion überbrückt wurde,
unter der man ein Wagenrad und einen
einfachen Holzschlitten entdeckte.

schiedene Arten bestattet, was die Befolgung unterschiedlicher religiöser Rituale impliziert. In Zentralschweden
etwa wurden die verbrannten Überreste meist sorgfältig
von Asche und Holzkohle des Scheiterhaufens getrennt
und in ein Tongefäß gefüllt, welches dann in eine eigens
gegrabene Grube gelegt wurde. In Teilen Finnlands wurden sie auf dem Erdboden verstreut. Die eingeäscherten
Überreste, beerdigt oder verstreut, wurden anschließend
mit einem Erdhügel bedeckt oder einfach mit Steinen markiert, die je nach Gegend in unterschiedlicher Weise angeordnet wurden, was wiederum auf divergente religiöse
Bräuche hindeutet. Bei Lindholm Høje in Nordjütland beispielsweise und auch andernorts sind viele der Gräber
durch schiffsförmig aufgestellte Steine markiert. In Zentralschweden haben sie manchmal die Form runder Hügel
oder dreieckiger Steinsetzungen, die bisweilen konkav ge-
wölbte Seiten aufweisen.

Der Einfluß schwedischer Wikinger auf die Bestattungsbräuche wird auf den Åland-Inseln deutlich, wo sich Grabhügel mit Brandresten finden, während in Finnland selbst
eine Mischung verschiedener Traditionen und Bräuche
anzutreffen ist. Im Südwesten waren Bootsbestattungen
üblich, doch über den Brandresten wurden keine Hügel errichtet, man verstreute sie lediglich auf dem Boden. Weiter
im Landesinneren sind Brandgräber und Körpergräber mit
Grabhügeln aus Steinen und Erdreich bedeckt. Die Kör-
perbestattung wurde im südwestlichen Finnland im 11.
Jahrhundert zur Regel, vielleicht ein Anzeichen für das
Vordringen christlicher Bräuche. Grabbeigaben waren aber
in Finnland noch ein weiteres Jahrhundert lang üblich.

Leichenverbrennung war auch in den wikingerzeitlichen
Städten Norwegens, Dänemarks und Schwedens üblich.
Die Friedhöfe, welche manchmal sehr viele Gräber umfaß-
ten, befanden sich in der Nähe der Siedlungen. In Birka

sind zum Beispiel mindestens 3000 Gräber aus den 200 Jahren der Existenz der Stadt bekannt (nicht alle waren Feuerbestattungen), und in Haithabu mag es bis zu 7000 Gräber gegeben haben. Andere Siedlungen, wie etwa Kaupang in Südostnorwegen, sind ebenfalls von großen Gräberfeldern umgeben. Es ist sehr wahrscheinlich, daß auch Ribe in Dänemark von Friedhöfen umschlossen war, doch bisher fand man nur wenige Gräber.

Die Praxis der Erdbestattung wirft eine Reihe von schwer zu beantwortenden Fragen auf. Mit der Einführung des Christentums löste sie überall allmählich die Brandbestattung ab, doch wir wissen, daß sie von einigen skandinavischen Völkern schon zu Beginn der Wikingerzeit praktiziert worden war. In Südjütland, wo die Erdbestattung vorherrschte, kann dies ein Resultat von Einflüssen der christianisierten Länder im Süden gewesen sein, doch anderswo ist dieser Brauch problematischer. Weshalb gingen zum Beispiel die Bewohner der Ostseeinsel Gotland zu diesem im wesentlichen völlig fremdartigen Ritus über? Wir werden es wahrscheinlich nie erfahren. Obwohl die Erdbestattung außerhalb dieser zwei Kerngebiete praktiziert wurde, lassen die archäologischen Indizien darauf schließen, daß dies ein Ritus war, der sich auf die oberen Ränge der Gesellschaft oder auf Fremde beschränkte. Die letzteren tauchen größtenteils in den wikingerzeitlichen Städten auf, sie brachten ihre eigenen Rituale und religiösen Vorstellungen mit. Einige der besten Zeugnisse, die wir für Körpergräber besitzen, kommen aus den Städten Birka und Haithabu. Nach Birka kamen fremde Händler hauptsächlich aus dem Osten, aus Rußland oder noch ferneren Gegenden. Waren die Kaufleute unglückselig genug, in Birka zu sterben, so wurden sie den Sitten ihres Heimatlandes entsprechend begraben, meist unter ihresgleichen auf ihrem eigenen Friedhof nahe der Festung.

Ausgrabungen bei Birka im 19. Jahrhundert förderten zahlreiche Gräber des sogenannten »Kammergrab-Typs« zutage. Eine Grube im Erdboden wurde ausgehoben und mit Holz verkleidet. Der Körper des Verstorbenen wurde dann, in voller Kleidung, in dieser Kammer aufgebahrt und mit Gegenständen des täglichen Gebrauchs umgeben. Manchmal wurden Pferde in solche Gräber gelegt, und auch Menschenopfer sind nicht unbekannt. Ähnlich reiche Kammergräber gibt es bei Haithabu. Die Sitte der Erdbestattung in unterirdischen Kammern war in ganz Jütland

recht weit verbreitet, besonders im 10. Jahrhundert. Diese Gräber sind die spektakulärsten Erdbestattungen, die uns aus dem wikingerzeitlichen Skandinavien bekannt sind, doch auch andere Formen werden gefunden. Tote wurden in Särgen bestattet und in Gruben beigesetzt oder auch mit einer Hülle aus Birkenrinde umwickelt. Weil die Leichname und ihre Ausstattung nicht verbrannt wurden, sind die mit ihnen begrabenen Metallobjekte oft in einem ausgezeichneten Erhaltungszustand.

Die oben beschriebenen Gräber enthielten die Überreste von gewöhnlichen Männern und Frauen – mehr oder weniger begütert, je nachdem, ob sie zur Gruppe der Bauern oder der Kaufleute gehörten. Der erstaunliche Reichtum an Gegenständen aus den großen Grabhügeln von Königen und adligen Einzelpersonen wurde bereits in einem früheren Kapitel beschrieben. Gegen Ende des 10. Jahrhunderts war die Sitte des Begräbnisses mit reichhaltigen Grabbeigaben in Dänemark ausgestorben und in den übrigen Gebieten (außer Finnland) immer seltener geworden, ein Resultat des endgültigen Triumphs des Christentums über die heidnische Religion. Seit dieser Zeit ist die Praxis der Erdbestattung in west-ost-orientierten Gräbern ohne Beigaben in ganz Skandinavien vorherrschend, und die Bestattungen verlieren ihren Wert als Informationsquelle über das tägliche Leben und den Tod.

Reisen und Verkehr

Im wikingerzeitlichen Skandinavien spielte sich der Verkehr natürlicherweise auf dem Wasser ab, entlang den ausgedehnten Küsten Norwegens und Schwedens und zwischen den zahlreichen vorgelagerten Inseln hindurch. Natürliche Häfen boten sichere Ankerplätze für die Nacht und erleichterten so den Transport auf dem Wasserweg. See- und Flußsysteme konnten benutzt werden, um in die Siedlungszentren weit im Inland vorzudringen. Landstriche unpassierbaren Waldes, Moore und Gebirge stellten unzählige Hindernisse für den Landverkehr durch einen Großteil Skandinaviens dar. Dennoch reisten die Wikinger über Land, wenn es erforderlich war, ein Vorhaben, das insbesondere im Norden erleichtert wurde, wenn feuchter und sumpfiger Boden hartgefroren war und Schlitten, Skier und Schlittschuhe benutzt werden konnten.

Mehrere verschiedene Typen von Schlitten sind bekannt. Der einfachste und leichteste war der Ski-Schlitten.

Unten: Hölzerne Schlitten, deren größere Exemplare von Zugtieren gezogen wurden, waren schon während der Wikingerzeit im Winter unentbehrliche Transportfahrzeuge. Das Oseberg-Bootsgrab enthielt nicht weniger als vier, von denen drei (darunter dieses elegante Exemplar) mit schönen Schnitzereien versehen sind. Der vierte ist ein schlichtes Alltagsmodell.

Er bestand aus einem leichten Gerüst, das auf Skier montiert war und von Hand gezogen wurde. Man muß ihn benutzt haben, um leichte und kompakte Lasten wie die Pelze von Tieren aus den nördlichen Gebieten zu transportieren. Schwerere Schlitten dienten zur Beförderung sperriger Güter. Als Zugtiere waren Pferde oder Ochsen verfügbar, deren Hufe mit eisernen Eisnägeln oder Klammern beschlagen wurden, um den Tieren Halt zu geben. Exemplare dieser robusten Schlitten stammen aus den Schiffsgräbern von Oseberg und Gokstad.

Skier gab es schon in der Bronzezeit in Nordskandinavien. Mindestens 100 Exemplare aus allen prähistorischen Epochen sind allein in Finnland bekannt, etwa 30 von ihnen stammen aus der Wikingerzeit. Zur Herstellung der Skier, die bis zu zwei Meter lang sein konnten, wurde Kiefernholz gewählt, weil die natürlichen Harze im Holz die Unterseite schmierten und sie so leichter über den schneebedeckten Boden glitten. Schlittschuhe wurden aus den Schenkelknochen von Pferden, Rindern oder Elchen gefertigt, die auf beiden Seiten abgeflacht und am Fuß befestigt wurden. Sie glichen sehr kurzen Skiern, die direkt an den Fuß angepaßt waren. Der Schlittschuhläufer bewegte sich mit Hilfe eines oder zweier mit Eisenspitzen versehener Stöcke über das Eis.

In den anderen Jahreszeiten bewegten sich die Menschen zu Fuß über Land, nur die Reichen und Bedeutenden ritten auf Pferden. Pferdegeschirr – wie Steigbügel, Sporen und Zaumzeug – war Teil der Grabbeigaben in Gräbern hochrangiger Personen. Die Lederriemen sind verrottet, nur die Beschläge, oft aus kunstvoll verzierter Goldbronze, lassen noch erkennen, wo sie sich befanden. Verzierungen von hölzernen Kummets, die wahrscheinlich zum Anspannen dienten, hat man ebenfalls gefunden. Ein besonders prachtvoller Wagen wurde im Oseberg-Grab entdeckt, doch alltäglichere Exemplare sind aus Dänemark bekannt, wo man im 10. Jahrhundert wohlhabende Frauen in abmontierten Wagenkästen bestattete.

Um den Überlandverkehr zu erleichtern, wurden Straßen gebaut. Der Heerweg entlang der ganzen jütländischen Halbinsel ist das beste erhaltene Beispiel. Er folgt den höchsten Erhebungen und hält sich an der Wasserscheide; er kommt dem am nächsten, was man heute eventuell eine Haupt- oder Landstraße nennen würde, auch wenn er zum größten Teil unbefestigt war. Ein Straßenbe-

lag (fast immer aus Holz) wurde nur in schwierigem Gelände verlegt, wie etwa in Sumpfgebieten. In den einfachsten Fällen bestand er aus ausgebreitetem Reisig und Ästen, die eine recht feste Oberfläche boten. In anderen Fällen konnte er aus aneinandergelegten Baumstämmen oder sogar gut bearbeiteten Balken gebaut sein.

In ganz Skandinavien mußten zahllose Flüsse und Bäche, die die Landschaft durchziehen, von den Reisenden überwunden werden. Bis zum Ende der Wikingerzeit waren Furten und Dämme die gebräuchlichsten Möglichkeiten des Übergangs. Freistehende Brücken scheinen erst in der späten Wikingerzeit entstanden zu sein. Die Brücke von Ravning Enge in Zentraljütland stammt aus der Zeit um 980 und ist eine höchst erstaunliche Konstruktion: 700 m lang und 5 m breit, konnte sie ein Gewicht von fünf Tonnen tragen. Aus mehr als 1000 Eichenstützpfeilern besteht das Fundament, und eine unzählige Menge von Balken bildete den Oberbau. Sie kann nicht typisch für den Brückenbau jener Zeit gewesen sein, denn der Aufwand an Kosten wie an Arbeitskraft, der zu ihrer Konstruktion nötig war, deutet an, daß sie für einen bestimmten Zweck gebaut wurde, vermutlich von König Harald Blauzahn, um den Zugang zu seiner Stadt aufzuwerten.

Weitere Brücken sind aus dem Schweden des 11. Jahrhunderts bekannt. Sie sind meist mit Runensteinen gekennzeichnet, die von der Errichtung der Brücke berichten, oft von einer Frau im Andenken an ihren Sohn oder Ehemann oder – wie im Fall der Brücke des Jarlabanki bei Täby in Zentralschweden – von einem Landbesitzer, um sein Ansehen in der Gegend zu steigern. Diese Brücken sind, was wir heute »Dämme« nennen würden: ein erhöhter Weg aus Steinen, bedeckt mit Sand oder Geröll, um so die trockene Überquerung eines Flusses oder Sumpfgebietes zu ermöglichen. Es ist interessant, daß die Anzahl dieser »Brücken« nach der Einführung des Christentums am Ende der Wikingerzeit zunahm. Vielleicht haben wir nur noch nicht allzu viele ältere Brücken entdeckt, doch es scheint, daß das organisierte Christentum einen Bedarf an verbesserten Verkehrswegen zwischen den Priestern und den Gläubigen mit sich brachte.

Schiffe und Schiffbau

Die Bedeutung des Reisens und des Transports auf dem Seeweg führte dazu, daß die Wikinger geschickte Schiff-

bauer und ausgezeichnete Seeleute wurden. Ihre Schiffstypen reichten von langen, schlanken Kriegsschiffen mit niedrigem Tiefgang über die robusteren Schiffe (widerstandsfähig genug, um den Stößen von Wind und Wellen standzuhalten), die Siedler und ihre Habe westwärts zu den Inseln des Nordatlantiks brachten, bis zu den noch massiver gebauten Frachtschiffen der Kaufleute. Daneben kennt man eine Vielzahl von Fischerbooten, Fähren und Booten für die Binnenschiffahrt. Die großen Unterschiede in Geschwindigkeit und Komfort zwischen den Reisen zu Wasser und zu Land wurden von Adam von Bremen erkannt, als er um 970 notierte, daß die Reise von Skåne in Südschweden nach Sigtuna am Mälarsee per Segelschiff fünf Tage, über Land aber einen Monat dauerte.

Ob groß oder klein, die Wikingerschiffe hatten manche Eigenschaften, die ihnen allen gemeinsam waren. Sie wurden in Klinkerbauweise gebaut, d. h. ihre Rümpfe bestanden aus überlappenden Planken, die mit Eisennieten zusammengehalten und meist mit Tierhaar wasserdicht gemacht wurden. Die Rümpfe lagen auf einem langen, tiefen Kiel, der das Rückgrat des Schiffs bildete; ein Kielschwein war auf ihm angebracht, um den Mast zu tragen. Die Vorder- und Achtersteven waren in eleganter Weise geschwungen: Bei den prächtigsten Schiffen endeten sie in grimmigen Drachenköpfen oder Spiralen, die mit glitzerndem Metallbesatz verziert waren. Die Steuerruder glichen gewaltigen Riemen, die an der Steuerbordseite des Hecks befestigt und mittels einer Ruderpinne bewegt wurden.

Segel und Rudertechnik wurden gleichermaßen benutzt, um die Schiffe fortzubewegen, manchmal zur selben Zeit. Die Genialität der Wikinger bestand darin, die beiden Methoden mit einem wirklich seetüchtigen Rumpf zu verbinden – der Rumpf eines Segelschiffs mußte breiter sein und höhere Bordwände haben als ein Schiff, das nur gerudert wurde. Dieses Problem wurde durch die Einführung des Kiels gelöst, der den Schiffen Stärke, Stabilität und Flexibilität gab. Zusätzlich bedeutete die Erfindung eines Mastes, der in die Mastspur gesetzt und wieder abgebaut werden konnte, während das Schiff unterwegs war, daß die Schiffe weniger von den Launen des Windes abhängig waren. Segel kamen kurz vor dem Beginn der Wikingerzeit aus südlicheren Gebieten Europas. Auf gotländischen Bildsteinen aus dem 7. und 8. Jahrhundert sind Schiffe mit breiten quadratischen oder rechteckigen Segeln abgebildet.

Belege für die Vielfalt der Wikingerschiffe stammen aus zufälligen Entdeckungen von Schiffen in Gräbern, von Schiffswracks oder von Schiffen, die in Häfen auf Grund gesetzt wurden, wo sie einst einen Teil der Verteidigung bildeten. Bei Skuldelev am Roskildefjord auf der dänischen Insel Seeland zum Beispiel wurden im frühen 11. Jahrhundert fünf Schiffe versenkt, um einen Teil des Fjords zu blockieren. Zwei dieser Schiffe waren Kriegsschiffe und liefern zusammen mit einem weiteren Fund eines vergleichbaren Wracks im Hafen von Haithabu wertvolle Aufschlüsse über diesen Schiffstyp. Alle drei haben geringen Tiefgang, sind lang (eines der Skuldelev-Schiffe mißt 30 m) und schlank, mit einer Vorrichtung zum Segeln. Noch wichtiger war, daß sie eindeutig Sitze für bis zu 18 Paare von Ruderern hatten. Es waren im Grunde Ruderboote mit einem zusätzlichen Segel. Die Ruderer sorgten für zusätzliche Geschwindigkeit, doch sie machten die Schiffe auch bei heiklen Manövern wie dem Auflaufen auf den Strand oder dem Festmachen am Kai wendiger. Dies war der Schiffstyp, den die Wikinger für ihre Raubzüge benutzt haben werden.

Die Sperre von Skuldelev enthielt auch die Wracks von zwei Handelsfrachtschiffen. Das größere war 16,5 m lang, aus Kiefer gebaut und konnte etwa 40 Tonnen Fracht tragen: Es könnte Pelze und andere Güter von den Handelszentren Skandinaviens zu den Märkten im Westen gebracht haben. Reste von weiteren ähnlichen Handelsschiffen sind bei Äskeskärr in Westschweden, bei Kålstad in der Nähe von Kaupang in Südwestnorwegen und im Hafen von Haithabu gefunden worden. Alle Schiffe waren im Vergleich zu ihrer Länge breiter als die Kriegsschiffe, besaßen einen Laderaum für Frachtgut und nutzten zur Fortbewegung Segel statt Ruderriemen. Geschwindigkeit war nicht das wichtigste Kriterium. Gebraucht wurden vielmehr seetüchtige Schiffe, die die Meere überqueren konnten, ohne Schiffbruch zu erleiden oder zu stranden.

Diese Schiffe hatte man entworfen, um die Küstengewässer um Skandinavien und die offene See im Westen zu besegeln. Die Krieger und Kaufleute, die die Segel setzten, um ostwärts entlang der Flüsse Rußlands nach Byzanz und zum Kaspischen Meer zu fahren, brauchten Schiffe, die kleiner und leichter als diese robusten Schiffe waren; die man aus dem Wasser heben konnte und über Tragstellen – eigens angelegte Transportwege, die aus flachen Gräben mit einer Balkeneinfassung bestanden – tragen oder ziehen konnte, um Stromschnellen, Felsen und ähnliche Hindernisse zu umgehen.

Die meisten Schiffstypen der Wikinger waren keine Langstrecken-Kriegsschiffe und Handelsschiffe, sondern kleine Boote, die zum Fischfang oder zum Transport von Menschen, Waren und zur Übermittlung von Neuigkeiten und regionalem Klatsch von einer Siedlung zur anderen bestimmt waren. Einige befuhren die Küstengewässer, doch die meisten verkehrten auf den Fluß- und Seewasserstraßen des Binnenlandes. Wir haben erstaunlich wenig Zeugnisse von diesen Fahrzeugen, doch eine kleine Fischerschmacke oder Fähre ist in einem angemessenen Zustand der Erhaltung bei Skuldelev gefunden worden, und das Schiff im Gokstad-Grab hatte drei kleinere Ruderboote, darunter einen vierrudrigen *færing*, an Bord. Dieser war nicht länger als 6,5 m. Fragmentarische Überreste von kleinen Booten stammen aus den Schiffsgräbern in Norwegen, Dänemark und Schweden. Eines von diesen – ein kleines Ruderboot mit fünf Riemenpaaren vom Friedhof in Valsgärde in Zentralschweden – wurde nachgebaut.

Weitere derartige Nachbauten halfen den Experten, detaillierte Erkenntnisse über den Bau der Wikingerschiffe zu gewinnen und herauszufinden, wie man sie takelte, um vor dem Wind zu segeln und zu manövrieren. Einige der bei Skuldelev gefundenen Schiffe beispielsweise sind mit größter Exaktheit nachgebaut und ausgiebig auf See getestet worden. In den späten achtziger Jahren hat man die Replik eines bei Tingstäde Träsk auf Gotland gefundenen Schiffs, das durchaus entlang der russischen Flüsse gesegelt sein könnte, gebaut und erfolgreich den ganzen Weg nach Byzanz (das heutige Istanbul) in der Türkei zurückgelegt: eine Reise, die etwa drei Monate dauerte.

Unglücklicherweise konnten bisher keine Werften der Wikingerzeit entdeckt werden, doch archäologische Ausgrabungen haben mehrere Stätten freigelegt, an denen Schiffsreparaturen stattfanden. An einem solchen Ort bei Paviken auf der Insel Gotland wurden Spuren eines »Trockendocks« gefunden, wo Schiffe ankern konnten, während sie ausgebessert wurden, zusammen mit unzähligen Schiffbauwerkzeugen und Nieten. Eine besonders interessante Fundstelle am Fluß Fribrødre auf der dänischen Insel Falster gab viele Bruchstücke von Schiffsplanken frei; sie lassen vermuten, daß dort Schiffe repariert wurden. Der Fundort liegt im äußersten Osten Dänemarks in einem Gebiet, das vielfache Spuren slawischen Einflusses aufweist. Wir können dies bei Fribrødre etwa an der Verwendung von Holzzapfen zum Befestigen der Planken erkennen, eine Methode, die slawische Schiffsbauer anwandten, während die Skandinavier normalerweise eiserne Nieten bevorzugten. Ein kleines, in Haithabu ausgegrabenes Schiff, welches eine ähnliche Kombination von skandinavischen und slawischen Konstruktionstechniken zeigt, wurde vermutlich im östlichen Ostseeraum gebaut.

Unten: Dieses Paar silber- und kupfertauschierter Steigbügel stammt aus einem reich ausgestatteten Reitergrab bei Nørre Longelse auf Langeland. Während Pferdegeschirr generell in wikingerzeitlichen Gräbern ganz Skandinaviens häufig ist, wurden Steigbügel und Sporen seltener gefunden, da sie Statusfunktion hatten. Sie gehören meist in die spätere Phase der Epoche.

Wikingerschiffe

Schiffe wurden von den Wikingern nicht bloß als alltägliche Transportmittel angesehen: Ihre Bedeutung zeigt sich in der Rolle, die sie bei den religiösen Ritualen der Wikingerzeit spielten. Persönlichkeiten hohen gesellschaftlichen Ranges wurden oft mit ihren Schiffen beerdigt. Durch die Ausgrabung einiger der großen Grabhügel Skandinaviens im 19. Jahrhundert wurde dem modernen Betrachter zum erstenmal die Pracht und Vollkommenheit der Wikingerschiffe vor Augen geführt. Das herrliche Schiff, das aus dem Grab von Oseberg in Norwegen aus dem 9. Jahrhundert zutage gefördert wurde (Abbildung rechts), war im wesentlichen eine »königliche Yacht«, die für Küsten- und Binnengewässer ausgelegt war. Was die rein handwerkliche Meisterschaft des Schiffbaus betrifft, so wurde jenes Exemplar nie übertroffen, das man in einem anderen Grabhügel des 9. Jahrhunderts in Gokstad, ebenfalls in Norwegen, gefunden hat. Dies war wahrscheinlich derjenige Schiffstyp, der von den frühen Wikingern benutzt wurde, um das Meer zu überqueren und zu ihren neuen Ländereien im Westen zu gelangen.

Die wahre Vielfalt der wikingerzeitlichen Schiffe zeigte sich im Jahre 1957, als im dänischen Skuldelev eine Gruppe von Gebrauchsschiffen vom Grund des Roskildefjords geborgen wurde, wo sie seit dem 11. Jahrhundert gelegen hatten. Man hatte sie absichtlich versenkt, um eine Blockade zu bilden. Unterschiede in der Form zeigten, daß einige von ihnen spezielle Funktionen als Frachtschiffe, Fischerboote oder Fähren gehabt hatten, während zwei Kriegsschiffe waren. Es hatten sich genug Details erhalten, um Hinweise darauf zu liefern, welche Holzarten ausgewählt, in welcher Reihenfolge die Bauphasen durchgeführt (vgl. die Zeichnung rechts außen gegenüber) und welche Holzbearbeitungstechniken angewandt wurden. Man konnte auch Rückschlüsse darauf ziehen, wie die Masten abgestützt waren und welche Form und Größe die Segel wahrscheinlich hatten (vgl. die Abbildung von Skuldelev 3, oben rechts). Probefahrten auf See mit Rekonstruktionen von drei Skuldelev-Schiffen in natürlicher Größe haben gezeigt, wie gut sie sich rudern und segeln ließen.

Oben: Spezielle Kauffahrer wie das als »Skuldelev 3« bekannte Schiff hatten einen tieferen und breiteren Rumpfraum als die Kriegsschiffe der Wikinger, um mehr Platz für Fracht zu bieten. Die Verdecke an Bug und Heck waren für den Ausguck *(vorn)* und den Rudergänger *(hinten)*. Es gab wenig Schutz für die Mannschaft, doch die Fracht wurde vermutlich mit Fellen abgedeckt.

Unten: Das prachtvoll verzierte Schiff, das man im Grabhügel einer Frau hohen Ranges des 9. Jahrhunderts in Oseberg gefunden hat, war niemals als ein seetüchtiges Schiff konzipiert worden. Es hat dennoch wertvolle Hinweise auf den Schiffbau der Wikinger geliefert. Ein charakteristisches Merkmal aller Wikingerschiffe war der symmetrisch geformte Rumpf, der an Bug und Heck geschwungene Steven gleicher Höhe besaß. Der selbst bei Beladung geringe Tiefgang erlaubte den Schiffen, nahe an den Strand und auf seichten Flüssen weit ins Binnenland hinein zu segeln. Der tiefgehende Kiel und die im spitzen Winkel aufeinandertreffenden Planken der Unterseite reduzierten den Seitenabtrieb beim Lavieren gegen den Wind. Auf Kriegsschiffen gab es für die Ruder über die volle Länge in gleichmäßigem Abstand Ruderpforten. Handelsschiffe hatten sie nur am Heck.

1 Segel
2 Mast
3 Befestigungsring
4 Stag
5 Bug
6 Seitenruder
7 Ruderpforte
8 Wanten
9 Ablage für Ruder und Spieren
10 Mastfuß

Oben: Das Gokstad-Schiff aus dem 9. Jahrhundert kann im Wikingerschiffsmuseum auf Bygdøy nahe Oslo besichtigt werden, welches auch das Oseberg-Schiff ausstellt. Obwohl das Gokstad-Schiff weniger Ornamente besitzt, war es hervorragend konstruiert und befand sich bei seiner Entdeckung in einem besseren Erhaltungszustand. Seine Seetüchtigkeit wurde bald nach seiner Entdeckung im Jahre 1880 demonstriert, als man mit einer Nachbildung über den Nordatlantik von Norwegen nach Amerika segelte.

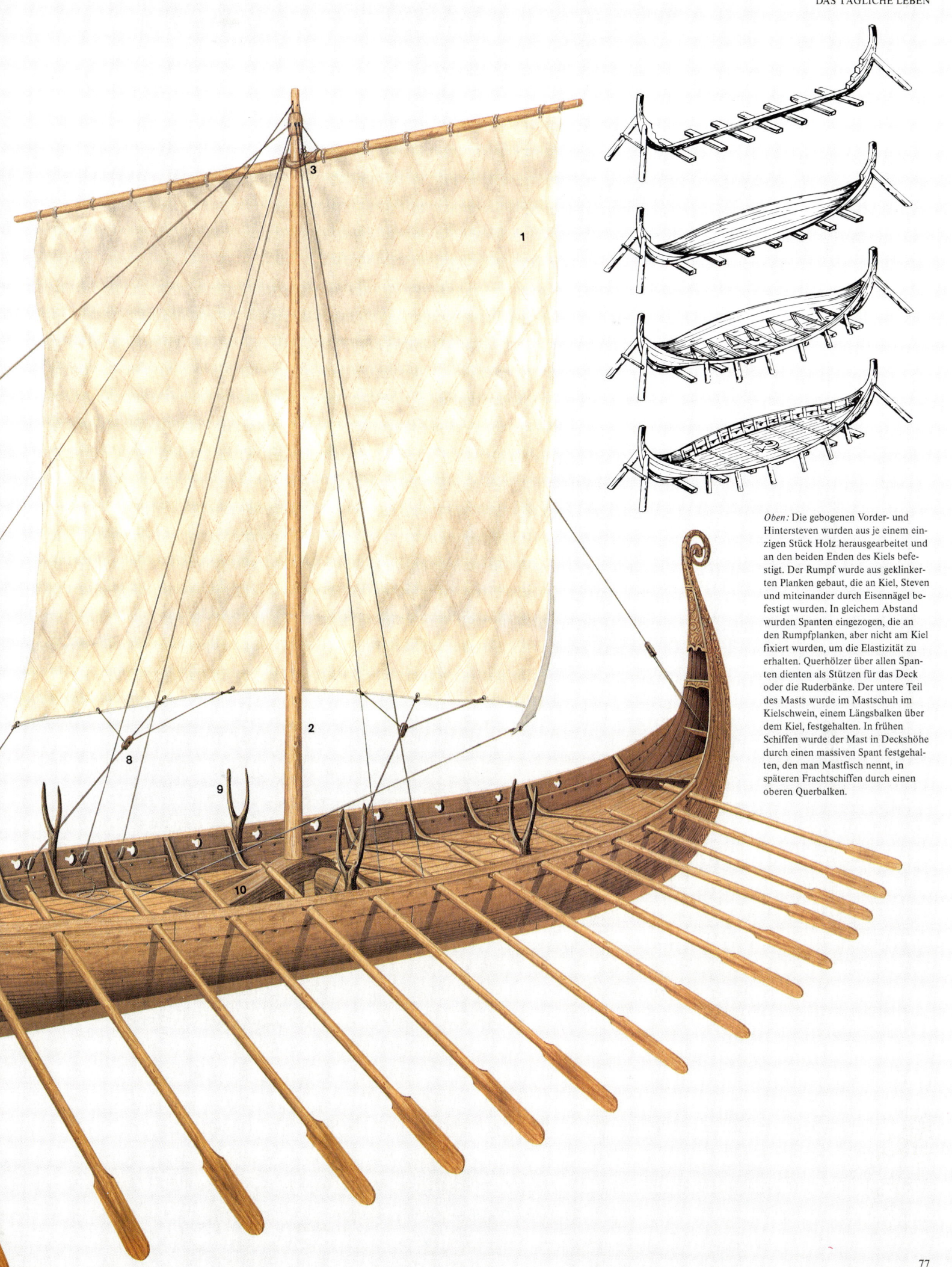

Oben: Die gebogenen Vorder- und Hintersteven wurden aus je einem einzigen Stück Holz herausgearbeitet und an den beiden Enden des Kiels befestigt. Der Rumpf wurde aus geklinkerten Planken gebaut, die an Kiel, Steven und miteinander durch Eisennägel befestigt wurden. In gleichem Abstand wurden Spanten eingezogen, die an den Rumpfplanken, aber nicht am Kiel fixiert wurden, um die Elastizität zu erhalten. Querhölzer über allen Spanten dienten als Stützen für das Deck oder die Ruderbänke. Der untere Teil des Masts wurde im Mastschuh im Kielschwein, einem Längsbalken über dem Kiel, festgehalten. In frühen Schiffen wurde der Mast in Deckshöhe durch einen massiven Spant festgehalten, den man Mastfisch nennt, in späteren Frachtschiffen durch einen oberen Querbalken.

STÄDTE, HANDEL UND HANDWERK

Die Entwicklung des Handels und das Wachstum der Städte
Mehr als zwei Jahrhunderte hindurch nutzten die Wikinger ihre Seefahrtskünste und ihre seetüchtigen Schiffe, um die Fernhandelsrouten Nordeuropas zu kontrollieren. Die in ihrer Heimat verfügbaren Rohstoffe – Pelze, Federn und Daunen, Holz und Teer, Eisenerz, Schiefer zur Herstellung von Wetzsteinen (zum Schleifen von Klingen), Speckstein für Haushaltskochgefäße, Salzheringe, Seehundsfelle und Walroßzähne und der an den Küsten der Ostsee angeschwemmte Bernstein – waren allesamt in Westeuropa sehr begehrt. Pelze, Honig, Wachs, Elfenbein und Sklaven (einige im Westen geraubt) wurden nach Byzanz und in den Osten exportiert. Die Organisation des Transports dieser Güter zu fremdländischen Märkten war ein komplizierter Prozeß: Die Rohstoffe mußten an Ort und Stelle ihres Vorkommens gesammelt, zur Küste gebracht, zu Schiffsladungen zusammengestellt und anschließend auf Handelsschiffe geladen werden. Zusätzlich wurden andere Güter von außerhalb für den Binnenhandel importiert. Von diesen war Silber eines der wichtigsten. Andere Importartikel waren zum Beispiel Seide, Gewürze und Schmuck aus dem Osten sowie Wein, Glaswaren, Töpferwaren und Waffen aus West- und Mitteleuropa.

Die Vorstellung von den Wikingern als Händlern und Kaufleuten ist weniger romantisch als die von Kriegern, Eroberern und Seeräubern, dennoch war es der Handelsverkehr, der in der Wikingerzeit viele wichtige Neuerungen und Umwälzungen nach Skandinavien vordringen ließ. Die Entwicklung eines gut organisierten Handelsnetzes mit internationalen Routen, welche sich an Umschlagplätzen und Häfen vereinten, lieferte beispielsweise den Anreiz für das frühe Wachstum der Städte. In früherer Zeit hatten die meisten Menschen in kleinen, überwiegend landwirtschaftlich geprägten Siedlungen gelebt.

Die ersten Städte in Skandinavien waren Orte mit einer relativ dichten Konzentration von Menschen, die ihren Lebensunterhalt mit Handel und dem Herstellen von Waren für den lokalen Markt verdienten; Landwirtschaft war von untergeordneter Bedeutung. Einige dieser Orte mögen spontan entstanden sein, weil sie an Knotenpunkten von Verkehrsadern lagen, doch die meisten scheinen mit Bedacht von einem König oder mächtigen Landbesitzer gegründet worden zu sein, zweifellos in der Absicht, Steuereinnahmen durch das Erheben von Zöllen auf die Güter zu erzielen, die von der Stadt importiert und exportiert wurden. Vor dem Anfang des 8. Jahrhunderts gibt es wenig Anzeichen für ein beginnendes Wachstum der Städte in Skandinavien, obwohl Handel und Handwerk an einigen wenigen Orten wie Helgö und Lundeborg in der Nähe von Gudme florierten, vermutlich in Verbindung mit ihrer

Unten: Ein an der jütischen Küste angespülter Klumpen Bernstein. Rohmaterialien bildeten die Grundlage des Handels aus Skandinavien während der Wikingerzeit. Er umfaßte so exotische Luxusgüter wie Walroßelfenbein aus dem arktischen Norden und Bernstein von der Ostsee. Letzterer wurde häufig zu Perlen, aber auch zu Amuletten verarbeitet. Sie wurden in städtischen Werkstätten zu Hause und im Ausland, u. a. in Ribe und Dublin, hergestellt.

Die Wikinger als Kaufleute

In der Wikingerzeit befand sich Skandinavien im Zentrum eines ausgedehnten Handelsnetzes. Die seetüchtigen Schiffe der Wikinger verschafften ihnen die Herrschaft über die Seewege Nordwesteuropas, und kleinere, leichtere Schiffe ermöglichten es ihnen, die Flüsse Zentraleuropas und Rußlands zu befahren, um mit Byzanz und den Völkern Handel zu treiben, die den Zugang zu den großen Überland-Handelsrouten Zentralasiens kontrollierten. Die Rohstoffe Skandinaviens wurden gegen Silber und Luxusgüter eingetauscht: Seide, Gewürze und Honig zum Würzen der Speisen sowie Wein waren besonders geschätzt, wie auch Ton- und Glasgefäße aus dem Rheinland und fränkische Schwerter.

Unten: Silber war eine der begehrtesten Waren im wikingerzeitlichen Skandinavien. Man bekam es aus dem Westen und dem Osten durch Raub oder Handel. Diese Schmuckstücke stammen aus einem der prachtvollsten Silberhorte, gefunden auf Gotland. Er enthielt Ringe, Broschen, Glasperlen und Anhänger und darüber hinaus mehr als 1000 islamische, deutsche, böhmische, byzantinische und englische Münzen.

Island

Polarkreis
Färöer
Shetland-Inseln
Speckstein
Hebriden
NORDSEE
Dublin
York
Weizen, Wollwaren Zinn, Honig, Silber
Southampton
London
Schwert-klingen
Quentovic
Rouen
Angers
Paris
Golf von Biscaya
Orléans
Loire
Salz
Bordeaux
Wein, Blei
Glaswürfel
Rom

Walroßzahn und -häute, Fisch
Walroßzahn und -häute, Pelze
Walbein
Pelze
Elchgeweihe, Eisen
Eisen, Speckstein
Bergen
Wetzsteine
Oslo
Kaupang
Bottnischer Meerbusen
Birka
Helgö
Finnischer Meerbusen
Paviken
Åhus
OSTSEE
Haithabu
Ribe
Rügen
Bernstein
Hamburg
Dorestad
Wollin
Truso
Mainz
Prag
Rhein
Elbe
Oder
Weichsel
Basalt, Mühlsteine, Wein, Keramik, Glas
Stoffe, Waffen, Schmuck, Gold, Silber
Po
Donau
Bergkristall

Pelze
Staraja Ladoga
Nowgorod
Pelze
Riga
Düna
Gnezdewo
Glasringe
Kiew
Dnjepr
Sklaven
Karneol
Berezany
SCHWARZES MEER
Byzanz
Früchte, Gewürze, Seide, Schmuck

Sklaven

Bulgar
Sklaven, Pelze, Wachs, Honig
Wolga
Itil
ARAL-SEE
Syrdarja
Silber
Choresm
Amudarja
Taschkent
Buchara
Samarkand
KASPISCHES MEER
Gorgan
Tigris
Euphrat
MITTELMEER
Bagdad
Seide, Silber, Gewürze
Persischer Golf

nach China

○ Bedeutendes Handelzentrum
— Handelsroute

Handelsgüter der Wikinger
Pelze Export
Stoffe Import

Sprachgruppe um 900
Keltisch
Germanisch
Romanisch
Slawisch
Ungarisch
Griechisch
Türkisch und Persisch
Arabisch

Maßstab 1 : 31 000 000
0   800 km
0   600 Meilen

Haithabu

Obwohl die Archäologen schon Anfang des 20. Jahrhunderts das Gebiet von Haithabu zu untersuchen begannen, sind bisher erst ungefähr fünf Prozent des Areals der Wikingerstadt ausgegraben worden. Dennoch ist dies eine bei weitem umfangreichere Fläche, als sie in irgendeinem anderen vergleichbaren wikingerzeitlichen Siedlungsort untersucht wurde. Der Lageplan von Haithabus holzgepflasterten Straßen läßt sich mit großer Genauigkeit nachzeichnen, ebenso die Grundrisse der Gebäude, die den Einwohnern dieses blühenden Handelszentrums als Wohnhäuser, Werkstätten und Lagerhäuser dienten. Sein internationaler Charakter spiegelt sich in den dort gefundenen Artefakten wider, die aus der gesamten Wikingerwelt und aus noch ferneren Gegenden stammen, unter anderem aus Bagdad. Ausgrabungen im Hafengebiet haben unser Wissen über die Natur des wikingerzeitlichen Schiffswesens und der Konstruktion von Anlegern und Hafenverteidigungsanlagen außerordentlich bereichert.

Rechts: Das hervorstechende Merkmal dieses Luftbildes von Haithabu – heute ein angenehmer ländlicher Ort – ist der jetzt mit Bäumen bedeckte halbkreisförmige Erdwall, 1300 m lang und stellenweise noch bis zu seiner ursprünglichen Höhe von 10 m aufragend. Im Osten *(rechts)* liegt das Haddebyer Noor, eine kleine flache Bucht, und oben sieht man das blaue Wasser der Schlei, ein Fjord, der Haithabu mit der Ostsee verband. Ein dichtbewaldeter Fleck am Nordende des Walls markiert den Standort der Hochburg, die einst die Stadt überschaute. Die hellen Gebäude an ihrem Fuß beherbergen das Wikingermuseum.

Links: Haithabus geschäftiger Hafen, wie er im 10. Jahrhundert ausgesehen haben mag. Handelsschiffe haben zum Beladen oder Löschen verschiedener Frachtgüter an hölzernen Molen angelegt, die in das Hafenbecken mit seiner Verteidigungsbarriere hineinragen. Die Grundlagen für die Konstruktion der Häuser und Hafenanleger lieferten die Ausgrabungen, die in den letzten Jahrzehnten in Haithabu stattfanden.

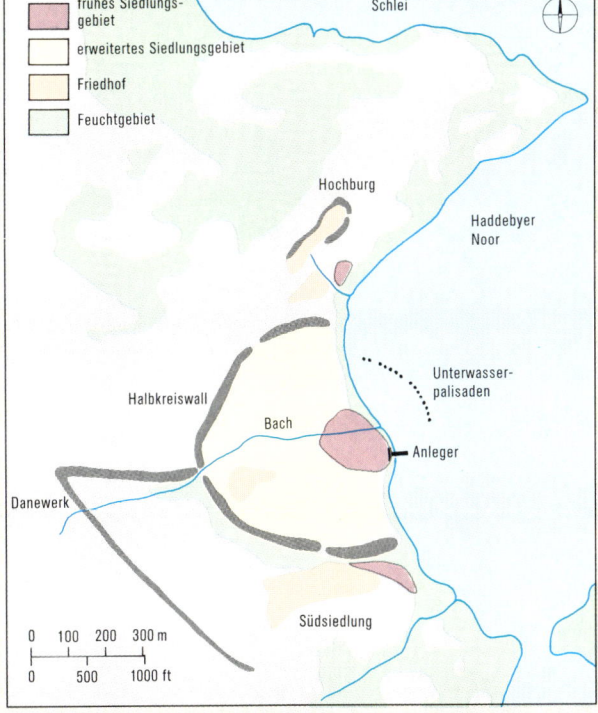

Rolle als Kultzentren. Dies kann das Fehlen eines Handels im großen Stil vor jener Zeit widerspiegeln, doch kann es auch darauf hindeuten, daß Herrscher mit Macht und Autorität fehlten, die Siedlungen hätten gründen können. So können wir nicht wirklich davon sprechen, daß es vor etwa 700 n. Chr. Städte in Skandinavien gegeben hat. Nach diesem Zeitpunkt existierten sie mit Sicherheit und nahmen allmählich an Zahl und Größe zu.

Die von den Wikingern im 8. und 9. Jahrhundert gegründeten Städte waren nicht in dem Sinne Städte, wie wir diesen Begriff heute verstehen. Sie hatten keine großen öffentlichen Gebäude aus Stein, und wir wissen wenig darüber, wie sie verwaltet wurden. Sie bestanden aus einzelnen Grundstücken, auf denen jeweils eine Gruppe von Holzgebäuden mit einem Wohnhaus und Nebengebäuden innerhalb eines umzäunten Hofes einen Haushalt darstellte. Von der Tatsache abgesehen, daß die Einwohner ihre Haupteinkommensquelle im Handwerk fanden, gab es wenig, was ihre Siedlung von einem Dorf unterschied. Die meisten Informationen über diese frühen Städte verdanken wir drei besonderen Fundorten, die alle in den zurückliegenden Jahren das Objekt archäologischer Ausgrabungen gewesen sind: Haithabu und Ribe auf Jütland und Birka in Zentralschweden. Sie alle werden in der im 9. Jahrhundert geschriebenen Biographie von Ansgar, dem »Apostel des Nordens«, namentlich erwähnt. Er unternahm zwei Reisen von seinem Kloster Corvey in Norddeutschland aus, um zu versuchen, die Barbaren des Nordens zu bekehren, eine um 820, die andere um 850.

Handelszentren in Jütland

Der Grabungsort Haithabu (dänisch *Hedeby*) liegt etwas südöstlich der heutigen Stadt Schleswig in Schleswig-Holstein. Heute sieht man dort nichts mehr außer offenen Feldern, und nur der große halbkreisförmige Schutzwall zeigt noch, wo sich die Stadt einst befand. Bis zum Ende des 19. Jahrhunderts war nicht bekannt, daß hier die alte Stadt gelegen hatte. In einer Quelle aus dem Jahre 808 wird Haithabu erwähnt: Der Text berichtet, daß der dänische König Godfred eine Gruppe von Kaufleuten dort ansiedelte. Dies hat die Historiker annehmen lassen, Haithabu sei zu Beginn des 9. Jahrhunderts gegründet worden. Ausgrabungen haben jedoch südlich vom späteren Zentrum der wikingerzeitlichen Niederlassung eine kleine Siedlung nachgewiesen, die aus der Mitte des 8. Jahrhunderts stammt. Sie hatte zumindest teilweise landwirtschaftlichen Charakter, denn sie besaß unter anderem einige lange Bauernhäuser, in denen Rinder gehalten wurden. Im 9. Jahrhundert war sie von der sogenannten »Zentralsiedlung« abgelöst worden, die sich rings um den Bach gruppierte, der durch den Ort ins Haddebyer Noor floß, eine Bucht am Südwestende der Schlei. Im 10. Jahrhundert umgab man Haithabu mit einem sehr mächtigen Erdwall, den man an das Danewerk anschloß. Zur Zeit seiner größten Ausdehnung bedeckte Haithabu eine Fläche von 25 Hektar innerhalb der Schutzwälle und hatte eine Einwohnerzahl von etwa 1500 Menschen. Damit war es größer als andere europäische Handelsstädte dieser Epoche, doch nicht annähernd so groß wie die damaligen Städte des Mittelmeerraumes. Ein arabischer Kaufmann, At-Tartuschi, der Haithabu um das Jahr 950 besuchte, berichtet:

Schleswig ist eine sehr große Stadt an der Küste des Ozeans. Es gibt Frischwasserbrunnen auf ihrem Gebiet. Die Leute dort sind Siriusanbeter, abgesehen von einigen wenigen, die Christen sind und dort eine Kirche haben ... Die Stadt ist arm an Grund und Boden und Reichtümern. Ihre Hauptnahrung ist Fisch; davon gibt es dort eine Menge. Wird einem von ihnen ein Kind geboren, werfen sie es oft lieber ins Meer, als sich mit seiner Lebenserhaltung zu belasten.

Oben: Ein Plan der Siedlung im 10. Jahrhundert. In der ursprünglichen Siedlung des 8. Jahrhunderts konzentrierte sich die Bebauung auf den Süden (Südsiedlung), doch im 9. Jahrhundert verschob sich ihr Zentrum auf ein Gebiet um die Mündung eines Baches, der in das Noor fließt. Die einzige Verteidigungsanlage war die Hochburg. Im 10. Jahrhundert errichtete man den halbkreisförmigen Erdwall in mehreren Bauphasen, bis er mindestens 10 m hoch war und eine Fläche von 24 ha umschloß.

Oben: Diese um 825 in Haithabu geprägten Münzen sind Kopien friesischer Münzen. Die obere Münze trägt die Abbildung eines Schiffs mit hohem geschwungenen Vorder- und Achtersteven. Das Segel ist an der Mastspitze gerefft. Die untere Münze zeigt den Giebel eines Hauses, dessen Dach möglicherweise mit Schindeln gedeckt ist. Sein First ist mit Tierköpfen gekrönt. Die Schräglinien an beiden Seiten sind vermutlich Strebepfeiler eines Typs, der meistens bei den in Haithabu ausgegrabenen Gebäuden auftrat. Diese Münze ist nachträglich für die Benutzung als Anhänger durchbohrt worden.

Ribe

Ribe ist eine der ältesten Städte im wikingerzeitlichen Skandinavien. Es liegt ungefähr auf halber Höhe der Westküste der Halbinsel Jütland an einem geschützten Ort am Fluß Ribeå, ungefähr 5 km von der Nordsee entfernt. Das kleine saisonale Marktzentrum, das hier in den frühen Jahren des 8. Jahrhunderts entstand, mit provisorischen Buden, in denen Handwerker ihre Waren herstellten und verkauften, war daher in einer äußerst günstigen Position, um Handelsbeziehungen entlang der Nordseeküste aufzubauen, und es entwickelte sich schnell zu einer permanenten Siedlung. Die vielen Silbermünzen (sceattas), die in Ribe gefunden und vermutlich dort geprägt wurden, zeigen seine Bedeutung als Handelszentrum im 8. Jahrhundert, und diese Rolle behauptete es für die nächsten zwei Jahrhunderte. Seit seinen frühesten Anfängen gelangten Waren aus Westeuropa und von den britischen Inseln hierher, um gegen die Erzeugnisse von Ribes fruchtbarem Hinterland eingetauscht zu werden – möglicherweise hauptsächlich Rinderhäute (man hat zwischen den Werkstätten der frühesten Siedlung dicke Ablagerungen von Kuhmist gefunden). Bernstein, der an den Stränden Jütlands angeschwemmt wurde, war ebenfalls hochbegehrt.

Auch die Manufaktur war schon früh ein äußerst wichtiger Wirtschaftszweig in Ribe. Ausgrabungen des im Gewerbegebiet der wikingerzeitlichen Stadt gefundenen Schutts haben viele wertvolle Informationen über die Produktionsmethoden des 8. und 9. Jahrhunderts geliefert. Die Handwerker arbeiteten unter freiem Himmel, an einfachen Grubenfeuern hockend, die durch einen Windfang geschützt waren. Hier gossen sie Bronzeschmuck und dekorative Beschläge aller Art und stellten Tausende von Glasperlen her. Bernstein wurde zu Perlen und Anhängern verarbeitet, und aus Rothirschgeweihen fertigte man die Kämme, die bei wikingischen Männern und Frauen stets sehr begehrt waren.

Unten: Das wikingerzeitliche Ribe lag am Nordufer des Flusses Ribeå (der damals einen anderen Verlauf hatte) auf einer kleinen sandigen Halbinsel, die sich leicht über die umgebenden Feuchtgebiete erhob. Ausgrabungen im Jahre 1989 förderten einen Abschnitt des halbkreisförmigen Walles zutage, der anscheinend im 10. Jahrhundert erbaut wurde, um die Verteidigung im Norden und Osten zu verstärken. Er umgab wahrscheinlich ein Siedlungsareal von etwa 10 ha. Später verschob sich der Stadtmittelpunkt auf das Südufer, wo sich die mittelalterliche Stadt entwickelte.

mittelalterliche Burg

0 | 100 | 200 | 300 m
0 | | 500 | 1000 ft

Domkirche

Befestigung (10. Jahrh.)

Ribeå

〜〜〜 2m-Höhenlinie

- - - heutige Uferlinien und Inseln

▢ Siedlungsgebiet ca. 700 – 1000

▢ Siedlungsgebiet nach 1000

Rechts: Ausgrabungen von Werkstätten in Ribe lieferten zahlreiche Hinweise auf handwerkliche Herstellungsmethoden. Die Glasperlenproduktion war ein wichtiges Handwerk. Rohglas (wiederverwendete Fragmente von Bruchglas oder aus Italien importierte Glaswürfel) wurde geschmolzen und zu langen Fäden gezogen, die erweicht und dann um ein Eisenstäbchen gewunden wurden. Die Perle formte man rund oder zylindrisch, bevor man sie vom Stäbchen schob. Der in der Werkstatt eines Perlenmachers gefundene Abfall umfaßt zerbrochene Perlen, weggeworfene Fäden farbigen Glases, einige von ihnen gestreift oder mit Streifen andersfarbigen Glases verflochten, und erhärtete Tropfen geschmolzenen Glases, die während der Arbeit zu Boden fielen.

Haithabus geringer Meereshöhe und der feuchten Beschaffenheit des Bodens ist es zu verdanken, daß organische Materialien wie Holz, Leder oder Textilien sich in einem bemerkenswert guten Zustand erhalten haben. Die Fundamente der Häuser sind noch deutlich zu erkennen. Es scheint eine hochorganisierte Siedlung gewesen zu sein. Rechteckige Häuser mit zwei oder drei Räumen standen auf einem Grundstück, das von Gräben und Holzzäunen umgeben war. Die Schmalseiten des Grundstücks waren holzbohlengepflasterten Straßen zugewandt, die an einem Ort, der oft überflutet worden sein muß, wahrscheinlich unentbehrlich waren. Der Bach floß in einem kanalisierten Bett und war mit Holzplanken eingefaßt. Am Bach entlang führten in regelmäßigen Abständen kleine Treppen vom Ufer zum Wasser hinunter, die an kleinen Plattformen endeten, wo man Wäsche waschen konnte. Einen reichlichen Vorrat an Trinkwasser enthielten holzverkleidete Brunnen. Im Hafengebiet waren vom Strand aus hölzerne Molen oder Kais in das tiefe Wasser gebaut worden, wo Handelsschiffe anlegen konnten, um ihre Ladung zu löschen.

Haithabus Reichtum an guterhaltenen Fundstücken ermöglicht es uns, ein detailliertes Bild der Handwerks- und Handelstätigkeiten seiner Bewohner zu entwerfen. Es ist sicher, daß ein regionales Handelsnetz im unmittelbaren Hinterland aufgebaut wurde: Man stellte einfache Gegenstände wie Kämme und Schmuck her und tauschte sie dann mit der Bevölkerung der ländlichen Dörfer wie z. B. Kosel im Osten gegen lebensnotwendige Nahrungsmittel. Aber es gibt auch genügend Belege für Haithabus Stellung im Zentrum des expansiven Handelsaustausches zwischen Ost- und Westeuropa, der sich während des 9. und 10. Jahrhunderts entwickelte.

Handelsgüter wie Silber und Seide wurden aus dem Osten auf Handelsschiffen über die Ostsee nach Haithabu gebracht und dort gegen Waren aus Westeuropa eingetauscht, unter anderem Wein und das profanere Lavagestein, das benutzt wurde, um Mahlsteine herzustellen. Mit der Nordsee verbanden Haithabu keine Wasserstraßen. Die Waren müssen also auf dem Landwege zwischen Haithabu und der Westküste transportiert worden sein. Die wahrscheinlichste Route folgte dem Verlauf des Danewerks, und es ist möglich, daß die Errichtung des Walles, der Haithabu mit dieser Verteidigungsanlage verband, in gewisser Weise mit dem wachsenden Handel und Wohlstand der Stadt zusammenhing. Haithabu wurde zweifellos ein immer attraktiveres Ziel für Überfälle. Isländische Sagas berichten von einer Reihe heftiger Angriffe, die mit der totalen Zerstörung der Stadt durch eine slawische Streitmacht im Jahre 1066 endeten. Baumringanalysen von Balken, die vor kurzem bei Ausgrabungen im mittelalterlichen Kern der nahe gelegenen Stadt Schleswig gefunden wurden, zeigen, daß die Bautätigkeit dort schon 1071 einsetzte. Könnte Schleswig das wikingerzeitliche Haithabu abgelöst haben?

Das verlassene Areal von Haithabu steht in großem Kontrast zu der modernen und geschäftigen Stadt Ribe an der Westküste Jütlands. Ein kleiner Marktflecken, der am Nordufer der Ribeå im ersten Jahrzehnt des 8. Jahrhunderts entstanden war, sollte sich später für drei Jahrhunderte zum wichtigsten Hafen an der Westküste Jütlands entwickeln. Die Kathedrale und der Stadtkern der mittelalterlichen und heutigen Stadt befinden sich jedoch auf dem Südufer des Flusses. Lange Zeit glaubten die Archäologen, daß die 854 von Ansgar besuchte Stadt am selben Ort gestanden haben muß, doch anschließende Ausgrabungen um die Kathedrale herum brachten keinerlei wikingerzeitliche Überreste zum Vorschein. War das Ribe der Wikinger ein Mythos? Ist Ansgar überhaupt jemals dorthin gekommen? Die Frage wurde seit den siebziger Jahren auf spektakuläre Weise beantwortet, als an verschiedenen Stellen am Nordufer des Flusses Grabungen erfolgten. Seitdem werden die Untersuchungen fast ohne Unterbrechun-

Oben: Die Stadt Ribe wird noch immer vom Turm ihrer mittelalterlichen Kathedrale beherrscht, die am Südufer der Ribeå steht, die durch die tiefgelegene Landschaft Westjütlands in die Nordsee fließt. Ribe wurde im Jahre 948 zum Bistum. Der Standort der wikingerzeitlichen Stadt liegt auf der bewaldeten Fläche am Nordufer. Sie wurde verlassen oder zu einem Vorort, als sich die Siedlung über den Fluß in das Gebiet um die Kathedrale verschob.

gen fortgeführt. Wir wissen jetzt, daß Ribe im 9. Jahrhundert in der Tat eine blühende Niederlassung geworden war, doch ihr Zentrum lag nördlich der Ribeå in einem Gebiet, das gegen Ende der Wikingerzeit zu einem Vorort abgesunken war. Mit anderen Worten, die wikingerzeitliche Stadt wurde verlassen und durch eine spätere Siedlung an einem anderen Ort ersetzt. Diese Verschiebung ist nicht so offensichtlich wie die Verlagerung von Haithabu nach Schleswig, doch sie ist ebenso wichtig.

Ribe entstand an einer Kreuzung von Land- und Wasserwegen. Die Ribeå verbindet die Stadt mit der Nordsee. Außerdem liegt Ribe an der Straße, die Jütland von Nord nach Süd durchquert. So hatte es eine ideale Lage, um den Handel zu kontrollieren. Um etwa 700 stand am Flußufer ein kleines Dorf, das nur einige Bauernhöfe umfaßte. Es war ein Magnet für andere Siedler, die innerhalb der nächsten zehn Jahre dazustießen. Sie stellten Verkaufsstände auf und bauten Werkstätten; das Land wurde in Parzellen geteilt, die mittels Gräben und Zäunen gegeneinander abgegrenzt waren. Zunächst war diese Niederlassung nur zeitweilig bewohnt, vielleicht zur Zeit eines Marktes in den Sommermonaten. Handwerker kamen, um ihre Waren herzustellen und zu verkaufen (Glasperlen, Schmuck, Kämme), Bauern kamen mit ihren Vieh. Der Wechsel vom Bauerndorf zum Marktzentrum war abrupt und wohlorganisiert, und man ist versucht zu glauben, daß dahinter eine kontrollierende Instanz gestanden haben muß. Gab es zu dieser Zeit einen König in Dänemark, der meinte, daß er von einem Handelszentrum in seinem Reich profitieren könnte? Die Entdeckung von etwa 300 sogenannten *sceattas*, kleinen Silbermünzen jener Epoche, von denen einige in Ribe selbst geprägt sein könnten – das sind viel mehr, als irgendwo anders in Skandinavien gefunden wurden –, ist ein weiterer Hinweis darauf, daß die Siedlung unter der Kontrolle eines Königs stand. Wie schon erwähnt, ist der am ehesten in Frage kommende Herrscher König Agantyr.

Das Handelszentrum Ribe war im frühen 8. Jahrhundert sicherlich ein Ort blühenden Austauschs zwischen Skandinavien und Westeuropa. Funde von Keramik und gläsernen Trinkgefäßen aus dem Rheinland zeigen, daß Wein aus Mittel- und Süddeutschland importiert wurde, zusammen mit Mahlsteinen aus dem gleichen Gebiet. Wetzsteine kamen aus Norwegen, um weiter nach Westen exportiert zu werden. Vieh wurde zum Markt gebracht, um den weiter südlich lebenden Deutschen verkauft zu werden. Eine dauerhafte Siedlung begann ungefähr hundert Meter südöstlich des Marktplatzes zu entstehen. Sie bestand aus einigen großen Pfostenhäusern, einer Anzahl kleinerer Hütten, aus Straßen und Brunnen. Dies kann das Zentrum gewesen sein, um welches sich später die Stadt bildete.

Gegen Mitte des 9. Jahrhunderts mußten Ruhm und Bedeutung von Ribe so sehr gewachsen sein, daß Ansgar sich veranlaßt sah, zu einem Besuch dorthin zu reisen. Mittlerweile scheint ein Graben, der eine Fläche von ca. zwölf Hektar umschloß, den Rand des Stadtareals markiert zu haben. Zu schmal und zu flach für eine Verteidigungsanlage, war er vermutlich eine Zollgrenze oder eine andere rechtliche Trennungslinie. Erst im 10. Jahrhundert wurde dieser Graben von einer wirklichen Verteidigungsanlage, einem weit mächtigeren Verteidigungsgraben mit einem Erdwall, abgelöst.

Über das Schicksal der Stadt im 10. Jahrhundert wissen wir wenig; schriftliche Quellen besagen, daß der erste Bischof von Ribe 948 ernannt wurde. Dies könnte den Zeitpunkt markieren, als das Hauptsiedlungsgebiet vom Nordufer des Flusses zur Südseite wechselte, an der heute die Kathedrale steht. An diesem neuen Standort blieb Ribe während des ganzen Mittelalters das wichtigste kirchliche und kommerzielle Zentrum der Westküste Jütlands. Es ist die einzige Stadt in Skandinavien, die vom 8. Jahrhundert bis zum heutigen Tage ständig besiedelt war.

Eine Wikingerstadt in Schweden

Im Jahre 829 brach Ansgar auf, um nach Birka in Zentralschweden zu segeln. Er folgte der Einladung, die christliche Mission ins »Land der Svear« zu bringen. Es erwies sich als eine gefahrvolle Reise: Einmal wurde sein Schiff von Seeräubern angegriffen, die ihm seinen ganzen Besitz nahmen (Kirchengeräte und Bücher) und ihn und seine Gefährten zwangen, das Schiff zu verlassen. Sie erreichten trotzdem Birka, wo sie von König Björn und Herigar, dem Vertreter des Königs in der Stadt (*praefectus*, wie Rimbert, Ansgars Biograph, ihn nennt), begrüßt wurden. Anfänglich hatte der Versuch der Bekehrung einigen Erfolg, und Herigar wurde getauft. Etwa 18 Monate später kehrte Ansgar nach Deutschland zurück. In den fünfziger Jahren des 9. Jahrhunderts reiste er von neuem nach Birka, als er die Erlaubnis erhielt, eine Kirche zu bauen, und etwas Land bekam, auf dem er ein Haus für die Geistlichen errichten durfte. Wir wissen aus archäologischen Ausgrabungen, daß Birka auf der Insel Björkö im Mälarsee zur Zeit von Ansgars erstem Besuch eine blühende Siedlung war. Sie wurde irgendwann in der Mitte des 8. Jahrhunderts gegründet und existierte dann ungefähr 200 Jahre lang. Danach wurde der Ort aufgegeben. Seine kommerziellen und administrativen Funktionen übernahm Sigtuna, eine Stadt, die Ende des 10. Jahrhunderts nicht weit entfernt am Nordufer des Mälarsees gegründet worden war.

Heute gibt es keine Stadt mehr auf Björkö, einer schönen grünen Insel, deren Graslandschaft im Frühling mit bunt glitzernden Blumen übersät ist, während Birken und Wacholdersträucher ein gesprenkeltes Muster bilden. Doch finden sich noch immer Anzeichen ihrer früheren Größe: Die Erdwälle einer früheren Festung (Borg) stehen auf einer felsigen Anhöhe nahe dem See, ein weiterer Wall erstreckt sich vom Nordufer her, und mehr als 3000 Hügel markieren die Stätten wikingerzeitlicher Gräber. Mehr als 1000 dieser Hügel wurden im 19. Jahrhundert ausgegraben und lieferten bis vor kurzem den Großteil unseres Wissens über Birka in den Zeiten der Wikinger.

Die Grabstätten zeigen uns, daß Birka im späten 9. und 10. Jahrhundert den Höhepunkt seines Reichtums erreichte und in der Phase seiner größten Ausdehnung bis zu 900 Einwohner hatte, darunter eine große Zahl von Fremden, vermutlich Kaufleute aus den östlichen Nachbarländern der Ostsee, wie Grabbeigaben, z.B. Kleidungszubehör und Amulette östlichen Stils, andeuten. Silber und Seide aus Byzanz und dem Osten wurden dorthin im Austausch gegen Rohstoffe aus Nordskandinavien, besonders Pelze und Daunen, exportiert. Diese Handelsgüter waren auch unter der reichen Adelsschicht Westeuropas gefragt. Sie wurden wahrscheinlich über Haithabu, mit dem Birka enge Verbindungen hatte, dorthin verschifft. Birka beherbergte auch Handwerker, die Gegenstände wie Kämme und gegossenen Bronzeschmuck herstellten. Wie in Haithabu wurde der Großteil dieser Güter im unmittelbaren Hinterland gegen landwirtschaftliche Produkte getauscht, weil die Insel nicht groß genug war, um ausreichende Nahrungsmittel zu liefern. Einiges – wie Weizen und Obst – ist vielleicht auch von weiter her importiert worden.

Der Grund für die Aufgabe Birkas ist alles andere als geklärt. Es scheint nicht wie Haithabu durch äußere Einflüsse verwüstet worden zu sein. Die geographische Lage mag ein wichtiger Faktor bei seinem Niedergang gewesen sein. In der Wikingerzeit war Birka von Norden her über Landrouten zugänglich, die an den von Nord nach Süd verlaufenden Moränenrücken entlangliefen, außerdem vom Wasser aus. Zu jener Zeit war der Mälaren kein See wie heute, sondern eine Ostseebucht: Der Zugang für den Schiffsverkehr bestand in einem schmalen Wasserarm, der im Südosten mündete, wo heute die Stadt Södertälje steht. Dieser Arm wurde durch eine schmale Landbrücke vom See abgetrennt, und so mußten Schiffe, die Birka erreichen soll-

Oben: Dieses Luftbild zeigt die Lage des südnorwegischen Handelszentrums Kaupang aus dem 9. Jahrhundert am Ende eines Fjords, gegen die See durch eine Unzahl kleiner Inseln geschützt. Heute ist der geschützte Hafen *(Vordergrund Mitte)* verlandet. Der Ort ist von zahlreichen, heute mit Bäumen bewachsenen Grabhügeln umgeben, die reiches Grabgut enthalten. Von der Siedlung ist nicht mehr viel zu sehen, aber Ausgrabungen auf der Wiese rechts vom Hafen haben einiges von den Gebäuden und Hafenanlagen freigelegt, außerdem Zeugnisse für eine blühende Manufaktur- und Handelstätigkeit.

ten, über eine speziell konstruierte Tragstelle geschleppt werden. Damit sie von Menschen gezogen werden konnten, müssen die Schiffe recht klein und von geringem Tiefgang gewesen sein. Zur Zeit der Gründung Birkas war der Wasserspiegel im Verhältnis zum Niveau des Landes etwa fünf Meter höher als heute, doch das Land hob sich kontinuierlich, und gegen Ende des 10. Jahrhunderts war es schwierig geworden, die Tragstelle zu nutzen. Ein anderer Weg zum Mälarsee mußte gefunden werden: durch die Meerenge, an der jetzt Stockholm liegt. Die Schiffe, die diese Passage benutzten, mußten sich auf einem gewundenen Kurs zwischen unzähligen Inseln und Schären hindurchschlängeln, und dieser Seeweg führte sie nicht mehr direkt nach Björkö, sondern nördlich davon zur Mündung der Fyriså, wo die neue Stadt Sigtuna lag. Auf diese Weise

verlor Birka seine essentielle Lebensader und seine wirtschaftliche Bedeutung.

Marktzentren

Viel weiter verbreitet als die Städte (und manchmal fälschlicherweise als solche bezeichnet) waren die Marktzentren oder *emporia* – Orte, an denen Handwerk und Handel ausgeübt wurden, es aber keine permanente Bevölkerung oder städtische Organisation gab. Die Siedlung des frühen 8. Jahrhunderts bei Ribe mit ihren temporären Ständen und Werkstätten dürfte solch ein Zentrum gewesen sein. Einer der wenigen schriftlichen Berichte, die wir von diesen Handelsniederlassungen haben, stammt aus einer englischen Quelle des 9. Jahrhunderts, die beschreibt, wie Ottar, ein norwegischer Kaufmann, den Hof Alfreds des

Birka

Über die Stadt Birka auf der Insel Björkö im Mälarsee war nur sehr wenig bekannt, bis im Jahre 1990 neue Untersuchungen im sogenannten Gebiet der Schwarzen Erde begonnen wurden – jenen Erdschichten, die wegen ihres Gehalts an organischen Überresten aus zwei Jahrhunderten menschlicher Besiedlung geschwärzt sind. Bedeutende frühe archäologische Arbeiten waren hier in der zweiten Hälfte des 19. Jahrhunderts durchgeführt worden, doch die Gräber auf den Friedhöfen, welche die Stadt im Osten (Hemlanden) und im Süden flankieren, erwiesen sich bald als weit attraktivere Fundstätte: Mehr als ein Drittel der schätzungsweise 3000 Gräber bei Birka wurden in dieser Zeit ausgegraben, oft mit spektakulären Resultaten. Die Grabbeigaben aus diesem Gebiet wurden zu einer unschätzbaren Informationsquelle für die Archäologen. Sie ermöglichten es ihnen, eine Chronologie der Wikingerzeit zu erstellen, die Länder zu bestimmen, mit denen Birka Handelsbeziehungen unterhielt, und sogar die vor 1000 Jahren getragene Kleidung zu rekonstruieren.

Die Stadt war in Parzellen aufgeteilt, die voneinander durch Wege, die von Gräben flankiert wurden, getrennt waren. Auf einer Parzelle konnten ein oder zwei kleine Holzhäuser stehen, ungefähr 5 x 8 m groß, sowie mehrere Nebengebäude – Werkstätten oder Lagerhäuser. Die Gebäude bestanden aus einem Balkengerüst mit Wänden aus lehmverkleidetem Flechtwerk. Die Dächer waren gewöhnlich aus Holz oder Stroh, doch manchmal wurden auch Rasensoden verwendet. Die auf diesen Grundstücken gefundenen Objekte sagen uns, daß die Bewohner Birkas Handwerker waren – Schmuckhersteller und Metallverarbeiter. Einige präparierten auch die Felle von Füchsen und Eichhörnchen, um sie als Kleidungsbesatz verwenden zu können. Sehr viele waren Kaufleute, wie aus den gewaltigen Mengen dort gefundener arabischer Münzen und Silberbarren hervorgeht.

Unten: Dieser große Schatz aus Silbermünzen, Schmuck und Hacksilber wurde bereits im Jahre 1872 auf dem Stadtgebiet Birkas gefunden. Bezahlt wurde im wikingerzeitlichen Skandinavien mit abgewogenem Silber, und dieser Hort, der mehr als zwei Kilogramm wiegt, muß das gesammelte Geldvermögen eines sehr reichen Mannes darstellen, vielleicht eines Kaufmanns aus dem Osten. Alle bis auf eine der Münzen sind arabischen Ursprungs und wurden an verschiedenen Orten der islamischen Welt zwischen ungefähr 718 und 977 geprägt. Die einzige nichtarabische Münze datiert aus der Zeit zwischen 948 und 959 und stammt aus Byzanz. Der größte Teil des restlichen Horts setzt sich aus silbernen Armreifen zusammen, doch es finden sich auch winzige Anhänger und Ohrringe. Der Hort illustriert die engen Verbindungen, die zwischen Birka und dem Osten bis zur Mitte des 10. Jahrhunderts existierten, als die Lieferungen von arabischen Münzen zu versiegen begannen.

Oben: Die früheste bekannte Christusdarstellung in Skandinavien ist dieses kleine Filigran-Kruzifix aus vergoldetem Silber, das in einem Grab des 10. Jahrhunderts in Birka gefunden wurde. Die Christusgestalt trägt Hosen und ist mit Stricken an das Kreuz gebunden.

Rechts: Phantasie-Rekonstruktion der Siedlung von Birka im 10. Jahrhundert. Die Holzgebäude der Stadt drängen sich innerhalb eines Befestigungswalles zusammen, der bis an den Wall um die Hochburg heranreicht, die den Ort von der Südseite her beherrscht. Auch der Hafen ist befestigt, mit Palisaden, welche die Öffnung der Bucht klammerartig umfangen. Die Brandgefahr in Städten, die überwiegend aus Holzgebäuden bestehen, ist hier realistisch dargestellt: im Zentrum der Siedlung steigt Rauch aus vier brennenden Häusern empor.

Unten: Die wikingerzeitliche Stadt Birka im Nordwesten der Insel Björkö umfaßte zur Zeit ihrer größten Ausdehnung ein Areal von etwa 13 ha, doch im 10. Jahrhundert wurde ein Erdwall gebaut, der nur 7 ha umschloß. Zur Zeit der Besiedlung durch die Wikinger war die Insel kleiner als heute, da ihre Küstenlinie sich durch wechselnde Wasserstände und Landhöhen verändert hat.

Rechts: Das Gebiet der »Schwarzen Erde« Birkas ist heute eine offene Wiesenlandschaft auf beiden Seiten des Pfades, der vom Ufer des Sees (wo der Hafen lag) zum heutigen Dorf neben den Bäumen im Hintergrund führt. Das bewaldete Land dahinter ist Grönö, das in der Wikingerzeit eine separate Insel war.

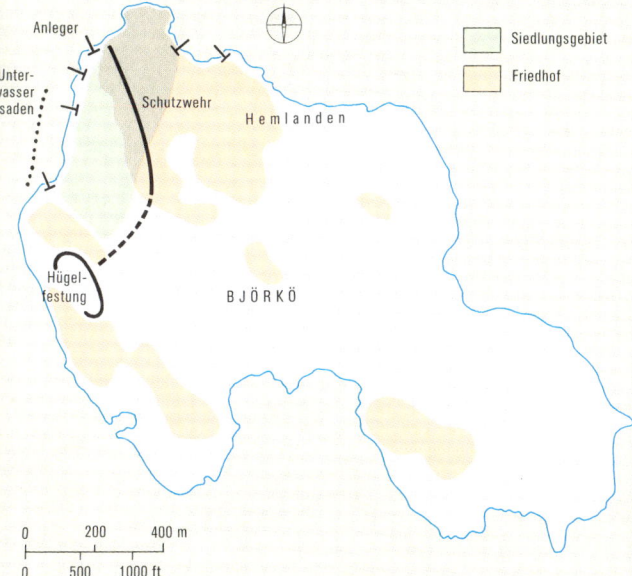

Großen von Wessex in England besuchte. Er unterhielt seine Gastgeber mit Erzählungen von seinen Reisen, und Alfred achtete darauf, daß sie aufgeschrieben wurden. So erfahren wir von einer Reise, die Ottar vom fernen Norden Norwegens aus nach Haithabu unternommen hatte, wobei er eine wertvolle Ladung u. a. aus Walroßzähnen und Fellen mit sich führte. Auf seinem Weg lief er in einen Hafen ein, der im altenglischen Bericht *Sciringesheal* genannt wird und fünf Segeltage nördlich von Haithabu lag.

Sciringesheal konnte auf der Basis von Ottars Beschreibung und den dort gemachten archäologischen Funden als Kaupang in Vestfold an Norwegens Südostküste identifiziert werden. Der Ortsname Kaupang selbst ist aussagekräftig. Man trifft ihn in unterschiedlichen Sprachformen in der gesamten Wikingerwelt und auch im angelsächsischen England an. In Schweden tritt er als *köping* (wie in Löddeköpinge) und in England als *ceap* (Cheapside in London), *ceping* oder *cieping* (Chipping Sodbury) auf. Ursprünglich bedeutet er Markt, und ein solcher scheint Kaupang gewesen zu sein.

Der Name Kaupang gehört heute zu einem Bauernhof, und es gibt keine sichtbaren Anzeichen der Siedlung des 9. Jahrhunderts, obschon die vielen Grabhügel in der Umgebung größtenteils aus dieser Zeit stammen. Heute fällt eine Wiese sanft zum Ufer eines Fjords ab, der vor der offenen See durch Inseln und Schären gut geschützt ist. Ausgrabungen kleineren Maßstabs haben hier eine Gruppe von sechs Gebäuden ans Licht gebracht, die in etwa parallel zum Ufer angeordnet waren. Funde von Eisen- und Bronzeschlacke, Schmelztiegeln und Abfällen von der Glasperlenherstellung deuten darauf hin, daß mindestens einige dieser Gebäude Werkstätten zur Herstellung von Eisenwerkzeugen und einfachem Schmuck waren, doch das Fehlen von Haushaltsabfällen und Herden in den Häusern macht es zweifelhaft, daß sie ständig bewohnt waren. Der Standort einer Schiffsreparaturwerkstatt ist ebenfalls entdeckt worden, wahrscheinlich diente sie den Bedürfnissen von Reisenden wie Ottar, deren Schiffe während der mühsamen Reise entlang der norwegischen Westküste beschädigt worden waren. Mindestens zwei hölzerne Molen ragten ins Wasser hinein, ihre landseitigen Enden waren auf Steinfundamenten errichtet, um sie fest auf dem Ufer zu verankern. Ein Tau zum längsseitigen Festmachen der Schiffe wurde dort ebenfalls gefunden.

Kaupangs kommerzielle Aktivitäten mögen sich nicht in der Größenordnung derjenigen von Ribe, Haithabu oder Birka bewegt haben, doch sie waren sicherlich ausgedehnt und weitreichend. Keramik aus dem Rheinland, den britischen Inseln und den Ostseeländern ist dort gefunden worden, wie auch Waagen und Gewichte, die wichtigsten Hilfsmittel der Kaufleute. Die importierten Güter wurden vermutlich gegen heimische Rohstoffe eingetauscht, insbesondere Schiefer und Speckstein. Das Wrack eines Schiffs mit einer Ladung von Schieferwetzsteinen ist bei Kålsund etwa 15 Kilometer weiter die Küste entlang gefunden worden. Obwohl nur ein winziger Teil der Fläche ausgegraben worden ist, besteht dennoch der Gesamteindruck, daß dies ein saisonbedingtes Lager war, welches lediglich im Sommer für Manufaktur und Handel benutzt wurde. Keines der charakteristischen Merkmale einer Stadt, wie ein planvoller Grundriß von Straßen und Häusern, ist hier erkennbar. Kaupang unterscheidet sich von richtigen Städten auch noch in anderen wichtigen Aspekten: Es erhielt nie irgendwelche Verteidigungsanlagen, wahrscheinlich, weil es zur Zeit, als im 10. Jahrhundert der Bedarf nach Befestigungen dringend wurde, gar nicht mehr existierte, und es wurde nicht durch eine spätere Stadt ersetzt. Die Aufgabe Kaupangs um etwa 900 könnte das Resultat von Veränderungen des Meeresspiegels oder eine Konsequenz seiner abnehmenden Bedeutung gewesen sein, als der dänische Einfluß in Südnorwegen zurückging.

Kaupang ist kein Einzelfall. Ein zeitweilig besiedelter Markt existierte bei Skuldevig an der Nordküste der Insel Seeland in Dänemark, ohne Zweifel weil seine geschützte Lage einen geeigneten Hafen bot. Es gibt Anzeichen von periodischer Besiedlung vom 8. bis zum 12. Jahrhundert, doch nichts, was darauf hindeutet, daß es jemals Gebäude gegeben hätte. Herde unter freiem Himmel und flache, lehmverkleidete Gruben sind alles, was von diesem temporären Markt übriggeblieben ist: Diese Gruben könnten den Fußboden der Unterstände oder Zelte darstellen, die errichtet wurden, solange der Markt stattfand.

Weil die spärlichen Reste, die von solchen nichtpermanenten Strukturen hinterlassen wurden, so schwer zu identifizieren sind, gibt es für uns keine Möglichkeit, herauszufinden, wie viele weitere derartige Marktzentren an geschützten Orten entlang der Küsten Skandinaviens existiert haben. Zwei solcher Orte mit etwas besser erhaltenen Überresten sind jedoch bei Åhus und Löddeköpinge in Skåne bekannt, das jetzt in Schweden liegt, damals aber Teil Dänemarks war. Åhus, am Nordufer des Flusses Helge gelegen, wurde in der ersten Hälfte des 8. Jahrhunderts als saisonales Marktzentrum gegründet, das auf Handwerk, insbesondere die Herstellung von Perlen, spezialisiert war. Die Entdeckung von einigen kleinen Silbermünzen oder *sceattas* des Typs, der in solchem Überfluß in Ribe gefunden wurde, belegen seine Wichtigkeit als Handelszentrum, doch gibt es keine Anzeichen dafür, daß die Siedlung jemals auf einer permanenten Basis organisiert wurde. Es gibt wenige Spuren von Gebäuden, und dies sind die von Hütten mit abgesenkten Böden, die vermutlich niemals für eine dauerhafte Benutzung ausgelegt waren.

Nach etwa 50 Jahren wurde der Standort bei Åhus verlassen und hundert Meter flußabwärts auf jungfräulichem Boden ein neuer gegründet. Diese Niederlassung umfaßte ein Areal von etwa zehn Hektar und existierte von der zweiten Hälfte des 8. Jahrhunderts bis ins frühe 9. Jahrhundert, als sie wiederum aufgegeben wurde, wahrscheinlich um an einen anderen Ort verlegt zu werden. Diese zweite Niederlassung war viel dauerhafter als die erste, mit zahlreichen Gebäuden und einer hohen Abhängigkeit der Wirtschaft von der Bronzeverarbeitung. Scherben von Tongefäßen von der Südküste der Ostsee und aus dem Rheinland zeigen die Ausdehnung ihrer Handelskontakte. Dennoch entwickelte Åhus niemals städtische Merkmale.

Ein Gleiches gilt für Löddeköpinge am Löddefluß in Westskåne, wo sich eine Gruppe von Gebäuden mit abgesenkten Böden aus dem 9. Jahrhundert auf einem kleinen Gebiet innerhalb eines sie umschließenden Ufers zusammendrängte. Ausgrabungen haben überzeugend gezeigt, daß diese Gebäude in Abständen bewohnt waren, vielleicht nur für eine kurze Zeit in jedem Jahr oder sogar in noch größeren Intervallen. Es gibt Hinweise, die zu der Vermutung führen, daß damals Handel die Hauptbeschäftigung war, da dort aus Westeuropa und dem Ostseeraum stammende Objekte gefunden wurden. Der Ort war um 900 verlassen worden, und eine permanente Besiedlung begann nahebei in einem Dorf, nicht einer Stadt.

Paviken auf der Insel Gotland scheint ein weiteres saisonabhängiges Marktzentrum gewesen zu sein. Obwohl Ausgrabungen keinerlei Spuren von großen ständig bewohnten Gebäuden zutage bringen konnten, gibt es hinreichende Beweise für handwerkliche und kommerzielle Aktivitäten. Arabische Münzen und Gewichte zeigen, daß es Kontakte mit dem Osten gab, und kleine gläserne *tesserae*, die man aus Italien importierte und zur Perlenherstellung benutzte, sind ebenfalls gefunden worden. Zusätzlich besaß Paviken eine Schiffsreparaturwerkstatt und war ein geschäftiges Zentrum des Fischfangs, wenn man der Menge des gefundenen Fischereigeräts nicht jede Bedeutung abspricht. Obwohl es noch andere ähnliche Orte auf Gotland gab, die Handelsverbindungen mit Schweden und

Manufaktur und Handwerk

Der wachsende Wohlstand des wikingerzeitlichen Skandinavien führte zu einer größeren Nachfrage nach Manufakturwaren, sowohl für praktische Zwecke wie auch als Schmuck, wie Broschen, Perlen und Zaumzeugbeschläge. Städte und saisonale Marktzentren waren die wichtigsten Mittelpunkte der Manufaktur, in denen sich verschiedene Handwerkskünste entwickelten, um den Bedarf der wachsenden urbanen Bevölkerung des Umlandes zu decken. Ausgrabungen haben gezeigt, daß andere Plätze als Zentren der Produktion von Werkzeug, Waffen und Gegenständen aus Edelmetall dienten. Zu diesen zählten die Werkstätten, die innerhalb der königlichen Festungen Dänemarks des 10. Jahrhunderts untergebracht waren. Sogar einige Bauernhöfe – zum Beispiel Lundbjärs und Fröjel auf Gotland – hatten Handwerker unter ihren Bewohnern. Diese beiden letztgenannten Orte hatten sich auf das Anfertigen der Tierkopffibeln spezialisiert, die von den gotländischen Frauen bevorzugt wurden. Der am weitesten verbreitete Typ des Frauenschmucks waren ovale Broschen, die in großer Zahl in fast ganz Skandinavien gefunden worden sind. Runde Broschen trug man hauptsächlich in Finnland und Zentralschweden. Gußformen aus Lehm, die zum Gießen von Bronzeschmuck verwendet wurden, hat man an vielen solchen Plätzen in überreicher Zahl gefunden. Einige Gebrauchsgegenstände, insbesondere Kämme aus Hirsch- oder Elchgeweih, wurden wahrscheinlich von umherziehenden Handwerkern hergestellt, die von Zentrum zu Zentrum zogen und ihre Produkte je nach Nachfrage anfertigten – dies würde erklären, warum Form und Verzierungen der Kämme in der gesamten Wikingerwelt so gut wie identisch sind. Eine der wichtigsten Handwerkskünste muß der Schiffbau gewesen sein, doch archäologische Belege dafür sind rar. Eine Anzahl von Reparaturdocks für Schiffe ist jedoch bekannt, zum Beispiel in Kaupang und Fribrødre Å. Nur wenige Münzprägestätten wurden vor 1000 eingerichtet. Ihre Zahl vergrößerte sich im Zuge der Zentralisation königlicher Macht im 11. Jahrhundert in signifikanter Weise.

durch Ausgrabungen nachgewiesenes Handwerkszentrum des 9. – 11. Jahrhunderts

Produkttyp, soweit bekannt

- Ovalfibel
- Rundfibel
- Tierkopffibel
- andere Metallarbeiten
- Glas
- Bernstein
- Bein, Horn
- Keramik
- Schiffe

Fundgebiet: Fibeln vom Typ des 9. und 10. Jahrhunderts

- oval
- rund
- Tierkopf

Münzstätte

- vor 1000
- nach 1000

Maßstab 1 : 7 700 000

0   200 km
0   150 Meilen

EUROPÄISCHES NORDMEER

Nordkap

Vesterålen

Senja

Hinnøy

Lofoten

Torneälv

Inarisee

Polarkreis

66°

Kemi

Luleälv

Hornavan

Oulusee

Pielinen

EUROPÄISCHES NORDMEER

Umeälv

Bottnischer Meerbusen

Saimaa

Ladogasee

Storsjön

62°

Näsi

Päijänne

Sognefjord

Trondheim

Hardangerfjord

Glåma

Siljansee

Hämeenlinna

Hamar

Mjösasee

Klarälv

Dalälv

Åland-Inseln

Hitis

Finnischer Meerbusen

Oslo

Skien

Tønsberg

Hjälmarsee

Mälarsee

Sigtuna

Kaupang

Birka

Helgö

Peipussee

58°

Vänersee

Götälv

Vättersee

Skagerrak

Lundbjärs

Paviken

Gotland

Aggersborg

Ålborg

Kattegat

Fröjel

Viborg

Fyrkat

Öland

Düna

Århus

Seeland

NORDSEE

Trelleborg

Roskilde

Lund

Åhus

OSTSEE

Memel

Ribe

Odense

Fünen

Ringsted

Slagelse

Bornholm

Haithabu

Fribrødre Å

Lolland

Falster

Rügen

Elbe

Oder

Weichsel

70°

54°

0°   8   16°   24°   32°

Die Kunst des Holzschnitzens

Rechts: Einer aus einem Paar mit Tierköpfen gekrönten Pfosten, die zusammen mit zwei weiteren in der Oseberg-Grabkammer gefunden wurden. Er ist als Hochrelief ausgeführt. Die Eckzähne sind wie auch die Augen mit Metallplatten beschlagen, während die Verzierungen, die die restliche verfügbare Fläche einnehmen, zusätzlich mit zahlreichen verzinnten Nägeln geschmückt sind. Die Tierornamentik beschränkt sich nicht auf das zugrundeliegende Schema aus ovalen Segmenten, sondern windet sich in einer Weise, die es schwierig macht, die Muster zu verstehen, obwohl sie tatsächlich niemals ins Chaotische abgleiten. Dieser auf charakteristische Art lebhafte Stil löste den Stil ab, der am Schiff selbst zu sehen ist.

Holz war das natürliche Arbeitsmaterial für die Skulpteure der Wikingerzeit. Messer werden stets griffbereit zur Hand gewesen sein, doch um die seltenen Meisterwerke der Schnitzkunst zu schaffen, die uns vereinzelt aus jener Zeit erhalten geblieben sind, war eine größere Auswahl an kunsthandwerklichen Werkzeugen nötig – Meißel, Beitel und Feile. Unter den erhaltenen Holzarbeiten nehmen die vielen verschiedenen hölzernen Kunstwerke aus dem Oseberg-Grab, das aus dem 9. Jahrhundert stammt, den ersten Platz ein. Die reiche Vielfalt ihrer Schnitzereien öffnet uns die Augen für das Können der Künstler, die in dieser Zeit mit Holz arbeiteten.

Eine Untersuchung der Oseberg-Objekte zeigt, daß sie Arbeiten mehrerer geübter Schnitzer sind und möglicherweise aus einer einzigen Werkstatt unter königlichem Schutz in Südostnorwegen stammen. Menschen zweier Generationen scheinen miteinander daran gearbeitet zu haben, denn einige der Schnitzereien zeigen ein altertümliches Erscheinungsbild, während andere in der ersten Reihe der stilistischen Innovationen stehen, die viele spätere Moden in der skandinavischen Kunst des 9. Jahrhunderts bestimmten. Einige offenbaren eine für die Wikingerkunst ungewöhnlich zurückhaltende Ausführung, während andere in sorgsam herausgearbeitetem Relief geschnitzt wurden, mit sich überlagernden Mustern, das eine durch das andere sichtbar. Die Oberflächen waren manchmal glatt oder mit feinen Details, manchmal mit metallenen Beschlägen verziert – oder die Motive wurden mit Farbe hervorgehoben.

Die Muster scheinen größtenteils ornamentaler Natur gewesen zu sein und aus stilisierten Tieren oder Vögeln bestanden zu haben. Verzierungen dieser Art sind deutlich am Schiff selbst und an den Schlitten zu erkennen. Der Kult-Wagen besitzt Elemente einer komplexeren Ikonographie, doch die einzigartige Serie von fünf Pfosten mit Tierköpfen gibt uns ein noch größeres Rätsel auf. Da keine offensichtliche Funktion erkennbar ist, hält man sie im allgemeinen für Kultobjekte. Die Aufstellung von vieren von ihnen in der Grabkammer selbst könnte auch bedeuten, daß sie auf irgendeine Weise Schutzkräfte besaßen.

Rechts: Der Bug des Oseberg-Schiffs endet in einer graziösen Windung in einem Schlangenkopf, was das Schiff zu einer echten »Seeschlange« macht. Beide Seiten von Bug und Heck sind oberhalb der Wasserlinie mit Friesen verschlungener Tiere verziert, von denen jedes sich ein wenig von seinem Nachbarn unterscheidet, mit dem es verflochten ist. Es kann nur wenig Schiffe gegeben haben, die so verschwenderisch wie dieses mit Schnitzereien geschmückt waren. Es war vermutlich ein königliches Prunkschiff, das für Fahrten auf geschützten Gewässern vorgesehen war.

Oben: Diese figürliche Szene ist in eine der Längsseiten des Oseberger Wagenkastens geschnitzt (eine weitere befindet sich an der Vorderseite). Bildliche Darstellungen sind selten in der Wikingerkunst; die Bedeutung dieser Szene ist unbekannt. Man sieht eine bedeutende Frau mit fließendem Haar und einem kunstvollen Halsband. Sie hält einen bewaffneten Mann davon ab, einen Reiter anzugreifen, der von seinem Hund begleitet wird. Der Rest des Wagenkastens ist mit geschnitzten bandförmigen Tieren verziert, die ineinander verschlungen Schmuckfriese bilden.

Links: Einer von vier halbnaturalistischen Männerköpfen, die an den Enden des Wagengestells sitzen, das den Kasten des Oseberg-Wagens trug. Dreidimensionale Schnitzereien und Darstellungen von Menschen waren selten in der Wikingerkunst. Obwohl es einen furchteinflößenden Eindruck macht, ist das maskenartige Gesicht des Mannes mit den starrenden Augen mit einem geschwungenen Schnurrbart und einem gepflegten Vollbart dargestellt, während eine enganliegende Kappe sein Haar bedeckt. Die individuelle Hand einer Künstlerpersönlichkeit war bei der Schöpfung dieser vier Köpfe am Werk, von denen jeder anders ist. Ihre Bedeutung ist uns heute jedoch verborgen.

dem östlichen Ostseeraum unterhielten, hat keines den gleichen Reichtum an Fundstücken geliefert wie Paviken. Ein paar Kilometer südlich von Paviken liegt Västergarn, ein Ort, der von einem halbkreisförmigen Erdwall umgeben ist. Er könnte für die Verteidigung von Paviken bestimmt gewesen sein, welches ungeschützt war.

Man weiß auch von der Existenz zeitweiliger Marktzentren in Finnland. Ausgrabungen bei Hämeenlinna (schwedisch: Tavastehus) am Ufer des Vanajavesi-Sees im südwestlichen Binnenland haben vor kurzem ein Gebiet von etwa sechs Hektar Ausdehnung freigelegt, das Gebäude, einen Hafen und einen Schutzwall aufwies. Der Ort war von etwa 800 bis zum Ende des 13. Jahrhunderts bewohnt, und nach der Natur der Fundstücke zu schließen, diente er eindeutig als Marktzentrum für die umliegende Nachbarschaft: Es gibt keine Beweise dafür, daß der Ort jemals weitreichende Handelskontakte entwickelte. Zwei Marktzentren an der Küste jedoch – Turku (schwedisch: Åbo) und Uusikaupunki (schwedisch: Nystad) – wurden wegen ihrer Nähe zu Schweden in ein größeres Handelsnetz einbezogen. Die Åland-Inseln in der Mitte des Bottnischen Meerbusens auf halbem Wege zwischen Schweden und Finnland trieben ebenfalls in großem Umfang Handel mit dem schwedischen Festland, Estland und Gotland, doch obgleich sich dort ein Umschlagplatz befand, entstand bis zur frühen Neuzeit keine richtige Stadt.

Die Handwerkskünste der Wikinger

Außer Bauern, Seefahrer, Händler und Plünderer waren die Wikinger auch geschickte Handwerker, die neben Gegenständen des täglichen Gebrauchs auch schöne Geschmeide, elegante und zweckmäßige Waffen, verschlungene Holzschnitzereien und geritzte Bildsteine schufen. Den hohen Standard ihrer Handwerkskunst kann man daran erkennen, daß sie mit vielen verschiedenen Materialien umzugehen wußten, von Edelmetallen bis zu Geweihen und Knochen. Die meisten der archäologischen Fundstücke zeigen, daß das Handwerk größtenteils in den Städten und Marktzentren ausgeübt wurde und daß zahlreiche unterschiedliche Fertigkeiten verbreitet waren. Leder wurde gegerbt und zu Schuhen, Schwertscheiden, Gürteln und anderen Artikeln verarbeitet. Wolle und Leinen wurden auf aufrechtstehenden Webrahmen zu Stoffen gewoben und zu Kleidung verarbeitet. Aus Holz schnitzte man eine Vielzahl von Haushaltsgegenständen, besonders Schüsseln und andere Gefäße. Holz wurde auch zu Kisten und Truhen verarbeitet, von denen viele mit Schlössern ausgestattet sowie mit Metallbeschlägen verstärkt und verziert waren. Im Gegensatz zu späteren Epochen wurden nur wenige Tongefäße benutzt: Belege für städtische Töpferei sind nur in Haithabu sicher nachgewiesen, einige mögen in einer sehr primitiven Weise auf dem Land hergestellt worden sein. In vielen Haushalten waren die zum Kochen gebrauchten Gefäße aus Speckstein. Er wurde in Norwegen gefördert, vermutlich in den Steinbrüchen schon grob behauen und anderwärts fertig verarbeitet.

Eisenverarbeitung

Eisen war von größter Bedeutung für die Wikinger, denn es wurde zur Herstellung von Werkzeugen und Waffen, beim Schiffbau und für viele andere Zwecke benutzt. Das in Mooren und Seen gefundene Eisenerz war oft von eher schlechter Qualität, aber dennoch eine wertvolle Rohstoffquelle. Das Erz wurde in der Nähe der Fundorte auf dem Land in einfachen Luppen-Schmelzöfen verhüttet, das so entstandene Roheisen zu Barren geformt und in die Zentren, entweder in Städten oder auf dem Lande, transportiert, wo Schmiede es zu Werkzeugen und anderen Gegenständen verarbeiteten. Der Fund einer hölzernen Werkzeugtruhe in einem Moor bei Mästermyr auf Gotland zeigt, daß den Schmieden eine breite Auswahl an Werk-

zeugen zur Verfügung stand. Für die Nägel und Nieten, die sie herstellten, bestand in den Werften und Schiffsreparaturwerkstätten der Wikinger eine große Nachfrage.

Die Handwerker mit dem größten Ansehen von allen waren die Waffenschmiede, von deren starken, scharfen und flexiblen Schwertern und eleganten, doch tödlichen Speeren der Erfolg der Wikinger in der Schlacht abhing. Da sie mit schwer zu bearbeitenden Materialien unter großen Schwierigkeiten arbeiteten, hatten sie den höchsten Status unter allen Handwerkern der Wikinger und müssen für ihre Mühen und ihr Können gut entlohnt worden sein. Sie arbeiteten oft für einen individuellen Herrn: Ihn und seine Gefolgsleute statteten sie mit neuen Waffen aus und polierten und schärften die alten. Unglücklicherweise konnte bis jetzt keine Werkstatt gefunden werden. Unser Wissen von der Kunstfertigkeit und den Techniken, die im Spiel waren, kommt von den Produkten selbst.

Die Waffenschmiede kannten die Eigenschaften der Materialien sehr genau und wählten den einen Eisentyp für das Kernstück der Waffen, einen anderen für die Schnittkanten, und oft schmiedeten sie Streifen unterschiedlicher Härte zusammen, um die Elastizität der Klingen zu verbessern. Diese Technik des Damaszierens war im älteren Zeitraum der Periode am weitesten verbreitet.

Gold-, Silber- und Bronzearbeiten

Gold und Silber wurden benutzt, um Geschmeide und anderen Schmuck für die hochrangigen Mitglieder der Gesellschaft herzustellen. Gold wurde höher geschätzt als Silber, da es seltener war, und wurde dadurch gewonnen, daß man Schmuck, der aus Kontinentaleuropa stammte, (und vielleicht auch Münzen) einschmolz. In den Jahrhunderten vor der Wikingerzeit waren Goldmünzen der späten Römerzeit in großen Mengen nach Skandinavien gelangt,

besonders nach Gotland und Südjütland; aus einigen mögen wikingerzeitliche Goldschmiede Hals-, Armreifen und auch Broschen angefertigt und mit Filigran und Granulat kunstvoll verziert haben.

Silber gebrauchte man, um Muster in andere Metalle, insbesondere Eisen, einzulegen, wie z. B. auf der Mammen-Axt. Es wurde auch für Broschen, Anhänger und Ketten sowie für Hals- und Armreifen von unterschiedlichem, standardisiertem Gewicht benutzt, die offensichtlich in einer Zeit, in der Münzen selten gebraucht wurden, als eine Art Währung dienten. Meist findet man sie in Silberhorten: Viele sind schmucklos und einfach, doch andere bestehen aus geflochtenen und gekonnt miteinander verdrehten Silberdrähten. Die unzähligen Bruchstücke von zerhackten Ringen (Hacksilber genannt), die fast überall gefunden wurden, sind auch ein Anzeichen dafür, daß beim Handelsverkehr mit abgewogenem Silber bezahlt wurde. Silberwaagen von Kaufleuten findet man oft in wikingerzeitlichen Gräbern.

Bis zur Mitte des 10. Jahrhunderts kam das meiste Silber, das nach Skandinavien gelangte, aus den Silberminen von Transoxiana in Zentralasien, damals Teil eines großen Territoriums, welches von mohammedanischen Arabern beherrscht wurde und sich von Bagdad bis zu den Grenzen Indiens erstreckte. Das Silber wurde normalerweise in der Form von Münzen nach Skandinavien gebracht, die nach der Schrift, die für ihre Aufschriften benutzt wurde und nach der Stadt Kufah im Irak benannt ist, als »kufische Münzen« bekannt sind. Sie wurden anschließend eingeschmolzen. Etwas Silber kam in der Form fertiger Schmuckstücke nach Skandinavien, wie die permischen Ringe, die aus der Wolgaregion Rußlands importiert wurden. Am Ende der Epoche wurden diese Lieferquellen von Silber aus den Minen Mitteleuropas abgelöst.

Oben: Eine kleine Auswahl von Werkzeugen, die in einer Eichenkiste enthalten waren, gefunden bei Mästermyr auf Gotland. Darunter sind solche, die für Eisen- und für Holzbearbeitung benötigt wurden. Die Kiste enthielt auch Rohmaterial sowie Halbfertig- und Fertigprodukte – insgesamt über 200 Objekte. Ihr Besitzer war offenbar zugleich Tischler, Wagner und Schmied, der in Eisen und Bronze arbeiten konnte – vielleicht ein Wanderhandwerker, der sein Werkzeug beim Überqueren eines großen Moors verlor.

Rechts: Silberschmiede schmolzen Münzen und Hacksilber zu modischen Ringen, Broschen und Schmuck anderer Art um. Viele Hals- und Armringe sind aus gedrehten oder sogar geflochtenen Drähten gefertigt, wie hier bei dieser Auswahl aus dem Hort von Sejrø, Dänemark, zu sehen ist. Man beachte auch die Scheibenfibeln mit Filigrandekor und den schlichten Thorshammer an einer kunstvollen Kette sowie einige Hacksilberstücke, die zum Bezahlen nach Gewicht dienten. Der Schatz von Sejrø enthielt auch ein Sortiment von 146 Münzen, die meisten von ihnen arabisch (aus Zentralasien), die seine Niederlegung auf die zweite Hälfte des 10. Jahrhunderts datieren.

Unterhalb der höheren Ränge der Gesellschaft mußten sich Männer und Frauen mit Schmuck aus weniger edlen Metallen begnügen, meist Bronze, die manchmal vergoldet wurde, um sie kostbarer erscheinen zu lassen. Fragmente von Tonformen, die zum Bronzeguß benutzt wurden, fanden sich an mehreren Orten, besonders in Ribe, Haithabu und Birka, was darauf schließen läßt, daß die Bronzeschmiede vorwiegend Stadtbewohner waren. Sie müssen wichtige Mitglieder der Handwerkerschicht gewesen sein, die nicht nur Schmuck, sondern auch andere Objekte wie Nadeln, Schlüssel und Schlösser herstellten und von

wohlhabenderen Mitgliedern der Gesellschaft beauftragt wurden, dekorative Fassungen für ihr Zaumzeug und Schmuckplatten zum Anbringen an Holztruhen und ähnliche Dinge anzufertigen.

Die besten Zeugnisse für ihre Herstellungsmethoden, die wir besitzen, kommen aus Ribe, wo Überreste der Werkstätten von Bronzeschmieden ungefähr aus dem Jahre 800 in großer Zahl gefunden wurden. Hier, und vermutlich auch anderswo, arbeiteten die Bronzeschmiede unter freiem Himmel und waren nur durch einen zerbrechlichen Windschutz vor den Unbilden der Witterung geschützt.

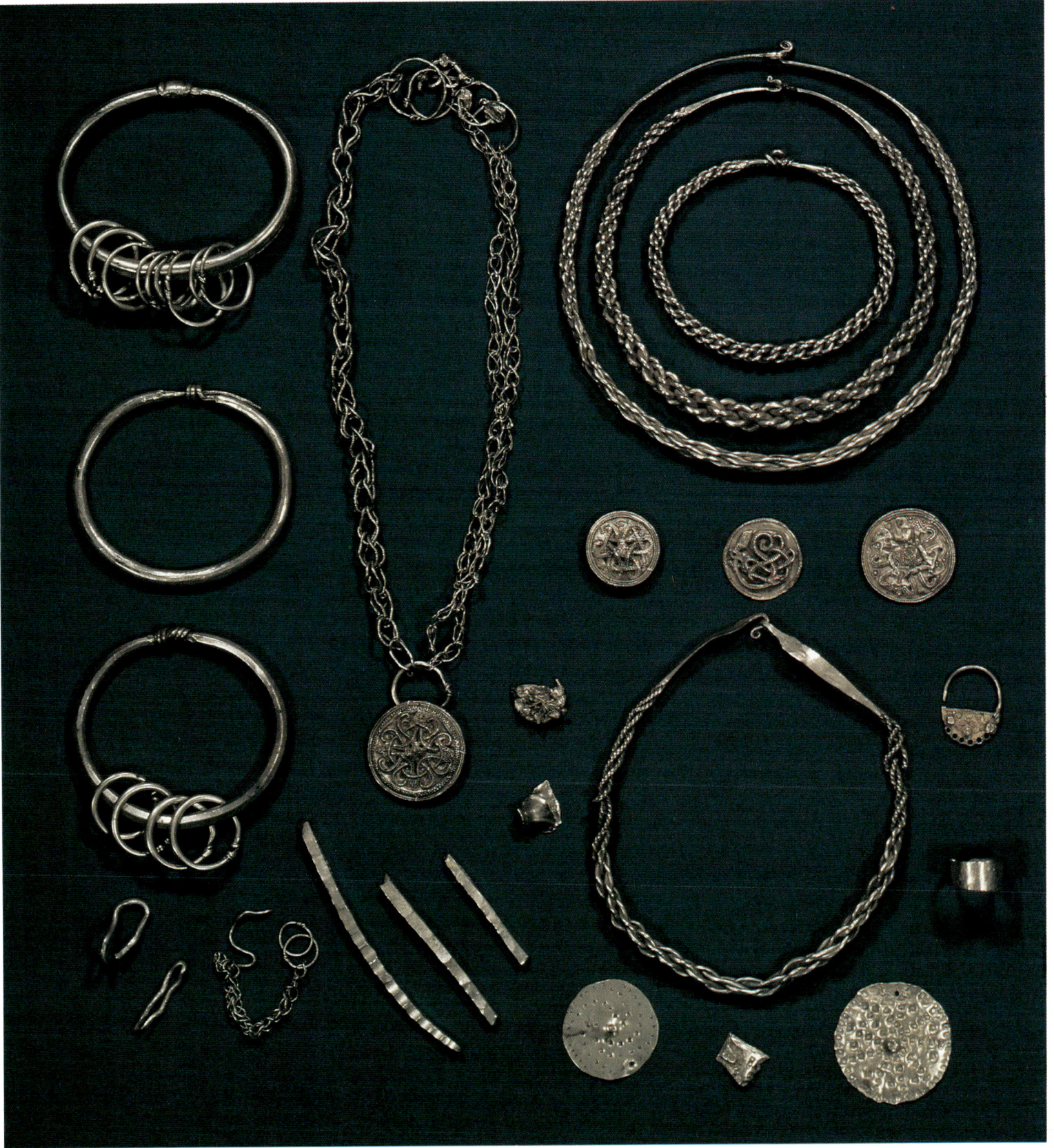

Die Herstellung von Metallschmuck

Viele Schmuckgegenstände aus Metall, insbesondere die Broschen der Frauen, wurden in der Wikingerzeit in Massenproduktion hergestellt. Dies bedeutete normalerweise die Herstellung einer Serie von Lehmformen nach einem gemeinsamen Muster, die dann jeweils nur einmal benutzt wurden, anstelle der mehrfachen Benutzung einer einzelnen Gußform. Der Grund dafür lag darin, daß die normale Tonform zerbrochen werden mußte, um das gegossene Schmuckstück herauszulösen, bevor es von Hand weiterbearbeitet wurde *(siehe unten)*.

Eine Form für diese Art des Gebrauchs konnte nach einem neu angefertigten Model oder noch häufiger nach einem bereits existierenden Gegenstand angefertigt werden. Aus der späteren Wikingerzeit gibt es jedoch Beweise dafür, daß man Metallschmuck auch durch wiederholten Gebrauch von aus Geweih oder gar Holz geschnitzten Gußformen herstellte. Diese konnten zum Guß von Bleilegierungen (Britanniametall) benutzt werden, die einen so niedrigen Schmelzpunkt besaßen, daß die Form selbst nicht zerstört wurde. Die auf diese Weise hergestellten billigen Broschen scheinen einen guten Absatzmarkt in den sich entwickelnden Städten gefunden zu haben.

Eine andere Form der Massenproduktion wurde von Schmuckherstellern angewandt, die für reichere Auftraggeber arbeiteten, welche sich Gold und Silber leisten konnten. Ein Prägestock wurde benutzt, um einfache Reliefmuster in Folien zu prägen, die dann mit exquisiten Filigranen verziert wurden. Solche Schmuckstücke – sie gehören zu den kunstvollsten Metallarbeiten der Wikinger – können sich ohne weiteres mit den schönsten Stücken des Mittelalters messen.

Unten: Ovale Broschen waren der verbreitetste Typ wikingerzeitlichen Schmucks. Man benutzte sie paarweise, um die Schulterbänder der Frauenkleidung zu befestigen. Die meisten wurden in Massenproduktion hergestellt, indem man Bronze in zweiteiligen Lehmformen goß, die nach der Benutzung zerschlagen und fortgeworfen wurden, wie etwa diese aus der Werkstatt eines Schmuckherstellers im dänischen Ribe.

Rechts: Diese goldene Scheibenfibel (stark vergrößert) ist eine von zweien, die in Hornelund in Dänemark gefunden wurden (um 1000). Sie besteht aus zwei Platten, von denen die obere mit einem Prägestock geprägt wurde, bevor man sie mit Filigranarbeiten verzierte. Die Pflanzenornamentik wurde von Stilrichtungen aus Westeuropa beeinflußt.

Ganz unten rechts: Der Prägestock (die Patrize) eines Schmuckherstellers des Typs, wie er bei der Manufaktur des Goldfiligrananhängers aus Haithabu benutzt wurde, welcher rechts daneben abgebildet ist.

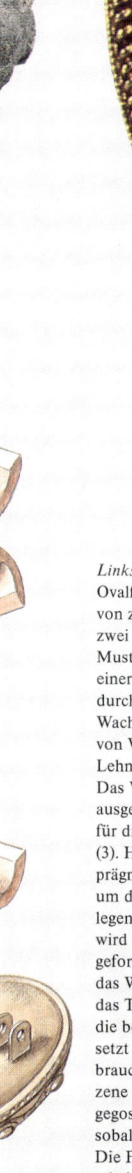

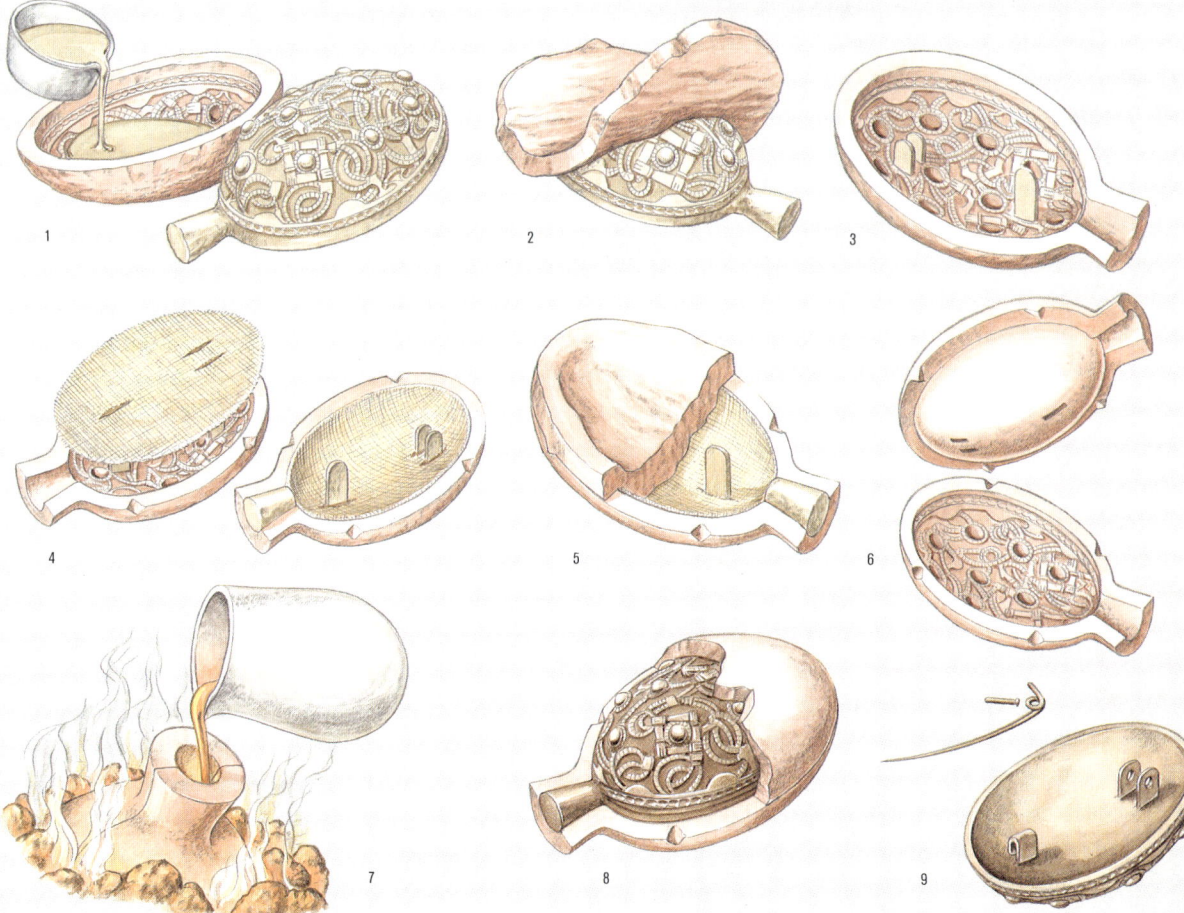

Links: Die Herstellung eines Paars von Ovalfibeln erforderte die Anfertigung von zwei Lehmformen, von denen jede zwei Teile hatte. Zunächst wird eine Musterform, die durch den Abdruck einer alten Fibel angefertigt wird (oder durch den einer neuen Fibel als Wachsmodell), benutzt, um ein Paar von Wachsmodeln zu gießen, die mit Lehmschichten bedeckt werden (1–2). Das Wachs wird geschmolzen und herausgegossen, worauf die Wachszapfen für die Nadelhalter eingesetzt werden (3). Hierauf wird ein Stück wachsimprägnierten Tuchs in die Form gepreßt, um die Dicke der fertigen Fibel festzulegen (4). Die andere Hälfte der Form wird dann aus Lehm über dem Tuch geformt (5), die Form wird erhitzt, um das Wachs herauszuschmelzen, und das Tuch entfernt. Schließlich werden die beiden Teile wieder zusammengesetzt (6) und für den späteren Gebrauch fest verbunden. Das geschmolzene Metall wird in die erhitzte Form gegossen (7), die zerschlagen wird, sobald sie sich abgekühlt hat (8). Die Fibel wird dann zur weiteren Bearbeitung entnommen (9).

An Ausstattung wurde nur wenig benötigt: ein kleines mit Holzkohle beschicktes Schmiedefeuer (meist in einer einfachen Grube), in welchem die Bronzestäbe oder -bruchstücke in Schmelztiegeln verflüssigt wurden, und daneben ein Herd, in dem eine Gußform warm gehalten werden konnte, während die geschmolzene Bronze hineingegossen wurde. Die bewegliche Ausrüstung des Bronzeschmieds bestand aus Tiegeln, Gußformen, Mustern für die fertigen Produkte, Zangen zum Festhalten der glühendheißen Schmelztiegel und kleinen Feilen und Meißeln zum Überarbeiten der fertiggestellten Produkte.

Die Schmelztiegel bestanden aus sandhaltigem Ton, damit sie der intensiven Hitze widerstehen konnten, die zum Schmelzen der Bronze gebraucht wurde, und waren normalerweise grob zylindrisch geformt, mit einem kleinen Henkel nahe dem oberen Rand, der mit den Zangen gegriffen werden konnte. Wenn die Bronze im flüssigen Zustand war, wurde der Schmelztiegel mit der Zange aus den glühenden Kohlen des Schmiedefeuers gehoben. Eine ruhige und vorsichtige Hand war nötig, um das geschmolzene Metall in den Hals der Form zu gießen und sicherzustellen, daß die verschlungenen Linien des Musters, das in den Ton eingedrückt worden war, gänzlich ausgefüllt wurden und sich keine Luftbläschen bildeten. Die Form wurde nach dem Abkühlen zerschlagen, um den Inhalt freizugeben. Der frischgegossenen Brosche oder Schmuckplatte wurde durch Wegfeilen überstehenden Metalls der letzte Schliff gegeben, Verzierungen konnten hinzugefügt werden, oder das Objekt wurde vergoldet.

Die Bruchstücke der Form wurden meist einfach auf dem Boden um den Herd liegengelassen. Tausende von weggeworfenen Stückchen sind bei Ausgrabungen gefunden worden, ein Beleg dafür, wie die Formen gemacht wurden. Ein Model (oft eine Originalbrosche, sonst ein speziell angefertigter Bleiprototyp) wurde in einen präparierten Tonblock gepreßt, oder es wurden dünne Tonschichten auf die Oberfläche aufgetragen, um eine Matrize herzustellen. Dann wurde flüssiges Wachs in die Matrize gegossen und nach dem Erkalten und Erstarren entnommen. Aus einer Matrize konnten mehrere identische Wachspositive gefertigt werden. Der obere Teil der Gußform entstand, indem man Ton um das Wachspositiv preßte und dann erhitzte. Wenn das Wachs schmolz, blieb die eingeprägte Form im gehärteten Ton zurück. Ein Stück wollenen Tuchs wurde mit Wachs getränkt und in die Höhlung der Form gebettet, sodann weiterer Ton darauf gepreßt, um die Rückseite zu formen. Das Ganze wurde erneut erhitzt, und nachdem das Wachs herausgeflossen war, wurden die beiden Hälften getrennt und der Stoff entfernt. Die beiden Teile der Gußform wurden dann wieder zusammengefügt und mit einer dünnen Mischung aus Ton und Wasser bestrichen, um sie fest zusammenzupassen. Die Gußform wurde in die Esse gelegt, um sie aufzuheizen, bevor die geschmolzene Bronze in die von dem wollenen Verschluß geformte Öffnung gegossen wurde.

Mittels dieser Methode konnten viele identische Gegenstände aus einem einzigen Muster hergestellt werden. Eines der am weitesten verbreiteten Bronzeschmuckstücke war die Ovalfibel, von denen viele Hunderte in den Gräbern von Frauen der Oberschicht aus dem 9. und 10. Jahrhundert gefunden wurden. Diese Broschen dienten nicht nur als Schmuck, sondern waren ein fester Bestandteil des Erscheinungsbildes einer Frau hohen Ranges. Sie trug an jeder Schulter eine, um das Kleid zusammenzuhalten. Es wurden so viele mit gleichartigen Verzierungen gefunden, daß man annehmen kann, daß es gleichsam eine Massenproduktion gegeben hat.

Perlenherstellung

Glasperlen wurden ebenfalls zu Tausenden gefertigt. Die meisten Belege für dieses Handwerk stammen aus den

Städten oder Marktzentren des 8. und 9. Jahrhunderts – Ribe, Åhus, Paviken und Kaupang. Die Herstellungsmethoden waren stets identisch: Glasscherben von Trinkgefäßen, die ursprünglich aus dem Rheinland importiert worden waren, lieferten das Rohmaterial (Bruchglas), aus dem die Perlen gemacht wurden. Kleine Würfel aus buntgefärb-

tem Glas, manchmal mit Blattgold bedeckt, wurden hinzugefügt, um verschiedene Farbtöne und Schattierungen zu erreichen. Diese Glaswürfel oder *tesserae* kamen vermutlich aus Norditalien, wo sie für Kirchenmosaiken benötigt wurden, und beweisen, welch große Entfernungen bestimmte Waren zu dieser Zeit zurücklegten.

Links: Beispiele von wikingerzeitlichen Halsketten und Anhängern aus Gotland. Sie enthalten Gold, Silber und bunte Glasperlen. Oben und unten sind Anhänger aus importiertem Bergkristall in hübschen Silberfassungen slawischen Stils zu sehen. Der Satz aus 32 »fischförmigen« Anhängern in der Mitte bildet ein kunstvolles Collier, eine Schmuckform, die es nur auf Gotland gab. Sie bestehen aus vergoldeter Bronze mit aufgelegten Silberplatten mit Niello-Einlagen.

Wie die Bronzeschmiede arbeiteten die Perlenmacher wahrscheinlich im Freien. Ihre Werkzeuge waren auch von einfacher Art: ein Herd, Eisenstäbchen zum Formen der Perlen und eine Reihe von kleinen Metalltellern. Das Bruchglas wurde auf dem Herd erhitzt und ein kleiner Klumpen geschmolzenen Glases auf ein Eisenstäbchen genommen. Dieses wurde gedreht, während das Glas sich schon etwas verfestigte, bevor es auf einer ebenen Fläche gerollt wurde, um eine zylindrische oder kugelförmige Perle zu formen, die man zur Erhärtung vom Stäbchen abstreifte. In dieser Phase konnten zusätzliche Fäden aus buntem Glas hinzugefügt werden, um mehrfarbige Perlen zu erhalten. Man benutzte eine kompliziertere Technik, um Mosaikperlen herzustellen, bei der vielfarbige Glasstäbchen erst zusammengefügt und dann zerschnitten wurden. Perlenmacherwerkstätten erkennt man am Abfall, der die Herde umgibt – Tropfen und dünne Fäden von verschiedenfarbigem Glas fielen während des Herstellungsprozesses zu Boden. Auch einige der Eisenstäbchen sind gefunden worden. Bei Paviken auf Gotland hatte ein Stäbchen noch eine Perle an sich haften; das Glas ist vielleicht abgekühlt und hart geworden, bevor man es vom Stäbchen streifen konnte.

Perlen wurden auch aus anderen Materialien gemacht, insbesondere aus Bernstein – diesen orangenen und braungelben Brocken versteinerten Kiefernharzes, die man an den Stränden rund um die Ostsee (weniger entlang der Nordseeküste Jütlands) sammelte. Auch Spielsteine, Anhänger und Amulette schnitzte man aus Bernstein.

Kammherstellung

Kämme wurden in großer Zahl in allen ausgegrabenen wikingerzeitlichen Städten angetroffen und sind auch in den Gräbern häufig zu finden. Alle Schichten der Gesellschaft müssen Kämme besessen haben: Einige sind höchst kunstvoll verziert (einige der prächtigeren hatten sogar Bronzeintarsien), andere wiederum sind sehr schlicht. Nach den gefundenen Mengen zu urteilen, scheinen die Wikinger immer einen Kamm bei sich getragen, ihn oft benutzt und auch oft verloren zu haben.

Die Kammhersteller waren sehr geschickte und hochspezialisierte Handwerker, die immer einen lebhaften Markt für ihre Waren gehabt haben müssen. Die Kammherstellung fand überwiegend in den Städten statt, und man fand das Rohmaterial, aus dem die Kämme gefertigt wurden (Rothirschgeweih in Südskandinavien, Elchgeweih weiter nördlich), außerdem ganze Kämme, Bruchstücke und Kämme in verschiedenen Fertigungsstadien.

Die Kämme bestanden aus einer Anzahl verschiedener Teilstücke, wobei fast das ganze Geweih genutzt werden konnte. Ein Paar von Rückenplatten wurde aus langen, geraden Stücken geformt, mit einem leicht geschwungenen Grat versehen und mit geometrischen Mustern verziert. Sie wurden dann auf beiden Seiten einer Gruppe von dünnen rechteckigen Streifen befestigt, die schließlich zu Zähnen zurechtgefeilt wurden. Was immer das Rohmaterial war, die wikingerzeitlichen Kämme gleichen sich in bemerkenswerter Weise in Form und Herstellungsmethode, und beinahe identische Exemplare sind fast überall in der Wikingerwelt, von Dublin im Westen bis nach Nowgorod im Osten, gefunden worden. Dies führte zu der Annahme, daß die Kammhersteller Wanderhandwerker waren, die von Ort zu Ort reisten.

Kunststile

Die Wikinger liebten das Ornament. Alle ihre Artefakte, auch ihre Schiffe und Gebäude, waren reich mit dem rastlosen Gewimmel von Verzierungen versehen, die oft die Form stark stilisierter Tiere annahmen. Die von ihnen bevorzugten, sehr charakteristischen Kunststile entwickelten sich aus dem, was vorausging. Während der Wikinger-

zeit wurden jedoch fremde Einflüsse integriert, um höchst originelle Muster typisch skandinavischen Charakters zu schaffen. Erst mit der Ausbreitung des Christentums gewannen europäische Einflüsse die Oberhand, und die letzten Wikingerstile wurden von der westeuropäischen romanischen Kunst und Architektur verdrängt.

Die meisten unserer Informationen über die Wikingerkunst stammen von Grabbeigaben. Daher haben wir ein eher einseitiges Bild, denn die Dinge, die sich erhalten haben, sind hauptsächlich aus Metall und Stein. Nur einige wenige Exemplare geschnitzter Holzarbeiten und verzierter Textilien sind durch glückliche Umstände erhalten geblieben. Sie machen deutlich, daß Kunstschmiede nicht die einzigen Kunsthandwerker waren, die eindrucksvolle Gegenstände herstellen konnten. Zum Zweck der Forschung und des Vergleichs ist die Kunst der Wikinger von Experten in einzelne Stilrichtungen eingeteilt worden. Diese sind nach dem Ort benannt, an dem man zuerst die Gegenstände gefunden hat, die das für den jeweiligen Stil charakteristische Motiv oder die Motivgruppe aufwiesen.

Der Broa-Stil, benannt nach einem Grab bei Broa auf Gotland, zierte Objekte, die in der zweiten Hälfte des 8. Jahrhunderts und Anfang des 9. Jahrhunderts hergestellt und benutzt wurden. Wie alle Stilrichtungen besteht er aus stark stilisierten Tiermotiven, entweder bandförmig und mit Rankenschlingwerk oder mit runderen Körpern. Ein neuer Typ hat kleine Greifpranken – ein Motiv, das »Greiftier« genannt wird. »Greiftiere« sind auch im Osebergstil enthalten, der von etwa 800 bis 875 herrschte. Die Fundstücke in dem auf 834 datierten Bootsgrab von Oseberg, die dem Stil seinen Namen gaben, stellen den größten Teil der wenigen Holzschnitzereien dar, die uns aus der Wikingerzeit erhalten geblieben sind.

Einige Zaumzeugbeschläge aus vergoldeter Bronze, die in einem Grabhügel bei Borre in Norwegen gefunden wurden, gaben dem Borre-Stil den Namen, der ab 850 hundert Jahre lang maßgebend war, vor allem, um persönliche Schmuckgegenstände zu verzieren. Dieser Stil wirkt abstrakter und geometrischer als die vorangehenden, eines seiner Motive besteht aus einer Kette ineinandergreifender Kreise und Quadrate, die man Ringkette nennt. Sowohl der reine Borre-Stil als auch Variationen von ihm schmücken Objekte, die in überseeischen Siedlungen von Island bis nach Rußland gefunden worden sind.

Dasselbe gilt für die übrigen vier Kunststile der Wikinger, obwohl Gegenstände, die außerhalb Skandinaviens gefunden wurden, oft eine verzerrte und provinzielle Form der Stilrichtung aufweisen. Der Jelling-Stil der ersten Hälfte des 10. Jahrhunderts, der nach einem Silberkelch aus dem Grab im Nordhügel von Jelling in Dänemark benannt ist (dendrochronologisch auf 958/9 datiert), wird durch S-förmige Tiere mit bandförmigen Körpern charakterisiert, die sich überschneiden und ineinander verschlingen. Eine Axt aus dem Mammen-Grab, ebenfalls in Dänemark und dendrochronologisch auf 970/71 datiert, repräsentiert den Mammen-Stil der zweiten Hälfte des 10. Jahrhunderts. Wie auch der Ringerike-Stil, der sich größtenteils auf Steinmonumente beschränkt und nach dem Distrikt Südostnorwegens benannt ist, aus dem ein für behauene Steinmonumente verwendeter rötlicher Sandstein kam, ist er für halbnaturalistische Tiere bekannt, die durch verschlungene Pflanzenranken fast verdeckt werden.

Der letzte wikingerzeitliche Stil, der Urnes-Stil, begann um etwa 1050 und dauerte in der gesamten Wikingerwelt bis ins 12. Jahrhundert hinein an. Er ist nach der aus dem 11. Jahrhundert stammenden Stabkirche von Urnes am Sognefjord in Norwegen benannt, deren großartige Holzschnitzereien ein weiteres Denkmal der großen Kunstfertigkeit der wikingischen Handwerker darstellen. Sein Hauptmotiv besteht aus einem eleganten Vierfüßler, der gegen ein schlangenähnliches Wesen kämpft.

Die Kunst der Wikinger

Die skandinavische Kunst der Wikingerzeit war in erster Linie dekorativ, ihre Muster basierten auf verschiedenartigen stilisierten Tieren, obwohl es Perioden gab, in denen verschlungene Bänder oder Pflanzenmotive populär wurden. Die Kunst der Wikinger war gegenüber Einflüssen aus Westeuropa offen, doch wurden Ideen aus dem Ausland nur selektiv übernommen und dem skandinavischen Geschmack angepaßt. Ihre im wesentlichen kontinuierliche Entwicklung ist leicht nachzuzeichnen, obwohl es kurze Perioden künstlerischer Innovation gegeben zu haben scheint, auf die gewöhnlich längere Zeitabschnitte des Konservatismus folgten. Eine solche Periode des Umbruchs (mit dem »Broa-Stil«) fand im 8. Jahrhundert statt, als die Voraussetzungen für die eigentliche Wikingerkunst geschaffen wurden, die mit dem »Oseberg-Stil« einsetzt. Eine zweite vollzog sich im 10. Jahrhundert mit der Schöpfung des sogenannten »Mammen-Stils«, offenbar unter der Ägide König Harald Blauzahns und des dänischen Hofs in Jelling.

Es ist heute üblich, die sich wandelnde Wikingerkunst in sechs aufeinanderfolgende Stilrichtungen einzuteilen: Oseberg – Borre – Jelling – Mammen – Ringerike – Urnes. Doch wenn ein neuer Stil Mode wurde, ersetzte er nicht augenblicklich den alten. Zugleich folgte ein großer Teil des in Massen hergestellten Schmucks kaum den Hauptströmungen künstlerischer Entwicklung. Eine wichtige Innovation während der späten Wikingerzeit war die Einführung der Steinplastik. Vorher hatte es nur die Bildsteine auf Gotland gegeben. Im übrigen haben sich nur wenige szenische Darstellungen aus dem wikingerzeitlichen Skandinavien erhalten, wobei der Wandteppich von Oseberg eine bemerkenswerte Ausnahme darstellt.

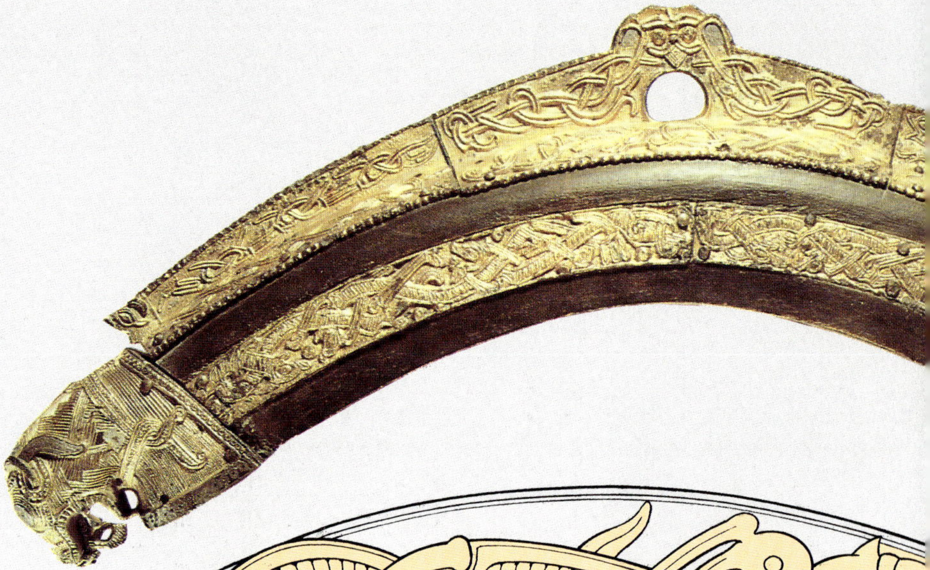

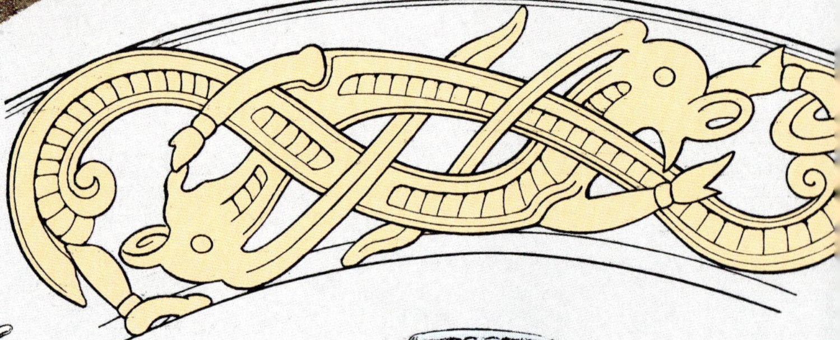

Ganz links: Diese Zaumzeugbeschläge aus vergoldeter Bronze aus Broa auf Gotland (spätes 8. Jahrhundert) zeigen eine Mischung einheimischer Tierkunst und anderer aus Westeuropa übernommener Tiere und Vögel, nicht zuletzt ein charakteristisches »Greiftier«. Die Broa-Motive wurden bei den Schnitzarbeiten von Oseberg verwendet, wie etwa auf dem Schiff *(links)*. Sie bilden die Grundlage für den Oseberg-Stil des 9. Jahrhunderts.

Oben: Ein Anhänger aus einem schwedischen Hort (um 940 vergraben) in der Form eines »Greiftieres« im Borre-Stil mit maskenartigem Kopf, brezelförmigem Leib und greifenden Klauen. Das »Greiftier«, vermutlich angelsächsischen Ursprungs, kam während des 8. Jahrhunderts in die skandinavische Kunst und blieb lange populär, obwohl im Borre-Stil geometrische Motive aus verschlungenen Bändern sehr beliebt waren.

Unten rechts: Das von König Harald um 960 in Jelling aufgestellte Denkmal war zur damaligen Zeit in Dänemark ein einzigartiges Steinmonument. Es wurde bald imitiert, wie auch das neue Motiv, das eine seiner Seiten ausfüllt: ein von einer Schlange umwundener Löwe. Diese neue Dominanz eines einzelnen Motivs ist charakteristisch für den Stil, der nach den Ornamenten auf der Mammen-Axt benannt wurde und in der zweiten Hälfte des 10. Jahrhunderts seine Blütezeit erlebte. Dabei entwickelte sich eine verschwenderische Variante, die auf den Elfenbein-Platten des Bamberger Kästchens *(rechts)* zu sehen ist.

Unten: Die Schlußphase der Wikingerkunst ist nach den großartigen Holzschnitzereien an der Stabkirche von Urnes in Norwegen Urnes-Stil genannt worden. Wieder sind stilisierte Tiere die wichtigsten Motive. Sie bilden die Basis für elegante Gestaltungsformen, die das Aussehen vielschlingiger Muster haben. Ein schönes Beispiel einer Metallarbeit liefert diese kleine Silberbrosche aus Lindholm Høje in Dänemark, obwohl derartige durchbrochene Fibeln in ganz Skandinavien gefunden wurden. Der Stil, dessen Anfänge um 1050 liegen, wurde noch bis ins 12. Jahrhundert angewandt, als sich die Vorliebe für europäisch-romanische Ornamentik auch nach Skandinavien ausbreitete.

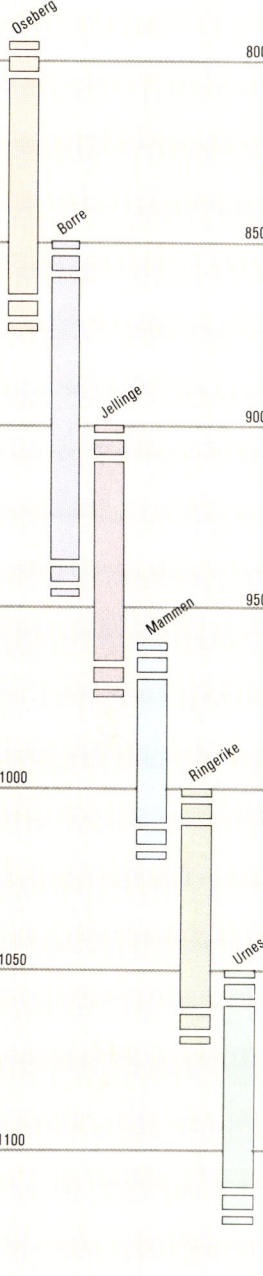

Zeittafel zur Wikingerkunst
Datierung und Dauer der einzelnen Stilperioden.

Oseberg
Borre
Jellinge
Mammen
Ringerike
Urnes

800
850
900
950
1000
1050
1100

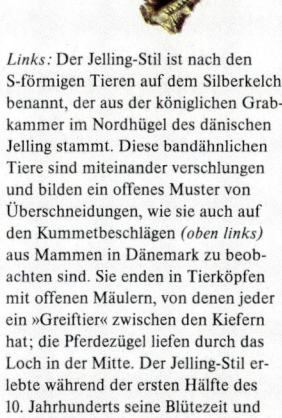

Links: Der Jelling-Stil ist nach den S-förmigen Tieren auf dem Silberkelch benannt, der aus der königlichen Grabkammer im Nordhügel des dänischen Jelling stammt. Diese bandähnlichen Tiere sind miteinander verschlungen und bilden ein offenes Muster von Überschneidungen, wie sie auch auf den Kummetbeschlägen *(oben links)* aus Mammen in Dänemark zu beobachten sind. Sie enden in Tierköpfen mit offenen Mäulern, von denen jeder ein »Greiftier« zwischen den Kiefern hat; die Pferdezügel liefen durch das Loch in der Mitte. Der Jelling-Stil erlebte während der ersten Hälfte des 10. Jahrhunderts seine Blütezeit und überschnitt sich sowohl mit dem früheren Borre-Stil wie auch mit dem nachfolgenden Mammen-Stil.

Links: Die Wetterfahne aus dem norwegischen Heggen stammt wahrscheinlich vom Bug eines Wikingerschiffs; diese Seite zeigt zwei löwenähnliche Tiere, die von dem des Steins von Jelling *(Mitte links)* abstammen, doch nach Art des Ringerike-Stils dichte Rankenbüschel als Mähnen und Schwänze aufweisen. Dieser hatte während der ersten Hälfte des 11. Jahrhunderts seine Blütezeit. Ein typisches Beispiel stellt der Vang-Stein *(rechts)* aus Südostnorwegen dar, auf dem das Tier weniger im Vordergrund steht als das Pflanzenmotiv. Blattmuster westeuropäischen Ursprungs waren während dieser einen Phase spätwikingerzeitlicher Kunst vorherrschend.

BILDUNG UND RELIGION

Die mündliche Überlieferung

Für Menschen, die in einer Buchkultur aufgewachsen sind, ist es schwer zu verstehen, wie Literatur und Bildung ohne sie existieren können. Und dennoch: obwohl die Wikinger keine Bücher hatten, bis sie unter den Einfluß des Christentums kamen, bedeutet dies nicht, daß sie keine Literatur oder sogar eine Art Wissenschaft hatten. Ari Thorgilsson (1067–1148) schrieb sein *Isländerbuch* (eine Geschichte Islands) im frühen 12. Jahrhundert und hatte Ereignisse zu schildern, die gut 250 Jahre früher stattgefunden hatten. Ihm standen keine schriftlichen Aufzeichnungen zur Verfügung, die ihn hätten leiten können. Er bekam sein Material, wie er berichtet, »von den Erzählungen meines Ziehvaters Teit, dem klügsten Mann, den ich kenne, dem Sohn des Bischofs Isleif, und von meinem Onkel Thorkel Gellisson, dessen Erinnerung weit zurückreichte, und von Thurid Snorradottir, die nicht nur gut informiert, sondern auch aufrichtig war.« Mit anderen Worten: er verließ sich auf das Zeugnis von Gewährsleuten, das mündlich von Generation zu Generation weitergegeben worden war: die mündliche Überlieferung.

Auch der Isländer Snorri Sturluson verließ sich auf das Volksgedächtnis, als er im frühen 13. Jahrhundert seine Geschichte der norwegischen Könige schrieb. In seiner Einleitung sagt er: »Bei König Harald Schönhaar [um 900] waren Skalden, und die Leute kennen ihre Gedichte noch, ebenso wie die Gedichte auf alle anderen Könige, die seitdem in Norwegen regiert haben, und wir haben davon die meisten Beispiele genommen, was in den Gedichten gesagt ist, die vor den Herrschern selbst oder ihren Söhnen vorgetragen worden sind. Wir halten das alles für wahr, was in diesen Gedichten über ihre Fahrten oder Schlachten gesagt wird. Es ist ja die Art der Dichter, den am meisten zu loben, bei dem sie zu Gast sind, aber niemand würde es wagen, ihm in seiner Anwesenheit Taten zuzuschreiben, von denen alle Zuhörer genau wie er selbst wüßten, daß sie reine Erfindung wären. Das wäre dann Hohn und nicht Lobpreis.«

Dies ist die eine Art der Bildung, die der kultivierte Wikinger besaß: eine Kenntnis der Geschichte der großen Persönlichkeiten seines Volkes, wie sie in den Gedichten enthalten war, die in der Königshalle vorgetragen wurden. Die Gedichte der Skalden, der professionellen Hofdichter, hatten eine sehr komplexe Form mit kunstvollen Reimen, Rhythmen und Alliterationen. Die Sätze wurden miteinander verschränkt, es wurde ein besonderer Wortschatz verwendet, der weit von der Alltagsrede entfernt war. Die Dichter spielten oft auf Abenteuer oder Eigenschaften der heidnischen Götter Skandinaviens an, die von den Hörern erkannt werden mußten. Diese Gedichte zu verstehen, war schwer, sie zu verfassen noch schwerer. Ein Hofdichter brauchte eine Menge Übung und ein beträchtliches erinnertes Wissen, genauso wie sein Publikum.

Ein anderer Bildungsbereich war das Recht. Die Wikinger waren ein Volk, das große Achtung vor dem Gesetz hatte – auch wenn man dies heute meist vergißt. Das Gesetz wurde von der örtlichen Versammlung (dem Thing) geschaffen und angewendet und im Gedächtnis seiner erfahrenen Staatsmänner festgehalten. Es kontrollierte die Gesellschaft und hielt die Ambitionen großer Männer in Schach, wenn politische Macht und Ansehen sie zu sehr nährten. Wenn man den isländischen Sagas glauben kann,

Links: Eine furchteinflößende Maske schmückt diesen Runenstein aus Århus in Dänemark. Die Inschrift berichtet: »Gunulf und Øgot und Aslak und Rolf errichteten diesen Stein zum Gedenken an Ful, ihren Partner. Er fand seinen Tod ..., als Könige kämpften.«

so waren die Gesetzesverfahren kompliziert und genau geregelt, und die Methoden der Urteilsfindung sowohl in zivilen wie in Strafsachen beruhten auf rigoroser Befolgung einer bestimmten Verhaltensvorschrift. Ein Prozeß konnte verlorengehen, wenn in falscher Form plädiert wurde, wenn die Beisitzer falsch gewählt wurden, wenn die Sache dem falschen Gericht vorgetragen wurde. Deswegen hing der Erfolg vor Gericht von einem Wissen ab, das man weniger durch Lesen als durch Zuhören erwarb, indem man zu Füßen der älteren Gesetzeskundigen saß, die Einzelheiten der gesprochenen Urteile in sein Gedächtnis aufnahm und die Arbeit der Gerichte beobachtete.

Runen

Obwohl sie Bücher nicht kannten, waren die heidnischen Wikinger keine schriftlose Gesellschaft. Sie verwendeten

Die Brücke des Jarlabanki

Jarlabankis Brücke ist eine lange, erhöhte Straße, die durch ein lehmiges Flachland zwischen Täby und Vallentuna führt, gut 15 km nördlich von Stockholm. Sie hat ihren Namen von dem Landbesitzer Jarlabanki, der sie im 11. Jahrhundert erbauen ließ und eine Gruppe von Runensteinen aufstellte, die seine regionale Bedeutung zelebrierten. Vier der noch erhaltenen Steine erwähnen seine »Brücke«. Offenbar standen sie in zwei Paaren an beiden Enden des Dammes; zwei stehen noch immer am Nordende. Ihre Inschriften lauten: »Jarlabanki ließ diese Steine zu seinen Lebzeiten aufstellen, und er baute diese Brücke für sein Seelenheil. Ihm allein gehörte ganz Täby. Gott helfe seiner Seele.« Von den anderen Steinen erfahren wir, daß ihm der ganze Distrikt gehörte, daß er einen Versammlungsplatz baute und einen Weg bahnte. Er war bestrebt, seinen Ruhm und seine Tat christlicher Nächstenliebe festzuhalten, die darin bestand, daß er Reisenden durch die Verbesserung des Wegesystems half.

Unten rechts: Blick auf den Damm vom Nordende aus, das von den noch am ursprünglichen Standort befindlichen Runensteinen flankiert wird. Sie stehen 6,5 m weit auseinander. Die aufrechten Steine, die man weiter hinten am Damm sieht, besitzen keine Inschriften. Andere, kleinere Steine markierten einst seinen Verlauf. Der Damm war aus Steinen errichtet, die man mit Sand und Kies bedeckte. Der Straßenbelag hatte eine Tiefe von annähernd 0,3 m.

nach Vallentuna

Straße

■ Runensteine
▲ Steine ohne Inschrift
- - - Verlauf von Jarlabankis Brücke

0   20   40 m
0   50   100 ft

Graben

neue Straße

alte Straße   nach Stockholm

Oben: Ein Lageplan von Jarlabankis Brücke, der auf einer archäologischen Untersuchung in den dreißiger Jahren unseres Jahrhunderts basiert. Der Damm ist etwa 150 m lang. Die Straße von Stockholm nach Vallentuna folgte zur Zeit dieser Untersuchung noch immer ungefähr dem Verlauf des Dammes, wurde inzwischen jedoch von einer modernen Straße abgelöst.

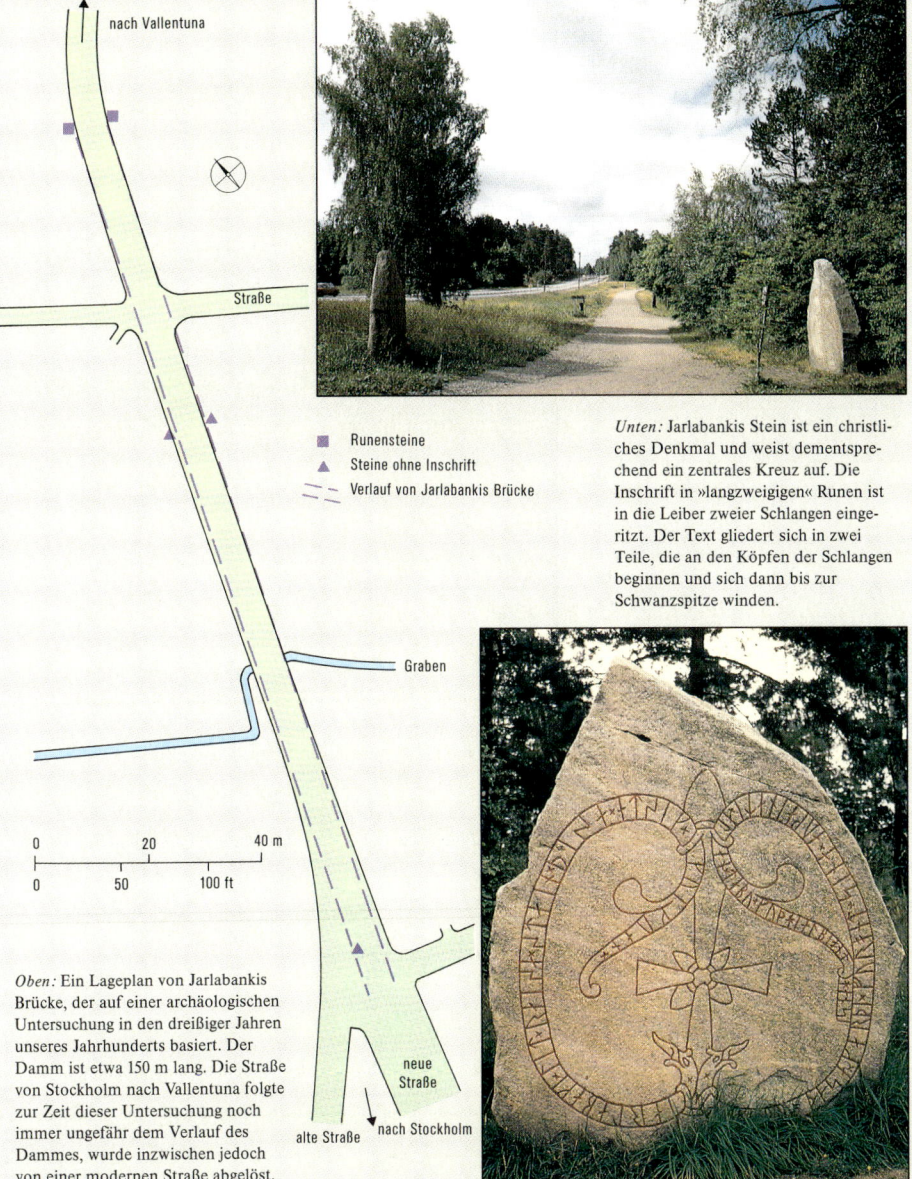

Unten: Jarlabankis Stein ist ein christliches Denkmal und weist dementsprechend ein zentrales Kreuz auf. Die Inschrift in »langzweigigen« Runen ist in die Leiber zweier Schlangen eingeritzt. Der Text gliedert sich in zwei Teile, die an den Köpfen der Schlangen beginnen und sich dann bis zur Schwanzspitze winden.

eine Schrift, deren Buchstaben »Runen« genannt wurden. Es ist heute Mode, den Benutzern des Runenalphabets allerlei magische Kräfte zuzuschreiben. Dies ist Unsinn. Runen waren nichts als eine simple Buchstabenschrift, die verschiedenen Zwecken diente: dem Totengedächtnis, dem Recht, dem praktischen Leben. Magie war nur eine Art ihrer Anwendung und nicht einmal eine besonders wichtige. Die Runenschrift war nicht einmal speziell nordisch. Frühe Runen wurden in verschiedenen Teilen Europas gefunden – in England, in den Niederlanden, in Deutschland und Mitteleuropa ebenso wie in Skandinavien und in Wikingergebieten im weiteren Sinne. Aber im Norden lebten die Runen am längsten und hinterließen die meisten Zeugnisse. Sie erschienen lange vor der Wikingerzeit und blieben noch weit nach der Einführung des Christentums und der lateinischen Schrift, ja bis in die frühe Neuzeit hinein in Gebrauch.

In Skandinavien bildeten sich auch charakteristische, sehr vereinfachte Runenformen heraus. Die Runenschrift besteht eher aus geraden Strichen als aus Kurven, und man nimmt an, daß sie in dieser Form entwickelt wurde, um die Zeichen in Holz schnitzen zu können, da gerade Linien leichter in ein Material mit starker Faserung geschnitten werden können. Bald wurden Runen aber auch auf anderen Materialien angebracht: Knochen, Metall und Stein. Zunächst umfaßte die Runenreihe 24 Zeichen, aber am Beginn der Wikingerzeit hatte sich ihre Zahl auf 16 verringert – nicht genug, um alle Laute der altnordischen Sprache wiederzugeben. Deshalb war die Orthographie sehr exzentrisch, was wiederum die wikingerzeitlichen Runentexte so schwer verständlich macht.

Die eindrucksvollsten Zeugnisse der wikingerzeitlichen Runenschrift finden sich auf den Runensteinen. Diese können die Form von freistehenden Steinen oder Findlingen haben, von Felsplatten mit eingeritzten Texten oder von Steingruppen in kultischer Anordnung, von denen einer oder mehrere eine Inschrift aufweisen. Die meisten Texte scheinen dem Totengedenken gedient zu haben, obwohl moderne Forscher die Ansicht vertreten, daß einige von ihnen eine juristische Funktion hatten. Typischerweise gibt eine Runensteininschrift den Tod einer bedeutenden Person (manchmal weit von der Heimat entfernt) öffentlich bekannt und macht damit deutlich, daß die Erben den Besitz übernehmen. Oft wird detailliert über die Ländereien berichtet, die der Tote besaß, und es werden seine Verwandten und ihr Verwandtschaftsverhältnis erwähnt. Eine Inschrift dieser Art findet sich auf einem Stein in Hällestad, Skåne, Schweden: »Asgaut errichtete diesen Stein zum Gedenken an Ærra, seinen Bruder; und er war Tokis Gefolgsmann. Jetzt soll der Stein auf dem Berg stehen.«

Runentexte können aber auch aussagekräftiger sein und Details über die Leistungen eines Menschen, die Umstände seines Todes, sein Verhältnis zu bedeutenden Personen, das Ausmaß seines Landbesitzes usw. enthalten. Der Runenstein von Dalum, Västergötland, Schweden, gibt z. B. an: »Toki und seine Brüder errichteten diesen Stein zum Gedenken an ihre Brüder. Einer von ihnen fand den Tod im Westen, die anderen im Osten.« Oder der rätselhafte Stein von Rada, ebenfalls Östergötland: »Thorkel setzte diesen Stein zum Gedenken an Gunni, seinen Sohn, der den Tod fand, als die Könige gegeneinander kämpften.« Es bleibt die Frage, um welche Könige es sich wohl gehandelt haben könnte.

Manchmal gehen runische Grabschriften – wie jene aus späterer Zeit – in Verse über. Dies gilt auch für eine Inschrift auf dem Stein von Gripsholm, Södermanland, Schweden, der zu einer Gruppe von Steinen gehört, die von einer Wikingerexpedition nach Serkland berichten – einer Gegend mit dunkelhäutigen Menschen (vermutlich ein arabisches Gebiet) –, die in einer Katastrophe endete

Runen

Das skandinavische Runenalphabet besitzt seine eigene besondere Buchstabenfolge; sein Name *futhark* ist aus den ersten sechs Zeichen gebildet. In der Wikingerzeit gab es zwei Hauptvarianten, doch sie wurden nicht streng auseinandergehalten, und Schreibweisen des einen Futhark wurden bisweilen vom anderen übernommen. Die beiden Typen sind als gewöhnliche (oder dänische) Runen bzw. als Kurzzweig-Runen (oder Rök-Runen, Stutzrunen oder schwedisch-norwegische Runen) bekannt. Weil sie zum Ritzen in Holz oder Stein gedacht waren anstatt zum Schreiben mit einer Feder, bestehen Runen gewöhnlich aus geraden Linien – ein einzelner vertikaler Stamm und ein oder mehrere schräge Striche oder Bögen. Die Kurzzweig-Runen sind einfacher als die Langzweig-Runen und könnten für weniger förmliche Inschriften entwickelt worden sein – z. B. für Briefe oder Eigentumsmarkierungen.

Die frühen Futharks waren nicht sehr leistungsfähig, denn es gab nicht genügend Zeichen, um jeden Laut einer Sprache zu repräsentieren, und sie waren ungleichmäßig verteilt. So existierten beispielsweise keine Zeichen für die häufig auftretenden Vokale o und e, obwohl es zwei Varianten für a gab. Bei den Konsonanten hatte man keine speziellen Zeichen für d, g und p – statt dessen benutzte man t, k und b. Die runische Schreibweise war daher unpräzise, da Laute nur annähernd repräsentiert wurden. Auch die »Rechtschreibung« war nicht konsistent, verschiedene Runenmeister gaben ein Wort auf unterschiedliche Art wieder, so daß Runeninschriften oft schwer zu deuten sind. Gegen Ende der Wikingerzeit schuf man neue Runen, um die Lücken im Zeichensystem zu schließen.

Oben rechts: Stilisierte Zeichnungen der gewöhnlichen und der kurzzweigigen Runenreihe. Die Formen, die den einen Typ vom anderen unterscheiden, sind *h, n, a, s, t, b* und *m.* Die gewöhnlichen Runen *(oben)* wurden üblicherweise in Dänemark und gelegentlich anderswo verwendet, oft auf Monumenten. Kurzzweig-Runen *(darunter)* benutzte man gewöhnlich in Norwegen und Schweden und in deren Kolonien. Eine Mischung beider Schriften scheint typisch für die Runendenkmäler auf der Insel Man gewesen zu sein. Diese beiden Varianten, zusammen als das Jüngere Futhark bekannt, entwickelten sich im Jahrhundert vor der Wikingerzeit aus dem Älteren Futhark mit seinen 24 Zeichen. Die beiden Runenreihen wurden während der gesamten Wikingerzeit benutzt. Als das Christentum sich in der skandinavischen Welt ausbreitete, wurden sie jedoch allmählich von der lateinischen Schrift abgelöst.

Rechts: Dieses feierliche Steinensemble in Björketorp in Blekinge in Schweden (früher ein Teil Dänemarks) steht noch immer an seinem ursprünglichen Standort. Zwei der Steine tragen keine Inschriften. Der dritte, der 4 m hoch ist, trägt einen Runentext, dessen Sprache ihn als in der Tat sehr alt ausweist. Vielleicht stammt er schon aus dem 7. Jahrhundert. Seine Runenzeichen sind von archaischer Form. Man kann die Inschrift nicht gänzlich verstehen, doch sie spricht von »Zauberrunen« und beschwört einen Fluch auf jeden herab, der die Gedenkstätte zerstört. Der Zweck dieser Steinsetzung ist unbekannt.

Unten: Ein Kammbehälter aus Hirschgeweih, der aus dem englischen Lincoln stammt und auf das 10. oder 11. Jahrhundert datiert wurde. Er trägt eine Inschrift in gewöhnlichen Runen: *kamb: koþan: kiari: þorfastr* (»Einen guten Kamm machte Thorfastr«).

Gewöhnliche (dänische) Runen

f u þ a/o r k h n i a s t b m l R

Kurzzweig-Runen (schwedisch-norwegische Runen)

f u þ a/o r k h n i a s t b m l R

und einer Reihe von abenteuerlustigen jungen Männern den Tod brachte:

Tola ließ diesen Stein errichten zum Gedenken an ihren Sohn Harald, Ingvars Bruder:

*Sie fuhren mannhaft in die Ferne nach Gold
und gaben im Osten dem Adler (Speise).
Sie starben im Süden, in Serkland.*

Einige Runensteine sind dezidiert heidnisch und enden mit Sätzen wie: »Möge Thor diese Runen weihen.« Aber Runensteine gab es auch noch in christlicher Zeit, und dann können sie eine Bitte an Gott enthalten, wie der Stein von Valleberga, Skåne: »Sven und Thorgot errichteten dieses Denkmal zur Erinnerung an Manni und Svenni. Gott helfe ihrer Seele! Sie liegen in London.«

Ein Herrscher konnte einen Stein errichten zum Gedenken an einen Gefolgsmann, der in seinen Diensten fiel, wie es ein König bei Haithabu, Schleswig, tat: »König Sven setzte diesen Stein zum Gedenken an Skarthi, seinen Gefolgsmann, der nach Westen gefahren war, aber nun bei Haithabu fiel.« Dies bezieht sich darauf, daß der dänische König Sven (wahrscheinlich Gabelbart) Haithabu belagerte und gegen eine schwedische Besatzungsmacht eroberte. Wenn jemand seinen Nachkommen oder seinem Fürsten nicht traute, kam es vor, daß er sich selbst einen Stein setzte. So heißt es auf einem Stein von Väsby in Uppland, Schweden: »Ale ließ diesen Stein nach sich selbst errichten. Er erhob Knuts Tribut in England. Gott helfe seiner Seele.« An einem Wikingerraubzug in England teilzunehmen, war kaum ein christliches Werk, aber Ale hielt es für ein berichtenswertes Ereignis in seinem Leben. Für den Historiker ist es ein wichtiger Hinweis, daß die Wikingerarmee des dänischen Königs Knut schwedische Söldner in ihren Reihen hatte.

Aber natürlich waren es nicht nur Männer, deren auf Runensteinen gedacht wurde, obwohl diese ohne Zweifel dominieren. Der großartigste norwegische Runenstein stammt aus Dynna, Hadeland. Es ist ein hoher, schlanker Pfeiler, der mit Abbildungen der drei Magier, des Jesuskindes und des Weihnachtssterns geschmückt ist. Der Text berichtet von einem Akt christlicher Nächstenliebe, dem Bau einer Brücke für den müden Wanderer: »Gunnvor, Trydriks Tochter, erbaute die Brücke zum Gedenken an Astrid, ihre Tochter. Die war das geschickteste Mädchen in Hadeland.«

Es gibt Inschriften auf anderen Objekten als Steinen, aber dies sind oft genug prosaische Besitzvermerke wie auf einem keltischen Kistchen, das man in Norwegen gefunden hat (der genaue Fundort ist unbekannt) und dessen Text lautet: »Dieses Kistchen gehört Rannveig.« Interessanter ist eine Halbstrophe auf einem silbernen Halsring aus einem Schatzfund von Senja, Troms, Norwegen. Er lautet: »Wir statteten den Kriegern Frieslands einen Besuch ab und teilten die Kriegsbeute.«

Runeninschriften sind in manchen Teilen Skandinaviens häufig, in anderen selten. Warum, wissen wir nicht. Es mag ein Indiz für eine relativ große Bevölkerungsdichte sein, spiegelt wahrscheinlich aber auch die sozialen und politischen Verhältnisse: manche Gesellschaftsschichten könnten ein größeres Interesse daran gehabt haben, Runendenkmäler zu errichten, als andere; in einigen Gegenden könnte mehr Geld für einen solchen Luxus zur Verfügung gestanden haben. Nach Schätzungen haben sich allein in Schweden mehr als 2500 Runeninschriften aus der Zeit vor 1300 erhalten, viel weniger, vielleicht 350, in Dänemark und noch weniger in Norwegen, wenn man von den jüngsten Ausgrabungen in spätwikingerzeitlichen Städten absieht. Die Wikinger hinterließen aber auch Inschriften in einigen ihrer Kolonialgebiete: in Westrußland, an der deutschen Nordseeküste, auf den Orkneys, den

Der Rökstein in Östergötland gehört zu den eindrucksvollsten Runensteinen Schwedens. Er trägt die längste bekannte Inschrift, und sie füllt dichtgepackt den gesamten verfügbaren Raum aus. Geschrieben wurde sie mit Kurzzweig-Runen von Varin zum Gedenken an Væmod, seinen toten Sohn. Sie stammt aus der frühen Wikingerzeit und ist ein unschätzbares literarisches Dokument. Sie enthält eine achtzeilige Strophe und zahlreiche Anspielungen auf verlorene Lieder und Legenden aus älterer Zeit.

Shetlands, den Hebriden, in Irland und auf der Insel Man, in bestimmten Regionen Englands und auf dem schottischen Festland. Dennoch gibt es überraschende Lücken, denn weder auf Island noch in der Normandie scheint es wikingerzeitliche Runeninschriften zu geben, obwohl beide Gebiete von Wikingern besiedelt wurden. Die Insel Man in der Irischen See ist ein Sonderfall, denn trotz ihrer Winzigkeit besitzt sie gut 30 erhaltene Runensteine, wobei die Namen in den Inschriften auf die Mischung einer nordisch und einer keltisch sprechenden Bevölkerung hinweisen. Auch hier bewahren die Runensteine historische Informationen, die andere Quellen nicht liefern.

Die Runenschrift war ein praktisches Medium, denn ein Wikinger konnte überall ein Stück Holz finden, um eine Nachricht hineinzuschneiden, und immer hatte er ein Messer am Gürtel. Die Zeichenformen sind leicht zu lernen und einfach zu schnitzen. Aber die Schrift war kaum dazu geeignet, längere Texte aufzuschreiben, auch wenn gelegentlich ein Gedicht von bis zu acht Zeilen auf einen Stab oder sogar einen stehenden Stein geschrieben wurde. So bewahrt ein Gedenkstein auf einen dänischen Fürsten bei Karlevi auf der schwedischen Insel Öland eine Strophe im komplizierten *dróttkvætt* (»Hofton«), einem Metrum, das von den Skalden, den professionellen Dichtern im wikingerzeitlichen Skandinavien, häufig verwendet wurde.

Die isländischen Sagas

Obwohl eine Bedeutung des isländischen Wortes *saga* »Geschichte« ist, sind nicht alle Werke, die wir heute Sagas nennen, historischen Inhalts. Doch das meiste von dem, was wir an historischen Informationen über das wikingerzeitliche Skandinavien haben, verdanken wir zwei Haupttypen von Prosaerzählungen, den *Königssagas (Konungasögur)* und den *Isländersagas (Islendingasögur)*. Da diese aber größtenteils im 13. Jahrhundert, also etwa zwei Jahrhunderte nach dem Ende der Wikingerzeit, aufgeschrieben wurden, bedarf ihre Zuverlässigkeit als historische Quelle einer sorgfältigen Untersuchung.

Die *Königssagas* beginnen mit einigen rein sagenhaften

Erzählungen von frühen norwegischen Herrschern und fahren fort mit einer Lebensbeschreibung Harald Schönhaars, des ersten Königs über ganz Norwegen, dessen Regierungszeit nach der herkömmlichen Datierung 870 begann. Daran schließt sich eine lückenlose Aufeinanderfolge der norwegischen Könige an bis zum Ende der Wikingerzeit und darüber hinaus. Harald hatte viele Söhne, und die norwegische Geschichte nach ihm besteht hauptsächlich aus dynastischen Streitigkeiten zwischen verschiedenen Zweigen seiner Familie, unterbrochen durch schwierige Perioden, wenn mächtige nichtkönigliche Familien, wie die des großen Jarls Hakon von Lade (jetzt ein Vorort von Trondheim), weite Teile des Landes kontrollierten. Es gab oft Streit mit den mächtigen freien Bauern und Landbesitzern, welche die regionalen Thingversammlungen im frühmittelalterlichen Norwegen beherrschten. Die Sagas berichten auch von den Beziehungen zwischen den norwegischen Herrschern und denen der skandinavischen Nachbarländer. Obwohl die Sagas oft Skaldengedichte zitieren, um ihren Aussagen historische Autorität zu verleihen, sind ihre Erzählungen doch episodisch und voller persönlicher Anekdoten, in denen die Abenteuer von Isländern am norwegischen Hof einen besonderen Platz einnehmen.

Die *Isländersagas* auf der anderen Seite berichten von den frühen Besiedlern Islands (in der Zeit von 870–930) und ihren Nachkommen über eine ganze Reihe von Generationen hinweg. Sie befassen sich mit dem Verlauf der frühen Besiedlung und den Überlebensproblemen in einer feindlichen Umwelt, mit dem Versuch der Etablierung einer Rechtsordnung und den Auseinandersetzungen mit den herkömmlichen Methoden, Meinungsverschiedenheiten zwischen mächtigen Sippen beizulegen, wie Blutrache und Bußezahlungen. Sie werden oft Familiensagas genannt, weil sich ihre Handlung auf Familienbeziehungen und Heiratsverbindungen konzentriert. Sie variieren in der Länge von einer kurzen Erzählung bis zur Größe eines umfangreichen Romans, wie z. B. bei der *Njals saga*. Einige, wie die *Saga von Egil Skallagrímsson*, berichten von den Taten der Isländer im Ausland, als Händler, Abenteurer oder Dichter an den Höfen skandinavischer Herrscher. Andere, wie die *Saga von Gisli Sursson*, schildern das gejagte Leben eines Geächteten in Island und seinen Kampf ums Überleben. Wieder andere beschränken sich auf die frühe Geschichte einer bestimmten Region, wie die *Eyrbyggja saga*, die auf der Halbinsel Snæfellsnes in Westisland spielt.

Die *Isländersagas* sind in einem schlichten, geradlinigen Erzählstil geschrieben. Das gibt ihnen in Verbindung mit den Details des täglichen Lebens und der Arbeitsbedingungen im mittelalterlichen Island den Anschein von Authentizität, der einige Leser dazu veranlaßt hat, sie als historisch zuverlässige Nachrichten vom Leben der Wikingerzeit zu betrachten. Nach moderner Auffassung werden sie jedoch eher als eine Art historischer Romane gesehen, die – oft auf der Grundlage von Fakten oder Lokaltraditionen – in späterer Zeit phantasievoll ausgeschmückt wurden.

Skaldendichtung

Obwohl, wie wir gesehen haben, Skaldendichtungen bisweilen mit Runen auf Steine oder Hölzer geritzt wurden, gelangte der größte Teil unseres Wissens über sie auf einem ganz anderen Weg zu uns. Mit der Ankunft des Christentums übernahmen die Skandinavier den Gebrauch der lateinischen Schrift, und sie begannen bald, Texte in altnordischer Sprache aufzuschreiben: die ältesten erhaltenen Niederschriften stammen aus dem 12. Jahrhundert, nach dem Ende der Wikingerzeit. Eines der Hauptthemen, welche die Skandinavier interessierten, besonders die Norweger und Isländer, war die Geschichte ihrer eigenen Länder. Sie macht, wie schon erwähnt, den Stoff eines Teils ihrer bedeutendsten mittelalterlichen Prosaliteratur aus, der *Königssagas (Konungasögur)* und der *Isländersagas (Islendingasögur)*. Um sich mit Material zu versorgen, befaßten sich die Schreiber dieser Sagas, wie u. a. der Isländer Snorri Sturluson selbst berichtet, mit der Skaldendichtung, die historische Themen behandelte.

Skaldendichtung wurde für den öffentlichen Vortrag verfaßt und lebte weiter durch Rezitation und Memorieren. Ihre charakteristische Form – die Reime und Alliterationen – müssen entwickelt worden sein, um dem Vortragenden

zu helfen, die Form jedes Verses im Gedächtnis zu behalten. Die Sagaschreiber des 12. und 13. Jahrhunderts zitierten diese Dichtung, um ihre Prosa zu illustrieren, der Handlung Nachdruck zu verleihen oder ihre Darstellung zu untermauern, und so ist sie auf uns gekommen. Weil die Verse schwerverständlich und kompliziert in der Form waren, haben spätere Abschreiber oft Teile mißverstanden und Strophen kopiert, ohne sie ganz zu begreifen. Andere Prosaautoren dichteten wohl Verse hinzu, um ihrer Erzählung größeres Gewicht oder den Anschein von Authentizität zu geben. Diese Verse sind von den echten wikingerzeitlichen Texten zu trennen. Aus all diesen Gründen ist das Studium der skaldischen Texte voller Probleme.

Einige der erhaltenen Gedichte sind »lose Verse«, wie sie die Isländer nennen, einzelne Strophen, die aktuelle Umstände oder Ereignisse kommentieren. Andere haben die Form von Strophengruppen, die längere Gedichte bilden, oft zur Ehre von Königen oder Heerführern vorgetragen. Sie zeigen unterschiedliche Grade formaler Komplexität; manchmal gibt es einen Refrain. Offenbar existierte ein Verhaltenskodex für die Art, ein Gedicht zu präsentieren, und es muß wichtig gewesen sein, zu wissen, welcher Führer eine *drapa* beanspruchen konnte – die einen Refrain hatte – und wer mit einem *flokkr* abgespeist werden konnte, der keinen hatte.

Leider haben wir keine zeitgenössischen Aussagen darüber, wie ein Skalde sein Gedicht vor seinem auserwählten Fürsten vortrug, und sind daher auf spätere Berichte angewiesen. Diese dürften einen guten Teil Erfindung enthalten. Offenbar mußte ein Preisgedicht auf einen großen König öffentlich vorgetragen werden – es machte keinen Sinn, jemandem im privaten Kreis zu huldigen. Dies bedeutete, daß der Vortrag des Gedichts mit all dem Lärm in der Königshalle konkurrieren mußte. So war es üblich, mit einer Bitte um Gehör zu beginnen. Dann folgte eine Reihe von Strophen über die Eigenschaften des Königs, der gewöhnlich als kriegerisch und erfolgreich geschildert wurde. Es war klug, wenn der Dichter auch die Großzügigkeit des Königs hervorhob, denn schließlich war Dichten sein Beruf, und er rechnete mit einer Entlohnung. Ein größeres

Gedicht konnte 20 oder mehr Strophen umfassen und eine dreiteilige Struktur mit parallelen Anfangs- und Schlußteilen aufweisen, die einen Mittelteil von Strophen und Refrains einrahmten.

Nicht alle Gedichte sind jedoch Preisgedichte. Der Skalde war weniger abhängig von seinem Patron als andere Höflinge, da er kein ständiges Mitglied des königlichen Gefolges war. So konnte er manchmal überredet werden, dem König einen unangenehmen Ratschlag weiterzugeben. Sigvat Thordarson war im 11. Jahrhundert Hofdichter des norwegischen Königs Magnus, dessen Vater Olaf Haraldsson versucht hatte, Norwegen zum Christentum zu bekehren, und 1030 in der Schlacht von Stiklestad bei Trondheim getötet worden war. Als Magnus auf den Thron kam, begann er, an den Widersachern seines Vaters Rache zu nehmen, und machte sich ausgesprochen unbeliebt. Eine Gruppe am Hof wählte Sigvat für die Aufgabe, Magnus die Unklugheit seines Vorgehens klarzumachen. In einem Gedicht, das er »Offen gesprochene Verse« nannte, warnte ihn Sigvat vor den Gefahren, denen er sich aussetzte, wenn er sein Verhalten nicht änderte, und beschrieb die Eigenschaften, die ein guter König haben sollte.

Die Skaldendichtung unterscheidet sich dadurch vom Großteil der übrigen altnordischen Dichtung, daß die Namen der Dichter bekannt sind und die Verse einzelnen Skalden zugeschrieben werden können. Was überlebt hat, kommt hauptsächlich aus Westskandinavien, und die Dichter sind Norweger oder, ein wenig später, meist Isländer. Einige Gedichte haben sich vom dänischen Hof erhalten, und es gab vermutlich auch schwedische Skalden, obwohl wir ihre Werke nicht kennen; kleinere Höfe, wie der der Orkney-Jarle, hatten ebenfalls ihre Dichter.

Die Edda-Dichtungen

Die schwierige, oft bizarre Sprache der Skaldendichtung und die Komplexität ihrer Metren veranlaßte den Dichter und Historiker Snorri Sturluson, wahrscheinlich um 1220, ein Handbuch für die jungen Dichter zusammenzustellen, die ähnliche Verse verfassen wollten. Wir nennen es die *Jüngere Edda* oder *Prosa-Edda*, und es ist eines der bedeutendsten auf uns gekommenen Werke aus dem mittelalterlichen Island. Es ist in drei Teile gegliedert. Der letzte heißt »Metrenaufzählung« und enthält über 100 Beispiele verschiedener Versmuster mit Snorris Kommentar und Beschreibung. Die ersten beiden Teile behandeln Inhalt und Sprache der Skaldendichtung. Sie erklären die mythologischen und auf Helden bezogenen Anspielungen dieser Dichtung und die Worte, die sie benutzt, um die unterschiedlichen dichterischen Gegenstände zu benennen.

Einen großen Teil seiner Informationen bezog Snorri von einem anderen Typ früher Dichtung, der *Älteren Edda* oder *Lieder-Edda*. Eddische Dichtung ist anonym und formal meist viel einfacher als skaldische. Der größte Teil dieser Dichtung ist in einer einzigen Handschrift, dem *Codex regius*, überliefert, der sich früher in der königlichen Biblio-

Oben: Auf der Insel Drangey im Skagafjord (Nordisland) spielt eine Schlüsselepisode in der *Saga vom starken Grettir.* Der Titelheld Grettir ist wegen Totschlags geächtet worden und hat als letzten Ausweg Zuflucht auf der abgelegenen Insel Drangey gefunden – einer natürlichen Festung, von allen Seiten von steilen Felswänden umgeben –, wo er sich von Seevögeln und ihren Eiern ernähren kann sowie von den Schafen, die dorthin zur Sommerweide gebracht worden sind.

Rechts: Eine Seite aus der *Flateyjarbók*, die uns zeigt, wie sich ein Isländer des ausgehenden 14. Jahrhunderts den Tod Olafs des Heiligen 1030 in der Schlacht von Stiklestad in Norwegen vorstellte. Diese Miniatur ist eingebettet in eine Initiale der Saga Olafs, die im frühen 13. Jahrhundert verfaßt wurde. Die Illustrationen am Fuß der Seite zeigen, wie Olaf einen wilden Eber und ein weibliches Seeungeheuer tötet.

Die heidnischen Götter

Die heidnischen Gottheiten Skandinaviens bilden zwei Gruppen. Die meisten gehören dem nordischen Göttergeschlecht der Asen *(Æsir)* an, aber es gibt auch die wichtige – und einflußreiche – kleinere Gruppe der Wanen *(Vanir)*. Die beiden Gruppen hatten sehr verschiedene Eigenschaften und Verhaltensweisen, und die Unterscheidung zwischen ihnen scheint noch aus der Vorwikingerzeit zu stammen. Im spätnordischen Mythos werden die Götter als zwei gegeneinander kämpfende Stämme dargestellt, die nach einer langen Zeit des Konflikts zu einer Einigung kommen, wobei Geiseln ausgetauscht werden. Dies erklärt die Präsenz der Wanen – der Götter des Reichtums, der Fruchtbarkeit und der Sinnenfreuden – unter den Asen.

Njörd mit seinem Sohn Freyr und seiner Tochter Freyja sind Wanen. Njörd ist ein Gott der Seereisen und der kaufmännischen Unternehmungen, des Geldes und des Besitzes, während seine Kinder Götter der Fruchtbarkeit und körperlichen Liebe sind: Freyr und Freyja hatten ein Inzestverhältnis, das unter den Asen nicht akzeptiert wurde. Die Wanen und insbesondere Freyja werden mit der Praxis des *seidr* in Verbindung gebracht, einer Form der Magie, die es ermöglichte, andere zu kontrollieren und spezielles Wissen zu erlangen. Sie führte aber auch zu einer Verweiblichung, einem Zustand, der für die meisten Nordmänner inakzeptabel war.

Zur größeren Göttergruppe, den Asen, gehören einige der berühmtesten nordischen Gottheiten, unter anderem die beiden großen Götter Odin und Thor. Diese stehen zueinander im Kontrast. Odin ist eine komplexe Gestalt mit vielen Attributen, von denen einige unheimlich anmuten. Er ist mächtig, doch trügerisch und in der Magie bewandert. In Verkleidung greift er oft in die Angelegenheiten der Menschen ein. Er ist eine Art Kriegsgott, denn er unterstützt große Krieger, doch oftmals endet es damit, daß er durch Verrat ihren Tod verursacht. In späteren Erzählungen wird er als Gott der professionellen Soldaten dargestellt. Seine bevorzugte Waffe ist der mächtige Speer Gungnir. Er reitet ein achtbeiniges Pferd mit dem Namen Sleipnir. Er lebt in Walhall, wo er berühmte Kämpfer, die in der Schlacht gefallen sind, versammelt, um sich auf Ragnarök, den letzten Tag, vorzubereiten.

Thor ist ein schlichterer und weniger intelligenter Gott, mehr der Gott des einfachen Mannes. Er ist von großer Körperkraft. Bewaffnet mit seinem mächtigen Hammer Mjöllnir, kämpft er gegen Riesen und Ungeheuer und verteidigt Asgard, den Wohnsitz der Götter. In einigen seiner Abenteuer wird er vom Gott Loki begleitet, einer schillernden Gestalt, die manchmal als gewitzter und schelmischer Gefährte, aber auch als verschlagene und treulose Person dargestellt wird, deren Aktionen letztlich die Herrschaft der Götter im Ragnarök beenden wird. Es war auch Loki, der den Tod des schönen und geliebten Gottes Balder (altnord. Baldr) herbeiführte.

Einer der weniger gut bekannten Götter ist Tyr, der Gott der Krieger. Nur ein großer Mythos über ihn hat sich gehalten: er hat nur eine Hand, weil der Wolf Fenrir die andere abgebissen hat, als er versuchte, aus einer Fessel zu entkommen, die ihm die Götter angelegt hatten. Ein weiterer kaum bekannter Gott ist Heimdall. Er bewacht den Weg nach Asgard und wird sein Warnhorn am Beginn des großen Tags von Ragnarök erschallen lassen. Wir kennen auch die Namen zahlreicher Göttinnen, darunter Frigg, die Gefährtin Odins, Nanna, die Balders Frau ist, und Sif, die mit Thor verheiratet ist. Aber nur Freyja spielt in den überlieferten Mythen eine größere Rolle.

Links: Diese phallische Figur stellt vermutlich den Fruchtbarkeitsgott Freyr dar, dessen Götzenbild im Tempel von Uppsala (nach dem Bericht Adams von Bremen) mit einem großen erigierten Penis ausgestattet war. Als Fruchtbarkeitsgott war Freyr ein Schutzpatron der Bauern, und besonders fruchtbare Felder wurden nach ihm benannt: *Freysakr*, »Freyrs Acker«. Diese kleine Bronzefigur (6,9 cm hoch) stammt aus Rällinge in Södermanland, Schweden.

Links: Dieser Anhänger aus gegossenem Silber aus Schweden (10. Jahrhundert) stellt eine Frauengestalt dar, die ein Trinkhorn darreicht. Sie ist wahrscheinlich eine Walküre, ein Wort mit der Bedeutung »Wählerin der Erschlagenen«, und heißt einen toten Krieger in Odins Halle Walhall willkommen. Diese übernatürlichen Frauen hatten die Aufgabe, die größten Kämpfer unter den in der Schlacht getöteten Männern auszuwählen, die in Odins Heerschar gebraucht wurden, um beim Ragnarök gegen die Ungeheuer zu kämpfen.

Links: Dieses kleine Bronzefigürchen (6,7 cm hoch) aus Nordisland stellt wahrscheinlich den Gott Thor dar, der seinen Hammer Mjöllnir in Händen hält – einen der größten Schätze der Götter, da er Thor hilft, sie gegen die Riesen und Ungeheuer zu verteidigen, die die Götter vernichten wollen. Er wurde von einem der Zwerge geschmiedet, ein Volk, das für seine Kunstfertigkeit bekannt war. Thor benutzt seinen Hammer sowohl als Wurfwaffe wie auch zum Zuschlagen, und er verkörpert wohl Blitz und Donner.

Oben: Dieses Detail von einem Bildstein aus dem 8. Jahrhundert aus Tjängvide auf der Insel Gotland zeigt einen Mann auf einem achtbeinigen Pferd. Es soll vermutlich Odins Pferd Sleipnir darstellen. In einem frühen Text als »das beste aller Rosse« beschrieben, war Sleipnir das Ergebnis einer Vereinigung zwischen dem Gott Loki (in der Gestalt einer Stute) und einem Riesenhengst.

Rechts: Diese Figur eines Kämpfers trägt einen Helm, der von einer Ebergestalt gekrönt wird. Der Gott Freyr besaß einen Eber namens Gullinbursti (»Goldborste«), der von demselben Zwerg geschaffen war, der auch Thors Hammer schmiedete. Er konnte schneller galoppieren als jedes Pferd und erhellte die finsterste Nacht mit dem Glanz seiner Borsten. Der Eber auf diesem Helm deutet möglicherweise auf einen Krieger, der unter Freyrs Schutz stand. Ein altnordisches Wort für einen adligen Kämpfer, *iöfurr*, bedeutet wörtlich »wilder Eber«.

von dem alle Reifriesen der Welt abstammen. Dann formte es eine Kuh, Audhumla, die das salzige gefrorene Eis leckte. Sie leckte eine menschenförmige Gestalt aus dem Block; dies war Buri, von dem die meisten großen Götter abstammen. Die Götter Odin, Vili und Ve töteten Ymir und formten aus seinem Körper die Struktur dieser Welt, des Meeres, des Himmels und der Wolken; in dieser Welt lebt eine Vielzahl von Wesen: die Götter selbst, Menschen, Zwerge, Elfen und Riesen verschiedener Art.

Es gibt auch eine Anzahl schrecklicher Ungeheuer, die den Göttern am letzten Tag, dem Ragnarök, zusetzen werden. Die berühmtesten sind der Wolf Fenrir und die Weltschlange Midgardsorm, auch Jormungand genannt. Die meiste Zeit ist man vor diesen Ungeheuern sicher: Fenrir ist gefesselt und an einen Felsen gekettet, Jormungand auf dem Grund des Meeres. Wenn Ragnarök kommt, werden sie sich befreien und sich mit den Mächten der Finsternis, dem bösen Gott Loki und einer düsteren Gruppe von Feuerdämonen und Riesen, vereinigen. Sie werden die Götter angreifen, die nach heldenhaftem Kampf fallen werden, und die Welt wird vom Feuer vernichtet. Die Götter haben dies vorhergesehen, und deshalb hat Odin in Walhall ein Heer großer Kämpfer aus den im Kampf gefallenen Helden zusammengestellt, aber er weiß schon vor der Schlacht, daß sein Widerstand vergeblich ist und er und sein Geschlecht dem Untergang geweiht sind. Für ein Kriegergeschlecht ist dies eine passende Mythologie, in der Totschlag und Verrat alltäglich sind und ein großer Mann sich im Kampf gegen ein Schicksal beweist, dessen Unausweichlichkeit ihm bewußt ist.

Der nordische Mythos von der Erschaffung der Menschheit ist urtümlich. Drei Götter, Odin, Hönir und Lodur, gehen am Meeresstrand entlang und treffen auf zwei Baumstämme, wahrscheinlich Treibholz. Sie heben sie auf und verleihen ihnen menschliche Gestalt, dem einen eine männliche, dem anderen eine weibliche. Dann fügt jeder Gott menschliche Eigenschaften hinzu: Atem und Leben; Verstand und Bewegung; Sprache, Gehör und die Gabe, zu sehen. Von diesen Geschöpfen, sagt Snorri, stammen alle Menschen ab. Aber diese sind soziale Lebewesen, und ein merkwürdiges Gedicht, die *Rigsthula (Das Merkgedicht von Rig)*, beschreibt, wie die sozialen Unterschiede in die Welt kamen. Der große Gott Heimdall wanderte durch die Welt, wobei er sich den Namen Rig beilegte. Er besuchte nacheinander drei Häuser, die einem armen, einem durchschnittlich lebenden und einem reichen Ehepaar gehörten. In jedem aß er mit den Eheleuten, blieb drei Nächte und teilte ihr Bett. Jedesmal gebar die Frau neun Monate später ein Kind. Von der armen Frau stammen die Sklaven ab, von der zweiten die freien Arbeiter, von der reichen die Adligen und schließlich die Könige. Nach diesem Mythos ist Heimdall also der Schöpfer der Menschheit in ihrer sozialen Dimension.

Eine Reihe von Mythen bezieht sich auf die Götter selbst. Einer der kräftigsten erzählt vom geliebten Gott Balder, den der üble Loki so maßlos beneidete, daß er auf seinen Tod sann. Balder aber war unverletzbar durch Waffen jeglicher Art – ausgenommen den Mistelzweig, der so unbedeutend war, daß ihm kein Eid abgefordert worden war, dem Gott nicht zu schaden. Loki fand dies heraus und veranlaßte den blinden Gott Hödur, mit einem Mistelzweig auf Balder zu schießen, was ihn tötete. Die Götter versuchten vergeblich, Balder aus der Unterwelt der Totengöttin Hel zurückzuholen, er bleibt vielmehr dort, bis er, nach einer Version, nach Ragnarök zurückkehren wird. Dies ist der Mythos vom »sterbenden Gott«, den vergleichenden Religionswissenschaftlern wohlvertraut.

Ein anderer verbreiteter Mythentyp ist der von der »heiligen Hochzeit«, in dem der Fruchtbarkeitsgott sich mit der Erde vereint, um sie fruchtbar zu machen. Er ist vertreten in der nordischen Legende vom Gott Freyr und sei-

thek in Kopenhagen befand und jetzt in Reykjavík aufbewahrt wird. Vereinzelte Gedichte desselben Typs sind auch in einigen anderen Manuskripten enthalten. Der *Codex regius* wurde im 13. Jahrhundert geschrieben, aber sein Material entstammt einem weiten Zeitraum und kommt offenbar aus verschiedenen Ländern. Einiges ist sicherlich aus der Wikingerzeit. Die Gedichte sind unterschiedlichen Inhalts. Einige sind mythologisch, erzählen von den heidnischen Göttern Skandinaviens und vom Anfang und Ende der Welt, wobei sie altüberliefertes Wissen wiedergeben. Andere sind heroisch und berichten von den Taten der großen Könige und Helden der frühen germanischen Völker des kontinentalen Europa.

Den Eddagedichten – und Snorris Nacherzählungen – verdanken wir einen guten Teil unserer Kenntnis der heidnischen Mythen und Anschauungen des frühen Skandinavien, einschließlich der Namen der Götter, ihrer Beziehungen zueinander und ihrer Kämpfe mit feindlichen Mächten. Wir müssen diese Informationen freilich mit Vorsicht benutzen, denn unsere Quelle ist literarischer, nicht wissenschaftlicher Art. Einige der Gedichte könnten nach der Einführung des Christentums geschrieben worden sein; außerdem sollten wir nicht voraussetzen, daß die heidnische Mythologie in allen Teilen Skandinaviens dieselbe war.

Mythos und Legende

Zu den kraftvollsten nordischen Mythen gehören die vom Beginn und Ende dieser Welt. Wie zu erwarten, sind beide nicht sehr präzise. Am Anfang war nichts, nur Leere, aber die lag zwischen zwei Regionen, dem frostigen und nebligen Niflheim und dem heißen und funkelnden Muspellheim. Ein Fluß ergoß sich in die große Leere und gefror, Schicht auf Schicht. Wo sich Heiß und Kalt berührten, schmolz das Eis und formte einen Riesen aus Reif, Ymir,

Oben: Unter den rätselhaften Szenen auf einem der gotländischen Bildsteine von Ardre ist eine, die eine Episode aus der Geschichte von Wieland, dem Schmied, illustrieren könnte, wie sie in der Edda nacherzählt wird. Wieland ist von einem König gefangengenommen worden, der ihn zwingt, in seiner Schmiede zu arbeiten. Er nimmt Rache, indem er die Söhne des Königs tötet und seine Tochter verführt, ehe er in einem Federgewand entflieht. Hier sind rechts von der Schmiede (durch Hammer und Zangen angedeutet) zwei kopflose Körper, links eine vogelartige Gestalt und eine Frau zu sehen.

ner Liebe zu dem Riesenmädchen Gerd. Freyr erblickte sie zum erstenmal, als er auf Odins hohem Thron Hlidskialf saß, von dem aus man die ganze Welt überschauen konnte. Er verliebte sich so sehr, daß er weder schlafen noch trinken konnte, und sandte seinen Diener Skirnir als Brautwerber zu ihr. Skirnirs Lohn war Freyrs berühmtes Schwert, das selbständig kämpfen konnte. Der Bote unternahm, wie ihm geheißen war, die gefährliche Reise in den von Riesen bewohnten Norden und bot der Riesin großzügige Geschenke an. Als sie diese ablehnte, verlegte er sich auf Drohungen und erpreßte schließlich Gerds Versprechen, Freyr zu heiraten. So nahm die Geschichte ein glückliches Ende – aber Freyr hatte sein Schwert verloren und wird es nicht benutzen können, um die Götter beim Ragnarök zu verteidigen.

Für die Dichter, die diese Mythen überlieferten, war der wichtigste der Mythos vom Skaldenmet, jenem Trank, der die Inspiration zum Schaffen großer Dichtung in sich birgt. Er wurde ursprünglich von Fjalar und Galar bereitet, einem Zwergenpaar, das den Riesen Kvasir tötete und dessen Blut mit Honig vermischte, wodurch Met entstand. Später kam der Trank in den Besitz des Riesen Suttung,

der ihn in drei Kesseln aufbewahrte. Odin wollte den Met an sich bringen und stahl ihn von Suttung, indem er dessen Tochter Gunnlöd verführte, die ihm einen Schluck aus jedem Kessel zugestand. Odin leerte jedoch die Gefäße bis auf den letzten Tropfen und flog in Gestalt eines Adlers davon. Zwar verfolgte ihn Suttung, ebenfalls in Adlergestalt, aber Odin konnte sich nach Asgard retten und spie den Met in die Gefäße, welche die Götter bereitgestellt hatten. Seitdem liegt es in Odins Macht, den Dichtermet an jene zu verteilen, die er begünstigen will.

Opfer, Kult und Glaube

Wieweit diese literarischen Mythen wiedergeben, was die Wikinger wirklich glaubten oder wonach sie handelten, ist nicht bekannt. Die Wikinger selbst haben keine Details ihrer heidnischen Religion überliefert, und die Christen, die mit ihnen in Kontakt kamen, hatten kein Interesse, das Heidentum zu beschreiben oder ihm irgendwelche Beachtung zu schenken. Wenn sie es erwähnten, geschah dies gewöhnlich in herabsetzender Weise. Der englische Chronist Æthelweard aus dem 10. Jahrhundert spricht von Vuothen, dem Urahn der angelsächsischen Könige, und

Die Sigurdsage

Die Erzählungen und Gestalten, die den wesentlichen Stoff nordischer Sagen bilden, stammen aus der germanischen Tradition Mitteleuropas, doch sind sie in der mittelalterlichen Literatur Skandinaviens am vollständigsten bewahrt worden. Der Komponist Richard Wagner (1813–83) wandte sich auf der Suche nach Anregungen für viele seiner musikalischen Dramen und Opern den nordischen Mythen zu. Dies gilt insbesondere für die Abenteuer der beiden großen Heldenfiguren Sigmund und Siegfried, Vater und Sohn. Die Geschichte von Sigurd (Siegfried) wird in mehreren Gedichten der *Lieder-Edda* erzählt, und Snorri Sturluson faßt sie auch in seiner *Prosa-Edda* zusammen. Heute ist sie in der aus dem 13. Jahrhundert stammenden Prosaerzählung der Geschichte von den Völsungen *(Völsunga saga)* am leichtesten zugänglich.

Sigurd war der nachgeborene Sohn des großen Helden Sigmund. Er wurde einem Schmied namens Regin zur Erziehung anvertraut, der aus einer Familie stammte, die in der Magie bewandert war. Regin beeinflußte Sigurd dahin, mit seinem Los unzufrieden zu werden, und ermunterte ihn, es dadurch zu verbessern, daß er versuchen sollte, den vom Drachen Fafnir bewachten Schatz zu erlangen. Tatsächlich war Fafnir ein Bruder Regins, und sie hatten sich um den Besitz des Schatzes gestritten. Regin machte sich daran, ein Schwert für Sigurd zu schmieden, mit dem er den Drachen töten sollte, doch die ersten beiden Waffen zerbrachen, als Sigurd sie erprobte. Also schmiedete Regin aus den Bruchstücken des altehrwürdigen Schwerts, das einst Vater Sigmund getragen hatte, ein drittes. Es war perfekt – sowohl scharf als auch robust.

Regin begleitete Sigurd zu der Heide, wo Fafnir sich verborgen hielt. Sie fanden die gewaltigen Spuren, die Fafnir hinterließ, wenn er zu seinem Wasserloch ging. Regin riet dem besorgten Sigurd, ein Loch zu graben und sich darin zu verstecken, damit er dem Drachen sein Schwert in den weichen Unterleib stoßen könne, wenn dieser zum Trinken käme. Das tat Sigurd. Als der Drache tot war, trat Regin hervor, um einen Anteil des Schatzes zu verlangen, weil er das Schwert beigesteuert hätte. Regin und Sigurd stritten sich, doch schließlich erklärte Sigurd sich bereit, das Herz des Drachen herauszuschneiden, es zu braten und Regin zum Essen zu geben.

Sigurd briet das Herz an einem Spieß. Als die Säfte herauszusickern begannen, prüfte er das Herz mit seinem

Finger, um zu sehen, ob es schon gar sei. Da verbrannte er sich und steckte den Finger in den Mund, um ihn zu kühlen. Dabei trank er etwas von dem Herzblut. Dies gab ihm augenblicklich die Fähigkeit, die Sprache der Vögel zu verstehen, die in den nahen Büschen zwitscherten. Sie verrieten ihm, daß Regin beabsichtige, ihn zu verraten und den Schatz für sich selbst zu nehmen. Sie rieten Sigurd, Regin das Haupt abzuschlagen. Er folgte dem Rat und aß darauf etwas von Fafnirs Herzen, bevor er auf sein Pferd Grani sprang – ein herrliches Tier, das von Odins Roß Sleipnir gezeugt worden war. Er verfolgte die Spur des Drachen zurück bis zu dessen Lager, wo er den Goldhaufen und andere Schätze fand – mehr, als zwei oder drei gewöhnliche Pferde tragen konnten, doch er schaffte es ohne Mühe, den gesamten Hort auf den Rücken Granis zu laden. Er wußte nicht, daß auf dem Schatz ein Fluch lag, der jeden, der ihn besaß, ins Unglück stürzen werde.

Nachdem er aufgebrochen war, kam Sigurd zur Halle eines Königs. Dort begegnete er einer Frau namens Brynhild, in die er sich verliebte. Sie tauschten Ringe und Treueschwüre aus. Nachdem er einige Zeit dort geblieben war, zog Sigurd auf der Suche nach weiteren Abenteuern aus und kam mitsamt seinem Schatz an den Hof des Königs Gjuki, der drei Söhne hatte: Gunnar, Högni und Guttorm, und eine schöne Tochter: Gudrun. Sigurd machte großen Eindruck, und Grimhild, Gudruns Mutter, ersann eine Intrige, um Sigurd an ihre Familie zu binden. Sie verabreichte ihm einen Zaubertrank, der ihn Brynhild vergessen ließ, so daß er Gudrun verfiel und sie heiratete. Um die Verbindung zu besiegeln, schworen Sigurd, Gunnar und Högni einander Blutsbrüderschaft.

Gunnar wiederum zog davon, um Brynhild zu gewinnen, und Sigurd erklärte sich bereit, ihm zu helfen. Sie wohnte in einer Halle, die von einer Feuerwand umgeben war, und hatte geschworen, nur den Mann zu heiraten, der durch die Flammen reiten werde, um sie für sich zu gewinnen. Gunnar konnte dies nicht leisten, aber Sigurd mit seinem großen Roß Grani vermochte es. So tauschten Sigurd und Gunnar ihre Gestalt, und der als sein Freund getarnte Sigurd gewann Brynhild. Sie schliefen zusammen, doch Sigurd legte ein blankes Schwert zwischen sie, um ihre Reinheit zu bewahren. Er nahm Brynhild den Ring, den er ihr zuvor bei ihrer Verlobung geschenkt hatte, und übergab ihn später seiner Frau Gudrun. Gunnar und

Oben: Das kunstvoll geschmückte Portal der Kirche von Hylestad in Norwegen zeigt Szenen aus der Sigurdsage. Von links nach rechts stellen sie folgendes dar: (1) Sigurd, behelmt, wie es einem Helden ziemt, erprobt Regins Schwerter, indem er mit ihnen auf einen Amboß schlägt. Das erste Schwert ist gerade entzweigebrochen, und Regin schickt sich im Hintergrund an, das zweite zu schmieden. (2) Mit einem Gehilfen, der die Blasebälge bedient, bearbeitet Regin das Metall für die Klinge des dritten Schwerts. Dieses wurde aus den Bruchstücken von Sigmunds großem Schwert Gram geschmiedet, das erst zerstört wurde, als Odin es in der Schlacht mit seinem Speer parierte und zerbrach. (3) Der durch seinen Schild vor dem Gift des Drachen Fafnir geschützte Sigurd folgt Regins Rat und stößt von unten nach dem Unterleib des Lindwurms. (4) Regin hat sein Schwert gestützt eingeschlafen, während Sigurd das auf einen Stock gespießte Herz Fafnirs über einem Feuer röstet. Er hat sich gerade die Hand verbrannt und leckt sie, um den Schmerz zu lindern. Als er das Drachenblut schluckt, ist er auf einmal fähig zu verstehen, was die Vögel um ihn herum sagen. (5) Sigurd folgt dem Rat der Vögel und ermordet Regin. In den schriftlichen Versionen enthauptet Sigurd ihn, aber hier schlägt er ihn einfach in zwei Hälften. (6) Grani, Sigurds ausgezeichnetes Pferd, trägt Fafnirs Schatz auf dem Rücken. Zwei der Vögel, deren Rat Sigurd befolgt hatte, sitzen im Laubwerk.

Rechts: Wie so viele schwedische Runensteine trägt dieses Exemplar aus Drävle in Uppland eine Inschrift, die auf den Körper einer Schlange eingeritzt wurde. Der Bildhauer hat sie als den Drachen Fafnir interpretiert und im oberen Teil des Steines Sigurd dargestellt, wie er ihm in den Unterleib sticht.

4

5

6

Brynhild heirateten und lebten danach an Gjukis Hof. Erst jetzt kehrte Sigurds Gedächtnis zurück, und er erinnerte sich an seinen früheren Liebesvertrag mit Brynhild.

Gudrun und Brynhild stritten sich darum, welche von ihnen den besten Ehemann habe. Brynhild prahlte, ihr Mann sei der größte, weil er für sie durch einen Feuerring geritten sei. Da offenbarte Gudrun die List, mit der man Brynhild getäuscht hatte – daß es Sigurd in Gunnars Gestalt gewesen sei, der sie gewonnen hätte –, und bewies es, indem sie Brynhild ihren eigenen Ring zeigte, den Sigurd ihr, Gudrun, gegeben hatte. Brynhild war wild erzürnt und sann auf Rache. Sie sagte Gunnar, sie wisse, daß es Sigurd gewesen sei, der sie gewonnen hätte, und sie erregte dadurch seine Eifersucht, daß sie ihm berichtete, wie sie innerhalb der Flammenbarriere mit Sigurd geschlafen hätte. Sie erwähnte nicht das Schwert, das zwischen ihnen gelegen hatte. So reizte sie Gunnar, Sigurds Tod zu planen. Er weihte seinen Bruder Högni in seine Ränke ein, wobei er argumentierte, daß sie nach Sigurds Tod seinen Schatz und Sigurds Macht erben würden. Doch als Sigurds Blutsbrüder konnten sie ihn nicht selbst töten. Der dritte Bruder, Guttorm, war aber nicht an Sigurd gebunden und willigte ein, den Mord zu verüben. Guttorm ging zweimal in Sigurds Kammer, während dieser noch zu Bett lag, doch immer blickte Sigurd ihn mit seinen stechenden Augen an, und er fürchtete sich vor der Tat. Als Guttorm sich ihm das dritte Mal näherte, schlief Sigurd. Guttorm zog sein Schwert und erstach ihn. Sigurd fuhr aus dem Schlaf, griff sein Schwert und warf es nach Guttorm. Es spaltete ihn in zwei Hälften. Gudrun, die neben Sigurd lag, erwachte blutüberströmt, um ihn in ihren Armen sterbend vorzufinden. Als sie aufschrie, hörte Brynhild es und lachte laut.

Brynhild reizte jetzt ihre Brüder mit der Andeutung, daß sie ohne Sigurd nun in der Schlacht viel von ihrer Stärke eingebüßt hätten. Sie verriet Gunnar, daß Sigurd das Schwert zwischen sie gelegt hatte, als sie zusammen geschlafen hatten. Er hatte Gunnar also die Treue gehalten. Sie sammelte ihre Reichtümer, gab sie allesamt ihren Dienern und erstach sich selbst. Als sie im Sterben lag, bat sie darum, neben Sigurd auf dem Scheiterhaufen verbrannt zu werden, mit einem gezogenen Schwert dazwischen. So geschah es, und der verfluchte Schatz blieb bei Gunnar und Högni, nur darauf wartend, die nächste ruchlose Tat geschehen zu lassen.

sagt, daß »die ungläubigen Nordleute (d. h. die Dänen, Norweger und [Schweden]) einer so großen Versuchung erlagen, daß sie ihn noch heute als Gott verehrten«. (Æthelweard setzt hier Vuothen mit Odin gleich.) Der englische Homilienschreiber Ælfric aus dem 11. Jahrhundert verfaßte eine Predigt »Über falsche Götter«, in der er bemerkte, daß Jupiter »bei einigen Völkern Thor genannt wird, den die Dänen von allen am meisten liebten«.

Der einzige heidnische Tempel, über den wir nähere Informationen besitzen, ist der von Alt-Uppsala in Zentralschweden, den Adam von Bremen beschrieben hat. Er sagt, der Tempel sei ganz aus Gold gefertigt gewesen und das Volk habe darin die Bilder dreier Götter verehrt: Thor als der mächtigste auf dem Thronsitz in der Mitte des Raums, rechts und links neben ihm Wodan (= Odin) und Fricco (= Freyr). Adam fährt fort mit der Beschreibung der verschiedenen Attribute und Eigenschaften dieser Götter, wie sie ihnen die Schweden zugeschrieben hätten. Thor herrscht in der Luft und über Donner und Blitz, Wind und Regen, Sonnenschein und Frucht. Sein Bild hält ein Szepter. Wodan (dessen Name, wie Adam richtig bemerkt, »Wut« bedeutet) ist für Kriege und Kampfkraft zuständig. Sein Bildnis zeigt ihn in Waffen. Fricco schenkt den Menschen Frieden und Lust, und sein Bild ist mit einem ungeheuren männlichen Glied versehen. »Allen ihren Göttern haben sie Priester zugeteilt, die des Volkes Opfer bringen. Wenn Seuchen und Hunger drohen, wird dem Götzen Thor geopfert, steht Krieg bevor, dem Odin, soll eine Hochzeit gefeiert werden, dem Freyr.«

Wie Adam berichtet, wurde in Uppsala alle neun Jahre ein gemeinsames Fest aller schwedischen Stämme begangen, zu dem jeder, einschließlich der getauften Christen, beizutragen hatte. Es wurden männliche Geschöpfe geopfert, um die Götter zu besänftigen, darunter Hunde, Pferde und Menschen. Ihre Leiber wurden ungeordnet in die Bäume des heiligen Hains in der Nähe des Tempels gehängt. Adam zitiert das Zeugnis eines Christen, der 72 solcher Leichen im Wald aufgehängt gesehen habe. Daraus scheint hervorzugehen, daß Adam seine Informationen von Augenzeugen hatte und daß dieser heidnische Kult in Schweden länger anhielt als in anderen skandinavischen Ländern. Adam kann jedoch auch von biblischen Berichten über heidnische Tempelkulte beeinflußt worden sein.

Das Zeugnis der Ortsnamen liefert einige zusätzliche Informationen über heidnische Kultstätten. So ist Odense auf Fünen, Dänemark, z. B. »Odins vé« (Heiligtum). Torhov, ein Name, der mehrfach in Norwegen begegnet, bedeutet »Thors Tempel«. Im allgemeinen sind wir jedoch hinsichtlich der Einzelheiten heidnischen Kults und Glaubens auf spätere skandinavische Quellen angewiesen, die aber nur mit großer Vorsicht heranzuziehen sind.

Im ersten Teil seiner *Heimskringla*, der Geschichte der norwegischen Könige, beschreibt Snorri Sturluson die Sitten, die Odin bei den nordischen Völkern einführte. »Er ordnete an, daß man alle Toten verbrennen und mit ihnen ihre Besitztümer auf den Scheiterhaufen legen solle. Er sagte, daß jeder mit den wertvollen Dingen nach Walhall komme, die er auf dem Scheiterhaufen bei sich gehabt hätte, außerdem solle er über all das verfügen können, was er selbst in der Erde vergraben hätte. Die Asche solle man ins Meer streuen oder vergraben, über vornehmen Männern solle aber ein Grabhügel zur Erinnerung errichtet werden ... Am Winteranfang solle ein Opfer für ein gutes Jahr dargebracht werden, zum Mittwinter eines für Wachstum und ein drittes im Sommer als Siegesopfer.«

An anderer Stelle berichtet Snorri von einem Herbstopferfest, das den christlichen König Hakon den Guten (934–60) in Lade in Norwegen in Schwierigkeiten brachte. Es war die traditionelle Aufgabe des Königs, diesem Fest vorzusitzen und am vorgeschriebenen Pferdefleischmahl

De magnifico templo Deorum Septentrionalium.

teilzunehmen. Dies widersprach aber Hakons christlichem Glauben – gute Christen aßen kein Pferdefleisch. Er wollte mit seinen Freunden abseits essen, wurde aber gezwungen, in die große Halle zu kommen und sich auf den Hochsitz, den Ehrenplatz, zu setzen. Statt Odin anzurufen, machte er jedoch über dem Trinkhorn das Kreuzzeichen, und er entging der Kritik nur dank der Behauptung eines Anhängers, er habe das Zeichen des Thorshammers gemacht. Alles in allem war es ein katastrophaler Tag für ihn, der ihn politisch viel Kredit kostete. Im nächsten Winter, als im Tröndelag ein großes Opferfest abgehalten wurde, zwangen die örtlichen Bauern Hakon, nolens volens teilzunehmen, das heidnische Mahl aus Pferdeleber zu essen und ohne Bekreuzigung aus der Schale zu trinken.

Moderne Forscher haben die Tendenz, die Bedeutung der großen Feiern, die so ausführlich – und vielleicht phantasievoll – in den Sagas beschrieben werden, herunterzuspielen und statt dessen die mehr lokalen Aspekte des Kults hervorzuheben. Wie die germanischen Völker überhaupt, hatten die Skandinavier keine spezielle Priesterkaste: der Priester war auch weltlicher Führer, das Haupt eines Haushalts oder einer lokalen Gemeinschaft. Hier sind die *Isländersagas* von besonderer Bedeutung, auch wenn man sich wegen ihrer späten Entstehung und ihres christlichen Hintergrunds auf ihre Informationen wiederum nicht verlassen kann. Dennoch liefern sie starke Indizien dafür, daß die altnordische heidnische Religion eng mit dem Jahreskreis und der weltlichen sozialen Hierar-

Ganz oben: Diese Rekonstruktion des heidnischen Tempels von Alt-Uppsala stammt aus der *Geschichte der nördlichen Völker* von Olaus Magnus, erschienen 1555. Sie basiert auf der Beschreibung Adams von Bremen aus den Jahren nach 1070, der die goldene Kette um das Dach ebenso erwähnt wie den benachbarten immergrünen Baum und die heilige Quelle, in der Menschen durch Ertränken geopfert wurden.

Oben: Der Gott Thor wurde durch seinen Hammer symbolisiert: Diese Speckstein-Gußform aus Trendgården (Jütland, Dänemark) zeigt, daß der örtliche Schmied seinen Kunden aus dem 10. Jahrhundert die Wahl zwischen Thorshammer und christlichem Kreuz überlassen konnte.

chie verbunden war. Der örtliche Führer wurde *Gode* genannt, ein Wort, das ursprünglich »Priester« bedeutete, aber, wenigstens in Island, auch eine weltliche Würde bezeichnete. Das Wort taucht auch als Rangbezeichnung in einer dänischen Runeninschrift auf.

Die *Eyrbyggjasaga* aus dem 13. Jahrhundert beschreibt einen solchen Lokalgoden und enthält, trotz ihres späten Datums, wahrscheinlich eine Menge authentischer, durch mündliche Überlieferung vermittelter Informationen. Sie erzählt von Thorolf, einem norwegischen Grundbesitzer mit Beinamen Mostrarskegg, der ein großer Verehrer Thors war – daher sein Name. Er lebte im späten 9. Jahrhundert, als König Harald Schönhaar Südnorwegen auf Kosten der alten freien Bauernfamilien unter seine Kontrolle brachte. Unzufrieden mit der politischen Entwicklung, ging Thorolf seinen »lieben Freund« Thor um Rat an, der ihm zur Auswanderung riet. Daraufhin sammelte Thorolf seine Leute und riß seinen »Tempel« nieder – wahrscheinlich die große Halle des Familiensitzes. Die Hauptsäulen wurden auf sein Schiff geladen, und der Familienverband machte sich auf nach Island.

Als das Schiff die Insel erreichte, wurden die Hochsitzsäulen über Bord geworfen. Sie repräsentierten Thorolfs Autorität als Familienoberhaupt und wahrscheinlich auch als Thorspriester; die Figur Thors (oder möglicherweise sein Name oder sein Symbol) war in eine von ihnen eingeschnitzt. Die Saga berichtet, daß »Thorolf die Vereinbarung traf, daß sie sich dort in Island ansiedeln würden, wohin Thor sie an Land trieb.« Als nun die Pfosten an einer Stelle der Westküste angespült wurden, die Thorolf Thórsnes nannte (so heißt sie noch heute), steckte er folglich hier sein Land ab und baute hier seinen Tempel. Die Beschreibung des Tempels lehnt sich, was man heute allgemein annimmt, stark an die einer christlichen Kirche an, aber sie enthält doch einige charakteristische Details: »In der Mitte des Fußbodens stand ein Podest wie ein Altar, auf dem ein offener Ring lang, zwanzig Öre (= 540 g) an

Gewicht, auf den sollten alle Eide geschworen werden. Diesen Ring sollte der Tempelgode bei allen Versammlungen am Arm tragen.« (Wir wissen aus anderen Quellen, daß der Schwur auf einen Ring in der nordischen Gesellschaft eine besondere Bedeutung hatte.) »Auf dem Podest sollte auch eine Opferschale stehen mit einem ›Opferzweig‹ …, mit dem das Opferblut, *hlaut* genannt, versprengt werden sollte; das ist das Blut, das die Tiere vergossen hatten, die den Göttern geopfert wurden.« Der Sagaschreiber erwähnt einen weiteren Aspekt der Heiligkeit dieser Gegend, einen heiligen Berg in der Nähe, »den er [Thorolf] Helgafell [Heiliger Berg] nannte. Er glaubte, daß er und seine ganze Familie dort auf der Landzunge nach ihrem Tode in diesen Berg eingehen würden.« Daß Thorolf an der Stelle der Halbinsel einen Thingplatz einrichtete, wo Thor angekommen war, bestätigt die enge Verbindung zwischen Religion und sozialer Organisation.

Die Bekehrung zum Christentum

Anfang des 9. Jahrhunderts war Skandinavien eine der letzten Bastionen des Heidentums in Nordwesteuropa. Die Wikinger kamen auf ihren Überseereisen als Piraten, Siedler und Händler häufig in Kontakt mit dem Christentum in seinen unterschiedlichen Erscheinungsformen. So werden z. B. die Wikinger, welche die lange Reise durch die russischen Flüsse ins Schwarze Meer unternahmen, auf die Kirchen des Ostchristentums gestoßen sein, wenn sie Byzanz besuchten, um dort Handel zu treiben oder in der Leibgarde des griechischen Kaisers zu dienen. In den Sagas gibt es Hinweise darauf, daß die wikingischen Händler bereit waren, zum Schein Christen zu werden, um die Beziehungen zu ihren Kunden zu erleichtern.

Nordische Siedler im Ausland konnten sich einer Beeinflussung durch die örtlichen Religionen kaum entziehen, was zu einem Glaubensgemisch geführt zu haben scheint. Einer der ersten isländischen Landnehmer war Helgi Eyvindarson, genannt Helgi der Magere, weil er auf den

Die Verbreitung des Christentums
Die frühesten Versuche, die heidnischen Skandinavier zum Christentum zu bekehren, wurden im 8. Jahrhundert von fränkischen Missionaren in Jütland unternommen. Wir haben dokumentarische Belege für die Missionsreisen Ansgars, der Mitte des 9. Jahrhunderts Jütland und Zentralschweden besuchte und Kirchen in Haithabu und Birka gründete. Seine Bemühungen scheinen jedoch keinen langen Bestand gehabt zu haben. Erst ein Jahrhundert später wurden die Dänen während der Regentschaft Harald Blauzahns, der sein königliches Zentrum in Jelling hatte, formell zu Christen. Es war in Westeuropa, wo viele Norweger zum erstenmal mit dem Christentum konfrontiert wurden, doch obwohl verbannte Mitglieder der norwegischen Königsdynastie dort konvertierten, oft aus politischen Gründen, waren frühe Versuche, den neuen Glauben in Norwegen einzuführen, nur bedingt erfolgreich: Lade im Trøndelag war ein besonderes Zentrum des Widerstands. Englische Missionare waren während des 10. Jahrhunderts in Norwegen aktiv, doch erst nach dem Tod Olaf Haraldssons (Olafs des Heiligen) in der Schlacht von Stiklestad (1030) wurde das Christentum die offizielle Religion. Von Norwegen dehnte sich das Christentum zu Beginn des 11. Jahrhunderts nach Island und Grönland aus. Schweden war das letzte Land, das christlich wurde, und seine Bekehrung war erst im späteren 11. Jahrhundert abgeschlossen.

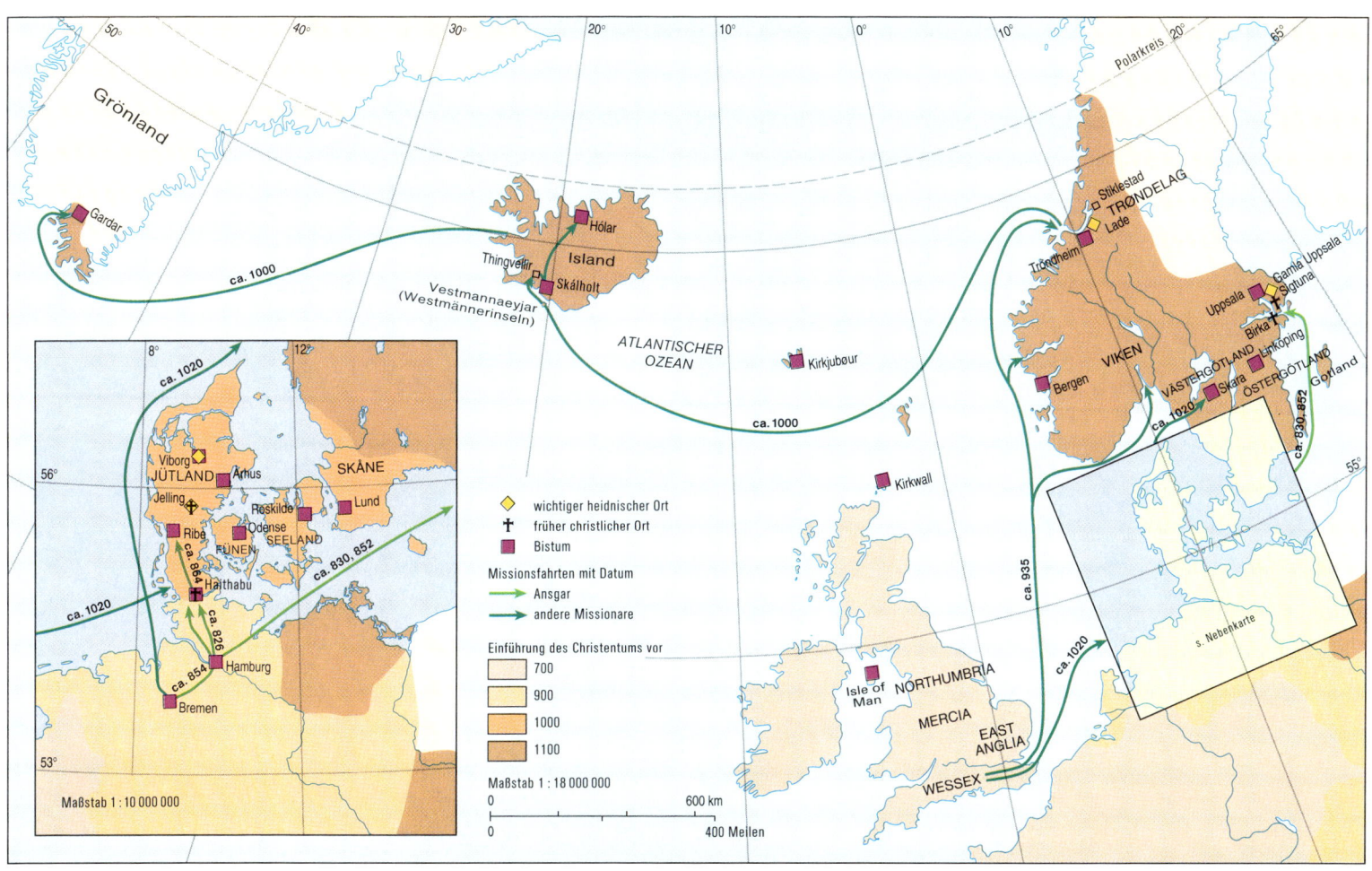

Links: König Olaf Haraldsson (1015 bis 1030), der das Heidentum in seinem norwegischen Königreich gewaltsam unterdrückt hatte, erlitt in der Schlacht von Stiklestad, wie man es nachher sah, den Märtyrertod. Bald kamen die Pilger in Scharen zu seiner Grabstätte in Nidaros (Trondheim). Diese bemalte Holztafel aus dem 14. Jahrhundert zeigt den königlichen Heiligen, dessen Attribut eine Axt ist, umgeben von Szenen um seinen Tod und seine spätere Beisetzung in einem Schrein.

Hebriden aufgewachsen war und als Junge sehr wenig zu essen hatte. Er war, wie wir lesen, »in seinem Glauben sehr gemischt. Er glaubte an Christus, aber betete auf Seereisen in schwierigen Situationen zu Thor.« Auf der Insel Man erscheinen Runeninschriften des 10. Jahrhunderts in nordischer Sprache auf christlichen Grabplatten mit Kreuz, von denen einige zusätzlich Szenen aus der heidnischen nordischen Mythologie aufweisen – ein deutlicher Hinweis auf eine Mischung religiöser Anschauungen. Bei Killaloe in Irland trägt ein Steinfragment zum Gedenken an den Norweger Thorgrim Inschriften sowohl in Runen als auch im Ogham, dem alten keltischen Alphabet. Am bemerkenswertesten ist aber, daß, obwohl wikingische Eindringlinge im Jahre 870 Edmund, den christlichen angelsächsischen König von East Anglia, getötet hatten, dänische Siedler dieser Gegend am Ende des Jahrhunderts eine St.-Edmund-Gedenkmünze prägten.

Aus einer Reihe von Vorfällen geht klar hervor, daß einige westliche Führer das Christentum benutzten, um die Wikinger auf ihre Seite zu bringen. Genau dies tat Alfred der Große von England im Jahre 892/93, als, wie die *Angelsächsische Chronik* berichtet, zwei Wikingerheere in Südengland operierten. Das kleinere lag bei King's Milton und das größere mit einem Truppenteil bei Appledore, beide in Kent. Um zu verhindern, daß sie ihre Kräfte vereinigten, standen Alfred und sein Beauftragter Æthelred Pate bei den beiden Söhnen Hasteins, des Anführers der kleineren Invasionstruppe, und banden ihn durch Geldgeschenke, Eidforderungen und Geiseln noch enger an sich. Aber alles war zwecklos. Hastein wütete weiter in Alfreds Reich und, wie der Chronist indigniert feststellt, sogar in

der von Æthelred verwalteten Provinz. Über ein Jahrhundert später war der englische König Æthelred der Unentschlossene erfolgreicher. Im Jahre 994 schloß er einen Vertrag mit Anlaf (Olaf Tryggvason, später König von Norwegen), der zusammen mit dem dänischen König Sven Gabelbart einen Angriff auf sein Reich unternommen hatte. Æthelred zahlte Anlaf Tribut, stand aber auch Pate bei seiner Firmung: »und«, fügt die Chronik hinzu, »Anlaf versprach, nie mehr in feindlicher Absicht nach England zurückzukehren – und er hielt sein Versprechen sogar.«

Weitreichender waren die diplomatischen Strategien Athelstans, 924–939 König von England. Nach der isländischen *Saga von Harald Schönhaar* nahm er Haralds jungen Sohn Hakon an seinen Hof auf, eine Nachricht, die zum Charakter Athelstans paßt, wie er in englischen Quellen beschrieben wird. So trägt Hakon in nordischen Quellen den Beinamen »Athelstans Pflegesohn«. Athelstan erzog den Jungen als Christ. Nach dem Tod seines Vaters unterstützte er Hakons Anspruch auf den norwegischen Thron gegen seinen älteren Halbbruder Erik Blutaxt. Hakon vertrieb Erik um 935 und versuchte, Norwegen zum Christentum zu führen. Dabei zog er sich die Gegnerschaft der freien norwegischen Bauern zu, die jeder Neuerung mißtrauisch begegneten und eine Beschneidung ihrer Rechte fürchteten. So ist Hakon gescheitert, und sein Nachrufgedicht – er starb 960 an Wunden aus einer Schlacht – ist heidnisch im Ton. Dennoch deuten einzelne englische Namen, z. B. Sigefredus von Glastonbury, unter den Bischöfen Norwegens im 10. Jahrhundert darauf hin, daß die englische Kirche damals intensive Missionsanstrengungen unternahm.

Rechts: Die Bekehrung Schwedens zum Christentum läßt sich teilweise anhand der Verteilung von Runendenkmälern nachzeichnen, deren Ornamente Kreuze und deren Texte christliche Gedanken enthalten. Dieses Denkmal (zugleich eine Besitzurkunde) ist auf einer Felsplatte bei Nora in Uppland angebracht. Der Text ist dem bandförmigen Körper eines einbeinigen Tieres eingeschrieben, das auf einem Kreuz in der Mitte balanciert, während es mit einer Schlange kämpft. Die elegante Komposition bildet ein klassisches Urnesstil-Muster aus dem späten 11. Jahrhundert.

Jelling

Die Marktstadt Jelling in Ostjütland wird beherrscht von zwei großen Hügeln, die zu den eindrucksvollsten Monumenten aus dem wikingerzeitlichen Skandinavien gehören. Zwischen ihnen steht eine mittelalterliche Steinkirche. Der Hügel im Norden ist der größte Grabhügel Dänemarks, doch seine Grabkammer – durch Baumringanalyse auf etwa 958 datiert – ist leer. Der Zweck des südlichen Hügels ist kaum bestimmbar: Er enthielt niemals ein Grab und war vermutlich ein Denkmal. In der Mitte zwischen ihnen stehen zwei Runensteine. Die Inschrift auf dem kleineren lautet: »König Gorm errichtete dieses Monument zum Gedenken an Thyra, seine Frau, Dänemarks Zierde.« Der größere lautet: »König Harald gebot, dieses Denkmal zu errichten zum Gedenken an Gorm, seinen Vater, und Thyra, seine Mutter. Der Harald, der ganz Dänemark und Norwegen für sich gewann und die Dänen zu Christen machte.« Dieser Stein bezieht sich eindeutig auf Harald Blauzahn, der um 960 das Christentum annahm. Die plausibelste Erklärung ist, daß er nach seiner Bekehrung den Leichnam seines Vaters Gorm, der Heide war, aus dem Nordhügel in ein Grab in der Kirche umbettete, die er hatte erbauen lassen.

Unten: Die beiden großen Grabhügel von Jelling liegen beiderseits des Friedhofs, der die mittelalterliche Kirche umgibt. Auf der Verbindungslinie zwischen den Gipfelpunkten der Hügel und genau auf halbem Wege zwischen ihnen stehen die beiden Runensteine, einer von Gorm aufgestellt, der andere von Harald. Unter dem Südhügel befinden sich die Überreste einer früheren Steinsetzung.

Oben: Dieser Silberkelch ist eines der wenigen Objekte, die in der Grabkammer des Nordhügels gefunden wurden. Er ist kunstvoll mit Tierdarstellungen verziert, von hoher Qualität und deutet auf den Glanz der Beigaben hin, die man Gorm ins Grab mitgegeben haben muß.

Oben rechts: Die beiden Jellingsteine sind eine wichtige Informationsquelle über die dänische Königsdynastie des 10. Jahrhunderts. Links steht der kleine Gedenkstein, den Gorm für seine Königin aufstellte, rechts der Felsblock, den Harald errichtete, um seine Eltern zu verherrlichen – und sich selbst. Er ist auf allen drei Seiten kunstvoll behauen.

Rechts: Auf dieser Ansicht von Jelling ist es der vordere Hügel, der Gorms Grabkammer enthält. Die Runensteine sind unmittelbar hinter der Kirche zu sehen.

Unten: Eine Schnittzeichnung des Nordhügels. Die Grabkammer wurde in einen schon vorhandenen Hügel gegraben, der vielleicht aus der Bronzezeit stammte. Sie wurde mit einer Lage von Steinen und dann mit Erde bedeckt.

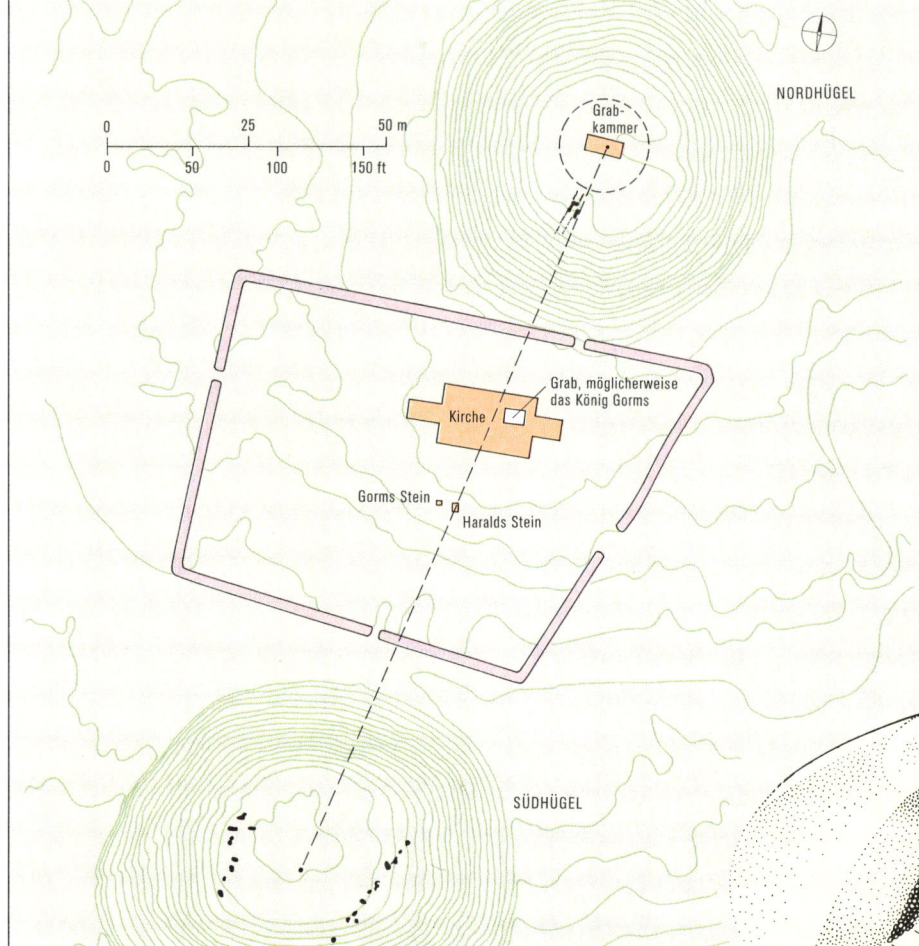

NORDHÜGEL

Grabkammer

Grab, möglicherweise das König Gorms

Kirche

Gorms Stein

Haralds Stein

SÜDHÜGEL

Seither spielte das Christentum in der norwegischen Religion und Politik eine bedeutende Rolle, auch wenn Hakons unmittelbare Nachfolger keine besondere Neigung in diese Richtung zeigten. Der große Jarl Hakon von Lade, der das Land gegen Ende des 10. Jahrhunderts regierte, war sogar wegen seiner Sympathien für das Heidentum berüchtigt. Er wurde 995 ersetzt durch Olaf Tryggvason, einen ausgesprochen charismatischen Führer, der sich nach der Überlieferung in den fünf Jahren seiner Herrschaft über Norwegen die Rechristianisierung des Landes zum Ziel gesetzt hatte. Er war während seines langen Exils in jungen Jahren bekehrt worden und hatte – wie oben erwähnt – in England die Firmung erhalten. Wieweit Olaf allerdings überzeugter Christ war und wieweit er die neue Religion nur als politisches Druckmittel gebrauchte, um die freien Bauern Norwegens unter königliche Kontrolle zu bringen, ist eine Frage der Interpretation. Jedenfalls zeigten seine Methoden eine ziemlich handfeste Annäherung an das Christentum mit dem Verbrennen von Tempeln und physischer Gewalt gegen herausragende heidnische Führer. Nach seinem Tod in einer Seeschlacht im Jahre 1000 gab es eine zweite antichristliche Reaktion.

Der endgültige Sieg der neuen Religion fiel in die Regierungszeit Olaf Haraldssons (1015–30), später Olaf der Heilige von Norwegen. Die vielen Sagas, die nach seinem Tod in der Schlacht von Stiklestad (nördlich von Trondheim) geschrieben worden sind, berichten von seinem energischen und oft brutalen Vorgehen gegen die Heiden in Norwegen. In einer heißt es: »König Olaf war bei einem Treffen mit den heidnischen Kleinkönigen … Als er merkte, daß sie das Christentum nicht annehmen wollten, nahm er an einem Morgen neun Könige gefangen. Einige ließ er blenden, einige auf andere Weise verstümmeln, und einige verbannte er. König Olaf übte so starken Druck auf alle Einwohner seines Reiches aus, daß er ihnen nur die Wahl ließ, getötet zu werden, das Land zu verlassen oder die Taufe anzunehmen.« Wichtiger ist die Tatsache, daß es ihm gelang, das Christentum nach einer großen Ratsversammlung im Jahre 1024 in Hordaland in die norwegischen Gesetzbücher einzubringen, und daß er das Wirken englischer Missionsbischöfe in Norwegen und seinen Nachbarländern ermutigte. Olafs Tod in der Schlacht wurde als Märtyrertod gedeutet, und Pilger strömten nach Nidaros (Trondheim) zu seiner Grabstätte.

Über die Einführung des Christentums in Island besitzen wir den vertrauenswürdigeren Bericht des Historikers Ari Thorgilsson in seinem *Isländerbuch*. Wie oben erwähnt, erhielt Ari sein Material von einer mündlichen Tradition, die bis in die Zeit der Bekehrung zurückverfolgt werden kann. Er erzählt, wie Olaf Tryggvason versuchte, das Christentum nach Island zu bringen, indem er einen ungestümen Priester namens Thangbrand auf Missionsreise schickte. Die Isländer, vielleicht verärgert darüber, daß der norwegische König ihrem Land seine Autorität aufzwingen wollte, waren in ihrer Mehrheit nicht sehr entgegenkommend. Thangbrands Mißerfolg – er kehrte fluchtartig nach Norwegen zurück, nachdem er wegen beleidigender Verse zwei oder drei Isländer getötet hatte – machte Olaf so zornig, daß er allen Isländern in Norwegen Verstümmelung oder Tod androhte.

Zwei führende Isländer erklärten sich angesichts dieses Drucks bereit, auf der jährlichen Versammlung auf Thingvellir die Sache des Christentums zu vertreten. In der anschließenden Diskussion kamen Christen und Heiden zu dem Ergebnis, daß sie sich nicht einigen könnten und verschiedene Religionen und Gesetze akzeptieren müßten. An diesem Punkt griff der »Gesetzessprecher«, der Vorsitzende der Thingversammlung, ein. Obwohl Heide, vertrat er die Ansicht, es könnten nicht zwei Rechtssysteme in demselben Land gelten, weil dies zur Anarchie führe. Daher schlug er vor, ganz Island möge das Christentum annehmen, den Heiden aber solle erlaubt werden, einige ihrer alten Bräuche beizubehalten und ihren Göttern im geheimen zu opfern. Dies wurde akzeptiert, aber wenig später wurden die Zugeständnisse aufgehoben. Isleif, der erste Bischof von Island, war der Sohn eines der ersten Männer, die sich bekehren ließen. Sein Sohn installierte den Bischofssitz von Skálholt in Südisland. Später wurde ein zweiter Bischof namens Jon geweiht, mit Sitz in Hólar im Norden.

Auf ähnliche Weise erreichte das Christentum Grönland. Es wurde im frühen 11. Jahrhundert von Leif, dem Sohn Eriks des Roten, des Gründers der Kolonie, eingeführt. Als Leif von Norwegen, wo er Christ geworden war, nach Grönland zurückkehrte, brachte er einen Priester mit, der den neuen Glauben verkünden sollte. In Gardar, im Süden des Landes, wurde ein Bischofssitz eingerichtet, an einem Ort, der von einem Papst des 15. Jahrhunderts als »das Ende der Welt« beschrieben wurde.

Deutsche Missionare

Die Bekehrung der ostskandinavischen Völker, der Dänen und Schweden, nahm einen anderen Verlauf. Hier waren die entscheidenden Kräfte das fränkische Reich im Süden und insbesondere der Bischofssitz von Hamburg–Bremen unweit der jütischen Halbinsel. Zaghafte Versuche, das Christentum nordwärts zu verbreiten, wurden schon im 8. Jahrhundert unternommen, aber erst im 9. Jahrhundert, durch den Einsatz Ansgars, des »Apostels des Nordens«, wurde überhaupt ein Erfolg erzielt.

Über Ansgar, einen Mönch aus dem Kloster Corvey in Westfalen, haben wir eine zeitgenössische lateinische Biographie von seinem Mitbruder und Nachfolger Rimbert. Nachdem der dänische König Harald Klak im Jahre 826 im deutschen Exil in Ingelheim am Rhein getauft worden war, bekam Ansgar die Gelegenheit, mit ihm zu reisen, um das Christentum zu predigen. Der einzige Erfolg dieses ersten Unternehmens war die Gründung einer kleinen Schule, vielleicht in Haithabu im Süden von Jütland. Eine zweite Gelegenheit kam 829, als Ansgar beauftragt wurde, eine ziemlich abenteuerliche Mission nach Schweden zu leiten. Auf dieser Reise besuchte er die bedeutende Handelsstadt Birka am Mälarsee, wo er eine Missionsstation errichtete und eine Kapelle baute.

Ansgar kehrte Ende 831 an den kaiserlichen Hof zurück und wurde zum ersten Erzbischof von Hamburg gewählt (der Sitz wurde nach der Zerstörung Hamburgs durch die Wikinger im Jahre 845 nach Bremen verlegt). Der Papst betraute Ansgar mit der Aufgabe, die Dänen und Schweden zum Christentum zu bekehren. Ein Bischof Gaudbert wurde nach Schweden geschickt, aber später »durch die Wut der Heiden« wieder vertrieben. Um 850 kehrte Ansgar in den Norden zurück und gründete eine Kirche in Haithabu für die kleine christliche Gemeinde, die dort bereits existierte. 852 ging er erneut nach Schweden. Der König und die lokalen Rechtsgemeinschaften von Birka und Uppsala erlaubten ihm, zu predigen und in Birka eine Kirche zu bauen. Eine letzte Reise nach Dänemark konsolidierte die Kirche in Haithabu und führte zur Gründung einer zweiten in Ribe. Ende des 9. Jahrhunderts verfielen Schweden und Dänemark jedoch erneut dem Heidentum.

Politische Überlegungen führten die Dänen zum Christentum zurück, vor allem der Druck des deutschen Kaisers auf die Südgrenze Dänemarks in der ersten Hälfte des 10. Jahrhunderts. Leider wissen wir nur wenig über diese Periode der dänischen Geschichte und sind oft auf spätere Quellen angewiesen. Aus ihnen erfahren wir, daß Erzbischof Unni von Hamburg–Bremen um 930 eine Missionsreise zum König von Dänemark unternahm. Gorm erwies sich aber als ein verstockter Heide. Erst während der Regierung seines Sohnes und Nachfolgers Harald Blauzahn, um 960, wurden die Dänen offiziell Christen. Nach einer

Version fand die Bekehrung Haralds statt, nachdem der Missionar Poppo in einer Feuerprobe die Überlegenheit seiner Religion bewiesen hatte. Dieser Bekehrung rühmte sich Harald in der Inschrift auf dem größeren der beiden Runensteine von Jelling. Bischofssitze wurden in Haithabu, Ribe (wo Odinkar im frühen 11. Jahrhundert 40 Jahre lang sein Amt ausübte) und Århus eingerichtet. Danach war Dänemark, trotz einer Unterbrechung in den frühen Jahren von Haralds Sohn und Nachfolger Sven Gabelbart (987–1014), zumindest dem Namen nach christlich, und es wurden weitere Bistümer in Roskilde und Lund gegründet. Unter Knut (1019–35), Svens Sohn, der zugleich König von England war, erfuhr die Kirche eine weitere Stärkung durch englische Missionare: Bernard war Bischof in Skåne, Gerbrand in Seeland und Reginbert auf Fünen, und in der Folgezeit gab es sowohl englische als auch norddeutsche Einflüsse auf das dänische Christentum.

In Schweden setzte der Prozeß der Christianisierung später ein und zog sich länger hin. Das ist zum Teil auf die zersplitterte Natur seiner Bevölkerung zurückzuführen, wobei die Bewohner von Östergötland und Västergötland im Süden den christlichen Einflüssen vom europäischen Festland her näherstanden, während die Svear, die Bewohner Zentralschwedens um den Mälarsee herum, verbissener am Heidentum festhielten. Einzelne Könige des 10. Jahrhunderts erlaubten die Missionstätigkeit in ihrem Land. König Olof Skötkonung (990–1021/22) ließ sich taufen und förderte die Ausbreitung des Christentums, indem er das erste Bistum in Skara (Östergötland) gründete.

Spätere Herrscher unterstützten die christliche Sache. Die Religion erreichte Schritt für Schritt die verschiedenen Provinzen des Landes, wobei Bischofssitze in Uppsala und, gegen Ende der Wikingerzeit, in Linköping gegründet wurden. In den zentralen Teilen des Landes, wo Formen des Heidentums sich lange Zeit gehalten zu haben scheinen, geschah dies aber erst eine ganze Weile später. Der große heidnische Tempel in Alt-Uppsala dürfte relativ weit in die »christliche« Epoche der schwedischen Geschichte hineingereicht haben. Wahrscheinlich stellte er ein Zentrum des Widerstands gegen den neuen Glauben dar.

Links: Die erste Seite des großen Runensteins, der von Harald Blauzahn von Dänemark in Jelling errichtet wurde, trägt den größten Teil der Runeninschrift, der seine Eltern rühmt – und ihn selbst. Der Text setzt sich um den Fuß der beiden anderen Seiten herum fort, von denen die eine die Kreuzigung Christi zeigt *(abgebildet auf der vorhergehenden Seite)* und die andere eine Szene mit einem löwenähnlichen Tier, das von einer Schlange umschlungen wird *(Seite 99).*

DRITTER TEIL

DIE
AUSBREITUNG
DER
WIKINGER

WESTEUROPA

Die ersten Überfälle in England (793–865)

793: In diesem Jahr erschienen schreckliche Vorzeichen in ganz Northumbrien und verängstigten das Volk sehr. Sie bestanden aus gewaltigen Wirbelwinden und Blitzschlägen, und feurige Drachen wurden am Himmel gesehen. Eine große Hungersnot traf bald nach diesen Zeichen ein, und kurz darauf in demselben Jahr, am 8. Juni, zerstörten die Verheerungen von heidnischen Männern auf schändliche Weise die Kirche Gottes auf Lindisfarne mit Plünderungen und Morden.

In diesem Text aus der *Angelsächsischen Chronik* tauchen die Wikinger zum erstenmal in den Annalen englischer Geschichte auf. Die nächsten drei Jahrhunderte hindurch sollten sie die Ereignisse in diesem Land in einem solchen Maße beeinflussen, daß die angelsächsischen Königreiche an den Rand des Untergangs gebracht wurden. Durch die skandinavische Präsenz wurde die englische Landschaft in einer so starken Weise geprägt, daß sich bis heute Spuren erhalten haben.

Obwohl der Überfall auf das Kloster von Lindisfarne der erste ist, der in den auf uns gekommenen Dokumenten festgehalten wurde, bestanden wahrscheinlich Kontakte zwischen England und Skandinavien schon in weit früherer Zeit. Schon in der vorwikingerzeitlichen Periode des 7. und 8. Jahrhunderts deuten bestimmte Ähnlichkeiten zwischen Kunststilen in England und Skandinavien mit Sicherheit auf gewisse Kontakte über die Nordsee hin. Zu dieser Zeit war England in eine Anzahl von Königreichen und Domänen unterteilt, und es ist möglich, daß einige von ihnen sogar von Menschen mit entfernt skandinavischer Herkunft gegründet worden waren. Der handgreiflichste Beleg für diese These stammt aus Ostanglien, wo bestimmte Fundstücke aus dem großen Bootsgrab von Sutton Hoo aus dem 7. Jahrhundert, vor allem der Helm und der Schild, größte Ähnlichkeit mit den in schwedischen Gräbern derselben Zeit, etwa in Valsgärde und Vendel in Uppland, gefundenen Objekten aufweisen.

Obwohl der Krieger von Sutton Hoo und sein Geschlecht wahrscheinlich nicht skandinavisch waren, scheint kein Zweifel möglich, daß durch den Gebrauch von Gegenständen und Symbolen eine bewußte Verbindung mit einer skandinavischen Kulturtradition hergestellt wurde. Das zugrundeliegende Motiv könnte eine Identifikation mit dem heidnischen Glauben der skandinavischen Heimatländer gewesen sein. Zur Zeit der Beisetzung von Sutton Hoo war das Christentum dabei, in England kräftig Fuß zu fassen, und so könnten die schwedischen Gegenstände wie der Helm – vielleicht als Symbol fürstlicher oder sogar königlicher Macht gebraucht – als beabsichtigte antichristliche Solidaritätsbezeugungen mit den älteren, heidnischen Bräuchen angesehen werden. Man sollte nicht vergessen, daß sich das Heidentum in Schweden noch bis in das 11. Jahrhundert hinein hielt.

Dieser Versuch, die alten Religionen in England am Leben zu erhalten, schlug fehl, und als am Ende des 8. Jahrhunderts die ersten Wikingerüberfälle stattfanden, war das gesamte Land schon seit mehr als hundert Jahren christlich. Wenn die vormalige Identifikation mit Skandinavien nicht in Vergessenheit geraten war, wurde sie jedenfalls nicht aktiv aufrechterhalten. In der Tat machen zeitgenössische englische Quellentexte wie die *Angelsächsische Chronik* keinen Unterschied zwischen Skandinaviern aus Dänemark, Norwegen oder Schweden. Man bezeichnet sie alle gewöhnlich als *Dene* – »Dänen« – oder stellt sie noch einfacher schlicht als Heiden hin.

Mehrere rätselhafte Anspielungen in den Dokumenten, die ungefähr aus der Zeit des Überfalls auf Lindisfarne stammen, beziehen sich möglicherweise auf Aktivitäten der Wikinger. Wir wissen beispielsweise, daß König Offa von Mercien, das in der Mitte und im Süden des Landes lag und damals eines der mächtigsten Königreiche war, im Jahre 792 die Verteidigung der Südküste gegen eine Bedrohung durch nicht näher beschriebene heidnische Krieger anordnete, und ein Eintrag in der *Angelsächsischen Chronik*

Links: Der Bildhauer, der die waffenschwingenden Krieger auf diesem Grabstein des 9. Jahrhunderts aus dem Kloster Lindisfarne gemeißelt hat, mag bewußt auf den verheerenden Wikingerüberfall von 793 angespielt haben. Das Bildprogramm der anderen Seite bezieht sich höchstwahrscheinlich auf das Jüngste Gericht – die ersten Wikingerüberfälle auf England wurden von der Kirche als Strafgericht angesehen.

Rechts: Der Helm von Sutton Hoo aus dem 6. Jahrhundert war sehr wahrscheinlich in Schweden hergestellt worden und erinnert so an die skandinavischen Verbindungen mit England, die schon vor dem Ende des 8. Jahrhunderts bestanden, als die Wikinger mit ihren gewaltsamen Überfällen Westeuropa zum erstenmal heimsuchten.

für das Jahr 789 berichtet uns, daß irgendwann während der Regentschaft des Königs Beorhtric von Wessex (786 bis 802) drei Schiffe mit Skandinaviern Portland im Südwesten erreichten. Diese Nordmänner waren wahrscheinlich Händler, und die protokollierte Tötung eines königlichen Beamten mag wohl eher die Folge eines Mißverständnisses als eine vorsätzliche Gewalttat gewesen sein. Wie bei den Plünderern in Lindisfarne scheint es sich bei den Wikingern von Portland um Norweger gehandelt zu haben, und auch bei vielen der frühen Angriffe auf die britischen Inseln finden sich deutliche Hinweise, die auf Norwegen deuten.

Als sich die Nachricht von den verheerenden Angriffen der Wikinger verbreitete, war die Reaktion auf englischer Seite zweifellos Entsetzen und Schrecken. Kurz nach der Zerstörung der St. Cuthbert geweihten Kirche auf Lindis- farne schrieb der berühmte Kleriker Alcuin, der ein Beam- ter am Hofe Kaiser Karls des Großen in Aachen war, fol- gendes an den König von Northumbrien: »Niemals zuvor hat es in Britannien einen derartigen Schrecken gegeben, wie wir ihn jetzt von einem Heidenvolk erlitten haben, und noch nie hat man es für möglich gehalten, daß ein solcher feindlicher Überfall von der See her durchgeführt werden könnte. Sieh, die Kirche des Heiligen Cuthbert ist mit dem Blut der Priester Gottes besudelt und all ihrer Zierde beraubt; ein Ort, der verehrungswürdiger ist als al- les andere in Britannien, wird zur Beute von Heidenvöl- kern.« 794, ein Jahr nach dem Überfall auf Lindisfarne, wurde ein zweites Kloster Northumbriens, entweder in Monkwearmouth oder in Jarrow (die Annalen sind nicht eindeutig), von wikingischen Plünderern niedergebrannt. Als Heiden wurden die Wikinger von vielen englischen Chronisten für ein Strafgericht Gottes für die Sünden des Volkes gehalten, und die Prophezeiungen des Propheten Jeremia schienen sich in den furchtbaren Kriegen, die fol-

gen sollten, zu verwirklichen: »Von Norden her ergießt sich das Unheil über alle Bewohner des Landes.«

Nach dem ersten Gewaltakt des Überfalls im Jahre 793 wurde England mehr als 30 Jahre lang praktisch in Frieden gelassen, während die Wikingerflotten ihre Angriffe auf Irland konzentrierten. Dies sollte jedoch nur ein kurzer Aufschub sein, denn in den dreißiger Jahren des 9. Jahrhunderts begannen sich die Skandinavier erneut und dauerhafter für England zu interessieren. Nach einem erfolgreichen Sommer, den sie im Vorjahr plündernd an der friesischen Küste (den heutigen Niederlanden) verbracht hatte, landete 835 eine große dänische Streitmacht an der Insel Sheppey in der Themsemündung, von der aus sie die umliegende Gegend verwüstete. Seit diesem Zeitpunkt und bis zum Jahr 850 wurde die Südküste durch eine ganze Reihe von Angriffen verheert, unter anderem wurden London und Rochester in Kent überfallen. In Dorset und bei Southampton lieferte man sich mit den Wikingern regelrechte Schlachten, und Überfälle gab es auch an der Ostküste im Königreich Lindsey und weiter nördlich in Northumbrien.

Im Jahre 850 nahm die Angriffswucht der Wikinger gegen England eine ernste strategische Wendung. Bisher waren die Flotten auf Beutezug ein rein periodisches Phänomen gewesen: Sie plünderten im Sommer, wenn sich die Gelegenheit bot, und kehrten im Winter nach Skandinavien zurück. Die Plünderer waren also sehr beweglich geblieben, und ihr Erfolg leitete sich teilweise von ihren reaktionsschnellen und flachgängigen Langschiffen her, die es ihnen ermöglichten, entlang der Flußsysteme tief ins Inland vorzudringen, blitzartige Überfälle auszuführen und sich dann mit der Beute zurückzuziehen, bevor ein organisierter Vergeltungsschlag unternommen werden

konnte. 850 jedoch überwinterte zum erstenmal eine Wikingerstreitmacht in England auf der Insel Thanet in der Themsemündung. Seither bis weit ins 11. Jahrhundert hinein sollte England niemals mehr gänzlich frei von der Anwesenheit von Skandinaviern sein. In den 15 Jahren bis 865 setzten sich regelmäßige Angriffe fort. In diesem Jahr wird auch erstmalig das Entrichten des *Danegelds* erwähnt – eine Geldsumme, die den Engländern von den Skandinaviern als Schutzgeld abverlangt wurde mit dem Versprechen, die Menschen nach der Bezahlung in Frieden zu lassen. Wie bei vielen derartigen Übereinkünften in allen Epochen wurden diese Vereinbarungen genauso oft gebrochen wie eingehalten, und das *Danegeld* von 865 war in dieser Hinsicht ein typisches Beispiel. Die *Angelsächsische Chronik* berichtet nach der Entrichtung eines Betrages durch die Einwohner Kents: »Das Heer stahl sich unter dem Deckmantel dieses Friedens und des Geldversprechens heimlich des nachts ins Inland davon und verwüstete das ganze östliche Kent.«

Im darauffolgenden Jahre 866 erschien die bis dahin größte Wikingerarmee in England. Die *Angelsächsische Chronik* nennt dieses Heer schlicht das *micel here*, eine rätselhafte Bezeichnung, die man gewöhnlich mit »Großes Heer« übersetzt. Nach mehreren Jahren des Kampfes im Karolingerreich war eine große Streitmacht der Dänen nach England gekommen, um ein neues Ziel zu verfolgen – die dauerhafte Ansiedlung. Die Ankunft des »Großen Heeres« markiert einen Wendepunkt in der Beziehung der Wikinger zu England und den Beginn dessen, was oft als »Phase zwei« der skandinavischen Überfälle bezeichnet wird, der Wechsel von sporadischen Angriffen zu Feldzügen, geführt mit regulären Armeen.

Unten: Die Aufzeichnungen zu den Jahren 862–74 in der *Angelsächsischen Chronik*. Diese Serie von Annalen (oder jährlichen Eintragungen von Ereignissen) scheint, auch wenn sie älteres Material enthält, ursprünglich im späten 9. Jahrhundert zusammengestellt worden zu sein. Diese Chronik ist die grundlegende Quelle für unsere Kenntnis der Wikingeraktivitäten im angelsächsischen England.

Wikingerzüge 793 – 865
Feldzug unter Führung von Björn
Eisenseite und Hastein, 859 – 862
von Wikingern überfallene Klöster
oder Siedlungen
● 793 – 833
● 834 – 850
● 851 – 865

♟ arabische Festung
politische Grenze, 814

Angelsächsische Königreiche
Keltische Königreiche
Karolingisches Reich
Galicien und Asturien
Byzantinisches Reich
Abbasidenkalifat

NORWEGEN

SCHWEDEN

NORDSEE

DÄNEMARK

OSTSLAWISCHE STÄMME

Shetland-Inseln

KÖNIGREICH
DER PIKTEN

Iona

Rathlin Island

STRATH-
CLYDE

Lindisfarne

Tynemouth

Dunseverick

NORTHUMBRIA

WESTSLAWISCHE STÄMME

Clonmacnoise
Clonfert
Lorrha

Inishmurray

Bangor

Louth
Duleek

FRIESLAND

SACHSEN

MÄHREN

Utrecht

Elbe

IRLAND

EAST
ANGLIA

MERCIA

Dorestad

Köln

Gent

Rhein

Skellig Michael

Cork

Beggary
Island

WALES

WESSEX

London

Portland Bill

CORNWALL

Quentovic

St.-Omer

Amiens

Rouen

St.-Wandrille

Paris

KAROLINGISCHES
REICH

BAYERN

Donau

Bayeux

Evreux

Meaux

Chartres

Le Mans

Orléans

Fleury

Seine

KÄRNTEN

BRETAGNE

Angers

Loire

Blois

Tours

Bourges

Nantes

Noirmoutier

Clermont-Ferrand

ATLANTISCHER
OZEAN

Saintes

Périgueux

Bordeaux

Valence

Rhône

Po

Luna

Pisa

LOMBARDEI

Toulouse

Narbonne

Korsika

HERZOGTUM
BENEVENT

Sta. Eulalia

GALICIEN UND ASTURIEN

Ebro

Sardinien

BYZANTINISCHES REICH

Lissabon

Tajo

EMIRAT VON CORDOBA

Balearen

Sizilien

MITTELMEER

Cádiz

ABBASIDEN KALIFAT

Maßstab 1 : 8 000 000
0   300 km
0   200 Meilen

Wikingerüberfälle in Westeuropa, 8. und 9. Jahrhundert
Im letzten Jahrzehnt des 8. Jahrhunderts griffen Seeräuber aus Skandinavien Ziele in Britannien, Irland und dem Karolingerreich mit erschreckender und bis dahin ungekannter Wildheit an: Lindisfarne an der Nordostküste Englands wurde 793 angegriffen, die kleine Hebrideninsel Iona 795 und die friesische Küste im Jahre 799. Die Wikinger erkannten die reichen Klöster und Sakralbauten schon bald als ihre besten Beutequellen, und diese Orte erlebten die volle Wucht ihrer Angriffe. In den ersten Jahrzehnten des 9. Jahrhunderts waren es Irland und Friesland, die am schwersten unter ihnen zu leiden hatten, doch nach 835 zogen die Flotten weiter nach Süden, um an der Südküste Englands und im Gebiet der Seine- und Loiremündung in Frankreich zu plündern. Von der Mitte des Jahrhunderts an überwinterten Wikingerheere in England und auch in Frankreich, und die Raubzüge wurden mit einem hohen Grad an Organisation geplant. Dabei bewegten sich die Heere auf ihrer gewohnten Straße der Zerstörung quer durch Europa und zwischen England und Frankreich. Einige wenige Plünderer wagten sich bis nach Spanien vor. Im Jahre 859 führten Björn Eisenseite und Hastein eine Flotte durch die Straße von Gibraltar bis ins Mittelmeer, wo sie zwei Jahre lang plündernd in Nordafrika, Südfrankreich und Italien verbrachten, bevor sie 862 zu ihrer Basis an der Loire zurückkehrten. Der organisierte und effektive Widerstand der Araber in Spanien schreckte jedoch andere Wikingerexpeditionen ab, das Mittelmeer über die Straße von Gibraltar aufzusuchen, und nach 862 beschränkten sich die meisten ihrer Raubzüge auf Frankreich und Mitteleuropa.

Wikingerheere in England und auf dem europäischen Kontinent

Fast alle zeitgenössischen Darstellungen der ersten Wikingerüberfälle wurden als »offizielle« Chroniken einzelner Königreiche oder Staaten verfaßt und in den meisten Fällen von Menschen geschrieben, die selbst das Ziel skandinavischer Aggression gewesen waren. Das Bild, das sie bieten, mag in geringen Details von der Realität abweichen. Wenn sich die englischen Quellen auf die Kriegsmacht der Wikinger beziehen, so wird ihre Stärke meist anhand der Anzahl der Schiffsbesatzungen beschrieben: Angaben von 200 bis 300 Schiffen sind nicht selten. Diese Zahlen erweisen sich als höchst problematisch. Denn einerseits können sie den mehr oder weniger geglückten Versuch darstellen, die wahren Verhältnisse aufzuzeigen, andererseits aber auch sehr stark übertrieben sein – in der Absicht, das Scheitern der angelsächsischen Heere herunterzuspielen.

Wir können nicht sicher sein, wie viele bewaffnete Krieger sich auf den einzelnen Schiffen befanden, sowohl im Hinblick auf deren Tragfähigkeit als auch mit Rücksicht darauf, daß Frachtgut, Proviant, Pferde und nichtkämpfende Besatzungsmitglieder möglicherweise ebenfalls Platz beanspruchten; darüber hinaus unterschieden sich die Schiffe natürlich in ihrer Größe. Eine weitere Voreingenommenheit äußert sich auch in der Terminologie. Wenn die *Chronik* ein *here* erwähnt (normalerweise als »Armee« oder »Heer« übersetzt), kann dies als eine genaue Mengenangabe gedacht sein. Wir wissen jedoch nicht, in welchen Einheiten der Chronist gedacht haben mag. Daß ein »Heer« sich sehr von unserer heutigen Definition dieses Begriffs unterscheiden konnte, zeigt das Gesetzeswerk des Königs Ine von Wessex aus dem 7. Jahrhundert, das jede bewaffnete Streitmacht von mehr als 35 Männern als *here* bezeichnet. So werden uns also Informationen geboten, die eine nicht weiter differenzierte Masse von »Wikingern« unbestimmter Zahl beschreiben, deren einziger Gedanke Mord und Zerstörung war.

Archäologen und Historiker sind sich noch immer über viele Aspekte der Wikinger-Streitkräfte im unklaren. Sicher ist, daß sich hinter der in den Chroniken beschriebenen einheitlichen Masse von Plünderern und Eroberern eine sehr veränderliche Auswahl von Männern (und vielleicht Frauen) unterschiedlicher Nationalität, Organisation und Führung verbarg, die auch verschiedene Beweggründe hatten. Die ersten Überfälle wurden höchstwahrscheinlich von den Besatzungen einiger weniger Schiffe unternommen, die nach einer günstigen Gelegenheit für reiche Beute Ausschau hielten. Ihre Anführer mögen unbedeutendere Häuptlinge mit ihren Freunden und Gefolgsmännern gewesen sein, die sich vielleicht mit Gleichgesinnten zusammentaten, um kleine Flottillen von vier oder fünf Schiffen aufzubieten. Es ist auch denkbar, daß die Seeräuber Gemeinschaften von wehrhaften Bauern und kleineren Grundbesitzern waren, die sich zusammenschlossen, um gemeinsam ein Schiff auszurüsten und anschließend die Beute unter sich aufzuteilen, die ihr in der Landwirtschaft verdientes Einkommen aufbessern sollte. Wir wissen von Runeninschriften, daß sich ähnliche Raubzüge sogar in Skandinavien selbst ereigneten, bei denen man benachbarte Landstriche überfiel. Es gibt offenbar keinen Grund, irgendeine besonders organisierte oder koordinierte Struktur für diese Flotten des angehenden bis mittleren 9. Jahrhunderts vorauszusetzen, im krassen Gegensatz zu jenen, die nach 865 in England kämpften.

Was die Anzahl der Schiffe betrifft, so vollzieht sich zu dieser Zeit in den dokumentierten Berichten ein klarer Wandel. Vor diesem Wendepunkt sprechen die Aufzeichnungen von kleinen Gruppen von bis zu 23 Schiffen (vielleicht eine exakte Angabe), während nach 865 größere Zahlen zwischen 80 und 350 angegeben werden. Auch wenn diese späteren vielleicht nur Verzehnfachungen der frühe-

ren Angaben oder vage Einschätzungen einer »großen« Flotte sind, gibt es deutliche Wechselbeziehungen zwischen den in englischen und fränkischen Quellen genannten Größenordnungen der Flotten. Dies deutet an, daß die Wikingerflotten zumindest aus vielen Dutzenden von Schiffen bestanden. Die kämpfende Besatzung eines Schiffs wird gewöhnlich auf 30 bis 60 Krieger geschätzt, was für die größeren Armeen des späteren 9. Jahrhunderts wahrscheinlich eine maximale Stärke von nicht mehr als 1000 Mann bedeutete. Diese Schätzung ist vor kurzem durch Berechnungen der Aufnahmekapazitäten von Feldbefestigungen der Wikinger, wie etwa Winterlagern, bekräftigt worden: Sie belaufen sich ebenfalls auf ungefähr 1000 Mann. Eine so kleine Streitmacht mag man für zu klein halten, um ein ganzes Land zu bedrohen, doch die Schlachten wurden meist zwischen Heeren von gepanzerten und erfahrenen skandinavischen Söldnern auf der einen und in aller Eile aufgestellten angelsächsischen Bauernmilizen auf der anderen Seite ausgetragen. Man sollte sich daran erinnern, daß die Zivilisation der Azteken in Mexiko unter ähnlichen Umständen von einer noch weitaus kleineren spanischen Streitmacht zerstört wurde.

Es liegt auf der Hand, daß im Großen Heer und in anderen Armeen, die nach 865 Feldzüge in England führten, ein weit größerer Grad an Organisation und zentralisierter Befehlsgewalt vorhanden war als zuvor. Obwohl wir nicht genau wissen, wie diese Heere operierten, enthält die *Angelsächsische Chronik* mehrere vage Bemerkungen, die auf die komplizierte Logistik und das Netz der Nachschublinien hinweisen, die ein notwendiger Teil der Bewegungen des Großen Heeres gewesen sein müssen: Im Jahre 866 schließen die Einwohner Ostangliens Frieden mit den Dänen und statten sie mit Pferden aus, während 896 eine zweite Armee auf rätselhafte Weise mit einer vollständigen Schiffsflotte versehen wurde. In kontinentalen Quellen wie den *Annalen von St. Bertin* finden wir sogar detailliert beschriebene Zahlungen des *Danegelds*, die unter anderem Nahrungsmittel, Wein und Proviant umfaßten. Zu verschiedenen Gelegenheiten wurde das Heer aktiv von unzufriedenen Gruppierungen innerhalb der englischen Bevölkerung unterstützt, und Anspielungen der *Angelsächsischen Chronik* auf »große innerstaatliche Zwistigkeiten« könnten eine Größenordnung politischer Unruhe verdecken, die die pro-Wessex orientierte Chronik wohl kaum freiwillig explizit darlegen würde. Noch erstaunlicher ist es, daß die Quellen auch Belege für einen gewissen Grad von diplomatischem Kontakt zwischen dem Großen Heer und der Wessex-Dynastie selbst enthalten, denn die Tatsache, daß König Alfred der Große (reg. 871–899) und der Ealdorman Æthelred (ein hochrangiger Adliger) die Patenschaft für die beiden Söhne des Heerführers Hastein übernahmen, setzt sicherlich Verhandlungen voraus. Die größeren Wikingerheere scheinen sich demnach mit Hilfe einer wirkungsvollen Verbindung von Gewalt und Diplomatie behauptet zu haben.

Was die Zusammensetzung der Heere selbst betrifft, so muß die Kombination verschiedener Tendenzen – politische Auseinandersetzungen, eine wachsende Zentralgewalt und Veränderungen in der sozialen Organisation in den skandinavischen Heimatländern im späten 9. Jahrhundert – eine große Zahl junger Männer ohne Land und Hoffnung auf unmittelbar bevorstehenden ererbten Reichtum hervorgebracht haben, wie auch eine Menge verbannter Möchtegern-Könige als ihre Anführer. Daß man die gewaltigen Armeen als eine unmittelbare Bedrohung für die skandinavischen Königreiche ansah, ist nicht zu bezweifeln, denn mehrmals entbrannten größere Kriege, als Verbannte nach mehrjährigen Feldzügen im Ausland mit einer ausreichenden Silberbeute nach Hause zurückkehrten, um eine ansehnliche Privatarmee für sich anwerben zu können. Die berühmten Wikingerführer Olaf Tryggva-

Das Winterlager von Repton

Es ist bekannt, daß die Wikinger seit dem Jahre 850 auf ihren Feldzügen in England und im Frankenreich Winterlager bauten, doch war ein derartiger Ort noch niemals gefunden worden, bis Archäologen, die eine elegante angelsächsische Kirche in Repton in Derbyshire, England, ausgruben, unerwartet auf einen mächtigen Graben und einen Erdwall stießen. Der Wall verlief ursprünglich in Form eines D bis zum Flußufer, um so eine befestigte Einfriedung zu bilden, deren Zentrum die Kirche war. Man hat um die Kirche Wikingergräber gefunden, und Münzen datierten die Anlagen auf ungefähr 873/74 – exakt die Jahre, in denen nach dem Bericht der *Angelsächsischen Chronik* Repton der Ort eines Winterstützpunktes der Wikinger gewesen war. Westlich des Walles hatte man eine ehemalige

sächsische Begräbniskapelle leergeräumt und eingeebnet, um sie dann als Massengrab für mindestens 249 Menschen wiederzubenutzen. Ihre Knochen waren entlang der Wände aufgestapelt worden, und in der Mitte befand sich das Grab eines Wikingers von sehr hohem Rang. Die Kapelle hatte man dann mit einem niedrigen Erdhügel bedeckt. Fast alle Toten waren männlich und von einem fremden Körpertyp – vermutlich Mitglieder des Wikingerheeres, das in Repton überwinterte. Sie starben nicht an Kampfverletzungen, daher scheint es wahrscheinlich, daß das Heer in jenem Jahr von Krankheiten heimgesucht wurde. Das Winterlager von Repton ist bisher das einzige seiner Art und stellt ein außergewöhnliches Monument der Wikingerkriege mit Wessex dar.

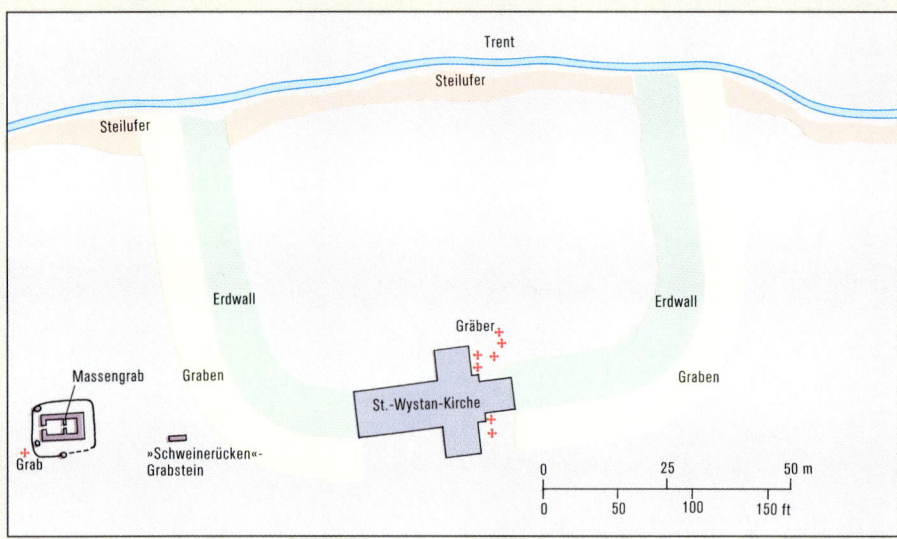

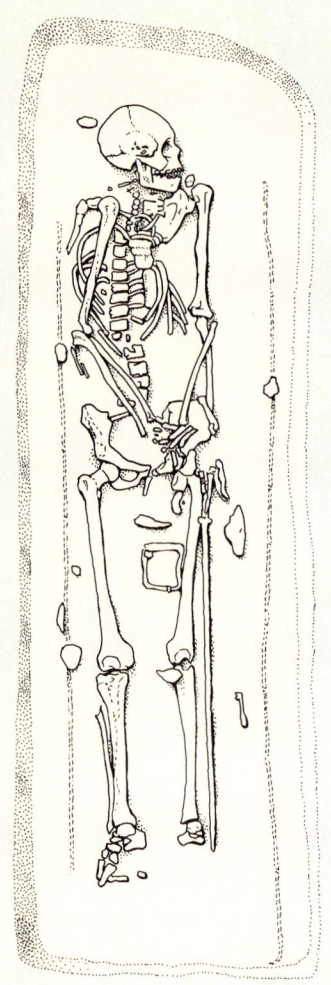

Links: Eine Schule nimmt jetzt den Platz des Lagers von Repton ein, das auf einem Steilufer über dem Fluß Trent errichtet wurde. Hier wurden in jedem Sommer zwischen 1974 und 1988 Grabungen vorgenommen. Wie aus dem Lageplan deutlich hervorgeht *(oben links)*, nutzte die von den Wikingern gebaute D-förmige Einfriedung die natürliche Landschaftsform zu ihrem Vorteil, da sie vom Abhang am Flußufer geschützt wurde und die Kirche des St. Wystan als befestigtes Eingangstor integrierte. Der Grabhügel mit dem Massengrab wird außerhalb der Wälle des Winterlagers ein markanter Geländepunkt gewesen sein.

Oben: Unter den Wikingergräbern in der Nähe der Kirche war das eines Mannes von 35 bis 40 Jahren, der durch einen schweren Schlag gegen seine Hüfte getötet worden war und mit Waffen und Ausrüstung begraben wurde. Sein Grab war mit einem Steinhügel bedeckt. Unter den Fundstücken befanden sich ein Schwert mit Scheide *(oben links)*, zwei Messer und ein kunstvolles Gürtelset. Als Heide trug der Tote ein Halsband mit einem Thorshammer und war mit einem Beutel beerdigt worden, der die Eckzähne eines Wildebers und den Beinknochen einer Dohle enthielt, vielleicht als magisches Glücksamulett.

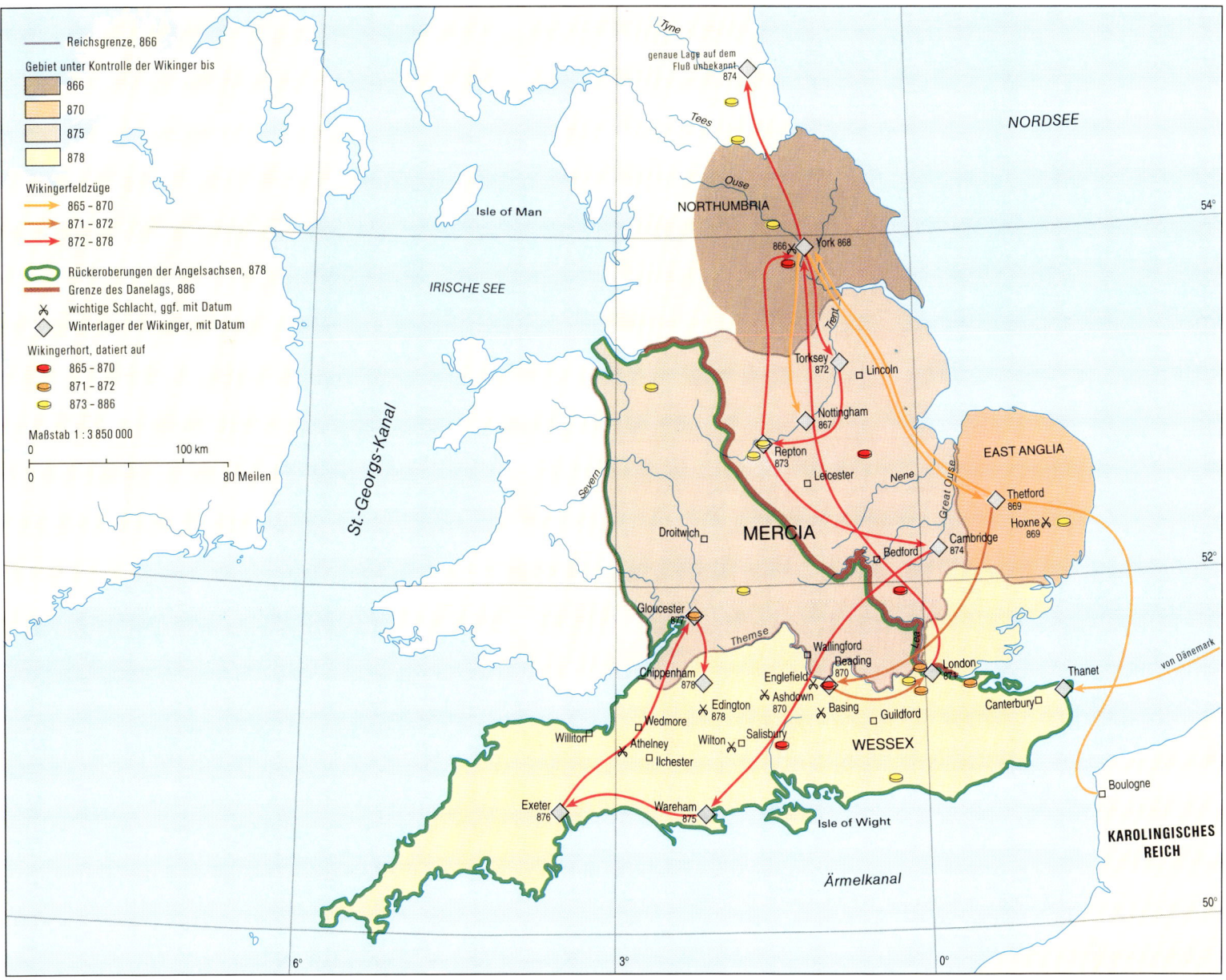

Die Wikingerfeldzüge in England (865 – 885)

Im Jahre 865 markierte die Überwinterung eines großen skandinavischen Heeres – des »Großen Heeres« – den Beginn einer neuen Phase bei den Wikingerfeldzügen: In den nächsten 30 Jahren wurde fast ständig gekämpft, als die Skandinavier ihre Herrschaft über große Teile des Landes festigten. Das erste Gebiet, das 866 in ihre Hände fiel, war Northumbrien. Die alte Römerstadt York wurde zum Stützpunkt, von dem aus die Wikinger eine Reihe von Feldzügen gegen die anderen angelsächsischen Königreiche unternehmen: Zuerst wurde Ostanglien und darauf Mercien überrannt. Im Jahre 878 war das südlich gelegene Königreich Wessex an der Reihe. Alfred der Große konnte jedoch seine Streitmacht erneut sammeln, um die Wikinger in der Schlacht von Edington zu besiegen, und später im selben Jahr versicherte er sich ihres Abzugs durch einen bei Wedmore geschlossenen Vertrag. 885 nahm der Wikingerheerführer Guthrum die Angriffe gegen Wessex wieder auf, doch die Bedrohung konnte zurückgeschlagen werden, und der Vertrag von 878 wurde erneuert. Dieser überließ den Wikingern die Herrschaft über den Norden und Osten Englands, ein Gebiet, das später als Danelag bekannt wurde.

son und Erik Blutaxt versuchten beide, die norwegische Krone auf diese Weise an sich zu bringen. Es ist kein Zufall, daß wir zu dieser Zeit zum erstenmal die Namen einzelner skandinavischer Befehlshaber im Zusammenhang mit dem Heer erwähnt finden – ihre Namen sind durch die englische Schreibweise entstellt, doch noch immer als die derselben hochrangigen Soldaten erkennbar, die auch in kontinentaleuropäischen und sogar arabischen Quellen auftauchen: Männer wie Hastein (Hæsten in den englischen Quellen, Hásteinn auf Altnordisch), Healfdene (Hálfdan) und Guthrum. Schließt man von den genannten Führern auf die Bewegungen der mit ihnen in Zusammenhang gebrachten Truppen, so ist es möglich, zumindest Anzeichen individueller Kommandoeinheiten innerhalb der Armeen wahrzunehmen. Wenn Kämpfer die Armee verließen, um nach Skandinavien zurückzukehren, berichteten sie zweifellos von der reichen Beute, die man in Europa machen konnte, und stellten auf diese Weise einen ständigen Strom von Kriegern sicher, die sie ersetzen konnten. Die Heere operierten offenbar nicht in völliger Isolation vom zivilen Leben. So enthält die *Angelsächsische Chronik* mehrere Hinweise darauf, daß die Frauen und Kinder der Dänen in schützenden Befestigungsanlagen in den von Wikingern kontrollierten Gebieten zurückgelassen wurden, während das Heer seine Feldzüge unternahm. Dies wird durch die Tatsache untermauert, daß ganze 20 Prozent der im Winterlager von Repton – in den Jahren

873/74 vom Großen Heer besetzt – ausgegrabenen Skelette weiblich waren. Die These, daß diese Frauen einen von dem der Männer abweichenden Körpertyp aufwiesen, deutet interessanterweise an, daß es sich um englische Begleiterinnen des Heerlagers gehandelt haben könnte, die sich in der Wikingerarmee Partner genommen hatten. Dies würde dem Spektrum der anglo-skandinavischen Zusammenarbeit eine weitere Dimension hinzufügen.

Während des späten 9. Jahrhunderts operierten mehrere unterschiedliche Wikingerheere in Westeuropa, jedes mit eigenen Anführern, Nationalitäten und Zielen – im Kampf um Geld, Land oder politische Macht oder um alles zugleich. Sogar völlig verschiedene Kommandostrukturen wären denkbar: Eine Armee, die an der Loire kämpfte, offenbarte fränkischen Abgesandten, daß man keinen Heerführer hätte, sondern Entscheidungen auf gemeinschaftlicher Basis träfe, während von einem dänischen Heer auf Raubzug in Schweden berichtet wird, daß strategische Entschlüsse durch Losentscheid bestimmt wurden. Die Wikingerheere bekämpften sich bisweilen gegenseitig oder verbündeten sich in vorübergehenden Allianzen. Außerdem gab es mit Sicherheit einen ständigen Austausch von Kriegern zwischen den Armeen. Wir sollten also die Wikingerheere als komplexe, veränderliche Geflechte von Machtstrukturen und Bündnissen begreifen, die auf mehreren Ebenen mit den Völkern Englands und Kontinentaleuropas interagierten.

Heere und Kolonien in England (866–892)

Die Ankunft des Großen Heeres 866 in Ostanglien markierte den Beginn der langen und erbitterten Kriege zwischen den Wikingern und dem Königreich Wessex. Die Unruhe und Unsicherheit dieser Jahre zeigt sich auch bei archäologischen Funden wie den vielen Münzschätzen, die man entdeckt hat. Sie wurden möglicherweise vergraben, um sie vor Wikingerangriffen zu schützen. Münzschätze sind nur zu bekannt dafür, daß man sie nur schwer genau datieren und einordnen kann - es gibt viele Gründe, um Wertgegenstände zu verstecken, und die Hortfunde geben kaum Hinweise auf die Identität ihrer Eigentümer -, doch die Tatsache, daß man sie in so großer Zahl gefunden hat, läßt auf ein schreckliches Schicksal derjenigen schließen, die sie vergruben. Obgleich die Einträge für diese Jahre in der *Angelsächsischen Chronik* zu den ausführlichsten der ganzen Zeitperiode gehören, ist es uns nicht möglich, die Feldzüge im einzelnen zu verfolgen. Berücksichtigt man ihre Eigenschaft als Hofchronik der Westsachsen (d. i. Wessex), so verwundert es nicht, daß die *Chronik* sich auf die Geschehnisse in Südengland konzentriert. Die zu beobachtenden geographischen Lücken in den Annalen könnten jedoch auf eine völlig andere Ursache zurückzuführen sein. Während des späten 9. Jahrhunderts versuchte das Königreich der Westsachsen, seine Herrschaftsmacht auf die benachbarten Königreiche von Mercien und Ostanglien auszuweiten. Die Territorien der Ost- und Südsachsen sowie das Königreich Kent waren schon in den zwanziger Jahren des 9. Jahrhunderts von Wessex vereinnahmt worden, und Cornwall folgte zehn Jahre später nach. Zur Zeit der Regentschaft von Æthelred I., der im Jahre 866 während der Ankunft des Großen Heeres die Thronfolge antrat, richteten die Westsachsen ihre Aufmerksamkeit bereits auf die Gebiete im Norden und Osten. Die Kriege gegen die Wikinger hatten demnach nicht ausschließlich die Landesverteidigung als Hintergrund - es gibt keinen Zweifel, daß die Armeen von Wessex mehr als einmal für nichts Geringeres als das Überleben des unabhängigen angelsächsischen Volkes kämpften -, sondern sie standen auch im Kontext eines expansionistischen Daseinskampfes gegen die anderen englischen Königreiche. Wenn dies vielleicht auch das heldenhafte Format schmälert, das Alfred und seinen Nachkommen gewöhnlich zugesprochen wird, so erklärt es doch in einleuchtender Weise, daß die Ostanglier und die Bewohner Northumbriens so bereitwillig Bündnisse mit den Skandinaviern eingingen und die dänische Herrschaft einer Unterwerfung durch den Süden vorzogen.

Nachdem es im Jahre 866 mit den Ostanglier Frieden geschlossen hatte, marschierte das Wikingerheer im folgenden Jahr nach Norden und belagerte die alte Römerstadt York. Nach schweren Kämpfen vor ihren Mauern und in der Stadt selbst wurden die Northumbrier vernichtend geschlagen. Da alle englischen Führer in der Schlacht gefallen waren, setzten die Wikinger einen Marionettenkönig ein. Von nun an sollte das Wikingerheer in Northumbrien (das sich vom Mündungsgebiet des Humber bis zur schottischen Tiefebene erstreckte) eine gesicherte Operationsbasis besitzen, von der aus es seine Angriffe auf das übrige Britannien unternehmen konnte. Nach einem mißglückten Angriff auf Mercien im Jahre 868 festigten die Wikinger ihren Einfluß auf Northumbrien und begannen 870 einen großangelegten Feldzug gegen Ostanglien. Edmund, König der Anglier, wurde getötet, und ganz Ostanglien mußte sich den Dänen unterwerfen.

Nach fünf Kriegsjahren bereitete die Wikingerarmee im Jahre 871 einen Angriff vor, der den Westsachsen den letzten Stoß versetzen sollte. Die Dänen teilten ihre Streitmacht in mehrere Abteilungen ein, und die Heere von Wessex traten ihnen unter der Führung König Æthelreds, seines Bruders Alfred und des Ealdormans Æthelwulf ent-

gegen. Dänen und Sachsen fochten im Frühsommer fünf Schlachten aus, einige davon im Abstand von nur wenigen Tagen. Beide Seiten erlitten schwere Verluste. Neun Jarle (engl. *Earls*; Grafen) der Wikinger fielen gemeinsam mit einem ihrer »Könige« - in Wahrheit wahrscheinlich ein verbannter Heerführer -, während die Engländer fünf Grafen und viele andere wichtige Anführer verloren, unter ihnen auch Æthelwulf und sogar ein Bischof, der im Heer gekämpft hatte. Am 15. April 871 war König Æthelred gestorben, und Alfred hatte den Thron von Wessex bestiegen. Innerhalb einiger weniger Monate seiner Herrschaft stellten sich Alfreds Heere neunmal den Wikingern, und am Ende des Jahres schlossen die erschöpften Gegner einen vorübergehenden Waffenstillstand. Im folgenden Jahr zogen sich die Skandinavier nach London zurück.

Die Jahre 872–74 lassen eine neue Zielsetzung der Wikinger erkennen. Ihre Anstrengungen richteten sich jetzt gegen Mercien, das nach dreijährigem Kampf von ihnen erobert wurde. 875 teilte sich das Große Heer erneut: Ein Teil zog vom Humber aus nordwärts ins südliche Schottland, um die keltischen Königreiche Pictland und Strathclyde anzugreifen, während das restliche Kontingent die Macht über Mittelengland aufrechterhielt. Diese zweite Armee wurde 876 von den Westsachsen besiegt und konnte nur mit Mühe nach Exeter entkommen. Die Wikinger im Norden leiteten dagegen einen Prozeß ein, der weitreichende Folgen haben sollte: »Und in jenem Jahr teilte Healfdene [der Heerführer der Wikinger] das Land der Bewohner Northumbriens auf, und sie begannen, das Land zu bestellen und sich selbst zu versorgen« ist der kummervolle Kommentar der *Angelsächsischen Chronik*. Zum erstenmal hatte sich ein Wikingerheer dauerhaft auf englischem Boden niedergelassen. 877 folgte die südliche Wikingerarmee dem Beispiel ihrer Kameraden und teilte die Ländereien Merciens unter ihren Soldaten auf.

Ganz oben: Die lateinische Inschrift auf dieser Wikinger-Silbermünze ruft St. Edmund, den ostanglischen König, an (das große A steht für *Anglorum* - »der Angeln«). Obwohl Edmund im Jahre 870 von den Dänen ermordet wurde, verbreitete sich seine Verehrung als Märtyrer schnell unter ihnen, und Münzen dieses Typs - sie kopieren ein Muster aus seiner eigenen Regierungszeit - wurden seit den 90er Jahren des 9. Jahrhunderts bis ins frühe 10. Jahrhundert offensichtlich im Danelag, vor allem in Ostanglien, geprägt.

Oben: König Alfred der Große (871–99) war nicht nur ein fähiger Heerführer, der Wessex vor den Wikingern rettete, sondern auch ein außergewöhnlicher Gelehrter. Dieser Penny wurde für Alfred in London geschlagen.

Links: Nach seinem Überlebenskampf in den 70er Jahren des 9. Jahrhunderts und seinem Vertrag mit den Dänen initiierte Alfred ein Programm zur Wiederbelebung von Religion und Wissenschaft in Wessex. Die altenglische Inschrift um dieses feine Schmuckstück lautet in Übersetzung: »Alfred hat mich gemacht«. Der Zweck, für den dieses Schmuckstück angefertigt wurde, ist unbekannt; möglicherweise stellte es den Griff eines Manuskript-Zeigestocks (*æstel*) dar, wie ihn Alfred jedem Bischof in seinem Reich zusammen mit einem Exemplar seiner Übersetzung der *Pastoralschrift* Papst Gregors I. zusandte. In seinem Vorwort beklagte er den Niedergang der Bildung in England. Eine andere Möglichkeit ist, daß es den Kopf eines Szepters oder Amtsstabes bildete. Die Figur auf dem Juwel ist als Darstellung des Gesichtssinnes und als Christus in Gestalt der Heiligen Weisheit interpretiert worden. Es wurde in der Nähe von Athelney gefunden, das Alfred einmal als Zuflucht in den Sümpfen von Somerset diente.

England, 886
- Danelag
- Mercia
- Wessex

Wikingerfeldzüge
- 892 – 893
- 894 – 895

- ✕ wichtige Schlacht, mit Datum
- ◇ Wikinger-Winterlager, mit Datum
- ⬭ Wikingerhort, 887 – 900
- ▬ Danelag-Grenze, 866

Angelsächsisches *burh*, kontrolliert von
- ● Mercia
- ● Wessex

Maßstab 1 : 3 850 000

| 0 | 100 km |
| 0 | 80 Meilen |

Die Wikingerfeldzüge in England (892 – 895)

Die Periode relativen Friedens ab 885 erlebte die Konstruktion einer Kette von *burhs* oder befestigten Stützpunkten in ganz Südengland. Jeder von diesen war nicht weiter als ungefähr 32 Kilometer oder einen Tagesmarsch von seinem Nachbarn entfernt. Sie erwiesen sich bei der Verteidigung als höchst erfolgreich, als die Wikinger unter Hastein im Jahre 892 von neuem ihre Überfälle auf Wessex begannen. In den nächsten drei Jahren lieferten sich die englischen und skandinavischen Heere eine Reihe von Scharmützeln, während sie sich kreuz und quer durch das Land hindurch verfolgten. 894 errichteten die Wikingerheere am Ufer des Lea nördlich von London ein befestigtes Heerlager. Hier wurden sie von Alfred entscheidend geschlagen, was zu ihrem Rückzug nach Bridgnorth und anschließend zurück ins Danelag führte.

Das wehrhafte Wessex war nun auf sich allein gestellt. Im Jahre 878 überrannte das südliche Wikingerheer unter Führung Guthrums auch dieses Territorium. Alfred und die Überreste seiner Streitmacht flüchteten sich in die Sümpfe und Marschen von Somerset im Südwesten, von wo aus sie einen verzweifelten Kleinkrieg gegen die Dänen führten. Bald nach Ostern 878 rüsteten die Engländer zum Gegenangriff und trafen bei Edington auf die Dänen. Die Wikinger wurden entscheidend geschlagen, und Alfred schloß bei Wedmore in Somerset in einer Zeremonie mit ihnen Frieden, die die Taufe von Guthrum und den anderen skandinavischen Führern zur Folge hatte. Zwischen 879 und 885 wurde Wessex in Ruhe gelassen. Guthrums Heerscharen ließen sich in Ostanglien nieder und begannen, Landwirtschaft zu betreiben. Im Jahre 880 überquerte dann der größte Teil des Heeres den Ärmelkanal, um im Reich der Karolinger Beute zu machen.

Die Wikinger kehrten erst 885 zurück, als Guthrum den Frieden von Wedmore brach und mit der Hälfte seiner Armee nach England segelte. Den Rest seiner Männer ließ er im Frankenreich zurück. Sie schlugen bei Rochester in Kent ein Lager auf und verheerten die umliegende Region. Alfred hatte sechs vergleichsweise friedliche Jahre Zeit gehabt, seine Herrschaft zu festigen und seine Truppen vorzubereiten, daher reagierte er sehr schnell. Die Engländer griffen die Wikinger zu Lande und in mehreren Seegefechten an (letztere hatten nur einen begrenzten Erfolg, da

die Dänen im Seekrieg erfahrener waren). Gegen 886 hatte man die Bedrohung eingedämmt. Der ursprünglich im Jahre 878 geschlossene Vertrag wurde erneuert. Der Verlauf der angelsächsisch-skandinavischen Grenze wurde wie folgt festgeschrieben: »die Themse hinauf, und sodann den Lea hinauf, und den Lea entlang bis zu seiner Quelle, dann in einer geraden Linie nach Bedford, dann die Ouse hinauf bis nach Watling Street«. Das nördlich und östlich dieser Grenze gelegene Land wurde an die Wikinger abgetreten und später als *Danelag* bezeichnet.

Alfred regierte Wessex seither bis zu seinem Tod (899) als ein geteiltes Land, das ständig der Bedrohung durch die Armeen des skandinavischen Danelags im Norden ausgesetzt war. In den letzten zehn Jahren seines Lebens baute Alfred allmählich die Zentren der Religion, Gelehrsamkeit und Kultur wieder auf, die während der langen Kriege zerstört oder vernachlässigt worden waren. Er sicherte ihren Fortbestand mittels einer Kette von befestigten Stützpunkten, die sich quer durch Südengland zog. Diese *burhs* scheinen eine Kombination von Verwaltungszentrum, befestigtem Markt und Zufluchtsort gewesen zu sein. In ihnen haben wir den Ursprung vieler der frühesten englischen Städte vor uns.

Die zweite Welle dänischer Angriffe (892 – 900)

Das von König Alfred nach dem Vertrag von Wedmore begonnene Programm militärischer und ziviler Ingenieursar-

131

beiten sollte gegen Ende seiner Herrschaftszeit auf eine harte Probe gestellt werden. Im Jahre 892 verließ der 885 zurückgebliebene Teil des Dänenheeres das Frankenreich und kehrte nach England zurück. Inzwischen unter dem Kommando des erfahrenen Kriegers Hastein, kamen die Wikinger mit zwei Armeen nach Kent, errichteten Befestigungsanlagen und stürmten ein noch im Bau begriffenes *burh*. Das folgende Jahr erlebte eine verwirrende Abfolge von Ereignissen, da die Wikinger auf Raubzügen tief ins Innere von Wessex vordrangen.

Skandinavier und Engländer hatten beide umfangreiche Streitkräfte im Feld, doch sie waren oft nicht imstande, sich gegenseitig zu stellen, weil sie kreuz und quer durch Südengland zogen. Trotz vieler grober Fehler auf der englischen Seite hielt die Kette der *burhs* den Attacken stand, und die Wikinger konnten keine wirklichen Fortschritte verbuchen. Die Heere von Wessex schafften es schließlich, ihre Anstrengungen zu koordinieren: Die Dänen wurden am Ufer des Flusses Severn nahe der walisischen Grenze

erfolgreich belagert. Nach heftigen Kämpfen flohen die Skandinavier in nördlicher Richtung nach Chester, verfolgt von den englischen Armeen. Darauf durchquerten sie Northumbrien und zogen hinunter nach Ostanglien. Als die angelsächsischen Heere wiederum kehrtmachten und der Grenze in südöstlicher Richtung folgten, versammelten Hasteins Truppen sich in Essex. Währenddessen kehrte eine Abteilung des Wikingerheeres, die den Südwesten von der See aus angegriffen hatte, »nach Hause zurück«, wie die *Chronik* es formuliert, und segelte nach Osten, um Sussex zu verwüsten. Die zwei Wikingerstreitmächte vereinigten sich am Lea und bauten dort eine Festung, von der aus sie die Gegend terrorisierten.

Fast das ganze folgende Jahr 895 hindurch blieben die Skandinavier in ihrem Stützpunkt nördlich von London. Im Spätherbst jedoch organisierte Alfred eine aufwendige Belagerung, die mehrere Befestigungsanlagen und eine Blockade des Flusses umfaßte, wodurch den Dänen der Zugang zu ihren Schiffen abgeschnitten wurde. Das

Oben: Manche *burhs* in Wessex verwendeten eisenzeitliche oder römische Befestigungen, andere lagen innerhalb der verstärkten Mauern römischer Städte. Einige – wie Wallingford in Oxfordshire – waren neue Städte, gebaut auf dem offenen Gelände innerhalb einer rechteckigen Schutzwehr. Diese Luftaufnahme von Wallingford läßt den rechteckigen Umriß der angelsächsischen Wehranlagen dieses *burhs* erkennen, die zur Themse hinunterführen, um eine Furt gegen die Dänen zu verteidigen. Der Verlauf der High Street, parallel zum Fluß, ist ebenfalls deutlich zu sehen. Die *burhs* waren die effektivsten Wehranlagen der Engländer in ihrem Kampf gegen die Dänen, sie erforderten wahrscheinlich nicht weniger als 27 000 Männer zu ihrer Verteidigung. Sie dienten auch als Verwaltungs- und Handelszentren.

Oben: Unter den ersten Münzen, die im östlichen Danelag geprägt wurden, waren plumpe – und untergewichtige – Imitationen der Münzen König Alfreds. Dieses Exemplar beruht auf einem Silberpenny, geprägt in Oxford.

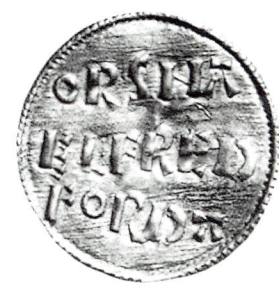

Wikingerheer floh nach Norden, während die Engländer die gesamte dänische Flotte kaperten oder zerstörten. Dies scheint ein entscheidender Sieg gewesen zu sein, denn die Wikingerarmee löste sich im nächsten Jahr auf, die Soldaten gesellten sich zu ihren Kameraden im Danelag und ließen sich in Ostanglien und Northumbrien nieder. Einige, die es sich nicht leisten konnten, Land zu erwerben und zu siedeln, schlossen sich den skandinavischen Heeren an, die den Ärmelkanal überquert hatten und auf dem europäischen Festland kämpften.

Alfred starb im Jahre 899 und hinterließ als Erbe einen starken, geeinigten englischen Staat, der seine Kräfte für den langen Prozeß des Wiederaufbaus in den nördlichen und östlichen Regionen des Landes sammelte.

Das Danelag

Dieselben Schwierigkeiten, die uns daran hindern, die genaue Beschaffenheit und Organisation der Wikingerheere in England definitiv festzumachen, wirken sich auch auf jeden Versuch aus, die skandinavische Besiedlung des Danelags zu untersuchen. Healfdenes Wikinger, die 876 das Land unter sich aufteilten und begannen, es zu bestellen, waren natürlich dieselben Menschen, die das Danelag während des späteren 9. Jahrhunderts besetzt hielten. Wenn wir uns schon über ihren Charakter als Soldaten des Heeres nicht im klaren sind, so wissen wir genausowenig darüber, wer sich tatsächlich in den eroberten Gebieten niederließ und wie dicht die skandinavische Besiedlung gewesen ist.

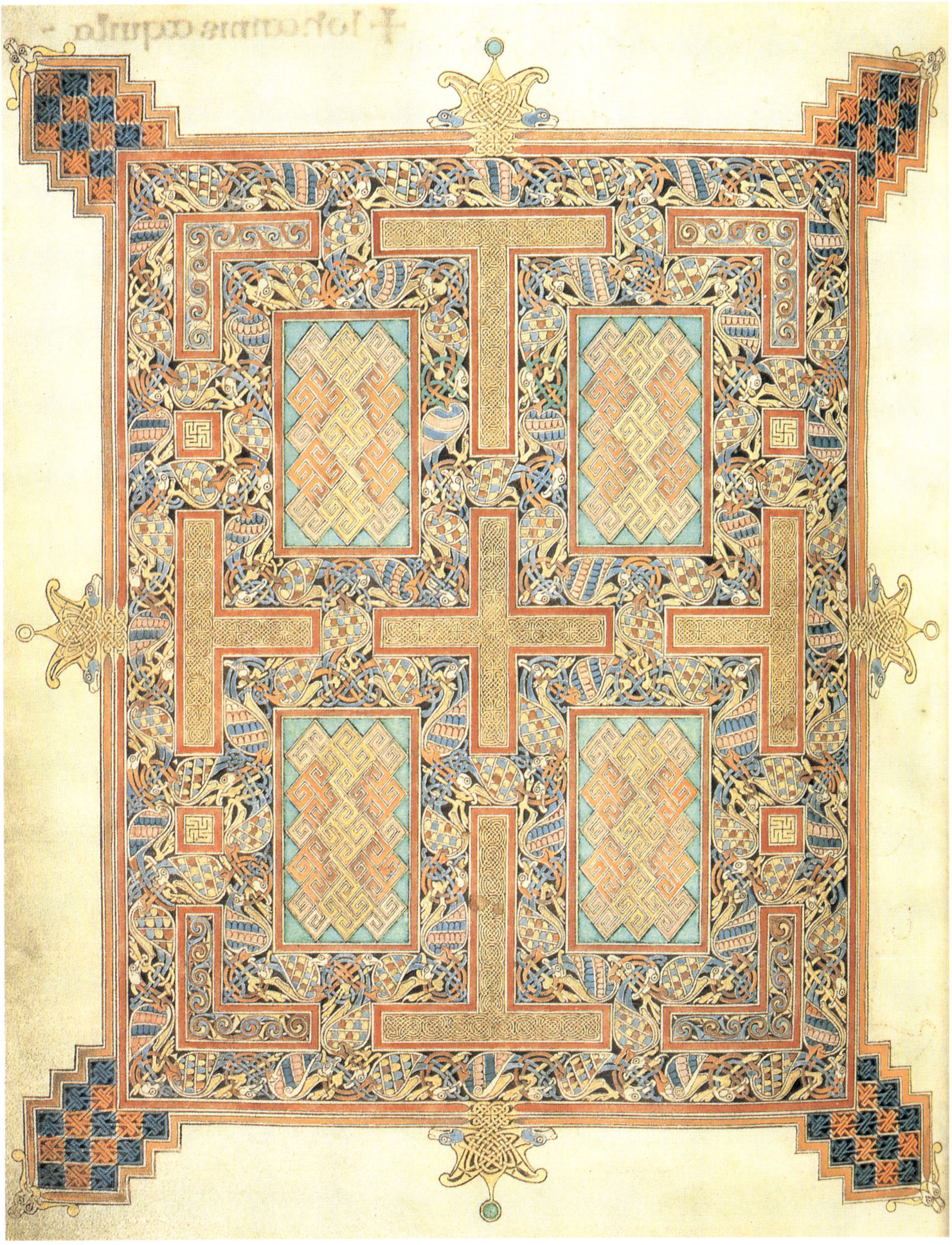

Rechts: Die Verwüstung des northumbrischen Inselklosters Lindisfarne beim Wikingerüberfall von 793 war keineswegs vollständig, wie die Erhaltung der Reliquien des heiligen Cuthbert (jetzt in der Kathedrale von Durham) und der *Lindisfarne Gospels* (jetzt British Library) zeigt. Dieses großartige Evangelienbuch, das dort um 700 geschrieben und illuminiert wurde, ist ein Beispiel für die kulturellen Leistungen des »Goldenen Zeitalters von Northumbrien«, das durch die dänische Eroberung in der zweiten Hälfte des 9. Jahrhunderts abrupt beendet wurde.

ausgegrabene anglo-skandinavische Siedlung
● Five-Borough-Stadt
● andere Stadt
● ländliche Siedlung

Wikinger-Grabfund
■ mit männlichen Merkmalen
■ mit weiblichen Merkmalen
■ unbestimmt

Funde wikingerzeitlicher *hogback*-
(Schweinerücken-) Steine
◆ mehrere Steine
◆ einzelne Steine

Dänen Völker

━━ Danelag-Grenze, 892
── Reichsgrenze, 892
Konzentration skandinavischer Ortsnamen
in England und Wales
mehr als 200 m über Meereshöhe

Maßstab 1 : 3 850 000
0   100 km
0   80 Meilen

Die Skandinavier in England
Die archäologischen Belege für die skandinavische Besiedlung Englands – im Vergleich zu den schriftlichen Quellen auffallend dünn gesät – werfen dennoch etwas Licht auf die Besetzung des Danelags. Die Einheitlichkeit seiner Grenze zeigt sich besonders deutlich in der massiven Konzentration skandinavischer Ortsnamen im Norden und Süden sowie in einigen isolierten Landstrichen des Westens. Das gleiche Muster wiederholt sich bei den Fundorten der *hogbacks*. Die ausgegrabenen Überreste wikingerzeitlicher Städte und Bauernsiedlungen stellen ebenso wie die Gräber mit skandinavischen Artefakten große Probleme dar, weil die Identifizierung unterschiedlicher ethnischer Gruppierungen bei dem archäologischen Fundmaterial alles andere als gesichert ist. Das auffällige Fehlen großer Mengen von erkennbar skandinavischen Objekten deutet jedoch fast mit Sicherheit auf eine schnelle Übernahme einheimischer englischer Bräuche, Lebensweisen und Begräbnissitten durch die eingewanderten Siedler hin. Die Frage nach der Dichte der skandinavischen Besiedlung und der Anzahl der beteiligten Menschen ist noch immer Gegenstand vieler hitziger Diskussionen.

Die große Tragweite, die die Entstehung des Danelags für England und das englische Volk besaß und die sich in den historischen Quellen niederschlägt, wird durch das völlige Fehlen von dokumentarischen Informationen über jenes Gebiet im späten 9. und im frühen 10. Jahrhundert bestätigt. Obschon die *Angelsächsische Chronik* gelegentlich Bewegungen der Wikinger innerhalb des Danelags erwähnt, gibt es keine überlieferten Urkunden, die aus der Region selbst stammen. Seit den Tagen des Beda Venerabilis im 8. Jahrhundert war Northumbrien ein Zentrum klösterlicher Gelehrsamkeit gewesen, und diese vollständige Destruktion einer literarischen Tradition und des kirchlichen und verwaltungstechnischen Apparates, innerhalb dessen sie sich ereignete, ist ein vielsagendes Zeugnis dafür, daß die Skandinavier bei der Eroberung ganze Arbeit geleistet hatten: Das Danelag nach 886 ist in jeglicher Hinsicht ein weißer Fleck auf der historischen Landkarte.

Die Verbreitung von Ortsnamen mit skandinavischen Elementen, wie sie aus dem 1085 von Wilhelm dem Eroberer in Auftrag gegebenen *Domesday Book* hervorgeht, bestätigt dieses Bild. Die Namen gehören vielen unterschiedlichen Typen an. Eine der wichtigsten Gruppen bilden die Namen mit der Endung *-by* (wie Selby und Derby); dieses Suffix findet sich bei Ortsnamen in ganz Dänemark und Südschweden, wo es normalerweise auf ein Dorf hinweist, und in Norwegen, wo es einen einzelnen Bauernhof oder gar ein landwirtschaftliches Anbaugebiet bezeichnet. Wir finden auch Ortsnamen, die skandinavische Personennamen enthalten (zum Beispiel Grimsby, »Dorf des Grim«) oder topographisch-beschreibender Natur sind (Snæfell, »Schneeberg«). Eine spätere Kategorie von Ortsnamen mit der Endung *-thorp* (Swainsthorpe) könnte auf eine zweite Besiedlungsphase hindeuten, die vielleicht in die Randgebiete ausgriff, als die Hauptackerbaugebiete zu dicht besiedelt waren. Obwohl die Datierung dieser Namen problematisch ist, weil einige möglicherweise aus dem Mittelalter statt aus der Wikingerzeit stammen, ist ihre Verteilung auffallend. Trägt man alle Namen auf einer Karte ein, so deckt sich ihre Verbreitung so exakt mit den bekannten Grenzen des Danelags, daß man die Grenzlinie mit hinreichender Genauigkeit nachzeichnen könnte, auch wenn der Vertrag von Wedmore nicht überliefert wäre.

Weitere Bedeutungsschichten im Ortsnamenmaterial sind schwieriger zu interpretieren. Zunächst wissen wir nicht, ob die so benannten Siedlungen Neugründungen waren oder ob es sich nur um umbenannte, schon länger vorhandene Orte handelte. Außerdem können wir nicht sicher sein, daß alle diese Namen tatsächlich von den Wikingern geprägt wurden, denn wahrscheinlich hat die englische Sprache schon vor dem 9. Jahrhundert skandinavische Elemente enthalten, und dieser Einfluß setzte sich mit Sicherheit bis in die Zeit des Mittelalters fort, lange nachdem sich die ethnischen Unterschiede verwischt hatten. Hinzu kommt noch, daß die in offiziellen Dokumenten gebrauchten Ortsnamen normalerweise nicht von den Bewohnern einer Siedlung festgelegt werden, die keinen dringenden Bedarf an einer Namensgebung haben, sondern von Außenstehenden, die für bestimmte Zwecke wie Steuereintreibung einen Bezugspunkt brauchen. Die skandinavischen Ortsnamen weisen regionale Gruppierungen unterschiedlicher Typen auf, die eine Expansion in späteren Siedlungsphasen und den Übergang von Land in Privatbesitz anzudeuten scheinen.

Obwohl dünn gesät, werfen die dokumentarischen Quellen dennoch ein gewisses Licht auf die skandinavischen Gebiete. Die *Angelsächsische Chronik* erwähnt einen lockeren Zusammenschluß von Städten, der als die Fünf Städte (Five Boroughs) bezeichnet wird und aus den Orten Derby, Stamford, Leicester, Nottingham und Lincoln bestand, die alle in Mittelengland liegen. (Ein einmaliger Hinweis auf »die Sieben Städte« könnte sich auf die obigen fünf plus zwei weitere beziehen oder auf eine völlig andere Gruppe, von der wir nichts wissen.) Diese Zentren waren allesamt befestigt und scheinen eine ähnliche Funktion wie die *burhs* in Wessex erfüllt zu haben. Es ist in der Tat wahrscheinlich, daß jene als Modell für die Städte im Danelag gedient haben. Ausgrabungen in einigen der Städte, insbesondere in Lincoln, haben einen die Phantasie stark anregenden Blick auf urbane Gemeinden ermöglicht, deren Parzellen in wohldurchdacht angelegte Straßen und Häuserzeilen eingeteilt waren. Die Häuser und Werkstätten deuten darauf hin, daß es blühende Handelsniederlassungen gewesen sind, die mit regionalen und überregionalen Handelsnetzen verbunden waren, welche sich bis zu den skandinavischen Herkunftsländern und sogar darüber hinaus nach Byzanz und dem Mittleren Osten erstreckten. Die Tatsache, daß sich der Handel auf die Gebiete unter skandinavischer Herrschaft konzentrierte, anstatt ein landesweites Netz zu bilden, wird durch die Verteilung bestimmter Gruppen von Fundobjekten veranschaulicht, wie etwa die Töpferarbeiten des Typs, der als Stamforder Ware bekannt ist. Sie finden sich fast ausschließlich auf dem Gebiet der Fünf Städte und spiegeln so sicherlich das Maß ihres politischen Einflusses. Nimmt man an, daß die Töpferware für den lokalen Gebrauch angefertigt wurde, dann ist ihre Beschränkung auf diese Gebiete eine weitere Bestätigung der Grenzen des Danelags.

Als Pendant zu den Fünf Städten des südlichen Danelags gab es nur das Königreich York, ein Gebiet mit wechselnden Grenzen. In geschichtlicher Hinsicht wissen wir weitaus mehr über dieses nördliche Königreich als über die Fünf Städte, teilweise wegen seiner engeren Bindung an die skandinavischen Heimatländer und die Wikingerkolonien in Irland und im Nordatlantik. Durch die Umwälzungen im 9. und 10. Jahrhundert ging die Herrschaft über York von den Dänen auf die Norweger über, und kaufmännische sowie politische Verbindungen verschoben sich nach Westen zur Irischen See und den Wikingerstützpunkten in Dublin und auf der Insel Man. Während dieser Periode fiel das Königreich York auch mehrmals vorübergehend unter angelsächsische Herrschaft.

Eine Insel der Kontinuität inmitten dieser Zeit der Zerrüttung stellte die Stadt York selbst dar, die die flache Ebene des Tals von York beherrschte und die bedeutendste Nord-Süd-Überlandroute durch England kontrollierte. Die Stadt wurde bald nach ihrer Übernahme von den Dänen neu befestigt und gedieh als eines der wichtigsten verteidigten Marktzentren Nordeuropas, das von Kaufleuten aus der gesamten Wikingerwelt besucht wurde. In den letzten Jahren haben Ausgrabungen an der Coppergate-Grabungsstelle und anderen die dichtgedrängten Wohnhäuser und Werkstätten freigelegt, die die arbeitende Durchschnittsbevölkerung beherbergten. Dies erlaubt uns, das tägliche Leben einer wikingerzeitlichen Gemeinschaft zu erkennen.

Vom Leben außerhalb der Städte wissen wir weit weniger. Nur eine Handvoll ländlicher Siedlungen ist im südlichen Danelag und dem Königreich York ausgegraben worden, und keine davon kann mit Sicherheit der skandinavischen Bevölkerung zugeordnet werden. Im Norden ist die am besten erhaltene Gruppe von Bauernhöfen ein bei Ribblehead in Yorkshire ausgegrabener Komplex. Hier befand sich im Zentrum eines Systems von umzäunten Feldern ein Langhaus, das den in Norwegen entdeckten ähnelt und neben einem kleinen Backhaus und einer Schmiede stand. Ähnliche Fundstellen sind in der Nähe bei Bryant's Gill und Simy Folds, ebenfalls in Yorkshire, untersucht worden. In allen drei Siedlungen scheint eine gemischte Form der Landwirtschaft betrieben worden zu sein, die durch eine begrenzte Handwerkstätigkeit ergänzt wurde. Eine weitere isolierte Gruppe von Langhäusern hat man auf Lindisfarne bei Green Shiel gefunden, die jünger als die Zerstörung und Aufgabe des Klosters nach dem Überfall von 793 sind. Es gab keine Fundstücke, die Licht auf die ethnische Herkunft der Bewohner hätten werfen können, denn die Funde von Haushaltsgegenständen waren von der gewöhnlichen Art, wie sie im ganzen frühmittelalterlichen Europa verbreitet waren. Die einzige weitere nicht-städtische Grabungsstelle, die nördlich des Humber untersucht worden ist, ist die Gemeinde bei Wharram Percy, wo eine Anzahl kleiner Bauernhöfe sich in der späteren Wikingerzeit allmählich zu einer Dorfstruktur mit Ortskern zusammengefunden zu haben scheint.

Im südlichen Danelag sind mehrere Siedlungsorte ausgegraben worden, doch wiederum ohne einen Hinweis auf die Nationalität der Bewohner zu erbringen. Einige von ihnen bestehen aus einer befestigten Einfriedung, die eine zentrale Langhalle mit mehreren Nebengebäuden umgibt (zum Beispiel in Goltho nahe der Stadt Lincoln und in Sulgrave im südlichen Mittelengland), doch es ist unklar, ob sie angelsächsischen Landbesitzern gehörten, die ihren Besitz gegen die Wikinger verteidigen wollten, oder ob es von den skandinavischen Einwanderern neu erbaute Niederlassungen waren. Was immer die Identität der Bewohner war, diese kleinen befestigten Residenzen können fast mit Sicherheit als die Vorläufer der Rittergutskomplexe der mittelalterlichen Epoche angesehen werden. Die Einführung dieses Siedlungstyps kann auch weitreichende Veränderungen in der Art der Landaufteilung und des Besitztums widerspiegeln, die sich zu dieser Zeit vollzogen haben. Eine Streuung von kleinen Weilern des Wharram-Percy-Typs und einige größere Komplexe fand man auch im Danelag, z. B. bei Little Paxton, St. Neots in Cambridgeshire und Raunds in Northamptonshire.

Bei einer sehr kleinen Zahl von Fundstellen können wir sogar von Gräbern mit erkennbar skandinavischen Grabbeigaben auf die Siedler selbst schließen. Die Tatsache, daß diese Gräber überhaupt Beigaben enthielten, weist sie als heidnisch aus und unterscheidet sie deshalb von den englischen Gräbern jener Zeit. Christliche Gräber enthielten ja keine Grabbeigaben. Die begrenzte Zahl solcher heidnischen Grabstätten ist höchstwahrscheinlich ein Zeugnis dafür, mit welcher Geschwindigkeit die immigrierten Wikinger entweder das Christentum annahmen oder zumindest die lokalen Begräbnissitten übernahmen. Die meisten Wikinger sind mit großer Sicherheit auf den christlichen Friedhöfen des angelsächsischen Englands beerdigt worden und somit in archäologischer Hinsicht unsichtbar für uns. Unter den Gräbern, die sich erhalten haben, waren 17, die typisch männliche Beigaben wie etwa Waffen enthielten, und drei Erdbestattungen mit Frauenschmuck, außerdem einige Gräber mit skandinavischen Gegenständen. Fast alle diese Grabstätten lagen im Danelag, ihre Mehrzahl innerhalb des Königreichs York. Alle Gräber waren Erdbestattungen und Einzelgräber; das Soldatenmassengrab bei Repton und eine einzigartige Gruppe

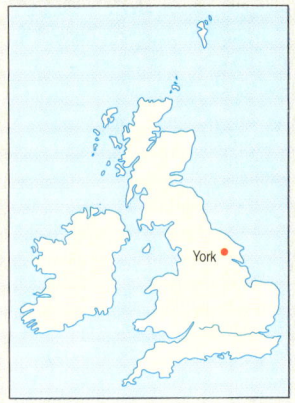

York

Die alte Römerstadt York im Norden Englands liegt am Zusammenfluß der beiden Flüsse Ouse und Foss und an der wichtigsten Nord-Süd-Route durch England. Die Stadt wurde zum erstenmal im Jahre 866 vom Großen Heer besetzt und diente fast ein Jahrhundert lang als skandinavischer Stützpunkt im Norden, mit kurzen Unterbrechungen, wenn die Engländer es zurückeroberten. York – das sie Jorvík nannten – wurde manchmal direkt von den Wikingern beherrscht, bisweilen auch von ihren englischen Marionettenkönigen. Skandinavier scheinen sich in großer Zahl angesiedelt zu haben. Sie organisierten den Straßenplan neu (die Straßen haben größtenteils skandinavische Namen, sogar heute noch), reparierten und erweiterten die römische Stadtmauer und erbauten Schiffsanleger am Flußufer. Ausgrabungen des wikingerzeitlichen York haben Dutzende von Häusern und Werkstätten freigelegt, die die materielle Kultur einer blühenden Marktstadt und eines Handelszentrums offenbarten: Gemeinsam mit anderen Städten des Danelags wie Lincoln war York die Verbindung zu den skandinavischen Kaufleuten der Heimatländer; es war Hauptanlaufpunkt für Waren wie deutsche Keramik und Wein, norwegische Wetzsteine und byzantinische Seide. Archäologen fanden Objekte, die aus dem fernen Arabischen Golf stammten, doch es scheint auch Handel mit den Engländern gegeben zu haben. Prägestätten wurden eingerichtet, die Münzen mit christlichen und heidnischen Symbolen herstellten – eine Dualität, die sich auch auf den Grabsteinen der Region widerspiegelt. Mehrere Fragmente von Grabsteinen, die man in der Nähe der mittelalterlichen Kathedrale gefunden hat, trugen kunstvolle Steinmetzarbeiten in skandinavischen Stilrichtungen. Außerdem hat man Wikingergräber nahe der spätwikingerzeitlichen Kirche St. Mary Bishopshill ausgegraben, der ältesten erhaltenen Kirche der Stadt.

Rechts: Die Grabungen an der Coppergate-Fundstelle um 1980 lieferten detaillierte Informationen über das wikingerzeitliche York. Vier Wohngrundstücke wurden ausgegraben, die sich von der Straßenfront bis an das Ufer des Foss ausdehnten. Drei Phasen der anglo-skandinavischen Besiedlung hindurch, vom frühen 9. bis zum 11. Jahrhundert, säumten nacheinander Reihen rechteckiger Holzbauten, manchmal zwei Häuser tief, die Coppergate, die Giebelseiten der Straße zugewandt. Die Lehmfußböden und Herde waren mit dem Abfall und den fertigen Produkten bedeckt, die von den Handwerkern zurückgelassen wurden – Lederarbeiter, Geweihkammhersteller, Holzdrechsler und Metallschmiede *(unten rechts)*. In einem der Gebäude fand man die Überreste einer Münzprägeanstalt – eine seltene Entdeckung. In den Hinterhöfen der Läden lagen Abfallgruben, Latrinen, Gräben und kleine umzäunte Einfriedungen: Schichten weggeworfenen Abfalls konservierten sogar noch mehr Objekte. Die gesamte Grabungsstelle hat man als das »Jorvík Viking Center« unverändert an ihrer ursprünglichen Position in den Untergeschossen der heutigen Geschäfte belassen, welche die Nachfolger der alten wikingerzeitlichen sind. Hier können Besucher durch eine Rekonstruktion der Straßen des 10. Jahrhunderts fahren *(unten)*.

von 60 Grabhügeln bei Ingleby in Derbyshire sind jedoch bemerkenswerte Ausnahmen.

Kultureller Austausch

Eine Untersuchung der Wechselbeziehungen zwischen den skandinavischen Siedlern und der einheimischen Bevölkerung ergibt eine Reihe von interessanten Möglichkeiten und führt zu dem Schluß, daß das, was sich ereignet hat, nicht bloß eine Frage von Integration und Assimilation ist, sondern zur Entstehung einer spezifischen angloskandinavischen Kultur führte. Im Bereich der Religion und des Glaubens tritt dies am deutlichsten vor Augen. Außer den oben beschriebenen Grabstätten gibt es nur sehr wenige Beispiele erkennbar heidnischen Brauchtums im wikingerzeitlichen England. Man hat jedoch beträchtliche Mengen an Waffen und anderen Gegenständen, wie etwa Pferdegeschirr, aus Flüssen geborgen, insbesondere aus der Themse auf Höhe der London Bridge und in Oxford. Auch wenn diese Fundstücke möglicherweise einfach aus Versehen in den Fluß gefallen sind oder in der Hitze des Gefechts dort verloren wurden, scheint es doch wahrscheinlicher zu sein, daß es sich bei diesen Depots um religiöse Opfergaben handelt, die es in großer Zahl auch in den Torfmooren Dänemarks und Südschwedens gibt. Eine bemerkenswerte Fundstätte dieser Art liegt in Skerne im nordenglischen Humberside, wo im Bereich der Stützpfeiler einer Brücke Skelette von mindestens 20 Pferden, Rindern, Schafen und Hunden zusammen mit Metallgegenständen und Waffen gefunden wurden.

Im Kontrast zu diesem fragmentarischen Bild hat sich eine beträchtliche Zahl von Zeugnissen der skandinavischen Bekehrung zum Christentum erhalten, hauptsächlich in Form von Steinskulpturen. Das angelsächsische England besaß zur Zeit der ersten großangelegten skandinavischen Siedlungen bereits eine lebendige Tradition von gemeißelten Steinkreuzen und Grabsteinen, doch seit dem frühen 10. Jahrhundert sehen wir, daß neue Elemente in den Skulpturen auftauchen. Die Kreuze weisen bisher unbekannte Gestaltungsformen auf, und bei den Verzierungen finden sich zunehmend skandinavische Kunststile. Besonders auffallend sind die neuartigen Bildelemente, die die Skandinavier eingeführt zu haben scheinen, wie beispielsweise die Abbildungen von bewaffneten Kriegern, die von Waffen umgeben sind, wie sie sich unter anderem auf den Middleton-Kreuzen in North Yorkshire finden. Sie waren vielleicht als Symbole für militärische Macht und Schlachtenmut gedacht, die die skandinavische Herrschaft über das Gebiet stärken sollten. Ein noch anschaulicheres Beispiel stellt ein Kreuzfragment aus Weston dar, ebenfalls in North Yorkshire, das einen bewaffneten Krieger zeigt, der eine weibliche Gestalt am Hals packt – zufällig die einzige Darstellung von Gewalt gegenüber einer Frau, die man in der gesamten Wikingerwelt gefunden hat.

Die Skandinavier scheinen das Monopol der Klöster auf die Bildhauerkunst durchbrochen zu haben und benutzten sie auch im weltlichen Umfeld für Zwecke politischer Ideologie und Propaganda sowie für allgemein übliche Gedenksteine. Interessanterweise beinhalten mehrere scheinbar christliche Monumente Szenen norwegisch-heidnischer Mythologie. Am Stamm des großen Kreuzes von Gosforth in Cumbria werden zum Beispiel Episoden vom Ragnarök gezeigt – dem Untergang der Welt, in dem alle Götter und Menschen vernichtet werden. Es ist vermutet worden, daß diese Szenen den Triumph Christi über den Teufel und seine Dämonen darstellen sollten, die hier mit den Göttern der alten Religion identifiziert werden, doch ist dies keineswegs sicher: Die Monumente könnten sogar eine Doppelrolle gespielt haben, in der den heidnischen Darstellungen eine aktive Bedeutung zugeschrieben wurde. Ein weiterer Typus von Steinmonumenten, der wegen seines charakteristischen Grats auf der Oberseite als

Oben: Dieses eindrucksvolle Relief eines behelmten Wikingerkriegers, umgeben von seinen Waffen (Schild, Schwert, Axt und Speer), auf einem der Steinkreuze von Middleton in North Yorkshire demonstriert die neue Art, in der man auf ihren christlichen Grabmälern des 10. Jahrhunderts an einige neu bekehrte Mitglieder der Danelag-Aristokratie erinnerte. Vermutlich stand dahinter die Absicht, ihre Autorität über die örtliche Bevölkerung zu verstärken.

»Schweinerücken« bekannt ist, findet sich nur in Britannien und kann als ein Beispiel für die Bildhauerkunst der Wikingerkolonien gelten. Man gebrauchte sie wahrscheinlich als Deckplatten für Gräber, und viele »Schweinerücken« haben die Form eines Hauses mit Dächern und Mauern. Einige werden zusätzlich von gewaltigen Bären flankiert, die nach den »Giebeln« des Hauses greifen. Ihre religiöse Orientierung (falls vorhanden) ist unsicher.

Zusammen mit den anderen archäologischen Denkmälern und den Zeugnissen der Ortsnamen deuten die Steinskulpturen darauf hin, daß die skandinavischen Siedler sich schnell und dauerhaft in ihren neugewonnenen Ländereien etablierten und das Danelag wie auch das Königreich York mit einem wohldefinierten Sinn für Identität und Zweck regierten. Auch wenn die Größe ihrer Siedlungen uns noch nicht mit einiger Genauigkeit bekannt ist,

Anglo-skandinavische Stilformen

Die Steinskulptur im Norden Englands ist ein Zeugnis für den kulturellen Austausch zwischen der angelsächsischen Bevölkerung und den skandinavischen Siedlern. Die ersteren besaßen eine festgefügte Tradition im Errichten gemeißelter Steinkreuze und christlicher Grabsteine. Diese erregten die Aufmerksamkeit der Wikingerfürsten, als sie sich ebenfalls zum Christentum bekehrt hatten. Insbesondere York war ein lebhaftes Zentrum angelsächsischer Steinplastik, und dieses Handwerk gedieh weiter unter der Herrschaft der Wikinger, wobei es skandinavische Stilelemente in sich aufnahm. Die Bildhauer wurden vom Borre- und vom Jelling-Stil des späten 9. und frühen 10. Jahrhunderts beeinflußt, die von ihren neuen Herren bevorzugt wurden. Sie verlangten von den Steinmetzen, sie als Kriegeraristokraten abzubilden und auch bekannte Episoden nordischer Mythologie darzustellen. Die Typen der Steinmonumente veränderten sich nicht sehr – mit Ausnahme der Einführung des ringköpfigen Kreuzes aus dem keltischen Westen und der Erfindung des merkwürdigen »Schweinerückens« - einer Art hausförmigen Grabsteins. Diese Verschmelzung skandinavischen Geschmacks mit der angelsächsischen Tradition führte zu einer ausgeprägten Kunst des 10. Jahrhunderts in Nordengland, die korrekterweise als »anglo-skandinavisch« bezeichnet wird. Eine ähnliche Situation entwickelte sich im 11. Jahrhundert in Südengland während der Regierungszeit des dänischen Königs Knut, als dort der skandinavische Ringerike-Stil eingeführt wurde. Es ist jedoch weniger deutlich, warum auch der spätere Urnes-Stil in England nach der normannischen Eroberung einigen Anklang fand.

Rechts: Dieses Kreuz, das heute noch immer auf dem Friedhof von Gosforth in Cumbria steht, spiegelt die Bekehrung der skandinavischen Siedler des 10. Jahrhunderts in Nordwestengland zum Christentum. Die ringköpfige Form des Kreuzkopfes ist keltischer Herkunft, doch die dekorativen Motive enthalten ein Ringkettenmuster, das vom skandinavischen Borre-Stil inspiriert wurde. Die komplexe Ikonographie verbindet die Kreuzigungsszene mit Episoden vom »Ragnarök« - dem Ende der Welt, wie es die heidnischen skandinavischen Götter sahen.

Unten: Der Bildhauer hat diese in einen Kalksteinblock geritzte Arbeit verworfen, bevor er sie vollendet hatte. Das Fragment wurde bei Coppergate in York ausgegraben und gehört ins mittlere 10. Jahrhundert. Es zeigt zwei verschlungene Tiere, deren Leiber mit Konturen versehen sind, wie sie für den skandinavischen Jelling-Stil der Tierornamentik charakteristisch sind.

Oben: Diese goldbronzene Fibel (stark vergrößert) fand man bei Pitney in Somerset im Südwesten Englands. Ihr klassisches Kampfmotiv, ausgeführt in durchbrochener Metallarbeit, ist ein gutes Beispiel für die anglo-skandinavische Version des Urnes-Stils, der vom mittleren 11. bis zum frühen 12. Jahrhundert in Skandinavien Mode war. Das Zentralmotiv besteht aus einem sich windenden bandförmigen Tier, dessen Leib eine Einfassung aus Perlen besitzt und von einer Schlange in den Hals gebissen wird; die Leiber beider Tiere enden in pflanzenartigen Ranken. Das Schuppenmuster des Randes deutet auf romanische Einflüsse hin, was die Brosche auf das späte 11. Jahrhundert datiert.

Oben rechts: Eine Gruppe von 26 Skulpturen in Sockburn im County Durham, Nordostengland, stammt aus dem 10. Jahrhundert, als der Friedhof des angelsächsischen Klosters von den Wikingern übernommen wurde. Dieser mit Schwert und Speer bewaffnete und einen spitzen Helm tragende Krieger demonstriert eindeutig den Geschmack der neuen skandinavischen Aristokratie, die sich selbst in Stein verewigt sehen wollte. Die Zierformen der Sockburn-Reliefs wiederholen sich auf den Skulpturen, die anderswo in der Gegend gefunden wurden. Zusammen repräsentieren sie die Produkte einer Werkstatt, die im Tees- und im Leven-Tal tätig war.

Rechts: Der während der Regentschaft Knuts in Südengland eingeführte Ringerike-Stil stimmte soweit mit dem zeitgleichen englischen »Winchester-Stil« überein, daß es nicht überrascht, wenn einige angelsächsische Künstler auf ihn zurückgriffen, um sich inspirieren zu lassen. Ein Psalter, von dem man glaubt, daß er in der Abtei von Winchcombe in Gloucestershire geschrieben wurde, enthält Schmuckinitialen im Winchester- und Ringerike-Stil – und einige Mischformen. Der Tierkopf auf diesem Buchstaben »D« gleicht sehr dem auf dem Stein vom Friedhof der Kirche des St. Paul *(Seite 210)*. Seine dicht verschlungenen Ranken sind auch für den reinen Ringerike-Stil charakteristisch.

Links: Ein schönes Beispiel für einen »Schweinerücken«-Grabstein aus Ingleby Arncliffe in North Yorkshire, der an den Giebelenden des Hausschreinmonuments mit einem geschwungenen Dachfirst große Tiere mit Maulkörben aufweist. Seine Form scheint von christlichen Schreingräbern und anderen hausförmigen Reliquienbehältern inspiriert zu sein; die seltsame Nische an der Seite könnte eine Schreinöffnung imitieren, durch die die Gläubigen die Reliquien berühren konnten. Die »Schweinerücken« entstanden im 10. Jahrhundert in den Gebieten skandinavischer Besiedlung in Nordengland, insbesondere in Yorkshire und Cumbria, von wo sie sich bis nach Schottland verbreiteten.

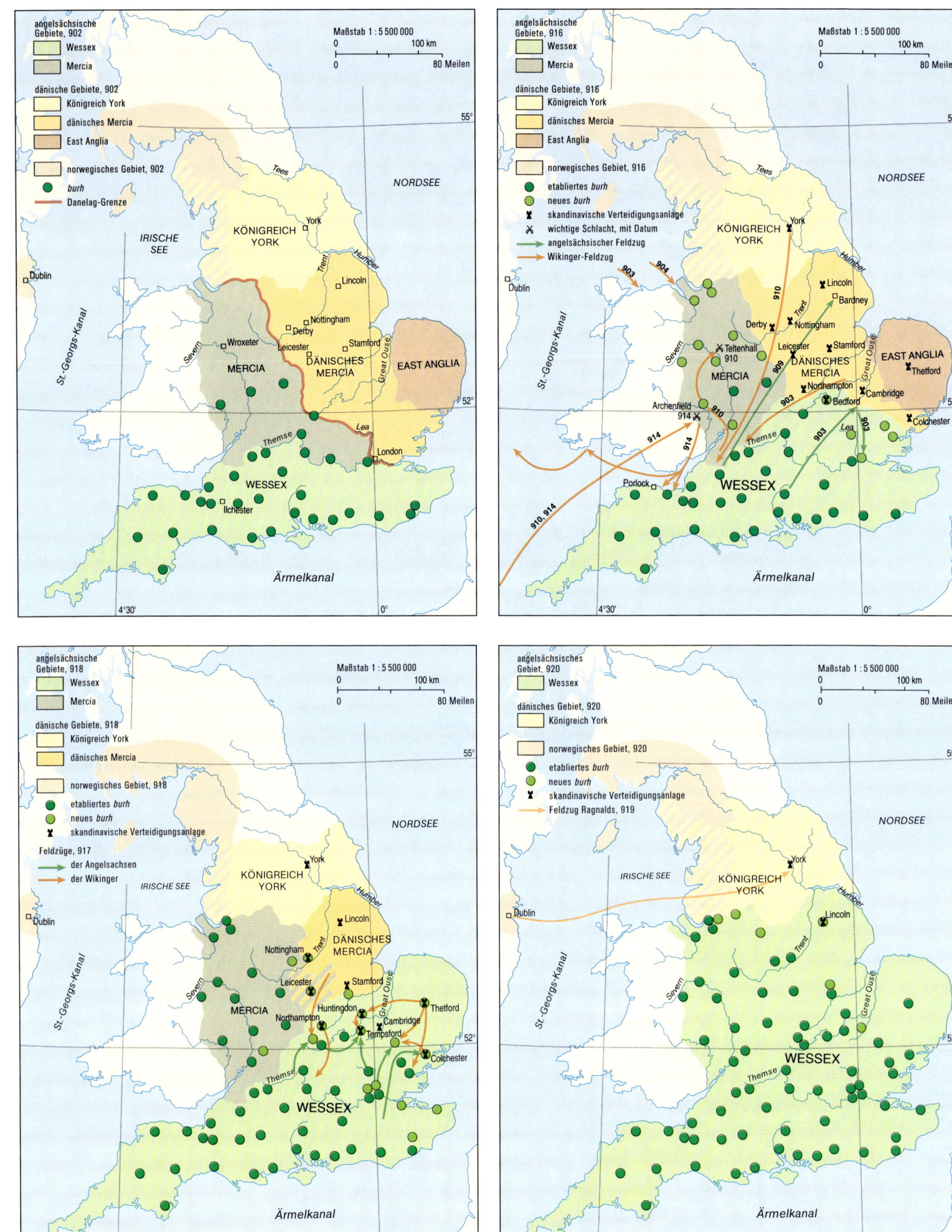

Map 1 (top left) — angelsächsische Gebiete, 902

angelsächsische Gebiete, 902
- Wessex
- Mercia

dänische Gebiete, 902
- Königreich York
- dänisches Mercia
- East Anglia

norwegisches Gebiet, 902

- burh
- Danelag-Grenze

Maßstab 1 : 5 500 000
0   100 km
0   80 Meilen

IRISCHE SEE · NORDSEE · St.-Georgs-Kanal · Ärmelkanal · Tees · Trent · Humber · Severn · Themse · Lea · Great Ouse

Dublin · York · Lincoln · Nottingham · Derby · Wroxeter · Leicester · Stamford · Ilchester · London

KÖNIGREICH YORK · MERCIA · DÄNISCHES MERCIA · EAST ANGLIA · WESSEX

55° · 52° · 4°30' · 0°

Map 2 (top right) — angelsächsische Gebiete, 916

angelsächsische Gebiete, 916
- Wessex
- Mercia

dänische Gebiete, 916
- Königreich York
- dänisches Mercia
- East Anglia

norwegisches Gebiet, 916

- etabliertes burh
- neues burh
- skandinavische Verteidigungsanlage
- wichtige Schlacht, mit Datum
- angelsächsischer Feldzug
- Wikinger-Feldzug

Maßstab 1 : 5 500 000
0   100 km
0   80 Meilen

NORDSEE · IRISCHE SEE · St.-Georgs-Kanal · Ärmelkanal · Tees · Trent · Humber · Severn · Themse · Lea · Great Ouse

Dublin · York · Lincoln · Bardney · Derby · Nottingham · Teltenhall 910 · Leicester · Stamford · Northampton · Bedford · Cambridge · Colchester · Thetford · Archenfield 914 · Porlock

KÖNIGREICH YORK · MERCIA · DÄNISCHES MERCIA · EAST ANGLIA · WESSEX

903 · 904 · 910 · 909 · 903 · 914 · 914 · 910 · 910, 914

55° · 52° · 4°30' · 0°

Map 3 (bottom left) — angelsächsische Gebiete, 918

angelsächsische Gebiete, 918
- Wessex
- Mercia

dänische Gebiete, 918
- Königreich York
- dänisches Mercia

norwegisches Gebiet, 918

- etabliertes burh
- neues burh
- skandinavische Verteidigungsanlage

Feldzüge, 917
- der Angelsachsen
- der Wikinger

Maßstab 1 : 5 500 000
0   100 km
0   80 Meilen

NORDSEE · IRISCHE SEE · St.-Georgs-Kanal · Ärmelkanal · Humber · Trent · Severn · Themse · Great Ouse

Dublin · York · Lincoln · Nottingham · Leicester · Stamford · Northampton · Huntingdon · Tempsford · Cambridge · Thetford · Colchester

KÖNIGREICH YORK · MERCIA · DÄNISCHES MERCIA · WESSEX

55° · 52° · 4°30' · 0°

Map 4 (bottom right) — angelsächsisches Gebiet, 920

angelsächsisches Gebiet, 920
- Wessex

dänisches Gebiet, 920
- Königreich York

norwegisches Gebiet, 920

- etabliertes burh
- neues burh
- skandinavische Verteidigungsanlage
- Feldzug Ragnalds, 919

Maßstab 1 : 5 500 000
0   100 km
0   80 Meilen

NORDSEE · IRISCHE SEE · St.-Georgs-Kanal · Ärmelkanal · Humber · Trent · Severn · Themse · Great Ouse

Dublin · York · Lincoln

KÖNIGREICH YORK · WESSEX

55° · 52° · 4°30' · 0°

Die Rückeroberung des Danelags

Zwischen 902 und 921 unternahm das angelsächsische Königreich Wessex eine Reihe entschlossener militärischer Kampagnen mit dem zweifachen Ziel, das Danelag zurückzuerobern und seinen Einflußbereich auf Kosten der englischen Nachbarn, insbesondere Merciens, auszuweiten. Die Nachfolger Alfreds des Großen und die Herrscher Merciens plünderten ununterbrochen die von den Skandinaviern besetzten Gebiete, wobei sie die einzelnen Wikingerheere nacheinander isolierten und neutralisierten. Die skandinavische Erwiderung scheiterte am Netzwerk der befestigten burhs. Als die nördlichen Gebiete fielen, sicherte die Dynastie von Wessex ihre Macht über die neugewonnenen Landstriche durch den Bau weiterer burhs und die Ansiedlung einer großen Zahl von Menschen in ihnen. Dieses Programm wurde auch auf Mercien ausgedehnt. Im Jahre 921 hatte nur das Wikingerkönigreich von York unbeschadet überlebt, das sich mittels einer Allianz mit Ragnals, dem norwegischen König von Dublin, abgesichert hatte. In den Midlands war Mercien so gut wie ausgelöscht: Wessex hatte es sich einverleibt, das nun ganz England südlich der Humbermündung beherrschte.

müssen sich die englische und die skandinavische Bevölkerung ganz offensichtlich in einem recht bedeutenden Ausmaß wechselseitig beeinflußt haben.

Die angelsächsische Rückeroberung des Danelags (902 – 954)

Anfang des 10. Jahrhunderts waren das angelsächsische wie das skandinavische Volk von jahrzehntelangen Kriegen erschöpft. Als die Dänen jedoch ihre Herrschaft über das Danelag festigten, begann Wessex – jetzt von Alfreds Sohn Edward regiert – einen zähen Zermürbungskrieg gegen die Dänen mit ständigen kleinen Ausfällen über die Grenze. Größere Feldzüge wurden in den Jahren 903, 906 und 909 unternommen, als die Wikinger sich mit englischen Füh-

rern verbündeten, die dem Thron von Wessex feindlich gesonnen waren, doch Edwards Armeen hielten stand.

Die Engländer verstärkten ihre Grenzbefestigungen durch ein vermehrtes Programm der Errichtung von burhs, womit sie sich eine uneinnehmbare Verteidigungslinie schufen, hinter die sie sich zurückziehen konnten. Als die Grenze langsam nach Norden verschoben wurde, sicherten sie das zurückgewonnene Territorium während des Vormarsches ebenfalls durch das Bauen von burhs. Beide Kriegsparteien wurden während dieser Zeit von Bedrohungen heimgesucht, die von außen kamen: Die Bewohner Merciens mußten Angriffe der Kelten in Wales zurückschlagen, während die dänischen Heere immer stärker von

Rechts: Der Hort von Cuerdale, um 905 neben dem Fluß Ribble in Lancashire vergraben, ist der größte aus Britannien und Skandinavien bekannte Wikingerschatz und enthält gut 7500 Münzen, Mengen von Hacksilber und Barrensilber in einem Gesamtgewicht von 40 kg. Das Hacksilber ist zum großen Teil irisch-nordischen Ursprungs, was nahelegt, daß man einen großen Teil des Schatzes aus Irland nach England gebracht hatte, nachdem die Wikinger 902 aus Dublin vertrieben worden waren. Viele der Münzen waren jedoch frische Prägungen aus dem Wikinger-Königreich von York. Vielleicht hatte man einen Teil des Reichtums beider Reiche gesammelt im Vorfeld eines Versuchs, die Wikinger in Dublin erneut zu etablieren.

den norwegischen Wikingern bedroht wurden, die sich in Irland niedergelassen hatten. Einige von diesen gingen ins westliche Northumbrien und in den Nordosten Mittelenglands, nachdem es den Iren gelungen war, die Norweger 902 aus Dublin zu vertreiben. Sie begannen bald, mit den Dänen um die Vorherrschaft im Norden wettzueifern, und diese für beide Seiten todbringende Auseinandersetzung beeinträchtigte mit Sicherheit die Erfolgsaussichten der Wikinger bei ihrer Verteidigung gegen die vorrückenden englischen Armeen.

Mercien war durch die Heirat von Edwards Schwester Æthelflæd mit Æthelred, dem Führer Merciens, mit der westsächsischen Dynastie verbunden, doch der Prozeß der Zurückeroberung ging Hand in Hand mit der Expansion von Wessex. Mit Æthelreds Tod im Jahre 911 erlangte Edward die Herrschaft über die Ländereien Merciens entlang des Themsetals und benutzte sie als Ausgangsbasis, um bis 916 ganz Essex zurückzugewinnen. 917 waren Edward und Æthelflæd, die nach dem Tod ihres Ehemannes die Herrschaft über Mercien übernommen hatte, bereit, ihren entscheidenden Feldzug zu beginnen. Im Sommer marschierten sie nach Norden, um eine dänische Armee zu stellen, die früher in diesem Jahr zum Plündern die Grenze des Danelags überschritten hatte. Im Spätherbst waren die dänischen Streitkräfte der Reihe nach zusammengebrochen, was den Engländern die Herrschaft über Mittelengland und Cambridgeshire verschaffte. Nur Ostanglien blieb noch unter dänischer Kontrolle, doch im Jahre 918 fiel es ebenfalls in englische Hand.

Zwei Begebenheiten in den Jahren 918 und 919 wurden typisch für jene Ereignisse, die den Rest des Jahrhunderts bestimmen sollten. Der Tod Æthelflæds führte zur endgültigen Fusion von Wessex und Mercien, nachdem man den Nachfolger für den Thron Merciens umgehend abgesetzt hatte. Wenig später erlitt die dänische Macht in England einen empfindlichen Schlag, als Ragnald von Dublin York bestürmte und die Stadt einnahm. Das letzte der Danelag-Territorien fiel 920. Der Herrschaftsbereich von Wessex, jetzt gleichbedeutend mit dem Englands, dehnte sich bis zum Humber aus, während das Königreich York Teil eines hiberno-norwegischen Machtblocks wurde, der sich bis über die Irische See nach Dublin erstreckte. Kulturell war damit eine norwegische und keltische Orientierung verbunden, die nach Westen und Norden bis zu den Wikingerkolonien im Nordatlantik reichte.

Die letzte Phase des englischen Gegenangriffs fand unter der Regentschaft von Edwards Sohn Athelstan statt, der 924 an die Macht kam. Nachdem er die Westgrenzen verstärkt hatte, begann Athelstan 927 einen vereinten Angriff auf das Königreich York. Gestützt durch eine Reihe kluger Bündnisse mit den keltischen Herrschern von Schottland und Wales, regierte Athelstan ein geeintes Königreich, das sich viel weiter nach Norden ausdehnte als die heutige englische Grenze. 937 wurde dieses Territorium jedoch durch eine starke Allianz zwischen den Wikingern von Dublin und den Kelten bedroht, die aus ganz Nordeuropa zusammenströmten, um einen letzten koordinierten Feldzug zur Wiedererlangung der skandinavischen Eroberungen zu führen, der die Engländer ein für allemal besiegen sollte. Die zwei Armeen trafen an einem nicht lokalisierten Ort aufeinander, der in den Berichten *Brunanburh* genannt wird. Die Auseinandersetzung war so heftig, daß die späteren keltischen Schriftsteller, die die ganze Kampagne in Dichtung und Prosa schilderten, von ihr nur als dem »Großen Krieg« sprachen. Nach einigen verzweifelten Stunden gewann die englische Streitmacht die Schlacht – mit dem Ergebnis, daß die Opposition gegen die englische Herrschaft für den Rest des Jahrhunderts neutralisiert war. Dennoch blieb die englische Kontrolle über den Norden ungesichert, und nach Athelstans Tod im Jahre 939 ging die Region vorübergehend an die Könige von

Links: Dieses Fresko aus dem frühen 9. Jahrhundert im Oratorium von St. Benedikt in Malles in Italien zeigt einen bärtigen fränkischen Edelmann mit seinem Schwert. Die frühen Wikingerbanden auf dem europäischen Festland nutzten die Parteikämpfe zwischen den fränkischen Kriegsfürsten zu ihrem eigenen Vorteil.

Dublin verloren, die das Königreich York von neuem an sich rissen und eine Reihe von Marionettenherrschern einsetzten. Es waren jedoch interne Streitigkeiten, die den Zerfall des norwegischen Königreiches verursachten, und 954 fand Erik Blutaxt, der letzte Wikingerkönig von York, seinen Tod in der Schlacht von Stainmore.

Beinahe ein Jahrhundert nachdem das Große Heer sich 866 in England niedergelassen hatte, wurde den skandinavischen Eroberungen in England endgültig Einhalt geboten. Die politische Struktur des Landes hatte sich für immer verändert. Die zersplitterten angelsächsischen Königreiche, die sich den Wikingern im 9. Jahrhundert entgegengestellt hatten, waren verschwunden, und der Prozeß der Zurückeroberung hatte zur Einigung Englands in einem gemeinsamen Königreich, wie wir es bis heute kennen, geführt.

Die Wikinger im Frankenreich

»Die Zahl der Schiffe wächst: Der endlose Strom der Wikinger schwillt ohne Unterlaß an. Überall sind die Christen das Opfer von Massakern, Brandstiftungen, Plünderungen. Die Wikinger erobern alles, was an ihrem Wege liegt, und niemand leistet ihnen Widerstand. Sie reißen Bordeaux, Périgueux, Limoges, Angoulême und Toulouse an sich. Angers, Tours und Orléans werden ausgelöscht. Eine Flotte von unzähligen Schiffen segelt die Seine hinauf, und das Böse wächst in der gesamten Region. Rouen wird verwüstet, geplündert und in Brand gesetzt. Paris, Beauvais und Meaux werden eingenommen, Meluns starke Festung dem Erdboden gleichgemacht, Chartres besetzt, Evreux und Bayeux geplündert und jede Stadt belagert.« Ermentarius von Noirmoutier, um 860.

Frankien oder das Fränkische oder das Karolingische Reich – alle bezeichnen das europäische Territorium, das von Königen oder Kaisern der Karolingischen Dynastie be-

Rechts: Diese Seite aus den *Annales Xantenses* berichtet von einigen Ereignissen, die im Jahre 842 in Westeuropa stattfanden, darunter Wikingerangriffe auf Friesland und Franken und der Tod eines ihrer Anführer. Der Satz unten auf der Seite beginnt mit einem Hinweis auf einen ihrer Könige mit Namen Rorik (*rex eorum nomine RORIK*).

herrscht wurde, die sich von Karl dem Großen (742?–814) herleitet. Während der Regierungszeit Ludwigs des Frommen (778–840), des Sohnes Karls des Großen, erreichte das Frankenreich seine größte Ausdehnung und erstreckte sich von den Pyrenäen über ganz Frankreich bis zu den heutigen Niederlanden, nach Norddeutschland und bis hinunter zur italienischen Halbinsel.

Der erste überlieferte Wikingerüberfall auf das Frankenreich ereignete sich im Jahre 799, auf ihn folgten während der ersten vier Jahrzehnte des 9. Jahrhunderts weitere isolierte Angriffe auf unverteidigte Ziele. Die Raubzüge folgten einem ähnlichen Muster wie jene in England, und in der Tat steht die Geschichte der Verwicklungen zwischen den Wikingern und dem Frankenreich in engem Zusammenhang mit den Geschehnissen in den angelsächsischen Königreichen. Perioden heftiger Wikingeraktivität in England bedeuteten oft eine kleine Zeitspanne der Erholung für die Franken – und umgekehrt –, weil dieselben skandinavischen Heere oft auf beiden Seiten des Ärmelkanals ihre Plünderungszüge durchführten und dabei ihre Anstrengungen koordinierten, die Reichtümer des christlichen Westens zur Gänze auszubeuten. Wie in England

wurden auch hier Anstrengungen unternommen, um die Wikinger nach Möglichkeit aufzuhalten. Karl der Große zum Beispiel gab den Befehl, die Flußbrücken als Barrieren gegen die Flotten der Plünderer zu befestigen.

Die frühesten skandinavischen Raubzüge konzentrierten sich auf Friesland im Gebiet des heutigen Belgien und der Niederlande. Damals zählten Frieslands Küstenorte Quentovic und Dorestad zu den bedeutendsten Marktzentren Nordwesteuropas, von denen aus Schiffe über den Ärmelkanal nach Britannien und ostwärts in die Ostsee segelten. Friesische Kaufleute hatten hier schon lange vor dem Beginn der Wikingerzeit mit Skandinaviern und Slawen Handel betrieben. Belege für ihre Anwesenheit fand man in Haithabu und in anderen Wikingersiedlungen.

Der Reichtum der friesischen Häfen machte sie zu bevorzugten Zielen der Wikingerüberfälle, und sowohl Dorestad als auch Quentovic wurden mehrmals zerstört. Dorestad scheint der größten Wucht der Angriffe ausgesetzt gewesen zu sein, denn sobald die Stadt nach einem Überfall wiederaufgebaut worden war, wurde sie von neuem angegriffen. Die Chroniken berichten, daß sie innerhalb von drei Jahren viermal völlig niedergebrannt wurde. Einige Wikinger siedelten schon 826 vorübergehend in Friesland; für jenes Jahr ist eine Landschenkung an einen skandinavischen Heerführer namens Harald überliefert. Die Insel Walcheren in der Scheldemündung diente als ein befestigter Wikingerstützpunkt, und bei mehreren Gelegenheiten wurde ganz Friesland überrannt. Von etwa 838 an bewegte der Schwerpunkt skandinavischer Plünderungen sich jedoch weiter nach Westen zur Atlantikküste.

Nach dem Tod Ludwigs des Frommen im Jahre 840 wurde das Frankenreich unter seinen Söhnen Lothar, Ludwig dem Deutschen und Karl dem Kahlen aufgeteilt und erlangte niemals wieder das Höchstmaß an Zusammenhalt und Macht, das in den frühen Jahren des 9. Jahrhunderts erreicht war. Schon bald brach ein Bürgerkrieg aus, und das Reich wurde noch weiter zerstückelt, als eine stetig wachsende Zahl von Interessengruppen im Wettstreit um die Reste der fränkischen Königsmacht auf der Bildfläche erschien. Dies waren unter anderem die verschiedenen Nachkommen Ludwigs des Frommen, außerdem eine Anzahl unabhängiger Kriegsherren, welche die Absicht hatten, sich ein eigenes Territorium zu erstreiten. Jeder der Kontrahenten hatte seine eigenen Armeen und Gefolgschaften, und Kämpfe zwischen Vätern, Söhnen und Brüdern waren häufig. Als die Wikinger erstmals mit ernsthaften Absichten auf dem europäischen Festland auftauchten, waren ihre Heerführer in der Lage, diese instabile Situation auszunutzen – genau wie in England.

Nach 841 operierten zwei größere Wikingerflotten im Frankenreich, eine hauptsächlich auf der Seine, die andere auf der Loire. Mehrere andere unabhängige Wikingerführer agierten allein oder schlossen sich für größere Raubzüge mit den umfangreicheren Flotten zusammen. Nach der Mitte des 9. Jahrhunderts fuhren die hochbeweglichen Seeräuberflotten nicht mehr länger jeden Sommer ins Frankenreich. Statt dessen überwinterten die zwei bedeutendsten Heere dort, wie es auch in England geschah. Eine weitere Streitmacht schlug an der Somme ihr Lager auf. Im Jahre 850 wurde beispielsweise einer dänischen Flotte unter dem Befehl von Rorik, dem Bruder desselben Harald, der sich um 830 in Friesland niedergelassen hatte, Dorestad mit der Auflage überlassen, die nördlichen Küsten zu schützen. Die frühe Parallele zur Entstehung der Normandie war kurzlebig, doch während ihres Bestehens erwiesen sich die Dänen von Dorestad als genauso verräterisch wie die normannischen Wikinger: Roriks Sohn Godfred unternahm im Laufe des nächsten Jahrzehnts Raubzüge vom Rhein bis zur Loire.

Obwohl das Reich im Ganzen von den Skandinaviern durch weitgehende Zerstörung seiner Klöster und Städte

uuinhof cum exercitu. Ibiq; unus ex regib; eorum interiit gesti
mus nomine. reliqui uero fidem prebentes ueniebant ad eu. Qua
illo absente statim mentientes. Post hec aute Lotharius. ludeuui
cus atq; karolus. conuenerunt ad thiedenhofe. & post conla
tione eorum in pace discesserunt a se. ANNO. Dccc.xl.v. Bis
mpago uuormaciense. terre motus factus est. Primo sequenti
nocte palmarum. Scdo in nocte sca resurrectionis xpi. Eode
anno multis in locis gentiles xpianos inuaserunt. sed cesi sunt
ex eis a fresionib; plusquam xii. Alia pars eorum galliam pe
tierunt. Ibiq; ceciderunt ex eis plusquam sexcenti uiri. Sed
tamen propter desidia karoli. dedit eis multa milia ponderu
auri. & argenti. ut irent extra galliam. quod & fecerunt. Ta
men monasteria scor plurimoru diruta sunt. & multos xpia
nos captiuos abduxerunt. His ita gestis ludeuuicus rex con
gregato exercitu magno iter iniit ad uuinodos. Quod gen
tes cum cognouissent. e contra legatos direxerunt in saxonia
& miserunt ei munera & obsides. & petierunt pace. At ille
concessa pace reuersus est de saxonia. Postea uero ingenti cla
de percussi sunt predones. in qua & princeps sceleratorum
qui xpianos. & loca sca predauerat nomine reginheri dno
percutiente interiit. Consilio enim inito miserunt sortes a q
d eorum suorum salutem consequi debuissent. sed sortes salubri
ter non ceciderunt. Suadente autem eos quodam captiuo xpi
ano. ut coram do xpianorum sortem ponerent. quod & fe
cerunt. & salubrius sors eorum cecidit. Tunc rex eorum
nomine RORIK. una cum omi populo gentilium. xiiii.

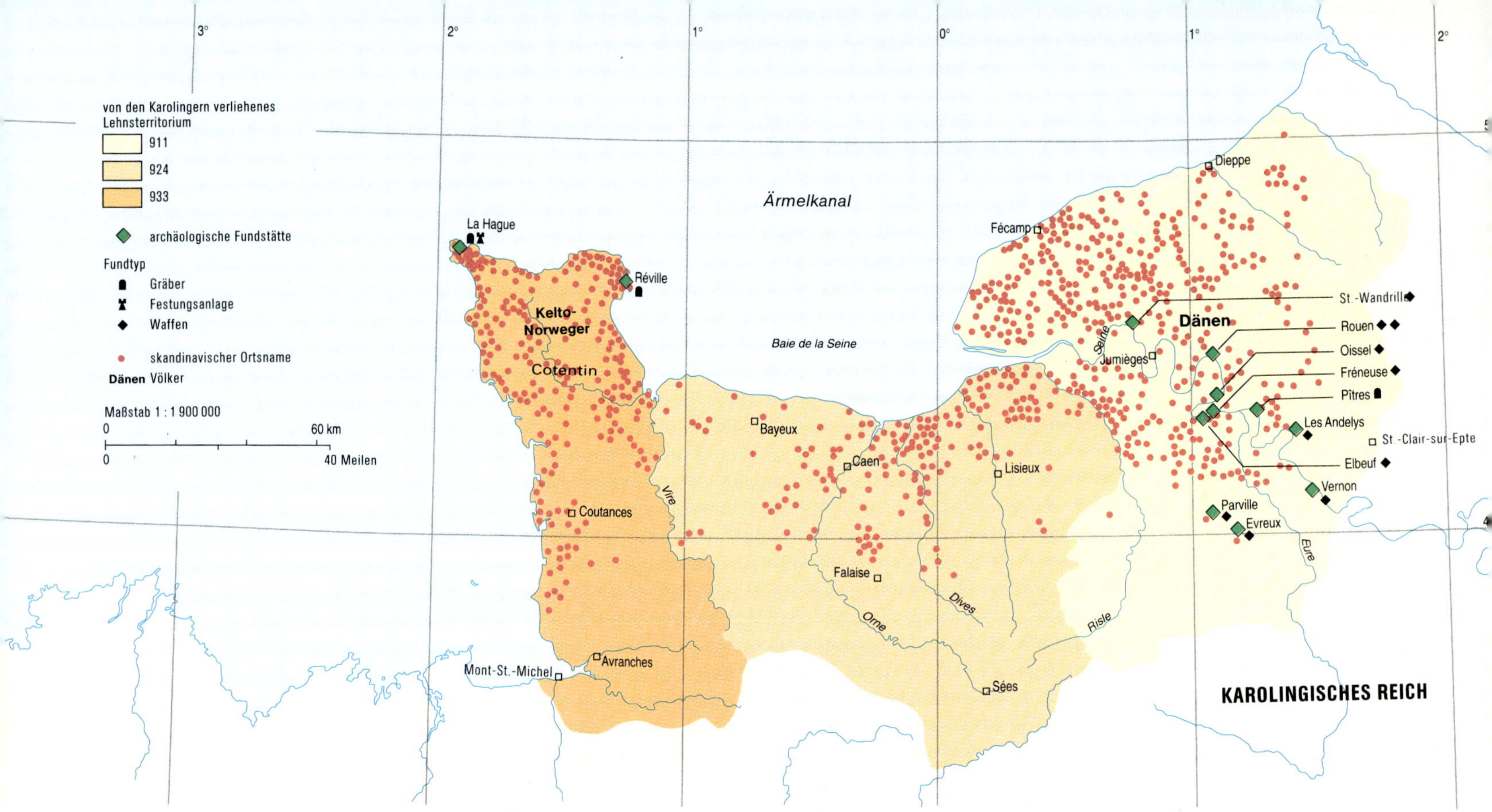

von den Karolingern verliehenes
Lehnsterritorium

◻ 911
◻ 924
◻ 933

◆ archäologische Fundstätte

Fundtyp
◼ Gräber
✗ Festungsanlage
◆ Waffen

• skandinavischer Ortsname

Dänen Völker

Maßstab 1 : 1 900 000

0 .... 60 km
0 .... 40 Meilen

Ärmelkanal

La Hague

Réville

Kelto-Norweger

Cotentin

Baie de la Seine

Dieppe

Fécamp

Dänen

St.-Wandrille
Rouen
Oissel
Fréneuse
Pîtres

Jumièges

Les Andelys
St.-Clair-sur-Epte
Elbeuf
Vernon

Parville
Evreux

Bayeux

Caen

Lisieux

Coutances

Vire

Falaise

Orne

Dives

Risle

Eure

Mont-St.-Michel

Avranches

Sées

KAROLINGISCHES REICH

arg geplagt wurde, sahen sich die Karolinger niemals einem konzertierten skandinavischen Versuch der völligen Eroberung gegenüber, wie es in England geschah. Betrachtet man die Größenordnung des Reiches und die bruchstückhafte Natur seiner Machtstrukturen, so scheint solch ein Unternehmen schon deshalb zum Scheitern verurteilt gewesen zu sein. Ein weiterer Grund könnte aber in der Wirkung gesehen werden, die diese Zersplitterung auf die Skandinavier selbst hatte. Sicherlich erleichterte das Fehlen einer koordinierten fränkischen Verteidigung die Operationen der Wikinger, doch die zahlreichen karolingischen Parteien konnten die skandinavischen Armeen bis zu einem solchen Maße gegeneinander ausspielen, daß diese sich im Rahmen der Bürgerkriege oft gegenseitig bekämpften. Unter diesen Umständen verstärkten die größeren Wikingerheere die Bemühungen, eine effektivere Planung ihrer Raubzüge zu erreichen: Anstatt einen direkten Eroberungskrieg anzuvisieren, zogen sie – fast einem System folgend – in einer wiederkehrenden Abfolge von Zerstörung und Plünderung durch Europa. Durch eine Kombination einfacher Überfälle auf reiche Klöster, Handelszentren und Dörfer mit der Erpressung von Schutzgeldern nach Art des aus England bekannten *Danegelds* waren die Wikingerheere in der Lage, sich selbst als umherziehende Gewalttäter bequem zu versorgen.

Der skandinavische Einfluß auf das Frankenreich hat nur wenige archäologische Zeugnisse hinterlassen: Fast alle Funde beschränken sich auf die Normandie und die Bretagne im Nordwesten. Tatsächlich stammen unsere besten Beweise für Wikingeraktivitäten auf dem europäischen Festland aus Skandinavien selbst, wo man viele karolingische Objekte in Horten und Gräbern gefunden hat – fast mit Sicherheit geraubte Beutestücke oder Teile der großen *Danegeld*-Zahlungen. Nach den karolingischen dokumentarischen Quellen wurden mehr als 19 500 kg Silber und 300 kg Gold als Teil dieser Bestechungsgelder von den Wikingern in Empfang genommen. Obgleich viele fränkische Münzen in Skandinavien gefunden wurden, ist die Menge bei weitem nicht groß genug, um die Berichte über die umfangreichen Danegelder zu erklären, was darauf hindeutet, daß ein Großteil dieser Münzen eingeschmolzen und zu Silbergegenständen gegossen wurde.

Nach 900 ebbten die Aktivitäten der Wikinger im Frankenreich weitgehend ab. Als das Große Heer nach 890 seine Hauptaufmerksamkeit auf England richtete, verschob sich damit auch die Richtung skandinavischer Interessen in Westeuropa. Nur in den im frühen 10. Jahrhundert im nördlichen Neustrien (das spätere Herzogtum der Normandie) etablierten Siedlungsgebieten und in der kurzlebigen Wikingerkolonie in der Bretagne setzte sich die skandinavische Präsenz auf dem europäischen Festland fort.

Unten: Unter den zahlreichen karolingischen Silberarbeiten, die von Franken nach Skandinavien gelangten, befand sich auch dieses verzierte Gefäß aus dem 8. Jahrhundert, gefunden auf einem Acker in Fejø, Jütland, zusammen mit fünf kleineren Trinkbechern.

Links: **Die Besiedlung der Normandie durch die Wikinger**
Die weite Verbreitung skandinavischer Ortsnamen noch in der heutigen Normandie ist ein Zeugnis dafür, wie vollständig die Region nach 911 besiedelt wurde. Die Besiedlung scheint sich von zwei Zentren aus verbreitet zu haben. Das eine mit einer Konzentration hauptsächlich dänischer Namen liegt im Osten im Bereich der Seinemündung, das andere mit einer Mischung keltisch-norwegischer Namen im Norden der Halbinsel Cotentin (der letzte Teil der Normandie, der den Skandinaviern überlassen wurde).

Rollo und die Besiedlung der Normandie

Die frühe Geschichte der Normandie ist alles andere als geklärt und muß aus lückenhaften späteren Quellentexten sowie aus einschlägigem zeitgenössischem Material wie Rechtsdokumenten oder Besitzurkunden erschlossen werden. Anfang des 10. Jahrhunderts stellte der Frankenherrscher Karl III., der Einfältige (879–929), der auf der Seine operierenden Wikingerarmee ein Gebiet im Norden seines Königreiches in Aussicht, wenn sie sich bereit erklärte, sich dort niederzulassen und das Land gegen andere Wikingerüberfälle zu verteidigen. Dies tat er zweifellos aus Verzweiflung über das Ausmaß der Verwüstungen, die dieses Heer bei seinen Raubzügen auf dem Fluß bis weit ins Binnenland verursacht hatte. Auf diese Weise hoffte er, diese Bedrohung für die Zukunft zu neutralisieren. Der Heerführer, ein Norweger, der in den fränkischen Quellen Rollo genannt wird (in späteren skandinavischen Sagas erscheint er als *Göngu-Hrólfr* – »Läufer-Hrolf«), übernahm dementsprechend das Gebiet zwischen den Flüssen Epte und Risle im Osten der heutigen Normandie. Nach einer späteren normannischen Quelle wurde das Abkommen nach einer 911 bei Chartres ausgefochtenen Schlacht in St.-Clair-sur-Epte unterzeichnet. Doch obwohl Rollo zunächst sein Wort hielt und ein paar Schiffsbesatzungen von Marodeuren zurückschlug, führte er seine Gefolgsleute schon bald selbst auf neue Raubzüge und drang tief ins fränkische Kernland vor. Im Jahre 924, als er die Macht an seinen Sohn Wilhelm Langschwert übergab, hatte er ein Gebiet unterworfen, das im Westen bis an den Fluß Vire heranreichte. Wilhelm vollendete 933 diese Eroberungskampagne, als er die Halbinsel Cotentin einnahm. Damit hatte die Normandie ihren heutigen Umriß erreicht.

Obwohl Rollo selbst Norweger war, scheint seine Armee sich hauptsächlich aus Dänen zusammengesetzt zu haben. Sie verteilten sich offenbar sehr schnell in ihren neugewonnenen Ländereien und siedelten sich in mehreren Enklaven an, die, nach der Konzentration der skandinavischen Ortsnamen zu schließen, im wesentlichen um Rouen, Bayeux und Cherbourg gruppiert waren. Nimmt man diese Namen als Grundlage, so scheint es unter den eingewanderten Wikingern einen signifikanten Anteil von Keltisch sprechenden Menschen gegeben zu haben, was

Oben: Auf dem kontinentalen Festland Westeuropas gibt es nur sehr geringe archäologische Spuren, die von der Anwesenheit der Wikinger Zeugnis ablegen. Dieses typische Paar Standardovalfibeln vom Beginn des 10. Jahrhunderts wurde jedoch im Grab einer skandinavischen Frau bei Pîtres an der Andelle in der Normandie gefunden.

eventuell auf ein hiberno-norwegisches oder hebridisches Element innerhalb der Armee hinweist. In den frühen Tagen der Kolonie in der Normandie kam es unter den Einwanderern offenbar häufig zu Streitigkeiten. Die Provinz wurde von schweren Fehden erschüttert, die 942 im Mord an Wilhelm Langschwert kulminierten. Unter seinen Nachfolgern gelang es jedoch, ein hohes Maß an Einigkeit und Zusammenhalt aufrechtzuerhalten.

Wie in England führte der Kontakt zwischen einheimischen Franken und Skandinaviern zur schnellen Bildung einer charakteristischen Regionalkultur und einer echten normannischen Identität, was durch eine frühe Bekehrung zum Christentum in der Mitte des 10. Jahrhunderts beschleunigt wurde. Zwei Grabstätten skandinavischen Charakters haben uns jedoch einen materiellen Beleg für den heidnischen Glauben der ersten Normannen hinterlassen. Bei Pîtres in der Nähe von Rouen wurde eine Frau mit typisch skandinavischen ovalen Schulterbroschen und Töpferwaren bestattet, und eine Reihe von Grabmarkierungen aus Steinen in Form von Langschiffen entdeckte man in den sechziger Jahren am Strand von Réville nahe Cherbourg. Die Form der Steinsetzungen bildet eine exakte Parallele zu Gräbern, die sich im ganzen wikingerzeitlichen Dänemark und Schweden finden.

Die Besiedlung der Normandie durch die Wikinger hat wenig andere erkennbare archäologische Spuren hinterlassen. Eine bemerkenswerte Ausnahme sind aber die Überreste einer ausgedehnten, mit Erdwällen bewehrten Festung an der äußersten Spitze der Halbinsel Cherbourg bei La Hague. Es könnte sich hier um einen maritimen Stützpunkt für eine Gruppe von Wikingern des frühen 10. Jahrhunderts gehandelt haben. Die Gewalttätigkeit des ersten skandinavischen Kontakts mit dieser Region wird aus den Funden zeitgenössischer Schwerter, Äxte und Speerspitzen deutlich, die man aus der Seine und ihren Nebenflüssen geborgen hat und die als Dankopfer ins Wasser geworfen oder in der Schlacht verloren worden waren.

Die zügige Eingliederung der Skandinavier in die Bevölkerung der ansässigen Franken hemmte in Verbindung mit den drängenden Problemen, die den karolingischen Herrschern anderswo im Reich zu schaffen machten, deren Anstrengungen, die Normandie zurückzuerobern. Die Niederlassung gedieh und wurde zum Herzogtum der Normandie – der Titel *dux* (engl. »duke«, Herzog) wird zum erstenmal im Zusammenhang mit dem Hinweis erwähnt, daß der normannische Herrscher Richard II. ihn im Jahre 1006 geführt habe. Die Stärke des neuen Herzogtums wuchs weiter an, bis es mit der Eroberung Englands im Jahre 1066 den Gipfel seiner Macht erreichte.

Die Besetzung der Bretagne durch die Wikinger (914–936)

Die kleine Provinz der Bretagne nahm eine einzigartige Position im frühmittelalterlichen Europa ein, da ihre verbissen auf Unabhängigkeit bedachte keltische Bevölkerung schon seit der Merowingerzeit (5. bis 8. Jahrhundert) ein kleiner Stachel im Fleische des Frankenreichs gewesen war. Die bretonischen Herrscher führten diese Tradition im 9. Jahrhundert fort. Die ersten Wikingerüberfälle auf das Frankenreich ereigneten sich zeitgleich mit der erfolgreichen Invasion und Eroberung der Bretagne durch die Armeen Karls des Großen. Nach einer Reihe von Feldzügen zur Festigung seiner Macht ernannte Ludwig der Fromme einen Bretonen mit dem Namen Nominoe zum königlichen Statthalter in der Provinz. Zwar blieb dieser dem König gegenüber zeit seines Lebens loyal, doch nach Ludwigs Tod im Jahre 840 rebellierte der bretonische Führer. Das restliche 9. Jahrhundert hindurch waren die Bretonen für die fränkischen Herrscher ein Ärgernis.

Die Bretagne litt in ähnlicher Weise wie das übrige Reich unter den Auswirkungen der Wikingerüberfälle: Die Flotten kämpften mehrfach gegen die Bretonen oder griffen mit deren Unterstützung die Franken an. Die karolingischen Herrscher wiederum versuchten, Skandinavier und Bretonen gegeneinander auszuspielen. Die Bretagne war deswegen in einer besonders unglücklichen Lage, weil die Hauptbasis der Loire-Wikinger an der Mündung des Flusses auf der Insel Noirmoutier gelegen war – der Standort jenes einstmals bedeutenden Klosters, das im frühen 9. Jahrhundert von den Skandinaviern zerstört worden war –, also nahe der bretonischen Hauptstadt Nantes.

Obgleich auch sie nicht gegen Bürgerkriege im eigenen Land gefeit waren, erwiesen sich Nominoe und seine Nachfolger als starke Heerführer und hielten die Wikingerhorden in Schach, obwohl die Provinz mehrfach vorübergehend überrannt wurde. Nach dem Tod des erfolgreichsten bretonischen Herrschers Alain des Großen im Jahre 907 erfolgte in dem daraus resultierenden Machtvakuum eine sofortige Eskalation der Wikingerangriffe. Nach der Besiedlung der Normandie 911 hatte sich die Auswahl an Zielen für die traditionellen Plünderungszüge auf ein einziges reduziert: die Bretagne. Die Reste der gewaltigen Söldnerheere des späten 9. Jahrhunderts scheinen sich in dieser Region versammelt zu haben. Sie wurden von Rollos Seine-Armee unterstützt und von den Franken unbehelligt gelassen, die nur zu gern sahen, daß ihre alten Feinde einander bekämpften. Nach sieben Jahren immer schwererer Angriffe fiel die Bretagne 914 in die Hände einer gewaltigen norwegischen Armee. Die bretonische Adelsschicht und viele Kleriker flohen an den Hof Athelstans nach England, während die Gegend verwüstet und ein Großteil der Bevölkerung versklavt wurde.

Von 914 bis zum Untergang der Wikingerkolonie im Jahre 936 kennen wir keine einzige aus der Bretagne stammende dokumentarische Quelle. Der Charakter der Übernahme durch die Wikinger scheint sich sehr von der in anderen Wikingerkolonien, wie dem Danelag oder der Normandie, unterschieden zu haben: Es gibt keine Belege für Handelsaktivitäten – sonst so charakteristisch für die verbissen miteinander konkurrierenden skandinavischen Krieger-Kaufleute – und auch keine Anzeichen für Landwirtschaft oder neugegründete ländliche Zentren. Statt dessen scheint die Besetzung eine rein militärische gewesen zu sein, eine ausgedehnte Orgie der Gewalt und des Plünderns durch die letzte Wikingerarmee im eigentlichen Sinne, die in Europa operierte. Solch ein Anachronismus konnte nicht lange bestehen. 936 organisierten die Bretonen im Exil mit englischer Unterstützung eine Invasion von der See aus, und der Enkel Alains des Großen, Alain Barbetorte, vertrieb die Wikinger aus Nantes. Es waren jedoch noch drei weitere Jahre erbitterten Kampfes nötig, bevor das skandinavische Heer endlich in die Flucht geschlagen und die bretonischen Herzöge wiedereingesetzt wurden.

Die kurze, in der Wikingerwelt so ungewöhnliche Besetzung hat ebenso außergewöhnliche archäologische Zeugnisse hinterlassen. In der ersten Hälfte des 10. Jahrhunderts wurde auf einer Landzunge, die auf der kleinen Insel Groix vor der südbretonischen Küste ins Meer hineinragt, ein prachtvolles Bootsgrab errichtet. Ein Langschiff mit einem kleineren Beiboot darin wurde entlang eines speziellen Prozessionsweges aus aufrechtstehenden Steinen zu einem besonderen gerodeten Rasenplatz geschleppt, wo es dann mit einer reichhaltigen Sammlung von Gegenständen gefüllt wurde, unter anderem Waffen, Pferdegeschirr, Gold- und Silberschmuck, Spielsteine aus Walroßzahn, Schmiedewerkzeuge und landwirtschaftliche Geräte. Die Leichen eines erwachsenen Mannes und eines Jugendlichen – möglicherweise ein Menschenopfer – wurden im Schiff aufgebahrt, das von 24 Schilden umgeben war. Anschließend verbrannte man das Schiff und bedeckte die Asche mit einem Erdhügel. Das Bootsgrab von Groix ist das einzige seiner Art in Europa und wurde zu einer Zeit

errichtet, als die übrigen Wikingerheere bereits Christen geworden waren.

Die zweite wichtige archäologische Entdeckung, die jüngst in der Bretagne gemacht wurde, ist die Ausgrabung einer kreisförmigen Festung bei Péran nahe St.-Brieuc. Sie scheint im frühen 10. Jahrhundert von einer skandinavischen Streitmacht entweder verteidigt oder angegriffen worden zu sein. Unter den hier gefundenen Überresten waren ein Wikingerschwert und andere Waffen, eimerähnliche Gefäße, die den im Groix-Schiff gefundenen gleichen, und eine Münze, die zwischen 905 und 925 im anglo-skandinavischen York geprägt wurde. Höchstwahrscheinlich war das Camp de Péran in der Zeit der Befreiung der Bretagne im Jahre 936 der Schauplatz eines heftigen Kampfes zwischen Skandinaviern und Bretonen. So liefert es uns eine Momentaufnahme aus der Geschichte der Wikinger im Frankenreich.

Mit der Vernichtung der Armee von Nantes im Jahre 939 war das Wikingerabenteuer im Frankenreich beendet. Obwohl sich vereinzelte Raubzüge noch sporadisch bis ins 11. Jahrhundert hinein fortsetzten, tauchten Flotten und Heere in einer Größenordnung, wie sie in den Kriegen mit den Franken im 9. Jahrhundert zum Einsatz gekommen waren, nie wieder auf. Das Reich und seine bretonischen Nachbarn hatten es nur knapp überlebt, so wie es auch den angelsächsischen Königreichen jenseits des Meeres ergangen war. Anders als diese mußten sie jedoch nicht im frühen 11. Jahrhundert einer zweiten Welle skandinavischer Aggression die Stirn bieten. Statt dessen hielt sich eine dauerhafte skandinavische Präsenz auf dem europäischen Festland in der Form des Herzogtums der Normandie, das langsam einen Gegenpart zur fränkischen Herrschaft bildete und in den späteren Jahren des Jahrhunderts ganz Westeuropa beherrschen sollte.

Die Wikinger in Spanien und im Mittelmeer

Einige der Seeräuberflotten der Wikinger, die entlang der Atlantikküste nach Süden segelten, machten nicht in Frankreich halt, sondern fuhren weiter, um die Territorien der arabischen Omajjaden-Emirate (die Mauren) im Gebiet des heutigen Spanien und Portugal anzugreifen. Der erste bekannte Überfall ereignete sich im Jahre 844, als mehrere Städte geplündert und Sevilla zeitweilig besetzt wurde. Die arabischen Verteidiger leisteten jedoch einen so heftigen Widerstand, daß die Wikinger in kurzer Zeit zurückgeworfen und ihre Streitkräfte fast vernichtet wurden. Dieser Mißerfolg scheint andere Skandinavier davon abgehalten zu haben, ihrem Beispiel zu folgen: Es dauerte 15 Jahre, bis ein weiterer Angriff unternommen wurde.

Die zweite skandinavische Einmischung in spanische Geschicke bereitete die bisher ehrgeizigste Wikingerfahrt vor. Tatsächlich kann sich nur die Reise Ingvars des Weitgereisten zum Schwarzen und Kaspischen Meer im 11. Jahrhundert mit ihr vergleichen. Im Jahre 859 brach eine Flotte von 62 Schiffen unter dem gemeinsamen Kommando von Björn Eisenseite und Hastein – beide waren berühmte Wikinger, die mit dem Großen Heer in England und Frankreich gekämpft hatten – von den Wikingerstützpunkten an der Loire auf, mit keinem geringeren Ziel, als die Stadt Rom auszuplündern. Ihre Flotte zog in einer Spur der Verwüstung die ganze spanische Küste hinunter, drang weiter vor als der Raubzug von 844 und verheerte viele Städte der Mauren. Nachdem sie die Meerenge von Gibraltar passiert hatten, plünderten die Wikinger entlang der nordafrikanischen Küste, in Südspanien und auf den Balearen, bevor sie auf einer Insel in der Camargue im Rhônedelta überwinterten, die sie als Basis für Plünderungen in Südfrankreich nutzten.

Mittlerweile hatten die Skandinavier mehr Beutegut angesammelt, als ihre Schiffe tragen konnten. Ihr Entschluß, weiter bis nach Rom zu segeln, enthielt ein Element von bewußter Ruhmsucht. Berühmt zu werden war eines der Hauptziele des Wikingerkriegers, und die Unternehmung von Björn und Hastein muß eindeutig in diesem Licht gesehen werden. Als sie Italien erreichten, plünderten sie Pisa und schließlich Rom selbst – sie glaubten es zumindest: Sie hatten ihr Ziel um mehr als 300 km verfehlt und zerstörten statt dessen Luna an der ligurischen Küste. Ihre anschließende Route ist unklar, doch im Jahre 861 versuchte ihre Flotte erneut, Gibraltar zu passieren. In der schmalen Meerenge fochten sie eine regelrechte Schlacht mit arabischen Schiffen aus, die über griechisches Feuer verfügten, eine Art primitives Napalm, das von Katapulten verschossen wurde und ein Schiff innerhalb von Sekunden in Brand setzen konnte: Den Wikingern gelang nur mit knapper Not die Flucht. Nachdem sie unterwegs entlang der französischen Küste geplündert hatten, erreichten Björn und Hastein im folgenden Jahr wieder ihren Stützpunkt an der Loire. Sie hatten zwar zwei Drittel ihrer Schiffe verloren, waren aber mit einem märchenhaften Reichtum nach Hause gekommen.

Der dritte und letzte Wikingerüberfall auf Spanien ereignete sich 866. Einige wenige Städte im äußersten Nor-

den des Landes wurden angegriffen, doch die Araber vertrieben die Eindringlinge sehr schnell. Die Effektivität der arabischen Armeen und Flotten und die wirksame Befestigung der maurischen Städte, deren Türme von Kriegsmaschinen verteidigt wurden, die Geschosse abfeuern konnten und den Wikingern neu waren, bedeutete, daß diese in Spanien mit Ausnahme der Expedition von 859 nicht sehr erfolgreich waren. Die Gefahren der Meerenge von Gibraltar – Björn und Hastein hatten Glück, daß sie durchkamen – verhinderten die Öffnung der Westroute nach Byzanz für den Handel.

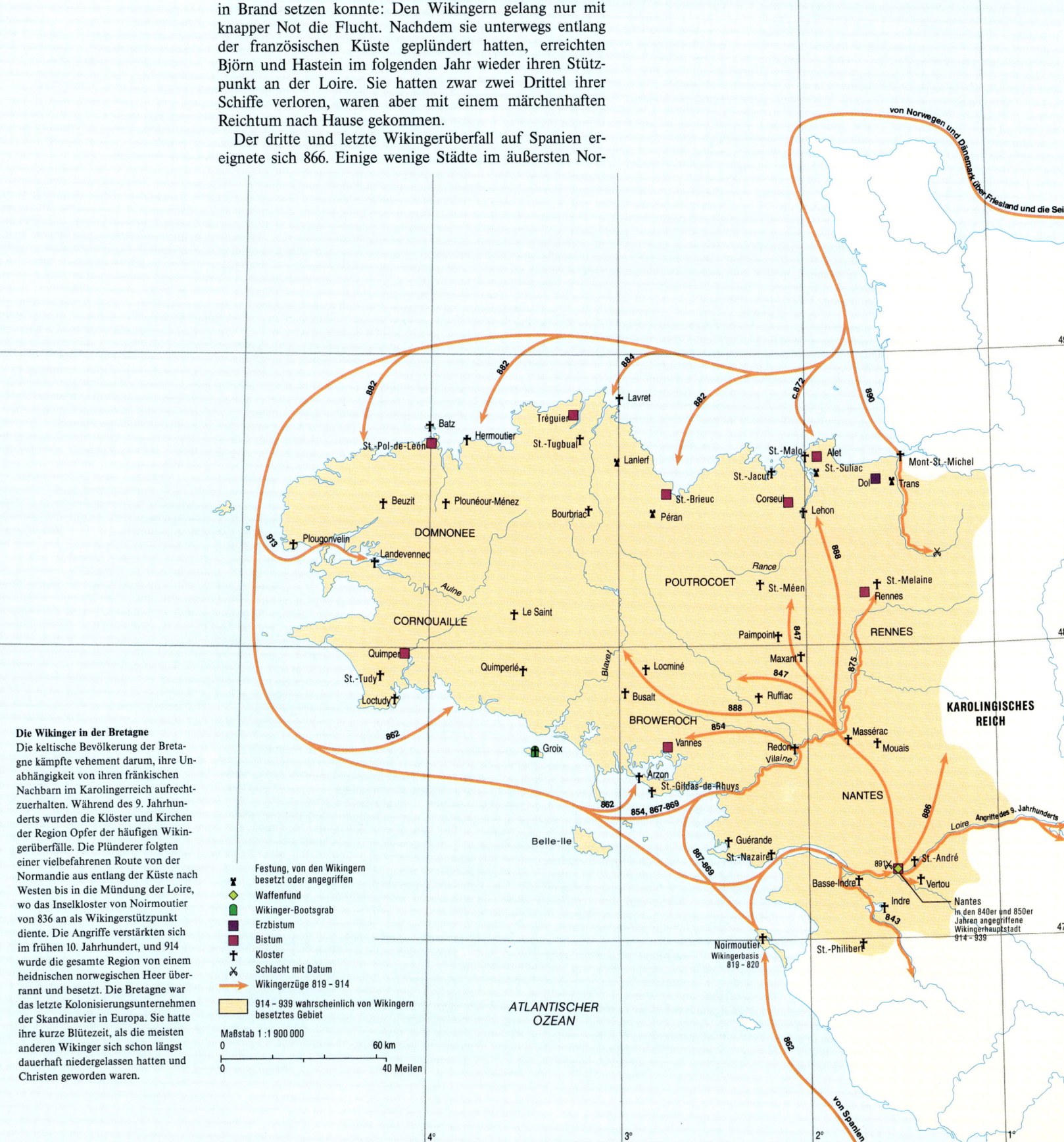

Die Wikinger in der Bretagne
Die keltische Bevölkerung der Bretagne kämpfte vehement darum, ihre Unabhängigkeit von ihren fränkischen Nachbarn im Karolingerreich aufrechtzuerhalten. Während des 9. Jahrhunderts wurden die Klöster und Kirchen der Region Opfer der häufigen Wikingerüberfälle. Die Plünderer folgten einer vielbefahrenen Route von der Normandie aus entlang der Küste nach Westen bis in die Mündung der Loire, wo das Inselkloster von Noirmoutier von 836 an als Wikingerstützpunkt diente. Die Angriffe verstärkten sich im frühen 10. Jahrhundert, und 914 wurde die gesamte Region von einem heidnischen norwegischen Heer überrannt und besetzt. Die Bretagne war das letzte Kolonisierungsunternehmen der Skandinavier in Europa. Sie hatte ihre kurze Blütezeit, als die meisten anderen Wikinger sich schon längst dauerhaft niedergelassen hatten und Christen geworden waren.

Festung, von den Wikingern besetzt oder angegriffen
Waffenfund
Wikinger-Bootsgrab
Erzbistum
Bistum
Kloster
Schlacht mit Datum
Wikingerzüge 819 – 914
914 – 939 wahrscheinlich von Wikingern besetztes Gebiet

Maßstab 1:1 900 000
0 ... 60 km
0 ... 40 Meilen

ATLANTISCHER OZEAN

DIE WELT DER KELTEN

Der Einfluß der Wikinger auf Schottland

Schottland hatte mit vielen anderen Gebieten Westeuropas gemein, daß es gegen Ende des 8. Jahrhunderts unter regelmäßigen Überfällen von Wikingern auf seine Küsten zu leiden hatte. Wie in England und im Frankenreich waren Kirchenschätze besonders gefährdet. Man weiß von Angriffen auf eine Reihe klösterlicher Zentren. Die Abtei auf der kleinen Insel Iona, von dem aus Irland stammenden St. Columban im Jahre 563 gegründet, wurde in einem Zeitraum von etwas mehr als zehn Jahren dreimal überfallen: 795 (zwei Jahre nach dem ersten überlieferten Wikingerangriff auf Lindisfarne), 802 und 806. Die Bedrohung war so groß, daß ein Teil der Gemeinschaft sich nach Kells in Irland zurückzog (gegründet 807).

Schottland war zu dieser Zeit von drei verschiedenen Untergruppen der keltischen Völker bewohnt, die sich auf Nord- und Westbritannien, die Insel Man und Irland verteilten und enge kulturelle und sprachliche Verbindungen mit der keltischen Bevölkerung der Bretagne in Nordwestfrankreich hatten. Die Schotten bildeten das Königreich von Dalriada im Westen Schottlands, die Briten bewohnten das Königreich von Strathclyde im Südosten, während die Angeln von Northumbrien (eine nicht-keltische Gruppe) den Rest des schottischen Tieflands besetzt hielten. Die Pikten waren über ganz Ost- und Nordschottland verstreut, wobei die stärkste Konzentration dieser Gruppe zwischen dem Firth of Forth und dem Fluß Dee und im äußersten Norden lag.

Die Schotten hatten ursprünglich das als Dalriada bekannte Gebiet des heutigen County Antrim in Nordirland bewohnt und überschritten irgendwann im späten 5. Jahr-hundert den schmalen Meeresarm nach Argyll in Westschottland. Obwohl einige ihrer Festungen identifiziert wurden, sind diese schwer von den weiter östlich gelegenen piktischen Forts zu unterscheiden. Über die Schotten ist in archäologischer Hinsicht nicht viel bekannt. Die Pikten erhielten ihren Namen im 3. Jahrhundert n. Chr. von den Römern (*pictus* ist das lateinische Wort für »bemalt«), die ihn auf alle Völker anwandten, die nördlich des Hadrianswalles lebten, eines mächtigen, von den Römern erbauten Erdwalles, der sich von Westen nach Osten vom Forth bis zum Clyde erstreckte. Der Name *picti* bezieht sich möglicherweise auf ihre Gewohnheit, sich den Körper zu bemalen oder zu tätowieren. Für die Römer waren die Pikten ein Problem: Zahlreiche Raubzüge jenseits des Walles sind überliefert. Leider ist die Begegnung zwischen den Pikten und den Wikingern im 8. Jahrhundert weniger gut dokumentiert, doch die archäologischen Zeugnisse deuten an, daß sie ganz und gar nicht so gewalttätig gewesen ist, wie man oft annimmt.

Die Pikten waren Bauern, die in den Tiefebenen siedelten. Ihre Seefahrtskünste, die die Römer so beunruhigten, kamen ihnen bei der Ausbeutung von Fischgründen sehr zugute. In politischer Hinsicht waren sie ein Zusammenschluß von Stammesgruppen mit sehr charakteristischen Traditionen. Ihre Häuser bauten sie oft in einer Zellenform, die einem Kleeblatt oder einer Acht ähnelte. Sie bestatteten ihre Toten in eingefaßten Steinhaufengräbern rechteckiger oder kreisförmiger Gestalt und hinterließen ein sichtbares Zeugnis ihrer Anwesenheit in Form von gemeißelten Bildsteinen, die als Symbolsteine bezeichnet werden und mit rätselhaften tierischen und menschlichen

Rechts: Die felsige Küstenlinie einer der winzigen Inseln der Inneren Hebriden vor der Westküste Schottlands. Obwohl die nördlichen Inseln – Orkneys und Shetlands – im frühen 9. Jahrhundert die ersten wikingischen Siedler aus Norwegen anlockten, etablierten sich andere bald auf den Hebriden – den Nordländern als »Südinseln« bekannt –, die an der Segelroute der Wikinger von Norwegen nach Irland lagen.

Links: Die Ruinen des Broch of Gurness (oder Aikerness) auf der Hauptinsel der Orkneys sind die Reste eines Typs von eisenzeitlichen Befestigungsanlagen, der charakteristisch für Nordschottland und die Inseln ist. Der Fundort lieferte Beweise nicht nur für eine nachfolgende piktische Siedlung, sondern auch für nordische Anwesenheit – darunter ein Wikingerfrauengrab. Im Hintergrund, jenseits des Eynhallow-Sunds, liegt die Insel Rousay, wo bei Westness ein kompletter Wikingerfriedhof ausgegraben wurde.

Jarlshof

Die Bauernsiedlung Jarlshof an der Westbucht von Sumburgh an der Südspitze der Shetlands ist eine der eindrucksvollsten Wikingerniederlassungen in Nordschottland. Ihr Name hat jedoch nichts mit seinen nordischen Assoziationen zu tun: Er wurde vom Schriftsteller Sir Walter Scott im 19. Jahrhundert in seinem Roman *The Pirate* (Der Seeräuber) erfunden. Ausgrabungen in Jarlshof haben Schicht um Schicht der Besiedlung zutage gefördert, die ungefähr 6000 Jahre zurückreicht: Es war ein attraktiver Siedlungsort, wie die Wikinger, die im 9. Jahrhundert erschienen, herausfanden. Sie benutzten die Steine früherer piktischer Gebäude, um ihren eigenen Hofkomplex zu bauen. Jarlshof besaß noch mehrere weitere Vorteile, unter anderem ein reiches Vorkommen an Torf als Brennmaterial und einen Steinbruch, der Speckstein, einen wichtigen Rohstoff, lieferte. Die geschützte Bucht bot einen sicheren Ankerplatz, und Schiffe konnten mit Menschenkraft über einen nahe gelegenen schmalen Streifen Landes geschleppt werden, um die gefährlichen Gewässer im Süden zu vermeiden. Die ersten Wikingersiedler in Jarlshof kamen wahrscheinlich aus Südwestnorwegen. Die tief eingekerbte Küstenlinie muß den Fjorden ihres Heimatlandes sehr ähnlich gewesen sein.

Rechts: Der Kopf eines Mannes und ein kleiner Vogel, die auf eine bei Jarlshof gefundene Schieferplatte gekratzt sind. Diese lebendige Skizze ist möglicherweise das Porträt einer tatsächlichen Person. Man glaubt, daß sie vielleicht piktisch ist.

Unten: Der älteste Wikingerhof von Jarlshof, aus dem frühen 9. Jahrhundert datierend, besteht aus einem einfachen Wohnhaus mit zwei Räumen aus Stein und Grassoden – ausreichend für die Bedürfnisse einer einzelnen Familie – sowie einer Reihe von Nebengebäuden, einschließlich eines Badehauses oder einer Sauna, einer Schmiede und eines Lagerhauses. Der Stall für die Tiere war zu dieser Zeit vom Hauptgebäude getrennt, doch bei späteren Umbauten wurde er in das Wohnhaus integriert – ein echtes Langhaus.

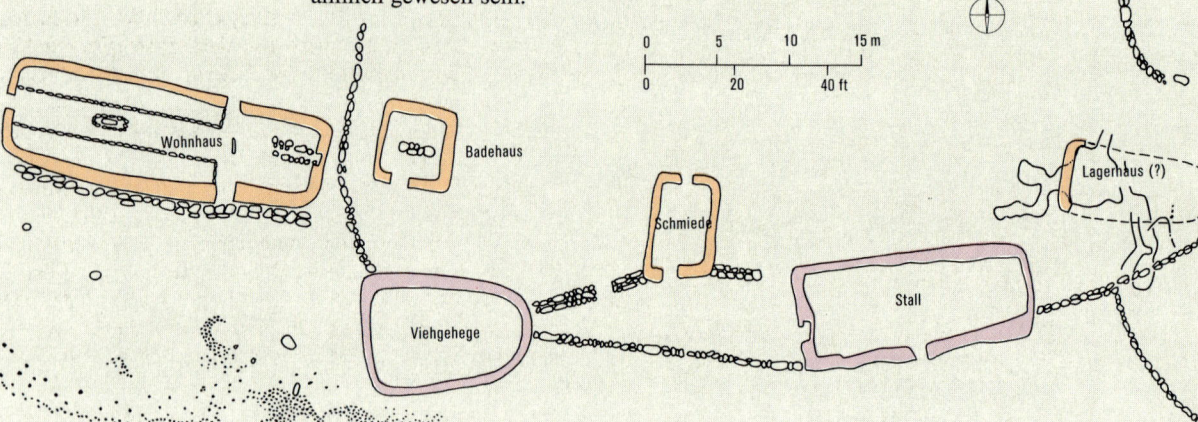

Rechts: Dieses Luftbild zeigt deutlich die vielen Phasen der Besiedlung von Jarlshof, die Tausende von Jahren zurückreicht. Über den runden Strukturen aus der Bronze- und Eisenzeit liegen die länglichen, rechteckigen Umrisse der nordischen Siedlung. Die mittelalterlichen Ruinen, denen Sir Walter Scott den romantischen Namen »Jarlshof« gab, dominieren den Ort.

Gestalten verziert sind. Nachdem die Pikten im 6. und 7. Jahrhundert von Missionaren aus Irland christianisiert worden waren, begannen sie bereits im 8. Jahrhundert, verzierte Kreuze keltischen Zuschnitts aufzustellen.

Viele der von den Pikten benutzten Alltagsgegenstände fanden sich ausschließlich bei ihnen und wiesen manchmal Gravierungen von kleinen Symbolen und Inschriften auf, die in dem alten keltischen Alphabet geschrieben waren. Man hat eine Anzahl von Manufakturzentren identifiziert: In dem einen am Brough of Birsay im Nordwesten der Orkneys scheinen Broschen in Form eines fast vollständigen Rings mit einem Durchbruch hergestellt worden zu sein, die denen gleichen, welche man im piktischen Silberschatzhort von der St. Ninian's Isle in den Shetlands gefunden hat.

Nur einige wenige Fundorte haben bisher konkrete Belege für eine Begegnung zwischen den Pikten und den Wikingern geliefert. Sie bieten ein vielschichtiges Gesamtbild. Funde in Birsay (und an der nahe gelegenen Grabungsstelle von Buckquoy auf der Hauptinsel der Orkneys) zeigen, daß hier Wikinger in piktischen Siedlungen wohnten, die sich offenbar lokalen Gepflogenheiten angepaßt oder sie übernommen hatten. Möglicherweise sind sie sogar mit der ansässigen Bevölkerung Ehen eingegangen. Es scheint

also eine Form von Koexistenz gegeben zu haben. In Skaill im Osten der Orkneys finden sich jedoch Hinweise für eine gewalttätigere Begegnung, und beim Udal in North Uist in den Äußeren Hebriden könnte dies gleichermaßen der Fall gewesen sein. An anderen Orten (z. B. in Freswick Links an der Ostküste von Caithness auf dem schottischen Festland) finden sich keine Beweise für eine Besiedlung während der entscheidenden Jahrhunderte, in denen sich das Auftauchen der Wikinger vollzog, obwohl es aus der vorhergehenden Zeit Spuren piktischer Siedlungen und Felder und danach Anzeichen einer spätnorwegischen Besetzung gibt.

Eine eingehendere Untersuchung des Ortsnamenmaterials weist jedoch eindeutig auf eine vollständige Übernahme der dortigen Siedlungsgebiete durch die Wikinger hin. Ortsnamen mit Elementen wie -*bólstadr*, was Hofstelle bedeutet (etwa in Kirbister auf den Orkneys, Scrabster in Caithness oder Embo in Sutherland), -*kví* »Einfriedung für Tiere« (wie in Quoyloo auf den Orkneys) und -*dalr* »Tal« (Scorradale auf den Orkneys) sind zweifellos skandinavischen Ursprungs. Die Verteilung derartiger Namen konzentriert sich besonders auf den Norden. So gut wie alle Ortsbezeichnungen auf den Shetlands, den Orkneys und im nordöstlichen Caithness leiten sich aus den skandinavi-

beziehen könnte, ließe sich eine Datierung einer Kolonisation im großen Maßstab auf eine frühere Zeit als Mitte des 9. Jahrhunderts mit den verfügbaren archäologischen Funden nur schwer in Einklang bringen.

Die Epoche der eigentlichen Wikingeraktivität auf den Orkneys (gewöhnlich zwischen den ersten Raubzügen im 8. Jahrhundert und dem späten 10. Jahrhundert angesetzt) ist in der langen Geschichte des skandinavischen Einflusses auf dieses Gebiet, der bis zum 15. Jahrhundert andauerte, in der Tat eine sehr kurze Episode. Es überrascht nicht, daß aus der ersten Periode tatsächlicher Besiedlung stammende Fundstücke etwas schwerer nachzuweisen sind, da sie, wenn man der *Orkney-Saga (Orkneyinga Saga)* glaubt, schon im Jahre 874 mit der Gründung der Grafschaft Orkney endete, zu der auch die Shetlands und Caithness gehörten. Dies ist ihre Version der Ereignisse:

In einem Sommer segelte Harald Schönhaar nach Westen, um die Wikinger zu strafen, weil er ihrer Verwüstungen müde geworden war, denn sie plünderten während des Sommers in Norwegen, verbrachten aber den Winter auf den Shetlands oder Orkneys ... er focht dort viele Schlachten aus und annektierte Land weiter im Westen als seither irgendein anderer norwegischer König. In einer Schlacht fiel Ivar, der Sohn des Jarls Rognvald. Doch als König Harald aus dem Westen nach Hause segelte, übergab er dem Jarl Rognvald die Shetlands und Orkneys als Entschädigung für seinen Sohn. Jarl Rognvald gab beide Länder jedoch seinem Bruder Sigurd ...

Die Saga wurde natürlich zu einem weit späteren Zeitpunkt geschrieben, doch es ist klar, daß die Einsetzung von Jarlen (Grafen, die meist mit dem norwegischen Königshaus verbunden waren) den Beginn einer Ära direkter politischer Kontrolle von Norwegen aus markierte, obgleich sich Plünderungen durch einzelne Kriegsherren zweifellos eine Zeitlang fortsetzten.

Auch wenn unsere Kenntnisse von frühen Wikinger-Siedlungen auf den Orkneys nur vorläufig sind, zeichnen sie sich hier dennoch deutlicher ab als anderswo in Schottland. Man weiß wenig über den Beginn der Besiedlung auf den Shetlands. Die erste Siedlungsphase der Wikinger in Jarlshof an der Südspitze der Shetlands, der für das Auge eindrucksvollsten wikingerzeitlichen Fundstätte Schottlands, wird bisweilen auf etwa das Jahr 800 datiert, obwohl ein so früher Zeitpunkt im 9. Jahrhundert strittig ist. Der Gebäudekomplex von Jarlshof ist Teil einer Gruppe von Steingebäuden unterschiedlicher Zeitperioden mit verschiedenen Funktionen, die von Wohnhäusern über Scheunen bis zu Ställen reichen. Ein weiterer zunächst mit der Frühphase der Wikingeraktivität auf den Shetlands in Verbindung gebrachter Fundort, Underhoull auf Unst, offenbart eine einfachere Struktur, und der Bauplan deutet darauf hin, daß er wahrscheinlich eher in die spätnordische Zeit gehörte. Es scheint sich um einen kleineren Hof als den in Jarlshof gehandelt zu haben, wenn auch in der Bewirtschaftungsform ähnlich.

Das Wohnhaus aus der zweiten Bauphase von Jarlshof, noch wikingerzeitlich, besaß einen integrierten Kuhstall, ein Konstruktionsschema, das aus dem extremeren Klima Skandinaviens nach Schottland mitgebracht wurde. Bei späteren Umbauten beherbergten wieder separate Gebäude das Vieh, doch es ist interessant, daß der integrierte Stall - wie in einem echten Langhaus - im Norden Schottlands bis ins 19. Jahrhundert hinein in Gebrauch blieb. Aus den wenigen Fundstücken zu schließen, scheinen die frühen Wikingersiedler eine gemischte Form der Landwirtschaft praktiziert zu haben: Rinder- und Schafzucht zusammen mit einigem Anbau von Gerste, wo es die Bedingungen erlaubten. Der Fischfang wurde mit der Entwicklung der Siedlungen wichtiger, in jenen frühen Tagen aber wohl eher in kleinerem Umfang betrieben. Dieser Lebens-

schen Sprachen her, und es haben nur einige wenige Beispiele für die früheren piktischen Namen überdauert. Die auffälligsten unter diesen enthalten das Element *papa* (»Vater«), das auf die Anwesenheit von Mönchen oder Priestern hinweist (wie Papigeo in Caithness). Der Name Pentland Firth, der dem Meeresarm, welcher die Orkneys vom schottischen Festland trennt, von den Wikingern gegeben wurde, leitet sich von *Péttlandsfjørdr* her, was »Piktenlandfjord« heißt.

Von Räubern zu Bauern

Daß wikingische Räuber vor einer größer angelegten Besiedelung der Inseln auf den Orkneys aktiv gewesen waren, wird von einer Passage in der *Saga von König Olaf dem Heiligen* angedeutet: »Es wird berichtet, daß in den Tagen Harald Schönhaars [um 870 – um 940], des Königs von Norwegen, die Orkney-Inseln besiedelt wurden, die zuvor nur ein Versammlungsort für Wikinger gewesen waren.« Der Zeitpunkt der tatsächlichen Besiedelung ist jedoch umstritten, obwohl eine irische Quelle berichtet, daß Rognvald, ein norwegischer Häuptling, der wegen Unannehmlichkeiten die Heimat verlassen mußte, sich um das Jahr 860 auf den Orkneys festsetzte. Auch wenn diese schriftliche Anspielung sich leicht auf Ereignisse nach der ersten Besiedlung

stil wird sich nicht besonders von dem unterschieden haben, der damals in Norwegen üblich war. Tatsächlich ist die Topographie der Shetlands jener der skandinavischen Herkunftsländer recht ähnlich. Die Orkneys hatten jedoch ein milderes Klima und waren deshalb weit attraktiver für ankommende Siedler.

Auf dem schottischen Festland beschränkt sich die bekannte wikingerzeitliche Besiedlung auf eine Handvoll von Fundstellen. Die *Orkney-Saga* gibt zu verstehen, daß die Besiedlung von Caithness von den Orkneys aus wahrscheinlich im 10. Jahrhundert erfolgte, was überraschend spät erscheinen mag. Die Entfernung zwischen den Orkneys und dem Festland ist schließlich klein – etwa 11 km am Punkt des geringsten Abstands –, und man kann von einer Seite aus leicht die andere erkennen. Darüber hinaus hätte die Insel Stroma, deren Name »Insel im Strom« bedeutet, als Basis für die Überfahrt nach Caithness dienen können. Doch trotz umfassender Ausgrabungen war es nicht möglich, Belege früher Besiedlung durch die Wikinger in Caithness zu finden; es scheint, daß die *Orkney-Saga* letztlich doch recht hatte.

Die einzige weitere Fundstätte auf dem schottischen Festland, die einen Hinweis auf Besiedlung während der Wikingerzeit geliefert hat, wenn auch vielleicht nicht in der Frühphase, liegt in Whithorn in der südwestlichen Tiefebene. Hier waren die Gebäude aus Holz gebaut und standen dichtgedrängt beieinander. Ihr Grundriß unterscheidet sich von den anderen bisher in Schottland gefundenen und hat größere Ähnlichkeit mit den im irischen Dublin ausgegrabenen Wikingergebäuden. Die Grabungsstelle hat Bruchstücke von der Kammherstellung aus Geweihen freigegeben, während eine Anzahl von dort gefundenen Katzenschädeln belegt, daß man Katzenfelle zu Pelzbesatz für Kleidungsstücke verarbeitete.

Auf den Hebriden bezeugten Grabungen am Udal auf North Uist eine frühe Siedlung der Wikinger, die auch eine kleine Befestigungsanlage umfaßte (wohl zur Verteidigung gegen die einheimischen Pikten), welche über den – wie erwähnt – charakteristischen zellenartigen Konstruktionen der Pikten errichtet wurde. In Drimore auf South Uist hat man eine einzelne bruchstückhafte Steinkonstruktion ausgegraben, die wahrscheinlich mit wikingerzeitlichen Aktivitäten in Verbindung steht. Es ist jedoch anzunehmen, daß an dieser Stelle noch weitere Gebäude auf ihre Untersuchung warten. Die geographische Entfernung hielt die Hebriden außerhalb des politischen Einflußbereichs der Orkney-Jarle. Wie im Falle von Whithorn bestanden Kontakte hauptsächlich mit den Handelszentren der Wikinger rund um die Irische See – in Irland, auf der Insel Man, in Nordwestengland und Wales –, was belegt, daß es hier eine erkennbare Neigung zu Handelsaktivitäten gab als anderswo im skandinavischen Schottland.

Zweifellos lagen die schottischen Kolonien in der Wikingerzeit und später überwiegend im ländlichen Bereich. Bis heute fanden sich keine Bevölkerungskonzentrationen wie im englischen York oder im irischen Dublin, die als Städte bezeichnet werden können. Die Entdeckung vergrabener Schatzhorte mit Silber, Gold und Münzen – größtenteils aus England, manche arabischen Ursprungs – spricht dafür, daß hier wie anderswo in der Wikingerwelt eine Tauschwirtschaft existierte: Viele Horte enthalten neben Schmuckgegenständen, die in manchen Fällen schwer beschädigt oder zerschnitten sind, auch »Ring-Geld« – Stücke schmucklosen Silbers in der Form einfacher Armreife, die als Währungseinheit dienten. Die größten wikingerzeitlichen Silberhorte Schottlands kamen beide auf den Orkneys zutage: in Skaill und Burray. Bezahlungen in Silber oder Gold werden von Kaufleuten ge-

leistet worden sein, die zu diesem Zweck kleine Waagen mit sich trugen. Gegenstände dieser Art sind auf den Britischen Inseln außerhalb der wichtigsten Handelszentren wie etwa York selten, doch fand man einige in heidnischen Gräbern auf den Hebriden. Dies stützt die Vermutung, daß Handel eine bedeutende Aktivität im Westen Schottlands gewesen ist.

Heidnische Grabstätten sind eine der uns am besten zugänglichen Informationsquellen für die Wikingerzeit in Schottland. Sie werden im allgemeinen auf das späte 9. und das 10. Jahrhundert datiert und können durch Grabbeigaben skandinavischen Ursprungs identifiziert werden. In einigen Fällen enthielten die Beigaben auch Gegenstände lokaler Fertigung. Derartige Gräber sind in Schottland weit verbreitet; darunter sind Bestattungen von Männern und Frauen sowie gelegentlich auch von Kindern. Die Fundergebnisse deuten an, daß die dort beigesetzten Menschen zu den frühen Siedlergruppen gehörten und keine Krieger waren, die auf Raubzügen im Kampf gestorben sind. Die Tatsache, daß beispielsweise die ovalen Broschen in einem Frauengrab bei Kneep auf der Insel Lewis (Äußere Hebriden) repariert worden waren oder daß sich unter ihnen Broschen einer schon recht weit zurückliegenden Zeit befanden, legt nahe, daß es sich dabei um Erbstücke handelte.

Mehrere reiche Grabstätten hat man in Schottland ausgegraben. Einige, wie die von Castletown in Caithness und in der Kiloran Bay auf Colonsay auf den Hebriden, hält man für isoliert liegende Gräber, doch mindestens einige sind Teile größerer Gräberfelder. Zwei prächtige Bootsgräber mit von Waffen umgebenen männlichen Toten fanden sich in Westness auf den Orkneys, und ein Grab bei Scar auf der Orkney-Insel Sanday enthielt ein einzelnes Boot mit drei Leichnamen und sehr reichhaltigen Grabbeigaben, unter anderem eine seltene Walknochenschmuckplatte. Man geht davon aus, daß die meisten dieser Objekte aus Südwestnorwegen stammen, dem traditionellen Herkunftsgebiet der frühen Siedler in Schottland. Für die Schmuckplatte und eine Brosche aus Scar nimmt man jedoch einen weitaus nördlicheren Ursprung an – vielleicht sogar jenseits des Polarkreises.

Wie in allen Teilen der Wikingerwelt steht die Gesamtanzahl der bekannten Niederlassungen und Gräber skandinavischen Ursprungs in keinem Verhältnis zu der Anzahl der Menschen, die zu dieser Zeit in Schottland gesiedelt haben müssen. Kulturelle Assimilation mit der einheimischen Bevölkerung erschwert es nach der ersten Siedlungsphase zusehends, skandinavische Gräber mit einer gewissen Sicherheit nur anhand der Grabbeigaben zu identifizieren.

Die Isle of Man: eine reiche archäologische Hinterlassenschaft

Die in der Mitte der Irischen See vor der Nordwestküste Englands gelegene Insel Man hat eine günstige Lage, um kulturelle Einflüsse aus einem weiten Gebiet anzuziehen. Das hochgelegene Binnenland der kleinen, nur etwa 48 km von Norden nach Süden und 16 km von Osten nach Westen messenden Insel wird vom Snaefell gekrönt, was »Schneeberg« bedeutet – ein Name, der dem Berg von den Wikingern gegeben wurde. Eine ausgedehnte Küstenebene befindet sich im Norden, und ein relativ fruchtbarer Küstengürtel umgibt die gesamte Insel. Gutes Ackerland und ein Überfluß an natürlichen Häfen trugen zweifellos dazu bei, daß abenteuerlustige Wikinger sich angezogen fühlten. Hinzu kamen noch einige wichtige klösterliche Zentren wie Maughold, obwohl diese wahrscheinlich nicht so wohlhabend wie die in Irland oder England waren. Die dokumentarischen Quellen sagen jedoch nichts über frühe skandinavische Aktivitäten auf Man – von einem Wikingerangriff auf *Inis Patraic* (»Patricks Insel«), der in den *Irischen Annalen* im Jahre 798 erwähnt wird, nimmt man jetzt

Links: Der einzige Wikingerfriedhof in Schottland, der vollständig ausgegraben wurde, liegt bei Westness auf Rousay, Orkneys. Er enthielt das reichste aus Schottland bekannte Frauengrab und zwei männliche Bootsbestattungen. In dem hier gezeigten Bootsgrab waren Steine in Bug und Heck aufgeschichtet, um eine Zentralkammer für den Toten zu schaffen. Unter anderen heidnischen Gräbern bei Westness war das einer Frau *(unten links).* Ihr Schädel weist Spuren einer Trepanation auf. Sie wurde mit einem Kamm unter ihrem rechten Arm und Spinnwirteln an ihrer Seite begraben, außerdem mit einer Sichel und einer Bronzefibel.

Rechts: Die wikingischen Siedler auf der Insel Man wurden im Laufe des 10. Jahrhunderts zum Christentum bekehrt und übernahmen den Brauch, Gedenksteine zu setzen. Dieser fragmentarische Kreuzstein aus Andreas ist mit einer heidnischen Szene auf der einen und einem christlichen Gegenstück auf der anderen Seite versehen. Hier ist der Triumph Christi über den Teufel dargestellt: eine bärtige Figur mit Kreuz und Buch in den Händen tritt mit den Füßen eine verknotete Schlange nieder.

an, daß er sich auf der Insel gleichen Namens in der Dublin Bay ereignet hat statt auf St. Patrick's Isle auf der Höhe des Ortes Peel vor der Westküste der Insel Man. Trotzdem gibt es genügend materielle Beweisstücke für eine Besetzung der Insel durch die Wikinger, denn sie ist besonders reich an archäologischen Fundstätten wie Siedlungen, Gräbern, Bildsteinen und Silberhorten.

Es gibt keinen Zweifel, daß die vorwikingische keltische Bevölkerung der Insel christlich war. Dies offenbart die Zahl der erhaltenen Bildsteine mit christlichen Symbolen, unter ihnen eine besonders schöne Steinplatte von der vorgelegenen Insel Calf of Man mit einer Kreuzigungsszene. Zusätzlich hat man ein Netz von Stätten christlicher Verehrung – kleine Kapellen oder *keeills* – auf der Insel entdeckt, mehrere von ihnen mit angegliederten Friedhöfen mit Steinplattengräbern. Bei Balladoole befindet sich ein wikingerzeitliches Bootsgrab direkt über einem früheren Friedhof. Zeugnisse für eine vorwikingerzeitliche Besiedlung des Landes beschränken sich jedoch auf wenige Grabungsstellen. Einige wikingerzeitliche Gebäude wurden auf schon bestehenden Siedlungsstätten im Vorgebirge errichtet, wie etwa bei Cronk ny Merriu. Andernorts – z. B. im Braaid oder in Close ny Chollagh – hat man die charakteristischen kreisförmigen Konstruktionen vorwikingerzeitlicher Siedlungen identifiziert.

Obwohl vermutet wurde, daß einige Elemente früherer Siedlungen auch in der Wikingerzeit in Gebrauch blieben, deutet die überwältigende Vorherrschaft nordischer Ortsnamen darauf hin, daß hier wie im nördlichen Schottland die einheimische Bevölkerung durch die eindringenden Wikinger fast völlig verdrängt wurde. Es ist jedoch möglich, daß viele dieser Namen jünger als die Wikingerzeit sind und einer Tradition der Namensgebung folgten, die von den Skandinaviern eingeführt worden war. Einige Elemente der Ortsbenennung wie *-setr* und *-bólstadr*, die aus der frühesten Phase der Wikingeraktivitäten stammen und die man überall in Schottland antreffen kann, sind auf Man selten. Es ist darauf hingewiesen worden, daß *-setr* in der Bedeutung »Alm«, »Sommerweide im Hochland« auf Man häufiger durch das gälische Suffix *-ærgi* (wie in Block Eary) ersetzt worden sein könnte. Skandinavische topo-

Rechts: Das Steinoval markiert die Umrisse eines bedeutenden Wikinger-Bootsgrabes bei Balladoole auf der Insel Man. Es liegt auf dem Gelände eines frühchristlichen Friedhofs, der sich innerhalb einer eisenzeitlichen Umfriedung befindet. Das Fahrzeug ist 11 m lang und enthielt die Skelette eines Mannes und einer Frau. Das Grabgut – darunter Sporen und Steigbügel – zeigt aber, daß dies ein Männergrab war und daß der weibliche Körper daneben ein Beweis für den Brauch sein könnte, Frauen zu opfern – hier vielleicht eine Sklavin.

Links: Die kleine Festungsanlage auf dem Kap von Cronk ny Merriu, Insel Man, die den Eingang zum Port Grenaugh überblickt, geht auf die Eisenzeit zurück. Dieses Luftbild zeigt jedoch die ausgegrabenen Reste des spätnordischen Hauses, das hinter dem gewaltigen Schutzwall erbaut wurde – ein annähernd rechtwinkliges Gebäude mit drei Toren, Seitenbänken und einem Herd in der Mitte.

graphische Bezeichnungen sind auf der ganzen Insel weit verbreitet: Die nördliche Tiefebene ist beispielsweise noch heute als The Ayre bekannt, entsprechend der nordischen Bedeutung »tiefgelegene Kiesebene«. Ortsnamen mit der Endung -*by* (wie in Jurby oder Sulby) sind ebenfalls oft zu finden.

Die bekannten wikingerzeitlichen Siedlungen auf Man variieren in der Form. Wie bereits erwähnt, bediente sich Cronk ny Merriu einer schon bestehenden eisenzeitlichen Siedlungsstätte auf einem Vorgebirge. Es stellt sich als ein kleines, fast rechteckiges Gebäude dar, das Bänke und eine zentrale Feuerstelle enthält. Close ny Chollagh, Cass ny Hawin und Vowlan sind von ähnlicher Gestalt. Weiter im Landesinneren hat man Siedlungen größerer Komplexität untersucht. Bei Doarlish Cashen, ungefähr 210 m über dem Meeresspiegel, wurden die grasüberwucherten Fundamente dreier Gebäude gefunden, die sich um einen Hof gruppieren. Die Siedlung konnte ursprünglich bei einer Untersuchung des Landes nach möglichen Flächen für die Sommerweidewirtschaft entdeckt werden, und die Tatsache, daß ein landwirtschaftliches Randgebiet mehrere sichtbare Strukturen aufweisen sollte, stieß auf großes Interesse: Grabungen führten zu dem Ergebnis, daß mindestens zwei der Gebäude wahrscheinlich aus der Zeit der nordischen Besiedlung stammen. Ein kleines Wohnhaus von ungefähr rechteckiger Form entpuppte sich als kleines Bauernhaus nordischen Typs, der charakteristisch für die Insel Man ist. Obwohl es schwer beschädigt war, lagen die

steinernen Türschwellen noch an Ort und Stelle und zeigten, daß in den zwei längeren Wänden Türen gewesen sind, möglicherweise mit einer dritten in einer der Giebelwände. Das Feuer, dessen Aschenreste über den Großteil des Bodens verstreut waren, nahm einen großen Raum ein. Spuren von Bänken auf beiden Seiten des Herdfeuers vervollständigten die Innenausstattung dieses kleinen Hochlandhauses, das an einer Seite einen Hof besaß. In der Nähe wurde ein kleiner Darrofen zum Trocknen des Getreides ausgegraben, und die anderen, nur flüchtig untersuchten Gebäude deuten auf einen größeren Hofkomplex hin. Ein trichterförmiger Eingang zum Hof könnte als Hilfe zum Treiben der Rinder gedacht gewesen sein, doch der Darrofen läßt uns annehmen, daß Viehzucht nicht die einzige Wirtschaftsform war.

Man vermutet, daß die geringe Größe des Wohnhauses von Doarlish Cashen, das nur 7 x 3 m maß, darauf zurückzuführen ist, daß es sich um eine arme Siedlung handelte. Weit größere Gebäude finden sich tiefer in den Tälern, wo es wahrscheinlich mehr Weideland gab und ein weniger hartes Klima herrschte: Eines beim Braaid beispielsweise mißt 21 x 9 m, und das Haus bei Cass ny Hawin ist ebenfalls recht ansehnlich – ungefähr 10 x 4,5 m groß. Die Fundstätte am Braaid ist etwas umstritten, denn sie umfaßt Wohnhäuser in Form massiver Steinrundhäuser (vermutlich im einheimischen Manx-Baustil), während daneben zwei rechteckige stehen. Man hat gewaltige Steinplatten verwendet, die viel größer sind als die an allen anderen

Orten auf Man. Dies weist zusammen mit den allgemeinen Dimensionen darauf hin, daß es sich um etwas Bedeutenderes als nur einen Bauernhof gehandelt haben mag.

Die Funde aus den heidnischen Gräbern von Man sind von großem Interesse. Bootsgräber wie die von Balladoole und Knock y Doonee erinnern an die von Westness und Scar auf den Orkneys. Die Schiffe sind ungefähr 5 bis 6 m lang und enthalten normalerweise die Grabstätten von Männern, wahrscheinlich Wikingern, die in der ersten Phase der Kolonisation auf die Insel gekommen waren. Die Standorte der Grabhügel, die sich meist auf erhöhtem Gelände in Sichtweite des Meeres oberhalb guten Ackerlandes befinden, könnten auf die Lage der ursprünglichen Bauernsiedlungen hinweisen. Speere und Schwerter werden oft in diesen Gräbern gefunden. Seltener war die Einbeziehung einer Begleiterin, doch Belege für den Brauch des freiwilligen Witwentods, von dem man weiß, daß er anderswo in der Wikingerwelt praktiziert wurde, finden sich in zwei Manx-Grabstätten in Balladoole und in besonders krasser Weise bei Ballateare, wo man den Schädel einer jungen Frau in einem schrecklich durch Schnitte verletzten Zustand entdeckte. Es kann sich um eine Sklavin gehandelt haben, doch die archäologischen Aufzeichnungen berichten nur davon, daß sie ohne Grabbeigaben im oberen Teil des Hügels beerdigt war, den man über dem Grab ihres Herrn aufgeschichtet hatte.

Grabungen auf St. Patrick's Isle, Peel, förderten die Überreste eines Friedhofs zutage, der auch sechs heidnische Wikingergräber umfaßte; einige durchschneiden frühe christliche Steinplattengräber, was auf die Weiterbenutzung eines präwikingerzeitlichen Friedhofs hinweist. Eines der wikingerzeitlichen Begräbnisse ist die sogenannte »Heidnische Lady von Peel«, die man in einem Steinplattengrab gefunden hat, umgeben von einer großen Vielfalt von Grabbeigaben wie einem Bratspieß, einem Kamm und Perlen. Die Bedeutung dieses Fundes liegt in der Tatsache, daß es sich um das bisher einzige auf der Insel gefundene nordische Frauengrab handelt und eine wertvolle Ergänzung zur Gesamtheit der Gräber dieser Zeit auf den britischen Inseln darstellt. Man weiß wenig über die Stellung der Frauen, doch die Natur der Grabbeigaben deutet an, daß die »Heidnische Lady von Peel« eine Person von beträchtlicher Bedeutung war, vielleicht sogar eine eigenständige Landbesitzerin der Region. Die Zahl der reich ausgestatteten Männergräber auf Man deutet an, daß es eine soziale Hierarchie von einflußreichen Landbesitzern gegeben hat, deren jeder Familie und Dienerschaft besaß. Es ist viel darüber debattiert worden, wie wohl das Land auf der Insel während der Wikingerzeit aufgeteilt war. Man vermutet, daß das heutige System der Pfarrbezirke der nordischen Landaufteilung folgt, und diese könnte auf einem noch älteren System beruhen.

Es waren wahrscheinlich die Landbesitzer, die einige der gemeißelten stehenden Kreuze und andere Bildsteine in Auftrag gegeben haben, die zu den bemerkenswertesten Elementen des nordischen Erbes auf der Insel Man gehören. Heute finden sich einige dieser Steine in den örtlichen Pfarrkirchen, wohin man sie irgendwann in der Vergangenheit aus der Umgebung geschafft hat. Viele stammen aus vorwikingischer Zeit und sind mit typisch keltischen, kunstvollen ringköpfigen Kreuzesmotiven verziert. Es ist uns jedoch auch eine große Zahl von wikingerzeitlichen Bildsteinen erhalten geblieben, hauptsächlich aus dem 10. Jahrhundert.

Das bemerkenswerte Geschick der Handwerker, die Qualität des dortigen Schiefers und die phantasievolle Bildersprache der Darstellungen machen in ihrer Kombination diese Steine zu einem einzigartigen Dokument jener Zeit. Die Einbeziehung von Motiven aus der nordischen Mythologie, wie etwa die Drachentötung aus der Sigurd-Legende auf einem kunstvoll gemeißelten christlichen Kreuz, veranschaulicht den Grad kulturellen Austauschs,

Insel des Hl. Patrick
(St. Patrick's Isle)

St. Patrick's Isle oder Holmepatrick bei Peel ist ein Gezeiteninselchen, das den Zugang zum einzigen geschützten Hafen an der Westküste der Insel Man kontrolliert - den von Peel Castle. Sie war seit prähistorischen Zeiten besiedelt und wurde in spätnordischer Zeit Standort der Kathedrale der nordischen Diözese von Sodor und Man, die dem Erzbistum Nidaros (später Trondheim) in Norwegen unterstellt war. Die Diözese umfaßte wie das Königreich von Man und den Inseln (gegründet im 11. Jahrhundert) alle Hebrideninseln oder *Sudreyjar*. Vor kurzem durchgeführte Grabungen an dieser bedeutenden archäologischen Fundstelle haben zahlreiche Entdeckungen aus allen Epochen erbracht, unter anderem einen frühchristlichen Friedhof, der mehrere gut ausgestattete wikingerzeitliche Gräber enthielt.

Unten: Unter den wikingerzeitlichen Gräbern, die auf dem christlichen Friedhof ausgegraben wurden, befand sich das einzige nordische Frauengrab, das man auf der Insel Man gefunden hat. Der vollständig bekleidete Leichnam war in einem mit Steinplatten ausgekleideten Grab aufgebahrt worden, in das man eine reiche Auswahl von Grabbeigaben legte, die den hohen Status der sogenannten »Heidnischen Lady von Peel« anzeigen.

Rechts: Während einer kurzen Periode im 11. Jahrhundert scheinen Silberpennies für die Herrscher von Man geprägt worden zu sein, in Anlehnung an die zeitgenössische hiberno-nordische Münzprägung in Dublin. Die Münzstätte muß mit dem Sitz politischer Macht in Verbindung gestanden haben - der sich zur damaligen Zeit aller Wahrscheinlichkeit nach auf St. Patrick's Isle bei Peel befand.

Unten: Ein imposanter Halsschmuck, der aus über 60 Glas- und Bernsteinperlen besteht, lag um den Hals der »Heidnischen Lady«, als man sie in ihr Grab bettete. Neben sie legte man einen eisernen Bratspieß, einen Gänseflügel, ein Kräutersträußchen sowie ihren Arbeitsbeutel, der ein Paar Nadeln enthielt. Sie wurde mit ihrem Kamm und einer Haushaltsschere ausgestattet, die vielleicht zusammen an einem Gürtel hingen. Man fand auch zwei Messer; eines davon hatte einen mit Silber eingelegten Griff.

Rechts: Innerhalb der Mauern von Peel Castle befinden sich die dachlosen Überreste der gotischen Kathedrale von St. German, die im 12. Jahrhundert erbaut wurde. Den frühchristlichen Friedhof entdeckte man an ihrer Nordseite. Er blieb während der gesamten Wikingerzeit und bis ins Mittelalter hinein in Gebrauch. Der Rundturm irischen Stils und die an ihn grenzende Kirche wurden im 10. oder 11. Jahrhundert gebaut.

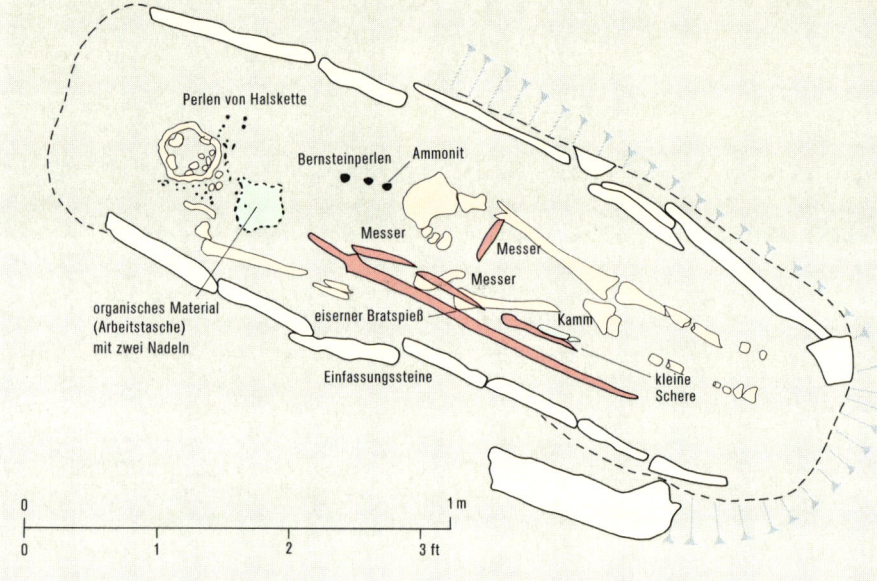

Perlen von Halskette

Bernsteinperlen   Ammonit

Messer

Messer

Messer

organisches Material (Arbeitstasche) mit zwei Nadeln

eiserner Bratspieß   Kamm

Einfassungssteine

kleine Schere

0   1 m
0   1   2   3 ft

---

der sich in der einheimischen Bevölkerung vollzog. Um die Mitte des 10. Jahrhunderts war das Christentum vermutlich die vorherrschende Religion der skandinavischen Siedler geworden, doch einigen von denen, die sich äußerlich dem Christentum angeschlossen hatten, wird es schwergefallen sein, die vertrauten Göttergeschichten zu vergessen, die sie aus ihrem Heimatland mitgebracht hatten (genauso wie den Bestattungen nomineller Christen weiterhin Grabbeigaben hinzugefügt worden sein konnten). Möglicherweise wurden sogar Symbole des Heidentums bewußt umgestaltet, um Elemente der christlichen Botschaft zu vermitteln – wenn man zum Beispiel den Drachen mit Satan assoziierte. Jedenfalls nahm heidnische Thematik weiterhin einen zentralen Platz in der nordischen Kultur der Insel Man ein, was einige verblüffende Kombinationen zeitigte. Auf einer Steinplatte in Andreas steht beispielsweise eine Abbildung Odins mit Speer und Rabe, den Fuß im Rachen des Fenrirwolfes, einer christlichen Figur – möglicherweise ein Geistlicher – gegenüber, die ein Buch und ein Kreuz hält.

In mehreren Fällen enthalten die Kreuze auch Runeninschriften: Auf einem der früheren Exemplare rühmt sich ein Mann namens Gaut, daß er »dieses [wohl dieses Kreuz] und alle anderen auf Man gemacht« habe. Manche

Inschriften sind wahrscheinlich erst später den Bildsteinen hinzugefügt worden. Wo immer sie auftauchen, schaffen sie eine direkte Verbindung zwischen dem modernen Leser und sowohl dem Bildhauer wie auch dem schreibkundigen skandinavischen Siedler, der sein Schutzherr war.

Etwa 20 wikingerzeitliche Silberhorte sind auf der Insel Man freigelegt worden. Die meisten bestehen aus einer Kombination von Münzen und Schmuck. Die Zeit, in der sie vergraben wurden, reicht vom frühen 10. (mit größerer Sicherheit von 960 an) bis ins späte 11. Jahrhundert. Kriegszeiten und die Gefahren, die von Überfällen durch andere Wikinger im Gebiet der Irischen See – manchmal geriet die Insel während des 10. Jahrhunderts unter den direkten Einfluß der in Dublin ansässigen Nordleute – oder einfach nur von habgierigen Nachbarn ausgingen, müssen die Menschen dazu gebracht haben, ihre Wertsachen zu verstecken. Die Horte, die wir heute zutage fördern, sind natürlich diejenigen, die niemals wieder ausgegraben wurden, was darauf hindeutet, daß die Ereignisse oft eine gewalttätige und tragische Wendung nahmen.

Wales: eine Zwischenstation im Handelsverkehr

Einige der wikingischen Plünderer, die seit etwa 790 im Gebiet der Irischen See aktiv waren, wandten sich nach

Osten, um Wales anzugreifen, insbesondere Anglesey und das Gebiet der Nordküste sowie an der Südküste entlang bis in den Bristol-Kanal hinein. Zu dieser Zeit waren die in Wales ansässigen keltischen Völker auf mehrere Königreiche verteilt, u. a. Powys, Gwynedd und Dyfed. Sie waren in erster Linie Bauern; es wurde lediglich eine kleine Zahl von präurbanen Zentren entdeckt. Die Klöster beherbergten jedoch eine große Anzahl von Menschen. Wie in Irland besaßen sie einen ausgedehnten landwirtschaftlichen Grundbesitz und waren außerdem Zentren der Gelehrsamkeit und Handwerkskunst. Ihr Reichtum muß die Wikinger wie ein Magnet angezogen haben, und es gibt Belege dafür, daß einige der großen Klöster wie Carmarthen, Llancarfan, St. David's, Caldey und Llantwit in Brand gesetzt und geplündert wurden.

Asser, der in Wales geborene Mönch und Biograph König Alfreds des Großen, berichtet uns, daß im Jahre 878 eine Wikingerstreitmacht in Dyfed im Südwesten überwinterte, vermutlich zum erstenmal. Dies war der Beginn einer größeren Serie von Überfällen auf Wales während der nächsten paar Jahrzehnte. Im Jahre 914 segelte eine große Seestreitmacht unter der Führung von zwei skandinavischen Jarlen von der Bretagne aus nach Norden, um die Westküste zu plündern. Es gab erfolglose Versuche, ins

Inland vorzudringen. Während der nächsten 40 Jahre gab es eine Atempause, denn die Waliser hatten in Hywel Dda (Howell dem Guten) von Gwynedd einen starken Führer, und die Wikinger hielten sich bis zu seinem Tod im Jahre 950 fern. Zwischen 982 und 989 wurde jedoch die Kathedrale von St. David's viermal geplündert, und die Überfälle setzten sich über das Ende des Jahrhunderts hinaus fort, trotz der Versuche, die Skandinavier durch das Zahlen von *Danegeld* hinzuhalten. Noch im späten 11. Jahrhundert litt St. David's unter einer Flut von Angriffen der in Dublin beheimateten Wikingerflotten.

Die Bedeutung von Wales für die Skandinavier ist geographisch bedingt – in der Nähe von Irland und der Isle of Man gelegen, war es ein fester Bestandteil der westlichen Seeroute und eine Zwischenstation auf den Handelsrouten zu den Zentren skandinavischer Herrschaft in England. Es ist vielleicht kein Zufall, daß der größte Silberhort, den man in Wales gefunden hat und der wahrscheinlich mit kaufmännischen Aktivitäten in Verbindung steht, aus der Nähe von Llandudno stammt, das von den Wikingerkolonien in Nordwestengland aus leicht erreicht werden konnte. Die anderen Silber- und Münzhorte verteilen sich größtenteils entlang der Küsten. Unter den frühesten ist einer aus Bangor, der um etwa 925 vergraben worden ist und arabischen Münzen enthält. Die *Irischen Annalen* deuten an, daß Wikingerhändler aus Dublin im 10. und 11. Jahrhundert möglicherweise mit walisischen Sklaven, Pferden und vermutlich Honig und Weizen gehandelt haben, höchstwahrscheinlich im Tausch gegen irische Pelze, Häute und rohes Wolltuch.

Es muß in Wales eine Besiedlung durch Wikinger gegeben haben, auch wenn sie sich nur auf die Küstenregionen beschränkte, doch außer den Zeugnissen der Ortsnamen gibt es dafür keine Belege. Der skandinavische Einfluß macht sich besonders bei den Ortsbezeichnungen in Südwestwales bemerkbar: Colby beispielsweise verbindet einen Vornamen mit dem Ortssuffix -*by*, und Scollock, Milton und Fishguard enthalten ebenfalls skandinavische Elemente. Berücksichtigt man die Dichte der Ortsnamen in diesen Gebieten, so scheint es wahrscheinlich, daß sich an der Küste Handelszentren etablierten, vielleicht bei Milford Haven und Swansea, und daß es einige ländliche Siedlungen im Inneren von Pembrokeshire gegeben hat. Die Namen von Inseln und Navigationspunkten entlang der Nordküste des Bristol-Kanals sind gleichfalls eindeutig nordischen Ursprungs: Lundy (mit der Bedeutung »Papageitaucher-Insel«), Flat Holm, Steepholm und Skokholm (bei denen das Morphem *holm* für eine kleine Insel steht) sowie Skomer und die Caldy Islands fallen alle in diese Kategorie. Nordwales besitzt weniger nordische Namen, obwohl Bardsey Island, Great Ormes Head, Priestholm und sogar Anglesey (Onguls Insel) skandinavischen Ursprungs sind. Das vor der Nordküste liegende Anglesey war ein besonders verwundbares Angriffsziel, eine Beute der Wikinger, die auf der Isle of Man und auch in Irland ihre Stützpunkte hatten: So ist die Entdeckung eines Wikingerhorts mit silbernen Armreifen und eines möglichen Wikingergrabes keine Überraschung.

Wales besitzt eine Anzahl von fein bearbeiteten Steinkreuzen, deren Schmuckmotive reflektieren, auf welche Weise keltische und skandinavische Einflüsse rings um die Irische See verschmolzen. Besonders schöne Exemplare finden sich in Penmon (Anglesey), Nevern und Carew (beide Pembrokeshire). Schon vor der Wikingerzeit wurden in Wales gemeißelte Steinplatten mit Kreuzigungsszenen stark von irischen Mustern beeinflußt. Bei den wikingerzeitlichen Exemplaren wurden kunstvolle Schlingmuster, die man u. a. auf der Isle of Man findet und die die gesamte verfügbare Oberfläche bedecken, mit dem ringköpfigen Kreuz kombiniert, dem man so oft in den keltischen Gegenden rund um die Irische See begegnet.

Die Wikinger in Irland

Nach den *Irischen Annalen* ereignete sich der erste Wikingerüberfall auf die irische Küste im Jahre 795 an einem Ort mit dem Namen *Rechru*. Dieser wird jetzt meist mit Rathlin Island in Verbindung gebracht, das nicht weit vor der Nordostspitze Irlands liegt. Vereinzelte Angriffe folgten bis zu den zwanziger Jahren des 9. Jahrhunderts, als sich das Maß der Angriffe steigerte. Vorstöße ins Inland sind ab etwa 830 bezeugt, die erste Überwinterung fand nach den Berichten im Jahre 839 am Lough Neagh statt, und die ersten permanenten Niederlassungen (als *longphorts* bekannt) wurden 841 in Dublin und möglicherweise bei Annagassan an der Dundalk Bay gegründet.

Irland hatte viel, das es für die Wikinger attraktiv machte. Die dichteste Besiedlungsform waren die Klosterkomplexe, die manchmal »Städte« genannt wurden und im Mittelpunkt einer Landschaft von verstreuten Bauernhöfen lagen. Andere bedeutende Zentren des Wohlstands befanden sich auf Pfahlbauten – von Menschenhand konstruierte Inseln in Sumpf- oder Feuchtgebieten. Eines von ihnen, in Lagore, wird in den Annalen als königliches Zentrum beschrieben, das im Jahre 934 durch die Wikinger einen katastrophalen Schaden erlitt. Obwohl die

Haupterwerbsquelle der keltischen Bevölkerung die Landwirtschaft war, zeigen Funde von Importgütern wie Töpferwaren aus Westfrankreich, daß Irland Teil eines ausgedehnten Handelsnetzes war. Man hat diese Funde an Grabungsstellen gemacht, die von königlichen Zentren wie Lagore oder Knowth bis zu den bescheideneren Ringburgen oder umfriedeten Gehöften reichen, die die vorherrschende Art ländlicher Besiedlung waren. An einigen Fundstätten geben Dinge wie Abfälle der Geweihverarbeitung, Schmiedewerkzeuge, Schmelztiegel und Gußformen zur Edelmetallbearbeitung sowie Werkzeuge zur Perlenherstellung Zeugnis für eine Vielfalt handwerklicher Tätigkeit.

Die wichtigsten Zentren handwerklicher Produktion waren jedoch die Kloster-»Städte«. Sie waren ausgedehnte Niederlassungen innerhalb großer Umfriedungen mit zahlreichen Kirchen, die den Klerikern und Laien der klösterlichen Gemeinschaft zur Verfügung standen. Von der Mitte des 10. Jahrhunderts an wurden Steintürme charakteristisch für diese Orte. Sie dienten als Glockentürme, doch man hat auch die Vermutung aufgestellt, daß sie in Reaktion auf die Wikingerüberfälle zusätzlich als Verteidigungsanlagen konzipiert waren. In den Klöstern waren die Handwerker – Steinmetze, Kunstschmiede, Glasbläser und Schreiber untergebracht, welche illuminierte Manuskripte anfertigten – Kunstwerke, die das dauerhafteste Vermächtnis der hohen Kultur der frühmittelalterlichen Kirche Irlands darstellen. Diese schönen Stücke, die sowohl für den Gebrauch im Kloster als auch für die Bedürfnisse regionaler Schutzherren gedacht waren, zogen unweigerlich die Aufmerksamkeit der Wikinger auf sich. Die Klosterzentren standen im scharfen Kontrast zu den kleinen, einfachen Klausen, die auch für die keltische Kirche in Irland typisch waren und größtenteils an der felsigen Westküste lagen (wie auf Church Island oder in Skellig Michael, County Kerry), aber dennoch nicht immun gegen die Angriffe der Wikinger waren. Es ist klar, daß viele kostbare Kirchenschätze während der Periode der Überfälle von Irland nach Skandinavien verschleppt wurden, doch die Größenordnung dieser Diebstähle ist schwer abzuschätzen.

Bis vor gar nicht langer Zeit basierte unser Wissen von den Wikingern in Irland hauptsächlich auf Einzelfunden und verstreuten schriftlichen Hinweisen. Aus diesen können wir entnehmen, daß die Wikinger mit Waterford, Wexford, Limerick, Cork und Dublin die ersten echten Städte in Irland gründeten. Diese Orte dienten als Handelsstützpunkte an der langen Seeroute, die die skandinavischen Heimatländer und ihre westlichen Kolonien mit Westeuropa und dem Mittelmeer verbanden. Hier wurden Güter wie Sklaven und irische Wolfshunde für den Export im Austausch gegen Silber zusammengezogen. Die Herrscher der Wikingerstädte blickten daher eher auf das Meer als auf das Land, wenn es um ihren Lebensunterhalt ging, den sie sich mit Raubzügen und dem Handel auf der Irischen See verdienten. Man unterhielt enge Verbindungen zu den Skandinaviern auf Man und den Hebriden.

Die Besetzung Irlands durch die Wikinger war deshalb von anderer Art als die der übrigen skandinavischen Kolonien. Es scheint wenig ländliche Niederlassungen gegeben zu haben. Es ist nicht ausgeschlossen, daß nordische Siedler in dem regionalen Typ angepaßten Gebäuden auf dem Lande lebten. Dies bedeutet, daß man sie bei archäologischen Untersuchungen nur durch den Fund von Wikingerartefakten identifizieren könnte. So ist es schwierig, ländliche Siedlungen mit einer ausreichenden Zuverlässigkeit entweder Wikingern oder Iren zuzuordnen. Die Verteilung der heidnischen Wikingergräber kann ein Anzeichen dafür sein, wie weit sich der skandinavische Einfluß in der Frühphase der Besiedlung außerhalb der Städte ausbreitete. Abgesehen von den bedeutenden Friedhöfen in Kilmainham-Islandbridge in der Nähe von Dublin finden sich Grä-

Oben: Dieser hausförmige Schrein nicht näher bekannter norwegischer Provenienz ist vom irischen Typ des 8. Jahrhunderts, obwohl der Dekorationsstil am ehesten vermuten läßt, daß er im schottisch-piktischen Gebiet hergestellt wurde. Er scheint nie vergraben worden zu sein, vielmehr beweist sein Inhalt, daß er im Mittelalter ursprünglich als Reliquiar oder Behältnis für heilige Überreste gedient hat. Eine Runeninschrift am Fuß, die feststellt, daß »Ranvaik dieses Kästchen besitzt«, zeigt, daß er um das Jahr 1000 in nordischem Besitz war.

ber jedoch immer nur einzeln. Ein Grabhügel in Donny-brook, ebenfalls bei Dublin, und ein Grab in Ballywin, County Antrim, das möglicherweise ein Bootsgrab ist, repräsentieren isolierte Beispiele für Traditionen, die man anderswo in der Region der Irischen See und überhaupt in der ganzen Wikingerwelt häufiger findet als dort.

Außerhalb der Städte scheint sich der Einfluß der Wikinger auf das unmittelbare Hinterland beschränkt zu haben, wo es viele Kontakte zur ländlichen Bevölkerung gegeben haben muß, die die Stadtbewohner mit ihren frischen Erzeugnissen versorgten. In Dublin beispielsweise trieb man Rinder vom Land in die Stadt, und Feldfrüchte

Rechts: Wikingerbestattungen in Kilmainham und Islandbridge, flußaufwärts vom Dublin des 10. Jahrhunderts, resultierten aus der Errichtung eines *longphort* auf dem Liffey Mitte des 9. Jahrhunderts, höchstwahrscheinlich am Standort eines irischen Klosters. Diese zeitgenössische Zeichnung zeigt einen Teil des Grabguts, das dort im 19. Jahrhundert auftauchte, darunter mehrere Schwerter mit verzierten Griffen, Speerblätter und Axtköpfe, Schildbuckel und Frauenfibeln aus Bronze, außerdem einige Spielsteine.

Dublin

Die Grabungen, die man seit 1960 auf dem Wood-Quay-Gebiet in Dublin, einem Gelände zwischen dem Fluß Liffey und der Christchurch-Kathedrale, durchgeführt hat, haben Zeugnisse der wikingerzeitlichen Stadt zutage gefördert, die dank des wassergetränkten Bodens von außergewöhnlicher Qualität sind. Es war möglich, einige der hölzernen Wohnhäuser zu identifizieren, die zusammen mit Nebengebäuden auf umzäunten Parzellen standen – mit Latrinen, Ställen, Tierpferchen, Werkstätten und Lagerhäusern. Die sumpfige Beschaffenheit des Bodens war offensichtlich schon immer ein Problem: Zerbrochene Möbel und Türen wurden zwischen den Parzellen als Bretterwege auf den schlammigen Straßen verlegt, die von dem aus den umliegenden Gebieten hereingetriebenen Vieh zertrampelt worden sein müssen. Da sie aus Holz waren, mußten die Häuser alle 10 bis 20 Jahre neu errichtet werden, und weil die Grundstücksgrenzen sich nicht veränderten, baute man die neuen Häuser am selben

Standort wie die alten: Rasensoden wurden auf die früheren Fundamente geschichtet, um einen festen Baugrund zu erlangen. Daraus resultiert, daß es mehrere Besiedlungsschichten während der wikingerzeitlichen Siedlungsperiode (ca. 920–1100) gibt – allein in der Fishamble Street sind es ganze 13. Außerdem benutzten die Angelsachsen den Schutt der Wikingersiedlung als Füllmaterial, als sie im 13. Jahrhundert Land am Flußufer zurückeroberten. Dessen sorgfältige Untersuchung hat einen wertvollen Einblick in das tägliche Leben einer wikingerzeitlichen Stadt ermöglicht und Zeugnisse für unterschiedliche Tätigkeiten wie Holz- und Knochenschnitzerei und Lederverarbeitung geliefert. Das Handwerksviertel der Stadt scheint am östlichen Ende der heutigen High Street gelegen zu haben, und die wohlhabendsten Mitglieder der Wikingergemeinschaft lebten im Gebiet um den Christchurch Place, was an ihren größeren Häusern und den reichen Fundstücken erkennbar ist.

Unten: Ein seidenes Haarnetz, das in der Fishamble Street gefunden wurde, ist ein Beleg für die weitreichenden Kontakte des wikingerzeitlichen Dublin – das Material und wahrscheinlich auch die Herstellungsmethode weisen auf eine Herkunft aus Byzanz oder weiter aus dem Osten hin.

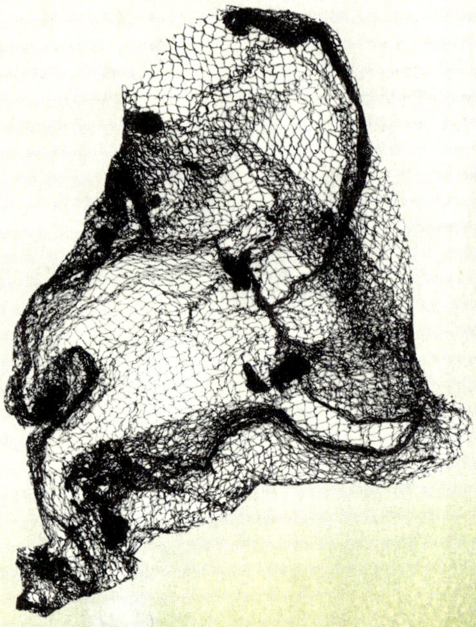

Links: Eine Münze Sihtric Seidenbarts, des Herrschers des wikingischen Dublin, der um 997 die erste Münzprägestätte Irlands gründete.

Unten: Rekonstruktion einer Straße aus dem Dublin des 10. Jahrhunderts, die auf den Ausgrabungen in der Fishamble Street basiert. Sie zeigt eine Reihe von Parzellen, jede mit einem hölzernen Wohnhaus und in einigen Fällen mit Nebengebäuden. Die durch Flechtzäune getrennten Parzellen folgen dem Bodenprofil.

Links: Die feuchten Bedingungen sicherten die Erhaltung vieler Holzgegenstände wie gedrehter Gefäße und Faßdauben. Diese in der Fishamble Street gefundene Krümme ist kunstvoller. Sie ist sehr sorgfältig in einer ausgeprägten Dubliner Version des Ringerike-Stils gearbeitet, der im Skandinavien des 11. Jahrhunderts gängig war.

Oben: Archäologen bei der Arbeit am östlichen Ende von Dublins moderner High Street – eines von mehreren wikingerzeitlichen Siedlungsgebieten, die in Dublin ausgegraben wurden. Wood Quay und Fishamble Street liegen ganz in der Nähe. Es wurden die gut erhaltenen Reste eines balkenbefestigten Fußwegs aus dem 11. Jahrhundert entdeckt, ähnlich denen, die in Skandinavien und anderswo in der Wikingerwelt gefunden wurden. Das Bild zeigt sehr deutlich die schweren, schlecht entwässerten Lehmböden, die so viel vom wikingerzeitlichen Dublin bewahrt haben. Dieser Teil der Siedlung, in dem viele Artefakte entdeckt wurden, scheint das Handwerkerviertel der Stadt gewesen zu sein.

Links: Ein Knochenfragment, das in der High Street gefunden wurde und als Übungsstück eines Handwerkers kunstvoll im Ringerike-Stil geschnitzt wurde.

wurden gegen handwerkliche Erzeugnisse eingetauscht. Die Stadtbewohner bezogen aus den umliegenden Gebieten auch Bauholz für ihre Häuser und Rohmaterialien für die Weiterverarbeitung. Demnach muß der Austausch sehr weitreichend gewesen sein. Etwa 120 wikingerzeitliche Münz-, Silber- und Goldhorte sind aus Irland bekannt. Sie weisen auf einen großen Reichtum hin. Von den bekannten Horten bestehen 80 ausschließlich aus Münzen. Die Iren hatten aber vor dem 12. Jahrhundert noch kein Münzsystem, und die in Dublin ansässigen Wikinger begannen erst um etwa 997 damit, eigene Münzen zu prägen. Demzufolge bestanden die Münzschätze bis zum Ende des 10. Jahrhunderts aus eingeführten Münzen englischer, fränkischer und arabischer Herkunft.

Es gibt noch weitere Anzeichen für einen kulturellen Austausch mit der einheimischen irischen Bevölkerung. Die charakteristische Ringnadel der Iren wurde von den Wikingern übernommen und im großen Stil in Manufakturen hergestellt. Man hat Exemplare so weit nördlich wie in Island und so weit westlich wie auf Neufundland gefunden. Broschen in der Form eines durchbrochenen Ringes, die in Irland auf das schönste ausgearbeitet wurden, haben die Wikinger oftmals kopiert, manchmal in weit gröberen Varianten. Die Wikinger fanden noch mehr in Irland, das ihnen gefiel, besonders die feinen Metallarbeiten, die sie bei ihren frühen Raubzügen mit nach Norwegen genommen hatten. In der späten Wikingerzeit modifizierte man in irischen Werkstätten die skandinavischen Kunststile wie den Ringerike- und Urnesstil. Die Parierstange eines Schwertes aus Smalls reef in Südwestwales ist zum Beispiel im charakteristischen irischen Urnesstil verziert, und der Ringerikestil kann auf hölzernen Gegenständen aus Dublin beobachtet werden.

Die Wikinger von Dublin

Man weiß weit mehr über Dublin als über jede andere Stadt des wikingerzeitlichen Irland, wenn auch nur aus dem Grunde, daß hier die meisten archäologischen Untersuchungen durchgeführt worden sind. Für die Wikinger war der Ort wegen seiner Lage an einer wichtigen Furt durch den Fluß Liffey attraktiv, der die Grenze zwischen den Königreichen Brega und Leinster bildete. Im Jahre 841 gründeten sie ein *longphort* an einem noch nicht näher bestimmten Ort, der gut der Standort des irischen Klosters bei Kilmainham gewesen sein könnte. Wir wissen, daß die Norweger im Jahre 902 vorübergehend aus ihrer ersten Siedlung in Dublin vertrieben wurden und daß viele von ihnen sich in Nordwestengland und auf der Isle of Man niederließen. Sie kehrten um etwa 917 zurück, und es ist sicher, daß Dublin dann an dem Ort neu gegründet wurde, den es noch heute einnimmt.

Während des 10. Jahrhunderts wurde Dublin durch den Handel mit anderen Zentren rund um die Irische See, wie Chester und Bristol, zu einer wohlhabenden Stadt. Grabungen haben eine Anzahl von gut erhaltenen Holzgebäuden aus der Wikingerzeit zutage gebracht. Viele von ihnen beherbergten die Werkstätten, in denen Schmiede, Lederverarbeiter, Kammhersteller und Holzschnitzer arbeiteten. Die reichen Herrscher von Dublin nutzten die unsichere Situation in England zu dieser Zeit aus, um ihre Macht über die Irische See auszuweiten: Sie annektierten die Isle of Man und entrissen den Dänen die Herrschaft über das Königreich York. Sie hielten es bis zum Jahre 952. Im Jahre 980 jedoch wurden sie von den Iren aus Munster in der Schlacht von Tara besiegt, und der Stadt wurde ein umfangreicher Tribut abverlangt. Anschließende Unruhen unter den Norwegern in Irland führten dazu, daß die Wikinger von Waterford im Jahre 994 für eine kurze Zeit die Kontrolle über Dublin erlangten. Danach konnte die Stadt nie wieder ihre frühere Vormachtstellung unter den irischen Nordleuten zurückerobern.

DER NORDATLANTIK

Wie wir gesehen haben, blieb ein Teil der Wikinger, die Norwegen verlassen hatten, um die Küsten Schottlands und Irlands zu überfallen, dort als Bauern zurück. Bald richteten einige der Siedler – oder ihrer Nachkommen aus der nächsten Generation – ihren Blick erneut nach Westen, diesmal auf Ziele im Nordatlantik: die Färöer-Inseln, Island, schließlich Grönland und Nordamerika. Andere traten die Reise direkt von Westnorwegen aus an. Viele werden die Meinung vertreten, der Zufall habe die größte Rolle bei der Westwanderung der Wikinger gespielt, doch ist es aus einem so großen Zeitabstand heraus schwer zu beurteilen, wieweit Notwendigkeit und Absicht oder bloße Neugier und die vorherrschenden Winde sie in ihrer Suche nach neuem Land vorantrieben.

Es kann keinen Zweifel daran geben, daß diese langen Seereisen überaus riskante Unternehmungen waren. Man mußte die natürlichen Gefahren des Nordatlantiks bewältigen, wie etwa Eisberge, und es überrascht nicht, daß wir von Schiffen und ihrer Besatzung hören, die unterwegs verlorengingen. Wir wissen wenig über die Navigationsmethoden der Wikinger. In Küstengewässern werden sie sich nach bekannten Landmarken orientiert haben, und außer Sichtweite des Landes beurteilten sie ihre Position in Relation zu ihrem Heimathafen oder dem Reiseziel wahrscheinlich mit Hilfe einer Art von standardisiertem Meßinstrument, wie einem kalibrierten Stock oder einer Handspanne, um am Tage die scheinbare Höhe der Sonne über dem Horizont oder in der Nacht die des Polarsterns zu schätzen (»Breitensegeln«). Es mag sich allmählich ein Erfahrungsschatz über Routen, Segelzeiten zwischen bekannten Orten, Gezeiten, Winde und Strömungen angesammelt haben, der mündlich von Generation zu Generation weitergegeben wurde. Dieser stand freilich den ersten Abenteurern, die die unbekannten Gewässer des Nordatlantiks durchquerten, nicht zur Verfügung. Die Verfasser der Sagas lassen an ihrem Mut keinen Zweifel, während spätere erfolgreiche Überfahrten als alltägliche Ereignisse gewertet und daher nicht aufgezeichnet wurden.

Der signifikante Umstand bei den Wanderungen nach Westen über den Nordatlantik war, daß hier – im Gegensatz zu den Wikingerfahrten weiter im Süden – das Hauptmotiv Kolonialisierung gewesen ist: Landnahme und Landnutzung anstelle von Überfällen und Plünderungen. Diese neuen Länder waren menschenleer, was unsere heutige Sichtweise der Geschehnisse beeinflußt. Anders als bei den Einfällen der Wikinger nach Westeuropa, wo es zeitgenössische Chronisten unter der ansässigen Bevölkerung gab, um ihre Piraterien zu beschreiben, war dort niemand, der von den Ereignissen im Nordatlantik aus erster Hand berichten konnte. Unsere Informationen beziehen wir hauptsächlich aus den Sagas, die – wie schon in den vorigen Kapiteln angedeutet – erst lange nach den tatsächlichen Ereignissen verfaßt wurden und aller Wahrscheinlichkeit nach erst, nachdem die Geschichte in der Überlieferung ausgeschmückt worden war.

Aller Verherrlichung der Tapferkeit der Wikinger in den Sagas zum Trotz waren norwegische Seeleute nicht die ersten Menschen, die die Inseln des Nordatlantiks erreichten. Der irische Mönch Dicuil, der im Jahre 825 in Frankreich schrieb, berichtet uns im *Buch von der Vermessung des Erdkreises (Liber de Orbis Mensura Terrae)*, daß etwa seit dem Jahr 700 bestimmte unerschrockene Mönche die

Unten: Die Mitternachtssonne in Island zeugt von seiner geographischen Lage im hohen Norden, direkt unterhalb des Polarkreises. Die ersten Bewohner dieser entlegenen Vulkaninsel waren irische Einsiedler im 8. Jahrhundert. Als aber im 9. Jahrhundert die Wikinger kamen, zogen sie es vor, zu fliehen. Mitte des 10. Jahrhunderts war Island vollständig besiedelt und als unabhängige Republik organisiert. Die ersten Bauern mußten ihr eigenes Vieh mitbringen, da die Isolation Islands so groß war, daß sie nur ein einziges einheimisches Säugetier antrafen – den Polarfuchs. Aber Seevögel (und ihre Eier) waren zahlreich und stellten für sie eine wichtige Nahrungsquelle dar.

Gewohnheit hatten, die unbekannten Gewässer mit ihren zerbrechlichen Schiffen zu durchqueren (vermutlich einfache Lederboote, die als *currachs* bekannt sind), und sich auf jeder unbewohnten Insel niederließen, die sie zuerst erreichten. Dort bauten sie sich einfache Zellen, in denen sie als Einsiedler lebten und ihr Leben Gott weihten. Die Wikinger, die diese Mönche auf den Färöern und auch auf Island antrafen, nannten sie *papar* – Väter. Wie es ihrem Lebensstil entsprach, flohen die Mönche offenbar vor den Eindringlingen. Ari Thorgilsson berichtet uns, daß sie Bücher, Glocken und Krummstäbe zurückließen. Die Zeugnisse für ihre Anwesenheit sind jedoch dürftig. Neben den Schriften von Dicuil und Ari gibt es lediglich einige Ortsnamen und spärliche archäologische Funde.

Die Schafsinseln

Es ist Dicuil, der uns einen ersten historischen Blick auf die Färöer-Inseln gewährt, einer Gruppe von Inseln mit Steilufern, die im Nordatlantik auf halbem Wege zwischen den Shetland-Inseln und Island liegt:

Es gibt viele andere Inseln im Ozean im Norden Britanniens, die man von den nördlichsten britischen Inseln aus mit dem Segelschiff in zwei Tagen und Nächten bei prallem Segel und ständig günstigem Wind erreichen kann ... Ein heiliger Mann berichtete mir, daß ... er auf einer von ihnen gelandet war. Auf diesen Inseln haben seit etwa 100 Jahren Einsiedler gelebt, die von Scotia [Irland] aus losgesegelt waren. Doch ... jetzt sind sie wegen norwegischer Seeräuber nicht mehr von Einsiedlern bewohnt, aber reich an zahllosen Schafen und einer großen Menge von Seevögeln.

Hieraus entnehmen wir, daß es sogar schon vor der Ankunft der Norweger in der Zeit von 860 bis 870 Schafe auf den Inseln gab. Demzufolge überrascht es nicht, daß die Siedler die Inseln Færeyjar oder Schafsinseln nannten. Wir müssen auf die *Färingersaga (Færeyinga Saga)* zurückgreifen, um etwas über die Identität der ersten norwegischen Siedler zu erfahren:

Ein Mann namens Grim kamban ließ sich als erster auf den Färöern nieder. Doch in den Tagen Harald Schönhaars floh wegen seiner Gewaltherrschaft eine große Zahl von Menschen [aus Norwegen]. Einige ließen sich auf den Färöern nieder und siedelten dort, andere wiederum suchten andere unbewohnte Länder auf.

Trotz der Behauptung des Sagaverfassers, daß Grim ein Norweger war, deutet der keltische Beiname kamban darauf hin, daß er ein skandinavischer Siedler von den Hebriden oder aus Irland gewesen sein könnte.

Eine Reihe von Grabplatten mit einfach eingeritzten Kreuzen, wie sie z.B. auf Skúvoy gefunden wurden, pflegt man zusammen mit einigen vereinzelten Ortsnamen mit dem Element *papa* heranzuziehen, um Dicuils Bericht von der Anwesenheit irischer Mönche auf den Inseln zu untermauern. An den Orten mit den *papa*-Namen wurden jedoch keine begleitenden archäologischen Belege gefunden, und die einfache Form der geritzten Kreuze ist für sich noch kein Beweis für ihr hohes Alter. In jüngster Zeit wurde behauptet, aus Pollenfunden von der Insel Mykines könne man schließen, daß dort schon im 7. Jahrhundert Getreide angebaut wurde. Die Datierung der Pollenproben wurde jedoch angezweifelt. Wären alle drei Informationselemente gegen jeden Zweifel abzusichern, würden sie Dicuils Bericht überzeugend belegen. Auf dem gegenwärtigen Stand der Untersuchung der archäologischen Funde ist es aber nicht möglich, für ein Vorhandensein vorwikin-

Oben: Die baumlosen Färöer-Inseln erheben sich in einer dramatischen Gebärde aus dem Atlantischen Ozean, auf halbem Wege zwischen den Shetlands und Island. Das dort herrschende Klima erlaubt praktisch keinen Landbau. So sind die Bewohner auf Schafzucht und Fischfang als Lebensgrundlage angewiesen. Die ersten nordischen Siedler kamen im 9. Jahrhundert. Damals wie heute begrenzen die steilen Hänge die Siedlungen auf die Küstenstreifen.

Die wikingerzeitliche Besiedlung der Färöer
In der Wikingerzeit war die Besiedlung wie auch heute noch hauptsächlich auf die schmalen Küstenstreifen beschränkt. Die Verteilung des Ortsnamenbestandteils *ærgi* – »Sennerei, Hochweide« – deutet stark darauf hin, daß ein Teil der Bauernbevölkerung im Sommer zu saisonalen Unterkünften zog, wenn die Schafe auf die hochgelegenen Weiden getrieben wurden. Eine relativ große Zahl wikingerzeitlicher Siedlungen – einzelner Bauernhöfe und auch Gruppen von Höfen – ist untersucht worden, in den letzten Jahren zusätzlich auch einige Höfe des Hochlands, doch mit der Ausnahme von Toftanes sind sie im allgemeinen arm an Fundstücken aus dieser Zeit. Lediglich zwei Gruppen von heidnischen Gräbern aus der Wikingerzeit sind bekannt.

Wikingersiedlung
- einzeln
- Gruppe
- ærgi

Wikingerfunde
- Hort
- Friedhof

mehr als 200 m über Meereshöhe

Maßstab 1 : 1 000 000

0   20 km

0   15 Meilen

gerzeitlicher Siedlungsspuren auf den Färöern zu plädieren.

Die *Färingersaga* nennt die Namen der einzelnen Siedler und auch die Orte, an denen sie sich auf den verschiedenen Inseln niederließen: Wir wissen beispielsweise, daß ein gewisser Thrand seinen Hof auf Gata auf Eysturoy hatte. Obwohl die Verläßlichkeit dieser Quelle insgesamt heute in Frage gestellt wird und man sie nicht als einen genauen Leitfaden für die Frühphase der Besiedlung (oder »Landnahme«) der Färöer verwenden kann, hat man herausgefunden, daß die in ihr erwähnten Örtlichkeiten erstaunliche Parallelen zu modernen Besiedlungsmustern aufweisen. Berücksichtigt man jedoch die steilen Abhänge auf den Inseln, die sich abrupt aus der See erheben und die Fläche bebaubaren Landes erheblich begrenzen, überrascht dies vielleicht nicht. Während diese Übereinstimmung alter und gegenwärtiger Siedlungsgebiete dem Archäologen hilft, mögliche Fundstellen zu identifizieren, kann sie auch zu Problemen führen, denn nur wenige Leute schätzen es, wenn in ihrem Haus oder Garten Ausgrabungen durchgeführt werden.

Etwa 16 nordische Siedlungsorte sind auf den Färöern ausgegraben worden, doch nur wenige haben Fundstücke aus der Zeit der ersten Wikingerkolonisation geliefert. Der Großteil der datierbaren Objekte gehört in das 11. Jahrhundert. Die frühesten Belege für eine Besiedlung aus den letzten Jahren des 10. Jahrhunderts stammen aus Kvívík und Fuglafjørdhur. Ein Teil der Siedlung von Kvívík, die sich in Küstennähe befand, ist durch die Einwirkung der Wellen abgetragen worden, und auch einige ältere Orte könnten so zerstört worden sein.

Der Bauernhof von Kvívík ist das am besten erhaltene Relikt aus der Wikingerzeit, das man heute auf den Färöern sehen kann. Er besteht aus einem soliden, fast rechteckigen Wohnhaus mit dicken Wänden aus Stein und Grassoden von etwa einem Meter Höhe, das eine große zentrale Herdgrube enthielt. Obgleich ein Ende dieses Gebäudes der See zum Opfer fiel, hat sich in einer der noch stehenden Wände ein Seiteneingang erhalten, der nach außen direkt zu einem nahe gelegenen Bach führt. Parallel zu diesem Gebäude fand sich ein unmittelbar benachbarter Kuhstall, der inzwischen aufgrund der Erosion ebenfalls nur unvollständig erhalten ist, aber einst etwa einem Dutzend Rindern in steinernen Stellplätzen Platz geboten haben muß. Reste von Rasensoden und Birkenrinde, die das Dach bildeten, sind entdeckt worden – eine Methode der Dachkonstruktion, die die Siedler aus Skandinavien mitbrachten und die bis in jüngere Zeit hinein auf den Färöern in allgemeinem Gebrauch geblieben ist. C 14-Datierungen dieser Überreste bestätigen die Zugehörigkeit des Gebäudes zur Frühphase der Besiedlung. Es wurden auf den Färöern auch Häuser mit Holz- und Steinwänden gebaut, die man in gleicher Weise wie in den skandinavischen Ursprungsländern errichtete, doch dies verlangte den Transport von Bauholz zu diesen baumlosen Inseln.

Sowohl Kvívík als auch Fuglafjørdhur, eine ähnliche, doch weniger gut erhaltene Fundstelle, liegen innerhalb der Grenzen moderner Bebauung. Bei Toftanes im Süden von Leirvík auf Eysturoy, wo ein größeres Areal für Untersuchungen zur Verfügung stand, wurden vier Gebäude ausgegraben, von denen einige anscheinend umgebaut wurden. Diese umfangreicheren Grabungen haben sehr zu unserem Verständnis der Ökonomie auf den Färöern während der ersten Siedlungsphase beigetragen. Der Komplex besteht aus einem Wohnhaus mit zentraler Feuerstelle, einem Lagerhaus und zwei weiteren Gebäuden, von denen eines vermutlich eine Küche gewesen ist. Eine außergewöhnlich große Zahl von Fundstücken – insgesamt um die 500 – wurde ans Tageslicht gebracht, unter anderem Schalen aus Speckstein (möglicherweise aus Skandinavien mitgebracht), Glasperlen, Wetzsteine aus Schiefer und –

Unten: In Kvívík auf Streymoy wurde dieser wikingerzeitliche Bauernhof freigelegt. Er besteht aus einem etwa 20 m langen Wohnhaus und – parallel dazu – einem Stall als Winterunterkunft für das Rindvieh, beide mit dicken Mauern aus Erde und Stein erbaut. Das Haus hat eine Seitentür als Zugang zu dem angrenzenden Fluß und einen zentralen Herd mit Steinpflaster. Sein Inneres dürfte mit Holz ausgekleidet gewesen sein, während das mit Birkenrinde und Soden bedeckte Dach von zwei Pfostenreihen gestützt wurde. Ein Spielzeugpferd aus Nadelholz wurde hier gefunden *(links).* Das Spielzeugboot aus Weidenholz stammt von einer anderen wikingerzeitlichen Siedlung in Argisbrekka auf Eysturoy.

wegen der Seltenheit solcher Zeugnisse am interessantesten von allen – eine Reihe gut erhaltener Holzgegenstände, darunter ein Spielbrett. C 14-Analysen dieser Fundstücke bestätigen, daß der Ort im 9. und 10. Jahrhundert bewohnt war. Die auf dem Bauernhof gehaltenen Tiere waren in erster Linie Schafe, wie es auch heute noch auf den Inseln der Fall ist.

Toftanes war offensichtlich ein Hofkomplex von beträchtlicher Größe und Bedeutung. In den Frühlings- und Sommermonaten wird man die Tiere von Höfen wie diesem auf Weidegebiete im Hochland getrieben haben. Dieses System der Hochweidewirtschaft, das in Norwegen üblich war, wurde in anderen gebirgigen Regionen von den Wikingerbauern unverzüglich aufgegriffen. Wir haben seine Verwendung schon in Schottland und auf der Insel Man beobachtet. Auf Man könnte das keltische, in Ortsnamen auftretende Element *ærgi* auf eine wikingerzeitliche Hochweidewirtschaft hindeuten, und dies ist auch oft auf den Färöern der Fall – möglicherweise ein Anzeichen dafür, daß die Siedler ursprünglich aus Westbritannien kamen, wie vielleicht auch Grim kamban. Jüngste archäologische Untersuchungen haben sich auf diese Sennhütten im Hochland konzentriert. Zum Beispiel hat man in Argisbrekka eine Anzahl von Häusern mit Sodenwänden entdeckt, die sich in ihrer Konstruktion sehr von anderen wikingerzeitlichen Gebäuden auf den Inseln unterscheiden, und man vermutet, daß es sich um eine Unterkunft für den Sommer handelte; der Haupthof muß sich in der Nähe von Eidhi, dem nächsten Dorf, befunden haben.

Der kürzlich geglückte Fund einer Reihe von heidnischen Gräbern in Sandur auf der südlichen Insel Sandoy hat neue Belege für eine frühe Präsenz der Wikinger geliefert. Ausgrabungen in der Nähe der dortigen Kirche förderten umfangreiche Reste einer Besiedlung zutage, unter anderem eine bedeutende Reihe früher Holzkirchen, von denen die älteste mit einem aus dem 11. Jahrhundert stammenden Münzhort in Verbindung gebracht wird. Diese Grabungsstelle liegt in einem Gebiet tiefliegenden, trokkenen Landes, das sich sehr deutlich von den steilen vulkanischen Basalt- und Tuffabhängen der nördlicheren Inseln unterscheidet. Ihre Siedlungsgeschichte ist eindeutig eine der längsten auf den Färöern. Die einzigen anderen bekannten Wikingergräber auf den Färöern liegen in Tjørnuvík an der Nordspitze Streymoys. Hier entdeckte man auf dem Gebiet eines Erdrutsches am Ende einer kleinen Bucht eine Gruppe von Gräbern, die durch Steinsetzungen markiert waren. Sie waren mit so spärlichen Grabbeigaben versehen, daß die Theorie geäußert wurde, die dort Beerdigten könnten die Opfer eines Schiffbruchs gewesen sein. Eine schlichte Ringnadel aus Bronze im irischen Stil des 10. Jahrhunderts, wie sie überall bei den Wikingern Mode wurden, bestätigt die kulturelle Zugehörigkeit dieser Menschen. Die Verbreitung dieser Ringnadeln von Neu-

fundland bis nach Skandinavien ist ein Beleg für das Netz kultureller Kontakte, das die Wikingerkolonien des Nordatlantiks verband.

Island – Land des Eises

Island liegt ungefähr 800 Meilen vor der Südwestküste Norwegens im Mittelatlantik. Es könnte zwischen einer Woche und einem Monat gedauert haben, die Insel mit dem Schiff von den skandinavischen Heimatländern aus zu erreichen. Sogar mit Zwischenstops auf den Shetlands und den Färöern war dies eine Reise voller Gefahren. Islands größtenteils unwirtliche Landschaften sind durch Vulkane und Eis geformt. Lavafelder und Gletscher bedecken fast drei Viertel seiner Oberfläche, und das Ackerland bleibt auf den Küstengürtel und die Täler des Südens und

Unten: Island besitzt die größten Gletscher und zugleich den aktivsten Vulkanismus in Europa. Sein Inneres besteht zu weiten Teilen aus einer unfruchtbaren Hochebene, die mit Eis, Lava und Asche bedeckt ist, so daß die bewohnten Gebiete hauptsächlich auf die Küstenregionen im Südwesten und Süden, wo der Golfstrom das Klima mildert, beschränkt sind.

Südwestens beschränkt. Gleichwohl trafen hier seit etwa 860 Wikinger in großer Zahl ein, in einer Siedlungsbewegung, die sich unter ganz anderen Umständen entwickelte als diejenigen, die die Shetlands, die Orkneys oder die Färöer unter den Einfluß der Wikinger gebracht hatten. Die mittelalterlichen Chronisten Islands waren der Ansicht, daß es Harald Schönhaars unbarmherziger Unterwerfung von Norwegens freien Bauern anzulasten war, daß viele von ihnen politische Freiheit in dem neuen Land im Westen suchten. Andere vermuten, daß die Kolonisation durch Landknappheit in der Heimat ausgelöst wurde. Es gibt jedoch keinen Zweifel, daß manche der ersten Siedler aus Britannien und Irland kamen. Wieder einmal ist es Dicuil, der den ersten schriftlichen Bericht über die Insel liefert. Die Genauigkeit seiner Beschreibung von Naturphänomenen wie der Mitternachtssonne ist ein überzeugender Beleg für die Verläßlichkeit seiner Augenzeugen:

Es ist jetzt dreißig Jahre her, seit Geistliche [clerici], die vom 1. Februar bis zum 1. August auf der Insel gelebt hatten, mir erzählten, daß nicht nur am Tag der Sommersonnenwende, sondern auch an den Tagen davor und danach

die untergehende Sonne sich zur Abendstunde wie hinter einem kleinen Hügel versteckt, so daß es während dieser Zeit niemals dunkel wird, vielmehr ein Mann, was immer er tun möchte, und sei es, die Läuse aus seinem Hemd zu suchen, dies genauso vollbringen kann wie im hellen Tageslicht. Die geschrieben haben, daß die See um Island herum gefroren ist, befinden sich im Irrtum …, doch nach einem Tag des Segelns von dort aus nach Norden fanden sie das gefrorene Meer.

Dieser und weitere Berichte von Reisen keltischer Heiliger wie St. Brendan in den Norden lassen darauf schließen, daß schon etwa 60 bis 70 Jahre vor der Ankunft der Wikinger eine Besiedlung auf »Thule« (jetzt als Island identifiziert) existiert hat. Es gibt jedoch keine stichhaltigen archäologischen Belege für eine präwikingische Anwesenheit auf Island. Einige *papa*-Ortsnamen im Südosten Islands waren Gegenstand vieler Diskussionen, doch kürzlich auf der Insel Papey durchgeführte Ausgrabungen lieferten keinerlei Spuren einer Besiedlung, die sich verläßlich auf die Zeit vor dem 9. Jahrhundert datieren ließen. Zeugnisse, die man einst als Beweise für präwikingische Aktivitäten

Unten: Geysire und heiße Quellen (wie die hier gezeigte) sind auffallende Elemente in der vielfältigen Landschaft Islands – im deutlichen Kontrast zu seinem Gletschereis. Reykjavík – »Rauchbucht« –, eine der ersten Wikingersiedlungen, wurde so genannt wegen der Dämpfe, die von den vielen heißen Quellen im Südwesten der Insel aufstiegen.

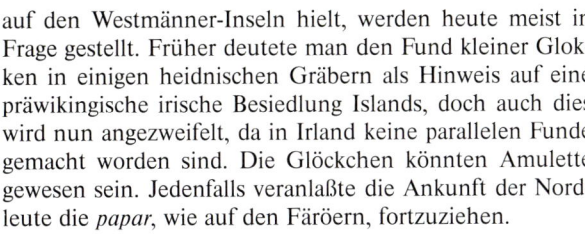

auf den Westmänner-Inseln hielt, werden heute meist in Frage gestellt. Früher deutete man den Fund kleiner Glokken in einigen heidnischen Gräbern als Hinweis auf eine präwikingische irische Besiedlung Islands, doch auch dies wird nun angezweifelt, da in Irland keine parallelen Funde gemacht worden sind. Die Glöckchen könnten Amulette gewesen sein. Jedenfalls veranlaßte die Ankunft der Nordleute die *papar*, wie auf den Färöern, fortzuziehen.

Die Landung der nordischen Siedler auf Island wird im *Isländerbuch (Islendingabók)* beschrieben, das von Ari Thorgilsson, dem »Vater der isländischen Geschichte«, im frühen 12. Jahrhundert verfaßt wurde, doch es erwähnt mit keinem Wort die Skandinavier, denen man die Entdeckung der Insel zuschreibt – dem Schweden Gardar Svavarson und den Norwegern Naddodd und Floki. Ihre Namen sind uns durch zwei frühe lateinische Quellen bekannt, die *Geschichte Norwegens (Historia Norvegiae)*, geschrieben um 1170, und die *Geschichte der Frühzeit des Königreichs Norwegen (Historia de antiquitate regum Norvagiensium)* von ungefähr 1180. Floki soll Island seinen Namen gegeben haben – wegen der Härte des ersten Winters, den er dort erlebte, und wegen des Treibeises, das er im Norden gesehen hatte. Aus dieser und anderen Geschichten scheint hervorzugehen, daß schon vor der Hauptsiedlungsperiode mehrere Reisen nach Island unternommen wurden. Das *Landnahmenbuch (Landnámabók)*, ursprünglich von Ari und anderen in der ersten Hälfte des 12. Jahrhunderts zusammenge-

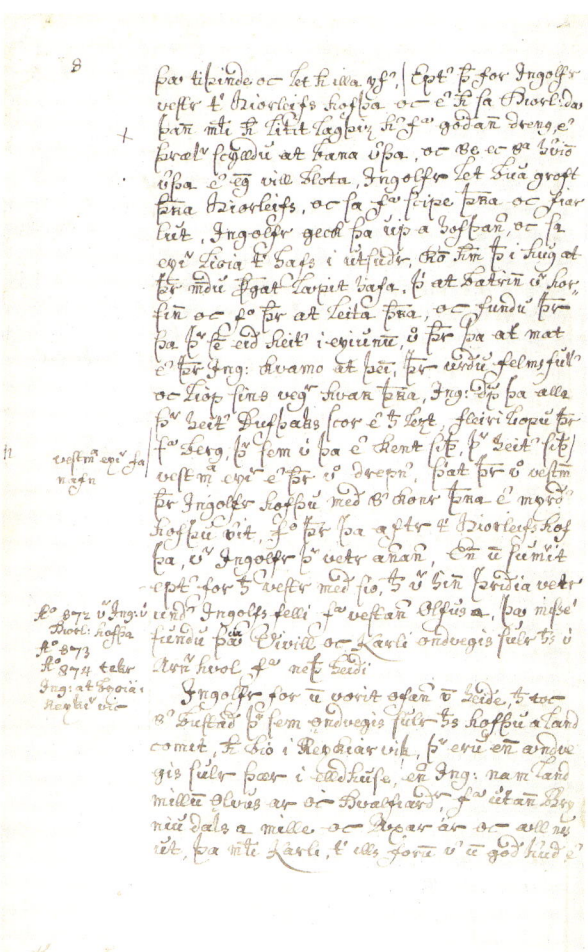

stellt, ist die wichtigste Informationsquelle, die wir über die Landnahme oder Besiedlungsphase haben. Sie nennt uns die Namen und Lebensgeschichten von 430 Siedlern mit Einzelheiten über ihre Ländereien. Daher ist es eine einzigartige Quelle – oder besser: Quellenkompilation – und hat sich unter anderem als sehr nützlich bei der Lokalisierung früher Siedlungen erwiesen.

Nach dem *Landnahmenbuch* war der erste dauerhafte Siedler auf Island ein Mann namens Ingolf. Als er das Land erblickte, soll er die mit Schnitzereien verzierten Holzpfeiler des Hochsitzes, den er aus seiner Heimat in Norwegen mitgebracht hatte, ins Meer geworfen haben, um zu sehen, wo sie an den Strand gespült werden würden. Er brauchte zwei oder drei Jahre, um ihre Landungsstelle ausfindig zu machen, doch schließlich fand er sie an einem Ort im Südwesten Islands, den wir heute als Reykjavík kennen. Die heutige Hauptstadt Islands erhielt ihren Namen, der »Rauchbucht« bedeutet, von den natürlichen heißen Quellen in der Umgebung. Obwohl Ausgrabungen im Herzen der alten Stadt wikingerzeitliche Überreste zutage brachten, ist nichts gefunden worden, was sie direkt mit Ingolfs ursprünglichem Hof in Verbindung brächte.

Nach Ari Thorgilssons Angaben wurde die Kolonisation Islands in den 60 Jahren zwischen 870 und 930 beendet. Viele der ersten Siedler waren Heiden, und man hat eine Anzahl von Gräbern mit zahlreichen Grabbeigaben entdeckt. Es sind allerdings bei weitem nicht genug, um die damalige Bevölkerung zu repräsentieren, denn man schätzt, daß während der Besiedlungsphase um die 20000 Menschen nach Island kamen, und die Bevölkerung vergrößerte sich anschließend auf etwa 60000. Jede Handbreit fruchtbaren Landes wurde von den nordischen Bauern genutzt, und spätere Ankömmlinge mußten sich oft mit minderwertigem Land bescheiden. Einer von ihnen war Erik der Rote, ein Totschläger und aus politischen Gründen Geächteter aus Norwegen.

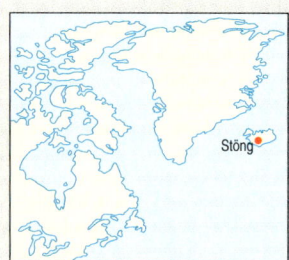

Stöng

Im Jahre 1939 legten Ausgrabungen in Stöng im Thjórsá-Tal in Südisland die Überreste eines kleinen Hofkomplexes aus der späten Wikingerzeit frei. Er war unter Schichten vulkanischen Schutts begraben, der von der Hekla ausgespieen worden war. Dadurch hatten sich die auf Steinfundamenten erbauten Grassodenmauern in einem ausgezeichneten Zustand erhalten. Spätere Untersuchungen förderten Spuren von Gebäuden zweier früherer Besiedlungsphasen unter diesen Häusern zutage, und es ist möglich, daß Stöng, einer von mehreren nordischen Siedlungsorten dieser Gegend, sich auf die erste Phase isländischer Kolonisation zurückdatieren läßt, die in der *Landnámabók* beschrieben wird. 1974 wurde zur 1100-Jahr-Feier der Besiedlung Islands eine Rekonstruktion der Halle von Stöng errichtet, an einem besser zugänglichen Ort in einiger Entfernung von der Grabungsstelle.

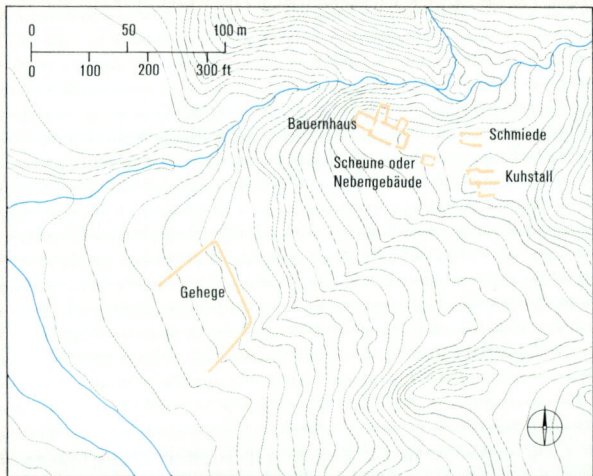

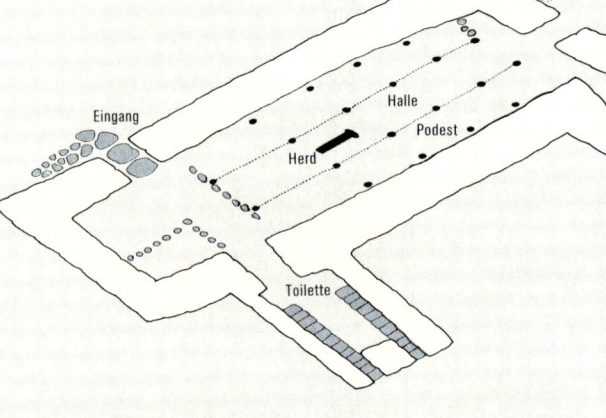

Der 1939 ausgegrabene Stöng-Komplex bestand aus einer Haupthalle, einem separaten Kuhstall mit Viehboxen aus aufrechten Steinplatten, einem Gebäude, das möglicherweise eine Scheune war, und einer Schmiede zum Verarbeiten des Moorerzes der Region. Ein Gehege für Tiere lag in der Nähe eines schnellfließenden Baches *(oben links)*. Man kann sich nur schwer eine Vorstellung machen, wie die Siedlung in der nordischen Zeit ausgesehen haben mag, da Lava und Bimsstein jetzt die ursprünglichen Konturen der Landschaft verbergen.

Weil die Mauern aus Rasensoden und Steinen durch die schützenden Schichten des Vulkanschutts so gut konserviert wurden, war es möglich, die Halle von Stöng mit einem hohen Grad an Genauigkeit zu rekonstruieren *(links)*. Quadratische Grassoden wurden säuberlich auf niedrige Steinfundamente geschichtet, um die Außenmauern zu bauen: Das Dach wurde ebenfalls mit Soden gedeckt. Die Mauern und das Dach wurden mit einer Isolierschicht aus Holz ausgekleidet. Der Innenraum der Halle *(oben)* war in zwei Haupträume unterteilt, beide mit einer zentralen Feuerstelle und Schlafbänken ausgestattet: Diese wärmebewahrende Anordnung findet sich in späteren mittelalterlichen Häusern auf Island. Zwei seitliche Anbauten an einer Seite der Halle werden im allgemeinen als ein Milchraum und eine Toilette beschrieben, doch jüngste Untersuchungen deuten darauf hin, daß man in dem einen Wolle verarbeitete und daß Urin benutzt wurde, um das Vlies zu präparieren.

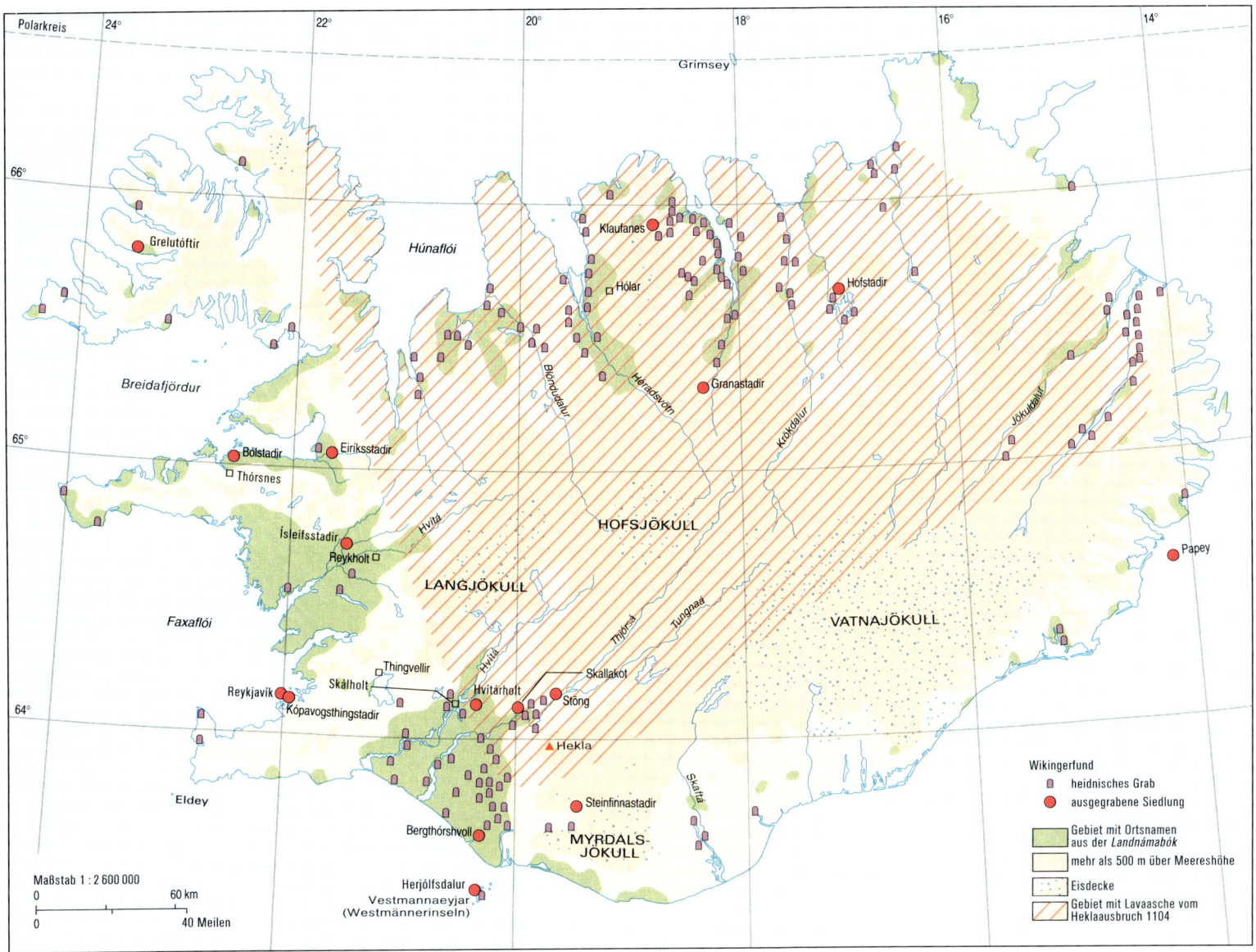

Polarkreis 24° 22° 20° 18° 16° 14°

Grimsey

66°

Grelutóftir

Húnaflói Klaufanes

Hólar Hófstadir

65° Breidafjördur

Bölstadir Eiriksstadir Granastadir

Thórsnes

Ísleifsstadir

Reykholt

HOFSJÖKULL

LANGJÖKULL

Faxaflói

Papey

VATNAJÖKULL

Reykjavík Thingvellir Skallakot

Skálholt Hvítárholt Stöng

64° Kópavogsthingstadir

Hekla

Eldey Steinfinnastadir

Bergthórshvoll MYRDALS-JÖKULL

Maßstab 1 : 2 600 000

0 60 km

0 40 Meilen

Herjólfsdalur Vestmannaeyjar (Westmännerinseln)

Wikingerfund
heidnisches Grab
ausgegrabene Siedlung

Gebiet mit Ortsnamen aus der *Landnámabók*
mehr als 500 m über Meereshöhe
Eisdecke
Gebiet mit Lavaasche vom Heklaausbruch 1104

Wikingerzeitliche Besiedlung Islands
Eine Analyse des in der *Landnámabók* aufgeführten Landbesitzes der ersten Generation skandinavischer Siedler zeigt, daß er sich besonders auf die südwestlichen und westlichen Küstengürtel der Insel und entlang der Flußtäler des Nordens konzentrierte. Dies wird in eindrucksvoller Weise durch archäologisches Beweismaterial bestätigt, wie durch die Verteilung der wikingerzeitlichen Gräber und ausgegrabenen Siedlungen demonstriert wird. In den frühen Jahren der Kolonisation durch die Wikinger war die Bevölkerungsdichte im unteren Thjórsá-Tal besonders hoch, das damals noch nicht unter den Tephraschichten der mittelalterlichen Heklaausbrüche begraben war.

Weil ein so großer Teil des isländischen Inlands mit unwirtlichem Eis oder Lava bedeckt war, konzentrierte sich die nordische Besiedlung auf die Küstenregionen und die breiten Täler, vor allem im Südwesten der Insel. Das einst dicht bevölkerte Thjórsá-Tal ist heute eine Einöde, die mit Vulkanschutt (Tephra) bedeckt ist, der von der Hekla, einem der größten Vulkane Islands, ausgespien wurde. Von ihm weiß man, daß er am Ende der Wikingerzeit eine Phase der Aktivität hatte: Mehrere Bauernhöfe der Wikingerzeit und der Zeit kurz danach liegen unter einer Aschenschicht. In vielen Fällen ist es möglich, den Zeitpunkt ihrer Zerstörung zu bestimmen, weil einzelne Tephraschichten mit dokumentierten Eruptionen in Verbindung gebracht werden konnten, obwohl diese Datierungen nicht so genau sind, wie man früher glaubte. Lange Zeit hielt man die Eruption, die sich im Jahre 1104 ereignete, für eine der signifikantesten. Sie war es, der man die Zerstörung des Hofes von Stöng am Nordende des Thjórsá-Tals zuschrieb, den man zum erstenmal 1939 untersucht hat. Weitere Grabungen in jüngerer Zeit haben gezeigt, daß es mehrere aufeinanderfolgende Siedlungsperioden an diesem Ort gegeben hat. Zwei Baugruppen liegen unter der bei der ersten Untersuchung entdeckten, und die Besiedlung setzte sich bis ins 12. oder 13. Jahrhundert fort. Eine charakteristische Tephraschicht einer späten Eruption war in einen der obersten Torfwandbauten integriert, und heute glaubt man, daß die Katastrophe, die ursprünglich auf das Jahr 1104 datiert worden ist, sich tatsächlich erst ein Jahrhundert später abgespielt hat.

Einer der bezeichnendsten Aspekte der Wikingerkolonie auf Island war die Einrichtung einer allgemeinen Gerichtsversammlung: des Althings. Es war ein Treffen aller Freien der Insel unter freiem Himmel, das jeden Sommer zwei Wochen lang an dem Ort abgehalten wurde, der Thingvellir heißt. Den Vorsitz beim Althing hatte der Rechtssprecher, der von den Bezirkshäuptlingen oder Goden gewählt wurde. Auf dem Althing wurden Gesetze erlassen und Streitfälle geschlichtet. Nach der Tradition hat die erste Versammlung des Althings im Jahre 930 stattgefunden. Dieses Datum gilt zugleich als die Geburt Islands als einer unabhängigen Nation, frei von jeglicher Kontrolle durch einen König. Adam von Bremen notiert im späten 11. Jahrhundert, daß »die Isländer keinen anderen König als die Gesetze haben«.

Das Althing war das Gremium für alle wichtigen Entscheidungen, die die ganze Kolonie betrafen. Beispielsweise wurde das Christentum nach langen Diskussionen offiziell auf dem Althing des Jahres 1000 eingeführt, wobei man freilich zugestand, daß heidnische Praktiken als eine Art private Religionsausübung von denen fortgesetzt werden durften, die sich vom alten Götterglauben nicht lösen konnten. Unterhalb der Ebene des Althings standen die Regionalthinge, die sich regelmäßig versammelten, um lokale Angelegenheiten zu entscheiden und Streitfälle anzuhören. Es war auf einem von diesen, dem Thórsnesthing, daß Erik der Rote, dessen feuriges Temperament der Farbe seines Haars entsprach, ungefähr im Jahre 980 wegen Mordes aus Island verbannt wurde.

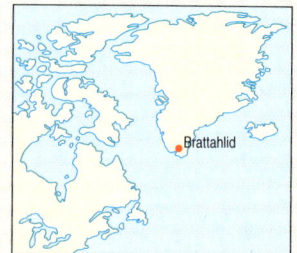

Brattahlíd

Es war in Brattahlíd, an einem steilen Abhang, der den Eiriksfjord überschaut, wo Erik der Rote gegen Ende des 10. Jahrhunderts seinen Bauernhof erbaute. Dieser sollte der Mittelpunkt der grönländischen Ostsiedlung werden. Sie ist heute unter dem Eskimo-Namen *Qagssiarssuk* bekannt, der »Kleine seltsame Bucht« bedeutet. Die Überreste dreier großer Hofkomplexe und ein Versammlungsort oder Thing sind noch heute dort sichtbar. Obwohl einer der Bauernhofkomplexe im Volksmund als »Hof Eriks des Roten« bekannt geworden ist, stammen die meisten der Steinbauten aus dem 13. und 14. Jahrhundert, aus der Schlußphase der Existenz der Ostsiedlung. Dennoch wurden unter den sichtbaren Ruinen die Spuren früherer Gebäude aufgedeckt. Mit ziemlicher Sicherheit wurde der Standort der Rasenkirche identifiziert, die von Eriks Frau Thjodhild erbaut wurde, nachdem sie von ihrem Sohn Leif dem Glücklichen bekehrt worden war.

Unten: Grundriß des Gebäudes aus Stein und Grassoden, das traditionellerweise als der Hof Eriks des Roten bezeichnet wird. Die Mauern sind jüngeren Datums, doch wurden sie auf älteren Fundamenten gebaut. Seine kleinen Räume und dicken Wände sind eine Reaktion auf das rauhe Klima. Zusätzliche Wärme wird ein Stall am Ende der Wohnhalle, des ältesten Gebäudeteils, geliefert haben.

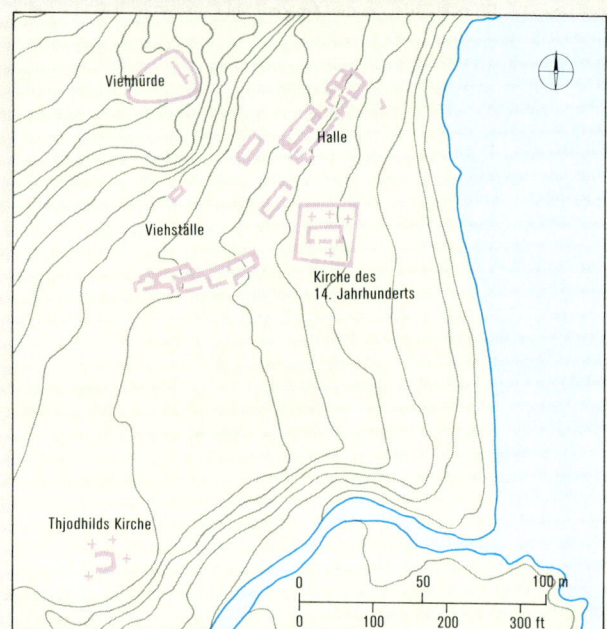

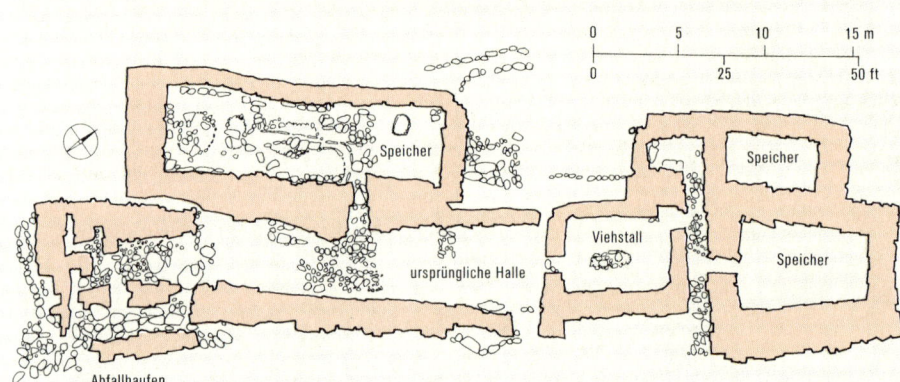

Oben: Der große Hofkomplex, zu dem die links dargestellte Halle gehörte, breitete sich über einen reizvollen Hang aus, der bei Brattahlíd einen Ausblick über den Eiriksfjord bot. Die in ihren Fundamenten heute noch sichtbaren Gebäude wurden im Laufe mehrerer Jahrhunderte gebaut. Die Kirche, die neben der Halle steht, ist das eindrucksvollste und stammt in seiner jetzigen Form aus dem 14. Jahrhundert. Die anderen hier gezeigten Bauten sind Kuhställe, sonstige Ställe und Viehhürden. Im Süden, näher am Bach, ist der Standort der mit Rasen bedeckten Kirche, die von Thjodhild in einiger Entfernung von der Hauptsiedlung erbaut wurde.

Links: Eisen war ein kostbares Gut im nordischen Grönland. Deshalb mußte man Werkzeuge aus diesem Material besonders sorgsam behandeln. Dieser hölzerne Behälter für eine Schafschere wurde in einem Stall in Sandnes in der Westsiedlung gefunden.

Rechts: Die inneren Fjorde Grönlands boten geschütztes Land für die nordischen Siedler und die Möglichkeit zum Ackerbau. Eine Periode verhältnismäßig milden Klimas im gesamten Nordatlantikraum während der Wikingerzeit machte das Leben dort damals leichter als heute. Deshalb war Grönland um so attraktiver für die Kolonisation.

Grönland

Nach seiner Verbannung aus Island segelte Erik, der nicht nach Norwegen zurückkehren konnte, weiter nach Westen, um nach einem Land zu suchen, das um die 60 Jahre zuvor von einem Mann namens Gunnbjörn Ulf-Krakuson gesichtet, aber nicht betreten worden war. Auf seinem Weg von Norwegen nach Island hatten ihn wütende Stürme weit vom Kurs abgebracht. Erik hatte Erfolg bei seinem Unternehmen. Drei Jahre später kehrte er nach Island zurück und erzählte von einem Land, das er Grönland nannte. Er war gekommen, um Siedler für eine neue Kolonie zu suchen, und die Saga berichtet uns, daß er dem Land diesen Namen gab, um es attraktiver scheinen zu lassen. Dies hat man die größte Bauernfängerei aller Zeiten genannt, doch wer heute im Sommer Grönland besucht, wird durch das Ausmaß an Grünland beeindruckt sein, das

sich seinem Blick besonders entlang der Küstenfjorde und Täler des südgrönländischen Inlands bietet. Vielleicht hat man Erik ein wenig unrecht getan. Wenn man es mit dem minderwertigen Landbesitz, den er in Island erhalten hatte, vergleicht, hat Grönland vielleicht doch einen treffenden Namen bekommen.

Die Saga berichtet, daß Erik genügend Freiwillige sammeln konnte, um eine Expedition von 25 Schiffen zusammenzustellen, und um etwa 985 setzten sie in Island die Segel, um nach Grönland zu fahren. Nur 14 der Schiffe überstanden die Reise: Sie umrundeten Kap Farvel und erreichten die geschützten Fjorde der Bucht von Julianehåb, wie sie heute genannt wird, wo sie einen sicheren Ankerplatz, gute Fischgründe und Weideland fanden. Hier wurde die Ostsiedlung gegründet. Erik wählte den günstigsten Platz für sich selbst, und sein Hof in Brattahlíd im Inneren des Eiriksfjords wurde das politische Zentrum der Siedlung. Einige Mitglieder von Eriks ursprünglicher Siedlergruppe segelten ungefähr weitere 650 km die Küste entlang, bis sie den Schutz des Godthåbsfjords, wie er heute heißt, erreichten. Hier gründeten sie die Westsiedlung – die in Wirklichkeit eher im Norden der Ostsiedlung lag. Die schriftlichen Quellen berichten uns, daß die Ostsiedlung über 190 Bauernhöfe umfaßte und die Westsiedlung ungefähr 90. Zwischen beiden gab es eine kleinere Ansammlung von nur etwa 20 Höfen, die man die Mittlere Siedlung nannte. In den letzten Jahren haben umfangreiche Ausgrabungen an den norwegischen Siedlungsorten in Grönland nahegelegt, daß diese Zahlen viel zu niedrig gegriffen sind. Überreste von fast 450 Höfen hat man allein in der Ostsiedlung gefunden, von denen die meisten wohl ungefähr zur selben Periode gehören.

In den beiden größeren Siedlungsgebieten drängten sich die nordischen Bauernhöfe in den geschützteren Teilen der inneren Fjorde zusammen, wo die klimatischen Bedingungen weniger extrem als an der Küste waren. Klimatologen sind der Ansicht, daß die Region des Nordatlantiks insgesamt zwischen dem 9. und dem 12. Jahrhundert ein vergleichsweise mildes Klima erlebte, was es ermöglichte, heute unfruchtbares Land zu benutzen, um Futterpflanzen anzubauen, so daß Vieh gezüchtet und im Winter im Haus untergebracht werden konnte. Dennoch müssen die Bedingungen in den grönländischen Kolonien hart gewesen sein, besonders in der nördlicheren Westsiedlung. Nur in der Ostsiedlung reichte das bewohnte Gebiet bis an die Küste heran. Hier konnte man Flächen mit sanftgewellten, vergleichsweise tiefgelegenen Weiden finden. Zumindest hierfür scheint zuzutreffen, was der Verfasser des *Königsspiegels* im 13. Jahrhundert niederschrieb: »Es gibt große und schöne Bauernhöfe auf Grönland.«

Untersuchungen der an nordischen Siedlungsorten in Grönland gefundenen Tierknochen zeigen in Verbindung mit anderen Zeugnissen, daß neben Schafen (die noch immer auf Grönland gezüchtet werden) üblicherweise auch Rinder und Ziegen gehalten wurden, eine Tatsache, die unter der Berücksichtigung der heutigen klimatisch bedingten Grenzen ihrer Haltungsmöglichkeit überraschend

Oben: Ein Webgewicht mit einem eingeritzten Thorshammer, das in einer Scheune auf Eriks Hof gefunden wurde. Es stammt vermutlich aus den frühen Tagen der Siedlung, aus der Periode des Übergangs vom Heidentum zum Christentum.

Links: Von der Grabungsstelle der Kirche Thjodhilds aus reicht der Blick über die Wasser des Eiriksfjords, der heutzutage von Oktober bis Mai zugefroren ist. Die Landschaft, die die Siedler vorfanden, war baumlos. Daher baute man die Gebäude aus Grassoden und Stein mit einer Einfassung aus Treibholz.

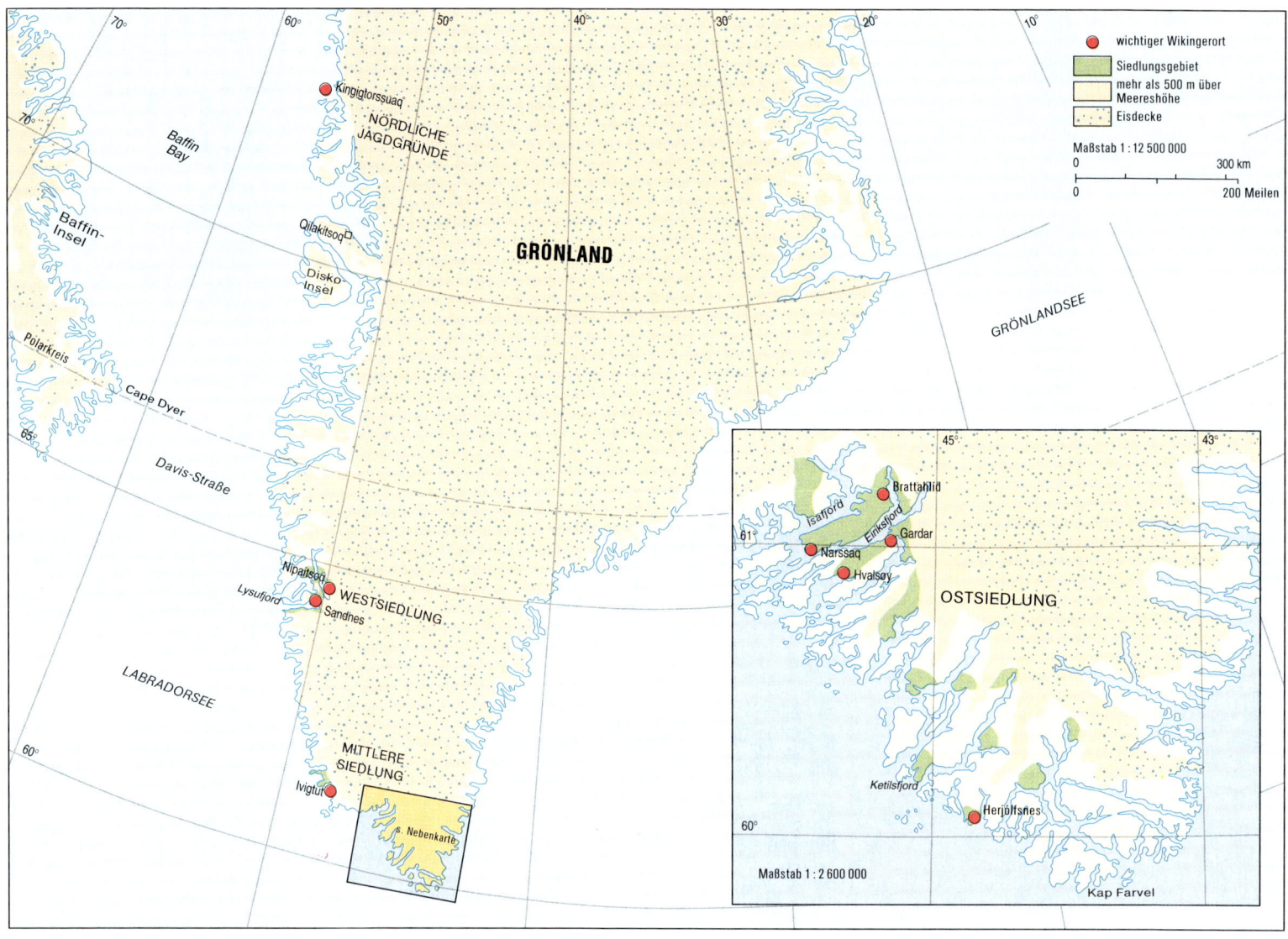

erscheint. Trotzdem gehörte fast die Hälfte aller in der Ostsiedlung ausgegrabenen Knochen und über die Hälfte von denen aus der Westsiedlung zu Seehunden, vor allem zu Grönland-Seehunden. Sicher spielte die Jagd eine wichtige Rolle in der nordischen Ökonomie. Man erlegte auch Karibus, und ihr Fleisch wird wahrscheinlich das Lammfleisch auf dem nordischen Speiseplan ergänzt haben. Es wurden regelmäßig Expeditionen zur *Nordrseta*, den Jagdgebieten des hohen Nordens, unternommen, wo die nordischen Siedler mit den einheimischen Eskimos, Jägern und Sammlern, um die natürlichen Ressourcen wetteiferten.

Die meisten der bisher in Grönland untersuchten Fundorte gehören zur spätnordischen Phase. Ausgrabungen eines Bauernhofs in Narssaq in der Ostsiedlung deuten aber auf eine Benutzung in der Frühphase der Kolonisation hin. Es ist ein schlichter Bau, den aus ungefähr derselben Zeit stammenden auf den Färöern ähnlich. Die berühmteste Grabungsstelle Grönlands ist Brattahlíd an einem wunderschönen Hang, von wo aus man den Eiríksfjord in der Ostsiedlung überschaut. Hier kann man ein Gebäude besichtigen, das als »Hof Eriks des Roten« bekannt ist, außerdem Reste von zwei weiteren Gruppen von Bauernhäusern. Keines von diesen Gebäuden kann jedoch bis zu Eriks Lebzeiten zurückdatiert werden, und es sind, falls überhaupt, nur wenige Spuren der frühen Besiedlungsphasen zu sehen. Im Mittelpunkt des Komplexes steht eine prachtvolle Kirche. Sie löste die einfache, mit Rasen gedeckte Vorgängerin im Süden ab, die heute kaum noch zu sehen ist. Ihr gab man nach Eriks Ehefrau den Namen »Thjodhilds Kirche«. Diese war zum Christentum übergetreten, nachdem ihr Sohn Leif von Norwegen nach

Grönland zurückgekehrt war, der von König Olaf Tryggvason den Auftrag erhalten hatte, den neuen Glauben in der Kolonie einzuführen. Sie ließ eine kleine Torfkirche für sich und einige Anhänger erbauen. Erik weigerte sich jedoch, seinen heidnischen Glauben aufzugeben, worauf Thjodhild nicht länger mit ihm zusammenleben wollte, was ihn – nach dem Verfasser der Saga – »sehr verärgerte«. Die Siedlung in Brattahlid war nicht isoliert. Eine umfangreiche Untersuchung hat die Standorte mehrerer Bauernhöfe, von denen einige eine Kirche in unmittelbarer Nachbarschaft hatten, entlang des Qordlortoq-Tals lokalisiert, das etwas weiter nördlich liegt. In den letzten Jahren hat ein Siedlungsort in Sandnes im inneren Fjordgebiet der Westsiedlung, der vor dem 12. Jahrhundert gegründet wurde, die besondere Aufmerksamkeit von Archäologen angezogen. Er besteht aus einer Gruppe von Gebäuden eines Bauernhofs, unter ihnen zwei sehr solide Kuhställe und eine Schmiede sowie eine kleine Kirche, die jetzt unter dem Wasserspiegel des Fjords liegt. Es scheint sicher, daß Sandnes im inneren Fjord die regionale Oberherrschaft über eine Reihe von anderen kleineren Höfen besaß. Der Dauerfrostboden hat die Überreste von Sandnes in einem hervorragenden Zustand erhalten. Die Gebäude waren wie in Island aus Stein und Rasensoden erbaut, und verbliebene Holzfragmente zeigen, daß die Wände manchmal auf der Innenseite getäfelt waren. Sie sind noch immer bis zu einer beträchtlichen Höhe erhalten. Holzgegenstände – zum Beispiel ein Futteral für eine Schafschere in einem der Ställe – liefern uns wertvolle Einzelheiten über das tägliche Leben der abgehärteten Bauern dieser entlegenen nordischen Siedlungen.

Oben: **Wikingerzeitliche Besiedlung Grönlands**

Grönlands ausgedehnte Küstenlinie ist größtenteils unwirtlich, mit Ausnahme der Stellen, wo geschützte Fjorde weit ins Inland hineinreichen. Die skandinavischen Kolonisatoren gründeten daher drei Siedlungsgebiete entlang der Westküste, zwischen denen beträchtliche Distanzen lagen. Das größte von ihnen, die Ostsiedlung, wuchs um den Eiríksfjord, wo Erik der Rote in Brattahlíd seinen Familiensitz errichtete. Das Bistum von Gardar, im frühen 12. Jahrhundert gegründet, lag ebenfalls in der Ostsiedlung.

Rechts: **Die Routen der Wikinger über den Nordatlantik**

Die Wikinger expandierten von Skandinavien aus allmählich zu den Orkneys, den Shetlands, den Färöern und nach Island, wobei sie sich von Insel zu Insel vorwärtstasteten. Grönland wurde zum erstenmal gesichtet, als ein Schiff, das nach Island segelte, von Kurs abgetrieben wurde. Erik der Rote segelte daraufhin nach Westen, um die Existenz dieses neuen Landes zu bestätigen, und kurz danach erfolgte eine Kolonisation. Bjarni Herjólfsson aus Herjólfsnes in der Ostsiedlung war wahrscheinlich der erste Europäer, der Nordamerika erblickte, als auch sein Schiff vom Kurs abgetrieben wurde, und es war Eriks Sohn Leif, der Bjarnis Reiseroute zurückverfolgte, um Vinland zu entdecken. Thorfinn Karlsefni gründete dort später eine Kolonie, die aber nicht lange Bestand hatte.

Bjarni war vermutlich der erste Norweger, der Nordamerika erblickte. Es blieb Leif dem Glücklichen, dem Sohn Eriks des Roten, überlassen, etwa 10 oder 15 Jahre später die erste Landung durchzuführen. Nach der *Eiríks saga* setzte er die Segel, um Bjarnis Reise in umgekehrter Richtung zurückzuverfolgen. Nachdem er die Ostsiedlung verlassen hatte, segelte er die Küste Grönlands hinauf und an der Westsiedlung vorbei, bis er die Disko-Insel erreichte. Von dort aus überquerte er die Davis-Straße, um *Helluland*, jetzt als die Baffin-Insel identifiziert, zu erreichen. Weiter im Süden fand er die Küste Labradors (*Markland*), die, wie Bjarni sie beschrieben hatte, mit Wald bedeckt war. Anschließend segelte er zwei weitere Tage, bis er im Südwesten eine Landzunge entdeckte, die er nach den wilden Trauben oder Beeren, die er dort vorfand, *Vinland* (»Weinland«) nannte. Leif und seine Gefolgsleute verbrachten dort den Winter, bevor sie zurückkehrten.

Man nimmt heute allgemein an, daß die Wikinger Neufundland vor dem nordamerikanischen Festland erreicht hatten. Die Sagas berichten von mehr als einem Versuch, dort eine norwegische Kolonie zu etablieren: Tatsächlich führte Leifs Bruder Thorvald gleich im folgenden Jahr eine Expedition nach Vinland, wurde jedoch bei einem Scharmützel mit einer Gruppe amerikanischer Ureinwohner von einem Pfeil getötet. Thorfinn Karlsefni soll ein paar Jahre später eine Niederlassung gegründet haben, die zwischen 60 und 160 Einwohner hatte, doch sie scheint nur etwa drei Jahre Bestand gehabt zu haben. Die andauernde Feindseligkeit der ansässigen Bevölkerung, die die Wikinger *Skrælingar* nannten, eine etwas abfällige Bezeichnung, trug zweifellos zu ihrem Untergang bei, doch auch die Nachschubwege zur Heimatbasis in Grönland scheinen etwas zu weit gewesen zu sein.

Bis in vergleichsweise jüngere Zeit schien es, daß die Wikinger keine Zeugnisse ihrer Anwesenheit in Nordamerika zurückgelassen hatten. Im Jahre 1965 machte man

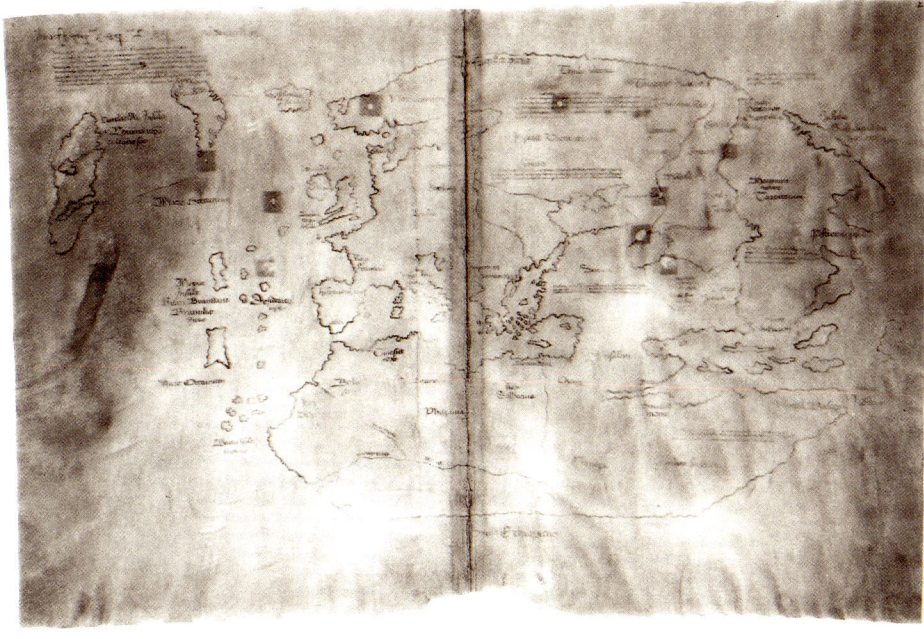

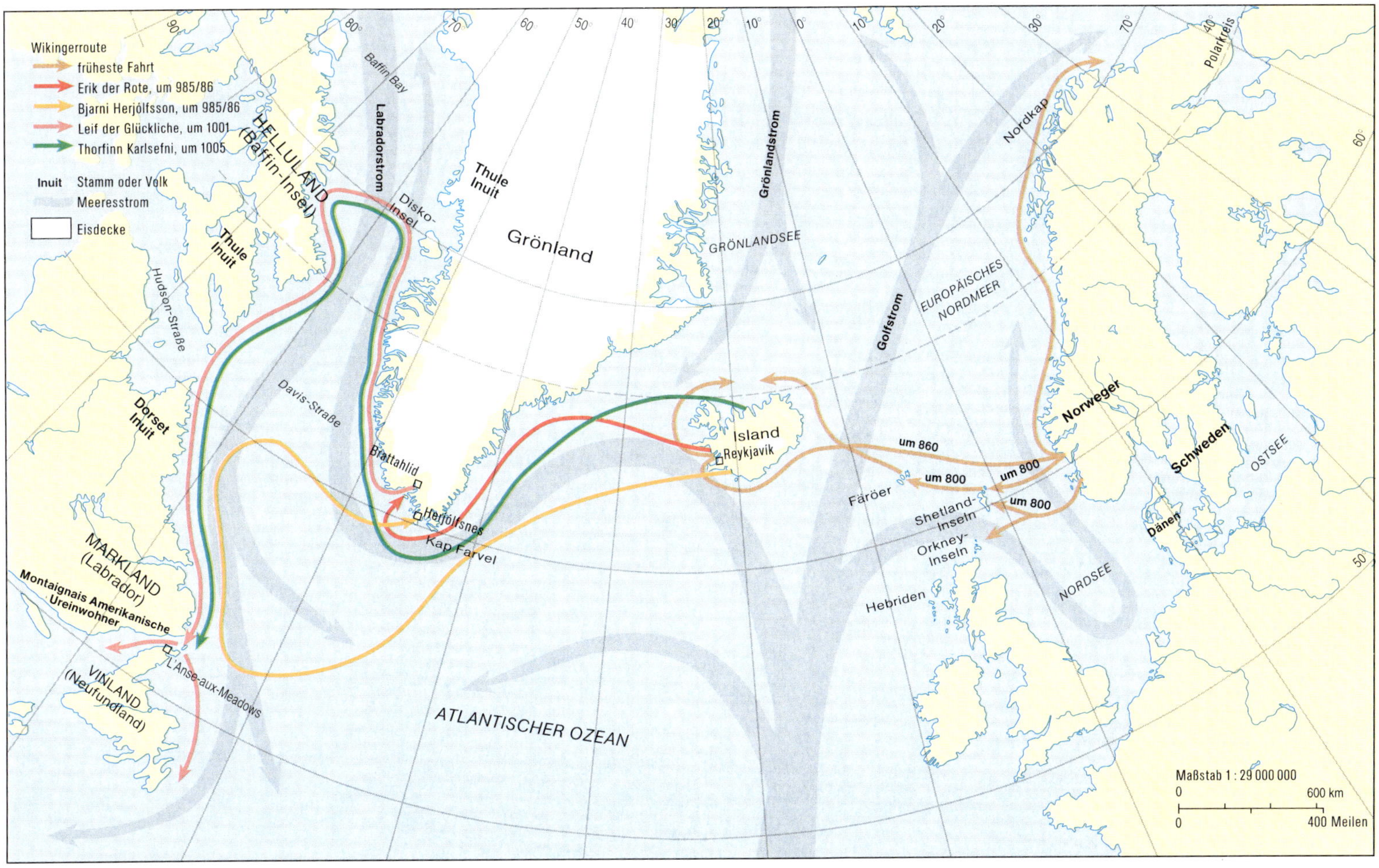

Oben: Die Vinland-Karte ist eine mit Feder und Tinte gezeichnete Weltkarte, die angeblich aus dem 15. Jahrhundert stammt. Ihre Authentizität wurde aber leidenschaftlich diskutiert. Sie bildet Grönland mit großer Genauigkeit als Insel ab und berichtet von der Entdeckung Vinlands durch Bjarni und Leif, aber viele gehen heute davon aus, daß diese Karte eine Fälschung aus dem Anfang des 20. Jahrhunderts darstellt.

Die Vinland-Siedlung

Unter den Siedlern, die mit Eriks des Roten ursprünglicher Auswanderergruppe im Jahre 985 nach Grönland kamen, waren auch die Eltern eines Bjarni Herjólfsson. Später im selben Jahr segelte er mit einer Fracht von Island los, um sich ihnen anzuschließen, doch sein Schiff wurde abgetrieben, und er segelte weiter nach Westen über den Atlantik, bis er ein flaches, waldbestandenes Land sichtete, dem er den Namen *Markland* (»Waldland«) gab. Bjarni landete nicht, sondern segelte nordwärts. Dabei passierte er ein gebirgiges Felsland, *Helluland* (»Felsland«), und wandte sich dann nach Osten, um Grönland zu erreichen.

L'Anse-aux-Meadows

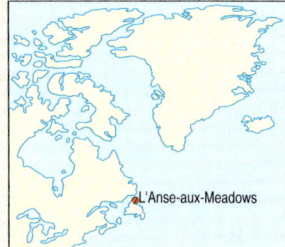

Die nordische Siedlung von L'Anse-aux-Meadows liegt an der nördlichsten Spitze Neufundlands. Sie stellt den bisher einzigen Beweis dar, den wir für die Anwesenheit der Wikinger in Nordamerika besitzen. Die Geschichte der Identifikation der Siedlung in den frühen sechziger Jahren gleicht einer modernen Saga. Der norwegische Archäologe Helge Ingstad, der die Wahrheit hinter den Legenden der Entdeckung Vinlands durch Leif den Glücklichen beweisen wollte, gelangte zu der Überzeugung, daß die vorherrschenden Segelbedingungen Schiffe aus Grönland zu diesem Teil der neufundländischen Küste gebracht haben würden. Die lokale Tradition hatte die Erinnerung an eine Gruppe von Gebäuden an einem Ort an der Epaves Bay neben dem Black Duck Brook bewahrt. Bei der Untersuchung fand man die Fundamente einer Anzahl von aus Grassoden erbauten Häusern, die unverkennbar nordischen Gebäuden auf Grönland und Island glichen.

Rechts: Eine Ansicht der Siedlung nach Norden über die Epaves Bay. Der Umriß des größten nordischen Hauses ist in einer umzäunten Einfriedung links neben dem Bus in der rechten Hälfte des Bildes erkennbar. Die Siedlungsstelle von L'Anse-aux-Meadows muß den norwegischen Seefahrern nach ihrer Reise an der öden Küste von *Helluland* (Baffin-Insel) und den Wäldern von *Markland* (Labrador) einladend erschienen sein. Die Feindseligkeit der ansässigen amerikanischen Ureinwohner kann jedoch ein Grund dafür gewesen sein, daß die Kolonie nicht lange Bestand hatte.

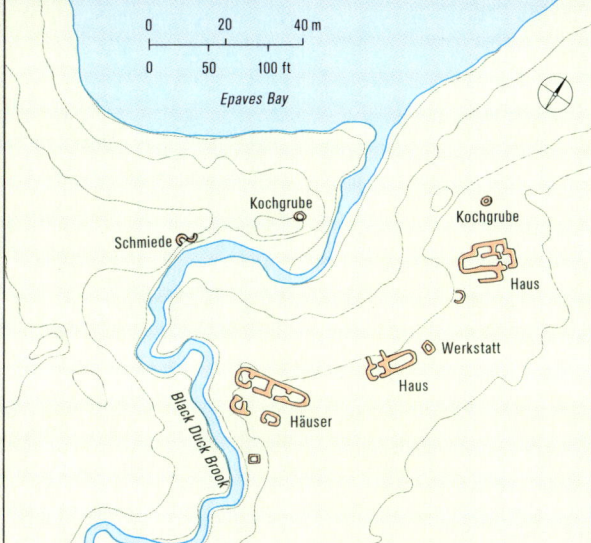

0   20   40 m

0   50   100 ft

Epaves Bay

Kochgrube

Kochgrube

Schmiede

Haus

Werkstatt

Haus

Black Duck Brook

Häuser

Links: Einige Gebäude von L'Anse-aux-Meadows wurden in der Nähe der Siedlung auf der Basis der dort ausgegrabenen Spuren rekonstruiert. Analysen haben gezeigt, daß die zum Bau der Mauern der Häuser und zum Decken des Daches verwendeten Grassoden an Ort und Stelle gestochen wurden. Die hölzernen Türstürze und die Türen selbst wurden vermutlich aus Treibholz gefertigt, das am Strand reichlich vorhanden gewesen sein muß – der Name Epaves Bay bedeutet »der Ort, wo Treibgut angespült wird«. Spuren der zentralen Feuerstellen und Seitenbänke in den Häusern vervollständigten die Identifikation mit nordischen Gebäuden an anderen Orten.

Oben: Die Norweger wählten bei L'Anse-aux-Meadows eine kleine morastige Bucht für ihre Siedlung und errichteten ihre Wohnhäuser und Werkstätten auf der einen Seite des Bachs und eine Schmiede auf der anderen. Das größte der Häuser besteht aus zwei direkt nebeneinandergebauten Hallen, einem »Doppel-Haus«, das typisch für die nordischen Gebäude auf Grönland war und half, die Wärme zu halten.

Oben: Diese schlichte Ringnadel aus Bronze, 7 cm lang, war einer der signifikantesten Funde dieser Grabungsstelle. Sie ist nordischen Ursprungs und gehört einem Typ an, der im ganzen westlichen Teil der Wikingerwelt gefunden wurde.

dann die verblüffende Entdeckung einer Karte, die ein Land mit dem Namen Vinland im Westen der Insel Grönland abbildete. Es wurde vermutet, daß sie nur nach älteren Zeichnungen nordischer Seeleute angefertigt worden sein konnte und somit einen eindeutigen Beweis darstellte, daß sie Nordamerika erreicht hatten. Viele Experten hatten hinsichtlich der Echtheit der Vinland-Karte ihre Zweifel und argumentierten, daß keine andere zeitgenössische Karte bekannt sei, die Grönland als eine Insel darstellte. Anschließende Analysen kamen zu dem Ergebnis, daß ein zur Herstellung der Tinte benutztes Pigment nicht vor dem Ende des 19. Jahrhunderts in Gebrauch war. Heute sieht man die Karte allgemein als eine aus dem 20. Jahrhundert stammende Fälschung an.

Die Aufregung und die anschließende Kontroverse, die von der Vinland-Karte ausgingen, lenkten von den damals durchgeführten archäologischen Arbeiten ab, die einen unbestreitbaren Beweis für die nordische Anwesenheit auf Neufundland lieferten. In den sechziger Jahren begann der Norweger Helge Ingstad gemeinsam mit seiner Frau, einer Archäologin, an einem Ort bei L'Anse-aux-Meadows an der Spitze der nördlichen Landzunge Neufundlands Grabungen vorzunehmen. Sie entdeckten gegenüber einer flachen Bucht in der Nähe eines Bachlaufes einen kleinen Komplex bogenförmig angeordneter Gebäude aus Stein und Grassoden. C 14-Untersuchungen ergaben, daß die Siedlung in der Wikingerzeit bewohnt war, und untrügliche Beweise – nicht zuletzt eine Reihe von nordischen Artefakten, darunter eine Ringnadel aus Bronze – wiesen sie als nordische Niederlassung aus. Man hatte hier das Schmelzen von Eisen und das Schmiedehandwerk betrieben – vor allem für die Herstellung von Eisennieten, die für Schiffsreparaturen unerläßlich waren. Die Eingeborenenstämme verwendeten dagegen im späten 10. und im 11. Jahrhundert noch kein Metall. Auch die Gebäude unterschieden sich in Größe, Bauweise und Stil von den einheimischen.

Aber war dies Vinland – das Land des wilden Weines? Es ist natürlich unwahrscheinlich, daß in diesen nördlichen Breiten selbst unter den milderen klimatischen Bedingungen des 10. und 11. Jahrhunderts Trauben gedeihen konnten, obwohl es in Gegenden, die nicht viel weiter im Süden liegen, der Fall gewesen sein könnte. Teilweise geht der Streit auch darum, ob »Vinland« sich überhaupt auf Trauben bezieht, und nicht auf irgendeine Art Beeren, oder ob der Name vielleicht eine völlig andere Bedeutung hat. Die Entdeckung einer einzelnen Silbermünze des norwegischen Königs Olaf kyrri (1066–93) im südlicher gelegenen Maine trägt auch nicht viel zur Identifikation Vinlands bei. Wie die nordischen Artefakte, die in den arktischen Regionen Nordamerikas gefunden wurden, stammt sie aus einer Siedlung von Einheimischen und deutet eher auf Handelsbeziehungen als auf Kolonisation hin. Die plausibelste Annahme ist, daß L'Anse-aux-Meadows als »Pforte« nach Vinland gedient hat, doch eine präzisere Lokalisierung Vinlands hängt von weiteren Funden ab.

Ob nun die Siedlung bei L'Anse-aux-Meadows der einzige Beleg tatsächlicher nordischer Anwesenheit in Nordamerika ist oder nicht, so ist doch sicher, daß die Vinlandkolonie von kleiner Größenordnung war und nicht lange Bestand hatte. Weil man nicht in der Lage war, ein gutes Verhältnis zu den Ureinwohnern Amerikas aufzubauen, und da die lebenswichtigen Nachschubwege nur zu leicht von schlechtem Wetter unterbrochen werden konnten, muß das Leben für die Kolonisatoren am äußersten Ende der Wikingerwelt immer unsicherer geworden sein. Es bleibt die wenig wahrscheinliche Möglichkeit, daß einige nordische Gemeinschaften von der ansässigen Bevölkerung absorbiert wurden. In diesem Fall wäre aber ihre charakteristische materielle Kultur schnell verwässert worden und hätte keine archäologischen Spuren hinterlassen.

Die Navigation der Wikinger

Seit mehr als 40 000 Jahren sind Menschen über die Weltmeere gesegelt, um zu erkunden, zu kolonisieren, zu handeln oder zu plündern. Die frühesten Reisen verliefen längs der Küsten und zwischen Inseln, von wo aus das Land stets in Sichtweite blieb. Unter solchen Bedingungen benutzt man visuelle Navigationstechniken – der Seemann bestimmt seine Position mit Hilfe von Landmarken wie auffallenden Felsen, einer Meeresbucht oder einem Landvorsprung oder in Relation zu küstennahen Seemarken wie Sandbänken oder Riffen. Seit etwa 1000 v. Chr. wurden jedoch Fahrten über die offene See außer Sicht des Festlandes unternommen. Ohne Magnetkompaß oder Karte oder irgendein anderes Instrument benutzten diese frühen Navigatoren ortsabhängige Orientierungsmethoden, um ihren Weg über die ungebahnten Meere zu finden. Eine Art gegißtes Besteck wurde verwendet, das auf Schätzungen des eingeschlagenen Kurses und der erreichten Geschwindigkeit basierte. Himmelsrichtungen schätzte man mit Hilfe des Sonnenstandes und der Stellung der Sterne sowie der Richtung von Wind und Wellengang. Die Geschwindigkeiten wurden aufgrund überlieferten Wissens und persönlicher Erfahrungen über das Verhalten von Schiffen abgeschätzt. Darüber hinaus beobachteten diese frühen Navigatoren aufmerksam den Wechsel der Windrichtung, die Zeichen für einen Wetterumschwung und die Indizien für Land hinter dem Horizont. Diese einfachen empirischen Methoden der Navigation auf See wurden über Jahrtausende genutzt: von den alten Chinesen, von den Phöniziern und Griechen im Mittelmeer und von den Wikingern. Man geht im allgemeinen davon aus, daß diese Techniken ohne Instrumente bis zur Einführung des magnetischen Seekompasses im 12. Jahrhundert vorherrschend blieben. Möglicherweise benutzten arabische Seeleute im 9. oder 10. Jahrhundert n. Chr. im Indischen Ozean einen Holzstab oder ein Täfelchen *(kamal)*, um die Höhe des Polarsterns zu messen. Da diese der geographischen Breite des Beobachters abhängt, war es möglich, eine Form des Breitensegelns anzuwenden, die das Navigationsproblem sehr vereinfachte.

Einige Wissenschaftler haben vermutet, daß sich die Wikinger auf ihren Atlantikfahrten ebenfalls der Technik des Breitensegelns bedienten, doch ob sie ein simples Instrument besaßen, das dem arabischen *kamal* glich, oder ob sie die Höhe des Polarsterns in ausreichender Präzision mit dem Auge abschätzen konnten, ist nicht bekannt. In den letzten Jahren stellten Kapitän Søren Thirslund und der dänische Archäologe C. L. Vebæk die Hypothese auf, daß die Wikinger einen einfachen Sonnenkompaß besessen haben könnten. Der scheinbare Weg der Sonne über den Himmel von (annähernd) Osten nach (annähernd) Westen hängt von der geographischen Breite des Betrachters und von der Jahreszeit ab. Die einzige Richtung, die unveränderlich ist, ungeachtet des Breitengrads und der Jahreszeit, ist die Richtung, in der die Sonne mittags an ihrem höchsten Punkt (Zenith) ihrer täglichen Bahn steht: Diese Himmelsrichtung nennen wir Süden. Richtungen abzuschätzen, wenn die Sonne nicht genau im Süden steht, ist nicht leicht, doch auf Seereisen von nur einigen Tagen Dauer mit geringfügigen Veränderungen der geographischen Breite kann man es mit akzeptabler Genauigkeit schaffen. Die These Thirslunds und Vebæks ist, daß es der Sonnenkompaß den Wikingern erlaubte, viel genauere Kursschätzungen vorzunehmen, möglicherweise mit einer Abweichung von nur ± 5 Grad.

Rechts: Die These vom Sonnenkompaß der Wikinger beruht auf dieser zerbrochenen Holzscheibe aus Fichte oder Lärche, die auf ungefähr 1000 n. Chr. datiert wird und in den Jahren 1946–48 von C. L. Vebæk in einer nordischen Siedlung nahe des Uunartoq-Fjords in der grönländischen Ostsiedlung ausgegraben wurde. Mehrere Jahre nach der Entdeckung erkannte Kapitän C. V. Sølver, daß die beiden eingeritzten Linien auf der Oberfläche der Scheibe mit Gnomonkurven korrespondieren – den Linien, die vom Ende des Schattens eines Gnomons (eines kurzen hölzernen Stabes oder Kegels wie eine Sonnenuhr) zwischen Sonnenaufgang und -untergang beschrieben werden. Der Kurvenverlauf variiert je nach Breitengrad und Jahreszeit, und die beiden auf der hölzernen Halbkreisscheibe eingeritzten Linien – eine gerade und eine gebogene – scheinen dem Lauf der Sonne an den Tag- und Nachtgleichen beziehungsweise zur Sommersonnenwende entsprochen zu haben.

Unten: Ursprünglich wird das Objekt eine komplette Scheibe aus Holz mit einem Durchmesser von etwa 7 cm gewesen sein. Rund um den Rand markierten Kerben die 32 Richtungen des Kompasses, und das Gnomon stand senkrecht im Mittelpunkt der Scheibe. Um zu ermitteln, in welche Richtung das Schiff fährt, drehte man die Scheibe so lange, bis der Schatten des Gnomons gerade die jeweilige Kurve berührt. Der Kurs wurde dann von den Kerben abgelesen.

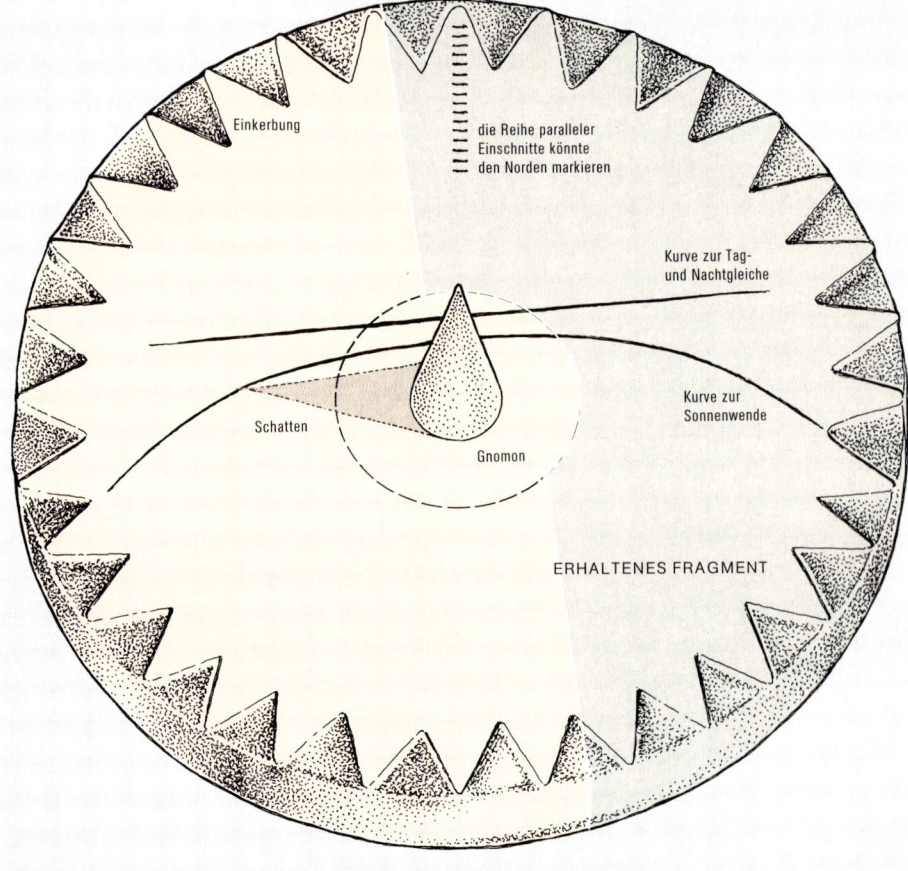

Einkerbung

die Reihe paralleler Einschnitte könnte den Norden markieren

Kurve zur Tag- und Nachtgleiche

Kurve zur Sonnenwende

Schatten

Gnomon

ERHALTENES FRAGMENT

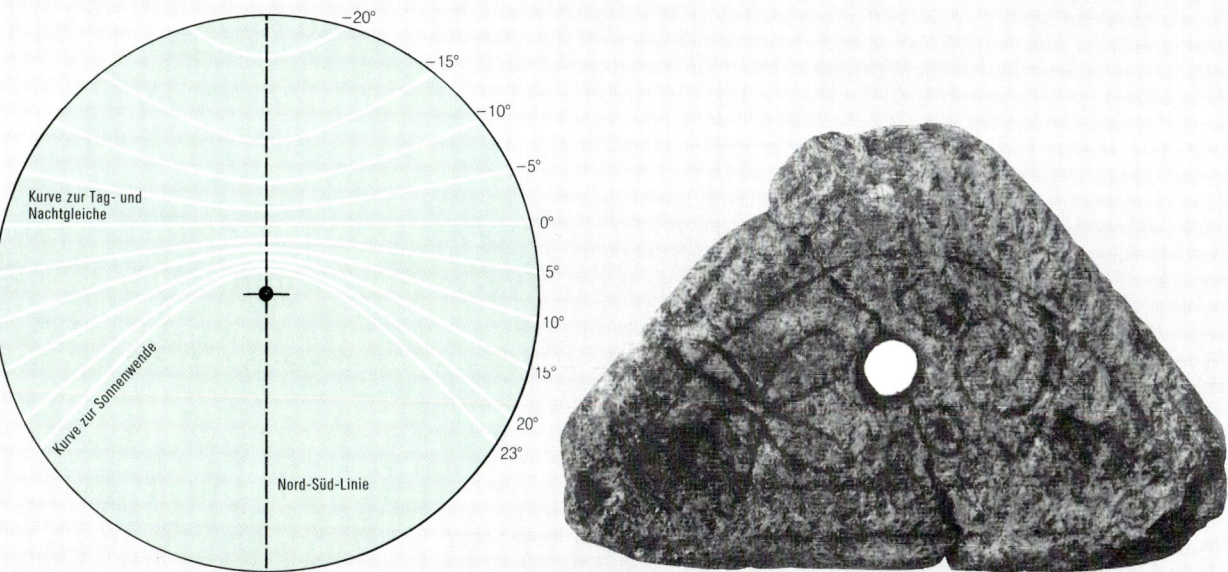

Rechts: Die Gnomon-Kurven für 60° nördlicher Breite, nahe der Route, der die nordischen Navigatoren gefolgt sein werden. Die Nord-Süd-Orientierung findet man, wenn man eine Linie vom Gnomon zu den nächstgelegenen Punkten der Kurven zieht, wo der Schatten mittags am kürzesten ist.

Ganz rechts: Die Markierungen auf diesem dreieckigen Stück Speckstein, das man in Vatnahverfi, ebenfalls in der Ostsiedlung, gefunden hat, gleichen einer Gnomon-Kurve. Das Loch könnte ein Gnomon enthalten haben, und auch dieses Objekt könnte ein Sonnenkompaß gewesen sein.

Unten: Der *Saga Siglar* ist eine moderne Rekonstruktion eines der bei Skuldelev gefundenen Schiffe. Im Jahre 1984 segelte man damit über den Nordatlantik. Dabei führte man eine Reihe erfolgreicher Tests mit einem Sonnenkompaß durch, der dem in Uunartoq gefundenen ähnlich war.

Kurve zur Tag- und Nachtgleiche

Kurve zur Sonnenwende

Nord-Süd-Linie

−20°
−15°
−10°
−5°
0°
5°
10°
15°
20°
23°

RUSSLAND UND DER OSTEN

Die bisher dargestellte Ausbreitung der Wikinger über die See bezog sich ausschließlich auf die westliche Hemisphäre. Die Skandinavier, die in diese Richtung segelten, kamen vornehmlich aus Norwegen und Dänemark – was nur zu verständlich ist, wenn man ihre geographische Position und die traditionelle Westorientierung ihrer kulturellen Kontakte betrachtet. Auch die schwedischen Wikinger unternahmen während der Zeit vom 9. bis zum 11. Jahrhundert weite Reisen, doch sie blickten von Natur aus nach Osten, wo sie auf sehr unterschiedliche Kulturen trafen. Jenseits der slawischen Länder der südlichen und östlichen Ostsee (das Gebiet, welches heute Ostdeutschland, Polen, Litauen, Lettland und Estland umfaßt) führten ihre Fahrten sie über den Finnischen Meerbusen zu den großen russischen Stromsystemen des Wolchow-Lowat-Dnjepr und der Wolga und weiter nach Süden und Osten in die reichen Länder des Byzantinischen Reiches und des Abbasidenkalifats der Araber. Von dort aus erstreckten sich uralte Handelsstraßen bis nach Indien und China.

Die Schweden in der östlichen Ostseeregion

Die heidnischen slawischen Stämme, die an den südlichen und östlichen Küsten der Ostsee lebten, waren damals dabei, sich in ähnlicher Weise zu größeren nationalen Gruppierungen zusammenzuschließen, wie es in Skandinavien geschah. Die westslawischen Stämme – einschließlich der Obodriten, Wilzen und Rugier im Gebiet des heutigen Ostdeutschland und in Westpolen auf der Insel Wollin und in Pommern – unterhielten eine Reihe von Küstenniederlassungen, die im Handelsraum des Ostseegebiets von großer Bedeutung waren. Den Kaufleuten aus Ostskandinavien und aus weiter entfernten Ländern waren sie sicherlich gut bekannt, unter anderem auch den Arabern, die bisweilen Gesandtschaften und Handelsdelegationen bis weit in den Norden entsandten. Die Archäologen haben viele von diesen Siedlungen freigelegt. Besonders wichtige Entdeckungen wurden in Arkona und Ralswiek auf der Ostseeinsel Rügen gemacht.

Andere Marktzentren der Küstenregionen in Menzlin, Rostock, Mecklenburg und Oldenburg (Deutschland) und Wollin, Truso und Kolberg (Polen) ähneln denen Ostskandinaviens und Gotlands. Auf Wollin, einer Insel in der Odermündung, entdeckten Archäologen zum Beispiel die gut erhaltenen Überreste einer Stadt am Meeresufer. Die Holzhäuser und Straßen waren von einem Erdwall mit einer Palisadenbefestigung umgeben, der denen der zeitgenössischen Wikingerstädte Haithabu und Birka sehr gleicht. Die Gebäude enthielten Bruchstücke, die eine große Vielfalt handwerklicher Tätigkeit bezeugen. Unter ihnen fanden sich besonders schöne, aus Ostseebernstein geschnitzte Objekte. Wollin war auch ein slawisches Kultzentrum, und man hat einen kunstvollen Tempel ausgegraben, der auf ungefähr 966 datiert wurde. Die Skandinavier kannten Wollin unter der Bezeichnung *Jómsburg*. Dies könnte im 10. Jahrhundert der Stützpunkt der halblegendären wikingischen Kriegerbrüderschaft gewesen sein, die aus den Sagas als Jomswikinger bekannt sind. Es gilt als wahrscheinlich, daß skandinavische Kaufleute sich auf Dauer in einigen dieser Marktzentren des Ostseeraumes niederließen. Außerhalb der Stadt Menzlin an der Peene hat man eine große Anzahl wikingerzeitlicher Gräber ausgegraben, und möglicherweise siedelten skandinavische

Krieger dauerhaft auf dem einen Ufer des Flusses, von wo aus sie den Zugang zur Stadt kontrollierten.

Für die Wikinger bestand die Bedeutung dieser westslawischen Handelszentren darin, daß sie in der Nähe der Mündungen von Oder und Weichsel lagen, welche die Hauptschlagadern des Handels waren und über die Donau den Zugang zum Schwarzen Meer und nach Byzanz (dem mittelalterlichen Konstantinopel und heutigen Istanbul) und damit auch zu den Reichtümern des Oströmischen Reiches eröffneten. Die Tragstellen auf dieser Route waren recht schwierig zu überwinden, und so zogen es viele schwedische Wikinger vor, über die bequemere östliche Route durch den Finnischen Meerbusen nach Byzanz zu reisen. Entlang dieses Weges stießen sie auf kleine Handelszentren an den Küsten – und halfen vielleicht bei ihrer Etablierung –, die von den Ostslawen in Orten wie Druzno in Ostpolen, Kaup an der Küste vor Königsberg, Grobin in Lettland und Reval (Tallinn) in Estland kontrolliert wurden. Dann segelten sie mit ihren Handelsschiffen durch die Newa bis zum Ladogasee und in die Mündung des Wolchow hinein. Von dort gelangten sie südwärts nach Nowgorod am Ilmensee und setzten ihre Fahrt auf dem Lowat-Dnjepr-Flußsystem fort, das ins Schwarze Meer und nach Byzanz führte.

Rechts: Halbmondförmige Ohrringe waren eher eine slawische als eine skandinavische Mode in der Wikingerzeit, obwohl diese Beispiele in Schweden gefunden wurden, so wie auch der Lunulaanhänger *(oben)*. Dieser repräsentiert einen Typ, der hauptsächlich in Westrußland produziert wurde, aber vielleicht auch in Polen.

Unten: Diese Silberfassung und die vier durchbrochenen Quasten wurden beim Kopf eines Mannes in einem Grab des 10. Jahrhunderts in Birka, Schweden, gefunden. Sie waren an einer Kopfbedeckung befestigt, die mindestens teilweise aus Seide bestand. Die geometrische Granulation auf der konischen Fassung ist charakteristisch für die Silberarbeiten vom Kiew-Rußland-Typ, so daß dieser Hut einer hochrangigen Person wohl in der Dnjepr-Region hergestellt worden ist. Man hat vermutet, daß solche Kappen als Belohnung für den Dienst in der Garde der Herrscher der Rus vergeben wurden.

Rügen

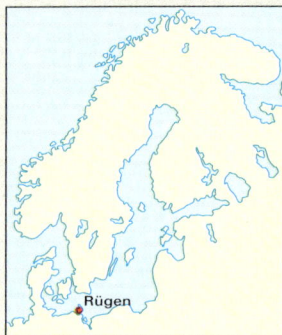

Rügen ist eine Insel, die einige Kilometer vor der Küste Mecklenburgs auf dem der schwedischen Südküste gegenüberliegenden Ostseeufer liegt und von der früheren Wikingerniederlassung Haithabu aus bequem erreicht werden konnte. In der Wikingerzeit war sie ein politisches Zentrum und ein Exporthafen der Rugier, eines mächtigen Slawenstammes.

Ausgrabungen haben zwei Hauptsiedlungsorte auf Rügen freigelegt. Ein Handelszentrum in Ralswiek, das am Großen Jasmunder Bodden liegt, einer großen Bucht im Norden der Insel, war vom späten 8. bis zum 10. Jahrhundert bewohnt. Grabungen haben eine permanente Siedlung von etwa 20 bebauten Parzellen ans Licht gebracht, die ein Hauptwohngebäude mit untergeordneten Werkstätten und Lagerhäusern, die parallel zum Ufer angeordnet waren, umfaßten. Jede Parzelle besaß ihre eigene Anlegemole mit einer Serie von einzigartigen Schiffsdocks, die in den Strand gegraben und mit Pfahlkonstruktionen verstärkt waren. Ein breites Spektrum handwerklicher Tätigkeiten wurde in Ralswiek ausgeübt, wobei man Fertigwaren herstellte, die an fremdländische Kaufleute verkauft

werden sollten – es wurden Importgüter aus dem gesamten Ostseeraum dort gefunden. Am nahen Strand gab es eine kleine Opferstelle, die vielleicht mit Opfern für erfolgreiche Seereisen oder einträglichen Handel in Verbindung stand. Über 400 Grabhügel befinden sich auf dem höhergelegenen Areal im Osten der Siedlung, und viele Grabbeigaben deuten darauf hin, daß eine ziemlich große skandinavische Bevölkerungsgruppe mit den ansässigen Slawen zusammenlebte.

Der zweite wichtige Fundort, die Tempelfestung von Arkona auf der nördlichen Landzunge, war das religiöse Zentrum der Rugier. Hier befand sich der Tempel des Gottes Svantevit, den die Slawen anriefen, um von ihm reiche Ernten und Erfolg im Krieg zu erbitten. Die Riten der Erntezeit standen auch mit der Abhaltung eines großen Marktes in Verbindung, und archäologische Funde weisen darauf hin, daß seit dem 9. Jahrhundert Kaufleute aus Westeuropa an diesem festlichen Ereignis teilnahmen. Derartige Aktivitäten waren offenbar strikt auf bestimmte Jahreszeiten beschränkt – Arkona scheint niemals permanent besiedelt gewesen zu sein.

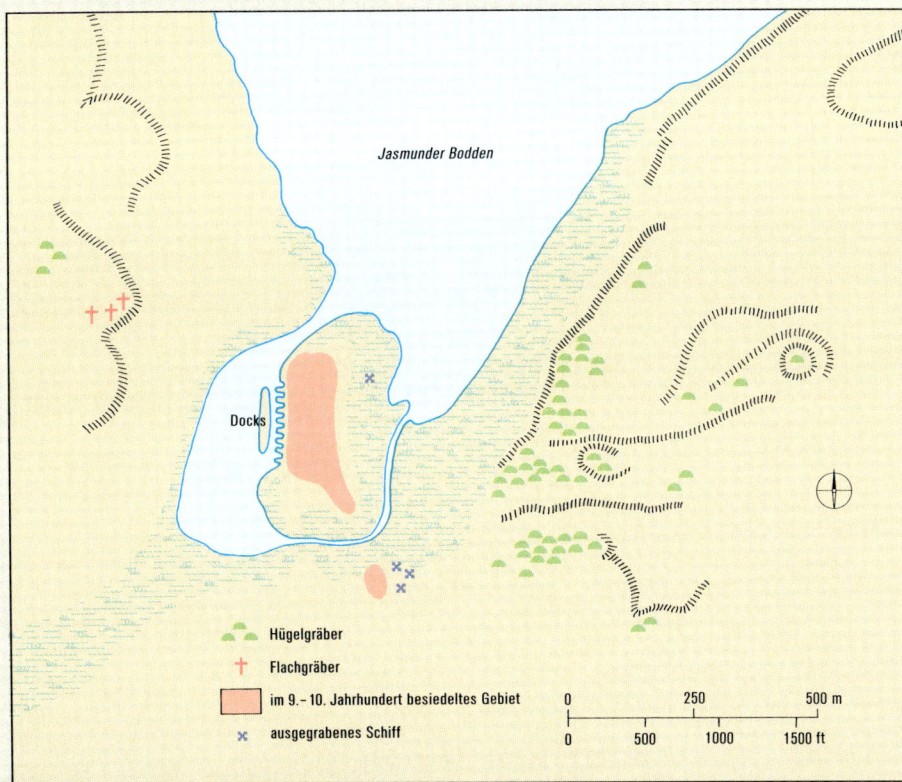

Links: Die flache kleine Bucht, die den geschützten Hafen des wikingerzeitlichen Ralswiek bildete, ist jetzt versandet. Eine Sandbank schützte den Zugang zu den Docks, die 15 Schiffen Platz boten. Der Lageplan der Niederlassung mit den parallel zum Ufer verlaufenden Hausparzellen hat viele Gemeinsamkeiten mit skandinavischen Städten derselben Zeit.

Jasmunder Bodden

Docks

Hügelgräber

Flachgräber

im 9. – 10. Jahrhundert besiedeltes Gebiet

ausgegrabenes Schiff

0 250 500 m

0 500 1000 1500 ft

Rechts: Einer der spektakulärsten Funde von Rügen ist dieser Goldschatz aus Hiddensee, der vermutlich im späten 10. Jahrhundert in Dänemark angefertigt wurde. Die kreuzförmigen Anhänger und die mit Schlingmustern verzierten Filigran-Abstandhalter waren wahrscheinlich Teil eines größeren Halsschmucks. Der Schatz enthielt auch eine kreisrunde Brosche und einen geflochtenen Halsreif. Ein anderer Hort, der in einem Flechtkorb in einem Haus in Ralswiek gefunden wurde, umfaßte 2270 Münzen, größtenteils aus arabischen und asiatischen Prägestätten des 9. Jahrhunderts.

Links: Der Platz der Tempelfestung von Arkona ist noch heute ein dramatischer Ort, welcher sich auf hohen, vom Meer angegriffenen Steilfelsen befindet. Der mächtige Erdwall, den man quer über die Landzunge gebaut hat, auf dem sie lag, ist immer noch leicht zu erkennen und war ursprünglich von einem überdachten hölzernen Wehrgang gekrönt. Den Zugang zu diesem abgegrenzten Areal stellte ein befestigtes Tor dar, das mit einem Turm bewehrt war. Ein großer Teil des Innenraums dieser Festung, darunter auch der Standort des Tempels, ist vom Wellengang zerstört worden.

Oben: Obgleich heute vom Tempel des Svantevit nichts mehr übrig ist, ähnelte er wahrscheinlich dem bei Groß-Raden auf dem deutschen Festland ausgegrabenen slawischen Kultbau. Diese Rekonstruktion zeigt ein doppelwandiges Gebäude aus aufrechtstehenden, von geschnitzten Menschenhäuptern gekrönten Balken, das von einem Zaun eingefaßt ist. Diese rechteckige Umfriedung gleicht der von Arkona, die um 1200 vom dänischen Chronisten Saxo Grammaticus beschrieben wurde. Er erwähnt das große Götzenbild des Gottes in einer inneren Kammer, das mit purpurnen Roben behängt und mit Opferschätzen überhäuft ist, und beschreibt auch die Ernteriten, bei denen ein Priester Svantevit Speise und Trank darbot, unter anderem einen besonderen Honigkuchen, der die Größe eines Mannes hatte. Grabungen in Arkona haben umfangreiche Ablagerungen von Tierknochen gefunden, die vielleicht Überreste jener Feste sein könnten. Es gab auch den Stall eines großen weißen Pferdes, von dem man glaubte, daß es von Svantevit geritten wurde, wenn er gegen die Feinde der Rugier Krieg führte. Dem Gott diente eine Garde von 300 Reitern, deren Beute im Tempel dargebracht wurde.

Die russischen Siedlungen und das Problem der Rus

Am Nordende dieser Route stand am Zugang zum Ladogasee eines der ältesten Handelszentren Osteuropas: Staraja (Alt-)Ladoga. Das von den Wikingern Aldeigjuborg genannte Ladoga diente während der gesamten Dauer des skandinavischen Kontakts mit Rußland als erste Zwischenstation auf der langen Reise nach Süden. Der Ort entwickelte sich von einem kleinen Marktflecken des 8. Jahrhunderts zu einer großen befestigten Stadt mit einer fürstlichen Residenz und einer Garnison im 10. Jahrhundert. Die archäologische Untersuchung von Ladoga und seinem Hinterland lieferte wertvolle Informationen darüber, welche Menschen diese frühen Entdeckungsreisenden waren, und über die Natur ihrer Kontakte mit der ansässigen slawischen Bevölkerung. Die Zeugnisse der verschiedenartigen Friedhöfe, die den Ort umgaben, verraten uns, daß sich höchstwahrscheinlich skandinavische Männer und auch Frauen in Ladoga aufhielten, was sicherlich darauf hindeutet, daß sie ein seßhafteres und vielleicht von der Landwirtschaft geprägtes Leben geführt haben. Dies widerspricht dem oft gezeichneten Bild von den russischen Wikingern als einer ausschließlich männlichen Klasse unerschrockener Krieger-Kaufleute. Ausgrabungen von Gebäuden innerhalb der Stadt selbst zeigen, wie sie sich in dieser Zeit ausgedehnt hat.

Die Frage, inwiefern die Wikinger die Bildung des frühen russischen Staates und seiner Städte beeinflußt haben, ist einer der interessantesten und umstrittensten Aspekte ihrer Rolle im Osten. Die Skandinavier, die Reisen in den Osten unternahmen und sich dort niederließen, waren den Menschen, denen sie begegneten, als *Rus* oder *Rhos* bekannt, und es gibt schriftliche Dokumente dafür, daß sie diesen Namen selbst benutzten. Die Bedeutung oder der Ursprung des Ausdrucks sind unklar, doch in seiner offensichtlichen Beziehung zum Namen Rußlands (also »das Land der Rus«) liegt einer der Gründe dafür, daß die Diskussion so heftig gewesen ist. Das Wort hat seine Wurzeln höchstwahrscheinlich im balto-finnischen Ausdruck *Ruotsi*, was »Schweden« bedeutet, sich aber vom schwedischen Wort *ródr* herleitet, das wiederum die Bezeichnung für eine Rudermannschaft war. Ein solcher Ausdruck wäre für die im fremden Land ankommenden Wikinger eine ziemlich natürliche Art gewesen, sich selbst zu beschreiben, da ihre Welt auf ihre kleinen Schiffe begrenzt war.

Der Streit um die ethnischen Ursprünge des modernen Rußland wütet seit Jahrzehnten in archäologischen und historischen Studien und ist noch immer nicht vollends beigelegt. Die meisten Wissenschaftler pflegen heutzutage jedoch großflächige Generalisierungen zu vermeiden, soweit es die Rolle einer bestimmten ethnischen Gruppe angeht, sondern stellen lieber die Kontakte und gemeinsamen Aktivitäten aller beteiligten Völker im östlichen Ostseeraum in den Vordergrund – der Skandinavier, der Slawen, der baltischen Völker und der Finnen. Zweifellos regten die skandinavischen Kontakte mit den slawischen Stämmen kulturellen Austausch und Überseehandel in diesem Gebiet an, doch wenige würden heute die Ansicht vertreten (wie es früher der Fall war), daß die Wikinger wirklich für das Entstehen der frühen russischen Städte und Stadtstaaten verantwortlich gewesen sind. Die Entwicklung der befestigten Handelszentren, die in der Wikingerzeit an allen Küsten der Ostsee von Skandinavien bis Rußland entstanden, kann vielmehr als Teil eines weitreichenderen Prozesses der Staatenbildung in Europa angesehen werden, der mit der Machtzentralisierung und der Expansion von Handelsnetzen und Märkten in Verbindung stand. Von allen Ostseevölkern waren die Skandinavier jedoch zweifellos diejenigen, die am weitesten reisten, und ihr Einfluß reichte bis in alle Teile der bekannten Welt hinein. Die permanente skandinavische Präsenz in Rußland, die u. a. durch die Funde auf dem Friedhof von

Ladoga belegt wird, ist nur ein Aspekt dieses größeren allgemeinen Vorgangs.

Von Staraja Ladoga aus segelten die Wikinger nach Süden den Wolchow hinauf und passierten zahlreiche slawische Niederlassungen in der Flußebene, bis sie die Stadt erreichten, die sie *Hólmgardr* – »Inselfestung« – nannten und die sich in der Wasserlandschaft an der Mündung in den Ilmensee befand. Als die ersten Skandinavier diesen Ort in der frühen Wikingerzeit erreichten, existierte nur eine kleine Siedlung auf einer Insel, die südlich der heutigen Stadt Nowgorod liegt und Gorodischtsche heißt. Ausgrabungen haben dort ein blühendes befestigtes Marktzentrum entdeckt, das im 9. und 10. Jahrhundert von einer gemischten Bevölkerung aus Slawen und Skandinaviern bewohnt war. Seine Handelsverbindungen erstreckten sich weit in den Westen, wohin die am Ort hergestellten Handwerksgüter im Tausch gegen andere Importware verschifft wurden. In der Mitte des 10. Jahrhunderts dehnte sich die Siedlung bis Nowgorod (»neue Festung«) aus. Gorodischtsche scheint weiterhin als militärischer und administrativer Stützpunkt und als Residenz der Fürsten gedient zu haben, die Nowgorod regierten.

Das gesamte Gebiet von Inseln und Haffs, das als die »Pforten von Nowgorod« bekannt war und den Zugang zur Flußroute in das Oströmische Reich und zum Abbasidenkalifat kontrollierte, wurde der Mittelpunkt eines Staates, der sich aus den Niederlassungen der nördlichen Rus zu entwickeln begann. Die Hauptstadt war Nowgorod. Dazugehörige Siedlungen im Umland wie Gorodischtsche und der nahe gelegene befestigte Ort Gorodok spielten ihre besondere Rolle in der sich entwickelnden politischen Struktur. Ein religiöses Element war ebenfalls vorhanden, vom frühslawischen heidnischen Tempel des Gottes Perun auf einer Insel in der Nähe von Gorodischtsche – vielleicht der größten und bedeutendsten Kultstätte dieser Art im Osten – bis zum späteren Netz christlicher Kirchen, die an den Ufern und auf den Inseln am Ursprung des Flusses Wol-

Rechts: **Skandinavische Einflüsse im östlichen Ostseeraum und in Rußland** Im 9. und 10. Jahrhundert war der östliche Ostseeraum – bewohnt von Slawen (Wilzen, Rugiern, Wollinern, Pomoranen und Polen), Balten (Litauern, Letten, Kuren, Liven und Esten) und Finnen – eine Kontaktzone vieler Kulturen. Skandinavische Händler waren häufige Besucher der vielen Siedlungen und Marktzentren der Küsten und scheinen sich in einigen von diesen dauerhaft niedergelassen zu haben. Als die Wikinger ostwärts nach Rußland zogen, entschlossen sich viele, neben den ostslawischen Stämmen am Ladogasee und entlang des Wolchow, der Lowat und des Dnjepr zu siedeln, die – zusammen mit der Wolga – die Hauptroute zu den Märkten von Byzanz und Asien bildeten. Die Slawen bezeichneten diese nordischen Reisenden als *Rus*. Im späten 9. Jahrhundert war Nowgorod am Wolchow zur Hauptstadt eines großen Territoriums angewachsen, des nördlichen Staates der Rus, der zeitweise von den Skandinaviern, zeitweise von den Slawen beherrscht wurde. Das Gebiet der *Rus* umfaßte viele unterschiedliche slawische Stämme. Die in dieser Region ausgegrabenen Fundstücke spiegeln diese kulturelle Vielfalt wider.

Unten: Elisabeth, die Tochter des Fürsten Jaroslaw des Weisen von Kiew (1019–54), ist hier auf einer Wandmalerei des 11. Jahrhunderts in der großen Sophien-Kathedrale in Kiew abgebildet, die in seiner Regierungszeit erbaut wurde. Sie heiratete Harald hardradi (1015–66), den berühmten Wikingerabenteurer im Osten, der in der Warägergarde des byzantinischen Kaisers diente, bevor er 1047 den norwegischen Thron bestieg.

Samen

Samen

Finnen

Bottnischer Meerbusen

Onegasee

Saimaa

Ladogasee

Finnischer Meerbusen

Schweden

Mälarsee Sigtuna
Birka
Helgö

Åland

Tallinn

Esten

Wolchow Staraja Ladoga

Beloozero

Merier

Visby

Gotland

Peipussee

Nowgorod
Hauptstadt der *Rus* 860
Ilmensee

Ilmen-
slaven

Jaroslawl

Öland

Ostsee

Riga

Liven

Staraja Russa
1070

Wolga

Bulgaren

Grobin

Kuren

Duna

Izborsk Pskow

Toropets

Suzdal
Wladimir

nach Bulgar, China,
Bagdad und Persien
Wolga

Memel

Letten

Polotsk

Moskau

Murom

Oka

nach England
und zur Normandie

Rugier Rügen

Rostock

Wilzen

Kaunas

Witebsk

Gnezdowo

Kriwitschen

Lowat

Pronsk

Kolberg

Pomoranen

Truso

Litauer

Logoysk
1078

Minsk
1067

Radimitschen

Smolensk

Wjatitschen

Wollin

Woliner

Vistula

Grodno

Dregowitschen

Sewerjanen

Polen

Oder

Bug

Priplet

Pinsk
1097

Turow

Drewljanen

Ljubetsch

Starodub
1079

Nowgorod-Sewersk

Putiwl

Kursk

Dnjepr

Suteska

Wladimir

Lutsk
1085

Kiew
Hauptstadt der *Rus* bis 900

Chernigow

Don

Wolga

1030

1097

Perejaslawl

Chasaren

1086

Gralich
1097

Poljanen

1085

1055

Donez

Klitschen

Magyaren

Petschenegen

Dnjestr

Tiwerzen

Prut

Odessa

Berezan-Insel

Asowsches Meer

Donau

Donau

Tmutorokan

nach Zentral-
deutschland

SCHWARZES MEER

Bulgaren

wichtige wikingerzeitliche Siedlung,
ggf. mit Gründungsdatum

◉ 900 – 1000
◉ 1000 – 1150

○ andere wikingerzeitliche Siedlungen,
9. – 11. Jahrhundert
◆ ausgegrabene Siedlung

Finnen Stamm oder Volk

—— Haupthandelsroute

Ausdehnung des *Rus*-Staates

▓ 9. – .11. Jahrhundert

▓ Landerwerbungen bis zum
12. Jahrhundert

Maßstab 1 : 12 500 000

0   300 km

0   200 Meilen

Byzanz

Trapezunt

BYZANTINISCHES REICH

nach Jerusalem, Nordafrika,
Griechenland und Italien

189

Alt-Ladoga
(Staraja Ladoga)

Staraja (Alt-)Ladoga wurde im 8. Jahrhundert gegründet. Es hatte eine gemischte Bevölkerung aus Skandinaviern und Slawen und war vor dem Aufstieg Nowgorods und Kiews im 9. und 10. Jahrhundert der wichtigste Markt Nordrußlands in der frühen Wikingerzeit. Keine Stadt im eigentlichen Sinne, war Ladoga dennoch ein geschäftiges Handwerkszentrum, und viele spezialisierte Gewerbe und Berufe wurden in seinen engen Straßen ausgeübt. Grabungen haben kleine Werkstätten und Hausplätze in dem zentralen Gebiet freigelegt, das später mit Befestigungsanlagen eingefriedet wurde. Nach der Bekehrung zum Christentum baute man nicht weniger als acht Kirchen und Klöster im Ort und in der Umgebung. Die gesamte Siedlung ist von Friedhöfen unterschiedlicher Art umgeben, einige von ihnen mit Brandgräbern unter Hügeln, andere mit Flachgräbern. Die unterschiedlichen Rituale, die man befolgte, sind Indizien für den ethnischen Ursprung und den Status der Verstorbenen, und so ist offensichtlich, daß jeder der Friedhöfe einen spezifischen Charakter hatte und entweder Reiche oder Arme, Skandinavier oder Slawen auf ihm beerdigt wurden. Die Lage der Friedhöfe des jeweiligen Typs ist ebenfalls von Bedeutung, denn einige befinden sich an besonders markanten Stellen. Zusammen mit den Funden in der Siedlung ist die Kombination von Gräbern und Befestigungen von einigen Wissenschaftlern als Hinweis auf ein komplexes Netzwerk wechselseitiger Beziehungen zwischen den alteingesessenen Slawen und den skandinavischen Siedlern gesehen worden, in dessen Rahmen die Ladoga-Siedlung sorgsam in ethnische, politische und religiöse Herrschaftszonen eingeteilt wurde. Wenn das stimmt, kann es vielleicht Licht auf die Mechanismen hinter der wikingerzeitlichen Expansion werfen.

Unten: Die Karte der besiedelten Gebiete und Grabungsstellen Staraja Ladogas zeigt im topographischen Umfeld des Wolchow und seiner Nebenflüsse deutlich die Verteilung und den sehr unterschiedlichen Charakter der Friedhöfe rings um die Stadt. Die von dem russischen Archäologen Lebedev und anderen postulierte Aufteilung in drei »ideologische Zonen« übersetzt die Verteilung der Wohngebiete und Gräber in ein kohärentes Muster, das als bewußte Äußerung politischer Macht und politischen Einflusses intendiert war.

Rechts: Dieses aus dem 8. Jahrhundert stammende Bronzeobjekt unbekannter Funktion ist eines der schönsten in Ladoga ausgegrabenen Fundstücke. Es ist nur 5,4 cm lang und könnte ein Schlüssel gewesen sein; eine andere Möglichkeit wäre, daß der hohle untere Schaft auf einen kleinen Stab für den rituellen Gebrauch gepaßt hat. Der obere Teil ist mit dem Kopf eines bärtigen Mannes mit langem, sorgfältig gekämmtem Haar verziert; zwei vogelköpfige Hörner treffen hinter ihm aufeinander. Hier könnte Odin mit seinen Rabendienern dargestellt sein. Der Kopf ist durchbohrt, vielleicht um ihn als Amulettanhänger zu benutzen.

▲ »sopka«-Hügel
◉ Hügel mit Brandbestattung in Standardform
● anderer Hügel mit Brandbestattung
▬ Langhügel
▽ Flachgrab
⛪ Kirche
◼ Tempel der *Rus*
➤ Prozessionsweg
☐ »heilige Ritualzone«
☐ »befestigte Zone«
☐ »fürstliche Zone«

Podol
Welema
Wolchow
Nawalok
Ljubscha
Brücke
Ladoschka
Elena
Ladoga
Plakun
Lopino
Knaschina
Zakluka
Wolchow
Izwow
Paramonow

Das Ortsbild von Staraja Ladoga *(oben)* wird heute vom Spitzdach der mittelalterlichen Festung *(linke Bildseite)* dominiert. Der früheste Handelsplatz befand sich auf diesem Areal am Ufer des Wolchow, wo dessen Nebenfluß Ladoschka *(Bildmitte)* in ihn mündet. Auf dem rechten Ufer des Ladoschka liegt die Nebensiedlung; hier wurde in der »Warägerstraße« ein möglicherweise skandinavischer Tempel gefunden. Der sogenannte aristokratische Bezirk Ladogas lag weiter links, direkt jenseits des Bildrandes. Diese Aufnahme wurde vom skandinavischen Friedhof von Plakun aus gemacht, dessen niedrige Gräber einen starken Kontrast bilden zu den hohen konischen, als *sopki* bekannten Grabhügeln in den Randbezirken Ladogas, so wie dieser *(links)* auf dem Velema-Friedhof. Diese Hügel enthalten slawische Objekte, die auf eine Weise begraben wurden, die vermutlich skandinavischen Ursprungs ist.

Rechts: Ausgrabungen des Handelszentrums von Ladoga haben großartige Funde erbracht, wie etwa diesen Hort von Schmiedewerkzeugen aus dem mittleren 8. Jahrhundert, der so gut erhalten ist, daß man die Zangen noch öffnen und schließen kann. Das Odin-Amulett *(Mitte links)* war in der Kiste, in der man sie gefunden hat, oben auf die Werkzeuge gelegt worden, vielleicht, um den wertvollen Inhalt vor Dieben zu schützen.

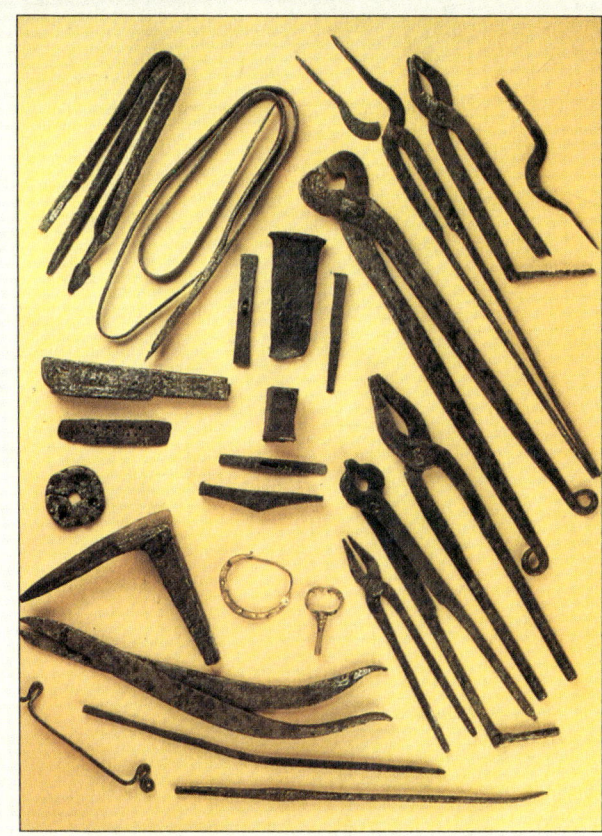

Nowgorod

Die Besiedlung der Stadt Nowgorod, die in Westrußland nördlich des Ilmensees liegt, begann im 10. Jahrhundert, als Skandinavier und Slawen von der befestigten Insel Gorodischtsche, einige Kilometer weiter südlich, dorthin zogen. Diese war seit der frühen Wikingerzeit bewohnt gewesen. Der Wolchow fließt nordwärts zum Ladogasee und teilt Nowgorod in zwei Hälften – das Sofia-Ufer im Westen und das Kaufleute-Ufer im Osten. Im Herzen der Siedlung auf dem Sofia-Ufer befindet sich die Zitadelle oder der Kreml, der im 10. Jahrhundert von einem Erdwall umgeben wurde und noch immer von der im 11. Jahrhundert erbauten Kathedrale der Heiligen Sofia mit ihren goldenen Kuppeln und Türmen beherrscht wird: Dieses Steingebäude ersetzte einen früheren Holzbau am selben Ort. Außerhalb des Kremls war in der Wikingerzeit nur das Kaufleute-Ufer befestigt.

Obwohl die frühmittelalterliche Stadt nominell von einem Fürsten regiert wurde, beherrschten sie in der Praxis eine Reihe von Volksversammlungen *(veche)*, eine für jeden der fünf administrativen Bezirke, in die die Stadt eingeteilt war – drei auf dem Sofia-Ufer und zwei auf dem Kaufleute-Ufer; in der Wikingerzeit gab es nur drei dieser Bezirke.

Ob dieses System der Selbstverwaltung skandinavischen oder slawischen Ursprungs war, ist umstritten. Die Bezirke könnten auch kaufmännische Vorhaben in der Stadt reguliert haben und Zentren für besondere handwerkliche Aktivitäten gewesen sein. Großangelegte Ausgrabungen in der mittelalterlichen Stadt in bis zu 6 m mächtigen, mit Wasser vollgesogenen Erdschichten haben ganze Gebäudegruppen von Werkstätten und Handwerker-Wohnhäusern freigelegt, jede in einem kleinen Stadtbezirk eingeschlossen und an gewundenen, gepflasterten Straßen orientiert. Unter den zahlreichen Fundstücken, viele von ihnen aus Holz und Leder, befindet sich eine berühmte Sammlung auf Birkenrinde geschriebener Briefe: Zeugnisse des beträchtlichen Bildungsgrades der Stadtbewohner. Kinderspielzeug, Kultfiguren und -masken, Möbelstücke, Kleidung und Musikinstrumente – dies alles hat man im Laufe der archäologischen Arbeiten gefunden, und es trägt zu einem unvergleichlich detaillierten und lebendigen Bild des wikingerzeitlichen Stadtlebens bei.

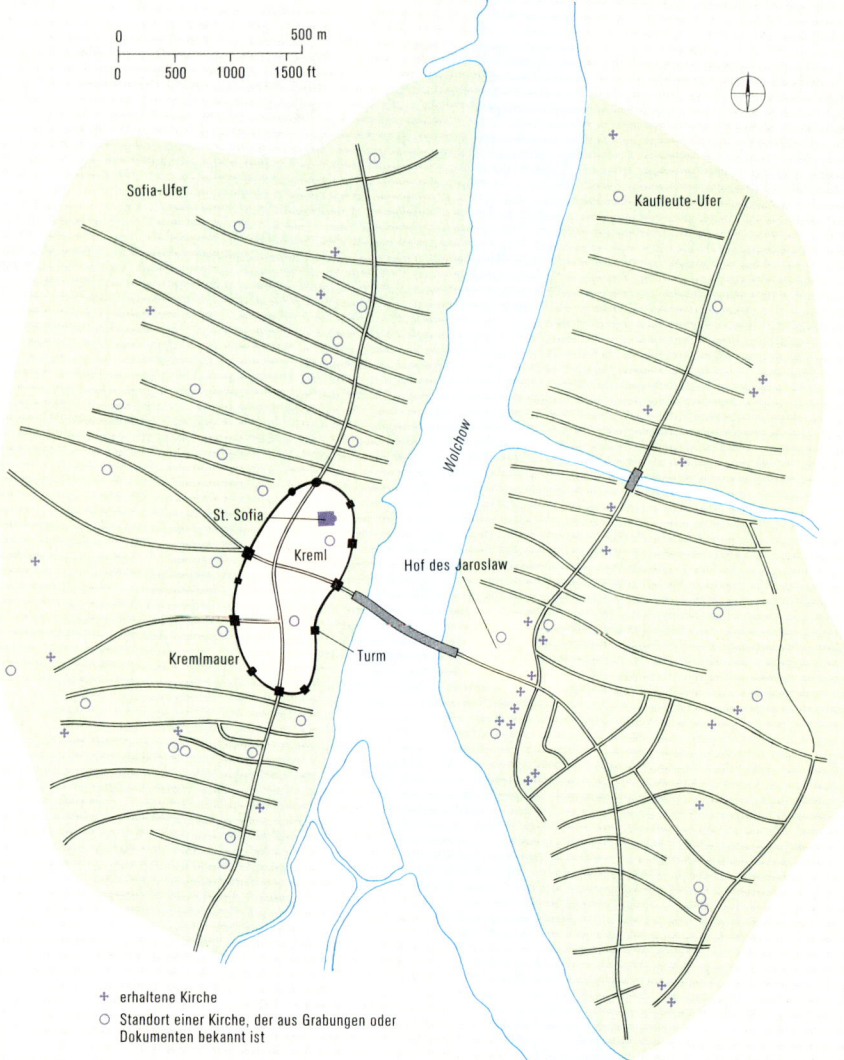

Links: Das frühmittelalterliche Nowgorod mit dem Sofia-Ufer und dem Kaufleute-Ufer. Der Stadtkern um die Brücke wurde vom Kreml und vom Hofbezirk Jaroslaws beherrscht. Der hier abgebildete Straßenplan stammt aus Quellen des 10. bis 14. Jahrhunderts und aus Grabungen: Präzise zeitliche Einordnungen der Straßen sind unsicher. Das Netz der Kirchen ist besonders dicht entlang der Nord-Süd-Straßenachse auf dem Sofia-Ufer und im Südwesten des Kaufleute-Ufers – die Bereiche, die von der Verwaltung bzw. den handwerklichen Aktivitäten beherrscht wurden.

Oben: Eine der eindrucksvollsten Entdeckungen bei den Ausgrabungen in Nowgorod ist das Netz der Holzbalkenstraßen, die sich in der ganzen Stadt finden. Parallele Balkenreihen aus Birke und Kiefer wurden wie Eisenbahnschienen verlegt und dann mit einer Lage querliegender Bohlen bedeckt: Diese bildeten den Straßenbelag, der von Menschen, Tieren und Fahrzeugen benutzt und oft ausgebessert wurde – bis zu 22 übereinanderliegende Schichten sind an manchen Stellen gefunden worden. Dieses fragmentarische Beispiel stammt aus der Troitskij-Grabung.

Sofia-Ufer

Kaufleute-Ufer

Wolchow

St. Sofia

Kreml

Hof des Jaroslaw

Kremlmauer

Turm

+ erhaltene Kirche
○ Standort einer Kirche, der aus Grabungen oder Dokumenten bekannt ist

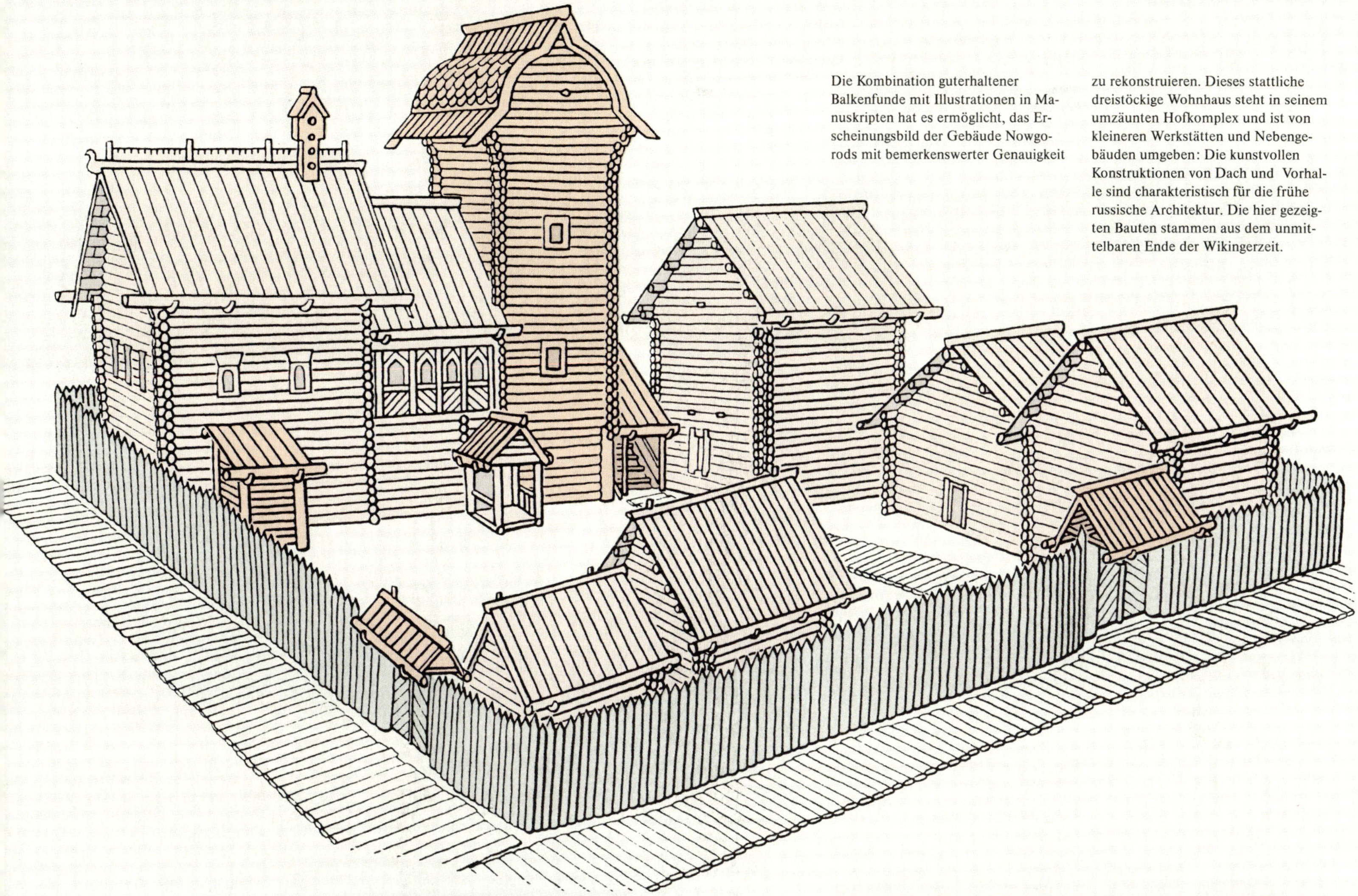

Die Kombination guterhaltener Balkenfunde mit Illustrationen in Manuskripten hat es ermöglicht, das Erscheinungsbild der Gebäude Nowgorods mit bemerkenswerter Genauigkeit zu rekonstruieren. Dieses stattliche dreistöckige Wohnhaus steht in seinem umzäunten Hofkomplex und ist von kleineren Werkstätten und Nebengebäuden umgeben: Die kunstvollen Konstruktionen von Dach und Vorhalle sind charakteristisch für die frühe russische Architektur. Die hier gezeigten Bauten stammen aus dem unmittelbaren Ende der Wikingerzeit.

Links: Diese typische frührussische Kirche – klein und quadratisch im Grundriß, mit einem zentralen, von einer zwiebelförmigen Kuppel gekrönten Turm und hohen, schmalen Fenstern – ist eine von mehreren, die auf dem Gebiet des Hofs von Jaroslaw erhalten sind, des Areals im Herzen der Siedlung am Kaufleute-Ufer, das für die Volksversammlung der *veche* benutzt wurde. Grabungen haben mögliche Spuren des Palastes von Jaroslaw freigelegt, der nach einem der frühen Fürsten der Stadt benannt ist.

Oben: Unter den Schätzen von St. Sofia findet sich ein Paar massiver Bronzetüren, die mit Reliefs kleiner biblischer Gestalten und Szenen verziert sind und in Stil und Gestaltung viele Gemeinsamkeiten mit dem fast gleichzeitig entstandenen *Teppich von Bayeux* aufweisen. Die Türen könnten für die Kirche von St. Olof in Sigtuna – die ebenfalls noch steht – geschaffen und nach einem russischen Überfall auf Schweden im frühen Mittelalter nach Nowgorod verschleppt worden sein. Eine andere Theorie verlegt ihren Herkunftsort nach Magdeburg.

chow gebaut wurden. Die Bedeutung des Machtzentrums Nowgorod ist von russischen Archäologen durch sechs Jahrzehnte dauernde Ausgrabungen in der Stadt deutlich gemacht worden. Es handelt sich um eine der reichsten Fundstellen der gesamten Wikingerwelt.

Nowgorod stellte das nördlichere von zwei Hauptzentren skandinavischer Aktivität auf der russischen Flußroute dar. Das andere befand sich in Kiew in der Ukraine, das die Wikinger *Kœnugardr* nannten. Die Niederlassung entstand am Ufer des Dnjepr, den die Skandinavier erreichten, wenn sie von Nowgorod aus die Lowat heruntergesegelt waren und ihre Schiffe über zwei kleinere Tragstellen geschleppt hatten. Der Dnjepr bildet eine direkte Verbindung zum Schwarzen Meer. Von hier aus war die große Stadt Byzanz leicht mit dem Segelschiff zu erreichen.

Kiew entwickelte sich auf eine ähnliche Weise wie Nowgorod und scheint im 10. Jahrhundert von Skandinaviern regiert worden zu sein, obwohl die Bevölkerung mit Slawen vermischt war. Die aus dem 12. Jahrhundert stammende älteste Redaktion der russischen *Nestorchronik*, eine unserer wichtigsten Quellen für die frühe Geschichte dieser Region, berichtet, daß die Kiew-Dynastie im 9. Jahrhundert von dem Skandinavier Rorik begründet wurde und daß die Herrschaft auf seine Nachfahren Helgi, Ingvar und dessen Frau Helga überging. Die Chronik vermerkt diese Namen in ihrer slawischen Form als Rjurik, Oleg, Igor und Olga. Während des 10. und 11. Jahrhunderts tauchen Herrscher von Kiew auf, die slawische Namen wie Swjatoslaw, Wladimir und Jaroslaw tragen: Dies spiegelt mit großer Deutlichkeit einen Prozeß abnehmender Unterschiede zwischen der skandinavischen und der slawischen Bevölkerung wider, wie es in gleicher Weise in den Wikingerkolonien in England und der Normandie zu beobachten war. Vom mittleren 10. Jahrhundert an wurde »Rus« als die übliche Bezeichnung für den sich entwickelnden Staat gebraucht, obwohl die Kultur zunehmend von den Slawen dominiert wurde. Im Hochmittelalter hatte Kiew als Zentrum des russischen Staates Nowgorod abgelöst.

Ausgrabungen des wikingerzeitlichen Kiew haben die Darstellungen der schriftlichen Berichte über die frühe Entwicklung der Siedlung in eindrucksvoller Weise bestätigt. Die Niederlassung entstand im Umkreis dreier Hügel.

Einer von diesen, der Starokiewskaja-Hügel, war Standort eines wichtigen heidnischen Tempels der Vorwikingerzeit. Er war im 9. Jahrhundert durch Holzkonstruktionen an seinen Abhängen stark befestigt worden. Auf den anderen Hügeln gab es eine weniger bedeutende Nutzung. Der Starokiewskaja-Hügel behielt weiterhin eine rituelle Funktion als zentraler Friedhof für die wachsende Stadt. Im späten 9. und 10. Jahrhundert siedelten sich Händler und Handwerker am Fuß der Hügel an (im Podol-Gebiet), und während der Regentschaft von Wladimir (980–1015) vergrößerte sich die Stadt weiter: Sie erhielt eine Reihe von Kirchen, unter anderem die großartige Desjatinnaja-Kirche, die von byzantinischen Baumeistern errichtet und im Jahre 966 fertiggestellt wurde. Sie markiert den Beginn eines spezifisch russischen Architekturstils.

Wladimir verstärkte die Verteidigungsanlagen der Stadt durch den Bau einer wehrhaften Zitadelle (Kreml) auf dem Starokiewskaja-Hügel. Ausgrabungen förderten dort die Überreste eines ausgedehnten Komplexes von Verwaltungsgebäuden und Kultstätten zutage, der auch Wohnhäuser für Hofbeamte, Priester und regionale Kriegsführer umfaßte. Sie waren von den etwas einfacheren Häusern

Links: Das Goldene Tor von Kiew, errichtet unter der Regierung von Jaroslaw dem Weisen, war zugleich Haupteingang der Stadt und Teil der neuen Festung. Ursprünglich hatte es mit 12,5 m dieselbe Höhe wie die angrenzende Schutzmauer, wurde aber später dadurch erhöht, daß auf seinem Scheitel die Verkündigungskirche gebaut wurde. Bei der Restaurierung des Originalbaus im Jahre 1989 wurde die Fassade mit speziell geformten Ziegeln neu gestaltet.

Unten: Wenn sie von Nowgorod aus südwärts die Lowat entlanggesegelt waren und zwei kurze Tragstellen passiert hatten, erreichten die Skandinavier den Dnjepr, der sie hinunter ins Schwarze Meer und dann nach Byzanz trug. Heute schaut eine Statue des Fürsten Wladimir (960–1015), dessen Dynastie vom Skandinavier Rorik gegründet wurde, über die Stadt Kiew, die bis zum eigentlichen Mittelalter Nowgorod als Zentrum des Russischen Reiches abgelöst hatte.

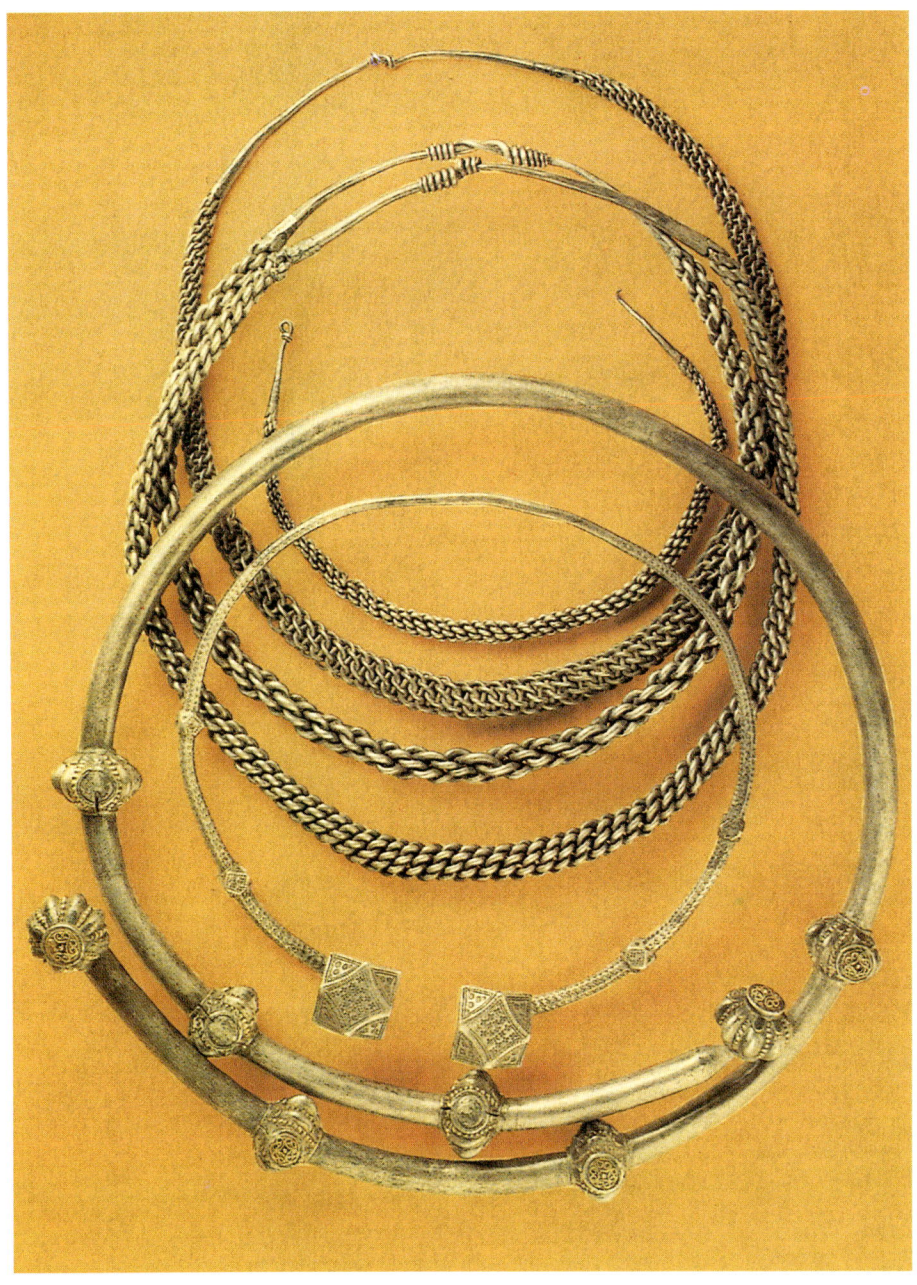

der Dienerschaft umgeben, von denen einige einen abgesenkten Fußboden hatten. Handwerkliche Tätigkeiten wurden offenbar bewußt auf die untere Stadt beschränkt, getrennt vom Hof der Kiewer Fürsten. Kiew dehnte sich unter der Herrschaft Jaroslaws (1019–54) weiter aus. In dieser Zeit erhielt es noch stärkere Befestigungen, und man begann mit dem Bau der noch heute stehenden monumentalen Kathedrale der Heiligen Sophia.

Viele weitere Siedlungen auf dem Gebiet des frühen *Rus*-Staates offenbaren Anzeichen einer skandinavischen Präsenz. Unter diesen ragen die Siedlung und der Friedhof heraus, die man in Gnezdowo, dem Vorläufer des heutigen Smolensk, ausgegraben hat. Der Ort befand sich auf halbem Wege auf der Route von Nowgorod nach Kiew an der Stelle, wo die Wikinger ihre Schiffe von der Lowat zum Dnjepr schleppten. Hier haben russische Archäologen viele Artefakte skandinavischen Typs entdeckt, einige von großer Kostbarkeit und Qualität. Andere interessante Siedlungen der *Rus*-Epoche sind Pleskau (Pskow) und Izborsk an der estnischen Grenze, die möglicherweise im 10. Jahrhundert von Ladoga aus besiedelt wurden. Die Anzahl skandinavischer Fundstücke nimmt in Westrußland vom späten 9. Jahrhundert bis ins 10. Jahrhundert hinein zu, doch weiter im Osten tauchen sie außer in den Siedlungen an der Wolga fast gar nicht auf. Diese Verteilung liefert uns eine Bestätigung für die Begrenztheit skandinavischer Aktivität im frühen russischen Staat.

Die Wikingerstraße nach Miklagardr (Konstantinopel)

Obwohl ihre Siedlungen in Rußland zu den dauerhaftesten Hinterlassenschaften der Wikingerzeit gehören, ist es unwahrscheinlich, daß die Skandinavier eine Kolonisation beabsichtigten, als sie zum erstenmal die Flußsysteme Osteuropas befuhren. Ihr Ziel war immer, Byzanz zu erreichen, das von Kaiser Konstantin im Jahre 330 n. Chr. gegründet worden war. Das Römische Reich und die Stadt Rom selbst waren im 5. Jahrhundert immer heftigeren Angriffen nomadisierender Barbarenstämme aus Mitteleuropa ausgesetzt gewesen, und im späten 6. und 7. Jahrhundert hatte sich das Machtzentrum ins östliche Mittelmeer verschoben. Byzanz hatte Rom als Hauptstadt des zerfallenden Reiches abgelöst. In der Wikingerzeit kann es als Stadtkomplex beiderseits des Bosporus leicht die größte Metropole gewesen sein, die je ein Skandinavier zu Gesicht bekommen hatte. Die mächtigen steinernen

Oben: Der größte wikingerzeitliche Silberhort aus Rußland wurde 1868 in Gnezdowo gefunden. Dieser Schatz aus dem 10. Jahrhundert besteht hauptsächlich aus Schmuck, meist skandinavischen oder slawischen Charakters. Neben den gewöhnlichen tordierten und geflochtenen Stab-Halsringen liegt ein einzigartiger röhrenförmiger Ring mit filigrangeschmückten Knöpfen.

Rechts: Dieses Fragment aus rotem Seidentaft, auf das gelbe Seidenbänder genäht sind, wurde in Lund, Schweden, ausgegraben. Obwohl einige Proben chinesischer Seide in Birka nachgewiesen wurden, nimmt man an, daß der größte Teil der im wikingerzeitlichen Skandinavien gefundenen Seide aus Byzanz importiert wurde. Dies gilt wahrscheinlich auch für dieses Stück.

Verteidigungsmauern der Stadt, ihre prächtige Kathedrale, die Kirchen und die exotischen Basare und vor allen Dingen der glänzende Hof des byzantinischen Kaisers können ihre beeindruckende Wirkung bei den nordischen Besuchern nicht verfehlt haben. So nannten sie die Stadt einfach *Miklagardr* – »die große Stadt«.

Byzanz zog die Skandinavier aus mehreren Gründen an. Zuerst und vor allem war es eine Durchgangsstation des Handels und des Reichtums, den dieser mit sich bringt. In diese Stadt strömten Güter aus dem östlichen Mittelmeer, aus Nordafrika und aus den unendlichen Weiten Asiens. Hier konnten die Wikinger Seidenstoffe und Stickereien, exotische Früchte und Weine, Gewürze und elegante Geschmeide erstehen. Beweisstücke für diesen Handel hat man in Skandinavien und der ganzen Wikingerwelt im Überfluß gefunden. Beispielsweise wurden Textilien aus Byzanz noch in England entdeckt. Die Analyse von Seidenstoffstückchen, die man an zwei verschiedenen Grabungsstellen in Schichten des 10. Jahrhunderts gefunden hat, eines in York und eines in Lincoln, erbrachte sogar das Ergebnis, daß beide aus dem gleichen Stoffballen stammten. Im Austausch gegen diese Luxusgüter hatten die Wikinger Pelze aus den nördlichen Wäldern und andere Waren, darunter Sklaven, anzubieten.

Das Kaiserreich bot den Kriegern, die ihre Langschiffe den ganzen Weg durch Rußland und die Ukraine gesegelt, gerudert und geschleppt hatten, auch andere Möglichkeiten. Ein ständiger Nachschub von Soldaten wurde für die Armeen benötigt, die entweder an den Grenzen des Reichs kämpften oder im Inneren den Frieden aufrechterhielten. Die Byzantiner erkannten schon bald die kämpferischen Qualitäten der Wikinger, und im späten 10. Jahrhundert bestand die Leibwache des Kaisers ausschließlich aus skandinavischen Söldnern, deren Loyalität man sich

mit Silber und einer privilegierten Stellung am kaiserlichen Hof erkauft hatte. Einer von ihnen könnte wohl gar jener Halfdan gewesen sein, der seinen Namen in Runenschrift in einen Balkon der großen Kirche der Hagia Sophia in Istanbul eingeritzt hat.

Die »Warägergarde«, wie man sie nannte, war für ihre Trinkfestigkeit und ihre schrecklichen Streitäxte berühmt. Die Zugehörigkeit zu dieser Garde wurde zu einer beliebten Stufe auf der Karriereleiter manch eines berühmten Wikingers. Einer der bekanntesten von diesen war König Harald hardradi von Norwegen (1015–66), der ein berühmter General der Garde war und mehrere Jahre lang Feldzüge auf Sizilien, in Italien und Bulgarien unternahm. Den Sagas zufolge soll Harald hardradi eine Affäre mit der Kaiserin gehabt und sich an einer Intrige um den Thron beteiligt haben. Er wäre nicht der einzige Skandinavier gewesen, der unmittelbar in die byzantinische Politik verwickelt wurde. Bei mindestens zwei Gelegenheiten kämpften Skandinavier gegen das Kaiserreich, als Kriegsflotten aus Kiew in der späten Wikingerzeit die Mauern von Byzanz angriffen. Einmal nagelte der russische Fürst sogar seinen Schild an die Tore der Stadt und demonstrierte damit seine Verachtung gegenüber der Macht des Kaisers.

Die genaue Bedeutung der Bezeichnung »Waräger« (*Varjager* in russischen Quellen, *Varangoi* bei den byzantinischen Griechen) für die Wikinger des Ostens ist nicht ganz klar. Sie wird in den Quellen neben »Rus« gebraucht, scheint aber eher in einen kriegerischen Kontext gehört zu haben. Waräger tauchen im 11. und 12. Jahrhundert als Söldner und Leibwachen russischer Fürsten auf, und es hat Versuche gegeben, das Wort vom nordgermanischen *vár* herzuleiten, das den Treueid bezeichnete, der zu einem Berufssoldaten gut gepaßt hätte. In Staraja Ladoga weist ein alter Straßenname mit der Bedeutung »Waräger-

Das Byzantinische Reich und das Abbasidenkalifat

Im 9. und 10. Jahrhundert reichte die Herrschaft des Islam im Westen bis nach Spanien und im Osten bis nach Nordindien. Im östlichen Mittelmeer und in Kleinasien konnte ihm nur das Byzantinische Reich Widerstand leisten: Skandinavier kämpften als Söldner in den kaiserlichen Armeen, als die Griechen versuchten, ihr Reich auszudehnen und der muslimischen Bedrohung des Südens und des Ostens Einhalt zu gebieten. Nach 750, nach dem Sturz der Omajjaden-Dynastie durch die Abbasiden (außer in Spanien), hatte sich das Zentrum der islamischen Macht ostwärts nach Bagdad verlagert, und es wurden viele Silberminen in Zentralasien eingerichtet. Es waren diese reichen Silberquellen und das Handelsnetz, das sich über Land von Zentralasien bis Indien und China und von Byzanz ins Mittelmeer und nach Afrika erstreckte, welche die Wikinger die großen Flüsse Rußlands hinab zum Kaspischen und Schwarzen Meer lockten.

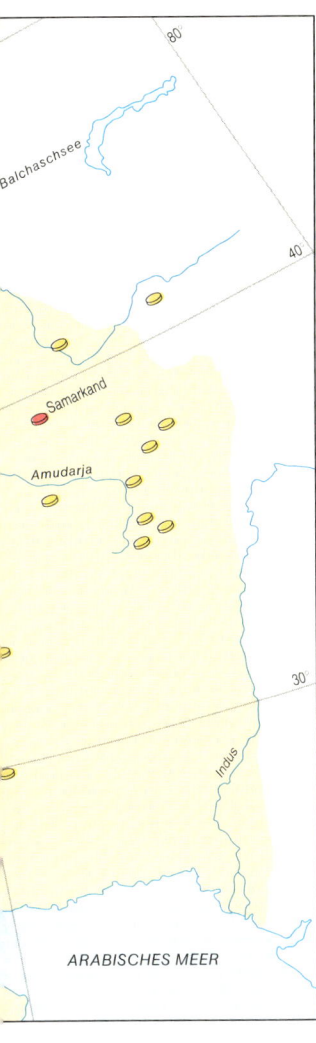

straße« möglicherweise darauf hin, daß dies einst ein skandinavisches Stadtviertel war. Wie hartnäckig die Skandinavier ihren Platz im populären Denken des Ostens behaupten, wurde deutlich, als einer der gewaltigsten Flugzeugträger der damaligen Sowjetunion auf den Namen »Waräger« getauft wurde.

Einen Großteil unseres Wissens über die tatsächliche Flußroute, auf der die Wikinger zum Schwarzen Meer gelangten, verdanken wir den byzantinischen Quellen, insbesondere einem Geheimdokument des Kaisers Konstantin Porphyrogennetos, das die außenpolitischen Strategien des Reiches im mittleren 10. Jahrhundert erläutert. Es erwähnt die *Rus* des Nordens in ihrer Funktion als Puffer gegen die Angriffe der feindlichen Slawenstämme. Die gefahrvolle Reise, die jeden Juni nach dem Schmelzen des Eises von den Skandinaviern den Dnjepr hinunter unternommen wurde, wird lebendig, wenn wir lesen, wie sie ihre Schiffe an einer Folge von sieben wilden Stromschnellen vorbeitrugen und die Angriffe slawischer Banditen zurückschlugen. Sogar in der griechischen Quelle haben alle Stromschnellen erkennbar skandinavische sprechende Namen: *Essupi* (der Verschlinger), *Baruforos* (Wogen-Fall), *Strukun* (der Rennende), *Gelandri* (der Gellende), *Ulvorsi* (Insel-Fall), *Leanti* (der Lachende). Der Name einer Stromschnelle – *Aifur* (Immerlaut) – findet sich auf einem schwedischen Runenstein von Pilgårds auf Gotland wieder, der zum Gedenken an einen Mann namens Hrafn von seinen vier Brüdern errichtet wurde, die ihn auf einer Expedition nach Osten begleitet hatten. Die Runeninschriften Schwedens enthalten eine Anzahl von Verweisen auf die Flußroute nach Byzanz. Dadurch, daß man Leuten wie Spialbodi, »der seinen Tod in Nowgorod fand« (Runenstein von Sjusta in Uppland), und Rognvald, dem »Führer einer Truppe von Männern in Griechenland« (Ed in Uppland), die schuldige Ehre erwies, setzte man zugleich dem Vorstoß der Wikinger nach Osten dauerhafte Denkmäler.

Die Wolga-Silberstraße und das Abbasidenkalifat

Während einige Schweden die Reise nach Süden von Staraja Ladoga aus nach Rußland und weiter zum Schwarzen Meer unternahmen, folgten andere einer noch ehrgeizigeren Route direkt nach Osten in das Land der Bulgarstämme und der Chasar-Nomaden und schließlich zu den Wüsten Arabiens sowie dem Sitz des Abbasidenkalifen in Bagdad. Hinter dem Ladogasee wechselten diese Reisenden auf den Oberlauf der Wolga über und fuhren an Bjeloosero, Jaroslawl, Wladimir und Murom vorbei. An allen diesen Orten hat man skandinavische Artefakte gefunden. Die Skandinavier sind vielleicht eher in Familiengruppen denn als Einzelteilnehmer einer Handelsexpedition gereist, wenn man nach der Anzahl von Frauengräbern urteilt, die entlang dieser Route gefunden wurden. Es gibt außerdem keinen Grund, die mögliche Existenz weiblicher Kaufleute auszuschließen. Die Wolga macht bei Bulgar (nahe der heutigen Stadt Kasan) einen großen Bogen auf das Kaspische Meer zu. Dieser markierte das westliche Ende der Seidenstraße, der Handelsroute, die durch Samarkand und Taschkent nach China führte. Hier hatte sich ein großer Marktplatz entwickelt, der von den Bulgarstämmen kontrolliert wurde. Wir wissen, daß skandinavische Kaufleute den Karawanen begegnet sein müssen, die die Seidenstraße entlangzogen, weil man in Gräbern im mittelschwedischen Birka chinesische Seidenstoffe gefunden hat. Diese Funde mögen uns in Verbindung mit der Buddhastatuette aus der präwikingerzeitlichen Siedlung Helgö vielleicht sogar gestatten, über die außergewöhnliche Möglichkeit zu spekulieren, daß die Skandinavier selbst den ganzen Weg bis zum chinesischen Kaiserhof oder zum indischen Subkontinent auf sich genommen haben könnten.

Bulgar war der erste Markt, an dem die Skandinavier auf die umfangreichen Silberlieferungen aus der arabischen Welt trafen. Der Wolgahandel hat vielleicht schon im späten 8. Jahrhundert mit Absprachen zwischen dem Abbasi-

Rechts: Diese abgewetzte Runeninschrift, eingeritzt auf eine Marmorbalustrade in der Kirche der Hagia Sophia in Byzanz (Istanbul), ist nur zum Teil lesbar, aber der Name »Halfdan« konnte entziffert werden. Auf derselben Galerie sind noch andere Runengraffiti entdeckt worden.

denkalifat und den Chasarenstämmen der unteren Wolga begonnen. Die Abbasiden waren in der islamischen Welt um 750 an die Macht gekommen, als sie einen Volksaufstand gegen die Ungerechtigkeiten der vorherigen Herrscherfamilie der Omajjaden unterstützten. Nachdem sie die alte Hauptstadt Damaskus in Syrien als einen Omajjaden-Stützpunkt abgelehnt hatte, errichtete die neue Dynastie ihr Machtzentrum schließlich in Bagdad am Tigris im heutigen Irak. Zu Beginn der Wikingerzeit war die Stadt stark gewachsen und gründete ihren Reichtum auf die gewaltigen Silbervorkommen in den Domänen des Kalifats. Die wichtigsten Minen lagen in Afghanistan, entdeckt im 9. Jahrhundert, mit den reichsten Vorkommen im Panjshirtal. Andere Minen befanden sich in Zentralasien in den heutigen Gebieten Usbekistan, Kirgisien und Tadschikistan. Die Ausbeute war enorm: Das meiste Silber wurde zu Münzen verarbeitet, und sogar die relativ unbedeutende Mine in Radrad im Jemen erbrachte genug Silber, um über eine Million Münzen pro Jahr prägen zu können. Die Abbasiden wurden durch den Silberhandel, der sich bis nach Indien, Sri Lanka, China und Persien erstreckte, märchenhaft reich.

Die Wikinger scheinen im frühen 9. Jahrhundert begonnen zu haben, die arabischen Silberquellen anzuzapfen: Es wurde ihr wichtigstes Edelmetall, und ihr Bedarf war groß. Über 60 000 arabische Münzen hat man allein in Skandinavien in mehr als 1000 Horten gefunden, und viele weitere in den Wikingerkolonien. Es ist sicher, daß nur ein Bruchteil des in Form von Münzen importierten Silbers belassen wurde, wie es war. Der größte Teil wurde eingeschmolzen und zu Barren oder Schmuck gegossen. Die Wikinger kauften das Silber im Tausch gegen ähnliche Waren wie in Byzanz – Pelze, Sklaven, Falken, Honig, Wachs, Walroßelfenbein und starke Stahlschwerter.

Vom Markt bei Bulgar aus führte die Wolga-Route in das Land der Chasar-Nomaden. Ihre Hauptstadt war Itil am Ufer des Kaspischen Meeres, und sie kontrollierten das gesamte Territorium, das der südliche Abschnitt der Wolgaroute durchquerte. Chasarische Einflüsse fanden ihren Weg nach Schweden, wo einige Modeerscheinungen bei Schmuck und persönlicher Kleidung den östlichen Geschmack widerspiegelten. Dies zeigt sich zum Beispiel anhand vieler Objekte, die man in den Gräbern bei Birka gefunden hat. Einige vom Osten inspirierte Gegenstände, wie die oft anzutreffenden gedrehten und geflochtenen Ringe, wurden in ganz Skandinavien Mode. Von Itil aus konnten die wikingischen Seefahrer das Kaspische Meer überqueren und die Reise auf dem Landweg entlang der Karawanenstraße von Gorgan nach Bagdad zum Hof des Kalifen fortsetzen. Wiederum hat man Gegenstände, die nur aus dem Herzen des Kalifats stammen können, in Skandinavien gefunden, unter anderem besonders schöne Exemplare arabischer Töpferkunst. Nicht alle skandinavischen Reisen in den Osten waren jedoch friedlicher Natur. Wikingerscharen führten mehrere Raubzüge in der Gegend durch, z. B. einen Angriff auf Baku und die Küsten des Kaspischen Meeres (912).

Der Silberhandel mit den Abbasiden verebbte allmählich im Laufe des 9. Jahrhunderts, als sich die Minen erschöpften und das Kalifat von Bürgerkriegen, Feldzügen im Ausland und den Kosten extravaganter Bauprojekte wie dem der Königsstadt Samarra zerrüttet war. Diese erstreckte sich 35 km lang am Ufer des Tigris und erforderte 46 Jahre Bauzeit. 892 war die Schatzkammer der Abbasiden leer. Ungefähr zur selben Zeit wurden jedoch neue massive Silbervorkommen in Afghanistan entdeckt, und langsam erholte sich die arabische Ökonomie. Die Vasallenherrscher der Samaniden von Transoxiana, der Region, die die großen Handelsstädte Buchara und Samarkand im Norden des Flusses Oxus (Amudarja) umfaßte, begannen bald damit, gewaltige Mengen von Münzen herzustellen,

die ihren Weg nach Rußland und in die Wikingerwelt fanden. Seit Anfang des 10. Jahrhunderts finden sich Münzen dieser Herkunft in der Tat weiter westlich als solche der ersten Phase der Silberproduktion im 9. Jahrhundert. Allein in Rußland hat man mehrere Hunderttausend arabischer Münzen aus Horten geborgen. Dieser sogar noch umfangreichere Silberexport des Kalifats setzte sich fast unvermindert bis etwa 965 fort, als offenbar auch die Minen der Samaniden erschöpft waren. Ende des 10. Jahrhunderts begannen die Wikinger, nach europäischen Quellen für ihre Silberversorgung Ausschau zu halten, insbesondere nach den neuen Minen im mitteldeutschen Harz. Um 1015 war der Import arabischen Silbers gänzlich zum Erliegen gekommen, und die Ostverbindung brach ab.

Während der Periode des expandierenden Silberhandels entsandte das Abbasidenkalifat viele diplomatische und handelspolitische Abgesandte in die Länder des Nordens, um neue Märkte zu erkunden. Diese Botschafter des Islam waren oft Männer höchster Gelehrsamkeit, und sie haben uns detaillierte Berichte hinterlassen. Ibn Fadlans erste Eindrücke von einer Gruppe skandinavischer Kaufleute, die er im Jahre 922 traf, sind es wert, wegen ihres verblüffenden Augenzeugenberichts zitiert zu werden:

Ich habe die Rús gesehen, als sie auf ihren Handelsfahrten ankamen und an der Wolga haltmachten. Ich habe noch nie perfektere Körper gesehen, hochgewachsen wie Dattelpalmen, blond und von rosiger Gesichtsfarbe; sie tragen weder Tuniken noch Kaftane, doch die Männer tragen ein Kleidungsstück, das eine Seite des Körpers bedeckt und eine Hand frei läßt. Jedermann hat eine Axt, ein Schwert und ein Messer und trägt sie zu allen Zeiten bei sich ... Jede Frau trägt an beiden Brüsten ein Kistchen aus Eisen, Silber, Kupfer oder Gold ... jede Kiste hat einen Ring, von dem ein Messer herabhängt. Die Frauen tragen Halsreife aus Gold und Silber ... ihre geschätztesten Schmuckstücke sind grüne Glasperlen.

Es ist eine Ironie der Geschichte, daß die detaillierteste zeitgenössische Beschreibung, die wir von den Wikingern besitzen, aus den Randgebieten ihrer Welt kommen sollte. Die arabischen Quellen geben uns unübertroffene Informationen und machen die Ausbreitung der Wikinger in den Osten zu einem der lebendigsten Abschnitte der Epoche.

Oben: Dieses Sortiment von in Schweden gefundenen, vorwiegend arabischen oder byzantinischen Silbermünzen mag als lebendige Erinnerung daran dienen, daß Silber – mehr als alles andere – der Magnet war, der die Skandinavier nach Osten zog, um im Ostseegebiet und die russischen Flüsse hinab zu rauben und Handel zu treiben. Auf der Suche nach arabischem Silber, das damals in riesigen Mengen gefördert wurde, erreichten sie über die Wolga sogar das Kaspische Meer, obwohl ohne Zweifel ein großer Teil des Handels weiter flußaufwärts, auf dem großen Markt von Bulgar, abgewickelt wurde.

198

VIERTER TEIL

DAS ENDE
DER
WIKINGERWELT

DIE SPÄTERE WIKINGERZEIT UND DIE FOLGENDE EPOCHE

Skandinavien im 11. Jahrhundert

Im 11. Jahrhundert vollendete sich der Übergang der skandinavischen Königreiche in Nationalstaaten, ein Prozeß, der in den vorangegangenen beiden Jahrhunderten begonnen hatte. Ehrgeizige Stadtgründungsprogramme, die Einrichtung neuer Münzstätten und die Erweiterung der Kirchenpatronage in dem erst seit kurzer Zeit bekehrten heidnischen Norden spielten ihre Rolle im kontinuierlichen Wachstum von Zentralmacht und Königtum. Gleichzeitig gab es eine allgemeine Expansion der ländlichen Bevölkerung, mit der ein Vorrücken der Siedlungen in abgelegenere Landstriche und eine gewisse Veränderung der landwirtschaftlichen Verfahrensweisen einhergingen. Alle diese Faktoren führten in der späteren Wikingerzeit zu sichtbaren Veränderungen der skandinavischen Landschaft.

Dänemark

Wie wir gesehen haben, war die Verstädterung gegen Ende des 10. Jahrhunderts in Dänemark weiter fortgeschritten als in den übrigen skandinavischen Ländern. Eine beträchtliche Zahl von Städten, Straßen, Brücken und ähnlichen Bauten wurde unter der Herrschaft Harald Blauzahns im mittleren 10. Jahrhundert vollendet. Im wesentlichen wurde dieser Prozeß von seinem Sohn Sven Gabelbart (reg. um 987–1014) und den darauffolgenden dänischen Königen des 11. Jahrhunderts fortgesetzt. Es ist andererseits sicher, daß Harald Blauzahns öffentliche Bauvorhaben von vielen seiner Untertanen, die mit ihren Steuern den Großteil der immensen Kosten zu bestreiten hatten, als übertrieben angesehen wurden. Man hat vermutet, der Unpopularität von Haralds extravaganten Projekten sei es zuzuschreiben, daß sein Sohn sich zur Rebellion gegen ihn verleiten ließ, was Haralds Vertreibung aus dem Königreich und Svens Thronbesteigung zur Folge hatte. Zweifellos waren Haralds Ringburgen wie etwa Trelleborg und Fyrkat, die möglicherweise Verwaltungszentren für die Steuereintreibung gewesen sind, in Svens Zeit nicht mehr bewohnt. Nach der Regentschaft Haralds wurden neue Bauvorhaben zum Teil durch Silber finanziert, das von einer massiven Wiederaufnahme der Plünderungen in England stammte – eine populärere Quelle des königlichen Einkommens als durch Steuereinnahmen verdientes Geld.

Auch wenn die Stadt Haithabu nach dem Jahr 1000 an Bedeutung verlor, wurden ihre Funktionen doch von dem in der Nähe liegenden Schleswig übernommen. Ribe gedieh unter königlichem Schutz, wie auch Århus, Lund, Odense, Roskilde und Viborg, die alle vor oder um 1000 gegründet wurden. Ausgrabungen haben die aus dem 11. Jahrhundert stammenden Straßen und Gebäude vieler dieser Städte freigelegt. Besonders ausgezeichnetes Material kommt aus Århus, wo man Überreste von unterkellerten Gebäuden gefunden hat, jedes mit Bänken entlang der Wände und einem Herd. Auch Lund lieferte wertvolle Aufschlüsse. Mehrere Schichten sorgfältig verlegter Straßenbeläge haben sich im reichen organischen Boden erhalten. Einige Straßen bestanden ganz aus Lederresten, die als Abfall anfielen. Viele Holzgebäude blieben mit ihrem Inhalt erhalten. Die Funde umfassen so vertraute Gegenstände wie Kinderspielzeug und sogar einen winzigen Stuhl mit verschließbarem Vorderteil, das dazu diente, ein Kleinkind am Umherlaufen zu hindern.

Die dänischen Könige hatten mehrere Gründe, die Kirche, die sich gerade in den vor kurzem zum Christentum bekehrten Gebieten etablierte, mit Nachdruck zu unterstützen. Zunächst einmal sahen sie in der Existenz eines einzigen Glaubens im Land – im Gegensatz zu den sehr verschiedenartigen und wechselnden Bräuchen der alten heidnischen Religion – eine willkommene Förderung der Einigung Dänemarks, da er durch den Zusammenschluß der Bevölkerung ihre Versuche unterstützte, einen einheitlichen politischen Staat zu schaffen. Ein zweiter Grund findet sich möglicherweise im ideologischen Hintergrund des Königtums: Ein großzügiger Gönner der Kirche zu sein, war ein angemessenes Verhalten für einen Monarchen, der von den Königen des europäischen Festlands als gleichrangig behandelt zu werden wünschte. Die auf Unterstützung der Kirche abzielenden Erlasse, die Knut der Große (gest. 1035) als König von England ab 1016 herausgab und auf Dänemark ausweitete, als er dort im Jahre 1018 den Thron bestieg, waren typisch für diese Grundhaltung. Das von Knuts Schwester im Jahre 1027 in Roskilde gegründete Gotteshaus ist das früheste bekannte Beispiel einer Steinkirche in Dänemark. Seither wurde Stein zum vorherrschenden Baumaterial für Kirchen, und frühere Holzgebäude, wie das vielleicht von Harald Blauzahn in Jelling errichtete, um die sterblichen Überreste seines

Skandinavien im 11. Jahrhundert
Bis zum Jahre 1000 hatten die skandinavischen Länder einen hohen Grad an politischem Zusammenhalt erreicht, und es bildeten sich die ersten Nationalstaaten. Im Verlaufe des Jahrhunderts spiegelte sich die Zentralisation und Konzentration der Macht in den Händen von Königen in einer rapiden Entwicklung wirklicher städtischer Zentren – geplanter und nach königlicher Weisung organisierter Städte. In dieser Zeit wurden neue Münzstätten gegründet und Verwaltungszentren und Wegenetze errichtet. Das Christentum hatte sich im 11. Jahrhundert in ganz Skandinavien durchgesetzt, und der neue Glaube konsolidierte sich durch die Einrichtung von Bistümern und durch weitgestreuten Kirchenbau. Bis 1100 waren die drei skandinavischen Länder fest in den politischen und ideologischen Horizont des christlichen Europa eingebunden.

heidnischen Vaters aufzunehmen, wurden durch Gebäude aus Stein ersetzt.

Im späten 11. Jahrhundert besaß das dänische Königreich bereits eine Reihe von Bistümern, was die Errichtung von Kathedralen erforderlich machte. Zunächst wurden Handwerker und Steinmetze aus England und vom europäischen Kontinent mit ihrem Bau beauftragt. Die um 1080 vollendete Kathedrale von Odense vereint beispielsweise deutsche und italienische Merkmale mit englischen, was auf die Anwesenheit englischer Kleriker in dieser Stadt zurückzuführen ist. Als das Land allmählich ganz in den christlichen Kulturkreis des europäischen Festlands einbezogen wurde, veränderte sich sein urbaner und ländlicher Charakter in einer Weise, daß es ein Wikinger des späteren 9. Jahrhunderts kaum wiedererkannt hätte.

Norwegen

Im Unterschied zum benachbarten Dänemark erlebte Norwegen bis weit ins 11. Jahrhundert hinein keinerlei städtische Entwicklung. Ursachen, die noch nicht völlig geklärt sind, hinderten kleine nichtpermanente Marktzentren wie Kaupang daran, sich zu Städten zu entwickeln, wie es anderswo in Skandinavien der Fall war. Erst um das Jahr 1000 etablierten sich mit Trondheim (*Nidaros* bei den Wikingern) im Norden sowie Skien und Oslo im Südosten echte Städte. Insbesondere Trondheim entwickelte sich sehr schnell entlang des Flusses Nid und wurde ein Sitz der norwegischen Könige. Grabungen unter der heutigen

Stadt haben die Überreste einer sorgfältig geplanten Bebauung zutage gefördert: Häuser und Werkstätten mit den Abfällen der Warenherstellung, die in ihnen stattfand. In Oslo wurden unmittelbar vergleichbare Gebäude aus den frühen Jahren des 11. Jahrhunderts freigelegt.

Es scheint kaum bezweifelbar, daß beide Städte auf königlichen Befehl hin gegründet wurden. Nur eine zentralisierte Autorität, wie sie die norwegischen Könige mittlerweile besaßen, hätte die geschützten Handelszonen schaffen können, die ein Aufblühen des Handwerks, anderer industrieller Tätigkeiten und kommerzieller Initiativen ermöglichen. Möglicherweise waren die Städte in ihrer Gesamtheit im wesentlichen das persönliche Eigentum des Königs, welches er an spezialisierte Gemeinschaften von Handwerkern und königlichen Beamten vermietete oder verpachtete. Ihre Beziehung wird eine gegenseitige gewesen sein: Als Gegenleistung für den Schutz hat der König seinen rechtmäßigen Anteil an Steuern und Abgaben eingezogen. Der Glanz des Königshofes wurde zweifellos auch durch die hochwertigsten Produkte vergrößert, die diese urbanen Zentren zu bieten hatten. In ihrem Herzen lagen die königlichen Residenzen, umgeben von den Gemeinschaftshäusern der Gefolgsleute und der Leibwachen des Königs. Später im selben Jahrhundert gesellten sich Münzstätten, Kirchen und Kathedralen hinzu, ausnahmslos Manifestationen des Apparats von Macht und Autorität, den man für einen König für angemessen hielt. Später wurden Städte in Bergen und Stavanger an Norwegens Westküste und in Tønsberg bei Oslo gegründet. Sie alle haben archäologisches Material aus dem späteren 11. Jahrhundert geliefert.

Wie schon erwähnt, spielte das Christentum eine wesentliche Rolle bei der Entwicklung Norwegens zum Nationalstaat im späten 10. und 11. Jahrhundert. Die ersten Kirchen waren aus Holz. Aus dieser Zeit sind keine vollständigen Bauwerke erhalten, doch ihre Grundrisse blieben oft als Pfostenlöcher unter ihren steinernen Nachfolgern des 12. und 13. Jahrhunderts konserviert. Manchmal ist es möglich, mehrere Phasen des Umbaus zu identifizieren, da die Holzgebäude oftmals durch Feuer zerstört wurden oder Holzbalken, die in den Boden eingelassen waren, verrotteten und ersetzt werden mußten. Die große Zahl der kunstvoll verzierten hölzernen Stabkirchen, die aus dem 12. Jahrhundert erhalten geblieben sind, vermittelt uns eine gewisse Vorstellung davon, wie die ersten norwegischen Kirchen ausgesehen haben mögen. Die schönsten, wie etwa in Borgund und Urnes, beide in Westnorwegen, gehören zu den am besten erhaltenen Holzgebäuden des ganzen mittelalterlichen Europa. Bisweilen sind sogar Balken aus den früheren Kirchen der späteren Wikingerzeit in ihrem Bau integriert, die uns einen Eindruck davon geben, wie großartig ihr Schnitzwerk gewesen sein muß.

Schweden

Mit Ausnahme von Sigtuna, das die Funktionen der Inselstadt Birka übernommen zu haben scheint, die man vermutlich im mittleren bis späten 10. Jahrhundert aufgegeben hatte, war die Verstädterung in Schweden bis zum 12. Jahrhundert nicht weit fortgeschritten. Münzinschriften lassen den Schluß zu, daß Sigtuna fast mit Sicherheit eine königliche Gründung war. Es entwickelte sich in Form eines Bandes entlang eines Mälarseearms. Ausgrabungen haben die Existenz mehrerer Kirchen in der Stadt bewiesen und städtische Wohnhäuser desselben Typs freigelegt, der uns von den Städten der späten Wikingerzeit in Dänemark und Norwegen vertraut ist.

In gewissem Sinne kann Sigtuna als eine frühe Hauptstadt angesehen werden, die die Funktion eines königlichen, kirchlichen und administrativen Zentrums für die Dynastie wahrnahm, die Zentral- und Ostschweden beherrschte. Obschon die Verlagerung der städtischen Sied-

Stabkirchen

Die Wikingerkultur hat viele bleibende Spuren ihrer kurzen Blütezeit hinterlassen, doch eine Gruppe besonders bemerkenswerter Monumente ist in Gestalt der Stabkirchen erhalten geblieben, die in großer Zahl in Norwegen und (wenn auch weniger häufig) den anderen skandinavischen Ländern zu finden sind. Die Stabbauweise war eine späte Errungenschaft der wikingerzeitlichen Architektur. Man begann sie während des 11. Jahrhunderts beim Bau von Kirchen anzuwenden: Die Technik taucht kurz davor bei einigen weltlichen Bauten auf. In ihrer einfachsten Form gleicht die Stabbaumethode der Konstruktion eines Fasses – eine Reihe von leicht gebogenen, ineinandergreifenden vertikalen Balken wird dadurch fixiert, daß sie entlang der Ober- und Unterseite der Wand zwischen zwei horizontalen ausgekehlten Balken festgeklemmt wird. Dies hatte zur Folge, daß die Wandbalken nicht direkt auf dem Boden standen und so vor Feuchtigkeit und dem Verrotten geschützt waren – frühere Holzkirchen, aus im Boden versenkten Pfosten errichtet, waren innerhalb einer Generation verrottet. Aus dem 11. Jahrhundert sind keine Stabkirchen unversehrt erhalten, man hat jedoch konservierte Fragmente ihrer mit Schnitzereien verzierten Balken in der Bausubstanz ihrer mittelalterlichen Nachfolger und anderer Gebäude entdeckt: Beispiele stammen aus Flatatunga auf Island und Hemse in Schweden. In den Stabkirchen, die zwischen dem Ende der Wikingerzeit und dem 12. bis 13. Jahrhundert entstanden, erreichte die Stabkonstruktion ihre höchste Entwicklungsstufe. Stabkirchen aus dieser Zeit sind Glanzlichter in der Landschaft Norwegens, wo sie bemerkenswerte Monumente für die künstlerischen Fähigkeiten der frühmittelalterlichen Skandinavier während ihrer Eingliederung in die Kultursphäre des christlichen Europa darstellen.

Links: Die Kirche in Borgund am Sognefjord in Westnorwegen ist ohne Zweifel das schönste erhaltene Exemplar einer Stabkirche. Seine Grundstruktur stammt aus dem 12. Jahrhundert. Die großartigen tierköpfigen Giebelspitzen und mehrstöckig gestuften Dächer wurden wahrscheinlich ein Jahrhundert später hinzugefügt. Derart kunstvolle Verzierungen sind typisch für die späteren Kirchen und erreichten bisweilen eine außerordentliche Perfektion und Ästhetik.

Unten links: Die elegant ineinander verschlungenen Tiere, welche die schlüssellochförmige Tür der Kirche von Urnes, nicht weit von Borgund entfernt, einrahmen, wurden im 11. Jahrhundert geschnitzt und haben dem Urnes-Stil der späten Wikingerzeit seinen Namen gegeben.

Unten: Die Innenräume von Stabkirchen, wie hier die in Borgund, waren mit reichen Schnitzereien verziert, und die verwirrende Balkenkonstruktion liefert ein Element schlichter Eleganz, das in der populären Vorstellung nicht mit den »kriegerischen« Wikingern assoziiert wird. Das extravagante und von vielen Verzierungen geprägte Erscheinungsbild zahlreicher Stabkirchen gibt uns Anlaß zur Frage, ob auch die Profanbauten der Wikingerzeit mit reicher Ornamentik dieser Art bedeckt waren.

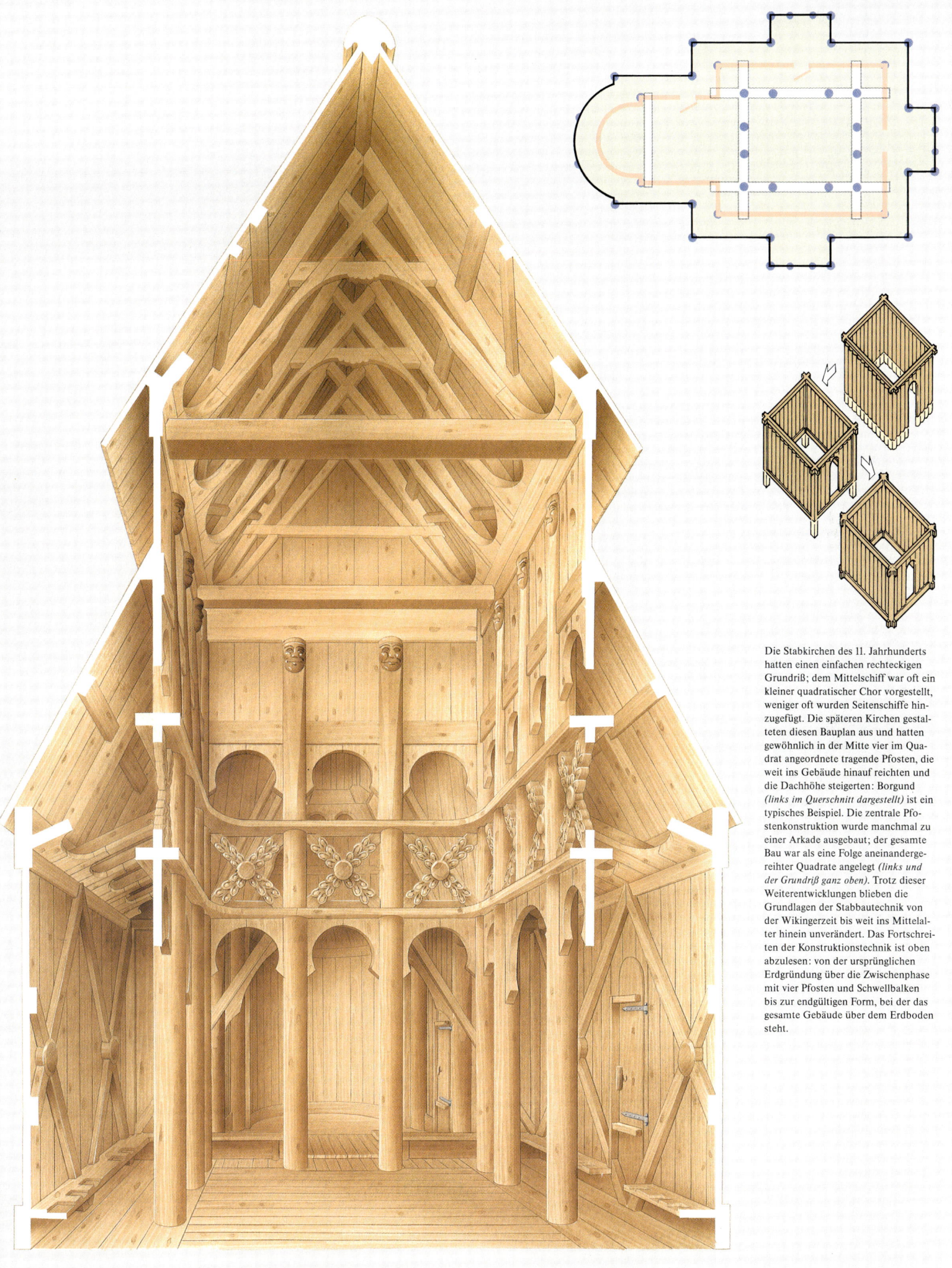

Die Stabkirchen des 11. Jahrhunderts hatten einen einfachen rechteckigen Grundriß; dem Mittelschiff war oft ein kleiner quadratischer Chor vorgestellt, weniger oft wurden Seitenschiffe hinzugefügt. Die späteren Kirchen gestalteten diesen Bauplan aus und hatten gewöhnlich in der Mitte vier im Quadrat angeordnete tragende Pfosten, die weit ins Gebäude hinauf reichten und die Dachhöhe steigerten: Borgund *(links im Querschnitt dargestellt)* ist ein typisches Beispiel. Die zentrale Pfostenkonstruktion wurde manchmal zu einer Arkade ausgebaut; der gesamte Bau war als eine Folge aneinandergereihter Quadrate angelegt *(links und der Grundriß ganz oben)*. Trotz dieser Weiterentwicklungen blieben die Grundlagen der Stabbautechnik von der Wikingerzeit bis weit ins Mittelalter hinein unverändert. Das Fortschreiten der Konstruktionstechnik ist oben abzulesen: von der ursprünglichen Erdgründung über die Zwischenphase mit vier Pfosten und Schwellbalken bis zur endgültigen Form, bei der das gesamte Gebäude über dem Erdboden steht.

Sigtuna

Gegen Ende des 10. Jahrhunderts, vielleicht um das Jahr 970, wurde die kleine Stadt Sigtuna an einem nördlichen Ausläufer des Mälarsees in Zentralschweden gegründet. Wie Birka, das von ihr abgelöst wurde, stand sie wahrscheinlich unter königlicher Kontrolle. Von Anfang an wurde Sigtuna nach einem geregelten Bauplan angelegt, mit einer dem Seeufer folgenden Mittelstraße. Lange, schmale Wohnhäuser – möglicherweise mehr als 100 – säumten beide Seiten der Straße, und die Residenz des Königs lag im Zentrum. Spätestens seit 995 gab König Olof Skötkonung Münzen mit der Inschrift »Sigtuna Dei« (»Gottes Sigtuna«) heraus. Der Standort von Schwedens ältester Münzstätte wurde neben der Königsresidenz ausgegraben. Man fand auch Überreste der Werkstätten von Goldschmieden und anderen Kunsthandwerkern. Sigtuna war eine christliche Stadt. Die wahrscheinlichen Standorte von mindestens sieben Kirchen sind identifiziert worden, zusammen mit einer Reihe nahe gelegener Friedhöfe. Viele Ablagerungsschichten in Sigtuna sind von Wasser durchtränkt und bergen manche der besten wikingerzeitlichen Fundmaterialien Schwedens. Grabungen in der Nähe des königlichen Bezirks haben vier vollständige Wohnhäuser freigelegt, die in zehn Phasen zwischen dem 10. und 13. Jahrhundert immer wieder neu errichtet wurden. An der Straßenfront lagen Werkstätten und Gebäude, dahinter Wohnräume – im 11. Jahrhundert auf einer Parzelle manchmal bis zu fünf Gebäude hintereinander. Fundstücke bezeugen die Verarbeitung von Metallen, Textilien, Knochen, Geweihen und anderen Materialien.

Unten: Der Wasserspiegel um Sigtuna war in der späten Wikingerzeit 5 m höher als heute, und man hat Siedlungsschichten entlang der gesamten früheren Uferlinie lokalisiert. Die Rückgrat-Achse der Siedlung lebt noch heute als Stora gatan (»Große Straße«) weiter. Der vormalige Standort des königlichen Bezirks in ihrer Mitte befindet sich heute unter dem Museum von Sigtuna. Die Karte zeigt auch die heidnischen Hügelgräber und die christlichen Friedhöfe, welche die Stadt umgeben, sowie die Lage der Kirchen.

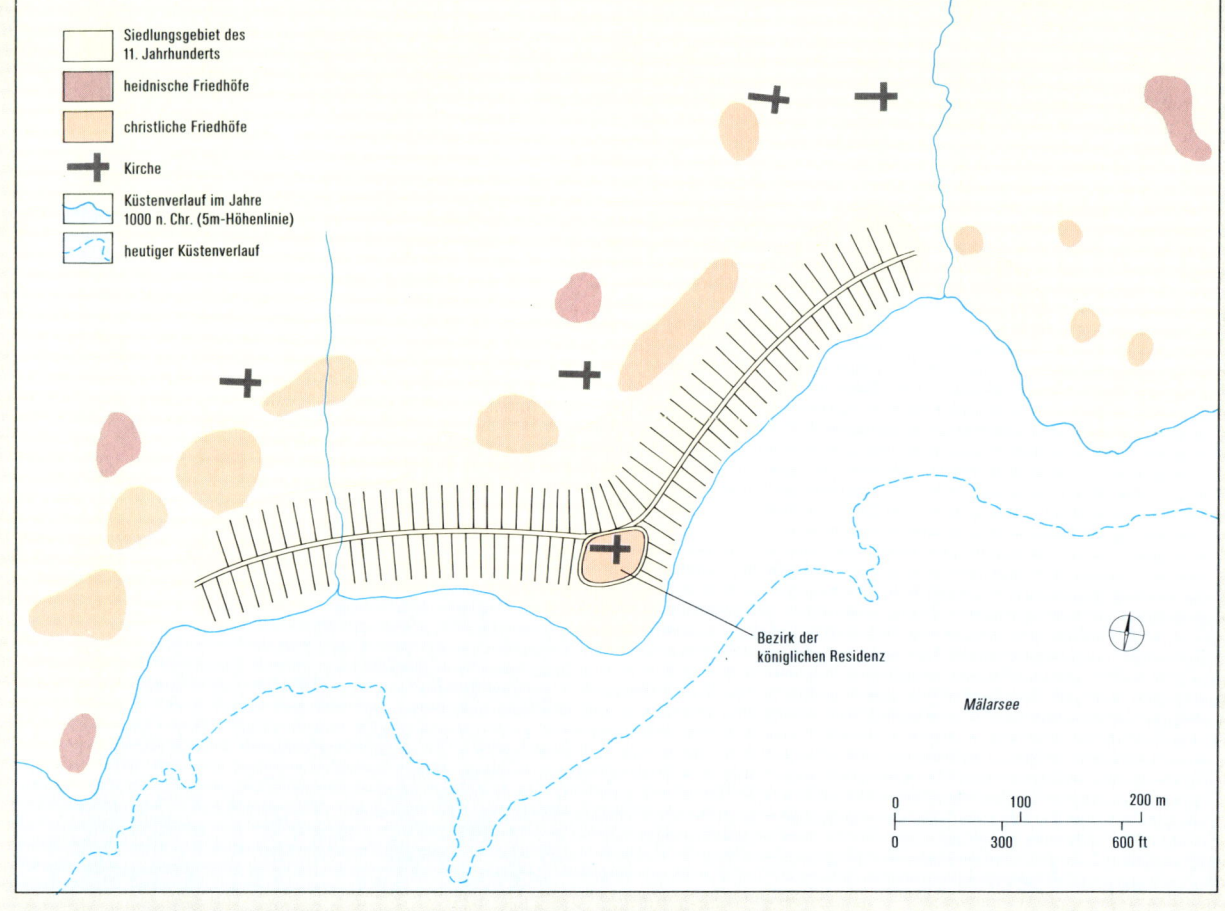

Siedlungsgebiet des 11. Jahrhunderts

heidnische Friedhöfe

christliche Friedhöfe

Kirche

Küstenverlauf im Jahre 1000 n. Chr. (5m-Höhenlinie)

heutiger Küstenverlauf

Bezirk der königlichen Residenz

Mälarsee

| 0 | 100 | 200 m |
| 0 | 300 | 600 ft |

Links: Sigtunas Kontakte mit dem Ausland werden durch Funde wie dieses glasierte Tonei deutlich, das im frühen 11. Jahrhundert in Kiew angefertigt wurde. Eier wie dieses scheinen christliche Symbole der Auferstehung gewesen zu sein und wurden von Rußland in den ganzen östlichen und südlichen Ostseeraum geliefert.

Rechts: Naturalistische Porträts sind in der Wikingerzeit selten. Eines der berühmtesten ist dieser aus Elchgeweih geschnitzte Kopf eines Kriegers, der im Zentrum von Sigtuna gefunden wurde. Sein konischer Helm ist mit Ring- und Punkt-Mustern verziert, das Haar trägt er sorgfältig im Nacken zusammengerollt. Der lange Schnurrbart und der sauber gestutzte Vollbart waren Standardelemente der Männermode.

Unten: Abgesehen von den Münzinschriften findet sich die früheste Erwähnung Sigtunas auf diesem Runenstein aus dem späten 11. Jahrhundert. Er berichtet, daß ein gewisser Sven eine weibliche Verwandte in die Stadt brachte.

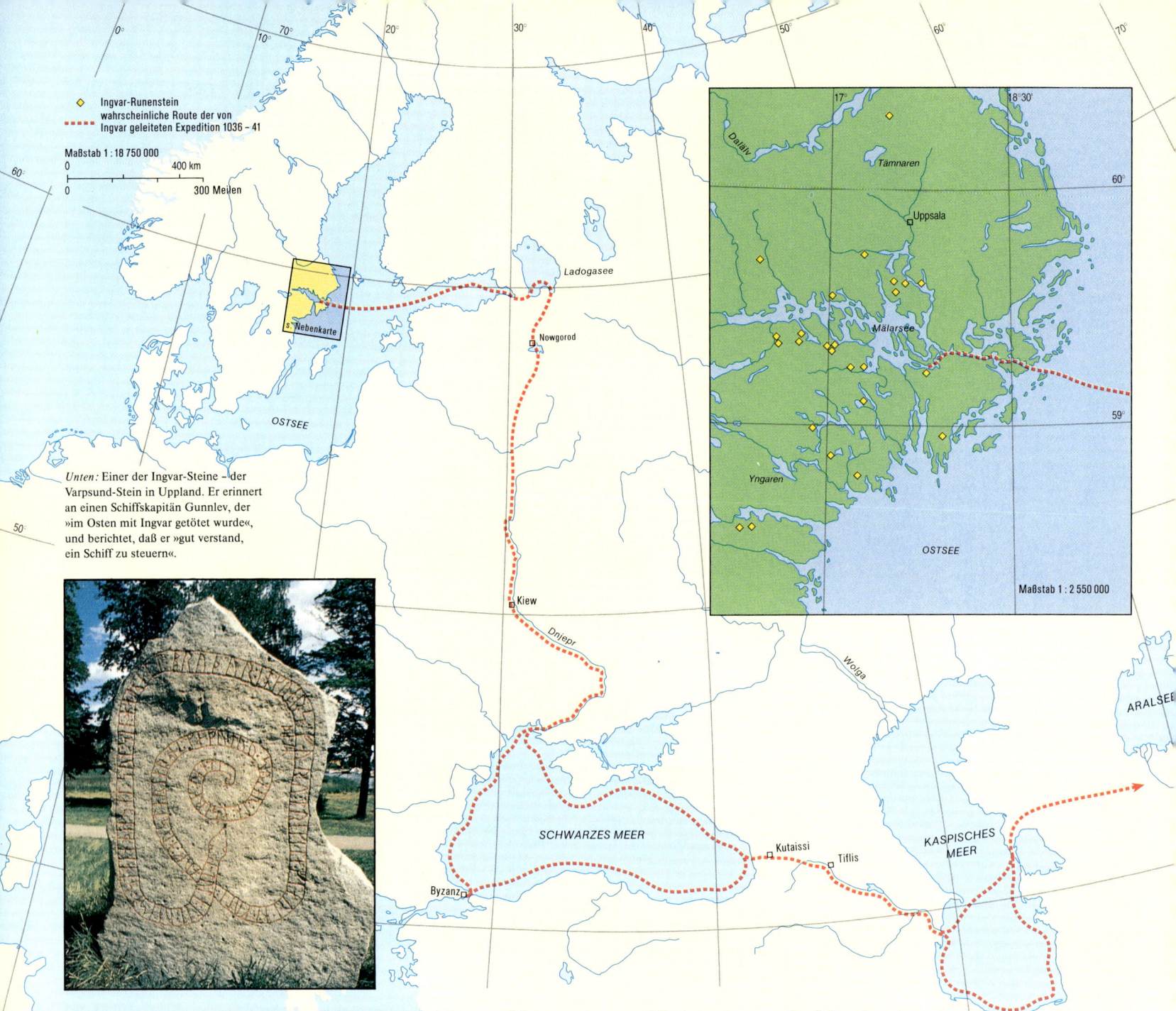

Maßstab 1 : 18 750 000

0 400 km

0 300 Meilen

◇ Ingvar-Runenstein
- - - wahrscheinliche Route der von Ingvar geleiteten Expedition 1036 – 41

s. Nebenkarte

OSTSEE

Ladogasee

Nowgorod

Kiew

Dnjepr

SCHWARZES MEER

Byzanz

Kutaissi Tiflis

KASPISCHES MEER

Wolga

ARALSEE

Unten: Einer der Ingvar-Steine – der Varpsund-Stein in Uppland. Er erinnert an einen Schiffskapitän Gunnlev, der »im Osten mit Ingvar getötet wurde«, und berichtet, daß er »gut verstand, ein Schiff zu steuern«.

Dalälv Tämnaren

Uppsala

Mälarsee

Yngaren

OSTSEE

Maßstab 1 : 2 550 000

---

lung von Birka nach Sigtuna zum Teil durch den sinkenden Meeresspiegel, der Birkas Häfen allmählich austrocknen ließ, ausgelöst worden sein mag, standen wahrscheinlich komplexere Gründe hinter dem Entschluß, den größten Ort Schwedens zu verschieben. Vor allem dürfte Sigtunas Lage genau im Herzen des entstehenden Staates einen günstigeren Standort für ein königliches Machtzentrum geboten haben als ein isolierter Ort inmitten eines Sees.

Was immer die Wahrheit in dieser Frage ist, bleibt Sigtuna ein Spezialfall. Die zahlreichen kleinen Handelsniederlassungen entlang der Ostseeküste, Orte wie Löddeköpinge, Köpingsvik, Paviken und Fröjel, entwickelten sich zum Großteil nicht zu größeren städtischen Zentren. Ausnahmen sind Visby auf Gotland, das im 11. Jahrhundert Pavikens Rolle übernommen zu haben scheint, und die beiden Städte Lödöse und Skara in Westschweden.

In vieler Hinsicht liegt die politische und religiöse Organisation der späteren Wikingerzeit in Schweden bedeutend mehr im dunkeln als im übrigen Skandinavien. Die Annalen Westeuropas schenken Ereignissen in Ostskandinavien wenig Aufmerksamkeit, da ihre Auswirkungen auf England oder das Frankenreich unerheblich waren. Wir wissen noch immer vergleichsweise wenig über die Entwicklung des schwedischen Königtums und den Prozeß der Christia-

nisierung. Ansgars Missionsreisen nach Schweden im 9. Jahrhundert blieben erfolglos, doch wissen wir wegen des völligen Fehlens von schriftlichen Quellen für das 10. und 11. Jahrhundert nur, daß Olof Skötkonung, ein christlicher König, um das Jahr 1000 im Westen des Landes herrschte und 1014 Schwedens erstes Bistum in Skara gründete. Ein zweites Bistum, mitten im heidnischen Gebiet, wurde um 1060 in Uppsala etabliert.

Es gibt keinen Zweifel, daß das Heidentum in den Ebenen von Uppland im Norden sogar noch Ende des 11. Jahrhunderts in Blüte stand. Ein gewisser König Sven scheint einige Zeit nach der Regentschaft Olafs eine Wiederbelebung des Heidentums eingeleitet zu haben, woran sein Beiname Blot-Sven (*blót* bedeutet »heidnisches Opfer«) erinnert. Der große heidnische Tempel in Uppsala, vielleicht das größte Kultzentrum Skandinaviens, das 1070 durch Adam von Bremen mit seinen erschreckenden Details beschrieben wurde, war noch bis 1110 in Gebrauch. Der Kirche gelang es erst nach dem Ende der eigentlichen Wikingerzeit, ihre Macht in Schweden voll auszuspielen, das immer das am wenigsten zivilisierte der skandinavischen Länder war. Über die frühen schwedischen Kirchen ist fast nichts bekannt; sie glichen wahrscheinlich den norwegischen Stabbauten, wie man aus einigen erhalten gebliebenen verzierten Wandbalken schließen kann.

Ingvars Reise in den Osten
Eine der ehrgeizigsten Unternehmungen der gesamten Wikingerzeit fand zwischen 1036 und 1041 statt, als ein junger Kapitän namens Ingvar eine kleine Schiffsflotte aus Zentralschweden anführte und sich nach Osten wandte, die großen Flüsse Rußlands hinab. Mit seinen Gefolgsmännern drang er weiter nach Osten vor als irgend jemand zuvor oder danach – nicht nur nach Rußland, Byzanz und zum Kaspischen Meer, sondern vielleicht weit bis nach Asien hinein. Eine außergewöhnliche Gruppe von Runengedenksteinen in Zentralschweden berichtet vom Tod in der Fremde vieler, die an der Expedition teilnahmen. Aus der Verteilung der Steine erfahren wir viel über das Gebiet, das von der Truppenaushebung betroffen war und die Mannschaften für Ingvars Schiffe gestellt haben muß. Dies erhöht die Wahrscheinlichkeit, daß die Fahrt in Wirklichkeit eine Art militärische Unternehmung war. Isländische Sagas berichten, daß die Reise in einer Katastrophe endete, bei der Ingvar und seine Männer in den Weiten des Ostens zu Tode kamen.

Oben: Ein Harfenspieler, ein Schmied an seinem Amboß, ein Bauer, der sein Feld mit einem Ochsengespann pflügt – diese Szenen in einem Manuskript, das um 1000 in Canterbury geschrieben wurde, sollen Geschichten aus dem Alten Testament illustrieren, bieten uns aber heute Einblicke in das Leben in England während der Regierung Æthelreds II., in einer Zeit, als die Wikingerüberfälle mit großer Grausamkeit wieder auflebten.

Die Ingvar-Steine

Ungeachtet des Mangels an gewöhnlichen Schriftdokumenten stellen die Hunderte von Runensteinen, die zum großen Teil aus dem 11. Jahrhundert stammen und die schwedische Landschaft in weit größerer Zahl bestücken als irgendeinen anderen Teil Skandinaviens, eine einzigartige Informationsquelle dar. Ob sie als Denkmäler für verstorbene Verwandte, Freunde und Waffengefährten aufgestellt wurden (wobei sie uns genauso viel, wenn nicht mehr, über diejenigen berichten, die die Monumente in Auftrag gaben, wie über die, an die sie erinnern sollen) oder als Urkunden für Grundbesitz und in Erbangelegenheiten oder als Rechtsdokumente dienten – sie tragen in jedem Fall zu unserem Verständnis der Ideen und Einstellungen bei, die im Schweden der späten Wikingerzeit herrschten, und sind fast unsere einzige zeitgenössische, aus Skandinavien selbst stammende Quelle.

Zu den interessantesten Inschriften gehören die auf einer Gruppe von etwa 30 Steinen aus Zentralschweden, die eine Anzahl von Menschen rühmen, die alle zusammen auf einer großen Expedition in den Osten, die von einem Hauptmann namens Ingvar angeführt wurde, umge-

kommen sind. Die Ingvar-Steine, wie man sie nennt, erwähnen Steuermänner, Schiffskapitäne und Navigatoren. Selbst an Ingvars Bruder Harald wird auf einem Stein erinnert, der von seiner trauernden Mutter aufgestellt wurde. Ingvar war um die 25, als er seine kleine Flotte im Jahre 1036 ostwärts führte, und Autoren aus späterer Zeit haben seinen Beinamen überliefert – »der Weitgereiste«.

Archäologen haben jahrelang über den exakten Verlauf von Ingvars Reise diskutiert, da die Steine in dieser Hinsicht nicht aussagekräftig sind. Die einzige andere Schriftquelle, welche die Reise erwähnt, eine spätmittelalterliche Saga, ist eine märchenartige Geschichte voller Ungeheuer und schöner Prinzessinnen, in der sich ein Wahrheitsgehalt schwer festmachen läßt. Es ist aber wahrscheinlich, daß Ingvar der Route nach Byzanz folgte, das Schwarze Meer überquerte und dann über Land bis ans Kaspische Meer gelangte. Möglicherweise ist er noch weiter vorgedrungen, denn mit Sicherheit hielt man seine Reise für so ungewöhnlich, daß ihr ein fast mythischer Charakter zugeschrieben wurde. Die Expedition scheint in den unbekannten Landen Asiens in einer furchtbaren Katastrophe geendet zu haben, aus der nur wenige Überlebende ins Mälargebiet zurückkehrten. Die Steine, die vielleicht erst viele Jahre später aufgestellt wurden, als die Nachricht von der Katastrophe bis nach Schweden durchgesickert war, stellen gleichzeitig eine angemessene Huldigung an die Ideologie der Wikinger und ein Denkmal für eine Reise dar, die den großen Reisen des 9. und 10. Jahrhunderts ebenbürtig war oder sie noch übertraf.

Die letzte Phase der wikingischen Expansion

Die Entwicklung Dänemarks und Norwegens zu Nationalstaaten in der ersten Hälfte des 11. Jahrhunderts setzte die letzte Phase der Expansion der Wikinger nach Westen in Bewegung, als ihre Könige ihre politischen Muskeln spielen ließen und ihre Macht auf einer breiteren europäischen Bühne erproben wollten. Der erste Schritt in diesem Prozeß war die Wiederaufnahme der Kriege gegen England. Nach einer Unterbrechung von fast 30 Jahren, die auf die englische Rückeroberung des Danelags von seinen skandinavischen Herrschern und auf die Vertreibung des letzten Wikingerkönigs aus York im Jahre 954 gefolgt war, begannen 980 die Wikingerüberfälle von neuem.

Die Überfälle nahmen die Form einer doppelten Serie von Angriffen gegen die Südküste Englands und gegen Nordwales an. Letztere wurden von den hiberno-nordischen Kolonien in Irland und um die Irische See herum aus unternommen. Sie waren vermutlich keine Eroberungsversuche, noch nicht einmal ein überlegtes Geldbeschaffungsprogramm, wie es manchmal behauptet wurde. Es ist vie wahrscheinlicher, daß die in Irland ansässigen Wikinger zu ihrer Gewohnheit des saisonbedingten Gelegenheitsplünderns zurückgekehrt waren, die zeitweilig durch die starke Führerschaft des englischen Königs Edgar des Friedfertigen (957–75) unterbrochen worden war. Dieses Wiederaufleben der Aktivitäten verleiht dem Vorwurf einer schwachen Führung vielleicht einige Glaubwürdigkeit, die von der *Angelsächsischen Chronik* gegen Æthelred II. erhoben wird, obwohl dieser Quellentext ohne Zweifel ein übertrieben düsteres Bild von seiner Regentschaft zeichnet. Æthelreds Beiname »der Unentschlossene« ist eine Fehlübersetzung des altenglischen *unræd*, das eigentlich »schlecht beraten« heißt.

Die Angriffe auf England vom Osten aus waren eindeutig durch ganz andere Interessen motiviert. Wir wissen nicht, inwieweit die dänischen Könige in die ersten Raubzüge involviert waren, doch sie übernahmen sehr bald nach dem Wiederbeginn der Angriffe im Jahre 980 eine aktive Rolle. Wie wir bereits gesehen haben, waren die Silberlieferungen aus Rußland und dem Abbasidenkalifat versiegt, und die neuen Bezugsquellen in Deutschland hatten

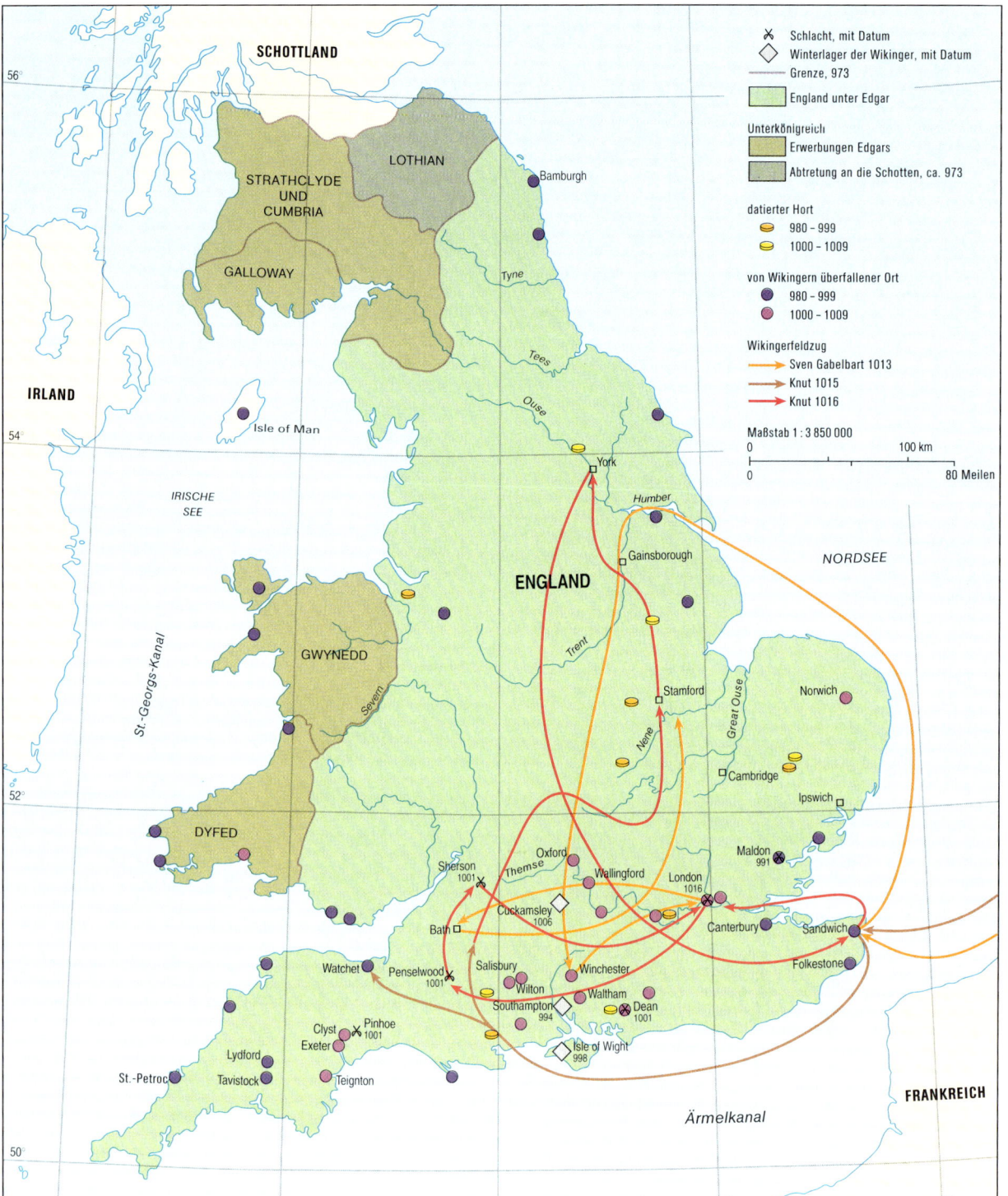

SCHOTTLAND

LOTHIAN

STRATHCLYDE
UND
CUMBRIA

GALLOWAY

IRLAND

Isle of Man

IRISCHE
SEE

St.-Georgs-Kanal

GWYNEDD

Severn

DYFED

Bamburgh

Tyne

Tees

Ouse

York

Humber

NORDSEE

Gainsborough

ENGLAND

Trent

Stamford

Nene

Norwich

Great Ouse

Cambridge

Ipswich

Oxford
Themse
Wallingford
London
1016

Maldon
991

Sherston
1001
Cuckamsley
1006
Bath

Watchet

Penselwood
1001

Salisbury
Wilton
Winchester

Waltham

Southampton
994
Dean
1001

Canterbury

Sandwich

Folkestone

Clyst
Pinhoe
1001
Exeter

St.-Petroc
Tavistock

Lydford

Teignton

Isle of Wight
998

Ärmelkanal

FRANKREICH

Legende:

✕ Schlacht, mit Datum
◇ Winterlager der Wikinger, mit Datum
Grenze, 973
England unter Edgar

Unterkönigreich
Erwerbungen Edgars
Abtretung an die Schotten, ca. 973

datierter Hort
980 – 999
1000 – 1009

von Wikingern überfallener Ort
980 – 999
1000 – 1009

Wikingerfeldzug
→ Sven Gabelbart 1013
→ Knut 1015
→ Knut 1016

Maßstab 1 : 3 850 000
0   100 km
0   80 Meilen

Das Wiederaufleben der Aktivitäten der Wikinger in England
Zwischen 980 und 1009 erschütterte eine neue Welle skandinavischer Raubzüge das englische Königreich und machte den Jahren relativer Ruhe und Expansion ein Ende, die es unter Edgar genossen hatte. In dieser Periode erneuter Kämpfe griffen irisch-nordische Plünderer Ziele im Westen Englands und in Wales an, während im Osten und Süden riesige Flotten aus Skandinavien den englischen Armeen Æthelreds II. deprimierende Niederlagen zufügten. Nach 1009 nahmen die Angriffe eine härtere Wendung, als die königlichen dänischen Flotten Sven Gabelbarts und seines Sohnes Knut in einer Reihe von Feldzügen einen erbitterten Krieg führten, um sich territorial in England zu etablieren.

sie erst teilweise ersetzt. Politische Entwicklungen in Skandinavien und die wachsende Zentralisierung der Macht hatten dazu geführt, daß das Geschäft des Königtums sehr kostenintensiv geworden war – die hohen Kosten von Harald Blauzahns ehrgeizigen öffentlichen Bauprogrammen, von Straßenbau und Verteidigungsanlagen in Dänemark wurden schon erwähnt, und auch die königliche Heeresgefolgschaft kostete das neue Königreich gewaltige Geldmengen.

Wenn die Kosten des Königtums anstiegen, so wurde der Versuch, die Macht an sich zu reißen, ebenfalls kostenintensiv. Auch die Usurpatoren in spe und die königlichen Verbannten, die seit den frühen Raubzügen des 9. Jahrhunderts ein charakteristisches Merkmal der Wikingerpolitik gewesen waren, werden einen wachsenden Geldbedarf gehabt haben. Diese Faktoren können wenigstens ansatzweise die Wiederaufnahme der Überfälle im späten 10. und 11. Jahrhundert erklären.

Während der nächsten zehn Jahre nahmen die Überfälle in recht dramatischer Weise an Intensität zu. Die Wikingerflotten waren groß und operierten unter königlichem Kommando als hochorganisierte Streitmächte. Im wesentlichen waren es echte Nationalheere. Zusätzlich beteiligte sich auch eine Anzahl von Flotten an den Raubzügen, die von gegen die Regierung eingestellten Thronprätendenten angeführt wurden. Olaf Tryggvason zum Beispiel, der im Jahre 995 König von Norwegen wurde, führte 991 eine Flotte von 93 Schiffen gegen den Südosten Englands. Die Engländer mobilisierten einen bewaffneten Widerstand gegen die Angriffe, doch zur Zeit von Olaf Tryggvasons Feldzug hatten sie sich entschlossen, zur Politik der Zahlung von *Danegeld* zurückzukehren, um so vielleicht weitere Überfälle abzuwenden. Dieser Entschluß folgte auf ihre vernichtende Niederlage durch die Dänen in der Schlacht von Maldon in Essex (ihre heroische, doch zum Scheitern verurteilte Gegenwehr wird in einem der berühmtesten altenglischen Gedichte verherrlicht). Die Zahlung von 4500 kg Silber an die Dänen scheint jedoch lediglich den Effekt gehabt zu haben, sie zu ermuntern, in noch größerer Zahl zurückzukehren, trotz Æthelreds verzweifelter Versuche, eine englische Verteidigung zu organisieren. Im Jahre 994 war Olaf Tryggvason persönlich wiedergekommen, dieses Mal im Bündnis mit Sven Gabelbart. Ihr Unternehmen wurde mit einer Zahlung von 7250 kg Silber gut belohnt.

Die Praxis des *Danegelds* setzte sich fort, und die Summen vergrößerten sich: 11 800 kg Silber im Jahre 1002, 16 000 kg im Jahre 1007 und 22 000 kg im Jahre 1012. Dies war ein enormer ökonomischer Aderlaß, und die wachsende Verzweiflung der englischen Regierung zeigt sich in dem schrecklichen Befehl Æthelreds, alle in England lebenden Dänen am Tag des St. Brice (13. November) im Jahre 1002 zu töten. Der Wahrheitsgehalt dieser Anweisung wird durch eine Oxforder Urkunde bestätigt, die von Dänen berichtet, die in einer Kirche Zuflucht suchten. Die archäologischen Funde scheinen die Unsicherheit dieser bewegten Zeiten zu bestätigen. Es wurde eine Reihe von Horten aus dieser Periode in Südostengland gefunden, was darauf hindeutet, daß die Menschen ihre Reichtümer vergruben. Damit korrespondiert ein Anstieg des Anteils englischer Silbermünzen, die man in skandinavischen Horten gefunden hat. Allein auf Gotland sind mehr als 50 000 Münzen entdeckt worden.

Es ist sicher, daß im Gegensatz zu den Angriffen des 9. Jahrhunderts ein Teil der Plünderer aus Schweden kam. Diese Entwicklung scheint mit der zunehmenden Zentralisierung des russischen Staates in Verbindung zu stehen, die für die Schweden den Spielraum der Wikingeroperatio-nen im Osten einschränkte. Mehrere Runensteine aus Schweden erinnern an die Männer, die in England im Kampf gefallen sind, und einige erwähnen *Danegelder.* Ein Stein aus Yttergärde berichtet uns beispielsweise, daß ein gewisser Ulf soviel Glück hatte, dreimal mit einen Anteil daran beteiligt zu werden: »Der erste war der, den Tosti bezahlte, dann bezahlte Thorkel, und dann bezahlte Knut.«

Als die Skandinavier mit dem Silber Englands reich wurden, weitete sich demzufolge auch ihr Horizont, und ihre Raubzüge nahmen eine weitere, eine politische Dimension an. Sven Gabelbart begann sicherlich über die Vorstellung einer großangelegten Eroberung Englands nachzudenken. Ein solches Unterfangen hätte ihn, falls es erfolgreich gewesen wäre, zum mächtigsten König Skandinaviens gemacht. Persönlich scheint er an den Feldzügen der Jahre 1009 bis 1012 nicht teilgenommen zu haben, doch wurden sie vermutlich in seinem Auftrag durchgeführt, und im Jahre 1013 kehrte er selbst mit einer gewaltigen Flotte nach England zurück. Die erschöpften Engländer waren nicht in der Lage, dem Ansturm standzuhalten, und 1013 wurde Sven von den Bewohnern des Danelags als König anerkannt. Nachdem Æthelred nach Frankreich entkommen war, dehnte sich diese Anerkennung über ganz England aus. Æthelred konnte jedoch 1014 zurückkehren, in dem Jahr, in dem die *Angelsächsische Chronik* das »glückliche Ereignis« von Svens Tod notiert.

Die letzten beiden Jahre seiner Regentschaft verbrachte Æthelred damit, einen verlustbringenden Krieg gegen Svens Sohn Knut zu führen, der im Danelag bei seiner Armee geblieben war. Nach Æthelreds Tod im Jahre 1016 leistete sein Sohn Edmund den Wikingern zähen Widerstand und trieb sie quer durch den Süden des Landes zurück,

Unten: Der Damm zwischen Northey Island und der Festlandküste von Essex in der Nähe von Maldon liegt bei Flut unter Wasser. Hier war es, wo während des Feldzugs Olaf Tryggvasons von 991 ein Wikingerheer übersetzte, um eine englische Armee unter der Führung von Byrhtnoth zu stellen. Die schwere Niederlage der Engländer sollte sich als ein Wendepunkt in Æthelreds Regierung erweisen.

glieder und Wohltäter, lebend oder tot« des Neuen Münsters zu Winchester enthält, zeigt Knut und seine Frau Emma (Ælfgyfu), wie sie der Abtei ein goldenes Altarkreuz überreichen. Dies ist ein seltenes Porträt eines Wikingerkönigs. Wir sehen Knut von Engeln umgeben, die Hand Gottes weist auf sein gottgegebenes Herrschaftsrecht hin, doch Knut hat eine Hand am Schwert gelassen, um an die wahre Quelle seiner Macht zu erinnern.

Eine ähnliche Patronage wurde in Dänemark praktiziert. Es gab deutliche künstlerische Verbindungen zwischen den beiden Ländern. Eine von Knuts bedeutendsten Einführungen in England war der damals in Dänemark verbreitete Ringerike-Stil, der von den englischen Künstlern in neuen Formen wie etwa bei der Buchillustration angewandt wurde. Ein fragmentarischer Grabstein, den man im 19. Jahrhundert auf dem Friedhof der St. Paul's Cathedral in London gefunden hat, ist einer der besten Vertreter für diesen Stil, den wir in England oder Dänemark besitzen. Ein herrliches Tier, ursprünglich in rot, weiß und schwarz koloriert, schreitet über den Stein, und eine bandförmige Schlange schlingt sich um seine Beine. Eine Runeninschrift auf Altnordisch lautet: »Ginna und Toki ließen diesen Stein aufstellen.«

Knut wurde mehrfach in Kriege in Skandinavien hineingezogen und 1026 von einer verbündeten Armee des norwegischen und schwedischen Königs in der Schlacht am Heiligen Fluß in Schweden besiegt. Im Jahre 1028 nutzte er die Streitigkeiten zwischen den norwegischen Landbesitzern und König Olaf Haraldsson zu seinem Vorteil, um eine direkte Revolte zu begünstigen. Wieder einmal benutzte Knut englische Soldaten, um den König zu vertreiben, und er ließ sich in Trondheim zum König von Norwegen ausrufen: Olaf Haraldsson wurde zwei Jahre später in der Schlacht von Stiklestad getötet, in der er seinen Thron zurückerobern wollte. In Sigtuna geprägte Münzen, die die Inschrift »Knut, König der Schweden« tragen, sind ein Anzeichen dafür, daß seine Autorität auch in Schweden anerkannt wurde. Knut war 1027 bei der Krönung Kaiser Konrads zugegen, wo er seinen Platz zwi-

Oben: Knut der Große ließ zu beiden Seiten der Nordsee Münzen auf seinen Namen prägen. Dieser Penny, der die Inschrift +CNVTREXANGLORVM (»Knut, König der Engländer«) und eine gekrönte Büste in einem vierblättrigen Kleeblatt zeigt, basiert auf einem englischen Muster und wurde in London geprägt. Knut errichtete ein Netz von Münzstätten in Dänemark, die Münzen nach dem Vorbild englischer Originale herausgaben. Auch Münzen mit seinem Namen, die in Sigtuna, Schweden, geprägt wurden, ahmen englische Typen nach.

Links: Als er 1016 König von England wurde, heiratete Knut Emma von der Normandie (von den Engländern Ælfgyfu genannt), die Witwe Æthelreds II. Hier ist das königliche Paar im *Liber Vitae* abgebildet, wie es dem neuen Minister in Winchester ein Altarkreuz überreicht, durch Christus in der Majestät gesegnet.

was ihm den Beinamen Eisenseite einbrachte. Doch auch er starb später in demselben Jahr, und den Engländern blieb keine andere Wahl, als Knut als König anzuerkennen. Er teilte sogleich das Land unter seinen Befehlshabern auf. Knut und seine skandinavischen Nachfolger sollten England fast 30 Jahre lang beherrschen.

Das Reich Knuts des Großen

Nach Svens Tod war das dänische Königreich auf Knuts Bruder Harald übergegangen, während Knut die Stellung der Dänen in England festigte. Als Harald im Jahre 1018 starb, benutzte Knut englische Streitmächte, um einen Feldzug in Dänemark auszufechten, der den Thron für ihn sicherstellen sollte. Nachdem er mit diesem Vorhaben 1019 Erfolg hatte, beherrschte Knut jetzt ein größeres Territorium als irgendein Wikinger vor ihm, und er schickte sich an, ein Reich zu erschaffen, das die Länder um die Nordsee dominieren würde. Die meiste Zeit hielt er sich in England auf, vielleicht weil es seine Stellung als europäischer Herrscher vergrößerte. Zu diesem Zweck, und um seinen Rückhalt in England zu stärken, heiratete er auch Æthelreds Witwe und gab dessen Gesetze als die eigenen neu heraus. Die Prägung einer gemeinsamen Währung für England und Dänemark unterstrich die Verschmelzung der beiden Teile seines Königreichs.

Von seiner Hauptstadt Winchester in Südengland aus regierte Knut als Musterbeispiel eines christlichen Monarchen, und er sorgte dafür, daß jeder es bemerkte, indem er die Klöster überreichlich unterstützte. Eine Seite aus dem *Buch des Lebens (Liber Vitae)*, das »die Namen aller der Brüder und Mönche sowie die der nicht offiziellen Mit-

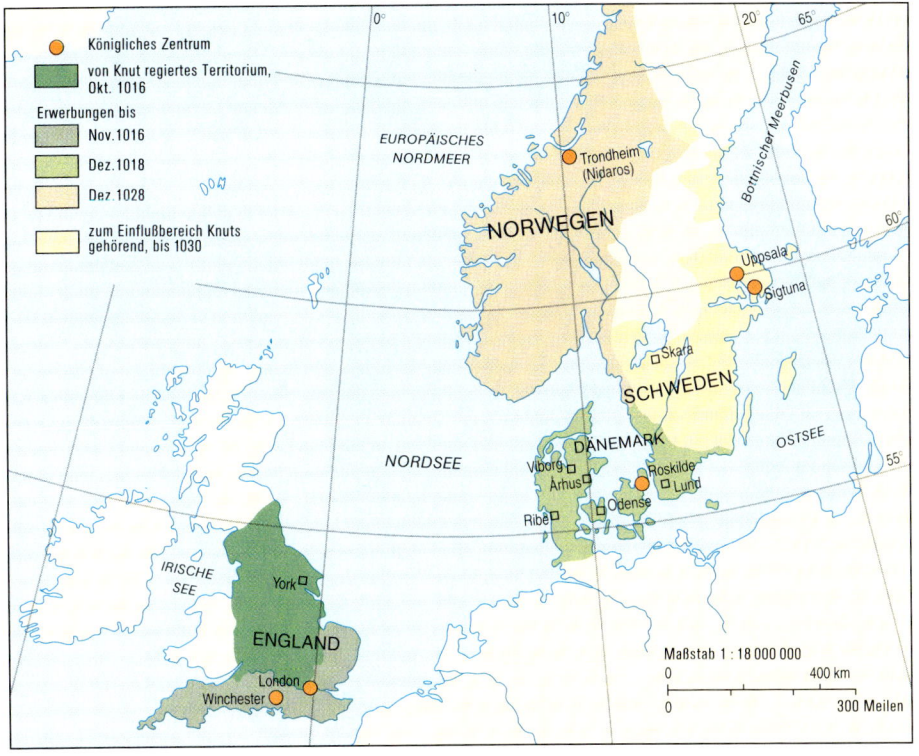

Map legend:

- Königliches Zentrum
- von Knut regiertes Territorium, Okt. 1016
- Erwerbungen bis
  - Nov. 1016
  - Dez. 1018
  - Dez. 1028
- zum Einflußbereich Knuts gehörend, bis 1030

EUROPÄISCHES NORDMEER

Trondheim (Nidaros)

NORWEGEN

Bottnischer Meerbusen

Uppsala
Sigtuna

SCHWEDEN

Skara

DÄNEMARK

NORDSEE

Viborg
Århus
Ribe
Odense
Roskilde
Lund

OSTSEE

IRISCHE SEE

York

ENGLAND

London
Winchester

Maßstab 1 : 18 000 000
0 — 400 km
0 — 300 Meilen

Das Reich Knuts des Großen

Im Jahre 1016 wurde Knut von Edmund Eisenseite (Ironside) ganz Mittel- und Nordengland zuerkannt. Als dieser im gleichen Jahr starb, wurde Knut alleiniger Herrscher des Landes. Daraufhin begann ein Prozeß von Eroberung und Diplomatie, der ihn schließlich zum Beherrscher eines Reiches machen sollte, das den gesamten Nordseeraum umfaßte. 1018 trat er die Nachfolge der Königsherrschaft über Dänemark an, und seine Armeen eroberten 1028 Norwegen. Seit etwa 1030 stand auch ein großer Teil Schwedens unter seinem Einfluß. Es gibt keinen Hinweis darauf, daß Knut sich als Herrscher eines Imperiums im eigentlichen Sinne betrachtete; vielmehr präsentierte er sich als Beherrscher mehrerer unterschiedlicher Völker. Zur Zeit seines Todes regierte er aber ein größeres Territorium als jeder andere Wikinger vor oder nach ihm, und so verdient er ohne Zweifel den Beinamen »der Große«, den spätere Generationen ihm geben sollten.

Links: Der Stein vom Friedhof von St. Paul in London bildete einmal den Teil eines Grabmals. Die Dekoration ist eines der schönsten Beispiele für den Ringerike-Stil in der ganzen Wikingerwelt. Wir wissen nicht, wer Ginna und Toki waren, die auf der Runeninschrift erwähnt werden, aber man glaubt, daß der Stein in der Regierungszeit Knuts errichtet wurde.

Rechts: Die Wikinger, die in der Loiregegend Frankreichs saßen, plünderten Angers im 9. Jahrhundert, als St. Aubin Bischof war. In der Vita des Heiligen, geschrieben um 1100, sind sie in ihren Schiffen abgebildet, bereit zum Angriff. Diese Krieger werden jedoch in der Bewaffnung des 11. Jahrhunderts gezeigt, mit langen Kettenhemden und papierdrachenförmigen Schilden, wie sie von den Normannen in der Schlacht von Hastings getragen und auf dem *Bayeux-Teppich* abgebildet wurden. Der Künstler hat das Steuerruder auf die falsche Seite des Schiffes verlegt!

schen den Herrschern Europas einnehmen konnte, und zur Zeit seines Todes 1035 hatte er seinen Anspruch durchgesetzt, ein Reich zu regieren, das England, Dänemark, Norwegen und Südschweden umfaßte.

Wie so viele Unternehmungen, die sich aus persönlichem Ehrgeiz herleiten, zerfiel jedoch auch Knuts Imperium nach seinem Tod. Sein Sohn Hardeknut, der im Jahre 1040 den englischen und den dänischen Thron erbte, tat wenig, um den Niedergang aufzuhalten. Nach seinem Tod bei einem Trinkgelage im Jahre 1042 gelangte die englische Krone wieder an die alte Königslinie, als Eduard der Bekenner, der einzige noch lebende Sohn Æthelreds II., zum König ausgerufen wurde, als er nach 25 Jahren aus der Normandie zurückgekehrt war.

Harald hardradi und der Einfall in England

Die so ziemlich letzte Episode in der Geschichte direkter skandinavischer Einmischung in England wurde durch den Tod Eduards des Bekenners im Januar 1066 heraufbeschworen. Sie wurde von Harald Sigurdarson initiiert, dem norwegischen König, der sich seinen Weg zur Macht mit einer solchen Brutalität geebnet hatte, daß man ihm den Beinamen inn hrádi »der hart Herrschende« gab. Adam von Bremen nannte ihn den »Blitzstrahl des Nordens«. Haralds Karriere war eine der spektakulärsten, die irgendein Wikinger des 11. Jahrhunderts durchlief, und sie verschaffte ihm einen Ruf, der dem Knuts gleichkam. Seine Jagd nach Ruhm als Selbstzweck ist ein lebendiges Beispiel dafür, daß die späteren Wikingerkönige eine sehr klare Vorstellung von ihrem eigenen Mythos besaßen.

Harald, ein Halbbruder Olaf Haraldssons, war im Alter von 15 Jahren bei der Schlacht von Stiklestad zugegen gewesen und gleich nach Olafs Tod ostwärts nach Schweden geflohen. Von Schweden aus reiste Harald nach Rußland, wo er in den Dienst Jaroslaws von Kiew trat, doch bald wagte er sich weiter in den Süden bis nach Byzanz, um sich der Warägergarde des Kaisers anzuschließen. Seine zahlreichen Abenteuer, die er kämpfend im Dienst des Kaisers erlebte, waren in der ganzen Wikingerwelt bekannt, doch sie fanden 1045 ein Ende, als er zurückkehrte, um sich in Norwegen eine Position zu erobern.

Der Tod Hardeknuts in England hatte in Skandinavien ein Machtvakuum hinterlassen. Zu seinen Lebzeiten hatte

Hardeknut die Oberhoheit über seine dänischen Territorien dem norwegischen König Magnus übergeben, doch sie wurden nun von Sven, dem Sohn von Knuts Schwester, beansprucht. Harald sah in dieser Situation eine günstige Gelegenheit für sich selbst und verbündete sich in einer Allianz mit Sven gegen Magnus. Nach Magnus' Tod im Jahre 1047 bestieg Harald den norwegischen Thron und wandte sich prompt gegen Sven. In den nächsten 20 Jahren wurden Tausende in zahllosen Schlachten getötet, da beide Könige eine bösartige Kampagne mit Überfällen und Gegenangriffen führten, die durch Verrat und Rache gekennzeichnet war. Haralds berühmtes Banner *Landeydan* (»der Landverwüster«) wehte über vielen Gebieten Dänemarks, und sogar Haithabu wurde niedergebrannt. Dennoch endete der Krieg in einer Pattsituation, und im Jahre 1064 einigten sich die Herrscher darauf, Frieden zu schließen. Mittlerweile war Harald 50 Jahre alt, hatte in fast allen Teilen der bekannten Welt gekämpft und in allen Gebieten Skandinaviens die Herrschaft innegehabt. 1066 unternahm er sein letztes Abenteuer – es sollte die späte Wikingerzeit an das Ende ihrer Geschichte führen, wenn nicht faktisch, so doch dem Geiste nach.

Eduard der Bekenner von England war ohne Erben gestorben. Nicht ohne einige Diskussion wurde Harold Godwinson, der einer von Eduards wichtigsten Ratgebern gewesen war, am nächsten Tage zum König ausgerufen. Diese Neuigkeit wurde in Norwegen begierig aufgenommen, weil Harald hardradi eine Gelegenheit für sich sah, als der natürliche Nachfolger von Knuts Königtum in England einzufallen und es für sich selbst zu beanspruchen. Er wurde von Harold Godwinsons Bruder Tostig, dem im Jahr zuvor aus England verbannten früheren Grafen von Northumbrien, und dem Jarl der Orkneys ermuntert. Harald hardradi stellte seine großen Führerqualitäten als Taktiker dadurch unter Beweis, daß er seine Pläne vor den Engländern geheimhielt und seine Streitmacht in aller

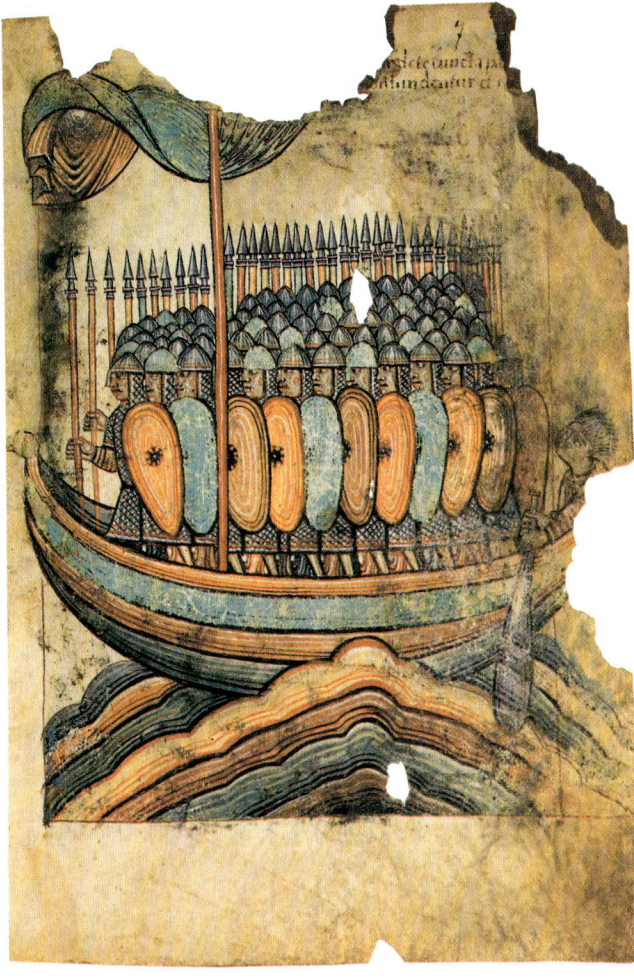

Links: Diese Szene aus dem *Bayeux-Teppich* zeigt Herzog Wilhelm bei einer Beratung in Hastings nach der normannischen Landung bei Pevensey am 28. September 1066. Wilhelm, der zwischen seinen Halbbrüdern Bischof Odo von Bayeux und Herzog Robert von Mortain sitzt, hält sein Schwert mit der Spitze nach oben. Der Wandbehang, wahrscheinlich für Bischof Odo gemacht, ist ein einzigartiger Bericht von den Ereignissen der Eroberung und eine wertvolle Informationsquelle über die normannischen Nachkommen der Wikinger und ihre Schiffe und Waffen.

Heimlichkeit versammelte. Im Spätsommer wurde Harold Godwinson von der Nachricht völlig überrascht, daß eine norwegische Flotte von 200 Schiffen die Humbermündung hinaufgesegelt war, um bei Riccall am Fluß Ouse zu landen. Zu ihr gesellten sich schon bald die Flotten Tostigs und des Orkney-Jarls, was zusammen eine vereinigte Streitmacht von vielleicht 300 Schiffen und 9000 Männern ergab. Innerhalb weniger Tage nach der Landung hatte Haralds Armee die northumbrische Bürgerwehr bei Gate Fulford vernichtet. Von den Bewohnern des nahe gelegenen York wurden Geiseln genommen, um die Kontrolle über Northumbrien zu festigen, bevor Harald sich nach Süden wandte. Mitte September ließ er sein Heer bei Stamford Bridge ein Lager aufschlagen, das 22 km von seinen Schiffen bei Riccall und 12 km von York entfernt war.

Ohne Haralds Wissen hatte Harold Godwinson, gleich nachdem er von der norwegischen Invasion gehört hatte, mit so vielen Truppen, wie er aufbringen konnte, einen verzweifelten Gewaltmarsch nach Norden unternommen. Nach wenigen Tagen schon stand seine Armee in Tadcaster vor den Toren Yorks. Die Norweger ahnten noch immer nichts von seiner Anwesenheit, als das englische Heer nach einem Marsch von 27 km bei Stamford Bridge über die Norweger herfiel. Das erste Anzeichen für ihren Anmarsch war das Glitzern der Morgensonne auf ihren Waffen, als sie am Horizont auftauchten: »Wie die Sonne auf einem Feld zerbrochenen Eises« beschrieb es eine spätere nordische Saga. Zunächst versuchte Harald hardradi, einen Waffenstillstand auszuhandeln, indem er versprach, nicht zu kämpfen, wenn ihm der gesamte Norden zuerkannt würde. Harolds Antwort ist überliefert: »Ich werde dir sieben Fuß englischen Bodens zugestehen, oder soviel mehr, als du größer als andere Männer bist.«

Die Schlacht war lang, brutal und entscheidend. Es war die größte Auseinandersetzung auf englischem Boden seit *Brunanburh* im Jahre 937, und die beiden Heere kämpften den ganzen Tag unter der gleißenden Sonne. Der norwegische König rief von seinen bei Riccall ankernden Schiffen Verstärkungstruppen herbei, die die Distanz in voller Rüstung zurückrannten. Trotz ihrer Anstrengungen wurden die erschöpften Norweger ausgelöscht. Harald hardradi, der letzte der großen norwegischen Könige, wurde durch einen Pfeil in seine Kehle getötet, als er eine Attacke an-

führte. Die Engländer verfolgten die Norweger die ganze Nacht hindurch bis zu ihren Schiffen in Riccall. Das Blutbad war so schrecklich, daß von den ursprünglichen 300 Schiffsmannschaften der Invasoren jetzt nur noch 24 Schiffe benötigt wurden, um die Verwundeten nach Norwegen zurückzubringen. Die Toten ließ man auf dem Schlachtfeld, wo ihre Knochen noch Generationen lang ein Wahrzeichen der Landschaft blieben. Als die glücklichen Überlebenden das Meer überquerten, wandten sich Harold Godwinson und seine Armee nach Süden, weil sie die Nachricht erhalten hatten, die Harold gefürchtet hatte. Herzog Wilhelm von der Normandie war mit einer normannischen Armee bei Pevensey an der Südküste Englands gelandet.

Wilhelm von der Normandie und die Eroberung Englands

Während Harald hardradi in seiner Hauptstadt Trondheim die Invasion geplant hatte, waren in Herzog Wilhelms Stützpunkt Falaise in der Normandie ähnliche Pläne geschmiedet worden. Wilhelm wurde 1027 als unehelicher Sohn Herzog Roberts geboren, des vierten in direkter Linie von Rollo, dem Wikinger, dem die Normandie 911 übertragen worden war. Wilhelms Vater war 1035 gestorben, und wegen des Fehlens eines rechtmäßigen Erben hatte er seine Kindheit inmitten von erbitterten politischen Kämpfen verbracht, unter denen das Herzogtum auseinanderzubrechen drohte. Als er das Mannesalter erreichte, hatte er sein Erbrecht mit Erfolg durchgesetzt und durch seine Autorität jedem Aspekt der normannischen Gesellschaft seinen Stempel aufgedrückt. Er führte an seinen Grenzen unnachgiebig Feldzüge gegen die kapetingischen Könige Frankreichs, reorganisierte die Armee und führte Abteilungen hochdisziplinierter Kavalleriesoldaten ein, so daß 1066 der normannischen Kriegsmaschinerie wahrscheinlich keine andere in Europa gleichkam. Wie Knut war auch Wilhelm ein unerschütterlicher Schirmherr der Kirche. Er baute neben vielen anderen religiösen Gründungen die großartige Abtei von Jumièges und war in jeder Situation darauf bedacht, sich als loyaler Diener des Papstes in Rom darzustellen. Sein Halbbruder Odo war Bischof von Bayeux.

Die Herrscherfamilien der Normandie und Englands waren seit der Regentschaft Knuts durch Heirat verwandt, und aus dieser Verwandtschaft leitete Wilhelm seinen Anspruch auf den englischen Thron ab. Er hatte schon zu Lebzeiten Eduards des Bekenners eine Gelegenheit ergriffen, diesem Anspruch Nachdruck zu verleihen. Etwa um das Jahr 1064 hatte Harold Godwinson die Normandie besucht, wo er Gast Herzog Wilhelms gewesen war. Die Umstände dieses Treffens sind heute unklar – die plausibelste Erklärung ist, daß Harold auf seinem Weg nach Irland von einem Sturm vom Kurs abgedrängt worden war. Es besteht jedoch kein Zweifel, daß er während seines Aufenthalts dort gezwungen wurde, Wilhelm die Treue zu schwören, und einwilligte, ihn nach Eduards Tod zu unterstützen. Als Wilhelm hörte, daß Harold selbst den Thron bestiegen hatte, war er offenbar so erzürnt, daß er seinen Mantel über sein Gesicht warf und kein Wort mehr sprach. Er befahl sofort den Bau einer Flotte für die Invasion Englands und war entschlossen, diese Anfang September durchzuführen.

Der gleiche Wind, der die norwegische Armee schnell über die Nordsee zur Küste Yorkshires getragen hatte, hielt die normannischen Schiffe im Hafen von Dieppe an der Nordküste Frankreichs fest. Als die Flotte am 27. September die Segel setzen konnte, war Harald hardradi bereits bei Stamford Bridge gefallen. Einmal über den Kanal gelangt, konnte die Armee ohne Gegenwehr landen und begann sogleich damit, einen befestigten Stützpunkt zu errichten. Hier bereitete sie sich auf die Schlacht gegen die Engländer vor. Im Gegensatz zu den Norwegern wußte Wilhelm ja, daß Harold im Anmarsch war. Die englische Armee marschierte in neun Tagen von York zur Südküste, eine Strecke von 400 km, ohne die Möglichkeit, zur Erholung anzuhalten. Die Streitmacht zählte ungefähr 7000 Mann, ein großer Teil von ihnen Bauernkrieger. Alle aber waren von der Schlacht von Stamford Bridge erschöpft, die

erst ein paar Tage zurücklag. Wilhelm hatte ungefähr eine gleiche Anzahl von Soldaten, aber seine Streitkräfte umfaßten Hunderte von Bogenschützen und Kompanien von Rittern zu Pferde.

Die beiden Heere stießen am 14. Oktober 1066 an einem Ort aufeinander, der heute am Rande des Dorfes Battle in Sussex liegt, ungefähr 14 km von Hastings entfernt. Die englische Armee war auf einem Hügelkamm aufgereiht, der ein sumpfiges Tal überblickte, wo die Normannen sich aufgestellt hatten. Im Zentrum gruppierte Harold seine Leibwache um die Drachenstandarte von Wessex. In der Morgendämmerung rückten die Normannen vor und stießen auf grimmigen Widerstand. Ihre Pferde rutschten im Morast aus, und ihre Infanterie wurde von einem Regen aus Speeren, Steinen und Ästen zurückgetrieben, denn die Engländer warfen mit allem nach ihnen, was greifbar war. Das bretonische Kontingent in Wilhelms Heer hielt nicht stand und floh, wobei es einen großen Teil der normannischen Truppen mit sich riß. Es sah aus, als hätte Harold innerhalb von vierzehn Tagen zwei große Siege errungen. Als das englische Aufgebot jedoch den Hügelkamm verließ und hinter ihnen herströmte, sammelte Wilhelm seine Truppen, und die normannische Kavallerie wandte sich um und metzelte die Hälfte des englischen Heeres am Grunde des Tals nieder.

Von jetzt an war alles nur noch eine Frage der Zeit. Als die Engländer sich über den Kamm zurückzogen, wurde, wie die normannischen Chronisten berichten, die königliche Leibgarde um Harold so dicht zusammengedrängt, daß die Körper der Getöteten nicht umfallen konnten. Zuerst wurden Harolds beide Brüder getötet und dann Harold selbst. Ob er von einem Pfeil im Auge getroffen wurde, wie das Gerücht nach der Schlacht lautete, können wir nicht sicher wissen, doch einige Normannen behaupteten,

Rechts: Diese Elfenbeinschachfiguren aus dem 12. Jahrhundert wurden in Westnorwegen geschnitzt, vielleicht in Trondheim, das ein bedeutendes Zentrum des Handels mit Walroßelfenbein war. Sie gehören zur größten und bedeutendsten Serie solcher Figuren, die aus dem Mittelalter bekannt ist und die Reste von vier fast kompletten Sätzen enthält. Ihre Entdeckung auf der Isle of Lewis auf den Äußeren Hebriden wirft Licht auf die Tatsache, daß die Westlichen Inseln von Schottland noch damals politisch ein Teil des Königreichs Norwegen waren.

daß Wilhelm selbst den englischen Schildwall mit dem Pferd übersprang, um den König zu erreichen. Die Geschichte der Schlacht wird in vielen Quellen erzählt – sowohl englischen wie normannischen – doch die lebendigste Darstellung ist auf einer Stickarbeit zu sehen, die als *Teppich von Bayeux* bekannt ist. Dieser wurde – vemutlich von Odo von Bayeux – bei englischen Nadelarbeitern in Auftrag gegeben, um das Andenken an den normannischen Triumph festzuhalten.

Nach dem Sieg bei Hastings überrannte Wilhelms Heer das Land in Richtung Norden mit geringer Gegenwehr. Am ersten Weihnachtstag des Jahres 1066 wurde er in der Londoner Westminster Abbey zum König von England gekrönt und erreichte so als ein Wikinger der fünften Generation, wozu seine Vorfahren im Norden so lange nicht in der Lage gewesen waren.

Die Auswirkungen des norwegischen Desasters und der normannischen Eroberung waren weitreichend. Die Verluste von Stamford Bridge waren so stark, daß für mehr als eine Generation kein norwegischer König irgendeine Angriffsaktion im großen Maßstab durchführen konnte. Obwohl eine dänische Flotte 1069 versuchte, den Norden Englands zu erobern, waren die dänischen Armeen ebenfalls nach 17 Jahren des Krieges mit Harald hardradi erschöpft, und Schwedens expansionistische Ambitionen waren im selben Konflikt neutralisiert worden. 1098 hatte sich der norwegische Staatsschatz soweit erholt, daß König Magnus Barfuß die letzte echte Wikingerexpedition in den Westen unternehmen konnte, bei der er auf den Hebriden und der Isle of Man plünderte und sogar in Wales gegen die Normannen kämpfte. Doch obgleich norwegische Schiffe noch im 13. Jahrhundert die irische Küste verheerten, starb die Wikingertradition in Westeuropa praktisch mit Harald hardradi bei Stamford Bridge und wurde schließlich zu Grabe getragen, als sein Leichnam 1067 von seinem Sohn nach Hause nach Trondheim geholt wurde. Die Machtarena Nordeuropas hatte sich von Skandinavien und der Nordsee auf die Länder an den beiden Ufern des Ärmelkanals verlagert.

Das spätnordische Vermächtnis in Schottland

Die skandinavische Anwesenheit dauerte im nordwestlichen Britannien viel länger als weiter im Süden. Nachdem die erste Periode der Überfälle auf die schottischen Inseln und den nördlichen Teil des britannischen Festlands beendet war, schlugen die nordischen Siedler feste Wurzeln, deren Spuren noch heute in Ortsnamen und in Sprachelementen existieren: das Norn – eine regionale Variante des Norwegischen – wurde auf den Orkneys sogar bis ins vorige Jahrhundert gesprochen. Einige Baumethoden der Gegend, wie der Gebrauch von Birkenrinde beim Dachdecken, sind ebenfalls Zeugnisse für den anhaltenden nordischen Einfluß.

Wie wir gesehen haben, entstanden die Jarltümer der Orkneys, der Shetlands und von Caithness schon sehr früh. Die Funde norwegischer Artefakte, wie Geweihkämme oder Specksteingefäße, an vielen Orten in Schottland weisen darauf hin, daß es einen unmittelbaren Kontakt mit den sich entwickelnden Städten und Manufakturzentren Norwegens gegeben hat, und es kann kaum bezweifelt werden, daß die norwegischen Könige in ihren westlichen Kolonien über die Jarle einen mächtigen politischen Einfluß geltend machten. In den Tagen des Jarls Thorfinn im 11. Jahrhundert waren die Jarle bedeutende regionale Führer mit territorialen Ambitionen geworden, die sich westwärts bis zur Irischen See erstreckten. Die *Orkney-Saga* vermerkt für die Zeit von ca. 1037–39:

Jarl Thorfinn hatte mit den Männern von den Hebriden und den Iren alle Hände voll zu tun, und er glaubte, daß er in bezug auf seine Streitmacht dringend der Hilfe bedürfe … Zu Beginn des Frühjahrs sandte er also eine Botschaft an seinen Verwandten Jarl Rognvald, in der er diesen bat, mit ihm auf eine Kriegsfahrt zu gehen und so viele Männer mitzubringen, wie er beschaffen könne. Thorfinn und Rognvald plünderten während des Sommers rund um die Küsten der Hebriden und Irlands sowie weit und breit an der Westküste Schottlands. Thorfinn unterwarf sich das Land, wo immer er hinkam.

Links: Luftbild von Freswick Links an der Nordostküste des schottischen Festlands, wo man umfangreiche Beweise für eine Besiedlung in der spätnordischen Periode gefunden hat, als Fischfang im großen Maßstab einen bedeutenden Teil der örtlichen Wirtschaft darstellte. Dies war ein Gebiet mit einheimischer piktischer Siedlung, wogegen bis jetzt nichts darauf hindeutet, daß sich hier in Caithness während der frühen Wikingerzeit Skandinavier aufhielten.

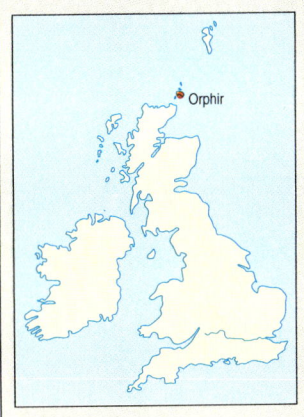

Orphir

Orphir auf den Orkneys war eine der vielen Siedlungen von hoher Bedeutung, welche die Orkney-Jarle während der spätnordischen Zeit innehatten. Eine Beschreibung der im 12. Jahrhundert dort gebauten Residenz des Jarls Paul Hakonsson wird in der *Orkney-Saga* gegeben: »Es gab eine große Trinkhalle ... mit vielen gewaltigen Bierfässern ..., und vor der Halle, nur ein paar Schritte entfernt, stand eine schöne Kirche.« Obwohl eine ansehnliche Gebäudereihe gemeinhin mit der Jarlshalle (oder Jarls Bu) identifiziert wird, gehört sie vielen verschiedenen Perioden an. Ein Teil der Kirche aus dem 12. Jahrhundert steht jedoch noch, und Grabungen haben eine Wassermühle und eine große Metallverarbeitungsstätte aus spätnordischer Zeit freigelegt.

Unten: Ausgrabungen in der Nähe der Gebäude, die gern als Paul Hakonssons »Trinkhalle« und die runde Kirche identifiziert werden, haben die Überreste einer Horizontalmühle zutage gefördert. Etwas weiter entfernt liegen der Mühlenteich, der mit einem Damm versehen gewesen sein könnte, und die Metallverarbeitungsstätte, die als Lavacroon bekannt ist.

Unten: Die Rundkirche von Orphir ist die einzige mittelalterliche Rundkirche in Schottland. Ihre Gestaltung könnte von der Grabeskirche in Jerusalem angeregt worden sein, nachdem Jarl Hakon im 12. Jahrhundert dem Heiligen Land einen Besuch abgestattet hatte. Sie wurde teilweise zerstört, als eine spätere Kirche – die nicht mehr steht – westlich davon erbaut wurde, doch ein beträchtlicher Teil ihrer gerundeten Apsis ist noch unversehrt.

Oben: Eine mit einer Inschrift versehene Rinderrippe, die man in einer Abfallgrube in Orphir gefunden hat. Die Runeninschrift lautet: »... dieser Knochen wurde in ...« Etwas informativer sind die Tausende von Dorschgräten und angebrannten Körner von Biergerste, die im Abfallhaufen gefunden wurden und uns eine gute Vorstellung vom Speiseplan der nordischen Bewohner vermitteln, die in jener Zeit in Orphir gelebt haben.

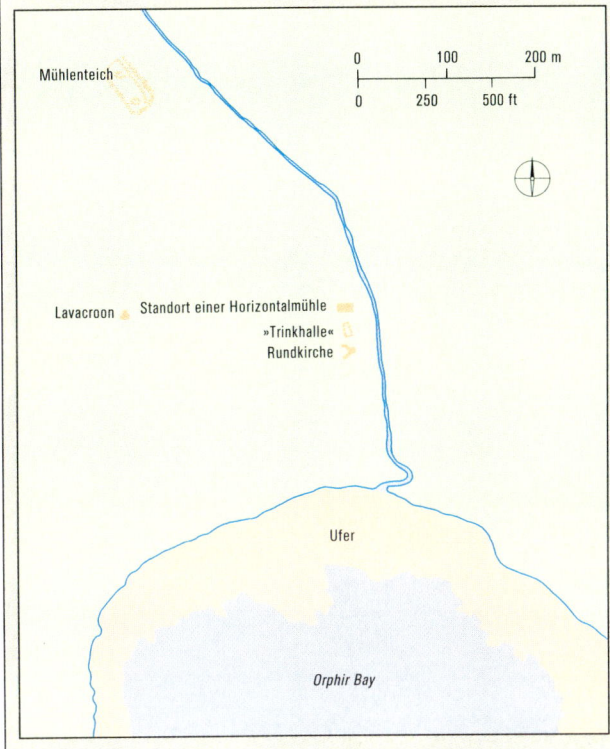

Mühlenteich
0   100   200 m
0   250   500 ft

Lavacroon   Standort einer Horizontalmühle
»Trinkhalle«
Rundkirche

Ufer

Orphir Bay

Es ist die *Orkney-Saga*, die uns die unmittelbarsten dokumentarischen Zeugnisse liefert, die wir von der nordischen Besetzung der Inseln im 11. Jahrhundert besitzen, obwohl diese Quelle mit derselben Vorsicht wie die anderen Sagas behandelt werden muß, da sie wahrscheinlich in isländischen Zentren der Gelehrsamkeit nach den Ereignissen, die sie beschreibt, verfaßt wurde. Sie enthält Details, die es sehr wahrscheinlich erscheinen lassen, daß man Informanten aus der beschriebenen Gegend zu Rate zog. Nur jemand mit einem Wissen aus erster Hand von den Hügelabhängen in der Gegend von Bu bei Orphir hätte zum Beispiel die genaue Beschreibung dieser speziellen Landschaft geben können, die die Saga enthält. Eine Anzahl von Runeninschriften, die von Nordleuten geritzt wurden, die im neolithischen Grab bei Maes Howe auf den Orkneys Unterschlupf gesucht hatten, bringt uns die Vergangenheit noch näher. Sie erzählen von Reisenden und vom Raub der Schätze aus dem Grabhügel, von Winterwetter und dem Bedürfnis nach Unterkunft und Behaglichkeit und

von der zurückgelassenen großen Liebe. Sie ermöglichen uns einen menschlichen Blick auf diese Abenteurer, die Sehnsucht nach ihren heimischen Herden hatten.

Eine Reihe von regionalen Machtzentren scheint sich im 11. und 12. Jahrhundert im Jarltum entwickelt zu haben, darunter Birsay (das Thorfinn zu seinem ständigen Stützpunkt machte) und Orphir auf den Orkneys, Tuquoy auf Westray, Westness auf Rousay, Jarlshof auf den Shetlands und Freswick in Caithness. Ausgrabungen an diesen Orten haben zahlreiche Zeugnisse für die Natur der spätnordischen Anwesenheit in Schottland ergeben. Viele dieser Siedlungen sind recht groß und umfassen eine Mehrzahl von Gebäuden mit unterschiedlichen ökonomischen Funktionen (Scheunen, Ställe, Küchen, Schmieden und Wohnhäuser), die gewöhnlich aus aufgeschichteten Steinmauern gebaut wurden. Wie schon erwähnt, existieren an vielen Fundstätten – beispielsweise in Birsay und Jarlshof – Zeugnisse für aufeinanderfolgende Besiedlungsperioden. In Birsay etwa schmiegen sich die Fundamente mehrerer

Birsay

Die kleine Gezeiteninsel Brough of Birsay, gelegen an der Nordwestecke der Hauptinsel der Orkneys, ist seit langem als nordische Siedlung identifiziert, denn die *Orkney-Saga (Orkneyinga saga)* beschreibt sie als ein bedeutendes Zentrum politischer und kirchlicher Macht im 11. und 12. Jahrhundert.

Ausgrabungen haben gezeigt, daß der Brough auch in der piktischen Zeit ein bedeutender Ort als Handwerkszentrum war, wo Metallarbeiten von besonders hoher Qualität entstanden. Gebäudereste aus beiden Perioden konzentrieren sich vor allem auf die landzugewandte Südseite der Insel. Am Klippenrand bauten die nordischen Siedler direkt über der piktischen Siedlung. Dabei verwendeten sie Steine aus deren Bauten, so daß es sehr schwierig ist, die Bauphasen zu unterscheiden. Piktische Reste liegen unter den nordischen Gebäuden im Umkreis der Kirche aus dem 12. Jahrhundert. Hier wurde ein schöner Symbol-

Stein gefunden, auf dem ein Adler und drei Krieger zu sehen sind und der vermutlich die Grabstätte dreier Männer markiert.

Hangaufwärts sind deutlich die grasbedeckten Steinfundamente mehrerer nordischer Gebäudegruppen sichtbar. Aus praktischen Gründen der Entwässerung sind diese in Richtung der Hangneigung angeordnet. Ein einzelner Siedler, der es vorzog, sein Haus quer zum Hang zu errichten, mag später Grund genug gehabt haben, diese Entscheidung zu bedauern. Vereinzelte piktische und nordische Bauten sind durch archäologische Grabungen auch an anderen Stellen der Insel identifiziert worden. Einige nordische Gräber und Gebäude wurden auch auf der Hauptinsel gegenüber freigelegt. Eines der bedeutendsten davon, im Zentrum des modernen Ortes Birsay gelegen, ist ein Steinbau, der stellenweise über einen Meter hoch und wenigstens 12 m lang ist.

Unten: Die Ausgrabung dieses schlichten Gebäudes aus Lehm und Steinen auf einer schmalen Landzunge im Süden des Brough, das von selbst ans Licht kam, erwies sich als herausfordernde Aufgabe. Seit es im 10. Jahrhundert erbaut wurde, hat die Erosion dazu beigetragen, seine Lage am Felsabhang aufs höchste zu gefährden.

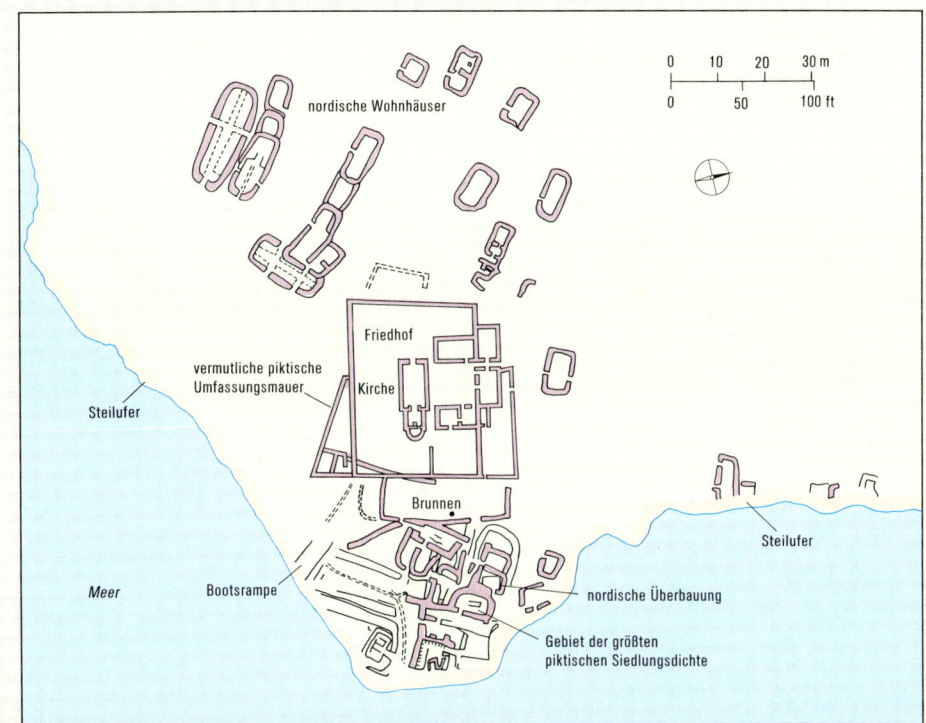

nordische Wohnhäuser

0   10   20   30 m
0   50   100 ft

Steilufer

Friedhof

vermutliche piktische
Umfassungsmauer

Kirche

Meer

Brunnen

Steilufer

Bootsrampe

nordische Überbauung

Gebiet der größten
piktischen Siedlungsdichte

Unten: Sehr wenige Gegenstände
haben sich im Lehmboden des Brough
erhalten, obwohl Spuren von Speck-
steingefäßen, Perlen und Gußformen
aus Ton gefunden wurden. Diese Knochen und die anderen Stücke sind
typisch: ein spätwikingerzeitlicher
Kamm, eine Nadel und ein Seehund-
zahn mit Runenzeichen.

Ganz unten: Die buckelförmige Gestalt
des Brough of Birsay bei Hochwasser.
Es ist nicht sicher, ob die Insel in der
Wikingerzeit völlig vom Festland abgetrennt war; sie hatte aber offensichtlich
eine gute natürliche Verteidigungslage.

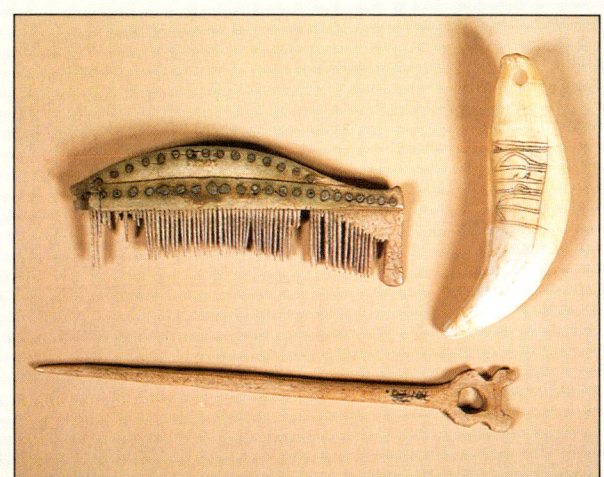

nahezu rechteckiger Gebäude aus verschiedenen Zeiten um eine kleine Kirche des 12. Jahrhunderts. Manchmal scheint ein Ort – wie etwa Sandwick auf den Shetlands – jedoch erst von den Wikingern im 11. oder 12. Jahrhundert zum erstenmal bewohnt worden zu sein.

Erkenntnisse über die Lebensweise dieser Bauern und Fischer erlangen wir auf ganz unterschiedliche Weise. Eine horizontale Mühle, die wahrscheinlich zum Mahlen von Getreide benutzt wurde, ist in Orphir ausgegraben worden, und eine an mehreren Orten durchgeführte Pollenanalyse läßt darauf schließen, daß Gerste, Hafer und Flachs angebaut wurden. Dichte Schichten von Fischgräten und anderem Abfall, die man in den in Freswick ausgegrabenen Müllhaufen gefunden hat, zeigen, daß man Fischerei im großen Stil betrieben hat. Angelgewichte, eine große Vielfalt von Messern, Spinnwirtel und viele andere Werkzeuge und Artikel des täglichen Gebrauchs, die man in spätnordischen Siedlungen gefunden hat, vervollständigen das Bild einer Wirtschaftsform der harten Arbeit für den Lebensunterhalt.

Das Leben dieser bäuerlichen Gemeinschaften muß häufig von Kriegen und Fehden zerrüttet worden sein. Es gibt Beweise für eine beträchtliche Zunahme des Gebrauchs von befestigten Siedlungen *(kastalar)* in der spätnordischen Zeit, wie etwa Cubbie Roo's Castle (Kolbein hruga in der *Orkney-Saga*) auf Wyre. Diese massiven, quadratischen Steintürme, die von tiefen Erdwerken umgeben sind, unterscheiden sich sehr von den eisenzeitlichen *brochs*, den runden Türmen aus Trockenmauern, die in Nordschottland und auf den Inseln weiter verbreitet sind, jedoch in der Landschaft ähnliche, weithin sichtbare Positionen auf Berggipfeln einnehmen.

Reichtum und Macht der Orkney-Jarle spiegeln sich in der Pracht ihrer wichtigsten Kirchenbauten wider. Ziemlich kontrovers ist die Diskussion um den Standort von Thorfinns Münster in Birsay, das in der *Orkney-Saga* erwähnt wird: Einige vertreten die Ansicht, daß es sich auf dem Brough of Birsay befunden habe, andere behaupten, es hätte im heutigen Dorf Birsay auf dem Festland in der Nähe der modernen Pfarrkirche gestanden. Sehr viel solider und ansehnlicher sind die Überreste der Rundkirche in Orphir und die St.-Magnus-Kathedrale in Kirkwall auf den

Orkneys. Die Ressourcen, die benötigt wurden, um diese kunstvollen Bauwerke zu errichten, und die entfernten Einflüsse, die dabei zum Tragen kamen, weisen darauf hin, daß die Orkneys mittlerweile zum Mitspieler auf der europäischen Bühne geworden waren. Wenn auch eine skandinavische Herkunft der Rundkirche von Orphir möglich ist, hat man doch vermutet, daß sie von der Kirche des Heiligen Grabes in Jerusalem inspiriert wurde, einem beliebten Vorbild für Kirchen in Westeuropa, nachdem die Stadt den Arabern vom Heer des Ersten Kreuzzuges im Jahre 1099 entrissen worden war. Möglicherweise bestand also eine Verbindung zur Kreuzzugsbewegung.

Die Kathedrale von Kirkwall ist ein prächtiges romanisches Bauwerk, das die architektonische Herrlichkeit der Kathedrale von Durham in Nordostengland widerspiegelt, und in der Tat weiß man, daß Steinmetze aus Durham an ihrem Bau beteiligt waren. Sie ist St. Magnus geweiht, dem Märtyrer Magnus Erlendsson, der auf den Orkneys aufwuchs und auf Egilsay um das Jahr 1117 ermordet wurde. Er wurde später der Schutzpatron der Orkneys. Die Tatsache, daß die Domkirche der Färöer in Kirkjubøur ebenfalls St. Magnus geweiht ist, weist auf die anhaltende Intensität der Verbindungen zwischen den Gebieten nordischer Besiedlung im Westen und im Nordatlantik hin. Die Orkneys und Shetlands wurden erst im Jahre 1468 zu einem Teil Schottlands, als der König von Dänemark (auf den Norwegen und seine Ländereien 1397 übergegangen waren) sie als Mitgift für die Heirat seiner Tochter mit James III. von Schottland abtrat.

Das Königreich von Man und den Inseln

Die Angriffe des Jarls Thorfinn an der Westküste Schottlands könnten gut auch die Isle of Man betroffen haben, obwohl es in den dokumentarischen historischen Aufzeichnungen nichts gibt, was dies bestätigen würde. Es ist sehr wenig über die politische Organisation auf Man bis zum Jahr 1076 bekannt, in dem Godred Crovan in der Schlacht von Skyhill seine Autorität über die Insel etablierte und eine Herrscherdynastie auf Man gründete. Man schreibt ihm zu, daß er den Einfluß der Insel nach Norden auf die Hebriden ausgeweitet hat, was zur Gründung des Königreichs von Man und den Inseln führte. Etwa zur sel-

Oben: Um das Jahr 1150 ließ nach der *Orkney-Saga* »ein sehr tüchtiger Mann namens Kolbein hruga, Bauer auf Wyre auf den Orkneys …, eine schöne, starke Steinfestung bauen, eine wirklich solide Burg«. Ihre Ruinen, bekannt als Cubbie Roo's Castle, sind noch zu sehen – ein Steinturm mit Wirtschaftsnebengebäuden innerhalb eines in den Felsen geschlagenen Grabens – und bilden die älteste dokumentierte Steinburg in ganz Schottland.

Rechts: **Nordbritannien und Irland in der späten Wikingerzeit**
Das Jarltum der Orkneys, der Shetlands und von Caithness (das Nördliche Jarltum) befand sich in der späten Wikingerzeit unter der Kontrolle der norwegischen Könige. Norwegen erhob auch formellen Anspruch auf die Hebriden, doch gegen Ende des 11. Jahrhunderts hatte das Königreich von Man sie vereinnahmt, dessen Einfluß sich auch auf Nordirland und Teile Nordwestenglands ausdehnte. Die Hebriden wurden zu verwaltungstechnischen Zwecken in vier Gruppen aufgeteilt, doch 1156 wurden Mull und Islay von Argyll übernommen. Zu dieser Zeit hatten die Bischöfe von Man die Autorität der Erzbischöfe von Nidaros in Norwegen anerkannt. Innerhalb weniger Jahre war die anglo-normannische Invasion Irlands durch das Wikingerkönigreich von Dublin und den anderen hiberno-nordischen Städten zum Stillstand gebracht worden. Als die nordische Präsenz in Nordwestbritannien und im Bereich der Irischen See von der wachsenden Macht Schottlands und Englands herausgefordert und verdrängt wurde, versuchte die norwegische Krone, ihre Autorität über Man und die Hebriden zurückzuerlangen, doch ihre vernichtende Niederlage gegen die Schotten bei Largs im Jahre 1263 setzte ihren politischen Ambitionen in diesem Gebiet ein Ende. Das Nördliche Jarltum blieb bis 1468 innerhalb der skandinavischen Einflußsphäre.

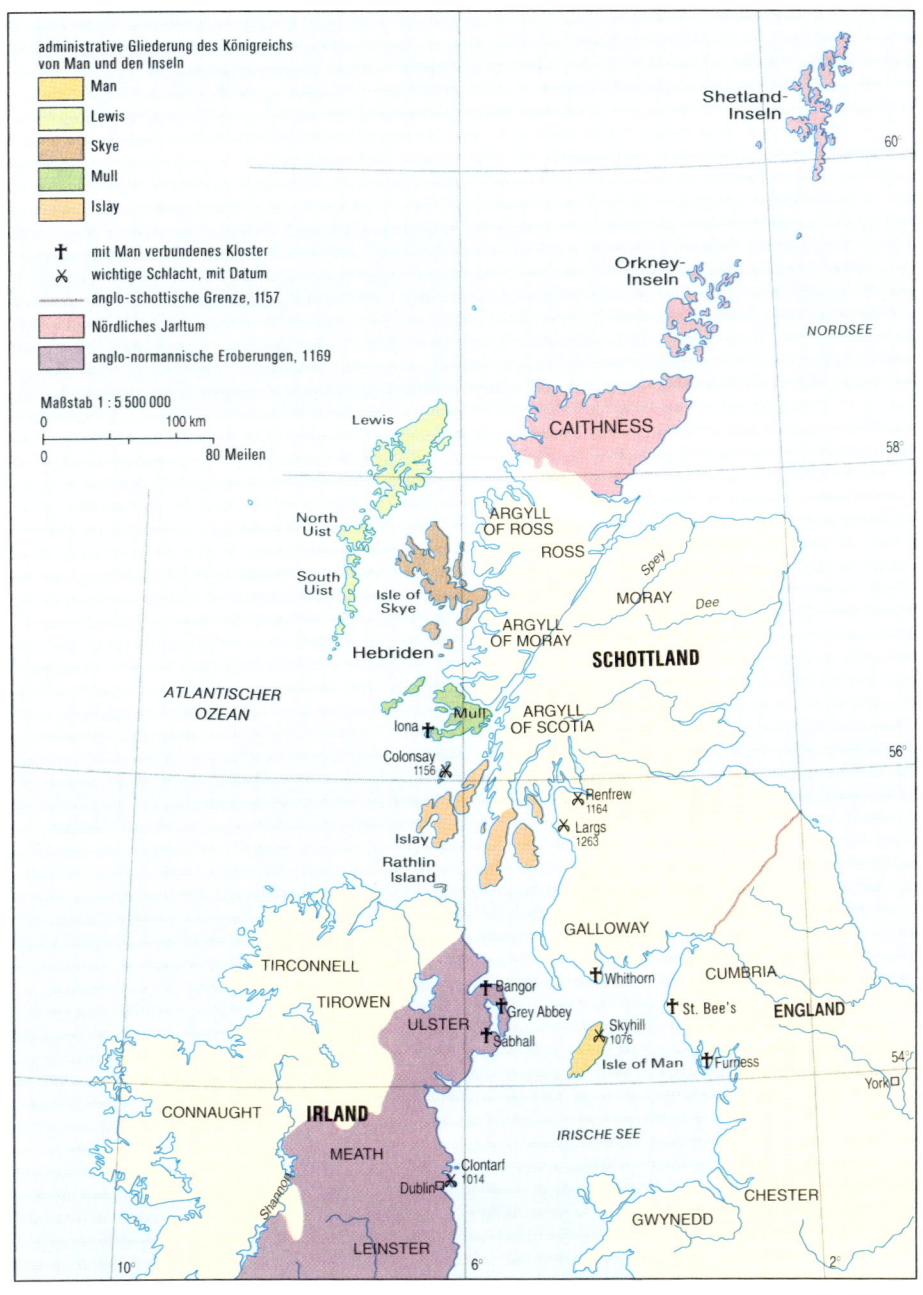

administrative Gliederung des Königreichs
von Man und den Inseln

- Man
- Lewis
- Skye
- Mull
- Islay

† mit Man verbundenes Kloster
✗ wichtige Schlacht, mit Datum
⸺ anglo-schottische Grenze, 1157
- Nördliches Jarltum
- anglo-normannische Eroberungen, 1169

Maßstab 1 : 5 500 000

0   100 km
0   80 Meilen

(»Die hungrigen Schlacht-Vögel wurden in Skye mit dem Blut getöteter Feinde gespeist, und Wölfe am einsamen Strand von Tiree färbten ihre haarigen Kiefer in Blut ... Auf der Ebene von Sanday erspähen sie unsere Schilde: Von Islay stieg der Rauch himmelhoch. Aufwirbelnd vom blitzenden Schein erheben sich die Männer des Königs über die Insel. Südlich von Kintyre flohen die Leute, erschreckt von unseren blutgeröteten Schwertern, und unser kühner Held stürmt vorwärts, um in Man auf die Feinde der Nordmänner zu treffen.«)

In den Tagen des Königreichs Man waren die Hebriden als *Sudreyjar* (Südinseln) bekannt, um sie von den *Nordreyjar* (Nordinseln), den Orkneys und Shetlands, zu unterscheiden. Aus verwaltungstechnischen Gründen wurden die Hebriden in vier Teile aufgeteilt, die sich jeweils um die Inseln Islay, Mull, Skye und Lewis gruppierten. Alle Inseln sandten Vertreter zum Zentralparlament oder Thing, das sich (wie das erste Morphem des Namens nahelegt) in Tynwald auf der Isle of Man versammelte: Diese Vertreter werden die mächtigsten Mitglieder der nordischen Gesellschaft gewesen sein. Als reichste und bedeutendste Insel entsandte Man 16 Vertreter, und jede der Inselgruppen in den Hebriden sandte jeweils vier, was zusammen noch einmal 16 ergibt. Nachdem jedoch im Jahre 1156 Godred II., ein Nachkomme Crovans, in einer Schlacht vor der kleinen Insel Colonsay besiegt worden war, gingen die südlichen Inselgruppen von Mull und Islay an Somerled, den Beherrscher der Argyll-Küste auf dem schottischen Festland, verloren. Die Anzahl der Vertreter von den Hebriden wurde dementsprechend auf acht reduziert, im ganzen also 24 – was noch immer die Zahl der Abgeordneten im Unterhaus (dem House of Keys) des heutigen Inselparlaments ist. Es geht direkt auf das Thing zurück und stellt somit eine lebendige Verbindung zur skandinavischen Vergangenheit der Insel dar.

Von der englischen Präsenz in Irland seit dem 12. Jahrhundert und der wachsenden Stärke des Königreichs Schottland auf dem Festland im 13. Jahrhundert herausge-

Rechts: Der Griff eines irischen Schwerts, das in seiner Scheide in Lough Derg, Grafschaft Tipperary, gefunden wurde: es hat eine anglo-skandinavische Form mit gebogenem Knauf und Parierstange und gezähnten Innenkanten der Griffbeschläge, während der Charakter der schönen eingelegten Dekoration auf irische Handwerkskunst um 1100 hindeutet. Irische Handwerker dieser Periode hatten Einflüsse des Ringerike- und des Urnes-Stils der späten Wikingerkunst aufgenommen.

ben Zeit wurden die Diözesen Sodor und Man mit ihrer Kathedrale auf St. Patrick's Isle eingerichtet, dem einzigen geschützten Hafen an der Westküste Mans. Als Nidaros (später Trondheim) im Jahre 1152 Erzbistum wurde, fielen Sodor und Man in seine Kirchenprovinz. Dadurch verbanden sie sich mit der norwegischen statt mit der schottischen oder englischen Kirche.

1098 erneuerte König Magnus Barfuß Norwegens Anspruch, politische Macht auf den Hebriden und in der Irischen See auszuüben, indem er eine Expedition in den Westen führte. Seinen kriegerischen Vormarsch hat sein Hofdichter Bjorn Krüppelhand anschaulich beschrieben:

> The hungry battle-birds were filled
> In Skye with blood of foemen killed,
> And wolves on Tiree's lonely shore
> Dyed red their hairy jaws in gore ...
> On Sanday's plain our shields they spy:
> From Islay smoke rose heaven-high
> Whirling up from the flashing blaze
> The king's men o'er the island raise.
> South of Kintyre the people fled
> Scared by our swords in blood dyed red,
> And our brave champion onward goes
> To meet in Man the Norsemen's foes.

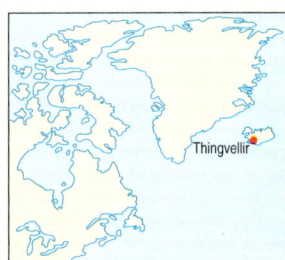

Thingvellir

Thingvellir (»Parlamentsebene«) im Südwesten Islands ist der berühmteste der vielen Thingplätze oder Tagungsorte der Volksversammlungen in der Wikingerwelt. An diesem Ort traf das Althing, die Nationalversammlung der Isländer, in jedem Sommer zwei Wochen lang unter freiem Himmel zusammen. Er liegt etwa 48 km östlich von Reykjavík und konnte von allen Siedlern erreicht werden, obgleich viele dafür wohl eine lange Reise zu Pferd auf sich nehmen mußten. Es existierte außerdem ein System von Regionalthingen, die unter dem Vorsitz der *Goden*, der lokalen Führer, standen. Sie spielten auch auf dem Althing eine einflußreiche Rolle: Von jedem Goden wurde erwartet, daß er vor dem Althing die Rechtsansprüche der Männer seines Bezirks vertrat. Dafür konnte er als Gegenleistung ihre bewaffnete Unterstützung in Fehden mit anderen Goden einfordern.

Die unentbehrliche Funktion des Things in der nordischen Gesellschaft als der Ort, an dem alle Freien einer Region sich versammelten, Streitfragen diskutierten und Mißstände beilegen konnten, spiegelt sich darin wider, daß dieses System aus den skandinavischen Ursprungsländern in viele Teile der Wikingerwelt mitgenommen wurde. Erik der Rote, wegen Mordes zuerst vom Jæren-Thing in Südwestnorwegen und dann vom Thórsnes-Thing in Island geächtet, führte in der Nähe der von ihm gegründeten Kolonie in Brattahlíd in Grönland sein eigenes Thing ein. Das nicht weit entfernte Gardar besaß ebenfalls einen eigenen Thingplatz. In Nordschottland zeugen die Ortsnamen Dingwall (Sutherland) und Tingwall (Orkneys) von früheren Versammlungsplätzen, und Tynwald auf der Insel Man ist heute noch immer der Ort, an dem das Manx-Parlament, die traditionsreiche gesetzgebende Körperschaft der Insel, zusammentritt.

Das traditionell überlieferte Gründungsjahr des Althings (930) gestattet es Island, sich der ältesten Nationalversammlung Europas zu rühmen, obwohl sie ihre Machtbefugnis nicht ohne Unterbrechung behielt. Im 19. Jahrhundert wurde sie zeitweilig abgeschafft und später im Zuge der wachsenden Nationalbewegung wieder eingeführt. Während der Wikingerzeit war die gewichtigste vom Althing getroffene Entscheidung eine, die um das Jahr 1000 gefällt wurde, als – nach langer Debatte – das Christentum als offizielle Religion der Kolonie anerkannt wurde.

fordert, näherte sich die Zeit des norwegischen Einflusses in der Irischen See dem Ende. Norwegens Versuch, seine Herrschaftsgewalt über die Hebriden und die sie umgebenden Landstriche zurückzuerlangen, führte zu einer Niederlage gegen die Schotten in der Schlacht von Largs im Jahre 1263. Drei Jahre später erwarb die schottische Krone das norwegische Anrecht auf Man und die Inseln.

Die Nordleute in Irland

In Irland bestätigte sich die wachsende Schwäche der nordischen Dubliner in der Schlacht von Clontarf im Jahre 1014, als ihre Armee, die sich mit skandinavischen Streitkräften von den Orkneys, der Isle of Man, aus Island und der Normandie verbündet hatte, entscheidend von den Iren geschlagen wurde, die von Brian Boru, dem König von Munster und damaligen Großkönig von Irland, angeführt wurden. Eine Reihe von Iren aus Leinster hatte auf der Seite der Dubliner gekämpft, da sie die Oberherrschaft von Borus Königreich Munster fürchteten. Obwohl Boru – der im Kampf getötet wurde – von den späteren Schriftstellern als der Erlöser Irlands von den Norwegern gepriesen wurde, führte sein Tod zu einer Periode dynastischer Unruhe und einem politischen Schlagabtausch, in dem die Wikingerstädte sich abwechselnd in den Dienst des einen oder des anderen irischen Königs stellten. Ihr Nutzen für die Iren lag in ihren Flotten und ihrer Kontrolle über die Seewege. Oft kämpften sie gegeneinander. Beispielsweise griffen die Männer Dublins im Jahre 1087 Waterford an und brannten es nieder, und ein Jahr später unternahm eine vereinigte Streitmacht aus Dublin, Wexford und Waterford einen erfolglosen Angriff auf Cork.

Trotz ihrer wachsenden Verwicklung in die politischen Affären der Iren und einem gewissen Grad von kultureller Integration (der sich im Gebrauch des Ringerike- und des Urnes-Stils durch irische Handwerker widerspiegelt) unterschieden sich die Skandinavier weiterhin durch eine Reihe charakteristischer Merkmale von der ursprünglichen irischen Bevölkerung. Sie behielten ihre eigene Sprache, ihre Gesetze und Sitten bei und wohnten weiterhin in Städten und trieben in ihnen Handel, während die Iren keine Verstädterung kannten. Nachdem die Skandinavier im Laufe des 10. Jahrhunderts Christen geworden waren, übernahmen sie nicht die irische Form der kirchlichen Organisation, die sich auf Klöster stützte, sondern sandten – wie man aus den Namensformen schließen kann – irische Priester nach England, damit sie vom Erzbischof von Canterbury zu Bischöfen für die Städte geweiht wurden.

Im 12. Jahrhundert begannen die angelsächsischen Herrscher Englands, zunehmendes Interesse für die Angelegenheiten Irlands zu zeigen. Sie wurden von den kirchlichen Autoritäten ermuntert, die darauf aus waren, ihren Einfluß auf Irland auszuweiten und eine Reform der irischen Kirche durchzuführen. Die mauerbewehrten Wikingerstädte waren offensichtliche Schlüsselpunkte, von denen aus man eine Invasion durchführen konnte. Sie dienten als bereits fertige Festungen und machten es möglich, von England aus Nachschubrouten zu unterhalten. Im Jahre 1169 nahm eine angelsächsische Streitmacht unter der Führung von Richard de Clare (mit dem Beinamen Langbogen) Waterford, Wexford und Dublin ein. Geführt von Ansculf, dem letzten König von Dublin, entkam die Dubliner Flotte, wurde jedoch besiegt, als sie 1171 mit Unterstützung von Verbündeten aus Man und den Inseln zurückkehrte – das letzte Mal, daß eine norwegische Armee in Irland kämpfte. Später im selben Jahr hielt der englische König Henry II. in Dublin Hof und gab die Stadt für eine Kolonisation durch englische Siedler frei. Die Anwesenheit der Wikinger in Irland war zu Ende, und sie wurden in den Städten von den Engländern abgelöst. Seit dieser Zeit verlief die Geschichte Irlands in einer völlig anderen Richtung.

Das Ende der isländischen Unabhängigkeit

Nach ihrer Gründung gedieh die nordische Kolonie auf Island länger als 200 Jahre lang, stolz auf ihre Unabhängigkeit von dem norwegischen Heimatland. Um 1100 betrug die Einwohnerzahl zwischen 70 000 und 80 000 Menschen, eine Zahl, die erst zu Beginn des 20. Jahrhunderts überschritten werden sollte. Die Regierungsgewalt über das Land befand sich in den Händen der *Goden*, der regionalen Führer, die jeweils für die Rechtsprechung in ihren Distrikten verantwortlich waren. Dank ihrer Position als religiöse Führer und Hüter der regionalen Tempel, die sie in der heidnischen Gesellschaft innehatten, konnten sie sich das Besitzrecht und die Kontrolle über die lokalen Kirchen sichern. Mit der Zeit wurden einzelne *Goden* sehr mächtig, als mehr und mehr Landbesitz sich in immer weniger Händen konzentrierte. Die isländischen Sagas berichten von den vielen Rivalitäten, die zwischen ihnen entstanden und zu Streitigkeiten und Fehden führten, die viel Schaden anrichteten. Diese wachsende politische Unruhe bot den norwegischen Königen willkommene Gelegenheiten, in die Angelegenheiten Islands einzugreifen.

Mit der Einrichtung des Erzbistums Nidaros vergrößerten die kirchlichen Autoritäten in Norwegen ihre Anstrengungen, die Unabhängigkeit der isländischen Kirche zu beenden. Der Besitz an Kirchenland wurde den Laien-*Goden* aberkannt und der Zehnte (eine Kirchensteuer) eingeführt. Die Kleinbauern Islands standen bereits unter einem wachsenden ökonomischen Druck. Die Überweidung in Teilen der Insel hatte zu Problemen mit der Bodenerosion geführt und in Verbindung mit der zunehmenden Klimaverschlechterung die Fläche landwirtschaftlich nutzbaren Landes reduziert. Das Leben wurde für viele Bewohner der Kolonie immer schwieriger.

Die Diskussion und die Unsicherheit hinsichtlich der Datierung der Hekla-Ausbrüche sind bereits in einem früheren Kapitel erörtert worden. Wie dort schon bemerkt, deuten jüngste Untersuchungen der Vulkanascheschichten des Thjórsá-Tales darauf hin, daß die Haupteruption, die Teile des Tales unbewohnbar machte, sich erst zu Beginn des 13. Jahrhunderts ereignete. Neueste Ausgrabungen von Siedlungen im Tal haben diese Vermutungen bekräftigt: Insbesondere die Funde von charakteristischen Artefakten wie importierter Töpferware und Geweihkämmen zeugen von spätnordischer Aktivität in diesem Gebiet. Es ist jedoch wahrscheinlich, daß sich die Bauern dort einer wachsenden Armut gegenübersahen. Die Erhebung des Zehnten mag wie auch anderswo auf der Insel den Untergang vieler von ihnen beschleunigt haben.

Gegen 1238 hatten norwegische Geistliche beide Bischofssitze Islands besetzt, was eine solide Basis für die Unterstützung der Könige Norwegens lieferte. Der isländi-

sche Schiffsverkehr befand sich bereits in den Händen norwegischer Kaufleute, die alle Güter importierten, von denen die Insel abhing. Die wenigen verbliebenen *Goden* Islands konnten den nachdrücklichen Forderungen Norwegens nicht länger widerstehen, und einer nach dem anderen schwor König Hakon IV. (1204–63) die Treue und besiegelte so das Schicksal der isländischen Republik. Unter denen, die unschlüssig waren, befand sich Snorri Sturluson, einer der gebildetsten der zahlreichen isländischen Gelehrten jener Zeit und Autor der *Prosa-Edda*, die zu den großartigsten Werken der mittelalterlichen Literatur Islands zählt. Aufgrund seines Zögerns wurde er im Jahre 1241 in Reykholt ermordet. Die Auslöschung der isländischen Unabhängigkeit stand im starken Kontrast zur ursprünglich hoffnungsvollen Gründung der Kolonie.

Oben: Ein Bischofssitz wurde in Gardar in der Ostsiedlung eingerichtet, nachdem etwa 1125 in Lund ein Bischof für Grönland geweiht worden war. Ein mit Platten gepflasterter Weg führte zum Eingang der Bischofsresidenz, die sich an die Kathedrale anschloß, aber auch zu den Ställen und Scheunen des Bischofs.

Links: Auf der kahlen Höhe der Insel Kingigtorssuaq vor der Westküste Grönlands (auf fast 73° Nord) liegen die zusammengefallenen Reste von drei kleinen *cairns* oder Steinhaufen, errichtet von drei Nordleuten des 14. Jahrhunderts, die auch diese Runeninschrift auf einem Stück Schiefer von weniger als 10 cm Länge hinterließen. Sie endet mit sechs Geheimrunen, die noch nicht zufriedenstellend gedeutet werden konnten. Es wurde aber vorgeschlagen, sie könnten das Jahr angeben, womöglich 1333.

Unten: Dieser Kapuzenkragen aus Wollstoff mit seinem Zipfel oder langauslaufenden Schwanz wurde um die Füße eines Skeletts gewickelt auf dem Friedhof von Herjólfsnes in der Ostsiedlung gefunden. Sein charakteristisches Design zeigt, daß die spätnordischen Grönländer über die europäische Kleidermode des 14. Jahrhunderts gut informiert waren. Dies gilt auch noch für das 15. Jahrhundert, trotz ihrer geographischen Abgelegenheit und zunehmenden Isolation.

Der Zusammenbruch der Grönlandkolonie

Die Verschlechterung des Klimas hatte für die Bevölkerung im spätnorwegischen Grönland sogar noch katastrophalere Auswirkungen als in Island. Wir wissen, daß die Kolonie sowohl in der Ostsiedlung wie auch in der Westsiedlung bis weit in das 13. Jahrhundert hinein Bestand hatte und gedieh. 1125 wurde in Gardar in der Ostsiedlung ein Bistum eingerichtet. Die großen Scheunen und Ställe, die den Domkomplex umgeben, sind Belege für die Bedeutung der Kirche für das Leben in der Kolonie. In ihnen wurde der Zehnte gelagert – der in Form von landwirtschaftlichen Erzeugnissen und Walroßelfenbein gezahlt wurde –, den der am Platze wohnende norwegische Bischof von den Mitgliedern seiner Gemeinde erhob. Die winzige Kolonie am äußersten Rand der bekannten Welt wurde somit in die Organisationsstruktur der katholischen Kirche eingegliedert. Im Jahre 1260 folgte Grönland dem Beispiel Islands und unterwarf sich formell dem norwegischen König, was einen größeren Grad der Einmischung in grönländische Angelegenheiten mit sich brachte und seine wichtige Position innerhalb der Handelsnetze und der politischen Strukturen in Europa stärkte. Die zentrale Rolle, die die Kirche einnahm, ist deutlich in den archäologischen Funden wiedererkennbar. Außer dem Domkomplex in Gardar sind allein in der Ostsiedlung 17 Kirchen bekannt. Mehrere von ihnen waren offensichtlich sorgfältig errichtete Steingebäude.

Es war ein norwegischer Priester namens Ivar Bardarson, der um 1350 in Grönland seinen Dienst verrichtete – von ihm stammt ein großer Teil unseres Wissen über die damaligen Ereignisse in Grönland. Er berichtete zuerst von der Aufgabe der Westsiedlung zu dieser Zeit. Die Ausgrabung eines Siedlungsplatzes in Nipaitsoq in der Westsiedlung, dessen Nutzung um 1350 aufhörte, gibt uns ein Bild der Umstände, unter denen er verlassen wurde: Die Bewohner hatten offenbar ausgeharrt, bis die letzte Kuh, das letzte Kalb und sogar die Hunde getötet und verspeist worden waren.

Bevor die sich verschlechternden Bedingungen und das vermehrte Auftreten von Packeis derartige Reisen gefährlich machten, wurde wahrscheinlich noch einige Zeit nach der Aufgabe der Vinland-Kolonie eine spärliche Besiedelung in den arktischen Gebieten zwischen Grönland und Nordamerika aufrechterhalten. Es scheint mit Sicherheit eine schrittweise Expansion von der Westsiedlung aus die grönländische Küste hinauf zur Disko-Insel und nach Upernavik stattgefunden zu haben. Die Entdeckung von Gegenständen wie einer Reihe von kleinen Holzfiguren mit »europäischer« Kleidung, die man auf der Baffin-Insel in einer Eskimosiedlung des 13. Jahrhunderts bei Thule fand, deutet an, daß es eine Form des Kontaktes über die Davis-Straße gegeben hat.

Mit der Verschlechterung des Klimas hat die Zahl dieser Expeditionen offenbar abgenommen. Dennoch gibt es Belege dafür, daß die Norweger sich noch im 14. Jahrhundert bis in die *Nordrseta*, die nördlichen Jagdgründe Grönlands, vorwagten. Eine in Kingigtorssuaq auf fast 73° nördlicher Breite gefundene Runeninschrift verzeichnet, daß drei Nordleute Ende April dort waren; vermutlich hatten sie an dem Ort überwintert.

Während der »Kleinen Eiszeit« erfuhr Grönland eine Abkühlung von mindestens 2° Celsius. Dies wird zur Folge gehabt haben, daß sich die Grenze des arktischen Packeises nach Süden verschob und daß häufiger gewaltige Eisberge in der See um Grönland auftauchten. Als ein Resultat dieser Gefahren wurden die europäischen Händler, die die Gewässer des Atlantiks befuhren – im 14. Jahrhundert kamen sie mittlerweile hauptsächlich aus den englischen Häfen statt aus denen Westnorwegens oder des Ostseeraumes –, dazu gezwungen, sich anderswo nach Pelzen und Elfenbein umzusehen. Isoliert und ohne ausreichende Ressourcen, schwand die Grönlandkolonie allmählich dahin.

Einen wertvollen Einblick in das Ende der Grönlandkolonie erlaubt die Ausgrabung des Friedhofs und der Gebäude des Hofs der Familie Bjarni Herjólfssons in Herjólfsnes. Der Dauerfrostboden hat die Begräbnisbekleidung der letzten Bewohner in einem ausgezeichneten Zustand erhalten. Einige Leichname waren in die typischen langen, in Zipfelmützen auslaufenden Kapuzenüberwürfe gehüllt, die im 14. Jahrhundert die europäische Mode bestimmten. Sehr aufschlußreich ist ein Vergleich der wollenen Kleidung dieser Menschen mit der Kleidung, die in einer ungefähr gleichalten Siedlung der Eskimos in Qilakitsoq gefunden wurde. Deren Körper waren mit Pelzen und Häuten bekleidet. So weisen die archäologischen Funde auf einen der Gründe für das Scheitern der Kolonie hin. Es war einfach eine Frage des Überlebens der am besten Angepaßten. Im Gegensatz zu den Eskimos gelang es den nordischen Bewohnern Grönlands nicht, sich den veränderten Bedingungen anzupassen. So erlosch die abgelegenste der Kolonien im Westen schließlich, und nach einer langen Periode des Niedergangs war damit das Ende der Wikingerzeit besiegelt.

FACHBEGRIFFE

Abbasiden Eine arabische Kalifendynastie, die von al-Abbas, dem Onkel des Propheten Mohammed, abstammte. Sie löste 749 n. Chr. die Dynastie der OMAJJADEN ab und hatte bis 1258 ihren Stammsitz in Bagdad, das in diesem Jahr von den Mongolen geplündert wurde.

Althing Die Nationalversammlung der Isländer, die jedes Jahr für zwei Wochen unter freiem Himmel in Thingvellir zusammentrat.

Altnordisch Bezeichnung der wikingerzeitlichen Sprache Skandinaviens. Das Altnordische gliedert sich in das Altwestnordische, die Sprache Islands und Norwegens, und das Altostnordische mit seinen Dialekten Altdänisch (in Dänemark), Altschwedisch (in Schweden) und Gutnisch (auf Gotland, später ausgestorben).

Angeln Ein GERMANISCHER Volksstamm von der dänischen Halbinsel Jütland, der gemeinsam mit den Sachsen den Großteil der Siedler ausmachte, die im 5. Jahrhundert n. Chr. nach dem Abzug der Römer nach Britannien kamen. Sie gaben England, dem englischen Volk und seiner Sprache ihren Namen.

Angelsächsisch Ein allgemeiner Ausdruck, der die Mehrheit der GERMANISCHEN Siedler in Britannien bezeichnet und sich von den beiden Hauptgruppen herleitet, die vom europäischen Festland auswanderten – den Angeln und den Sachsen. Er wird meist in chronologischer Bedeutung für die Periode von der ersten germanischen Invasion im 5. Jahrhundert n. Chr. bis zur Eroberung durch die Normannen 1066 benutzt, aber auch für die Sprache der Angelsachsen in England (neben Altenglisch).

Angelsächsische Chronik Eine Zusammenstellung von Annalen (oder jährlichen Eintragungen von Ereignissen), die während der Regentschaft König Alfreds des Großen (871–899) begonnen und von dort an weitergeführt wurden. Sie stellt die wichtigste Geschichtsquelle für die militärischen Aktivitäten der Wikinger in England dar.

Anglo-skandinavisch Ein Ausdruck, der für die aus der skandinavischen Besiedlung Englands im 9. Jahrhundert resultierende Mischkultur gebraucht wird (z. B. anglo-skandinavische Kunst).

Asen Ein Geschlecht nordischer Gottheiten, dem unter anderem Odin und Thor angehören.

Asgard Die befestigte Wohnstatt der Götter in der NORDISCHEN Mythologie.

Baumringanalyse (Dendrochronologie) Das Alter von Bäumen kann durch das Zählen von wachstumsbedingten Jahresringen ermittelt werden, deren Breite in Abhängigkeit von den jeweiligen Wetterbedingungen schwankt. Diese Schwankungen lassen sich in einer für die jeweilige Klimazone charakteristischen Kurve abbilden. Es ist inzwischen gelungen, von der Gegenwart aus rückwärtsschreitend mit Hilfe von unterschiedlich alten Bäumen und Hölzern, deren Baumringkurven sich teilweise überlappen, eine geschlossene Kurve bis in die vormittelal-

terliche Zeit zu erstellen. So ist es bei entsprechendem Erhaltungszustand heute möglich, Holzkonstruktionen aus der Wikingerzeit aufs Jahr genau zu datieren.

Bildsteine Bezeichnung für die einzigartige Gruppe von mit Darstellungen verzierten Gedenksteinen (schwed. *bildstenar*), die zwischen dem 5. und 11. Jahrhundert n. Chr. auf der Ostseeinsel Gotland errichtet wurden.

Brakteat Ein scheibenförmiger Anhänger aus dünnem Metall, der an eine Münze oder Medaille erinnert.

Broch Ein kreisrunder, turmähnlicher Typ von Gebäuden aus Trockenmauern, den man in Nord- und Westschottland sowie auf den schottischen Inseln findet. Er entwickelte sich in der Mitte des ersten Jahrtausends vor Christus, doch die meisten Brochs scheinen aus der Zeit um den Anfang der christlichen Epoche zu stammen.

Bronzezeit Das Zeitalter der Alten Welt, in dem Bronze (eine Legierung aus Kupfer und Zinn) das wichtigste Material für die Herstellung von Werkzeugen und Waffen darstellte. Die Daten für den Beginn und das Ende der Bronzezeit variieren von Gegend zu Gegend, doch für Europa im allgemeinen umfaßt sie üblicherweise die Zeit von etwa 2000 bis 700 v. Chr.

burh Jede ANGELSÄCHSISCHE Befestigung, doch wird der Ausdruck normalerweise für die befestigten Siedlungen benutzt, die König Alfred und seine Nachfolger als Bollwerke gegen die Dänen errichteten.

Byzantinisches Reich Die östliche Hälfte des Römischen Reiches (Ostrom), die von Byzanz (später Konstantinopel, heute Istanbul) aus beherrscht wurde, einer sehr alten griechischen Niederlassung am europäischen Ufer des Bosporus. Sie wurde 330 n. Chr. von Kaiser Konstantin zur Hauptstadt gemacht und überstand den Zusammenbruch des Weströmischen Reiches, bis sie 1453 von den ottomanischen Türken überrannt wurde. Das östliche Reich der Christen bewahrte viel von der griechischen und römischen Kultur und brachte gleichzeitig östliches Gedankengut in den Westen.

C 14- (oder Radiokarbon-) Datierung Kohlenstoff 14 ist ein radioaktives Isotop, das in der Atmosphäre entsteht und ständig von allen lebenden Organismen absorbiert wird. Wenn eine Pflanze oder ein Tier jedoch stirbt, wird diese Aufnahme beendet, und das Isotop beginnt, kontinuierlich nach einer bekannten Gesetzmäßigkeit zu zerfallen. Es ist möglich, den verbleibenden C 14-Anteil in organischen Substanzen wie Holz oder Knochen zu messen und so zu ermitteln, vor wie vielen Jahren der Tod eingetreten ist. Bei diesen Messungen gibt es jedoch Unsicherheitsfaktoren. Daher werden Radiokarbondatierungen mit einer Plus-Minus-Angabe oder einer möglichen Fehlerspanne angegeben, die ihren Nutzen in der mittelalterlichen Periode begrenzt.

crannog In Irland oder Schottland: Eine künstlich angelegte Insel für ein Holzhaus an oder in einem See; sie ist prähistorischen Ursprungs, findet sich aber auch im Mittelalter.

Damaszieren Eine Technik, die insbesondere beim Schmieden von Schwertern angewandt wurde, um Klingen herzustellen, die widerstandsfähig und dekorativ waren. Metallstreifen unterschiedlicher Härte und Farbe wurden (manchmal miteinander verflochten) zusammengeschmiedet und -gehämmert, um eine Klinge zu ergeben, die ein gemustertes Aussehen besaß. Die schönsten Exemplare hat man FRÄNKISCHEN Werkstätten zugeordnet.

Danegeld Ein Tribut, der den dänischen Invasoren von ihren Opfern in Westeuropa, insbesondere England, gezahlt wurde, um weitere Überfälle abzuwenden.

Danelag Der Name, der dem Teil Englands gegeben wurde, der im späten 9. Jahrhundert n. Chr. von den Dänen besiedelt wurde, nachdem er in den achtziger Jahren von Alfred und Guthrum abgespalten worden war und so in den Einflußbereich dänischer Sitte und Kultur gelangte. Das Zentrum dänischer Herrschaft lag im Gebiet nördlich und südlich der Watling Street, der Römerstraße, die von London nach Chester führte.

Danewerk Eine in verschiedenen Phasen erbaute Kette von Erdwällen, die sich quer über den engen »Hals« der jütischen Halbinsel erstreckte und die Südgrenze des wikingerzeitlichen Dänemark bildete (heute in Schleswig-Holstein). Beim Bau verwendete Balken sind mittels der BAUMRINGANALYSE auf etwa 737 n. Chr. datiert worden: Neuere Untersuchungen deuten darauf hin, daß es sich um Ausbesserungsmaterial gehandelt hat und man davon ausgehen kann, daß die erste Bauphase noch früher anzusetzen ist. Die Gesamtlänge der verschiedenen Wälle beträgt ungefähr 30 Kilometer.

Dendrochronologie siehe BAUMRINGANALYSE

dróttkvætt (»Hofton«) Eine komplizierte Versform, die von den SKALDEN, den professionellen Dichtern des wikingerzeitlichen Skandinavien, häufig verwendet wurde.

Ealdorman Ein angelsächsischer Edelmann oder Mann hohen Ranges, der Träger eines Verwaltungsamtes war.

Earl Ein englischer Adelstitel (*eorl*), der sich in der Wikingerzeit aus dem ALTNORDISCHEN *jarl* ableitete, einem königlichen Beamten oder Unterkönig.

Edda (Pl.: Edden) Der Titel zweier Zusammenstellungen ALTNORDISCHER Literatur: Die Ältere (oder Lieder-) Edda besteht aus früher Dichtung, die sich mit mythologischen und heroischen Themenkreisen befaßt, von denen einige aus der Wikingerzeit stammen, während die Prosa- (oder Jüngere) Edda ein Handbuch für angehende Dichter ist, das von dem isländischen Poeten und Chronisten Snorri Sturluson möglicherweise in den zwanziger Jahren des 13. Jahrhunderts zusammengestellt wurde.

Eisenzeit Das Zeitalter, in dem Eisen das wichtigste Material zur Herstellung von Werkzeugen und Waffen war (nach dem Ende der BRONZEZEIT). In Europa begann sie im früheren ersten Jahrtausend vor Christus und dauerte nach allgemeinem Konsens bis zur Expansion der Römer an, obwohl die Bezeichnung außerhalb des Römischen Reiches (wie in Skandinavien) bis zur VÖLKERWANDERUNGSZEIT im 5. und 6. Jahrhundert n. Chr. oder noch länger benutzt wird.

Fachwerk Eine Technik des Hausbaus, bei der die Wände aus Balkenkonstruktionen bestehen, deren Zwischenräume mit verflochtenen Ruten ausgefüllt wurden, die man mit Lehm oder Schlamm verputzte.

Filigran Eine Technik des Verzierens von Gold- und Silberschmuck mit einem feinen Geflecht aus einfachem Draht oder mit Perldrähten, die an der Oberfläche des Schmuckstücks festgelötet wurden – oft in Verbindung mit GRANULATION angewandt.

Franken Ein GERMANISCHER Volksstamm, der ursprünglich östlich des Rheins ansässig war, sich vom 3. Jahrhundert n. Chr. an aber nach Westen ausdehnte. Das Frankenreich wurde von Chlodwig (481–511) auf den größten Teil des römischen Gallien ausgeweitet, doch seine größte Ausdehnung erreichte es unter Karl dem Großen (siehe KAROLINGER). Sie gaben dem Frankenreich und letztlich auch Frankreich seinen Namen.

Friesen Die Bewohner Frieslands, also der Küstenebene der Nordsee und der Nordseeinseln zwischen dem Rheinland und der Elbe. Sie waren im 8. Jahrhundert berühmte Kaufleute. Ihr bedeutendes Handelszentrum bei Dorestad wurde ein Ziel der Wikingerplünderungen. Friesland wurde nach seiner Eroberung durch Karl den Großen ein Teil des Frankenreiches.

Fünf Städte *(Five boroughs)* Das Territorium der Fünf Städte (Lincoln, Nottingham, Derby, Leicester und Stamford) machte den zentralen Teil des englischen DANELAG-Gebietes aus.

Futhark Die Runenreihe, so genannt nach seinen ersten sechs Runenzeichen.

Ganggrab Eine der Hauptkategorien megalithischer Gräber (d. i. Großsteingräber) des prähistorischen Europa, bei der eine separate Eingangspassage in die Grabkammer führt; sie sind im allgemeinen von runden Grabhügeln bedeckt.

Germanisch Die germanischen Sprachen bilden einen Ausläufer des Indoeuropäischen (siehe auch KELTISCH und SLAWISCH), der in zwei Hauptgruppen unterteilt ist: die skandinavischen Sprachen Nordeuropas und – in Westeuropa – Deutsch, Friesisch, Niederländisch und Englisch. Dieses Adjektiv wird auch für die Völker benutzt, die diese Sprachen gesprochen haben, sowie für ihre Kunst und Kultur.

Gode (Pl.: Goden; altnordisch *goði, goðar*) Ein Wort ALTNORDISCHEN Ursprungs, das zunächst einen heidnischen Priester bezeichnete. Da die wikingerzeitlichen Priester aber auch weltliche Führer waren, scheint es auch ein Rangtitel gewesen zu sein.

Granulation Eine Technik des Verzierens von Gold- und Silberschmuck, bei der kleine Metallkügelchen (Granulat) auf die Oberfläche des Schmuckstücks gelötet wurden, oft in Verbindung mit FILIGRAN-Arbeiten.

»Greiftier« Ein stilisiertes Tiermotiv mit greifenden Pranken, das während des Oseberg- und Borre-Stils wikingerzeitlicher Kunst populär war. Seine Ursprünge liegen im Broa-Stil des 8. Jahrhunderts.

Großes Heer Die ANGELSÄCHSISCHE CHRONIK beschreibt die dänischen Heere der Jahre 865 und 871 als »groß« *(micel here)*. Letzteres ließ sich schließlich in Northumbrien, Mercien und Ostanglien nieder (876–880), was zur Etablierung des Herrschaftsbereiches führte, der später als DANELAG bekannt wurde.

Hacksilber Die Fragmente von Schmuckstücken und Barren, die einen großen Teil vieler Silberhorte der Wikinger ausmachen. Man hat das Silber absichtlich zerkleinert, um es als Zahlungsmittel genau abwiegen zu können, bevor Münzen als feste Geldbeträge benutzt wurden.

Hiberno-nordisch Eine Bezeichnung für die Mischkultur, die nach der skandinavischen Besiedlung Irlands im 9. Jahrhundert entstand (Hibernia ist der lateinische Name Irlands).

hnefatafl Der ALTNORDISCHE Name eines Brettspiels, das während der Wikingerzeit in ganz Skandinavien gespielt wurde. Die Regeln sind nicht überliefert, doch war es ein Strategiespiel für zwei Spieler, das Können erforderte.

Hochweide, Alm Weide, auf die das Vieh im Sommer getrieben wird – und die dazugehörigen Hütten oder in Abhängigkeit von der Jahreszeit benutzten Unterkünfte.

Hort Die Bezeichnung für eine beliebige Ansammlung von Objekten, die normalerweise zum gleichen Zeitpunkt vergraben oder versenkt wurden, entweder als Votivgabe (siehe MOOROPFER) oder zum Schutz vor Entdeckung in Zeiten der Gefahr (wie es bei den meisten wikingischen Silberhorten der Fall war). Der Zeitpunkt des Vergrabens von Horten, die Münzen enthalten, kann normalerweise von diesen abgeleitet werden. Daher stellen Horte eine besonders nützliche Belegquelle für kommerzielle und militärische Aktivitäten während der Wikingerzeit dar.

Jarl siehe EARL.

Karolinger Die Herrscherdynastie, die die Merowinger ablöste, als Pippin II. 751 n. Chr. König der FRANKEN wurde. Das Karolingerreich, das eine Schöpfung Karls des Großen war, des Königs der Franken (771–814) und Kaisers des Westens (800–814), umfaßte einen Großteil des ehemaligen Weströmischen Reiches und reichte von der Nordsee bis nach Italien. Es wurde 843 in drei Reiche geteilt, brach jedoch bald darauf gänzlich auseinander. In der allgemeinen kulturgeschichtlichen Terminologie gebraucht man »karolingisch« für die Zeit von ca. 750 bis ca. 900 n. Chr. in Westeuropa.

keeill Eine kleine Kapelle auf der Isle of Man. Es existieren über 170. Der Großteil scheint aus der Zeit der nordischen Bekehrung zum Christentum zu stammen (ab dem mittleren 10. Jahrhundert).

Keltisch Eine sprachwissenschaftliche Bezeichnung für eine früher weit verbreitete Gruppe indoeuropäischer Sprachen, zu denen in Westeuropa das irische und schottische Gälisch, Walisisch, Manx, Kornisch und Bretonisch gehören – sie wird entsprechend auch für die Völker, die diese Sprachen benutzten, sowie für ihre Kunst und Kultur gebraucht.

Krummstab Der Hirtenstab oder Bischofsstab eines Abtes oder Bischofs.

Kurzzweig-Runen Eine von zwei Hauptvarianten des skandinavischen Runenalphabets (siehe NORMALRUNEN), die während der Wikingerzeit in Gebrauch waren. Manchmal schwedisch-norwegische RUNEN genannt.

landnám Die ALTNORDISCHE Bezeichnung für Landnahme oder Kolonisation.

Langhaus Diese Bezeichnung steht im engeren Sinne für ein Gebäude mit rechteckigem Grundriß, das unter einem Dach einen Wohnbereich und einen Stall vereint, wobei die beiden Hälften meist durch einen Quergang getrennt sind. Der Stall wurde im Winter zur Unterbringung der Rinder und somit als Wärmequelle für die Menschen genutzt.

longphort Die im Irland des 9. Jahrhunderts benutzte Bezeichnung für die ersten Winterlager der Wikinger. Es waren Küstenbefestigungen zum Schutz ihrer Schiffe.

Mooropfer Die Bezeichnung für absichtlich versenkte menschliche Leichname, Tiere und Artefakte, meist Waffen, die man in Torfmooren und anderen Feuchtgebieten, größtenteils in Dänemark, aber auch an anderen Orten in Nordwesteuropa gefunden hat.

Neolithikum/neolithisch Diese Bezeichnung mit der Bedeutung »Jüngere Steinzeit« wird für die Epoche benutzt, welche auf das Mesolithikum folgte und in der erstmals geschliffene und polierte Steinwerkzeuge sowie Keramiken hergestellt wurden. Sie wird in weitem Umfang verwendet, verweist aber in verschiedenen Regionen auf unterschiedliche Zeitabschnitte (in Südskandinavien beginnt sie um 4000 v. Chr.).

Norðreyar Der ALTNORDISCHE Name (deutsch: »die Nordinseln«) für die Orkneys und die Shetlands – die nördlich von Schottland gelegenen Inseln.

Norðrseta Die nördlichen Lagerplätze oder Jagdgründe im Norden der Westsiedlung auf Grönland, wo die Grönländer Seehunden, Karibus und Eisbären nachstellten und wegen ihres Elfenbeins Walrosse und Narwale jagten.

Normalrunen Eine der beiden wichtigsten Varianten des während der Wikingerzeit gebräuchlichen skandinavischen Runenalphabets (siehe KURZZWEIG-RUNEN), bisweilen dänische RUNEN genannt.

Ogham Ein um das 4. Jahrhundert n. Chr. von den Iren entwickeltes Schriftsystem, das später auch von den PIKTEN benutzt wurde. Die einzelnen Buchstabenzeichen bestehen aus Gruppen von parallelen geraden Linien, die im rechten Winkel von einer Grundlinie aus oder quer über die Grundlinie eingeritzt wurden – in Irland (und Wales) normalerweise die vertikale Kante eines Steinmonuments.

Omajjaden Die erste Dynastie arabischer Herrscher (Kalifen). Sie stammte von einem Kaufmann aus Mekka ab, der sich dem Propheten Mohammed angeschlossen hatte. Die Omajjaden gelangten im 7. Jahrhundert n. Chr. an die Macht, wurden jedoch 749 von den ABBASIDEN abgelöst.

Papar Der Name, den man den christlichen irischen Eremiten gab, die auf Island lebten, als die Wikinger dort eintrafen. Er findet sich noch immer in isländischen Ortsnamen wie Papey, doch auch auf den Färöern, den Orkneys und den Shetlands.

Patrize Prägestempel eines Goldschmieds mit einem erhabenen Muster, der benutzt wurde, um eine Silber- oder Goldfolie vor der Verzierung mit FILIGRAN zu prägen; auch Lehmform zum Gießen von Metallschmuck.

Pfostenloch Die Erdvertiefung, die ausgehoben wird, um die Basis eines Holzpfostens aufzunehmen. Nachdem der Pfosten verrottet ist, kann das Pfostenloch von Archäologen an der Farbveränderung des Bodens durch das zersetzte Holz und das Füllmaterial rundherum erkannt werden. Eine bestimmte Anordnung von Pfostenlöchern ist oft der einzige Anhaltspunkt für die Größe und Gestalt von Häusern und anderen Holzkonstruktionen.

Pikten Die ursprünglichen Bewohner Schottlands, nördlich einer Linie zwischen dem Forth und dem Clyde, die zum erstenmal im späten 3. Jahrhundert n. Chr. in römischen Quellen erwähnt werden (als *Picti*), obwohl sie schon lange vor diesem Zeitpunkt dort seßhaft gewesen sein müssen. Im mittleren 9. Jahrhundert verschmolzen sie mit den SCHOTTEN, die im Laufe des 5. Jahrhunderts von Irland nach Westschottland eingewandert waren.

Ragnarök In der nordischen Mythologie der letzte Tag der Welt, an dem die Götter von Ungeheuern und Riesen im Kampf besiegt werden und die Welt im Feuer vergeht.

Rechtssprecher Das skandinavische regionale THING (Versammlung) scheint unter dem Vorsitz eines Amtsträgers gestanden zu haben, der »Rechtssprecher« genannt wurde. Im Falle des ALTHINGS, Islands Nationalversammlung, ist bekannt, daß der Rechtssprecher ein gewählter Amtsträger war, der seine bezahlte Position zunächst für drei Jahre innehatte.

Reliquiar Ein Behälter zur Aufbewahrung der Reliquien eines Heiligen oder einer anderen verehrten Person.

Ring-Geld Schlichte Silberarmreife in Form eines nicht ganz geschlossenen Ringes, die nach Gewicht als eine Art Währung dienten.

Romanik/romanisch Diese Bezeichnung (die auf eine Verbindung mit dem römischen Stil hindeutet) wird seit dem 19. Jahrhundert für die Stilrichtung in Architektur und Kunst verwendet, die während des 12. Jahrhunderts ihre Blüte erlebte.

Runen Buchstabenzeichen einer GERMANISCHEN Schrift, die (größtenteils aus geraden Linien besteht und für das Einritzen in Holz oder Stein ausgelegt ist.

Runenstein Ein Stein, der mit einer geritzten RUNEN-Inschrift versehen ist.

Rus Name für die Skandinavier, die in den Osten reisten und sich dort niederließen – und der Ursprung Rußlands (des Landes der Rus).

Saga Bezeichnung für mittelalterliche isländische oder skandinavische Prosaerzählungen fiktiven und historischen Charakters, u. a. Berichte vom Leben in der Wikingerzeit.

sceat (Pl.: *sceattas*) Kleine Silbermünze, die während des 8. Jahrhunderts n. Chr. in Südengland und in Friesland geprägt wurde und im späten 7. Jahrhundert ihren Ursprung hatte.

Schotten Ein Volksstamm (die *Scotti*) aus Nordostirland, der sich im 5. Jahrhundert n. Chr. in Westschottland etablierte, die dort ansässigen PIKTEN verdrängte und das Königreich von Dalriada gründete. Im mittleren 9. Jahrhundert annektierten sie das Königreich der PIKTEN und gaben Schottland auf diese Weise seinen Namen.

Schwarze Erde Ein Gebiet charakteristischer Bodenverfärbung, die durch intensive siedlungsbedingte Aktivitäten, z. B. in der Wikingerstadt Birka in Schweden, entstanden ist.

»Schweinerücken« (**»hogback«**) Grabsteintyp in Form eines Hauses mit gebogenem First, der im 10. Jahrhundert in den Gebieten skandinavischer Besiedlung in England entstand.

Skalde Das ALTNORDISCHE Wort für einen Dichter. Skalden waren professionelle Hofdichter, die in der Wikingerzeit komplizierte Gedichte verfaßten und aus dem Gedächtnis rezitierten.

Slawen Die Völker Mittel- und Osteuropas, die die slawische Gruppe der indoeuropäischen Sprachfamilie sprechen, welche sich im ersten Jahrtausend nach Christus herausbildete.

Spinnwirtel Ein runder Gegenstand mit einem Loch in der Mitte, der benutzt wird, um das Ende einer Spindel zu beschweren, und der beim Spinnen des Fadens den Drehschwung liefert.

Stabkirche Eine Kirche, die aus Holzpfeilern errichtet ist, mit Wänden aus Spaltbohlen, die entweder direkt im Boden verankert sind oder auf einem Schwellbalken aufliegen.

Stamforder Ware Eine ANGELSÄCHSISCHE Keramikindustrie, die gutgearbeitete glasierte Töpferwaren herstellte, gruppierte sich um das Zentrum Stamford in Lincolnshire. Diese erfreuten sich vom 9. bis zum 13. Jahrhundert großer Beliebtheit und wurden auch exportiert.

Steinsetzung Eine Anordnung von Steinen, die ein Grab markiert. Man kennt verschiedene Formen, unter anderem die Schiffsform.

Suðreyjar Der ALTNORDISCHE Name (mit der Bedeutung »Südinseln«) für die Hebriden – die schottischen Westinseln – aus norwegischer Perspektive. Er ist noch heute im Namen des Bistums Sodor and Man enthalten.

Svear Der Volksstamm Zentralschwedens, der Schweden seinen Namen geben sollte. Über seine politische Geschichte in der Wikingerzeit ist nur wenig bekannt.

Tephra Festes Material, welches bei einem Vulkanausbruch herausgeschleudert wird.

Thing Die ALTNORDISCHE Bezeichnung für eine Versammlung (siehe auch: ALTHING).

Tragstelle, Schleppstelle Eine Wegstrecke, auf der Schiffe von einer schiffbaren Wasserstraße zur nächsten über Land transportiert werden.

Trepanation Das chirurgische Entfernen eines kleinen Knochenstücks aus der Schädeldecke.

Vanen (*Vanir*) Eine Gruppe nordischer Götter – die Gottheiten des Wohlstands, der Fruchtbarkeit und der Sinnenfreude: Njörd, sein Sohn Freyr und seine Tochter Freyja.

Vendelzeit Eine Bezeichnung für das 7. und 8. Jahrhundert n. Chr. in Schweden, den Abschnitt der EISENZEIT, welcher der Wikingerzeit unmittelbar vorausgeht. Der Name leitet sich von einem Ort in Uppland (Zentralschweden) ab, in dem reich ausgestattete Gräber aus dieser Zeit gefunden wurden.

Vinland Der ALTNORDISCHE Name (*Vínland* bedeutet »Weinland«) für den Teil Nordamerikas, in dem die Nordmänner wilden Wein und Weizen vorgefunden haben sollen.

Völkerwanderung Epoche von umfangreichen Stammeswanderungen während des 5. und 6. Jahrhunderts n. Chr. (u. a. die ANGELSÄCHSISCHE Besiedlung Englands). Sie werden mit dem Untergang des Römischen Reiches in Verbindung gebracht, obgleich die GERMANEN-Wanderungen genaugenommen schon vorher begonnen hatten.

Walhall Die große Halle des nordischen Gottes Odin in ASGARD, wo eine Heerschar von Helden wohnte, die im Kampf getötet worden waren und bereitstanden, die Götter beim RAGNARÖK zu verteidigen.

Walküren Die Kampfmaiden der nordischen Mythologie, die tote Helden vom Schlachtfeld nach WALHALL geleiteten.

Warägergarde Die skandinavische Leibwache der späten BYZANTINISCHEN Kaiser.

Wikinger Dieser ALTNORDISCHE Ausdruck wird oft allgemein für die Völker Skandinaviens und skandinavischer Herkunft während der Wikingerzeit gebraucht, doch strenggenommen bedeutete *víkingr* eigentlich »Seeräuber, Pirat«.

BIBLIOGRAPHIE

Die erste Abteilung dieser Liste enthält allgemeine Werke in deutscher und englischer Sprache, welche die meisten Aspekte der Wikingerzeit in Skandinavien und in Übersee behandeln. Viele dieser Bücher enthalten ausführliche Bibliographien, die den Leser zu ähnlichen Werken in anderen Sprachen wie auch zu Spezialuntersuchungen führen. (In diesem Zusammenhang sei erwähnt, daß es bei akademischen Publikationen in den skandinavischen Sprachen üblich ist, eine Zusammenfassung in Englisch oder Deutsch anzufügen.) Die darauffolgenden Abschnitte enthalten ausgewählte Vorschläge für die weiterführende Lektüre zu speziellen Themen. Auch diese Angaben beschränken sich zum größten Teil auf deutsche und englische Titel.

1. Die Wikinger: allgemeine Werke

Almgren, B., u. a., *Die Wikinger*, Essen 1968.

Arbman, H., *The Vikings*, London 1961.

Brøndsted, J., *Die große Zeit der Wikinger*, Neumünster ³1980.

Capelle, T., *Die Wikinger*, Stuttgart 1971.

Carter, S., *Nordmänner und Drachenschiffe. Die Wikinger und ihre große Zeit*, Düsseldorf 1976.

Cohat, Y., *Die Wikinger*, Ravensburg 1990.

Faber, G., *Die Normannen, Piraten – Entdecker – Staatengründer*, München 1976.

Foote, P. G./Wilson, D. M., *The Viking Achievement*, London 1970, ²1980.

Graham-Campbell, J., *Das Leben der Wikinger. Krieger, Händler und Entdecker*, München 1993 (engl. Orig. u. d. T. *The Viking World*, London 1980, ²1989).

Graham-Campbell, J./Civardi, A., *Das Leben der Wikinger*, München 1980.

Graham-Campbell, J./Kidd, D., *The Vikings*, London, New York 1980.

Klindt-Jensen, O., *Welt der Wikinger*, Frankfurt am Main 1967.

Jesch, J., *Frauen der Vikingzeit*, Wien 1993 (engl. Orig. u. d. T. *Women in the viking age*, Woodbridge 1991).

Jones, G., *A History of the Vikings*, Oxford – New York 1968, ²1984.

Magnusson, M., *Vikings!*, London 1980.

Mondfeld, W. zu, *Wikingfahrt: Kultur-Reiseführer*, Herford 1986.

Oxenstierna, E., *Die Nordgermanen*, Stuttgart 1957.

Oxenstierna, E., *Die Wikinger*, Stuttgart 1959.

Pörtner, R., *Die Wikinger Saga*, Düsseldorf ⁶1984.

Pulsiano, P./Wolf, K. (Hrsg.), *Medieval Scandinavia: An Encyclopedia*, Hamden 1992.

Roesdahl, E., *The Vikings*, London 1991, ²1992.

Roesdahl, E./Wilson, D. M. (Hrsg.), *From Viking to Crusader: Scandinavia and Europe 800 – 1200*, Kopenhagen 1992.

Sawyer, P. H., *The Age of the Vikings*, London ²1971.

Sawyer, P. H., *Kings and Vikings: Scandinavia and Europe AD 700 – 1100*, London – New York 1982.

Wernick, R., *Die Wikinger*, Amsterdam 1980.

Wilson, D. M., *The Vikings and their Origins*, London 1970, ²1980.

Wilson, D. M. (Hrsg.), *The Northern World: The History and Heritage of Northern Europe AD 400 – 1100*, London 1980.

2. Der skandinavische Hintergrund: Kapitel I und II

Bibby, G., *Faustkeil und Bronzeschwert. Erforschung der Frühzeit des europäischen Nordens*, Reinbek 1972.

Borg, K., u. a. (Hrsg.), *Eketorp: Fortification and Settlement on Öland/Sweden*, Stockholm 1976.

Capelle, T., *Kunst und Kunsthandwerk im bronzezeitlichen Nordeuropa*, Neumünster 1974.

Clark, J. G. D., *The Earlier Stone Age Settlement of Scandinavia*, Cambridge 1975.

Ellis Davidson, H. R., *Pagan Scandinavia*, London 1967.

Glob, P. V., *The Bog People: Iron-Age Man Perserved*, London 1967.

Hedeager, L., *Iron-Age Societies: from Tribe to State in Northern Europe 500 BC to AD 700*, Oxford, Cambridge MA 1992.

Jensen, J., *The Prehistory of Denmark*, London – New York 1982.

Kristiansen, K. (Hrsg.), *Settlement and Economy in later Scandinavian Prehistory*, Oxford 1984.

Lamm, J. P./Nordström, H.-Å., *Vendel Period Studies*, Stockholm 1983.

Lundström, A. (Hrsg.), *Thirteen Studies on Helgö*, Stockholm 1988.

Sjøvold, T., *The Iron Age Settlement of Arctic Norway*, vol. 1, Tromsø 1962.

Stenberger, M., *Sweden*, London – New York 1963.

Stenberger, M./Klindt-Jensen, O., *Vallhagar: A Migration Settlement on Gotland, Sweden*, Stockholm 1953.

3. Alltagsleben und Staatenbildung im wikingerzeitlichen Skandinavien: Kapitel III, IV und XI

Behre, K. E., *Ernährung und Umwelt der wikingerzeitlichen Siedlung Haithabu*, Neumünster 1983.

Brøndsted, J., *Danish inhumation graves of the Viking Age*, Acta Archaeologica 7, Kopenhagen 1936.

Bugge, A., *Norwegian Stave-churches*, Oslo 1953.

Bugge, G., *Stave-churches in Norway*, Oslo 1983.

Crumlin-Pedersen, O. (Hrsg.), *Aspects of Maritime Scandinavia AD 200 – 1200*, Roskilde 1990.

Crumlin-Pedersen, O./Winner, M. (Hrsg.), *Sailing into the Past*, Roskilde 1986.

Ellmers, D., *Schiffahrt und Fernhandel*, in: Sveagold und Wikingerschmuck, Mainz 1968.

Ellmers, D., *Die Schiffe der Wikinger*, Kiel 1972.

Falk, H., *Altnordisches Seewesen*, Heidelberg 1912.

Fircks, J. v., *Wikingerschiffe*, Rostock 1979.

Gräslund, A.-S., *Birka IV: The Burial Customs. A Study of the Graves on Björkö*, Stockholm 1980.

Hagen, A., *Die Wikinger-Schiffsfunde*, Oslo 1965.

Klose, O., *Die Familienverhältnisse auf Island vor der Bekehrung zum Christentum auf Grund der Islendingasøgur*, Leipzig 1929.

Krogh, K., *The royal Viking-age monuments of Jelling in the light of recent archaeological investigations: a preliminary report*, Acta Archaeologica 53, Kopenhagen 1982.

Kuhn, H., *Das alte Island*, Düsseldorf – Köln 1971.

Müller-Wille, M., *Bestattung im Boot. Studien zu einer nordeuropäischen Grabsitte*, Neumünster 1970.

Olsen, O./Crumlin-Pedersen, O., *Five Viking Ships from Roskilde Fjord*, Kopenhagen 1978.

Ramskou, T., *Viking age cremation graves in Denmark*, Acta Archaeologica 21, Kopenhagen 1950.

Randsborg, K., *The Viking Age in Denmark*, London 1980.

Roesdahl, E., *Aggersborg in the Viking Age*, in: Bekker-Nielsen, H. u. a. (Hrsg.), Proceedings of the Eighth Viking Congress, Odense 1981.

Roesdahl, E., *The Danish geometrical Viking fortresses in their context*, Anglo-Norman Studies 9, 1987.

Roesdahl, E., *Prestige, display and monuments in Viking Age Scandinavia*, in: Galinié, H. (Hrsg.), Les Mondes Normands (VIIIe-XIIe s.), Caen 1989.

Roesdahl, E., *Viking Age Denmark*, London 1982.

Roesdahl, E., *Princely burial in Scandinavia at the time of the Conversion*, in: Kendall, C. B./Wells, P. S. (Hrsg.), Voyage to the Other World. The Legacy of Sutton Hoo, Minneapolis 1992.

Sawyer, P., *The Making of Sweden*, Alingsås 1988.

Schnall, U., *Navigation der Wikinger*, Oldenburg – Hamburg 1975.

Sjøvold, T., *The Iron Age Settlement of Arctic Norway*, vol. 2, Tromsø 1974.

Sjøvold, T., *Der Oseberg-Fund und die anderen Wikingerschiffsfunde*, Oslo 1964.

Skaare, K., *Coins and Coinage in Viking-Age Norway*, Oslo 1976.

4. Städte, Handel, Handwerk und Kunst: Kapitel V

Ambrosiani, B./Clarke, H. (Hrsg.), *Investigations into the Black Earth*, vol. 1 (= Birka Studies 1), Stockholm 1992.

Ambrosiani, K., *Viking Age Combs, Comb Making and Comb Makers in the Light of Finds from Birka and Ribe*, Stockholm 1981.

Anker, P., *The Art of Scandinavia*, vol. 1, London – New York 1970.

Arwidsson, G./Berg, G., *The Mästermyr Find: A Viking Age Tool Chest from Gotland*, Stockholm 1983.

Capelle, T., *Kultur- und Kunstgeschichte der Wikinger*, Darmstadt 1986.

Capelle, T., *Der Metallschmuck von Haithabu*, Neumünster 1964.

Clarke, H. (Hrsg.), *Iron and Man in Prehistoric Sweden*, Stockholm 1979.

Clarke, H./Ambrosiani, B., *Town in the Viking Age*, Leicester 1991.

Dreijer, M., *Das wiedergefundene Birka*, Åland 1969.

Duczko, W., *Birka V: The Filigree and Granulation Work of the Viking Period*, Stockholm 1985.

Fridstrøm, E., *The Viking Age woodcarvers: their tools and techniques*, Oslo 1985.

Ellmers, D., *Frühmittelalterliche Handelsschiffahrt in Mittel- und Nordeuropa*, Neumünster 1972.

Elsner, H., *Wikinger Museum Haithabu: Schaufenster einer frühen Stadt*, Schleswig o. J.

Graham-Campbell, J., *Viking Artefacts: A Select Catalogue*, London 1980.

Hägg, I., *Die Textilfunde aus dem Hafen von Haithabu*, Neumünster 1985.

Hårdh, B., *Trade and money in Scandinavia in the Viking Age*, in: Meddelanden från Lunds Universitets Historiska Museum, 1977 – 78.

Henry, F., *Irish Art during the Viking Invasions 800 – 1020 A. D.*, London 1967.

Herteig, A. E., u. a., *Archaeological Contributions to the Early History of Urban Communities in Norway*, Oslo 1975.

Holmqvist, W., *Bildsteine der Völkerwanderungszeit bis Wikingerzeit*, Reallexikon der germanischen Altertumskunde, 2. Aufl., Bd. 2, S. 561 – 570, Berlin – New York 1976.

Holmqvist, W., *Germanic Art during the First Millenium AD*, Stockholm 1955.

Jankuhn, H., *Haithabu. Ein Handelsplatz der Wikingerzeit*, Neumünster ⁸1986.

Jensen, S., *The Vikings of Ribe*, Ribe 1991.

Kreutzer, G., *Schiffe für Linkshänder und achtbeinige Pferde. Gotländische Bildsteine als kulturgeschichtliche Quellen*, in: Gotland, bearb. von R. Bohn, Sigmaringen 1988, S. 1 – 18.

Lindqvist, S., *Gotlands Bildsteine*, Bd. I – II, Uppsala 1941 – 42.

Lindqvist, S. O. (Hrsg.), *Society and Trade in the Baltic during the Viking Age*, Visby 1985.

Lund, N. (Hrsg.), *Two Voyagers at the Court of King Alfred*, York 1984.

Madsen, H. B., *Metalcasting: techniques, production and workshops*, in: Bencard, M. (Hrsg.), Ribe Excavations 1970 – 76, Esbjerg 1984.

Müller-Wille, M., *Das Bootkammergrab von Haithabu*, Neumünster 1976.

Nylén, E./Lamm, J. P., *Bildsteine auf Gotland*, Neumünster 1981.

Salin, B., *Die altgermanische Thierornamentik*, Stockholm 1904.

Schietzel, K., *Stand der Siedlungsarchäologischen Forschung in Haithabu – Ergebnisse und Probleme*, Neumünster 1981.

Stenberger, M., *Die Schatzfunde Gotlands der Wikinger-Zeit*, Stockholm 1947/58.

Steuer, H., *Der Handel der Wikingerzeit zwischen Nord- und Westeuropa aufgrund archäologischer Zeugnisse*, in: Untersuchungen zu Handel und Verkehr …, Teil IV, Göttingen 1987, S. 113 – 197 (Abh. d. Akad. d. Wiss. in Göttingen, Phil.-Hist. Kl. 3. 156).

Sveagold und Wikingerschmuck, Römisch-Germanisches Zentralmuseum Mainz, Mainz 1968.

Wilson, D. M./Klindt-Jensen, O., *Viking Art*, London – Ithaca 1966; Minneapolis ²1980.

5. Literatur und Religion: Kapitel VI

Arntz, H., *Handbuch der Runenkunde*, Halle ²1944.

Beck, H., u. a. (Hrsg.), *Germanische Religionsgeschichte*, Berlin 1992.

Coenen, D., *Germanische und keltische Mythologie*, Freiburg 1982.

Clover, C. J./Lindow, J., *Old-Norse Icelandic Literature: A Critical Guide*, Ithaca 1985.

Die Edda. Götterdichtung, Spruchweisheit und Heldengesänge der Germanen, vollst. Ausg. in der Übers. von F. Genzmer, eingel. von K. Schier, Düsseldorf – Köln 1981.

Ellis-Davidson, H. R., *Gods and Myths of Northern Europe*, London 1964.

Ellis-Davidson, H. R., *Scandinavian Mythology*, London usw. 1969.

Foote, P., *Skandinavische Dichtung der Wikingerzeit*, in: v. See, K. (Hrsg.), Neues Handbuch der Literaturwissenschaft, Bd. 6, Wiesbaden 1985, S. 317 – 357.

Diederichs, U., *Germanische Götterlehre*, Düsseldorf – Köln 1984.

Düwel, K., *Runenkunde*, Stuttgart ²1983.

Hallberg, P., *Die isländische Saga*, 1965.

Grönbech, W., *Kultur und Religion der Germanen*, 2 Bde., Darmstadt 1954 f.

Haugen, E., *The Scandinavian Languages: An Introduction to their History*, London 1976.

Isländersagas, übertr. und hrsg. von R. Heller, Bd. 1 – 2, Leipzig 1982.

Jansson, S. B. F., *Runes in Sweden*, Stockholm 1987.

Krause, W., *Runen*, Berlin 1970.

Kreutzer, G., *Die Dichtungslehre der Skalden*, Kronberg ²1977.

Kristjánsson, J., *Eddas and Sagas*, Reykjavík 1988.

Lorenz, G., *Snorri Sturluson: Gylfaginning. Texte, Übers., Komm.*, Darmstadt 1984.

Magnusson, M./Forman, W., *Der Hammer des Nordens. Mythen, Sagas und Heldenlieder der Wikinger*, Freiburg 1977.

Moltke, E., *Runes and their Origin: Denmark and Elsewhere*, Kopenhagen 1985.

Niedner, F. (Hrsg.), *Thule. Altnordische Dichtung und Prosa*, 24 Bde., Jena 1912 – 1930, Neuausg. Düsseldorf – Köln 1963 – 1967.

Page, R. I., *Runes*, London 1987.

Page, R. I., *Nordische Mythen*, Stuttgart 1993.

Ranke, F./Hofmann, D., *Altnordisches Elementarbuch*, Berlin – New York 1979.

Ruprecht, A., *Die ausgehende Wikingerzeit im Lichte der Runeninschriften*, Göttingen 1958.

Die Saga von Grettir, aus dem Altisl. übers. und komm. von H. Seelow, Düsseldorf – Köln 1974.

Die Saga von Egil, aus dem Altisl. hrsg. und übers. von K. Schier, Düsseldorf – Köln 1978.

Sawyer, B., u. a. (Hrsg.), *The Christianization of Scandinavia*, Alingsås 1987.

Schier, K., *Sagaliteratur*, Stuttgart 1970.

Schier, K., *Die Literaturen des Nordens*, in: v. See, K. (Hrsg.), Neues Handbuch der Literaturwissenschaft, Bd. 7, Wiesbaden 1981, S. 535 – 575.

See, K. v.: *Skaldendichtung. Eine Einführung*, München – Zürich 1980.

Simek, R., *Lexikon der germanischen Mythologie*, Stuttgart 1984.

Steinsland, G./Meulengracht Sørensen, P., *Viking Age Man*, Oslo 1992.

Die Vinland Sagas, aus dem Altisl. übers. von B. Gottschling, Bochum 1979.

Turville-Petre, E. O. G., *Myth and Religion of the North: The Religion of Ancient Scandinavia*, London 1964, Westport 1975.

Turville-Petre, E. O. G., *Scaldic Poetry*, Oxford – New York 1976.

Vries, J. de, *Altnordische Literaturgeschichte*, Bd. 1 – 2, Berlin ²1964 – 1967.

Wessén, E., *Die nordischen Sprachen*, Berlin 1968.

6. Die Wikingerzeit in England und Westeuropa: Kapitel VII und XI

Bailey, R. N., *Viking Age Sculpture in Northern England*, London 1980.

Bates, D., *Normandy before 1066*, London 1992.

Campbell, J. (Hrsg.), *The Anglo-Saxons*, London 1982.

Fellows-Jensen, G., *Scandinavian place-names and Viking settlement in Normandy: a review*, Namn och Bygd 76, Uppsala 1988.

Fellows-Jensen, G., *The Vikings in England: a review*, in: Anglo-Saxon England 4, 1975, S. 181 – 206.

Fellows-Jensen, G., *Anglo-Saxons and Vikings in the British Isles: the place-name evidence*, Angli e Sassoni al de qua e al di là del mare (= Settimane di Studio 32), Spoleto 1986.

Fellows-Jensen, G., *Scandinavian influence on the place-names of England*, in: Ureland, P. S./Broderick, G. (Hrsg.), Language Contact in the British Isles, Tübingen 1991.

Fuglesang, S. H., *The relationship between Scandinavian and English art from the late eighth to the mid-twelfth century*, in: Szarmach, P. E. (Hrsg.), Sources of Anglo-Saxon Culture, Kalamazoo MI 1986.

Graham-Campbell, J., *The archaeology of the Danelaw: an introduction*, in: Galinié, H. (Hrsg.), Les Mondes Normands (VIIIe – XIIe s.), Caen 1989.

Hall, R. A., *The Viking Dig: The Excavations in York*, York 1984.

Hall, R. A., *Viking Age Archaeology in Britain and Ireland*, Princes Risborough 1990.

Hill, D., *An Atlas of Anglo-Saxon England*, London ²1984.

Lang, J. T., *The hogback: a Viking colonial monument*, in: Anglo-Saxon Studies in Art and Archaeology 3, Oxford 1984.

McKitterick, R., *The Frankish Kingdoms under the Carolingians, 751 – 987*, London 1983.

Norwich, J. J., *Die Wikinger im Mittelmeer. Das Südreich der Normannen. 1016 – 1130*, Wiesbaden 1974.

Price, N. S., *The Vikings in Brittany*, Saga-Book of the Viking Society 22,6, London 1983.

Renaud, J., *Les Vikings et la Normandie*, Rennes 1989.

Richards, J. D., *Viking Age England*, London 1991.

Roesdahl, E., u. a. (Hrsg.), *The Vikings in England*, London 1981.

Stenton, F. R., *Anglo-Saxon England*, London, New York ²1971.

Stenton, F., *Der Wandteppich von Bayeux*, Köln 1957.

Whitelock, D. (Hrsg.), *English Historical Documents c. 500 – 1042*, London ²1979.

Wilson, D. M. (Hrsg.), *The Archaeology of Anglo-Saxon England*, London 1976.

Wilson, D. M., *Der Teppich von Bayeux*, Frankfurt am Main 1985.

Zettel, H., *Das Bild der Normannen und Normanneneinfälle in westfränkischen, ostfränkischen und angelsächsischen Quellen des 8. bis 11. Jahrhunderts*, München 1977.

7. Die Wikingerzeit und die spätnordische Periode in der keltischen Welt: Kapitel VIII und XI

Almqvist, B./Greene, D. (Hrsg.), *Proceedings of the Seventh Viking Congress: Dublin*, Dublin 1976.

Batey, C. E., *Freswick Links, Caithness: A Re-appraisal of the Late Norse Site in its Context*, Oxford 1987.

Batey, C. E., u. a. (Hrsg.), *The Viking Age in Caithness, Orkney and the North Atlantic*, Edinburgh 1993.

Bersu G./Wilson, D. M., *Three Viking Graves on the Isle of Man*, London 1966.

Bradley, J., *The interpretation of Scandinavian settlement in Ireland*, in: Bradley, J. (Hrsg.), Settlement and Society in Medieval Ireland: Studies presented to F. X. Martin o. s. a., Kilkenny 1988.

Crawford, B., *Scandinavian Scotland*, Leicester 1987.

Curle, C. L., *Pictish and Norse Finds from the Brough of Birsay 1934 – 74*, Edinburgh 1982.

Davies, W., *Wales in the Early Middle Ages*, Leicester 1982.

Fell, C. E., u. a. (Hrsg.), *The Viking Age in the Isle of Man*, London 1983.

Fenton, A./Pálsson, H. (Hrsg.), *The Northern and Western Isles in the Viking World*, Edinburgh 1984.

Greene, D., *The evidence of language and place-names in Ireland*, in: Andersson, T./ Sandred, K. I. (Hrsg.), The Vikings, Uppsala 1978.

Hamilton, J. R. C., *Excavations at Jarlshof, Shetland*, Edinburgh 1956.

Kinvig, R. H., *The Isle of Man. A Social, Cultural and Political History*, ²1975.

Loyn, H. R., *The Vikings in Wales*, London 1976.

Morris, C. D., *The Vikings in the British Isles: some aspects of their settlement and economy*, in: Farrell, R. T. (Hrsg.), The Vikings, Chichester 1982.

Morris, C. D., *Viking Orkney: a survey*, in: Renfrew, C. (Hrsg.), The Prehistory of Orkney, Edinburgh 1985.

Nicolaisen, W. H. F., *Scottish Place Names*, London 1976.

Corráin, D. Ó., *Ireland before the Normans*, Dublin 1972.

Ritchie, A., *The Picts*, Edinburgh 1989.

Ritchie, A., *Viking Scotland*, London 1993.

Wallace, P., *The economy and commerce of Viking Age Dublin*, in: K. Düwel u. a. (Hrsg.), Untersuchungen zu Handel und Verkehr der vor- und frühgeschichtlichen Zeit 4, Göttingen 1987.

Wallace, P., *The Viking Age Buildings of Dublin*, Dublin 1993.

Wilson, D. M., *The Viking Age in the Isle of Man*, Odense 1974.

Wilson, D. M., *Scandinavian settlement in the North and West of the British Isles: an archaeological point-of-view*, Transactions of the Royal Historical Society, 5th series, 26, London 1976.

8. Die Wikingerzeit und die spätnordische Periode im Nordatlantik: Kapitel IX und XI

Batey, C. E., u. a. (Hrsg.), *The Viking Age in Caithness, Orkney and the North Atlantic*, Edinburgh 1993.

Bigelow, G. F. (Hrsg.), *The Norse in the North Atlantic* (= Acta Archaeologica 61), Kopenhagen 1990.

Dahl, S., *The Norse settlement of the Faroe Islands*, Medieval Archaeology 14, London 1970.

Ingstad, A. S., *The Discovery of a Norse Settlement in America: Excavations at L'Anse aux Meadows, Newfoundland, 1961 – 1968*, Oslo 1977, rev. 1985 (The Norse Discovery of America, vol. 1).

Ingstad, H., *The Norse Discovery of America*, vol. 2, Oslo 1985.

Ingstad, H., *Die erste Entdeckung Amerikas. Auf den Spuren der Wikinger*, Frankfurt am Main – Berlin – Wien 1966.

Jones, G., *The Norse Atlantic Saga*, Oxford – New York 1964, rev. 1986.

Krogh, K., *Viking Greenland*, Kopenhagen 1967.

Langenberg, I., *Die Vinlandfahrten*, Köln – Wien 1977.

Magnusson, M., *Iceland Saga*, London 1987.

Morris, C. D./Rackham, D. J. (Hrsg.), *Settlement and Subsistence in the North Atlantic*, Glasgow 1992.

Vilhjálmsson, V. O., *De ældste gårde på Island. Arkæologisk analyse af byggetraditioner og bosættelsesmønstre i landnamstidens Island*, Aarbøger for Nordisk Oldkyndighed og Historie (erscheint demnächst).

Die Vinland Sagas, aus dem Altisl. übers. und mit Anm. vers. von B. Gottschling, Bochum 1979.

Wallace, B. L., *The Vikings in North America: myth and reality*, in: R. Samson (Hrsg.), Social Approaches to Viking Studies, Glasgow 1991.

9. Die Wikingerzeit in Rußland und im Osten: Kapitel X

Brisbane, M. (Hrsg.), *The Archaeology of Novgorod, Russia*, Woodbridge 1992.

Hannestad, K., u.a. (Hrsg.), *Varangian Problems* (= Scando-Slavica, Supplementum I), Kopenhagen 1970.

Heller, K., *Die Normannen in Osteuropa*, Berlin 1993.

Herrmann, J., *The Northern Slavs*, in: D. M. Wilson (Hrsg.), The Northern World, London 1980.

Herrmann, J. (Hrsg.), *Wikinger und Slawen. Zur Frühgeschichte der Ostseevölker*, Berlin 1982.

Ionnisyan, O. M., *Archaeological evidence for the development and urbanization of Kiev from the 8th to the 14th centuries*, in: D. Austin/L. Alcock (Hrsg.), From the Baltic to the Black Seas: Studies in Medieval Archaeology, London 1990.

Jacob, G., *Arabische Berichte von Gesandten an germanische Fürstenhöfe aus dem 9. und 10. Jahrhundert*, Berlin – Leipzig 1927.

Jacob, G., *Der nordisch-baltische Handel der Araber im Mittelalter*, Leipzig 1887 (Nachdr. Amsterdam 1966).

Janin, V. L., *Die Ostslawen und die Kiewer Rus*, in: Herrmann, J. (Hrsg.), Welt der Slawen: Geschichte, Gesellschaft, Kultur, München 1986, S. 184 – 206.

Janin, V. L., *Ladoga und Nowgorod*, ebd., S. 210 – 215.

Jansson, I., *Communications between Scandinavia and Eastern Europe in the Viking Age*, in: K. Düwel u.a. (Hrsg.), Untersuchungen zu Handel und Verkehr der vor- und frühgeschichtlichen Zeit 4, Göttingen 1987.

Müller-Wille, M. (Hrsg.), *Oldenburg, Wolin, Staraja Ladoga, Novgorod, Kiev: Handelsverbindungen im südlichen und östlichen Ostseeraum während des frühen Mittelalters* (= Bericht der Römisch-Germanischen Kommission 69), Mainz 1989.

Nooman, T. S., *The Vikings and Russia: some new directions and approaches to an old problem*, in: R. Samson (Hrsg.), Social Approaches to Viking Studies, Glasgow 1991.

Raudonikas, W. J., *Die Normannen in der Wikingerzeit und das Ladogagebiet*, Stockholm 1930.

Stalsberg, A., *Scandinavian relations with northwestern Russia during the Viking Age: the archaeological evidence*, Journal of Baltic Studies 13,3, 1982.

Strömberg, M., *Neue schwedische Beiträge zur Geschichte der skandinavisch-slawischen Beziehungen während der Wikingerzeit*, Warschau – Posen 1960.

Tolotschko, P. P., *Kiew – »Mutter der russischen Städte«*, in: Herrmann, J. (Hrsg.), Welt der Slawen: Geschichte, Gesellschaft, Kultur, München 1986, S. 206 – 210.

Zeitler, R. (Hrsg.), *Les Pays du Nord et Byzance*, Uppsala 1981.

(bearbeitet von Prof. Dr. Gert Kreutzer)

BILDQUELLENVERZEICHNIS

Abkürzungen:
o = oben, ol = oben links, or = oben rechts, M = Mitte, u = unten usw.

IoA Institute of Archaeology, London University; NMK Dänisches Nationalmuseum, Kopenhagen (Nationalmuseet); NMK2 Dänisches Nationalmuseum, Grönlandsekretariat; RIKS Riksantikvarieämbetet, Stockholm; SHM Statens Historisk Museum, Stockholm; TS Ted Spiegel; UOO Universitetets Oldsaksamling, Oslo; WFA Werner Forman Archive, London; YAT York Archaeological Trust.

Vorsatz: Rekonstruktion des Osebergteppichs: UOO

Seite:
2–6 Graphik: Marion Cox, frei nach wikingerzeitlichen Ornamentmotiven.
8–9 Graphik: John Fuller
11 Pferdekopf-Ornament, Bronzezeit, Jütland (NMK): WFA
12 Winterlandschaft, Härjedalen: Jan Rietz/Tiofoto, Stockholm
14–15 Norwegischer Fjord: Zefa, London
16 Bär: Ragnar Andersson/Tiofoto, Stockholm
17 Siljansee bei Mora, Schweden: B. C. Alexander, Dorset
18 Dänische Küste: Knudsens fotosenter, Oslo
18–19 Finnland: Zefa, London
20–21 Andøya, Lofoten: Bildhuset/Per Klaesson
22 Feuersteinäxte, Hagelbjerggård, Seeland, ca. 3000 v. Chr.: NMK
23 o Ganggrab: Gerry Johansson/Bildhuset, Stockholm
23 u Felszeichnungen, Bohuslän, Schweden: Robert Harding Picture Library, London
24 Mädchen von Egtved, Kleidung, ca. 1400 v. Chr.: NMK
25 Eisenzeitliches Dorf, Lejre, Seeland, Dänemark: Hans Hammarskiöld/Tiofoto, Stockholm
26–27 Bronzezeitliches Opfer von Importwaren, Hassle, Närke, Schweden: SHM
26 ol Tollund-Mann: NMK
26 u Nydam-Boot: Archäologisches Landesmuseum, Schleswig
28 l Goldscheibe, Völkerwanderungszeit, Schweden (SHM): WFA
28 or Prägeblech, Gold, Sorte Mulde: aus *Fra Stamme til Stat i Danmark, 2*
28 Mr Prägeblech, Gold, Sorte Mulde: aus: *Fra Stamme til Stat i Danmark, 2*
29 Prägeblech, Gold, Torslunda, Öland, 6. Jahrh.: WFA
30 Ml Rekonstruktion einer Hütte, Eketorp: RIKS
30–31 o Eketorp, Luftbild: RIKS (Foto: Bengt Edgren)
30–31 u Rekonstruktion der Wehranlage, Eketorp: RIKS
32–33 Goldmünzen, Helgö (SHM): Studio Granath, Stockholm
33 u Buddha, Helgö (SHM): Studio Granath
33 o Krümme eines Bischofsstabes, Helgö (SHM): Studio Granath, Stockholm
34 o Alt-Uppsala, Schweden, Lithographie von Carl Johan Billmark 1857–1859: Universitätsbibliothek Uppsala
34 u Gräberfeld von Valsgärde, Luftbild: RIKS (Foto: Jan Norrman)
35 o Vendelhelm (SHM): WFA
35 u Schildbuckel aus den Vendel-Gräbern: aus: H. Stolpe/T. J. Arne, *La Nécropole de Vendel*, Stockholm 1927
36 Schiffsrekonstruktion: TS
37 Bernsteinfigürchen, Wikingerzeit, Feddet, Ost-Seeland (NMK): WFA
38 Myklebostad-Beschläge, Kupferlegierung, Email, Millefiori, Norwegen, 8./9. Jahrh., hiberno-sächsisch: Historisches Museum, Bergen (Foto: Ann Mari Olsen)

39 Helm, Schwert und Schild: UOO (Foto: Kojan og Krovold)
40 Gotländischer Bildstein, Schiffsdetail: TS
41 Münze Sven Gabelbarts: NMK
41 ul Graphik: John Fuller
42 or Oseberg-Ausgrabung: UOO
42 Ml Oseberg-Eimer: Museum of National Antiquities, Oslo
42 u Oseberg-Wagen: Wikingerschiffsmuseum, Bygdøy/UOO
43 o Oseberg-Bett: UOO
43 u Wandteppich (UOO): Knudsens Fotosenter, Oslo
44–45 Borg, Lofoten: Sigrid Christie, Oslo
46 ul Dosenfibel, vergoldete Bronze, Silber, Gold und Niello, Mærtens, Gotland, 11. Jahrh.: SHM
46 ur Paviken, Rekonstruktion: aus Ingmar Jansson (Hrsg.), *Gutar och Vikingar*, aus der Serie *Historia i Fickformat*, 1982: SHM
47 o Schmuckhort aus Burge I, Gotland: SHM
47 ur Gotländischer Bildstein, 700–800 n. Chr.: SHM
48 Danewerk: IoA/Wikingermuseum Haithabu
50–51 Festungsanlage von Fyrkat, Dänemark: TS
53 Schwerter (SHM): IoA
54 Äxte und Speere, Funde aus der Themse: Museum of London
55 Mammen-Axt, Nationalmuseum Kopenhagen (NMK): WFA
56 u Trelleborg, Luftbild: Forkild Balslev/Nordam-Ullitz Balslev, Hjørring
56–57 o Graphik: Malting Partnership
57 M Streitaxt, Eisen, 10. Jahrh., Fyrkat: NMK
57 u Rekonstruktion eines Gebäudes in Fyrkat: Karsten Kristiansen, Mørke
58 Acker bei Lindholm: Aalborg Historiske Museum
59 Blattmesser, Sichel, Sense, Pflugschar, Eisen, Wikingerzeit, norwegisch: UOO
60–61 o Fluß in Jämtland, Schweden: Christer Fredriksson/Bruce Coleman Limited, London
60 u Fischhaken, Fischspeer und Netzsenker, Eisen, Stein, Norwegen, Wikingerzeit: UOO
62 o Mittlerer Raum im rekonstruierten Haithabu-Haus: Forhistorisk Museum, Moesgård
62 ul Graphik: John Fuller
62 uM Spinnwirtel: YAT
62 ur Nadeln: Studio Granath, Stockholm
63 Ml Graphik: John Fuller
63 o Haithabu-Haus: Else Roesdahl, Universität Århus
63 Mr Holzverbindungen: Bengt Olof Olsson/Bildhuset, Stockholm
64–65 o Spielsteine: Kulturen, Lund
64 M Flöte, Museum Sigtuna: YAT/Simon Ian Hill FRPS
64 u Adliger auf der Jagd, Sockburn: YAT
65 o Darstellung von brettspielenden Männern auf einem Runenstein: YAT/Sten. M-Rosenlund
64–65 u Pferdekampf, Stein, Häggeby: YAT
65 ur *Hncfatafl*-Spielbrett: National Museum of Ireland, Dublin
66 Graphik: Maltings Partnership
67 o Brosche in Form eines offenen Ringes, dänisch: NMK
67 M Fibelbefestigungen: IoA/UOO
67 ul Schuhe: Kulturen, Lund
67 r Graphik: Maltings Partnership
68 o Birka, Friedhof: Prof. James Graham-Campbell
70–71 Schiffssetzungen von Lindholm Høje: TS
72 Straße bei Risby: IoA/Mogens Schou Jorgenson, Kopenhagen
73 Schlitten aus dem Oseberg-Grab, Norwegen, 9. Jahrh.: UOO
74 Schlittschuhe: Kulturen, Lund
74–75 u Sporen, Eisen mit Kupfer- und Silbereinlagen, Langeland: NMK
76 ul Gokstad-Schiff: Ancient Art and Architecture Collection/L. Ellison
76–77 Graphik: Maltings Partnership

78 Bernstein an der jütischen Küste: TS
79 Fölhagen-Schatz, Silber, Gold, Gotland, Ende 10. Jahrh.: SHM/Kungliga Myntkabinett, Stockholm
80 Graphik: Maltings Partnership
81 o Haithabu, Luftbild: Archäologisches Landesmuseum, Schleswig
81 Mr Münzen aus Haithabu: Frances Lincoln Publishers, London
82–83 o Ribe von Osten: Den Antikvariske Samling, Ribe, Dänemark
82–83 u Glasperlenherstellung: Den Antikvariske Samling, Ribe (Foto: Rita Fredsgaard Nielsen)
84–85 Kaupang: UOO
86 or Spielsteine mit Bär, Birka: SHM
86 M Birka-Kruzifix: SHM
86 ul Silberhort, Birka: Carl Löfman/Promedia, Hässelby
86–87 u Graphik: Maltings Partnership
87 or Birka, Luftbild: TS
90 Schiffsbug (Detail), Oseberg: UOO (Foto: Erik Irgens Johnsen)
90–91 Erster Barock-Pfosten, Hartholz (wahrsch. Linde), ca. 800–850, skandinavisch (UOO): WFA
91 Schnitzwerkdetail, Oseberg (UOO): WFA
91 u Geschnitzter Männerkopf, Oseberg (UOO): TS
92 Werkzeugsatz, Mästermyr: SHM
93 Hacksilber, Birka, ca. 975 vergraben: SHM
94 or Gußform für den Metallguß, Ribe, ca. 800: Den Antikvariske Samling (Foto: Rita Fredsgaard Nielsen)
94 ul Graphik: Maltings Partnership
95 o Goldbrosche von Hornelund: NMK
95 u Filigranbrosche und Patrize: Wikingermuseum, Haithabu/Archäol. Landesmuseum, Schleswig
96 In Schweden gefundene Halsketten: SHM
97 Kamm, Birka: Carl O. Löfman/Promedia, Hässelby
98–99 Kummetbogen von Mammen, Mitte 10. Jahrh., dänisch: NMK
98 ul Broa-Beschläge, Bronze, ca. 800, Gotland: SHM
98–99 Graphik: John Fuller; Diagramm: Chris Munday
99 o Bamberger Kästchen, Elfenbein, Kupfer vergoldet, Holz, zweite Hälfte 10. Jahrh., skandinavisch: Bayerisches Nationalmuseum, München
99 Wetterfahne von Heggen, Kupfer vergoldet, 1000 bis 1050 n. Chr., skandinavisch: UOO (Foto: T. Teigen)
100 Runenstein, ca. 1000 n. Chr.: Forhistorisk Museum, Moesgård
101 Ml Jarlabankis Brücke: RIKS (Foto: Bengt A. Lundberg)
101 ul Runenstein von Jarlabankis Brücke: RIKS (Foto: Bengt A. Lundberg)
102 M Drei Runensteine, Björketorp: RIKS (Foto: Bengt A. Lundberg)
102 u Kammfutteral, Elchgeweih, Lincoln, 10. Jahrh., skandinavisch: Britisches Museum, London
103 r Rök-Stein: Jan Rietz/Tiofoto, Stockholm
103 l Darstellung der drei Magier auf dem norwegischen Runenstein von Dynna, Hadeland: UOO
104 Seite aus Snorri Sturlusons *Heimskringla, Codex Frisianus*, fol. 10v., Island, 14. Jahrh.: Den Arnamagnaeanske Samling, Kopenhagen
105 Karlevi-Stein, Öland: RIKS (Foto: Bengt A. Lundberg)
106–107 Insel Drangey, Island: Mats Vibe Lund/Icelandic Photo and Press Service, Reykjavík
107 *Flateyjarbók*: Stofnun Árna Magnússonar, Island
108–109 Graphik: John Fuller
110 ol Zwergenfigur auf einem Taufstein, Gotland, 12. Jahrh. (SHM): WFA
110 ur Runenstein von Altuna, Uppland, Schweden, 11. Jahrh.: RIKS (Foto: Bengt A. Lundberg)
111 Gotländischer Bildstein mit Odin-Darstellung (SHM): WFA
112–113 o Serie von Schnitzereien mit Szenen aus der Sigurd-Sage, Kirche von Hylestad, Norwegen: WFA

113 ul Sigurd-Sage auf dem Drävle-Stein, Uppland: RIKS (Foto: Bengt A. Lundberg)

114 o Rekonstruktion des Tempels von Uppsala aus Olaus Magnus' *Geschichte der Nordischen Völker*, 1555: Bodleian Library, Oxford

114 M Gußform, Kreuz und Thorshammer, 10. Jahrh.: NMK

116 Das Martyrium Olafs des Heiligen, Tafelbild, 14. Jahrh., Trøndelag, Norwegen: Restaurierungswerkstatt des Nidarosdoms, Trondheim

117 Christliche Runeninschrift, Nora, Uppland: RIKS (Foto: Bengt A. Lundberg)

118 o Jelling-Becher

118 u Graphik: Maltings Partnership

119 or Die Runensteine Haralds und Gorms, Jelling: NMK

118 – 119 u Jellinghügel, Luftbild: IoA/T. Balslev

120 Haralds Runenstein, Jelling: YAT

121 Walbeinplatte: Historic Scotland

122 Lindisfarne-Stein: TS

123 Helm von Sutton Hoo: Britisches Museum, London

124 o Offas Dyke: Cambridge University Collection/ Crown Copyright

124 u Buchbeschlag, Bronze vergoldet, Northumberland, 8. Jahrh.: Historisk Museum, Bergen (Foto: Ann Mari Olsen)

125 *Angelsächsische Chronik*, MS 173 ff. 13b – 14: Corpus Christi College, Cambridge

128 M Schwert, Graphik: John Fuller

128 r Grab, Graphik: Maltings Partnership nach Zeichnungen von Prof. Martin Biddle und Birthe Kjolbye-Biddle, Oxford

128 u Repton, Luftbild: Prof. Martin Biddle und Birthe Kjolbye-Biddle, Oxford

130 o Ostanglischer Penny: Ashmolean Museum, Oxford

130 M Penny Alfreds, Silber, London: Ashmolean Museum, Oxford

130 u Alfred-Schmuck: Ashmolean Museum, Oxford

132 Wallingford, Luftbild: Cambridge University Collection

133 ol Danelag-Penny, Silber: Ashmolean Museum, Oxford

133 u *Lindisfarne Gospels* (Evangeliar), Cotton MS Nero D. iv f. 210b: British Library, London

136 – 137 o Coppergate-Ausgrabung: YAT

136 – 137 u Kämme, Kästchen und Nadeln, Coppergate: YAT

136 Straßenszene im Jorvík Viking Center, York: YAT

137 Middleton-Kreuz: Manx Museum/C. M. Dixon, Canterbury

138 ul Fragment einer Tierritzung, Coppergate, York: YAT

138 r Gosforth-Kreuz: C. M. Dixon, Canterbury

139 ol Pitney-Brosche, Somerset, Bronze vergoldet, 11. Jahrh.: IoA/British Museum, London

139 o Stockburn-Krieger: C. M. Dixon, Canterbury

139 ur Angelsächsisches Manuskript mit Elementen des Ringerike-Stils, 11. Jahrh.: Cambridge University Library, MS ff 1.23, f. 37 v.

139 u »Schweinerücken« *(hogback)*-Grabstein, Ingleby Arncliffe, North Yorkshire, frühes 10. Jahrh.: The Dean and Chapter of Durham Cathedral

141 Schatz von Cuerdale: Britisches Museum, London

142 Fränkischer Adliger, Fresko, Oratorium von St. Benedikt, Rom: Scala, Florenz

143 *Annales Xantenses*, 9. Jahrh., Codex Cotton Tiberius CXI: British Library, London

144 Karolingischer Becher: NMK

145 Brosche von Pîtres, 9. Jahrh., Bronze: Musée départemental des Antiquités de Seine-Maritime, Rouen (Foto: Yohann Deslandes)

148 Broch of Gurness: Historic Scotland

149 Mull, Schottland: Geoff Dore/Bruce Coleman Limited, London

150 or Mann und Vogel, Ritzzeichnung, Jarlshof: Trustees of the National Museum of Scotland, Edinburgh

151 ol Jarlshof, Luftbild: Historic Scotland

152 Schatz von Skaill, Orkney: TS

154 o Bootsgrab von Westness: YAT

154 u Grab, Westness: YAT

155 o Andreas-Grabstein, Isle of Man: Manx National Heritage, Isle of Man (IoM)

155 u Balladoole, Isle of Man: Manx National Heritage, IoM

156 Cronk ny Merriu, Isle of Man: Manx National Heritage, IoM

157 Braaid, Isle of Man: Manx National Heritage, IoM

158 o Münze, hiberno-Manx, Schatz von Kirk Michael: Manx National Heritage, IoM

158 M Perlen: IoA/St. Patrick's Isle (Isle of Man) Archaeological Trust

159 Luftbild: St. Patrick's Isle (Isle of Man) Archaeological Trust

160 – 161 Ranvaiks Kästchen, irisches oder schottisches Reliquiar, Kupfer, Zinn, Email auf Eibe, 8. Jahrh.: NMK

161 r Schwerter, gefunden bei Kilmainham-Islandbridge, Aquarell, 19. Jahrh.: NMK

162 Ml Haarnetz, Seide: National Museum of Ireland, Dublin

162 M Von Sigtrygg Seidenbart geprägte Münze: National Museum of Ireland, Dublin

162 u – 163 Graphik: Maltings Partnership

163 ol Kopfstück oder Stabkrümme im hiberno-nordischen Stil: National Museum of Ireland, Dublin

163 or Ausgrabungen von Wood Quay, Dublin: TS

163 u Übungsstück, Knochen, Dublin: National Museum of Ireland, Dublin

164 – 165 Mitternachtssonne in Nordisland: Dr. Eckart Pott/Bruce Coleman Limited, London

166 – 167 Färöer-Inseln: W. Ferchland/Zefa, London

168 M Ausgrabungen von Kvívík, Färöer: Prof. Chris Morris

168 o Spielzeugpferd und -boot, Holz, Wikingerzeit, Färöer: Føroya Fornminnissavn, Tórshavn

169 Vulkanlandschaft, Island: Zefa, London

170 – 171 Heiße Quellen, Island: Robert Harding Picture Library, London

171 l Brosche, Bronze, 10. Jahrh., Island: Isländisches Nationalmuseum, Reykjavík

171 r Seite aus der *Landnámabók*, Abschrift des 17. Jahrh.: Stofnun Árna Magnússonar, Reykjavík

172 o Schüssel: Isländisches Nationalmuseum, Reykjavík

172 u Hofkomplex in Stöng: Mats Vibe Lund/Icelandic Photo and Press Service, Reykjavík

174 Hölzerner Scherenkasten: NMK2

175 l Ansicht von Brattahlíð: YAT

175 or Stein mit Inschrift: NMK

175 u Grönländische Landschaft: Mats Vibe Lund/ Icelandic Photo and Press Service, Reykjavík

177 Vinland-Karte: © 1965 Yale University

178 – 179 o L'Anse-aux-Meadows, Gesamtansicht: Parks Canada/B. Wallace

178 – 179 u L'Anse-aux-Meadows, rekonstruierte Halle: R. Baumgartner/Explorer, Paris

179 u Nadel, Kupferlegierung, L'Anse-aux-Meadows, Neufundland, ca. 1000: Parks Canada

180 o Sonnenkompaß: NMK

180 u und 181 Mr Graphik: Maltings Partnership

181 or Speckstein mit Gnomonkurve: NMK

181 u *Saga Siglar*, Schiffsrekonstruktion im Hafen von Roskilde: Rex Features/Rob Walls

182 – 183 Disko-Bucht, Grönland: Zefa/Hunter

184 Quasten von einer magyarischen Kopfbedeckung (SHM): Studio Granath, Stockholm

185 Slawischer Schmuck aus Skandinavien: SHM

186 – 187 Rügen: Klasu Hamann, Berlin

187 or Goldschatz von Hiddensee: Römisch-Germanisches Zentralmuseum, Mainz (Foto: V. Iserhardt)

187 ur Graphik: Maltings Partnership

188 Elisabeth, die Tochter Jaroslaws, Fresko, 11. Jahrh., Sophienkathedrale, Kiew: TS

190 Amulett oder Schlüssel aus den Werkzeugen eines Schmiedes, Staraja Ladoga, Mitte 8. Jahrh.: Eremitage, St. Petersburg

190 – 191 Sopka-Hügel, Staraja Ladoga: Neil Price, Stockholm

191 o Staraja Ladoga: Neil Price, Stockholm

191 ur Schmiedewerkzeuge, Eisen, Bronze, Mitte 8. Jahrh.: Eremitage, St. Petersburg

192 Hölzerner Weg, Nowgorod: Neil Price, Stockholm

193 o Rekonstruktion aus: V. A. Kolchin, *Drevnya Rus – Gorod, Zamok, Selo*, Moskau 1985

193 ul Verklärungskirche, Nowgorod: Neil Price, Stockholm

193 ur Sigtuna-Tür, Nowgorod: Neil Price, Stockholm

194 o Goldenes Tor, Kiew: YAT

194 u Dnjepr: TS

195 o Schatz von Gnezdowo, Silber, Gold, Niello, Bronze, Vergoldung, Eisen, Glas, 10. Jahrh.: Eremitage, St. Petersburg

195 u byzantinischer Stoff, goldbestickte Seide: Kulturen, Lund

197 Halfdan-Runen in der Hagia Sophia: TS

198 Arabische Münzen (SHM): WFA

199 Åby-Kreuz, vergoldete Kupferbleche auf Eiche, Jütland, Dänemark, ca. 1100: NMK

201 ol Danegeld-Münze, Æthelred II.: NMK/Münzkabinett

201 ul Taufe Harald Blauzahns, von einem Altar der Kirche in Tamdrup, Jütland, 12. Jahrh.: NMK

202 o Stabkirche von Borgund: WFA

202 ul Schnitzerei an der Stabkirche von Urnes: TS

202 ur Inneres der Stabkirche von Borgund: Zodiaque, St. Leger Vauban

203 Graphik: Maltings Partnership

204 Auferstehungsei, Sigtuna: Sigtuna Museum

204 – 205 u Runeninschrift (Sigtuna Museum): YAT/ Simon Ian Hill FRPS

205 In einem Kriegerkopf endendes Geweihstück, Horn, 11. – 12. Jahrh., Sigtuna, Schweden: TS

206 Gripsholm-Stein: IoA/Sten. M-Rosenlund

207 Manuskript im Winchester-Stil, ca. 1000 n. Chr.: Bodleian Library, Oxford

209 Damm von Northey Island, Maldon, Essex: Linda Proud, Oxford

210 ol Knut und Emma aus dem *Liber Vitae*, Winchester, ca. 1031: British Library, London, Stowe MSS 944

210 or Münze Knuts: Britisches Museum, London

210 u Stein vom Friedhof von St. Paul's, London: WFA

211 Nordische Plünderer, englisches Manuskript, 11. Jahrh.: Bibliothèque Nationale, Paris

212 Szene aus dem Teppich von Bayeux: Michael Holford, London

213 Schachfiguren von Lewis: Michael Holford, London

214 Freswick Links: Colleen Batey

215 o Runenknochen, Orphir: Colleen Batey

215 M Rundkirche, Orphir: Historic Scotland

216 – 217 Birsay: Historic Scotland

216 ul Ausgrabungen von Birsay: Prof. Colin Morris

217 or Knochen, Kamm, Nadel und Zahn: Historic Scotland

218 Cubbie Roo's Castle: Historic Scotland

219 Griff eines irischen Schwerts, anglo-skandinavisch: National Museum of Ireland, Dublin

220 Thingvellir: Mats Vibe Lund/Icelandic Photo and Press Service, Reykjavík

221 *Thingvellir, Meeting of the Althing* von William Collingwood: Britisches Museum, London

221 u Bischofsstab, Thingvellir, Bronze, ca. 1100: Isländisches Nationalmuseum, Reykjavík

222 o Runenstein von Kingigtorssuaq: NMK2

222 M Weg in Gardar: NMK2

223 Grönländische Kleidung: NMK2

Alle Lagepläne wurden von John Brennan gezeichnet.

Kartennachweise: Grundlage der Karte auf S. 167: A. C. Larsen, *Vikingetidsgårde i Nordatlanten*, Magisterabhandlung 1992, Institut für vorgeschichtliche und klassische Archäologie, Universität Kopenhagen, unveröffentlicht, 1993. Grundlage der Karte auf S. 173: V. Örn Vilhjálmsson, *De ældste gårde på Island*, Arkæologisk analyse af byggetraditioner og bosættelsesmønstre i landnamstidens Island, unveröffentlicht, 1993.

REGISTER GEOGRAPHISCHER NAMEN

Stichwörter aus der physischen Geographie sind durch einen beschreibenden Zusatz und den aktuellen Ländernamen näher definiert; z. B. Balearen (Inseln) (Spanien). Ein mit * versehenes Stichwort bezeichnet eine bestimmte territoriale Einheit, z. B. eine Provinz, ein Königreich oder eine Region.

Abbasidenkalifat*, 126
Aggersborg (Dänemark), 57°00′N 9°16′O, 49, 89
Åhus (Schweden), 55°55′N 14°20′O, 29, 49, 79, 89
Akrar (Dänemark), 61°28′N 6°45′W, 167
al-Andalus (Spanien), 37°55′N 4°45′W, 196
al-Muhammadiyah (Iran), 35°36′N 50°00′O, 196
Åland (Finnland), 60°10′N 19°53′O, 49
Ålandinseln (Finnland), 60°00′N 20°00′O, 13, 29, 49, 69, 89, 189, 200
Ålborg (Dänemark), 57°03′N 9°56′O, 13, 89, 200
Alet (Frankreich), 48°38′N 1°55′W, 147
Alexandria (Ägypten), 31°13′N 29°55′O, 196
Alskog (Schweden), 57°19′N 18°33′O, 46
Alt-Ladoga siehe Staraja Ladoga
Alt-Uppsala siehe Gamla Uppsala
Amiens (Frankreich), 49°54′N 2°18′O, 126
Amudarja (Fluß), 79, 196
Ange (Schweden), 57°24′N 18°27′O, 46
Angers (Frankreich), 47°29′N 0°32′W, 79, 126
Anundshögen (Schweden), 59°37′N 16°30′O, 49
Arabien*, 196
Arabisches Meer, 196
Aralsee (Usbekistan/Kasachstan), 45°00′N 60°00′O, 79, 196, 206
Archenfield (Grobritannien), 52°03′N 2°42′W, 140
Ardre (Schweden), 57°22′N 18°38′O, 46
Århus (Dänemark), 56°10′N 10°13′O, 13, 49, 89, 115, 200, 211
Arkels Tingstad (Schweden), 59°30′N 18°06′O, 49
Arklow (Irland), 52°48′N 6°09′W, 153
Ärmelkanal, 129, 131, 134, 140, 208
Arminiyah (Armenien), 39°50′N 44°40′O, 196
Arran, Isle of (Grobritannien), 55°35′N 5°15′W, 153
Arzon (Frankreich), 47°33′N 2°54′W, 147
Ashdown (Großbritannien), 51°22′N 1°35′W, 129
Asowsches Meer, 189
Aspatria (Grobritannien), 54°45′N 3°18′W, 153
Athelney (Großbritannien), 51°03′N 2°56′W, 129
Athen (Griechenland), 38°00′N 23°44′O, 196
Atlantischer Ozean, 115, 126, 147, 153, 177, 219
Augerum (Schweden), 56°08′N 15°47′O, 69
Aulne (Fluß), 147
Äußere Hebriden (Inseln) (Großbritannien), 57°40′N 7°35′W, 153
Avranches (Frankreich), 48°42′N 1°21′W, 144
Axbridge (Großbritannien), 51°18′N 2°49′W, 131

Badelundeviken (Schweden), 57°17′N 18°35′O, 46
Baffin Bay, 176, 177
Baffin-Insel (Kanada), 68°40′N 70°00′W, 176, 177
Bagdad (Irak), 33°20′N 44°26′O, 79, 196
Baku (Aserbaidschan), 40°22′N 49°53′O, 196

Balchaschsee (Kasachstan), 46°40′N 75°00′O, 196
Balearen (Inseln) (Spanien), 39°21′N 3°03′O, 126
Ballaugh (Großbritannien), 54°8′N 4°28′W, 153
Ballinaby (Großbritannien), 55°46′N 6°34′W, 153
Bamburgh (Großbritannien), 55°36′N 1°41′W, 208
Bangor (Großbritannien), 54°39′N 5°41′W, 153
Bardney (Großbritannien), 53°13′N 0°19′W, 140
Barra (Insel) (Großbritannien), 56°59′N 7°28′W, 153
Barton Blount (Großbritannien), 52°53′N 1°46′W, 134
Basing (Großbritannien), 51°6′N 1°05′W, 129
Basse-Indre (Frankreich), 47°12′N 1°45′W, 147
Bath (Großbritannien), 51°23′N 2°22′W, 131, 208
Batz (Frankreich), 48°45′N 4°00′W, 147
Bayern*, 126
Bayeux (Frankreich), 49°16′N 0°42′W, 126, 144
Bedale (Großbritannien), 54°17′N 1°35′W, 134
Bedford (Großbritannien), 52°08′N 0°29′W, 129, 134, 140
Beggary Island (Großbritannien), 52°12′N 6°22′W, 126 Belle-Ile (Frankreich), 47°20′N 3°10′W, 147
Benevent, Herzogtum*, 126
Benfleet (Großbritannien), 51°33′N 0°34′O, 131
Benllech (Großbritannien), 53°18′N 4°15′W, 134
Berezan-Insel (Ukraine), 46°39′N 32°38′O, 189
Berezany (Ukraine), 46°38′N 32°38′O, 79
Bergen (Norwegen), 60°23′N 5°20′O, 13, 79, 115, 200
Bergthórshvoll (Island), 63°36′N 20°18′W, 173
Berlin (Deutschland), 52°32′N 13°25′O, 13
Beuzit (Frankreich), 48°30′N 4°16′W, 147
Birka (Schweden), 59°23′N 17°30′O, 49, 79, 89, 115, 189
Birsay (Großbritannien), 59°08′N 3°18′W, 153
Biscaya, Golf von, 79 Bjeloosero (Rußland), 59°58′N 37°49′O, 189
Blavet (Fluß), 147
Block Eary (Großbritannien), 54°17′N 4°28′W, 153
Blois (Frankreich), 47°36′N 1°20′O, 126
Blöndudalur (Fluß), 173
Bogeviken (Schweden), 57°42′N 18°44′O, 46
Bólstadir (Island), 65°02′N 22°25′W, 173
Bonhunt (Großbritannien), 52°04′N, 0°11′O, 134
Bordeaux (Frankreich), 44°50′N 0°34′W, 79, 126
Bordoy (Insel) (Dänemark), 62°15′N 6°30′W, 167
Borg (Norwegen), 68°06′N 13°20′O, 29, 49
Borglum (Dänemark), 57°31′N 10°00′O, 200
Bornholm (Inseln) (Dänemark) 55°02′N 15°00′O, 13, 29, 49, 69, 89
Borre (Norwegen), 59°24′N 10°29′O, 29, 69
Borremose (Dänemark), 56°49′N 9°32′O, 29
Bottnischer Meerbusen, 13, 29, 49, 69, 79, 89, 189, 200, 211
Boulogne (Frankreich), 50°43′N 1°37′O, 129
Bourbriac (Frankreich), 48°29′N 3°11′W, 147

Bourges (Frankreich), 47°05′N 2°23′O, 126
Braaid (Großbritannien), 54°09′N 4°34′W, 153 Braddan (Großbritannien), 54°09′N 4°30′W, 153
Brattahlíd (Dänemark), 61°00′N 45°25′W, 176, 177
Breidafjördur (Bucht) (Island), 65°18′N 23°20′W, 173
Bremen (Deutschland), 53°05′N 8°48′O, 115
Bretagne*, 126
Bridgnorth (Großbritannien), 52°33′N 2°25′W, 131
Bridport (Großbritannien), 50°43′N 2°45′W, 131
Bro (Schweden), 57°40′N 18°24′O, 46
Broa (Schweden), 57°30′N 18°25′O, 46
Broby (Schweden), 59°33′N 17°34′O, 49
Brough of Deerness (Großbritannien), 58°58′N 2°44′W, 153
Broweroch*, 147
Bryant's Gill (Großbritannien), 54°23′N 2°56′W, 134
Buchara (Usbekistan), 39°47′N 64°26′O, 79, 196
Buckden (Großbritannien), 52°18′N 0°15′W, 134
Buckingham (Großbritannien), 52°00′N 1°00′W, 131
Bug (Fluß), 189
Bulgar (Rußland), 54°12′N 48°36′O, 79, 196
Bulverket (Schweden), 57°44′N 18°34′O, 46, 49
Burgsvik (Schweden), 57°05′N 18°14′O, 46
Burpham (Großbritannien), 50°52′N 0°33′W, 131
Busalt (Frankreich), 47°51′N 2°58′W, 147
Buttington (Großbritannien), 52°41′N 3°07′W, 131
Byzantinisches Reich*, 126, 189, 196
Byzanz (Türkei), 41°02′N 28°58′O, 79, 189, 196, 206

Cádiz (Spanien), 36°32′N 6°18′W, 126
Caen (Frankreich), 49°11′N 0°22′W, 144
Caithness*, 153, 219
Cambridge (Großbritannien), 52°13′N 0°08′O, 129, 140, 208
Camphill (Großbritannien), 54°14′N 1°23′W, 134
Canterbury (Großbritannien), 51°17′N 1°05′O, 129, 208
Carlingford (Irland), 54°02′N 6°11′W, 153
Cashtal Ballgawne (Großbritannien), 54°12′N 5°45′W, 153
Cass ny Hawin (Großbritannien), 54°06′N 4°36′W, 153
Catholme (Großbritannien), 52°45′N 1°44′W, 134
Chartres (Frankreich), 48°27′N 1°30′O, 126
Chersson (Ukraine), 44°36′N 33°31′O, 196
Chester (Großbritannien), 53°12′N 2°53′W, 131, 134
Chester*, 219
Chichester (Großbritannien), 50°50′N 0°47′W, 131
Chippenham (Großbritannien), 51°27′N 2°07′W, 129
Chisbury (Großbritannien), 51°26′N 1°38′W, 131
Choresm (Usbekistan), 42°20′N 59°59′O, 79
Christchurch (Großbritannien), 50°44′N 1°45′W, 131
Claughton Hall (Großbritannien), 53°46′N 2°42′W, 134
Clermont-Ferrand (Frankreich), 45°47′N 3°05′O, 126
Clibberswick (Großbritannien), 60°49′N 0°50′W, 153
Clonfert (Irland), 53°15′N 8°06′W, 126
Clonmacnolse (Irland), 53°26′N 7°57′W, 126

Clontarf (Irland), 53°23′N 6°07′W, 219
Close ny Chollagh (Großbritannien), 54°04′N 4°40′W, 153
Clyde, Firth of (Fjord) (Großbritannien), 55°42′N 5°00′W, 153
Clyst (Großbritannien), 50°44′N 3°26′W, 208
Colchester (Großbritannien), 51°54′N 0°54′O, 140
Colonsay (Insel) (Großbritannien), 56°04′N 6°13′W, 153, 219
Connaught*, 153, 219
Córdoba, Emirat von*, 126
Córdoba, Kalifat von*, 196
Cork (Irland), 51°54′N 8°28′W, 126, 153
Cornouaille*, 147 Cornwall*, 126
Corseul (Frankreich), 48°30′N 2°11′W, 147
Cotentin (Halbinsel) (Frankreich), 50°11′N 0°30′W, 144
Coutances (Frankreich), 49°03′N 1°29′W, 144
Cricklade (Großbritannien), 51°39′N 1°51′W, 131
Cronk ny Merriu (Großbritannien), 54°07′N 4°34′W, 153
Cuckamsley (Großbritannien), 51°30′N 1°21′W, 208
Cumbria*, 219

Daläv (Fluß), 13, 29, 49, 69, 89, 200, 206
Dalriada*, 153
Damaskus (Syrien), 33°30′N 36°19′O, 196
Dänisches Mercia*, 134, 140
Dankirke (Dänemark), 55°19′N 8°47′O, 29
Danzig (Polen), 54°22′N 18°38′O, 13
Davis-Straße, 176, 177
Dean (Großbritannien), 51°55′N 1°50′W, 208
Dee (Fluß), 153, 219
Derby (Großbritannien), 52°55′N 1°28′W, 134, 140
Derg, Lough (Irland), 52°57′N 8°18′W, 153
Dieppe (Frankreich), 49°55′N 1°05′O, 144
Dimnafjördhur (Meeresstraße) (Dänemark), 61°45′N 6°40′W, 167
Disko-Insel (Dänemark), 69°45′N 53°00′W, 176, 177
Dives (Fluß), 144
Dnjepr (Fluß), 79, 189, 196, 206Ü
Dnjestr (Fluß), 189, 196
Doarlish Cashen (Großbritannien), 54°10′N 4°42′W, 153
Dol (Frankreich), 48°34′N 1°37′W, 147
Domnonée*, 147
Don (Fluß), 189, 196
Donau (Fluß), 79, 126, 189, 196
Donez (Fluß), 189
Dorestad (Niederlande), 52°04′N 5°07′O, 126
Drammen (Norwegen), 59°45′N 10°15′O, 13
Drau (Fluß), 196
Drimore (Großbritannien), 57°17′N 7°24′W, 153
Droitwich (Großbritannien), 52°16′N 2°10′W, 129
Dublin (Irland), 53°21′N 6°18′W, 79, 140, 153, 219
Duleek (Irland), 53°39′N 6°26′W, 126
Düna (Fluß), 13, 29, 69, 79, 89, 189, 196
Dunseverick (Großbritannien), 55°13′N 6°20′W, 126
Dursey Island (Irland), 51°36′N 10°12′W, 153
Dyer, Cape (Kanada), 66°40′N 61°10′W, 176
Dyfed*, 131, 134, 208

Eashing (Großbritannien), 51°14′N 0°41′W, 131
East Anglia*, 115, 126, 129, 131, 134, 140
Eaton Socon (Großbritannien), 52°13′N 0°18′W, 134

Ebro (Fluß), 126
Ed (Schweden), 59°27′N 17°58′O, 49
Edington (Großbritannien), 51°17′N 2°07′W, 129
Eidhi (Dänemark), 62°18′N 7°06′W, 167
Eigg (Insel) (Großbritannien), 56°53′N 6°09′W, 153
Eiriksfjord (Dänemark), 61°05′N 45°26′W, 176
Eiríksstadir (Island), 65°08′N 21°40′W, 173
Eketorp (Schweden), 56°15′N 16°30′O, 49
Elbe (Fluß), 13, 29, 49, 69, 79, 89, 126, 196
Elbeuf (Frankreich), 49°17′N 1°01′O, 144
Eldey (Insel) (Island), 63°44′N 22°58′W, 173
Elisenhof (Deutschland), 54°29′N 9°04′O, 49
Enekrogen (Dänemark), 55°04′N 15°09′O, 69
England*, 208, 211, 219 Englefield (Großbritannien), 51°28′N 1°10′W, 129
Eorpeburnan (Großbritannien), 51°02′N 0°42′O, 131
Ephesus (Türkei), 37°55′N 27°19′O, 196
Erne, Lough (Großbritannien), 54°28′N 7°48′W, 153
Euphrat (Fluß), 79, 196
Eure (Fluß), 144
Europäisches Nordmeer, 13, 14, 17, 29, 49, 69, 89, 177, 211
Evreux (Frankreich), 49°03′N 1°11′O, 126, 144
Exeter (Großbritannien), 50°43′N 3°31′W, 129, 131, 208
Eysturoy (Insel) (Dänemark), 62°14′N 6°59′W, 167

Fair Isle (Großbritannien), 59°32′N 1°38′W, 153
Falaise (Frankreich), 48°54′N 0°11′W, 144
Falster (Insel) (Dänemark), 54°30′N 12°00′O, 49, 69, 89
Farndon (Großbritannien), 53°06′N 2°53′W, 134
Farnham (Großbritannien), 51°13′N 0°49′W, 131
Färöer (Inseln) (Dänemark), 62°00′N 7°00′W, 79, 167, 177
Fårön (Insel) (Schweden), 57°55′N 19°10′O, 46
Farvel, Kap (Dänemark), 59°45′N 43°30′W, 176, 177
Faxaflói (Bucht) (Island), 64°25′N 22°40′W, 173
Fécamp (Frankreich), 49°45′N 0°23′O, 144
Finnischer Meerbusen, 13, 29, 49, 69, 79, 89, 189
Fleury (Frankreich), 47°56′N 1°55′O, 126
Flintinge (Dänemark), 54°47′N 11°53′O, 69
Fole (Schweden), 57°39′N 18°28′O, 46
Folkestone (Großbritannien), 51°05′N 1°11′O, 208
Folklandstingstad (Schweden), 59°41′N 18°04′O, 49
Forth, Firth of (Fjord) (Großbritannien), 56°10′N 2°56′W, 153
Foulum (Dänemark), 56°33′N 9°23′O, 69
Fréneuse (Frankreich), 49°14′N 0°41′O, 144
Freswick (Großbritannien), 58°35′N 3°06′W, 153
Fribrødre Å (Dänemark), 54°53′N 12°04′O, 69
Friesland*, 126
Fröjel (Schweden), 57°24′N 18°14′O, 46, 89
Fuglafjördhur (Dänemark), 62°14′N 6°49′W, 167
Fugloy (Insel)(Dänemark), 62°21′N 6°15′W, 167

Fünen (Insel) (Dänemark), 56°15′N 10°30′W, 13, 29, 49, 69, 89, 115
Furness (Großbritannien), 54°08′N 3°15′W, 219
Fyrkat (Dänemark), 56°39′N 9°59′O, 49, 89

Gainsborough (Großbritannien), 53°23′N 0°46′W, 208
Galicien und Asturien*, 126
Galloway*, 208, 219
Gamla Uppsala (Schweden), 59°55′N 17°38′O, 29, 69, 115
Gammelby (Dänemark), 55°28′N 8°35′O, 69
Gardar (Dänemark), 61°00′N 45°23′W, 115, 176
Gåseborg (Schweden), 59°25′N 17°54′O, 49
Gävle (Schweden), 60°41′N 17°10′O, 13
Gent (Belgien), 51°02′N 3°42′O, 126
Glåma (Fluß), 13, 29, 49, 69, 89, 200
Glittertind (Berg)(Norwegen), 61°40′N 8°32′O, 13
Gloucester (Großbritannien), 51°53′N 2°14′W, 129
Gnezdowo (Rußland), 55°00′N 32°04′O, 79, 189
Gokstad (Norwegen), 59°04′N 10°02′O, 69
Goltho (Großbritannien), 53°14′N 0°17′W, 134
Gooderstone (Großbritannien), 52°37′N 0°9′O, 134
Gorgan (Iran), 36°50′N 54°29′O, 79
Gosforth (Großbritannien), 54°26′N 3°27′W, 153
Götaälv (Fluß), 13, 29, 49, 69, 89
Göteborg (Schweden), 57°45′N 12°00′O, 13
Gothemsån (Fluß), 46
Gotland (Insel) (Schweden), 57°30′N 18°30′O, 13, 29, 46, 49, 69, 89, 115, 189, 200
Gralich (Ukraine), 51°12′N 25°00′O, 189
Grampian Mountains (Großbritannien), 56°55′N 4°00′W, 153
Granastadir (Island), 65°19′N 18°20′W, 173
Grauballe (Dänemark), 56°13′N 9°38′O, 29
Great Ouse (Fluß), 129, 131, 134, 140, 208
Gredelby (Schweden), 59°47′N 17°40′O, 49
Grelutóftir (Island), 65°47′N 23°30′W, 173
Grey Abbey (Großbritannien), 54°32′N 5°33′W, 219
Grímsey (Insel) (Island), 66°33′N 18°00′W, 173
Grobin (Lettland), 56°31′N 21°15′O, 189
Grødbygård (Dänemark), 55°04′N 14°56′O, 69
Grodno (Weißrußland), 53°40′N 23°50′O, 189
Groix (Frankreich), 47°39′N 3°27′W, 147
Grönland (Insel) (Dänemark), 68°00′N 40°00′W, 13, 176, 177
Grönlandsee, 176, 177
Grøv (Dänemark), 61°13′N 6°34′W, 167
Gudingsåkrarna (Schweden), 57°36′N 18°47′O, 46
Gudme (Dänemark), 55°09′N 10°43′O, 29
Guérande (Frankreich), 47°20′N 2°25′W, 147
Guildford (Großbritannien), 51°14′N 0°35′W, 129
Gurness (Großbritannien), 59°06′N 3°04′W, 153
Gwent*, 134
Gwynedd*, 131, 134, 208, 219

Haithabu (Deutschland), 54°32′N 9°34′O, 49, 69, 79, 89, 115, 200
Halikko (Finnland), 60°24′N 23°05′O, 49
Halwell (Großbritannien), 50°26′N 3°41′W, 131
Hamar (Norwegen), 61°06′N 10°27′O, 89, 200
Hamburg (Deutschland), 53°33′N 10°00′O, 13, 79, 115

Hämeenlinna (Finnland), 61°00′N 24°25′O, 49, 89
Hammars (Schweden), 57°47′N 18°50′O, 46
Hardangerfjord (Norwegen), 62°00′N 5°00′O, 13, 29, 49, 69, 89
Hastings (Großbritannien), 50°51′N 0°36′O, 131
Hebriden (Inseln) (Großbritannien), 58°00′N 7°00′W, 79, 177, 219
Hejnum (Schweden), 57°41′N 18°42′O, 46
Hekla (Berg) (Island), 64°00′N 19°45′W, 173
Helgö (Schweden), 59°15′N 17°44′O, 29, 49, 79, 89, 189
Helluland*, 177
Helsingborg (Schweden), 56°05′N 12°45′O, 13
Helsinki (Finnland), 60°08′N 25°00′O, 13
Héradsvötn (Fluß), 173
Hereford (Großbritannien), 52°04′N 2°43′W, 131
Herjólfsdalur (Island), 63°25′N 20°15′W, 173
Herjólfsnes (Dänemark), 60°04′N 44°41′W, 176, 177
Hermoutier (Frankreich), 48°43′N 3°49′W, 147
Heysham (Großbritannien), 54°03′N 2°53′W, 134
Hinnøy (Insel) (Norwegen), 68°30′N 16°00′O, 13, 29, 49, 69, 89
Hitis (Finnland), 60°12′N 21°55′O, 89
Hjälmarsee (Schweden), 59°10′N 15°45′O, 29, 69, 89
Hofsjökull (Schneefeld) (Island), 64°50′N 19°00′W, 173
Hofstadir (Island), 65°42′N 17°09′W, 173
Högom (Schweden), 62°15′N 17°25′O, 29
Hólar (Island), 65°44′N 19°07′W, 115, 173
Hominde (Dänemark), 54°42′N 11°24′O, 49
Hook Norton (Großbritannien), 52°02′N 1°35′W, 134
Hørby (Dänemark), 56°40′N 9°46′W, 29
Hornavan (See) (Schweden), 66°15′N 17°40′O, 13, 29, 49, 69, 89
Hov (Dänemark), 55°55′N 6°45′W, 167
Hovgården (Schweden), 59°20′N 16°11′O, 29, 69
Howth (Großbritannien), 53°23′N 6°04′W, 153
Hoxne (Großbritannien), 52°21′N 1°12′O, 129
Hudson-Straße, 177
Húnaflói (Bucht) (Island), 65°50′N 20°50′W, 173
Humber (Fluß), 134, 140, 208
Huntingdon (Großbritannien), 52°20′N 0°11′W, 140
Hvalsøy (Dänemark), 60°55′N 45°43′W, 176
Hvítá (Fluß), 173
Hvítárholt (Island), 64°09′N 20°16′W, 173

Ifriqiyah (Tunesien), 35°48′N 10°38′O, 196
Ilchester (Großbritannien), 51°00′N 2°41′W, 129, 140
Illerup (Dänemark), 55°15′N 9°20′O, 29
Ilmensee (Rußland), 58°14′N 31°22′O, 189
Inarisee (Finnland), 60°00′N 28°00′O, 13, 29, 49, 69, 89
Indre (Frankreich), 47°06′N 1°37′W, 147
Indus (Fluß), 196
Ingleby (Großbritannien), 52°44′N 1°30′W, 134
Inishmurray (Insel) (Irland), 54°26′N 8°41′W, 126
Injebreck (Großbritannien), 54°15′N 4°30′W, 153
Iona (Insel) (Großbritannien), 56°20′N 6°25′W, 126, 219
Ipswich (Großbritannien), 52°04′N 1°09′O, 134, 208
Irische See, 129, 131, 134, 140, 144, 153, 208, 211, 219
Ísafjord (Dänemark), 61°10′N 45°50′W, 176

Island (Insel) (Island), 64°45′N 18°00′W, 79, 115, 173, 177
Islay (Insel) (Großbritannien), 55°45′N 6°20′W, 153, 219
Ísleifsstadir (Island), 64°43′N 21°28′W, 173
Ismanstorp (Schweden), 56°52′N 16°50′O, 49
Itil (Rußland), 46°22′N 48°00′O, 79, 196
Ivigtut (Dänemark), 61°10′N 48°00′W, 176
Izborsk (Estland), 57°48′N 26°54′O, 189

Järavallen (Schweden), 55°25′N 13°11′O, 69
Jarlabanki (Schweden), 59°30′N 18°06′O, 49
Jarlshof (Großbritannien), 59°54′N 1°4′W, 153
Jaroslawl (Rußland), 57°34′N 39°52′O, 189
Jelling (Dänemark), 55°45′N 9°29′O, 69, 115, 200
Jerusalem (Israel), 31°47′N 35°13′O, 196
Jökuldalur (Fluß), 173
Jönköping (Schweden), 57°45′N 14°10′O, 13
Jostedalsbreen (Gebirge) (Norwegen), 62°00′N 7°30′O, 13
Jumièges (Frankreich), 49°58′N 0°50′O, 144
Jura (Insel) (Großbritannien), 55°58′N 5°55′W, 153
Jütland (Halbinsel) (Dänemark), 56°00′N 9°00′O, 13, 115, 200

Kaldbak (Dänemark), 62°04′N 6°49′W, 167
Kaliningrad (Rußland), 54°40′N 20°30′O, 13
Kalmarsand (Schweden), 59°32′N 17°34′O, 49
Kalsoy (Insel) (Dänemark), 62°18′N 6°47′W, 167
Karlskrona (Schweden), 56°10′N 15°35′O, 13
Kärnten*, 126
Karolingisches Reich*, 126, 129, 131, 144, 147
Karthago (Tunesien), 36°54′N 10°16′O, 196
Kaspisches Meer, 79, 196, 206
Kattegat (Meerenge), 13, 29, 49, 69, 89
Kaukasus (Gebirge), 43°00′N 44°00′O, 196
Kaunas (Litauen), 54°52′N 23°55′O, 189
Kaupang (Norwegen), 59°04′N 10°02′O, 49, 79, 89
Kebnekaise (Berg) (Schweden), 67°55′N 18°55′O, 13
Kem (Fluß), 13
Kemi (Fluß), 13, 29, 49, 69, 89
Ketilsfjord (Dänemark), 60°12′N 45°10′W, 176
Khurasan*, 196
Kiel (Deutschland), 54°20′N 10°08′O, 13
Kiew (Ukraine), 50°28′N 30°29′O, 79, 189, 196, 206
Kildale (Großbritannien), 54°28′N 1°04′W, 134
Kiloran Bay (Großbritannien), 56°04′N 6°12′W, 153
Kingigtorssuaq (Dänemark), 72°53′N 56°00′W, 176
Kirk Andreas (Großbritannien), 54°22′N 4°26′W, 153
Kirkjubøur (Dänemark), 61°58′N 6°47′W, 115, 167
Kirk Michael (Großbritannien), 54°17′N 4°35′W, 153
Kirkwall (Großbritannien), 58°59′N 2°58′W, 115, 153
Kjolen-Gebirge (Norwegen), 62°03′N 8°39′O, 13
Klaksvík (Dänemark), 62°73′N 6°34′W, 167
Klarälv (Fluß), 13, 29, 49, 69, 89
Klaufanes (Island), 65°52′N 18°40′W, 173
Kleiner Minch (Meeresstraße) (Großbritannien), 57°40′N 6°50′W, 153
Klepp (Norwegen), 58°43′N 5°40′O, 29
Kola (Fluß), 13
Kolberg (Polen), 54°10′N 15°35′O, 189
Köln (Deutschland), 50°56′N 6°57′O, 126

Kópavogsthingstadir (Island), 64°06′N 21°53′W, 173
Kopenhagen (Dänemark), 55°43′N 12°34′O, 13
Köpingsvik (Schweden), 56°57′N 16°45′O, 49
Korinth (Griechenland), 37°56′N 22°55′O, 196
Korselitse (Dänemark), 54°47′N 11°53′O, 29
Korsika (Insel) (Frankreich), 42°00′N 9°10′O, 126
Kosel (Deutschland), 54°28′N 9°50′O, 49
Kragelund (Dänemark), 56°12′N 9°25′O, 29
Kristiansand (Norwegen), 58°08′N 8°01′O, 13
Krökdalur (Fluß), 173
Kungshållet (Schweden), 59°22′N 16°31′O, 49
Kunoy (Insel) (Dänemark), 62°18′N 6°39′W, 167
Kursk (Rußland), 51°45′N 36°14′O, 189
Kutaissi (Georgien), 42°15′N 42°44′O, 206
Kvívík (Dänemark), 62°07′N 7°04′W, 167
Kyrene (Libyen), 32°48′N 21°54′O, 196

Labrador*, 177
Labradorsee, 176
Ladby (Dänemark), 55°27′N 10°39′O, 49
Lade (Norwegen), 63°27′N 10°57′O, 115
Ladogasee (Rußland), 61°00′N 32°00′O, 13, 29, 49, 69, 89, 189, 206
La Hague (Frankreich), 49°44′N 1°56′W, 144
Lahti (Finnland), 61°00′N 25°40′O, 49
Lambey Island (Irland), 53°30′N 6°01′W, 153
Landevennec (Frankreich), 48°18′N 4°17′W, 147
Langjökull (Schneefeld) (Island), 64°43′N 20°03′W, 173
Langport (Großbritannien), 51°02′N 2°51′W, 131
Lanlerf (Frankreich), 48°38′N 3°00′W, 147
L'Anse-aux-Meadows (Kanada), 51°30′N 55°45′W, 177
Largs (Großbritannien), 55°48′N 4°52′W, 219
Larne (Ulfrecksfjord) (Großbritannien), 54°51′N 5°49′W, 153
Lavret (Frankreich), 48°51′N 3°00′W, 147
Lea (Fluß), 129, 131, 140
Lea (Großbritannien), 51°49′N 0°02′W, 131
Lehon (Frankreich), 48°27′N 2°03′W, 147
Leicester (Großbritannien), 52°38′N 1°05′W, 129, 134, 140
Leigh on Sea (Großbritannien), 51°33′N 0°40′O, 134
Leinster*, 153, 219
Leixlip (Irland), 53°22′N 6°30′W, 153
Lejre (Dänemark), 55°34′N 12°00′O, 49
Le Mans (Frankreich), 48°01′N 0°10′O, 126
Le Saint (Frankreich), 48°07′N 3°34′W, 147
Les Andelys (Frankreich), 49°31′N 1°25′O, 144
Lewes (Großbritannien), 50°52′N 0°01′O, 131
Lewis (Insel) (Großbritannien), 58°10′N 6°40′W, 153, 219
Lezayre (Großbritannien), 54°09′N 4°25′W, 153
Limerick (Irland), 52°40′N 8°37′W, 153
Limfjord (Dänemark), 57°00′N 9°30′O, 13, 69
Lincoln (Großbritannien), 53°14′N 0°32′W, 129, 134, 140
Lindholm Høje (Dänemark), 57°05′N 9°54′O, 49
Lindisfarne (Insel) (Großbritannien), 55°41′N 1°47′W, 126, 153
Linköping (Schweden), 58°25′N 15°35′O, 13, 115, 200
Lisieux (Frankreich), 49°09′N 0°14′O, 144
Lissabon (Portugal), 38°44′N 9°08′W, 126
Little Paxton (Großbritannien), 52°20′N 0°11′W, 134

Ljubetsch (Ukraine), 51°53′N 31°07′O, 189
Locminé (Frankreich), 47°56′N 2°51′W, 147
Loctudy (Frankreich), 47°50′N 4°11′W, 147
Löddeköpinge (Schweden), 55°49′N 12°50′O, 49, 69
Lödöse (Schweden), 57°44′N 12°55′O, 200
Lofoten (Inseln) (Norwegen), 68°15′N 13°50′O, 13, 29, 49, 69, 89
Logojsk (Weißrußland), 54°16′N 26°50′O, 189
Loire (Fluß), 79, 126, 147
Lolland (Insel) (Dänemark), 54°50′N 11°30′O, 13, 29, 49, 69, 89
Lombardei*, 126
London (Großbritannien), 51°32′N 0°06′W, 79, 126, 129, 131, 134, 140, 208, 211
Lorrha (Irland), 53°00′N 8°20′W, 126
Lothian*, 208
Louth (Irland), 53°45′N 6°30′W, 126
Lowat (Fluß), 189
Luleå (Schweden), 65°35′N 22°10′O, 13
Luleälv (Fluß), 13, 29, 49, 69, 89
Luna (Italien), 44°04′N 10°06′O, 126
Lund (Schweden), 55°42′N 13°10′O, 49, 89, 115, 200, 211
Lundbjärs (Schweden), 57°47′N 18°23′O, 46, 89
Lundeborg (Dänemark), 55°07′N 10°45′O, 29
Luzk (Ukraine), 50°42′N 25°5′O, 189
Lydford (Großbritannien), 50°39′N 4°06′W, 131, 208
Lympne (Großbritannien), 51°05′N 1°02′O, 131
Lyng (Großbritannien), 51°11′N 2°57′W, 131
Lysufjord (Dänemark), 63°50′N 53°00′W, 176

Madinat al-Salam (Irak), 33°20′N 44°30′O, 196
Mähren*, 126
Mære (Norwegen), 64°07′N 11°19′O, 29
Mainz (Deutschland), 50°00′N 8°16′O, 79
Mälarsee (Schweden), 59°30′N 17°00′O, 13, 29, 49, 69, 89, 189, 200, 206
Maldon (Großbritannien), 51°43′N 0°41′O, 208
Malew (Großbritannien), 54°06′N 4°39′W, 153
Malmesbury (Großbritannien), 51°35′N 2°05′W, 131
Malmö (Schweden), 55°36′N 13°00′O, 13
Mammen (Dänemark), 56°15′N 9°51′O, 69
Man, Isle of (Großbritannien), 54°15′N 4°30′W, 115, 129, 131, 153, 208, 219
Markland*, 177
Mårtens (Schweden), 57°08′N 18°17′O, 46
Massérac (Frankreich), 47°41′N 1°55′W, 147
Mästermyr (Schweden), 57°5′N 18°13′O, 46
Maughold (Großbritannien), 54°18′N 4°19′W, 153
Maxant (Frankreich), 47°58′N 2°01′W, 147
Meath*, 219
Meaux (Frankreich), 48°58′N 2°54′O, 126
Memel (Fluß), 13, 29, 69, 89, 189
Mercia*, 115, 126, 129, 131, 134, 140
Mersea (Großbritannien), 51°48′N 0°55′O, 131
Middle Harling (Großbritannien), 52°38′N 0°42′O, 134
Midvágur (Dänemark), 62°03′N 7°13′W, 167
Mikkeli (Finnland), 61°44′N 27°15′O, 49
Milton (Großbritannien), 51°18′N 0°54′O, 131
Minsk (Weißrußland), 53°51′N 27°30′O, 13, 189
Misr (Ägypten), 30°00′N 31°20′O, 196
Mittelmeer, 79, 126, 196
Mittlere Siedlung*, 176
Mjösasee (Norwegen), 60°50′N 10°50′O, 13, 29, 49, 69, 89
Mont-Saint-Michel (Frankreich), 48°38′N 1°29′W, 144, 147

Moray*, 219
Moray, Argyll of*, 219
Moray Firth (Fjord) (Großbritannien), 57°40′N 3°50′W, 153
Morgannwg*, 131, 134
Moskau (Rußland), 55°45′N 37°42′O, 189
Mouais (Frankreich), 47°40′N 1°34′W, 147
Mull (Insel) (Großbritannien), 56°28′N 5°56′W, 153, 219
Munster*, 153
Murmansk (Rußland), 68°59′N 33°08′O, 13
Murom (Rußland), 55°04′N 42°04′O, 189
Mykines (Insel) (Dänemark), 62°08′N 7°38′W, 167
Myrdalsjökull (Schneefeld) (Island), 63°40′N 19°00′W, 173
Nantes (Frankreich), 47°14′N 1°35′W, 126, 147
Nantes*, 147
Narbonne (Frankreich), 41°11′N 3°00′O, 126
Narssaq (Dänemark), 61°00′N 46°00′W, 176
Narvik (Norwegen), 68°26′N 17°25′O, 13
Näsi (See) (Finnland), 61°30′N 23°50′O, 13, 29, 49, 69, 89
Neagh, Lough (Großbritannien), 54°36′N 6°26′W, 153
Nene (Fluß), 129, 131, 134, 208
Neufundland (Insel) (Kanada), 48°30′N 56°00′W, 177
Nicomedia (Türkei), 40°48′N 29°55′O, 196
Nidaros *siehe* Trondheim
Nil (Fluß), 196
Nipaitsoq (Dänemark), 64°33′N 50°00′W, 176
Noirmoutier (Insel) (Frankreich), 47°00′N 2°15′W, 126, 147
Nólsoy (Insel) (Dänemark), 61°58′N 6°37′W, 167
Nonnebakken (Dänemark), 55°24′N 10°25′O, 49
Nordkap (Norwegen), 71°10′N 25°45′O, 13, 29, 49, 69, 89, 177
Nördliche Jagdgründe*, 176
Nord-Minch (Meeresstraße) (Großbritannien), 58°10′N 5°50′W, 153
Nordoyri (Dänemark), 62°12′N 6°30′W, 167
Nordragøtu (Dänemark), 62°12′N 6°46′W, 167
Nordsee, 13, 29, 49, 69, 79, 89, 126, 129, 131, 134, 140, 177, 196, 200, 208, 211, 219
Northampton (Großbritannien), 52°14′N 0°54′W, 134, 140
North Elmham (Großbritannien), 52°45′N 0°56′O, 134
North Uist (Insel) (Großbritannien), 57°35′N 7°20′W, 153, 219
Northumbria*, 115, 126, 129, 131
Norwich (Großbritannien), 52°38′N 1°17′O, 134, 208
Nottingham (Großbritannien), 52°57′N 1°10′W, 129, 134, 140
Nowgorod (Rußland), 58°30′N 31°20′O, 79, 189, 206
Nowgorod-Sewersk (Ukraine), 52°00′N 33°15′O, 189
Nydam (Dänemark), 54°56′N 9°42′O, 29

Odense (Dänemark), 55°24′N 10°25′O, 13, 49, 89, 115, 200, 211
Oder (Fluß), 13, 29, 49, 69, 79, 89, 189, 196
Odessa (Ukraine), 46°30′N 30°46′O, 189
Oissel (Frankreich), 49°21′N 1°06′O, 144
Oka (Fluß), 189
Öland (Insel) (Schweden), 56°50′N 16°50′O, 13, 29, 49, 69, 89, 189, 200
Omgård (Dänemark), 56°07′N 8°26′O, 49
Onegasee (Rußland), 62°00′N 35°30′O, 13, 189
Örebro (Schweden), 59°17′N 15°13′O, 13
Orkney-Inseln (Großbritannien), 59°00′N 3°10′W, 153, 177, 219
Orléans (Frankreich), 47°54′N 1°54′O, 79, 126
Orne (Fluß), 144
Orphir (Großbritannien), 58°56′N 3°08′W, 153
Oseberg (Norwegen), 59°16′N 10°25′O, 69
Oslo (Norwegen), 59°56′N 10°45′O, 13, 79, 89, 200
Ostanglien *siehe* East Anglia
Östergötland*, 115, 200
Ostsee, 13, 14, 17, 29, 49, 69, 79, 89, 177, 189, 196, 200, 206, 211
Ostsiedlung*, 176
Ottarshögen (Schweden), 60°13′N 17°50′O, 29
Oulu (Finnland), 65°00′N 25°26′O, 13
Oulusee (Finnland), 64°30′N 27°00′O, 13, 29, 49, 69, 89
Ouse (Fluß), 129, 131, 134, 208
Oxford (Großbritannien), 51°45′N 1°15′W, 131, 208
Oxus *siehe* Amudarja

Päijänne (See) (Finnland), 61°30′N 25°30′O, 13, 29, 49, 69, 89
Paimpoint (Frankreich), 48°01′N 2°10′W, 147
Papa Stour (Insel) (Großbritannien), 60°20′N 1°42′W, 153
Papey (Insel) (Island), 64°36′N 14°11′W, 173
Paris (Frankreich), 48°52′N 2°20′O, 79, 126
Parville (Frankreich), 49°06′N 1°05′O, 144
Paviken (Schweden), 57°29′N 18°19′O, 46, 49, 79, 89
Peipussee (Rußland/Estland), 58°30′N 27°30′O, 13, 29, 49, 69, 89, 189
Penselwood (Großbritannien), 51°05′N 2°7′W, 208
Pentland Firth (Fjord) (Großbritannien), 58°40′N 3°00′W, 153
Péran (Frankreich), 48°26′N 2°48′W, 147
Perejaslawl (Ukraine), 50°05′N 31°28′O, 189
Périgueux (Frankreich), 45°12′N 0°44′O, 126
Persien*, 196
Persischer Golf, 79, 196
Pielinen (See) (Finnland), 63°20′N 29°50′O, 13, 29, 49, 69, 89
Pikten, Königreich der*, 126
Pilton (Großbritannien), 51°10′N 2°35′W, 131
Pinhoe (Großbritannien), 50°49′N 3°29′W, 208
Pinsk (Weißruland), 52°08′N 26°01′O, 189
Pisa (Italien), 43°43′N 10°24′O, 126
Pisamalahti ((Finnland), 61°38′N 27°42′O, 49
Pitres (Frankreich), 49°18′N 1°16′O, 144
Pjaozerosee (Rußland), 66°00′N 31°00′O, 13
Plougonvelin (Frankreich), 48°23′N 4°31′W, 147
Plounéour-Ménez (Frankreich), 48°27′N 3°54′W, 147
Po (Fluß), 79, 126, 196 Pollista (Schweden), 59°35′N 17°29′O, 49
Polozk (Weißrußland), 55°30′N 28°43′O, 189
Pool (Großbritannien), 59°15′N 2°13′W, 153
Porlock (Großbritannien), 51°14′N 3°36′W, 140
Portchester (Großbritannien), 50°48′N 1°06′W, 131
Portland Bill (Großbritannien), 50°31′N 2°27′W, 126
Poutrocoet*, 147 Powys*, 134
Prag (Tschechische Republik), 50°06′N 14°26′O, 79
Pripjet (Fluß), 189
Pronsk (Rußland), 54°07′N 39°36′O, 189
Prut (Fluß), 189
Pskow (Rußland), 57°48′N 28°26′O, 189
Putiwl (Ukraine), 51°21′N 33°53′O, 189

Qilakitsoq (Dänemark), 70°39′N 52°45′W, 176
Quentovic (Frankreich), 50°30′N 1°37′O, 79, 126
Quimper (Frankreich), 48°00′N 4°06′W, 147
Quimperlé) (Frankreich), 47°55′N 3°31′W, 147

Rampside (Großbritannien), 54°05′N 3°10′W, 134
Rance (Fluß), 147
Rapola (Finnland), 61°00′N 24°00′O, 49
Rathlin Island (Großbritannien), 55°18′N 6°12′W, 126, 153, 219
Raunds (Großbritannien), 52°21′N 0°33′W, 134
Reading (Großbritannien), 51°27′N 0°57′W, 129, 134
Redon (Frankreich), 47°39′N 2°05′W, 147
Renfrew (Großbritannien), 55°52′N 4°23′W, 219
Rennes (Frankreich), 48°06′N 1°40′W, 147
Rennes*, 147
Repton (Großbritannien), 52°50′N 1°32′W, 129, 134
Reval *siehe* Tallinn Réville (Frankreich), 49°37′N 1°15′W, 144
Reykholt (Island), 64°40′N 21°15′W, 173
Reykjavik (Island), 64°09′N 21°58′W, 173, 177
Rhein (Fluß), 79, 126, 196
Rhône (Fluß), 126
Ribblehead (Großbritannien), 54°10′N 2°14′W, 134
Ribe (Dänemark), 55°19′N 8°47′O, 49, 79, 89, 115, 200, 211
Riga (Lettland), 56°53′N 24°08′O, 13, 79, 189, 196
Ringsted (Dänemark), 55°28′N 11°49′O, 49, 89, 200
Risle (Fluß), 144
Robertshaven (Großbritannien), 58°39′N 3°01′W, 153
Rogaland*, 200
Rom (Italien), 41°54′N 12°29′O, 79, 196
Roskilde (Dänemark), 55°39′N 12°07′O, 13, 89, 115, 200, 211
Ross*, 153, 219
Ross, Argyll of*, 219
Rostock (Deutschland), 54°06′N 12°09′O, 189
Rotes Meer, 196
Rouen (Frankreich), 49°26′N 1°05′O, 79, 126, 144
Roum (Dänemark), 56°30′N 8°48′O, 29
Ruffiac (Frankreich), 47°48′N 2°15′W, 147
Rügen (Insel) (Deutschland), 54°30′N 13°30′O, 13, 29, 49, 69, 79, 89, 189
Rum (Insel) (Großbritannien), 57°00′N 6°20′W, 153
Runsa (Schweden), 59°32′N 18°12′O, 49

Saaremaa (Insel) (Estland), 58°30′N 22°30′O, 13, 29, 49, 69
Sabhall (Großbritannien), 54°21′N 5°43′W, 219
Sachsen*, 126
Sædding (Dänemark), 55°28′N 8°28′O, 49
Saffron Walden (Großbritannien), 52°02′N 0°15′O, 134
Saimaa (See) (Finnland), 61°20′N 28°00′O, 13, 29, 49, 69, 89, 189
Saint-André) (Frankreich), 47°15′N 1°27′W, 147
Saint Bee's (Großbritannien), 54°29′N 3°36′W, 219
Saint-Brieuc (Frankreich), 48°31′N 2°45′W, 147
Saint-Clair-sur-Epte (Frankreich), 49°12′N 1°41′O, 144
Saintes (Frankreich), 45°44′N 0°38′W, 126
Saint-Gildas-de-Rhuys (Frankreich), 47°30′N 2°50′W, 147
Saint-Jacut (Frankreich), 48°36′N 2°11′W, 147
Saint Kilda (Insel) (Großbritannien), 57°49′N 8°34′W, 153
Saint-Malo (Frankreich), 48°39′N 2°00′W, 147
Saint-Méen (Frankreich), 48°11′N 2°12′W, 147
Saint-Melaine (Frankreich), 48°3′N 1°37′W, 147
Saint-Nazaire (Frankreich), 47°17′N 2°12′W, 147
Saint Neots (Großbritannien), 52°14′N 0°16′W, 134
Saint-Omer (Frankreich), 50°45′N 2°15′O, 126
Saint Patrick's Isle (Großbritannien), 54°14′N 4°42′W, 153
Saint Petroc (Großbritannien), 50°33′N 4°57′W, 208
Saint-Philibert (Frankreich), 46°59′N 1°31′W, 147
Saint-Pol-de-Léon (Frankreich), 48°42′N 4°00′W, 147
Saint-Suliac (Frankreich), 48°36′N 1°55′W, 147
Saint-Tudy (Frankreich), 47°54′N 4°16′W, 147
Saint-Tugdual (Frankreich), 48°43′N 3°12′W, 147
Saint-Wandrille (Frankreich), 49°32′N 0°45′O, 126, 144
Salisbury (Großbritannien), 51°04′N 1°48′W, 129, 208
Saltee Islands (Irland), 52°08′N 6°36′W, 153
Samarkand (Usbekistan), 39°40′N 66°57′O, 79, 196
Sanda (Schweden), 59°35′N 17°45′O, 49
Sandavágur (Dänemark), 62°03′N 7°08′W
Sandnes (Dänemark), 64°12′N 50°16′W, 176
Sandoy (Insel) (Dänemark), 61°50′N 6°45′W, 167
Sandur (Dänemark), 61°50′N 6°48′W, 167
Sandwich (Großbritannien), 51°16′N 1°21′O, 208
Sandwick (Großbritannien), 60°00′N 1°14′W, 153
Sankt-Georgs-Kanal, 128, 129, 131, 134, 140, 208
Sankt Petersburg (Rußland), 59°55′N 30°25′O, 13
Santa Eulalia (Spanien), 42°47′N 8°53′W, 126
Santon Downham (Großbritannien), 52°36′N 0°22′O, 134
Sardinien (Insel) (Italien), 40°00′N 9°00′O, 126
Sashes (Großbritannien), 51°34′N 0°42′W, 131
Schottland*, 208, 219
Schwarzes Meer, 79, 189, 196, 206
Scotia, Argyll of*, 219
Seeland (Insel) (Dänemark), 50°30′N 11°45′O, 13, 29, 49, 69, 89, 115
Sées (Frankreich), 48°36′N 0°10′O, 144
Segozerosee (Rußland), 63°15′N 33°40′O, 13
Seine (Fluß), 126, 144
Seine, Baie de la (Bucht) (Frankreich), 50°00′N 0°30′W, 144
Senja (Insel) (Norwegen), 69°20′N 17°30′O, 13, 29, 49, 69, 89
Severn (Fluß), 129, 131, 134, 140, 208
Shaftesbury (Großbritannien), 51°00′N 2°12′W, 131
Shannon (Fluß), 153, 219
Sherson (Großbritannien), 51°41′N 2°12′W, 208
Shetland-Inseln (Großbritannien), 60°20′N 1°15′W, 79, 126, 153, 177, 219
Shoebury (Großbritannien), 51°31′N 0°49′O, 131
Sigtuna (Schweden), 59°36′N 17°44′O, 49, 89, 115, 189, 200, 211
Siljansee (Schweden), 60°50′N 14°40′O, 13, 29, 49, 69, 89
Simris (Schweden), 55°35′N 14°20′O, 69
Simy Folds (Großbritannien), 54°35′N 2°09′W, 134
Sirmium (Jugoslawien), 44°42′N 19°16′O, 196
Sizilien (Insel) (Italien), 37°30′N 14°00′O, 126
Skaftá (Fluß), 173
Skagerrak (Meeresstraße), 13, 29, 49, 69, 89
Skaill (Großbritannien), 58°56′N 2°43′W, 153
Skálholt (Island), 64°08′N 20°31′W, 115, 173
Skallakot (Island), 64°07′N 20°00′W, 173
Skåne*, 115, 200
Skara (Schweden), 58°22′N 13°25′O, 115, 200, 211
Skellig Michael (Irland), 51°47′N 10°30′W, 126
Skelligs, The (Inseln) (Irland), 51°47′N 10°30′W, 153
Skien (Norwegen), 59°12′N 9°36′O, 49, 89
Skopunarfjørdhur (Meeresstraße) (Dänemark), 61°55′N 6°50′W, 167
Skuldelev (Dänemark), 55° 48′N 12°02′O, 49
Skúvoy (Insel) (Dänemark), 61°47′N 6°48′W, 167
Skye, Isle of (Großbritannien), 57°20′N 6°15′W, 153, 219
Skyhill (Großbritannien), 54°19′N 4°23′W, 219
Slagelse (Dänemark), 55°24′N 11°23′O, 89, 200
Slusegård (Dänemark), 55°00′N 15°07′O, 69
Smerwick (Irland), 52°12′N 10°23′W, 153
Smiss (Schweden), 57°48′N 18°28′O, 46
Smiss (Schweden), 57°15′N 18°33′O, 46
Smolensk (Ruland), 54°49′N 32°04′O, 189
Södertälje (Schweden), 59°11′N 17°39′O, 49
Sogdiana*, 196
Sognefjord (Norwegen), 61°00′N 4°30′O, 13, 29, 49, 69, 89
Søltuvík (Dänemark), 61°53′N 6°54′W, 167
Solway Firth (Fjord) (Großbritannien), 54°50′N 3°45′W, 153
Sonning (Großbritannien), 51°29′N 0°55′W, 134
Sorte Mulde (Dänemark), 55°04′N 15°09′O, 29
Sørvágur (Dänemark), 62°04′N 7°17′W, 167
Southampton (Großbritannien), 50°54′N 1°23′W, 79, 131, 208
South Uist (Insel) (Großbritannien), 57°5′N 7°20′W, 153, 219
Southwark (Großbritannien), 51°30′N 0°06′W, 131
Spey (Fluß), 153, 219
Stafford (Großbritannien), 52°48′N 2°07′W, 134
Stamford (Großbritannien), 52°39′N 0°29′W, 134, 140, 208
Staraja Ladoga (Rußland), 59°54′N 32°47′O, 79, 189
Staraja Russa (Rußland), 58°00′N 31°22′O, 189
Starodub (Rußland), 52°35′N 32°46′O, 189
Stavanger (Norwegen), 58°58′N 5°45′O, 13, 200
Steinfinnastadir (Island), 63°45′N 19°45′W, 173
Stenbyborg (Schweden), 59°24′N 17°28′O, 49
Stiklestad (Norwegen), 64°09′N 12°00′O, 115
Stockholm (Schweden), 59°20′N 18°05′O, 13
Stöng (Island), 64°10′N 19°41′W, 173
Storsjön (See) (Schweden), 63°10′N 14°20′O, 13, 29, 49, 69, 89
Strangford (Großbritannien), 54°28′N 5°35′W, 153
Strängnäs (Schweden), 59°04′N 16°35′O, 200
Strathclyde*, 126, 153
Strathclyde und Cumbria*, 208
Streymoy (Insel) (Dänemark), 62°11′N 7°00′W, 167
Suduroy (Insel) (Dänemark), 61°32′N 7°15′W, 167
Suir (Fluß), 153
Sulgrave (Großbritannien), 52°07′N 1°08′W, 134
Sundsvall (Schweden), 62°22′N 17°20′O, 13
Susdal (Rußland), 56°23′N 41°21′O, 189
Suteska (Polen), 50°43′N 23°15′O, 189
Sutherland*, 153
Svínoy (Insel) (Dänemark), 62°17′N 6°18′W, 167
Sydrgøtu (Dänemark), 62°13′N 6°44′W, 167
Syrdarja (Fluß), 79

Täby (Schweden), 59°29′N 18°04′O, 49
Tafta (Schweden), 57°31′N 18°06′O, 46
Tajo (Fluß), 126, 196

Talacre (Großbritannien), 53°20′N 3°24′W, 134

Tallinn (Estland), 59°22′N 24°48′O, 13, 189

Tämnaren (See) (Schweden), 60°10′N 17°25′O, 206

Tampere (Finnland), 61°32′N 23°45′O, 13, 49

Tamworth (Großbritannien), 52°39′N 1°40′W, 134

Tängelgårda (Schweden), 57°49′N 18°40′O, 46

Taschkent (Usbekistan), 41°16′N 69°13′O, 79

Tavistock (Großbritannien), 50°33′N 4°08′W, 208

Tay (Fluß), 153

Tees (Fluß), 129, 131, 134, 140, 153, 208

Teignton (Großbritannien), 50°33′N 3°30′W, 208

Teltenhall (Großbritannien), 52°42′N 2°30′W, 140

Tempsford (Großbritannien), 52°06′N 0°28′O, 140

Thanet (Großbritannien), 51°22′N 1°15′O, 129

Themse (Fluß), 129, 131, 134, 140, . 208

Thetford (Großbritannien), 52°25′N 0°45′O, 129, 134, 140

Thingvellir (Island), 64°15′N 21°06′W, 115, 173

Thjórsá (Fluß), 173

Thorney (Großbritannien), 52°37′N 0°07′W, 131

Thórshavn (Dänemark), 62°02′N 6°47′W, 167

Thórsnes (Island), 64°59′N 22°34′W, 173

Tiflis (Georgien), 41°43′N 44°48′O, 206

Tigris (Fluß), 79, 196

Tirconnell*, 219

Tiree (Insel) (Großbritannien), 56°30′N 6°50′W, 153

Tirowen*, 219

Tjørnuvík (Dänemark), 62°17′N 7°09′W, 167

Tmutorokan (Rußland), 45°00′N 36°39′O, 189

Toftanes (Dänemark), 62°14′N 6°44′W, 167

Tollund (Dänemark), 55°56′N 9°09′O, 29

Tønsberg (Norwegen), 59°16′N 10°25′O, 89

Topozerosee (Rußland), 65°45′N 32°00′O, 13

Torksey (Großbritannien), 53°18′N 0°45′W, 129

Torneälv (Fluß), 13, 29, 49, 69, 89

Toropez (Rußland), 56°30′N 31°40′O, 189

Torsburgen (Schweden), 57°26′N 18°45′O, 46, 49

Toulouse (Frankreich), 43°37′N 1°27′O, 126

Tours (Frankreich), 47°23′N 0°42′O, 126

Træbjerg (Dänemark), 56°22′N 9°00′O, 49

Trans (Frankreich), 48°30′N 1°35′W, 147

Trapezunt (Türkei), 41°00′N 39°43′O, 189, 196

Tréguier (Frankreich), 48°47′N 3°14′W, 147

Trelleborg (Dänemark), 55°17′N 11°15′O, 49, 89

Trelleborg (Schweden), 55°22′N 13°10′O, 49

Trent (Fluß), 129, 131, 134, 140, 208

Tromsø (Norwegen), 69°40′N 19°00′O, 13

Trøndelag*, 115

Trondheim (Nidaros) (Norwegen), 63°36′N 10°23′O, 13, 89, 115, 200, 211

Truso (Polen), 54°22′N 18°38′O, 79, 189

Tschernigow (Ukraine), 51°30′N 31°18′O, 189

Tuloma (Fluß), 13

Tuna Alsike (Schweden), 58°45′N 17°48′O, 69

Tuna Badelunda (Schweden), 58°41′N 16°33′O, 69

Tune (Norwegen), 59°15′N 10°55′O, 69

Tungnaá (Fluß), 173

Tuquoy (Großbritannien), 59°20′N 3°00′W, 153

Turku (Finnland), 60°27′N 22°15′O, 13, 49

Turow (Weißruland), 52°04′N 27°40′O, 189

Tyne (Fluß), 129, 131, 153, 208

Tynemouth (Großbritannien), 55°01′N 1°24′W, 126

Tynwald (Großbritannien), 54°15′N 4°36′W, 153

Udal, The (Großbritannien), 57°40′N 7°22′W, 153

Ulfrecksfjord siehe Larne

Ulster*, 153, 219

Umeälv (Fluß), 13, 29, 49, 69, 89

Underhoull (Großbritannien), 60°49′N 0°59′W, 153

Uppland*, 200

Uppsala (Schweden), 59°55′N 17°38′O, 115, 200, 206, 211

Utrecht (Niederlande), 52°04′N 5°07′O, 126

Uusikaupunki (Finnland), 60°48′N 21°30′O, 49

Vä (Schweden), 56°09′N 13°45′O, 29

Vaasa (Finnland), 63°06′N 21°36′O, 13

Vágar (Insel) (Dänemark), 62°10′N 7°15′W, 167

Valence (Frankreich), 44°56′N 4°54′O, 126

Valleberga (Schweden), 55°23′N 14°04′O, 69

Valsgärde (Schweden), 60°11′N 17°11′O, 29, 69

Vänersee (Schweden), 59°00′N 13°15′O, 13, 29, 49, 69, 89, 200

Vanhalinna (Finnland), 60°36′N 22°34′O, 49

Vannes (Frankreich), 47°40′N 2°44′W, 147

Väskinde (Schweden), 57°41′N 18°22′O, 46

Västerås (Schweden), 59°36′N 16°32′O, 200

Västergarn (Schweden), 57°4′N 18°14′O, 46, 49

Västergötland*, 115, 200

Västerhejde (Schweden), 57°35′N 18°11′O, 46

Vatnajökull (Schneefeld) (Island), 64°20′N 17°00′W, 173

Vättersee (Schweden), 58°30′N 14°30′O, 13, 29, 49, 69, 89, 200

Växjö (Schweden), 56°52′N 14°50′O, 200

Vellinge (Schweden), 55°28′N 13°01′O, 69

Vendel (Schweden), 60°13′N 17°50′O, 29, 69

Vernon (Frankreich), 49°12′N 1°28′O, 144

Vertou (Frankreich), 47°12′N 1°25′O, 147

Vesterålen (Inseln) (Norwegen), 68°55′N 15°00′O, 13, 29, 49, 69, 89

Vestmanna (Dänemark), 62°09′N 7°11′W, 167

Vestmannaeyjar (Inseln) (Island), 63°30′N 20°20′W, 115, 173

Viborg (Dänemark), 56°28′N 9°25′O, 49, 89, 115, 200, 211

Vidoy (Insel) (Dänemark), 62°20′N 6°30′W, 167

Viken*, 115

Vilaine (Fluß), 147

Vinland*, 177

Vire (Fluß), 144

Visby (Schweden), 57°37′N 18°20′O, 46, 189, 200

Vorbasse (Dänemark), 55°36′N 9°08′O, 49

Vowlan (Großbritannien), 54°20′N 4°23′W, 153

Wales*, 126 Wallingford (Großbritannien), 51°36′N 1°07′W, 129, 131, 208

Waltham (Großbritannien), 50°57′N 1°13′W, 208

Walthamstow (Großbritannien), 51°42′N 0°01′O, 134

Wareham (Großbritannien), 50°41′N 2°08′W, 129, 131

Warschau (Polen), 52°15′N 21°00′O, 13

Warwick (Großbritannien), 52°17′N 1°36′W, 131

Wasit (Irak), 32°17′N 44°10′O, 196

Watchet (Großbritannien), 51°10′N 3°20′W, 131, 208

Waterford (Irland), 52°16′N 7°08′W, 153

Wedmore (Großbritannien), 51°14′N 2°49′W, 129

Weichsel (Fluß), 13, 29, 69, 79, 89, 189, 196

Weißes Meer, 13, 14, 17

Wensley (Großbritannien), 54°19′N 2°04′W, 134

Wessex*, 115, 126, 129, 131, 134, 140

Westmännerinseln siehe Vestmannaeyjar

Westness (Großbritannien), 59°09′N 3°04′W, 153

Westsiedlung*, 176

Wexford (Irland), 52°20′N 6°28′W, 153

Wharram Percy (Großbritannien), 54°01′N 0°43′W, 134

Whithorn (Großbritannien), 54°44′N 4°25′W, 153, 219

Wicklow (Irland), 52°59′N 6°03′W, 153

Wight, Isle of (Großbritannien), 50°40′N 1°17′W, 129, 208

Williton (Großbritannien), 51°09′N 3°20′W, 129

Wilnius (Litauen), 54°40′N 25°19′O, 13

Wilton (Großbritannien), 51°05′N 1°52′W, 129, 131, 208

Winchester (Großbritannien), 51°04′N 1°19′W, 131, 208, 211

Witebsk (Weißrußland), 55°10′N 30°14′O, 189

Wladimir (Rußland), 56°08′N 40°25′O, 189

Wladimir (Ukraine), 50°51′N 24°19′O, 189

Wolchow (Fluß), 189

Wolga (Fluß), 79, 189, 196, 206

Wollin (Polen), 53°51′N 14°38′O, 79, 189

Worcester (Großbritannien), 52°11′N 2°13′W, 131

Wroxeter (Großbritannien), 52°41′N 2°39′W, 140

Wye (Fluß), 134

Wygozerosee (Rußland), 63°30′N 34°30′O, 13

Yngaren (See) (Schweden), 58°50′N 16°35′O, 206

York (Großbritannien), 53°58′N 1°05′W, 79, 129, 134, 140, 208, 211, 219

York, Königreich*, 134, 140

Ytre Moa (Norwegen), 60°32′N 7°05′O, 49

REGISTER

Kursive Seitenzahlen weisen auf
Bildlegenden hin.

A

Abbasiden *196*, 198, 224
  Abbasidenkalifat 43, 184, 188, *196*,
    197 f., 207
Adam von Bremen (deutscher Kleri-
  ker) 44, 75, *109*, 114, *114*, 173, 206,
  211
Adelsö, Insel im Mälarsee (Schwe-
  den) 45, 47
Adil, König *35*
Ælfric (englischer Homilienschrei-
  ber) 114
Æthelflæd (Tochter Alfreds des
  Großen) 142
Æthelred, Ealdorman 116, 127
Æthelred, Führer von Mercien 142
Æthelred I., König von England 130
Æthelred II., der Unentschlossene,
  König von England *54*, 116, *201*,
  207, *207, 208*, 209 ff., *209, 210*
Æthelweard (englischer Chronist)
  111
Æthelwulf, Ealdorman 130
Afghanistan 198
Agantyr, König von Dänemark 44,
  84
Aggersborg 52, 56
Aggersborg-Festung (Dänemark) 52,
  56
Åhus (Schweden) 35, 88
Alain Barbetorte (bretonischer
  Herzog) 146
Alain der Große, Regent der
  Bretagne 146
Åland-Inseln (Finnland) 45, 72, 91
Alcuin (englischer Kleriker) 124
Alfred der Große, König von
  Wessex 85, 88, 116, 127, *129*, 130 f.,
  130, 131, 132 f., *141*, 159
Althing 173, 220, *224*
Altuna-Runenstein (Schweden) *110*
Alt-Uppsala (Schweden) 34, *35*, 45,
  114, *114*, 120
Andreas-Stein (Isle of Man) *155*, 158
Angeln *130*, 148, 224
Angelsächsische Chronik 116, 122,
  125, *125*, 127 ff., 132, 134 f., 207,
  209, 224
Angers (Frankreich) *211*
Anglesey (Onguls Insel, Wales)
  159 f.
Annagassan (Irland) 160
Annalen von St. Bertin 127
Annales Xantenses 142
Ansculf, König von Dublin 221
Ansgar (deutscher Missionar) 44, 81,
  83 f., *115*, 120, 206
Appledore (Kent) 116
Araber 43, *127*, 146 f., 184, 197 f., *198*
Ardre-Bildstein (Gotland) *111*
Argisbrekka (Färöer) 168, *168*
Argyll (Schottland) 148, *218*, 219
Århus (Dänemark) 52, *100*, 120,
  200
Ari Thorgilsson (isländischer Histo-
  riker) 100, 119, 171
Arkona, Tempelfestung *siehe*
  Rügen
Arktis 12, 15, 19, 223
Armeen 125, 127, *127*, 129 ff., *129*,
  131, *141*, 146
Asgard (Wohnsitz der Götter) 108,
  224
Äskeskärr-Schiff (Schweden) 75
Asser (Biograph Alfreds des
  Großen) 159
Athelney (England) *130*
Athelstan, König von England 116,
  142, 146
At-Tartuschi (arabischer Kaufmann)
  81

B

Bagdad (Irak) 39, 43, 80, *196*, 198
Baffin-Insel 177, *178*, 223
Baku (Aserbaidschan) 198
Balearen, Inseln (Spanien) 146
Balladoole (Isle of Man) 155, *155*,
  157
Ballateare (Isle of Man) 157
Ballinderry (Irland) *65*
Ballywin, (Boots?-)Grab (Irland)
  161
Bamberger Kästchen *99*
Bangor (Wales) 159
Bardsey Island (Wales) 160
Baumringanalyse (Dendrochrono-
  logie) 41 f., 52, 83, 224
Bayeux (Frankreich) 145
  Wandteppich von Bayeux *212*, 214
Beda Venerabilis (englischer Histo-
  riker) 134
Befestigungsanlagen 31
  Königsburgen 44, 52, 56, *88*
    Aggersborg 52, 56
    Fyrkat *48*, 52, 56, *56*, *57*, 200
    Nonnebakken 52, 56
    Trelleborg (Seeland) 52, 56, *56*,
      200
    Trelleborg (Skåne) 52, 56
  Hügelfestungen, Hochburgen
    47 f., *49*
    Birka 47 f., 52
    Gåseborg 47
    Haithabu 48
    Runsa 47
    Stenbyborg 47
    Torsburgen *46*, 48
  Ringburgen 48
    Eketorp 30 f., *31*, 48
    Ismanstorp 48
  Seefestung
    Bulverket 48
  Sonstige 218
    Broch of Gurness *148*
    Cronk ny Merriu 155, *156*
    Cubbie Roo's Castle, Wyre 218,
      218
Beorhtric, König von Wessex 124
Bernard (englischer Bischof) 120
Bernstein 78, *78*, 82, 97
Bestattungsbräuche 68, 69
  Bootsgräber 34 f., 41 f., *41, 42, 43*,
    68, *69*, 72, *73*, *76*, 90, *91*, 98,122,
    122, 146, 154, *155*, 157
  Brand- (Feuer-)bestattungen 23,
    68, *68*, *69*, 72 f.
  Bronzezeitliche Gräber 23 f., *24*
  Christliche Bestattungen *118*, 134,
    137 f., *137, 139*, 204, *204*
  Einzelbestattungen *69*, 72, 135,
    154
  Erd-(Körper-)bestattungen 68, *69*,
    72 f., 135
  Friedhöfe 35, *68*, *69*, 72 f., 84, 86,
    155, *155*, 157, 190
  Ganggräber *22*, 22
  Grabbeigaben 24, 35, *35*, *39*, *41*,
    42, *42*, *43*, 55, *73*, *74*, 84, 86, *86*,
    118, *122*, *128*, 135, 145, 154,
    155, 157
  Grabmale *122*, 137, *137, 138, 139*,
    155
  Heidnische Bestattungen 34, 38,
    137, 145, 154 f., 157, *158*, 161, *161*,
    168 f., 204
  Hügelgräber 41, 44, 69, 72, 97, 99,
    118, *118*
  Kammergräber 41, 55, 73
  Königsgräber 34 f., 35, 41, *41*
  Manx-Gräber 157

Aun, König 35
Äxte *39*, 52, 54 f., *54, 57*
Ayre, The (Isle of Man) 156

Neolithische Bestattungen 22, *22*,
  26, 215
  Sargbestattungen 24, 73
  Steinhaufengräber (Cairns) 23, *69*,
    72, 148, *223*
  Steinplattengräber 155, *158*
  Steinsetzungen *68*, *69*, 72, 145
  Wagen- und Karrenbestattungen
    69
  Wikingergräber 38, *39*, 41 ff., *41*,
    42, *43*, 55, *55*, *68*, *69*, 76, *76*, 97,
    118, *118*, 128, *128*, 145, 154, *155*,
    157, 160, *161*, 190, *190*, 223
Bevölkerungsexpansion 28
Bevölkerungsverhältnis 15
Bildsteine *siehe* Steinbildhauerei
Birka (Schweden) 45, 47 f., 52, 58,
  68, 72 f., 81, 84 ff., *86, 87*, 93, 120,
  184, *195*, 197 f., 201, 204, 206
Birkenrindenbriefe (Nowgorod) 192
Birsay (Orkney) 215 f., 218
  Brough of Birsay 150, 216, *216*,
    217, 218
Bischöfe
  Ion 120
  Isleif 100, 120
  Unni 120
Bjarni Herjólfsson (wikingischer
  Seemann) 176, 177, 223
Bjelooseró (Rußland) 197
Björketorp-Runenstein (Schweden)
  102
Björkö, Insel im Mälarsee
  (Schweden) 45, 47, 84 ff., *87*
Björn Krüppelhand (Hofdichter) 219
Björn, König von Schweden 45, 84
Björn Eisenseite (Wikingerführer)
  127, 146 f.
Block Eary (Isle of Man) 155
Bohuslän (Schweden) *22*
Borg, Vestvågoy (Lofoten) *29*, 44,
  45, 61
Borgund (Norwegen) 201, *203*
Bornholm, Insel (Dänemark) 18, *28*,
  31
Borre (Norwegen) 41, 44, 97 f.
  Borre-Stil 97 f., *98*, *99*, 138, *138*
Bottnischer Meerbusen 91
Braaid (Isle of Man) 155 f., *157*
Brakteaten *28*, 31, 224
Brattahlíd (Grönland) 174, *174*, 176,
  176, 220
Brega, Königreich (Irland) 163
Bremen (Deutschland) 120
Bretagne 144 ff., *147*, 148, 159
Brian Boru, König von Munster 219
Bristol (England) 163
  Bristol-Kanal 159 f.
Britanniametall 94
Broa-Stil 97 f., *98*
Brochs *148*, 218, 224
  Broch of Gurness *148*
Bronzeguß 94
Bronzeschmiede 95
Bronzeschmuck *29*, *88*, 92 f., *94*, 95
Bronzezeit 22, 23 f., *24*, 26, *27*, *29*,
  224
Broschen *67*, 68, *88*, 92, 94 f., *94*, 154
Brücken 74, 101
Brunanburh, Schlacht von (937) 142,
  212
Bryant's Gill (England) 135
Buch des Lebens (Liber Vitae) 210,
  210
*Buch von der Vermessung des
  Erdkreises (Liber de Orbis Mensura
  Terrae)* 164
Buckquoy (Orkney) 150
Bulgar (Rußland) 197 f., *198*
Bulverket-Seefestung (Gotland)
  48
Bunge-Schatz (Gotland) 47
burhs 131 ff., *131, 132*, 135, 141, *141*,
  224
Burray-Silberschatz (Orkney) 152

Byzantinisches Reich 184, *188*,
  195 ff., *195, 197, 198*, 224
Byzanz (Konstantinopel/Istanbul/
  Miklagardr) 39, 75, 78, *79*, 84, *86*,
  115, 136, 147, 184, *188*, 194 f., *197*,
  198, *206*, 207, 211

C

Cairns 69, *223*
Caithness (Schottland) 150 ff., 154,
  214 f., *214*, 218
Caldey, Kloster (Wales) 159
Calf of Man, Insel (Isle of Man) 155
Carew-Steinkreuz (Wales) 160
Carmarthen, Kloster (Wales) 159
Cass ny Hawin (Isle of Man) 156
Castletown-Grab (Schottland) 154
Chartres (Frankreich) 142, 145
Chasar-Nomaden 197 f.
Cherbourg (Frankreich) 145
Chester (England) 132, 163
China 184, *195, 196*, 197 f.
Christentum 25, 44, 115, *115*, 116,
  119 f., 135, 138, *138, 139*, 155, 157 f.,
  158, 201, *201*, 204
Clontarf, Schlacht von (1014) 221
Close ny Chollagh (Isle of Man)
  155 f.
Codex regius 106
Colby (Wales) 160
Collingwood, W. G. (englischer
  Künstler) *221*
Colonsay, Insel (Hebriden) 154, 219
Coppergate (York) 135, *136, 138*
Cork (Irland) 160, 221
Cronk ny Merriu (Isle of Man) 155,
  156
Cubbie Roo's Castle, Wyre
  (Orkney) 218, *218*
Cuerdale-Schatzfund (England) *141*

D

Dalälv, Fluß (Schweden) 16 f.
Dalriada, Königreich (Schottland)
  148
Dalum-Runenstein (Schweden) 101
Damaskus (Syrien) 198
Damaszieren 54, 92, 224
Danegeld 125, 127, 144, 159, *201*,
  208 f., 224
Danelag *129*, 131, *131*, 133 ff., *133*,
  134, 137, *137*, 141 f., *141*, 207, 209,
  224
Dänemark 12
  Bauwesen 56, 200, 208
  Bestattungsbräuche 26, 68, *69*,
    72 f., 118, *118*
  Bevölkerungswanderungen 14 f.,
    28
  Festungen und Verteidigungs-
    anlagen 35, 44, 47 f., *48*, 52, 56,
    56, 57
  Geologie 14, 18
  Geschichte der Vorwikingerzeit
    22 ff.
  Handel 27, 83, 88
  Häuser 61, 63, 81, 83 f.
  Kirchen *115*, 118, 200 f., *201*
  Königtum 44, 56, *56, 57, 118*, 200,
    208, 210, *211*
  Landschaft 18, *18*
  Landwirtschaft 18, 22, 51, 58 f., *59*
  Nationalstaat 207
  Reisen und Verkehr 73 f., 184
  Religion 38, 44, 111, 114 ff., *115*,
    118, 120, 206
  Runensteine *110*, 102, *102*, 118, *118*,
    120
  Siedlungen, Städte 38 f., 52, 58 f.,
    59, 63, 83 f., 88, 200
  Straßen 74

Tier- und Pflanzenwelt *16*, 18
  Spätere Wikingerzeit 220 f., *207 f.*,
    210
  Überfälle 38, 125, 143, *144*, 145,
    207 ff., *211*
  Vorwikingerzeitliche Siedlungen
    25, 27, 31
Danewerk 35, 44, 47 f., *48*, 81, 83,
  124, 224
Dankirke (Dänemark) 28
Dauerfrostboden (Permafrost) *16*,
  176, 223
Davis-Straße 177, *223*
Dendrochronologie *siehe* Baum-
  ringanalyse
Derby (England) 134 f.
Derg, Lough (Irland) 219
Deutschland 84, 101, 103, 120, 207,
  siehe auch Rügen
Dichtung 64, 100, 103, 110, 152, 218
  Edda 106, *111*, 112, 222, 224
  Skaldendichtung 64, 100, *104*,
    105 f., *105*
Dicuil (irischer Mönch) 164, 166, 170
Dingwall (Schottland) 220
Disko-Insel (Grönland) 177, 223
Dnjepr, Fluß (Rußland) 184, *184*,
  188, 194 f., *194*, 197
Doarlish Cashen (Isle of Man) 156
Domesday Book 134
Donnybrook, Grabhügel (Irland) 161
Dorestad (Niederlande) 143
Drangey, Insel (Island) *106*
Drävle-Runenstein (Schweden) *112*
Drimore, South Uist (Hebriden)
  152
dróttkvætt (Hofton) 103, *105*, 224
Druzno (Polen) 184
Dublin (Irland) 97, 135, *141*, 142, 152,
  152, 153, 158 ff., *158*, 162 f., *162*,
  163, 218, 221
Dyfed, keltisches Königreich
  (Wales) 159
Dynna-Runenstein (Norwegen) 103,
  103

E

Ealdorman 127, 130, 224
East Anglia (England) 116, 122, 127,
  129, 130, 132 f., 142
Ed-Runenstein (Schweden) 197
Edda 106, 224 f.
  Ältere oder Lieder-Edda 106, 112,
    224
  Jüngere oder Prosa-Edda 106, 112,
    222, 224
Edgar der Friedfertige, König von
  England 207, *208*
Edington, Schlacht von (878) *129*,
  131
Edmund, König von East Anglia
  (St. Edmund) 116, 130, *130*
Edmund II. Eisenseite, König von
  England 209 f., *211*
Eduard der Bekenner, König von
  England 211, 213
Edward (Eduard) der Ältere, König
  von England 141 f.
Egil, König *35*
Egilsay (Orkney) 218
Egtved (Dänemark) *24*
Eidhi (Färöer) 168
Eiriksfjord (Grönland) 174, 175 f.,
  176
Eiriks saga 177
Eisenerz 24, 78, 91
Eisenverarbeitung 91 f., *92*
Eisenwerkzeuge *59*, 91, *92*, 191
Eisenzeit 24 ff., *29*, 148, 150, 156, 218,
  225
  frühe 24 f., 27 f., *28, 29*, 31
  römische 27 f.
  spätgermanische 25, *29*, 35, 35

Eiszeit 14
  Kleine Eiszeit 223
Eketorp (Öland) 30 f., 30, 31, 48
Elfenbein (Walroß) 78, 88, 213
Elisabeth (Frau Harald hardradis) 188
Emma (Ælfgyfu, Frau Knuts des Großen) 210, 210
England 14, 28, 218
  Bestattungsbräuche 128, 128, 134, 135 f., 138, 138
  Danegeld 125, 127, 159, 201, 208 f.
  Handwerk und Handel 135 f., 136
  kultureller Austausch 122, 134, 137 f., 141, 201, 210
  normannische Eroberungen 212 ff., 212
  Ortsnamen 39, 88, 134 f., 134, 155 f.
  Religion 115, 116, 122, 124, 130, 137
  Runeninschriften 101, 102, 103, 158, 210, 211
  Steinskulpturen 136 ff., 137, 138, 139, 210, 211
  Wikingersiedlungen 130 f., 133 ff., 134, 136
  Wikingerüberfälle und Raubzüge 38, 44, 52, 54, 103, 116, 122 ff., 122, 125, 127, 129, 130, 131
    erneute Angriffe (ca. 980–1016) 207 ff., 208, 209
    normannische Invasion (1066) 211 ff., 212
Epaves Bay 178, 179
Erik Blutaxt (Wikingerführer) 116, 129, 142
Erik der Rote (Entdecker von Grönland) 120, 171, 173 f., 174, 176 f., 176, 220
Ermentarius von Noirmoutier (fränkischer Mönch) 142
Erntegeräte 59, 59, 146
Eskimos 174, 176, 223
Essex (England) 132, 142, 208, 209
Estland 14, 91, 184
Eyrbyggja saga 105, 115
Eysturoy, Insel (Färöer) 167, 168

F
Fachwerk 61, 225
Falknerei 64, 64
Færeyjar (Schafsinseln) 166, siehe auch Färöer
Färöer, Inseln (Dänemark) 14, 164, 166 ff., 166, 170 f., 176, 218
Farvel, Kap (Südspitze Grönlands) 174
Fejø (Dänemark) 145
Feldfrüchte 58
Felsritzungen 22, 24, 101
Fenrir (Wolf) 108, 110, 158
Feuerstein (Flint) 22, 22, 26, 66
Fibeln 46, 67, 67, 88, 94, 139, 145, 152, 171, siehe auch Broschen
Filigran 86, 92, 94, 195, 225
Finnischer Meerbusen 19, 184
Finnland
  Besiedelung 91
  Bestattungsbräuche 68, 69, 72
  Bevölkerung 19
  Geologie 19
  Handel 91
  Königtum 91
  Landschaft 19, 19
  Reisen und Verkehr 73 f.
  Religion 45
  Tier- und Pflanzenwelt 19, 19
  Wikingersiedlungen 19, 60
Fischfang 16, 18, 49, 60, 60, 61, 151, 214, 218
Fishguard (Wales) 160
Flatatunga (Island) 202
Flateyjarbók 107
Flöten 64, 64
Franken 142, 225
Frankenreich 28, 120, 128, 132, 142 ff., 142, 145, 148
Frankreich 28, 38, 127, 142 ff., 211, 212

Freizeitbeschäftigung 64, 64, 65, 68
Freswick Links (Schottland) 150, 214, 215
Fribrødre, Fluß (Dänemark) 75, 88
Friesen 143, 225
Friesland 125, 127, 142, 143
Fröjel (Gotland) 88, 206
Frühe Eisenzeit 24 f., 25, 27
Fünen, Insel (Dänemark) 18, 27, 56, 120
Fünf Städte (Five Boroughs) 135, 225
Futhark 102, 102, 225
Fuglafjørdhur (Färöer) 167
Fyriså, Fluß (Schweden) 35, 85
Fyrkat-Festung (Dänemark) 48, 52, 56, 56, 57, 200

G
Gamla Uppsala siehe Alt-Uppsala
Ganggrab 225
Gillhög (Schweden) 22, 22
Gardar (Grönland) 120, 176, 220, 222, 223
Gåseborg-Hügelfestung (Schweden) 47
Gata, Eysturoy (Färöer) 167
Gaudbert (deutscher Bischof) 120
Gaut (Steinbildhauer) 158
Gerbrand (englischer Bischof) 120
Geschichte der Erzbischöfe von Hamburg – Bremen 44
Geschichte der Frühzeit des Königreichs Norwegen (Historia de antiquitate regum Norvagiensium) 171
Geschichte der nördlichen Völker 114
Geschichte Norwegens (Historia Norvegiae) 171
Gesetzgebung 43, 100, 119, 173
Getreidearten 58
Getreidemühle (Orphir) 218
Gibraltar 146 f.
Gießereien 82, 88
Gjermundbu-Helm (Norwegen) 39, 55
Glaswaren 35, 38, 66, 79, 84, 96 f., 96, 167
Gnezdowo (Rußland) 195, 195
Gode 115, 220 f., 225
Godfred, König von Dänemark 44, 47, 81, 143
Godred Crovan, König von Man 218
Godred II., König von Man 219
Gokstad-Bootsgrab (Norwegen) 39, 41, 55, 64, 69, 74 ff., 76
Gold 33, 92, 152, 163, 187
Goltho (England) 135
Gorm, König von Dänemark 41, 44, 118, 118, 120
Gorodischtsche (Rußland) 188, 192
Gosforth-Kreuz (England) 137, 138
Götaälv, Fluß (Schweden) 16 f.
Gotland (Schweden) 17, 19, 19, 31, 46, 69, 73, 197, 206
  Archäologische Funde 40, 46, 46, 47, 75, 79, 88, 92, 96, 98, 110, 197
Göttergeschlechter
  Asen 108, 224
  Vanen 108, 109, 226
Gottheiten, heidnische 108, 109, 110 f., 114 f.
  Balder 108, 110
  Freyja 108
  Freyr 108, 109, 110 f., 114
  Frigg 108
  Heimdall 108, 110
  Hel 110
  Hödur 110
  Hönir 110
  Lodur 110
  Loki 108, 109, 110
  Nanna 108
  Njörd 108
  Odin 64, 108, 110 f.
  Sif 108
  Thor 108, 114

Tyr 108
Granulation 92, 184, 225
Grauballe (Dänemark) 27
  Grauballe-Mann 27
Great Ormes Head (Wales) 160
Green Shiel, Lindisfarne (England) 135
Grim kamban (Siedler auf den Färöern) 166, 168
Grimsby (England) 134
Gripsholm-Runenstein (Schweden) 101
Grobin (Lettland) 184
Groix-Bootsgrab (Frankreich) 146
Grönland 14, 38, 164, 174, 177
  Landschaft 174
  Landwirtschaft 175
  Mittlere Siedlung 175, 178
  Ostsiedlung 174 ff., 176, 182, 222, 223, 223
  Religion 119 f., 175, 222, 223
  Runeninschriften 223, 223
  Späte Wikingerzeit 223, 223
  Westsiedlung 174, 175 ff., 223, 223
Grøntoft (Dänemark) 25
Großes Heer 125, 127, 129 f., 129, 136, 142, 144, 146, 225
Groß-Raden (Deutschland) 187
Gudme, Fünen (Dänemark) 27 f., 29, 31 f.
Gunnbjörn Ulf-Krakuson (Wikingerseemann) 174
Gurness, Broch of (Orkney) 148
Gußformen 31, 94 f., 94, 114, 160
Gustafson, Gabriel (norwegischer Archäologe) 42
Guthrum (Wikingerführer) 129, 129, 131
Gwynedd, keltisches Königreich (Wales) 159

H
Haartracht 24, 68, 162, 195, 205
Hacksilber 27, 86, 92, 92, 141, 225
Hadrianswall 148
Hagelbjerggård, Seeland (Dänemark) 22
Häggeby-Stein (Schweden) 65
Haithabu (Deutschland) 45, 47, 80 f., 83, 103
  Archäologische Ausgrabungen 54, 63, 63, 67, 75, 80, 80, 81, 83
  Befestigungsanlagen 47 f., 48, 52, 80, 81, 81
  Bestattungsbräuche 73
  Gebäude 63, 63, 80 f., 81
  Hafen 75, 80, 80
  Handelszentrum 44, 80 f., 83
  Handwerk und Gewerbe 80 f., 83, 91
  Kirche 115, 120
  Niedergang 200
Hakon, Jarl von Lade 106, 119, 215
Hakon der Gute, König von Norwegen 114, 116
Hakon IV., König von Norwegen 222
Halland (Schweden) 14, 16, 19
Hällestad-Runenstein (Schweden) 101
Hamburg (Deutschland) 120
Hämeenlinna (Finnland) 91
Hamwic (England) 39
Handel 27, 31, 38, 46, 78, 78, 79, 80 ff., 88, 88, 91, 135, 159 f., 184, 186, 188, 188, 194 ff., 206, siehe auch unter Städte- und Ländernamen
Handschriften 104, 107, 125, 139, 142, 160, 207
Handwerk 31 f., 32, 38, 41, 46, 46, 62, 82, 82, 84, 88, 88, 90 ff., 92, 94, 96, 97, 136, 139, 159, 163, 163, 172, 184, 184, 186, 190
Harald (skandinavischer Heerführer in Friesland) 143

Harald Blauzahn, König von Dänemark 41, 44, 47, 48, 52, 55, 56, 74, 98, 99, 115, 118, 118, 120, 120, 200, 201, 208, 210
Harald Klak, König von Dänemark 120
Harald Schönhaar, König von Norwegen 41, 44, 104, 104, 115 f., 151, 166, 170
Harald Sigurdarson (hardradi), König von Norwegen 188, 196, 211 ff.
Hardeknut, König von Dänemark 211
Harold Godwinson, König von England 211 ff.
Harz (Deutschland) 198
Hastein (Hásteinn, Hæsten, Wikingerführer) 116, 127, 127, 129, 131, 132, 146 f.
Hastings, Schlacht von (1066) 212, 213
Häuptlinge 24, 27 f., 29, 31, 41, 44, 45
Hausbau 31, 56, 60 f., 63, 66, 135, 148, 151, 156 f., 157, 172 f., 172, 176, 214
Haushalt 62 f., 62, 63, 66
Haushaltsgeräte 41, 62, 63, 66, 146
Häusliches Leben 62, 62, 63, 66, 68
Hausrat 43, 63, 66, 66, 68, 162
Haustiere 59, 74, 162
Healfdene (Hálfdan, Wikingerführer) 129 f., 133
Hebriden, Inseln 103, 116, 148, 150, 152, 154, 158, 160, 213, 214, 218 f., 218, siehe auch Sudreyjar
Heerweg (hærvejen, Dänemark) 47, 74
Heggen, Wetterfahne von (Norwegen) 99
Heidentum 29, 32, 34, 38, 44 f. 68, 69, 73, 101, 108, 109, 110 f., 114 ff., 114, 116, 119 f., 122, 124, 137, 145, 173, 188, 206
  Bestattungsbräuche 34, 68, 68, 69, 72 f., 135, 154, 155, 157, 160, 168, 204
Heiliger Fluß, Schlacht am (1026) 210
Heimskringla (»Weltkreis«) 35, 104, 114
Hekla, Berg (Island) 172 f., 173, 222
Helga (Olga), Herrscherin von Kiew 194
Helgi (Oleg), Herrscher von Kiew 194
Helgi Eyvindarson (Helgi der Magere, isländischer Landnehmer) 115
Helgö (Schweden) 29, 31 f., 32, 33, 78, 197
  Buddha-Statuette 31, 33, 197
Helluland (Baffin-Insel) 177, 178
Helme 40
  Bronzezeit 24, 29
  Wikingerzeit 35, 55, 122, 122
Hemse (Schweden) 202
Henry II., König von England 221
Herdstellen 63, 63, 66
Herigar, Präfekt von Birka 84
Herjólfsnes (Grönland) 176, 223, 223
Hiddensee-Schatzfund (Deutschland) 187
hnefatafl 64, 65, 68, 225
Hochweide 155, 166, 168, 225
Hodde (Dänemark) 25
hogback siehe »Schweinerücken«
Högom (Schweden) 29
Hólar (Island) 120
Hólmgardr, »Inselfestung« (Rußland) 188
Holzpflüge 59
Holzschnitzerei 90 f., 90, 91, 99
Horik der Ältere, König von Dänemark 44
Horik der Jüngere, König von Dänemark 44
Hornelund-Fibel (Dänemark) 94
Hort 225, siehe auch Hortfunde

Hortfunde
  Bangor 159
  Birka 86
  Bunge 47
  Burray 152
  Cuerdale 141
  Gnezdowo 195
  Gotland 79
  Helgö 33
  Hiddensee 187
  Isle of Man 158
  Llandudno 159
  St. Ninian's Isle 150
  Schottland 152
  Schweden 198
  Sejrø 92
  Senja 103
  Skaill 152, 152
Hovgården, Adelsö (Schweden) 29, 45
Humber, Fluß (England) 142, 212
Hylestad, Kirche von (Norwegen) 112
Hywel Dda (Howell der Gute), Herrscher von Gwynedd 159

I
Ibn Fadlan (arabischer Kaufmann) 43, 198
Ilmensee (Rußland) 184, 192
Importwaren 78, 84, 136, 197 f., 198
Indien 184, 198
Ine, König von Wessex 127
Ingelby, Derbyshire (England) 137
Ingleby Arncliff, North Yorkshire (England) 139
Ingolf (isländischer Siedler) 171
Ingstad, Helge (norwegischer Archäologe) 178
Ingvar (Igor), Herrscher von Kiew 194
Ingvar der Weitgereiste 103, 146, 206, 207
Iona, Insel (Hebriden) 148
Irische Annalen 154, 160
Irische See 152, 152, 154, 158, 160, 163, 207, 218, 219
Irland 160 ff., 160, 162, 163, 218
  Bestattungsbräuche 160 f., 161
  Handwerk und Gewerbe 152, 162 f.
  Runeninschriften 163
  Wikingersiedlungen 103, 141, 142, 152, 152, 160 ff., 161, 162, 207, 218, 219, 221
  Wikingerüberfälle 125, 160, 214
Island 169 ff.
  Landschaft 165, 169 f., 169, 170
  Landwirtschaft 222
  Regierungsform und Rechtsprechung 100, 173, 220, 221
  Religion 44, 114 f., 115, 119, 222
  Sagen 100, 103 ff., 104, 106, 107, 114 f., 119, 171, 222
  Späte Wikingerzeit 222
  Wikingersiedlungen 14, 38, 164, 165, 170 ff., 170, 171, 172, 173, 222
Isländerbuch (Islendingabók) 100, 119, 171
Islay, Insel (Hebriden) 218, 219
Isleif (erster Bischof Islands) 100, 120
Ismanstorp-Festung (Öland) 48
Italien 96, 127, 143, 147
Itil (Rußland) 198
Ivar Bardarson (norwegischer Priester) 223
Izborsk (Estland) 195

J
James III., König von Schottland 218
Jarlabanki, Brücke des (Schweden) 74, 101, 101
Jarl 225

Jarlshof (Shetland) 150 f., *150*, 215
Jarltum 44, 106, 151 f, 211, 214 f., 218, *218*
  Nördliches Jarltum *218*
  siehe auch Jarl
Jaroslaw der Weise, Herrscher von Kiew *188*, 194, *194*, 211
Jaroslawl (Rußland) 197
Jarrow, Kloster (England) 124
Jelling (Dänemark) 41, 44, 97, 99, *115*, 118, *118*, 120, *120*, 200
Jelling-Stil 97 f., *98, 99*, 138, *138*
Jemen 198
Jomswikinger 184
Jon (Bischof von Hólar) 120
Jorvík *siehe* York
Jurby (Isle of Man) 156
Jütland (Dänemark) 14, 18, *18*, 25, 27, 35, 38, 44, 47, 48, 52, 56, 73 f., 81, 83 f., 97

K

Kålstad-Schiff (Norwegen) 75
Kålsund-Schiffswrack (Norwegen) 88
Kammherstellung 68, 82 ff., *88*, 97, *97*, 102, 163, 222
Kanhavekanal (Dänemark) 35, 44
Karl I.,der Große, König der Franken und Kaiser 124, 143, 145
Karl II.,der Kahle, König von West-franken und Italien, Kaiser 143
Karl III.,der Einfältige, König von Westfranken 145
Karlevi-Runenstein (Schweden) 103, *105*
Karolinger, Dynastie 142, 144, 225
Karolingerreich 125, *127*, 142 ff., 145, *147*
Kaspisches Meer 39, 75, 146, *196*, 198, *198, 206*, 207
kastalar 218
Kaup (Rußland) 184
Kaupang (Norwegen) 73, *85*, 88, *88*, 96
keeills 155, 225
Kells, Kloster (Irland) 148
Kelten 138, *138*, 142, *147*, 148 ff.
Keltische Eisenzeit *siehe* Frühe Eisenzeit
Kent (England) 130 f.
Kiew (Ukraine) *184*, *188*, 190, 194 ff., *194, 205*
Killaloe (Irland) 160
Kilmainham, Kloster (Irland) 163
Kilmainham-Islandbridge (Irland) 160, *161*
Kiloran Bay, Colonsay (Hebriden) 154
Kingigtorssuaq (Grönland) 223, *223*
King's Milton (England) 116
Kirbister (Orkney) 150
Kirchen
  Abteien, Münster 210, *210*, 212, 218
  Kathedralen 159, 192, 201, 218 f., *222*, 223
  Kirchen 118, *118*, 124, 174, *174*, 176, *193*, 194, *200, 201*, 206, 215, *215*, 218
  Stabkirchen *99*, 201 f., *202, 203*
Kirkjubøur (Färöer) 218
Kirkwall (Orkney) 218
Kleidung 24, *24*, 67 f., *67*, 86, 91, *184, 205*, 223, *223*
Klima 12, *12*, 14, *15*, 16 ff., 25, 222, 223
Klöster 38, *127, 147*, 159 f., *161*, 163, 210
Kneep, Lewis (Hebriden) 154
Knock y Doonee (Isle of Man) 157
Knowth (Irland) 160
Knut der Große, König von Eng-land und Dänemark 103, 120, 138, *139*, 200, 208, 209 ff., *210, 211*
Kolbein hruga (Bauer auf Wyre, Orkney) 218, *218*
Kolberg (Polen) 184
Kompaß 180, *180, 181*

Königreiche, keltische 130, 159
Königsspiegel 175
Königtum 27, 34 f., *35*, 41, 43 ff., 52, 56, *56*, 57, 103 f., *104*, 114, 116, 118, *118*, 151, 200 f., *200, 201*, 206 ff., 210 f., *211*
Konstantin I.,der Große, römischer Kaiser 195
Konstantin VII. Porphyrogennetos, byzantinischer Kaiser 196 f.
Kopenhagen (Dänemark) 19
Korbflechterei 63
Kriegsführung 52, 54 f., 127
Krummstab *33*, *163*, 166, *221*, 225
Kufah (Irak) 92
  Kufische Münzen 92
Kunststile *35*, 90, *90*, 97 f., *98, 99*, 137 f., *137, 138, 139*
Kupfer 23
Kuren *188*
Kvívík (Färöer) 167, *168*

L

Labrador 177, *178*
Lade (Norwegen) 44, 114, *115*
Ladogasee (Rußland) 184, 188, *188*, 192, 195, 197
Lagore (Irland) 160
La Hague (Frankreich) 145
landnám 225
Landnámabók 171, *171, 173*
Landwirtschaft 16, 18, 22, 25, *25*, 27, 31, 58 ff., *59*, 151, 156, 166 ff., *166, 174*, 175, 222
Langhaus 27, 31, 61, 135, 151, 225
Langhäuser 27, 31, 61, 135, 151, 225
L'Anse-aux-Meadows (Kanada) 178 f., *178*
Lappen (Samen) 15, 19
Largs, Schlacht von (1263) 218, 221
Lea, Fluß (England) 131 f., *131*
Lebedev (russischer Archäologe) *190*
Leben des Ansgar (Rimbert) 44 f.
Lebensalter, Lebenserwartung 40
Lederverarbeitung *67*, 91, 163, 200
Leicester (England) 135
Leif der Glückliche (Sohn Eriks des Roten) 120, 174, 176, *176*, 178
Leinster, Königreich (Irland) 163, 221
Leirvík (Färöer) 167
Lettland 14, 184
Lewis, Insel (Hebriden) 64, 154, *213*, 219
Liffey, Fluß (Irland) *161*, 162 f.
Limerick (Irland) 160
Limfjord (Norwegen) 52
Lincoln (England) *102*, 135 f., 196
Lindholm Høje (Dänemark) 59, *59, 68*, 72, *99*
Lindisfarne, Kloster (England) 38, 122, *122*, 124, *127, 133*, 135, 148
Lindisfarne Gospels (Evangelien-buch) *133*
Lindsey, Königreich (England) 125
Litauen 14, 184
Literatur
  Angelsächsische Chronik 116, 122, 125, *125*, 127 ff., 132, 134 f., 207, 209, 224
  Annalen von St. Bertin 127
  Annales Xantenses 142
  Buch des Lebens (Liber Vitae) 210, *210*
  Buch von der Vermessung des Erd-kreises (Liber de Orbis Mensura Terrae) 164
  Codex regius 110
  Domesday Book 134
  Fränkische Reichsannalen 44, 47
  Geschichte der Erzbischöfe von Hamburg – Bremen 44
  Geschichte der Frühzeit des Königs-reichs Norwegen (Historia de antiquitate regum Norvagien-sium) 171
  Geschichte der nördlichen Völker 114

Geschichte Norwegens (Historia Norvegiae) 171
  Heimskringla (»Weltkreis«) 114
  Irische Annalen 154, 160
  Isländerbuch (Islendingabók) 100, 119, 171
  Königsspiegel 175
  Landnahmenbuch (Landnámabók) 171, *171, 173*
  Leben des Ansgar (Rimbert) 44 f.
  Lindisfarne Gospels 133
  Nestorchronik 194
  Pastoralschrift 130
Little Paxton (England) 135
Liven *188*
Llancarfan, Kloster (Wales) 159
Llandudno (Wales) 159
Llantwit, Kloster (Wales) 159
Löddeköpinge (Schweden) 88, 206
Lödöse (Schweden) 206
Lofoten, Inseln (Norwegen) *19*, 29, 44, *45*
Loire, Fluß (Frankreich) *127*, 129, 143, 146 f., *147*, 211
London (England) *54*, 125, 130, *130*, 132, 137
longphort 160, *161*, 163, 225
Lowat, Fluß (Rußland) 184, *188*, 194 f., *194*
Ludwig I.,der Fromme, König des Frankenreiches, Kaiser 143, 145
Luna (Italien) 147
Lund (Dänemark) 64, 74, 120, *195*, 200, *222*
Lundbjärs, Gotland (Schweden) *88*
Lundeborg (Dänemak) 28, *29*, 78
Lundy (England) 160
Lure (Musikinstrument) 24

M

Maes Howe (Orkney) 215
Magie *(seidr)* 108
Magnus Barfuß, König von Norwe-gen 106, 211, 214, 219
Magnus Erlendsson (St. Magnus, Märtyrer) 218
Mahlsteine 83 f.
Mälarsee (Schweden) 16, 32, 35, 45, 47, 60, 68, 75, 84 ff., 120, 201, 204
Maldon, Schlacht von (991) 208, *209*
Mammen (Dänemark) 41, 55, *99*
  Mammen-Axt 41, 55, *55*, 92, *99*
  Mammen-Stil 97 f., *99*
Man, Isle of *102*, 103, 116, 135, 152, *152*, 154 ff., *155, 156, 157, 158*, 160, 163, 218 f., *218*
Manx-Baustil (Isle of Man) 156
Manx-Grabstätte (Isle of Man) 157
Markland (Labrador) 177, *178*
Marktzentren *47*, 85, 88, *88*, 91, 184, 188, *191*, 201
Mästermyr-Werkzeugtruhe (Gotland) 91, *92*
Maughold, Kloster (Isle of Man) 154
Mecklenburg (Deutschland) 184
Megalithgräber 22
Menschenopfer 26 f., *27*, *29*, 41, 114, *114, 155*, 157
Menzlin (Deutschland) 184
Mercien (England) *129*, 130, *141*, 142
Merowingerzeit *siehe* Vendelzeit
Mesolithikum (mittlere Steinzeit) 22
Metallbearbeitung 27, 59, *59, 60*, 82, 88, *88*, 91 f., *92*, 94 f., *94, 191*, 204, *217*
Middleton-Kreuze (North York-shire) 137, *137*
Midgardsorm (Jormundgand, Welt-schlange) 110
Miklagardr (Konstantinopel) 195 f.
Milford Haven (Wales) 160
Milton (Wales) 160
Missionare *33*, 84, 119 f., 149
Mittelmeer *127*, 146 f., 195
Mönch (Wales) 142, 159, 166
Monkwearmouth, Kloster (England) 124
Mooropfer 26 f., *27*, 225
Mull, Insel (Hebriden) *218*, 219

Munster (Irland) 163, 221
Münzen 27, 31, *33*, 38, 41, *41, 47, 79, 81*, 82, 84, 86, *86*, 88, 92, *92, 130, 133*, 136, *141*, 144, *152*, 158 f., *158, 162, 187*, 198, *198, 201*, 204, 210, *210*
Münzstätten 41, *88, 133*, 136, *136, 158, 162, 200*, 201, 204, 210, *210*
Murom (Rußland) 197
Musikinstrumente 24, 64, *64*
Mykines, Insel (Färöer) 166
Myklebostad (Norwegen) *38*
Mythen und Legenden 106, 108, *109*, 110 ff., *110, 111, 112*, 137

N

Nägel, Nieten 92, 179
Nahrungsmittel 58, 60, 62, *62*, 66, 151, 161, *215*, 218
Nantes (Frankreich) 146
Narssaq (Grönland) 176
Navigation 164, 180, *180, 181*
Neagh, Lough (Irland) 160
Neolithikum (Jungsteinzeit) 22, 26, 225
Nestorchronik 194
Nevern-Kreuz (Wales) 160
Neufundland (Kanada) 163, 177 ff.
Newa, Fluß (Rußland) 184
Nidaros *siehe* Trondheim
Nipaitsoq (Grönland) 223
Njals saga 105
Noirmoutier, Inselkloster (Frank-reich) 146, *147*
Nominoe (königlicher Statthalter in der Bretagne) 145 f.
Nonnebakken-Festung (Dänemark) 52, 56
Nora-Runenstein (Schweden) *116*
Nordafrika *127*, 146, 195
Nordamerika 14 f., 38, 164, *176*, 177 ff., *178*, 223
Nordatlantik 14, 164 ff., *176*
Nordreyjar (Nordinseln: Orkneys, Shetlands) *148*, 219, 225
Nordrseta 176, 223, 225
Nordsee 14, 47, 96
Normandie 143 ff., *144, 145*, 212 f., 221
Normannen (Nordmänner) 39 f., 124, 145, 212 f., *212*
Norn (regionale Variante des Nor-wegischen) 214
Nørre Longelse, Reitergrab (Däne-mark) 75
Northumbrien (England) 122, 124 f., *129*, 130, 132 ff., *133*, 142, 148, 212
Norwegen 12, 15 f., *15*
  Bestattungsbräuche 68, 69, 72 f., 75
  Bevölkerungswanderungen 14 f.
  Einigung 44
  Eisenerz 24
  Fischfang 16, 44, *49*, 60, *60*
  Geologie 12, 14
  Handel 16, 27, 84, 88
  Häuptlingssitze 44
  Hauser 60 f.
  Kirchen 201 f., *202, 203*
  Königtum 35, *35*, 44, 104, *104*, 114, 119, 151, 201, 208, 211
  Landschaft 14 ff., *15, 19*
  Landwirtschaft 16, 22, 27 f., *49*, 60, 164
  Nationalstaat 207
  Raubzüge 38, 124, 151, 207 f., 211 ff.
  Reisen und Verkehr 73 f., 184
  Religion 38, 44, 111, 114, *115*, 116, 119, 201
  Runeninschriften 102, *102, 103*
  Siedlungen 16, 28, 38, *85*, 88, *148*, 164, 201
  Späte Wikingerzeit 201, 207, 211 ff., *218*, 219, 221 f.
  Sprache 214
  Tier- und Pflanzewelt 16, *16*
  Vorwikingerzeit 22
  Walfang 16

Nottingham (England) 135
Nowgorod (Rußland) 97, 184, 188, *188*, 190, 192, *192, 193*, 194 f., *194*, 197
Nydam-Boot (Dänemark) *27*

O

Obodriten 184
Odense, Fünen (Dänemark) 52, 114, 200
Oder, Fluß (Deutschland) 27, 184
Odinkar (Bischof von Haithabu) 120
Odo (Bischof von Bayeux) 212, *212*, 214
Offa, König von Mercien *122*, 124
  Offas Dyke (England) 124
Ogham 116, 225
Olaf Haraldsson (Olaf der Heilige), König von Norwegen 44, 106, *107*, *115, 116*, 119, 210 f.
Olaf kyrri, König von Norwegen 179
Olaf Tryggvason (Anlaf), König von Norwegen 41, 44, 127, 176, 208 f., *209*
Öland, Insel (Schweden) 17, 19, *29*, 30 f., 46, 48, 103
Oldenburg (Deutschland) 184
Olof Skötkonung, König von Schweden 41, 44 f., 120, 204, 206
Omajjaden, Dynastie 146, 198, 226
  Omajjaden-Emirate 146
Orkney-Inseln 38, 103, *148*, 150 ff., 154, 170, *176*, 214 ff., 218 f., *218*, *siehe auch* Nordreyjar
Orphir (Orkney) 215, *215*, 218
Ortsnamen 43, 88, 134 f., *134, 144*, 150 f., *152*, 160, 168, 214, 220
Oseberg (Norwegen) 41, 66, *69*, 90, *98*
  Bootsgrab 41 f., *41, 42, 43*, *69, 73*, 74, 76, *76*, 90, *90, 91*
  Oseberg-Stil 97 f., *98*
  Wandteppich *43*, 66, 98
Oslo (Norwegen) 201
Oslofjord 42, 44
Ostanglien *siehe* East Anglia
Ostfold (Norwegen) 44
Ostsee 18 f., 27, 39, 46, 184, 188, *188*
Östergötland (Schweden) *103*, 120
Ottar (norwegischer Kaufmann) 85, 88
Ouse, Fluß (England) 131, 136, 212
Oxford (England) *133*, 137, 209
Oxus (Amudarja), Fluß 198

P

papar 166, 171, 226
Papey, Insel (Island) 170
Papigeo, Caithness (Schottland) 151
Pastoralschrift 130
Paul Hakonsson, Orkney-Jarl 215, *215*
Paviken, Gotland (Schweden) *47*, 75, 88, 91, 96 f., 206
Peel (Isle of Man) 155, 158, *158*
  »Heidnische Lady von Peel« *158*
  Peel Castle 158, *158*
Pelze und Häute 16, *16*, 78, 84, 86, 88, 160, 198, 223
Pentland Firth (Schottland) 151
Péran (Frankreich) 146
  Camp de Péran 146
Perlenherstellung 78, 82, *82*, 84, 86, 88, 95 ff., *96*, 158, 160
Pevensey (England) 212, *212*
Pfahlbauten 160
Pferdegeschirr 35, 74, *75*, *98, 99*
Pictland, keltisches Königreich (Schottland) 130
Pikten 148 ff., *148, 214*, 216, *216*, 226
Pilgårds-Runenstein, Gotland (Schweden) 197
Pisa (Italien) 147
Pitney-Fibel (England) *139*
Pîtres-Grab (Frankreich) 145, *145*
Polarkreis 12, *165*
Polen 184

Pollista (Schweden) 60
Pommern 184
Pomoranen *188*
Poppo (deutscher Missionar) 120, *201*
Port Grenaugh (Isle of Man) *156*
Portugal 146
Powys, keltisches Königreich (Wales) 159
Prägestöcke 29, 94, *94*
Priestholm (Wales) 160
Pskow (Rußland) 195

Q

Qagssiarssuk (Grönland) 174
Qilakitsoq (Grönland) 223
Qordlortoq-Tal (Grönland) 176
Quentovic (Frankreich) 39, 143
Quoyloo (Orkney) 150

R

Ragnarök 108, *109*, 110 f., *138*, 226
Rada-Runenstein (Schweden) 101
Radrad (Jemen) 198
Ragnald, König von Dublin 142
Rällinge (Schweden) *109*
Ralswiek *siehe* Rügen
Rathlin Island (Irland) 160
Raunds (England) 135
Ravning Enge, Brücke von (Dänemark) 44, 74
Rechtssprecher 119, 173, 226
Regierungsform 43, 119, 219 f., *221*
Reginbert (englischer Bischof) 120
Reisen und Verkehr 72, 73 f., *73*, 184, 194 ff.
Religion *siehe* Christentum, Heidentum
Reliquiar 160, *226*
Repton, Winterlager von (England) 128 f., *128*, 135
Réville (Frankreich) 145
Reykholt (Island) 222
Reykjavík (Island) 110, *170*, 171
Rheinland 38, 44, 66, *79*, 88, 96, 120
Ribblehead (England) 135
Ribe (Dänemark) 35, 41, 44 f., 52, 73, 81 ff., *82, 83*, 88, 93, *94*, 96, 120, 200
Riccall (England) 212
Richard II., Herzog der Normandie 145
Richard de Clare (Langbogen) 221
Rigsthula (Das Merkgedicht von Rig) 110
Rimbert (Biograph Ansgars) 44 f., 84, 120
Ringerike, Distrikt (Norwegen) 97
Ringerike-Stil *46*, 97 f., *99*, 138, *139*, 163, *163*, 210, *211*, 219, 221
Ring-Geld 152, 226
Ringnadel 163, 169, *179*
Risby-Tal, Seeland (Dänemark) *72*
Robert von Mortain, Herzog der Normandie *212*
Rognvald, Orkney-Jarl 151, 197, 214
Rochester (England) 125, 131
Rohstoffe, heimische 78, 88
Rök-Runenstein (Schweden) *103*
Rollo (»Läufer-Hrolf«), erster Herzog der Normandie 145, 212
Rom (Italien) 146 f., 195
Romanik 97, *99*, *139*, 226
Römische Eisenzeit 25, 27
Römisches Reich 27 f., 136, 148, 195
Rorik (Rjurik), Herrscher von Kiew *142*, 143, 194, *194*
Roskilde (Dänemark) 120, 200
Roskildefjord 75 f.
Rostock (Deutschland) 184
Rouen (Frankreich) 145
Rousay, Insel (Orkney) 215
Rügen, Insel (Deutschland) 184, 186, *187*
Rugier 184, 186
Runen 100 ff., *102, 103*, 226

Kurzzweig-Runen 102, *102, 103*, 225
Normalrunen (Langzweig-Runen) 102, *102*, 225
Skandinavisches Runenalphabet *siehe* Futhark
Runeninschriften 100, 101, *101, 102*, 103, *103, 105, 116*, 120, 158, *160*, 197, *197*, 206, 207, 210, *211*, 215, 215, 223, *223*
Runensteine *65*, 101, 226
Altuna *110*
Århus *100*
Björketorp *102*
Dalum 101
Drävle *112*
Dynna 103, *103*
Ed 197
Gripsholm 101
Häggeby *65*
Hällestad 101
Jelling 118, *118*, 120, *120*
Karlevi 103, *105*
London, St. Paul's Cathedral (Friedhof) *139*, 210, *211*
Nora *116*
Pilgårds 197
Rada 101
Rök *103*
Sigtuna *205*
Sjusta 197
Valleberga 103
Vallentuna (Jarlabankis Stein) *101*
Varpsund *206*
Väsby 103
Yttergärde 209
Runsa-Hügelfestung (Schweden) 47
Rus *184*, 188, *188*, 194, 196, 198, 226
Rußland
Bestattungsbräuche 190, *190, 191*
Bevölkerung 15, 184, 188
Handel 79, 92, 115, 184, 188, 190, 198
Handwerk und Gewerbe 190
Religion 190, *193*
Runeninschriften 103
Wasserwege 75, 184, *188*, 194 f., 197, *206*
Wikingersiedlungen 39, 184, 188 ff., *188, 190, 191, 192, 193, 194, 195*, 209, 211

S

Sædding (Dänemark) 59, 61
Saga 226
Eyrbyggja saga 105
Färingersaga (Færeyinga saga) 166 f.
Isländersagas (Islendingasögur) 104 f.
Königssagas (Konungasögur) 104 f.
Njals saga 105
Orkney-Saga (Orkneyinga Saga) 151 f., 214 ff., 218, *218*
Saga von Egil Skallagrímsson 105
Saga von Gisli Sursson 105
Saga vom starken Grettir 106
Saga von Harald Schönhaar 104, 116
Saga von König Olaf dem Heiligen 151
Völsunga saga 112
Saint-Clair-sur-Epte (Frankreich) 145
Saint David's, Kloster (Wales) 159
Saint Neots (England) 135
Saint Ninian's Isle (Shetland) 150
Saint Patrick's Isle (Holmepatrick, Isle of Man) 154, 157 f., *158*, 218
Saint-Paul's-Runenstein (London) *139*, 210, *211*
Samaniden, Dynastie 198
Samarra, Königsstadt (Irak) 198
Samarkand (Usbekistan) 198
Samsø, Insel (Dänemark) 35
Sanda (Schweden) 60
Sanday, Insel (Orkney) 154, 219
Sandness (Grönland) *174*, 176

Sandoy, Insel (Färöer) 168
Sandwick (Shetland) 218
Sankt Brendan (keltischer Heiliger) 170
Sankt Columban (irischer Mönch und Heiliger) 148
Sankt Cuthbert (keltisch-angelsächsischer Heiliger) 124, *133*
Sankt Edmund *siehe* Edmund, König von East Anglia
Sankt Magnus *siehe* Magnus Erlendsson
Sankt Olaf *siehe* Olaf Haraldsson, König von Norwegen
Saxo Grammaticus (dänischer Historiker) *187*
Scar-Grab (Orkney) 154, 156
sceat (Pl.: *sceattas*) 82, 84, 88, 226
Schachspiel 64, *213*
Schiffe, Schiffsbau *38, 40*, 74 ff., *76, 77*, 88, 92, 164, 180, *180, 181, siehe auch* Wikingerschiffe
Schiffsreparaturwerkstätten 88
Schlachten
Brunanburh (937) 142, 212
Chartres (911) 145
Clontarf (1014) 221
Colonsay (1156) 219
Edington (878) *129*, 131
Hastings (1066) 212, *213*
Heiliger Fluß (1026) 210
Isle of Wight 198
Largs (1263) *218*, 221
Maldon (991) 208, *209*
Nantes (939) 146
Skyhill (1076) 218
Stamford Bridge (1066) 212 f.
Stiklestad (1030) 44, 106, *107, 115, 116*, 119, 210 f.
Svolder (um 1000) 44, 52
Tara (980) 163
Schlei, Förde (Deutschland) 35, *80, 81*
Schleswig (Deutschland) 81, 83 f., 200
Schlitten *12*, 73 f., *73*
Schlittschuhe *12*, 73 f., *74*
Schmiedewerkstätten 54, 63, 82, 92, 95, *191*
Schmiedewerkzeuge 160
Schmuck
Bronzezeit 24
römische Eisenzeit 27
Vendelzeit 32, 34
Völkerwanderungszeit *28*, 31 f.
Wikingerzeit 38, 46, *46*, 67, *67*, 82, 86, 92 ff., *94*, 96, 97 f., *98, 152, 184, 187, 195*, 198
Schmucknadeln 67, *67*
siehe auch Ringnadel
Schnitzarbeiten
Bernstein 97
Dublin 163
Haushaltsgeräte 91
Kvívík *168*
Lund *64*
Oseberg 90, *90, 91*
Sigtuna *64*
Sockburn *64*
Trondheim *213*
Urnes *99*
Schottland
Kelten 142, 148
Kirchen 215
Ortsnamen 43, 150 f., *152*, 155
Runeninschriften 103, 214, *215*
Späte Normannenzeit 214 f., *214*, 218 f., *218*
Wikingersiedlungen 44, 150 ff., *213*, 214 f., *215*, 218 f.
Wikingerüberfälle *127*, 148 ff., 214
Schwarze Erde 86, *87*, 226
Schwarzes Meer 115, 146, 184, 194, 196, 197, 207
Schweden 12
Begräbnisbräuche 34, 35, 68, *68, 69*, 72, 75
Bevölkerung 15
Einigung 44 f.
Eisenerz 18, 24
Festungsanlagen 47 f., 52

Fischfang 18, 60, *60*
Geologie 14, 17
Handel 18, 27, 31, *33*, 88, 91
Kirchen 206
Königtum 34 f., *35*, 43 f., 201, 206
Landschaft 16 f.
Landwirtschaft 22, *48*, 59 f.
Pflanzen- und Tierwelt *16*, 18
Reisen und Verkehr 73 f., 184
Religion 38, 45, 111, 114, *114, 115, 116*, 120, 206
Runensteine *65*, 102 f., *102, 103, 105, 110, 112*, 197, *205, 206*
Siedlungen 30, *30, 31, 47*, 52, 84 f., 88, 201
Späte Wikingerzeit 201, 206, 209
Überfälle und Seeräuberei 209
Vorwikingerzeit 22 f., 31
»Schweinerücken« (Grabsteintyp) *134*, 137 f., 226
Ingleby Arncliff *139*
Schwerter 26, *26*, 39, 52, *52*, 54, *79*, 91, *128*, 219
Sciringesheal (Kaupang, Norwegen) 88
Scollock (Wales) 160
Scorradale (Orkney) 150
Scrabster (Schottland) 150
Seeland, Insel (Dänemark) 14, 18 f., 52, 56, *56*, 75, 88, 120
Seide *79*, 83, 136, 195 ff., *195*
Seine, Fluß (Frankreich) *127*, 143, 145 f.
Sejrø-Schatzfund (Dänemark) 92
Selby (England) 134
Senja-Schatzfund (Norwegen) 103
Sevilla (Spanien) 146
Sheppey, Insel (England) 125
Shetland-Inseln 38, 103, *148*, 150 f., 170, *176*, 214 f., 218 f., *218, siehe auch Nordreyjar*
Sieben Städte 135, *siehe auch* Fünf Städte
Siedlungen
Bauerndörfer 25, 30, 58 ff.
Bronzezeit 24
Eisenzeit 25, *29*, 30, *30*, 32
Markt- und Handelszentren 47, 48, 81, 84 f., *85*, 88, 91, 184, 188
Neolithikum 22
siehe auch unter Städte- und Ländernamen
Sigefredus von Glastonbury (englischer Bischof) 116
Sigtuna (Schweden) 41, 44, 55, *64*, 75, 84, 136, *184, 195*, 197 f., *197, 198, 205, 207* f.
Sigurdsage 112 f., *112*
Sigvat Thordarson (Hofdichter) 106
Sihtric Seidenbart, König von Dublin 162
Silber 46, *47*, 78, *79*, 83 f., 92, *92, 141*, 144, 145, 152, *152*, 155, 158 ff., *158, 184, 195, 196*, 197 f., *198*, 207 ff.
Silberwaagen 92
Siljansee (Schweden) *16*
Simy Folds (England) 135
Sjusta-Runenstein (Schweden) 197
Skaill (Orkney) 150, 152, *152*
Skalden 100, 103, 226
Skaldendichtung 105
Skálholt (Island) 120
Skandinavien
Bestattungsbräuche 69
Eisenzeit *29*
Klima und Böden 15
Pflanzenwelt *16*
Wikingerzeit *49*
Skåne (Schweden) 14, 17, 19, 35, 56, 75, 88, 101, 120
Skara (Schweden) 45, 120, 206
Skerne (England) 137
Skien (Norwegen) 201
Skier *12*, 73 f.
Sklaven *41*, 43, 62, 78, *155*, 160, 196
Skokholm (Wales) 160
Skrælingar (amerikanische Ureinwohner) 177, *178*
Skuldelev-Schiffe (Dänemark) 75 f., *76, 181*

Schiffsblockade 75 f.
Skuldevig (Dänemark) 88
Skúvoy, Insel (Färöer) 166
Skye, Insel (Hebriden) 219
Skyhill, Schlacht von (1076) 218
Slawen 18, 75, 143, 184, *184*, 186, *187*, 188, *188*, 190, 192, 194 ff., 226
Sleipnir (Odins Pferd) 108, *109*
Småland (Schweden) 17
Smalls reef (Wales) 163
Snaefell, Berg (Isle of Man) 134, 154
Snorri Sturluson (isländischer Schriftsteller und Historiker) 100, *104*, 105 f., 110, 112, 114, 222
Sockburn-Skulpturen (England) *64, 139*
Södertälje (Schweden) 84
Sodor und Man, Diözese von 158, 219
Sognefjord (Norwegen) 14, 60, *202*
Sølver, C. V. (Kapitän) *180*
Somerled, Herrscher von Argyll 219
Somme, Fluß (Frankreich) 143
Sorte Mulde (Dänemark) *28*, 31
Southampton (England) 39, 125
Soziale Rangordnung 41, 43
Spanien *127*, 146 f., *196*
Späte Eisenzeit *siehe* Vendelzeit
Späte Wikingerzeit 200 ff.
Specksteingefäße 67, 92, *172*
Spiele 64, *65*
Spielsteine 68
Spielzeug 64, 66, 68, *168*
Spinnerei 63, 68
Sprachen 19, 40, 214
Stabkirchen *99*, 202, *202, 203*, 226
Stadtbefestigungen 48
Städte 48, *48*, 52, 63, 78 ff., *88*, 200 f., 206
Stainmore, Schlacht von (954) 142
Stamford (England) 135
Stamford Bridge, Schlacht von (1066) 212 ff.
Stamforder Ware 135, 226
Staraja Ladoga (Aldeigjuborg, Rußland) 188, 190, *190, 191*, 195 ff.
Stavanger (Norwegen) 201
Steepholm (England) 160
Steinäxte 22
Steinbildhauerei 46, 138
Bildsteine 224
Ardre *111*
Calf of Man 155
Coppergate (York) *138*
Gotland 40, 46, *46*
Isle of Man 157
Jelling *99, 118*
Sockburn *64*
Tängelgårda *47*
Tjängvide *109*
Grabsteine
Ingleby Arncliff *139*
Lindisfarne *122*
Kreuzsteine 138, 158
Andreas *155*, 158
Gosforth 137, *138*
Isle of Man 157
Middleton 137, *137*
Sockburn *64*
Weston 137
Steinsetzungen, bootsförmige 47, *68, 69*, 145, *155*, 226
Stenbyborg-Hügelfestung (Schweden) 47
Stiklestad, Schlacht von (1030) 44, 106, *107, 115, 116*, 119, 210 f.
Stockholm (Schweden) 85
Stoffe 67
Stöng (Island) 172 f., *172*
Straßen *72*, 74, 80, 83 f., 101, *101*, 162, *162, 163*, 192, *192, 200*
Strathclyde, keltisches Königreich (Schottland) 130, 148
Streymoy, Insel (Färöer) *168*, 169
Stroma, Insel (Schottland) 152
Sudreyjar (Südinseln: Hebriden) *148, 158*, 219, 226
Sulby (Isle of Man) 156
Sulgrave (England) 135
Sussex (England) 132
Sutherland (Schottland) 150

Sutton Hoo, Bootsgrab (England) 122, *122*
Svear 34 f., 44 f., 84, 226
Sven (Blot-Sven), König von Schweden 206
Sven I. (Sven Gabelbart), König von Dänemark *41*, 44, 52, 103, 120, 200, *208*, 209 f.
Sven II., König von Dänemark 211
Svolder, Schlacht von (um 1000) 44, 52
Swainsthorpe (England) 134
Swansea (Wales) 160
Syrien 198

T

Täby (Schweden) 74, 101
Tadcaster (England) 212
Tägliches Leben 58 ff., *59, 60, 61, 62, 63, 73, 74, 75*
Tallinn (Estland) 184
Tamdrup, Kirche von (Dänemark) *201*
Tara, Schlacht von (980) 163
Tempel, heidnischer 114
Tephra 173, *173*, 226
Thanet, Insel (England) 125
Thangbrand (norwegischer Bischof) 119
Themse, Fluß (England) 54, 125, 131, *132*, 137, 142
Thing 43, 100, 219 f., 226
  Thingplätze 43, 48, 115, 220
  siehe auch Althing
Thingvellir (Island) 43, 119, 173, 220, *221*
Thirslund, Søren (Kapitän) 180
Thjodhild (Frau Eriks des Roten) 174
  Thjodhilds Kirche, Brattahlíd (Grönland) 174, *174, 175*, 176
Thjórsá-Tal (Island) 172, *173*, 222
Thorfinn, Orkney-Jarl, 214 f., 218
Thorfinn Karlsefni (Gründer der Vinland-Kolonie) *176*, 177
Thorkel (Wikingerkaufmann) 209
Thorolf Mostrarskegg (Siedler auf Island) 115
Thórsnes (Island) 115, 173, 220

Thorvald (Bruder Leifs des Glücklichen) 177
Thule 170
Thyra (Frau König Gorms) 118
Tingstäde Tresk (Gotland) 48, 75
Tingwall (Orkney) 220
Tjängvide-Bildstein (Gotland) *109*
Tjørnuvík (Färöer) 169
Toftanes (Färöer) *166*, 167 f.
Tollund-Mann *27*
Tønsberg (Norwegen) 201
Töpferwaren 27, 38, 91, 135
Torsburgen-Hügelfestung (Gotland) *46*, 48
Torslunda-Bronzeplakette (Öland) *29*
Tostig, Graf von Northumbrien 211 f.
Tragstelle, Schleppstelle 85, 184, 194 f., *194*, 226
Transoxiana 92, 198
Trelleborg-Festung, Seeland (Dänemark) 52, 56, *56*, 200
Trelleborg-Festung, Skåne (Schweden) 52, 56
Trepanation *155*, 226
Trøndelag 44, *115*
Trondheim (Nidaros, Schweden) 105, *116*, 119, 158, 201, 210, 212, *213*, 214, *218*, 219, 222
Truso (Polen) 184
Tuquoy, Westray (Orkney) 215
Turku (Finnland) 91
Tynwald (Isle of Man) 219 f.

U

Überfälle und Raubzüge 38 f., 124 f., *127*, 143 f., 147, 148 ff., 200, 207 ff., *208*, 211 ff.
Udal, North Uist (Hebriden) 150, 152
Ulfberht (fränkischer Schwertschmied) 54
Underhoull, Unst (Shetland) 151
Unni (Erzbischof von Hamburg – Bremen) 120
Upernavik (Grönland) 223
Uppland (Schweden) 34 f., 44, 103, *116*, 122, 197, 206

Uppsala (Schweden) 34, *109*, 120, 206
Urnes (Norwegen) 97, *99*, 201, *202*
  Urnes-Stil 97 f., *99, 116*, 138, *138, 139*, 163, *202, 219*, 221, *221*
Uunartoqfjord (Grönland) 180, 181
Uusikaupunki (Finnland) 91

V

Valleberga-Runenstein (Schweden) 103
Valsgärde (Schweden) *29*, 34 f., *35*, 45, *69*, 75, 122
Vänersee (Schweden) 16
Vang-Stein (Norwegen) *99*
Varpsund-Runenstein (Schweden) *206*
Väsby-Runenstein (Schweden) 103
Västergarn (Gotland) *46*, 52
Västergötland (Schweden) 16 f., 101, 120
Vebæk, C. L. (dänischer Archäologe) 180, *180*
Vendelstil *35*
Vendelzeit 25, *29*, 32, 35, 35, 38, 226
Verteidigungsanlagen 48, 52
Vestfold (Norwegen) 44, 88
Viborg (Dänemark) 200
Vinland (Neufundland) *176*, 177 ff., *177, 178, 179*, 223, 226
  Vinland-Karte *177*, 179
Visby (Gotland) *46*, 206
Völkerwanderungszeit 25, 27 f., 28, *29*, 31 f., 226
Vorbasse (Dänemark) 59
Vorhängeschlösser 66
Vorrömische Eisenzeit *siehe* Frühe Eisenzeit
Vorwikingerzeit 22 ff.
Votivgaben 23 f., 26 f., *28*, 29, 137
Vowlan (Isle of Man) 156

W

Waagen und Gewichte 88
Waffen 52 ff., 137, 146
  Bogen 55
  Helme 24, *35, 39*, 55, *120*, 122, *122*

Kampfmesser 54, *128*
Kettenhemden 55
Pfeile, Pfeilspitzen 55
Rüstungen 55
Schilde, Schildbuckel 24, *35, 39*, 55, *161*
Schwerter *35, 39*, 54 f., *128*, 146, *161*, 163, *219*
Speere, Speerspitzen *39, 54*, 55, *161*
Streitäxte *39*, 54, *54*, 55, *57, 161*
Waffenschmiede 54, 92
Wagner, Richard (deutscher Komponist) 112
Walcheren, Insel (Niederlande) 143
Wales 142, 158 ff., 207
Walhall 108, 226
Walknochenschmuckplatten 66, 154
Walküren *109*, 226
Wallingford (England) *132*
Wäräger 196
  Wärägergarde *188*, 196, 211, 226
Wassermühle 215, *215*, 218
Waterford (Irland) 160, 163, 221
Wedmore (England) *129*, 131
Weichsel, Fluß (Polen) 184
Werkzeuge
  Bronzezeit 24
  Eisenverarbeitung 91 f., 92, *174*
  Eisenzeit 24
  landwirtschaftliche 59, *59*, *174*
  Neolithikum 22
  Wikingerzeit *41*, 59, 91 f., *191*
Wessex (England) 127, *129*, 130 f., *130, 131, 132*, 141 f., *141*, 213
Westmänner-Inseln (Island) 171
Westness, Rusay (Orkney) *155*, 215
  Westness-Gräber *148*, 154, *155*, 157
Weston-Kreuz (England) 137
Westray, Insel (Orkney) 215
Wetzsteine 78, 84, 88, 136
Wexford (Irland) 160, 221
Wharram Percy (England) 135
Whithorn (Schottland) 152
Wikinger-Kunststile 98, *siehe auch* Oseberg-, Borre-, Jelling-, Mammen-, Ringerike-, Urnes-Stil
Wikingerschiffe 74 ff., *76, 77*

Äskeskerr 75
Gokstad 41, *69*, 75, *76*
Groix 146
Haithabu 75
Kålstad 75
Kålsund 88
Nydam 27
Oseberg 41 f., *42, 69*, 76, 90, *90*
Skuldelev 75, *76, 181*
Tingstäde Träsk 75
Valsgärde *69*, 75
Wilhelm Langschwert (Sohn Rollos) 145
Wilhelm von der Normandie, Herzog (Wilhelm der Eroberer) 134, 212 ff., *212*
Willibrord (Bischof von Utrecht) 44
Wilzen 184, *188*
Winchcombe, Abtei (Gloucestershire) *139*
Winchester (England) 210, *210*
  Winchester-Stil *139*
Wladimir, Herrscher von Kiew 194, *194*
Wladimir (Rußland) 197
Wohnhäuser 27 f., 32, 60 f., *62*, 63, *63*, 81, 83, 135, *156, 157, 168*, 172, *172*, 176
Wolchow, Fluß (Rußland) 184, 188, *188, 190, 191*, 192
Wolga, Fluß (Rußland) 43, 184, *188*, 197 f., *198*
Wollin (*Jómsburg*, Polen) 184
Wolliner *188*

Y

Ynglinge, Dynastie *35*
York (Jorvik, England) *129*, 130, 135 f., *136, 138, 141*, 142, 163, 196, 207, 212 f.
Ytre Moa (Norwegen) 60
Yttergärde-Runenstein (Schweden) 209

Z

Zinn 23
Zugtiere 74